境内外评级行业最佳实践的比较研究

艾仁智　万华伟　编著

中国金融出版社

责任编辑：方　蔚
责任校对：孙　蕊
责任印制：陈晓川

图书在版编目（CIP）数据

境内外评级行业最佳实践的比较研究／艾仁智，万华伟编著．—北京：中国金融出版社，2020.9
ISBN 978-7-5220-0730-4

Ⅰ．①境…　Ⅱ．①艾…②万…　Ⅲ．①信用评级—对比研究—世界　Ⅳ．①F831

中国版本图书馆CIP数据核字（2020）第139866号

境内外评级行业最佳实践的比较研究
JINGNEIWAI PINGJI HANGYE ZUIJIA SHIJIAN DE BIJIAO YANJIU
出版
发行　中国金融出版社
社址　北京市丰台区益泽路2号
市场开发部　（010）66024766，63805472，63439533（传真）
网 上 书 店　http：//www.chinafph.com
　　　　　　（010）66024766，63372837（传真）
读者服务部　（010）66070833，62568380
邮编　100071
经销　新华书店
印刷　北京市松源印刷有限公司
尺寸　185毫米×260毫米
印张　37.5
字数　792千
版次　2020年12月第1版
印次　2020年12月第1次印刷
定价　58.00元
ISBN 978-7-5220-0730-4

编委会

推荐序

2020年是我国全面建成小康社会和“十三五”规划的收官之年，在我国金融行业对外开放节奏的加快、供给侧结构性改革进一步深化以及防范化解重大金融风险攻坚战不断推进的过程中，作为长期在金融行业工作的一名老兵，本人对信用风险管理方面思考较多。以银行为例，银行的借款人或交易对手不能按照合同规定按时偿还贷款本息或其他债务的可能性及损失的严重程度，也是导致银行资产质量下降、出现流动性危机，从而引发金融危机的主要原因之一。因此，强化信用风险管理是金融行业健康可持续发展的关键之一。

信用风险量化分析始终是信用风险管理的一个核心问题。随着大数据、人工智能等技术的进步，量化分析模型运用越来越成熟，信用风险管理决策的科学性不断增强。在新巴塞尔协议和后续版本中，信用风险的计量和评估都是非常重要的内容，一方面，要求银行建立自己的内部风险评估机制，通过构建内部评级体系，决定自身对资本的需求，并施以严格的监管。另一方面，合格外部评级机构的评级结果也可以作为银行风险资产计量的标准。

信用评级机构作为资本市场的“看门人”，在揭示信用风险、辅助定价、提高效率等方面发挥着不可或缺的作用，在信用风险的识别和量化方面具有更加客观的视角和独特的优势。正因如此，国内外银行和金融机构在研发自身评级模型过程中，很多都对信用评级行业的相关数据、方法、技术加以不同程度的借鉴。在金融机构的固定收益投资中，外部评级机构的评级结果和评级报告也是不可或缺的参考。“大道相通”，了解评级机构的评级理念、方法，对于金融机构加强对风险管理的理解和认识，以及加强彼此的合作和沟通，都具有重要的作用。

“实践出真知”，这本书是联合资信评估股份有限公司艾仁智博士带领的团队，经过长期持续对国内外评级机构评级方法体系开展研究学习的总结与思考，为我国评级行业国际化发展作出了积极贡献。本书的研究成果，为银行业信用风险管理提供十分重要的借鉴意义。我相信也会给金融市场的相关专业人员带来一些有益的启发。

2020 年 9 月

前　序

近年来，随着我国金融市场对外开放水平进一步提升和各项配套措施不断落地，国内债券市场快速深入发展、规模迅速扩大，对外开放步伐持续加快，吸引了越来越多的境外投资者。中国债券先后被彭博和摩根大通等国际债券指数供应商纳入其主要指标，反映了我国金融市场地位的提升和境外投资者对中国债券市场的信心。

作为债券市场软环境建设的重要设施，国内信用评级行业也正在迎来新时代。一方面是行业监管进一步加强，统一协同监管持续深化，另一方面是对外开放程度持续扩大，竞争将更加激烈。继标普去年获准在国内债券市场开展评级业务后，未来将会有更多的国际评级机构陆续参与我国市场。在“引进来”外资评级机构的同时，本土评级机构也要加快“走出去”的步伐，在竞争和发展过程中不断打造自身的核心竞争力和国际影响力。

2020年堪称多事之秋，新冠肺炎疫情正在冲击世界，美股创纪录多次熔断，国际油价暴跌，全球可能将迎来极大的不确定性。作为目前中国最专业、最具规模的信用评级机构之一，联合资信始终秉持“成为伟大的公信力公司”的信念，为投资者、监管机构和市场参与各方提供信用研究和评级服务。2020年也是联合发展历程中具有特殊意义的时间节点，联合资信和联合评级将完成跨市场业务整合，同时也将迎来联合成立二十周年，这是我们回顾总结、展望未来、合力铸辉煌的重要契机。

时势造英雄，值此大变革之际，联合人既要有“中流击水，舍我其谁”的雄心和勇气，也要有“知己知彼，师人之长”的智慧与胸怀，恪守“独立、客观、公正”的原则，聚焦于偿债能力及偿债意愿的本质，致力于更加准确地揭示信用风险。多年来，联合资信持续对国内外评级机构的评级方法体系开展研究和学习，洞察国内外评级行业的最新发展动向，成果颇丰。如今汇集成书，希望本书能够为信用评级行业从业人员、投资人、监管机构以及其他市场参与者提供借鉴和参考。

在此，我代表公司管理层对相关研究人员表示真诚祝贺，对出版方表示衷心感谢，并期待读者提出宝贵的意见。

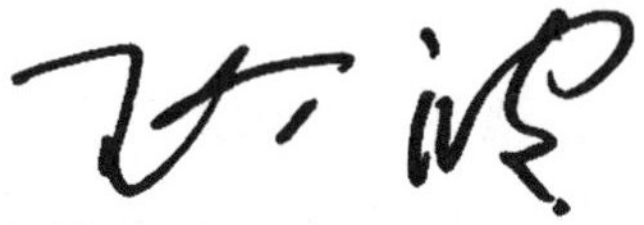

联合资信评估股份有限公司董事长

2020 年 9 月

躬身入局的静与思

作为一名分析师，我们是幸运的，此生能够有机会走进信用评级这个有趣的行业，很幸运地参与了这个市场和行业蓬勃发展的过程，其中不乏来自快速成长的喜悦，也有市场的质疑、行业内在的纠结、挣扎和努力。感谢一路和我们一起走来的有缘人，让我们在最好的职业生涯年轮里，跟随和见证了这个市场的一路成长。

中国评级行业是伴随着2005年中国债券市场的快速发展而成长起来的，如国内其他大部分行业一样，也历经了一个阳光沐浴的快速粗放型的发展阶段。从国内最初对这个行业的陌生到如今资本市场上几乎无人不晓，无论是评级行业还是行业内的企业，都从小、从稚幼到具有一定规模、一些积累再到今天的反思和变革。我们走过了行业发展的舒适期，面对不断突变的信息科技革命，市场开放下国际顶级竞争伙伴、国内新型参与者和日益成熟的国内机构投资者的深度拷问，技术娴熟的国际机构投资者的质疑和日趋严格的监管条例，国内本土信用评级行业何去何从，是摆在行业内企业和从业管理人员面前的重大课题。信用评级行业从诞生之日起，就是为降低因市场信息不对称可能产生的信用风险和由此带来的风险损失，同时也为了让优质债券发行人因市场的充分认识而降低融资成本、节约财务费用。这是信用评级机构存在的价值和使命所在。我们一直为达成这个目标在努力，但我们也不否认、不回避在这个过程中出现的各种问题和瑕疵。也正因国内本土信用评级机构还有很长的一段路要走，离完美还有很大的距离，所以我们需要不断地学习和借鉴，需要不断地反思和纠偏，才有来自专业深度的灵魂拷问。本书基本反映出这一侧面，希望通过对评级技术体系的境内外同业的梳理和学习，帮助构建出一套能深刻揭示受评主体和债项信用风险的评级技术标准，以及更快捷又有秩序的风险信息披露体系，以更好地实现以上的初衷和职责。本书从境内外同业关于评级最基础的评级定义、违约、标尺的划分，主要行业评级方法和评级标准的比较，到对国际同业发展环境和发展道路的探讨，以上这些都是我们最浅显的反思和总结。因为评级产品具有很强的公共产品属性，具有较强的外部性。从某种意义上说，于读者而言，本书可能更多是一本随手可供查阅的参考资料，若能如此，我们团队已甚是欣慰。于我们从业者而言，这是打造一个具有自我革新能力低熵体的不可缺少的一项工作。人靠绝活立身，企业靠好产品实现价值，评级机构靠高质量的评级结果赢得市场公信力。万物皆有周期，其中包括公认的智慧。市场是复杂残酷的，也是有温度的，我们坚信笃信、坚持、创新的力量。

评级最大的收获之一来自于尽调。期间可以在不同的地方认识有趣的人，并通过他们的眼光去看世界，探索他们各自征服市场的路径。这是一群有智慧的企业家和高段位的投资高手，从他们跌宕起伏的过程中，我们更加感受到谦卑、敬畏、居下、开放、包容和聚集的重要性，唯有如此，才能与世界交换能量，才能创造出长期价值。信用评级行业是一个很细分很小众的行业，我们只愿秉承初心、恪守律己，与万人谈、做一件事，“一杯咖啡接受宇宙的能量”，以期能更专业地为您服务。

联合资信分析师团队

2020 年 9 月

编写说明

随着我国金融市场的深入发展和对外开放程度的进一步加深，我国债券市场迅速发展，债券市场的国际化水平越来越高，国际影响力也在持续显著提升。截至2019年末，我国债券市场规模超过95万亿元，位居世界第二，已成为提高直接融资比重和优化金融资产配置的重要渠道，债券市场的平稳运行事关国家金融稳定全局。信用评级作为债券市场中重要的基础设施之一，其在揭示信用风险、缓解信息不对称、保护投资人权益、提高市场效率等方面起着关键作用，促进了资本市场健康、稳定和有序发展。

伴随着债券市场的发展，我国信用评级行业取得了很大的进步，并逐步构建了自身的评级体系，但与拥有上百年发展历史的国际三大评级机构相比，在评级方法体系、品牌影响力和公信力等方面存在着较为明显的差距。作为国内权威专业的信用评级机构之一，联合资信多年来在不断完善自身评级技术体系的基础上，持续开展对评级行业、国际三大评级机构和国内同业的深入研究，形成了丰硕的成果。2019年，国际评级机构标普首次以独资的身份，进入国内开展信用评级业务，后期国内资本市场将进一步放开，国内评级机构也将逐步走向国际化，整体看，评级行业将迎来大变革。为迎接评级行业的开放和变革，在竞争合作中不断提高，促进行业共同发展进步，联合资信本着开放和互鉴的态度，对相关成果进行整理，倾力打造《境内外评级行业最佳实践的比较研究》，与大家分享。

本书分为四个部分，涉及报告37篇①：第一部分为评级标准，对国内外评级机构的违约定义、评级符号及主标尺、违约率等方面进行对比分析，共计3篇；第二部分为评级行动，对违约企业评级调整实践以及对突发事件的应急措施等方

① 书中相关数据已按最新年份进行更新。

面展开研究，共计 2 篇；第三部分重点介绍了国内外评级方法和评级模型，包括超国家、主权及次主权实体、工商企业和金融机构三大类评级对象的评级方法与模型相关研究，共计 28 篇；第四部分为竞争与发展，主要探讨了信用评级行业的发展和监管动态，以及市场竞争与国际化等热点问题，共计 4 篇。

希望本书能够帮助业内各机构以及相关人士更加全面地了解全球信用评级行业的情况，为其提供客观的参考和借鉴，为我国信用评级行业发展贡献一份力量。由于时间短促，书中难免有疏漏之处，恳请各有关部门、专家学者、社会各界提出宝贵意见和建议，以便我们进一步修订和完善。

本书编委会
2020 年 9 月

目　录

第一部分

评级标准

01　违约定义、评级符号与评级主标尺研究

联合资信　技术创新部　陈茵　胡前方　胡乾慧　（2018－09）

一、违约定义

自2014年我国债券市场打破刚性兑付以来，违约事件在债券市场引起了极大的关注，各机构也开始披露各自计算的违约相关统计数据。虽然在我国合同法中给出了违约的笼统定义，“当事人一方不履行合同义务或者履行合同义务不符合约定的，应当承担继续履行、采取补救措施或者赔偿损失等违约责任”，但是由于债券市场的违约特征呈现多样化，不同细化情景下是否发生实质性违约一直存在争议。评级机构作为第三方信用信息提供者，违约风险的专业判断者，对于严格的违约定义需求更加迫切，通过梳理国内外监管机构以及评级机构对于违约的定义、分析各机构对于违约定义要素的共性与差异，有助于对违约的进一步深刻理解，并为联合评级的违约定义更好地应用于评级实践提供参考信息。

（一）监管机构对于违约的定义

当前全球主要国家和地区的监管机构对于违约的定义都以巴塞尔委员会在《新资本协议》中给出的违约参考定义为核心。该定义规范了判定违约的标准，但主要针对银行体系内部风控，更倾向于银行贷款违约的情况。同时，巴塞尔协议仅提供框架和原则性的定义，因此在实际运用中，各国监管机构在参照《新资本协议》的基础上，分别根据本国情况制定了相应的规范指引，进一步明确如何实施和监测。

1. 巴塞尔委员会

巴塞尔委员会在2004年6月发布的《统一资本计量和资本标准的国际协议：修订框架》中指出，若出现以下一种情况或同时出现以下两种情况，债务人应被视为违约：（1）银行认定，除非采取追索措施，如变现抵押品（如果存在的话），借款人可能无法全额偿还对银行集团的债务；（2）债务人对于银行集团的实质性信贷债务逾期90天以上。

其中，以下情况将视为可能无法全额偿还债务：（1）银行停止对贷款计息；（2）在发生信贷关系后，由于信贷质量可能出现大幅度下降，银行冲销了贷款或计提了专项准备；（3）银行将贷款出售并相应承担了较大的经济损失；（4）银行同意消极债务重组，由此可能发生较大规模地减免或推迟偿还本金、利息或费用（若适用的话），造成债务规模的减

少；（5）就借款人对银行集团的债务而言，银行将债务人列为破产企业或类似的状况；（6）债务人申请破产或者已经破产，或者处于类似的保护状态，由此将不履行或延期履行偿债银行集团债务。

此外，巴塞尔协议规定，对零售风险暴露，违约的定义可以用于特定债项层面，而不应用在借款人层面。同样，借款人对一项债务的违约，不强制要求银行对银行集团所有的债务都按违约处理。

2. 美国证交会 NRSRO 管理办公室

美国证交会 NRSRO（Nationally Recognized Statistical Rating Organization）管理办公室要求各评级机构明确标示违约的定义，允许各机构的违约定义存在一定差异，但如果发生以下情形之一，必须列入违约：（1）债务人在债务偿还期未能按债务条款及时支付到期本金或利息，以及证券或货币市场工具的发行人在偿还期间未能按照证券或货币市场工具的条款及时偿付本金或利息；（2）证券或货币市场工具在偿还期间内发生核销、应用损失或其他已实现的未偿本金的缺失。

3. 中国人民银行

中国人民银行在金融行业标准《信用评级数据元》中明确给出了违约的认定条件，区分了债务人违约和债券违约，将债券违约定义又进一步细化分为长期债券违约和短期债券违约。

（1）债务人违约

在考察期间，债务人如发生下述情形之一的，即被认定为违约：（a）债务人任一笔贷款本金逾期 90 天以上；（b）债务人任一笔贷款欠息 90 天以上；（c）在贷款五级分类项下，贷款由正常类（正常或关注）调为不良类（次级、可疑或损失）；（d）债务人贷款核销；（e）债务人任一笔信用证、票据、保函等表外业务发生垫款；（f）债务人破产、重组或被接管；（g）债务人发行的各类债券未能按期偿还债券本金、利息。

（2）债券违约

长期债券或长期债券发行主体出现下述情形之一的，认定该债券发生违约：（a）长期债券未到期前，债券发行主体破产或被接管；（b）债券发行主体不能在此长期债券到期日后 90 日内全额偿还本金和利息；（c）债券发生不利于债权人的债务重组行为，即通过重组使得债权人的债权受到不同程度的损失，包括本金和利息减免和延期等；（d）债券未到期，但是有充分证据证明债券履行主体不能全额、按期偿还债券本金和利息；（e）债券发行主体在债券到期日使用贷款偿还债券本金、利息。

短期债券或短期债券发行主体出现下述情形之一的，认定该债券发生违约：（a）短期债券主体不能在债券到期日后 30 日内全额偿还本金和利息；（b）债券发生不利于债权人的债务重组行为，即通过重组使得债权人的债权受到不同程度的损失，包括本金和利息减免和延期等；（c）债券未到期，但是有充分证据证明债券履行主体不能全额、按期偿还债券本金和利息；（d）债券发行主体在债券到期日使用贷款偿还债券本金和利息。

4. 银监会

中国银行业监督管理委员会在《商业银行内部评级体系监管指引（公司风险暴露和零售风险暴露部分）》第一百二十六条[①]中给出了违约的定义。债务人出现以下任何一种情况应被视为违约：（1）债务人对商业银行的实质性信贷债务逾期90天以上。若债务人违反了规定的透支限额或者重新核定的透支限额小于目前的余额，各项透支将被视为逾期。（2）商业银行认定，除非采取变现抵质押品等追索措施，债务人可能无法全额偿还对商业银行的债务。出现以下任何一种情况，商业银行应将债务人认定为“可能无法全额偿还对商业银行的债务”：（a）商业银行对债务人任何一笔贷款停止计息或应计利息纳入表外核算；（b）发生信贷关系后，由于债务人财务状况恶化，商业银行核销了贷款或已计提一定比例的贷款损失准备；（c）商业银行将贷款出售并承担一定比例的账面损失；（d）由于债务人财务状况恶化，商业银行同意进行消极重组，对借款合同条款做出非商业性调整，具体包括但不限于以下情况：一是合同条款变更导致债务规模下降，二是因债务人无力偿还而借新还旧，三是债务人无力偿还而导致的展期；（e）商业银行将债务人列为破产企业或类似状态；（f）债务人申请破产，或者已经破产，或者处于类似保护状态，由此将不履行或延期履行偿付商业银行债务；（g）商业银行认定的其他可能导致债务人不能全额偿还债务的情况。

5. 证监会

目前证监会并没有明确定义违约情形，但根据证监会《公司债券发行与交易管理办法》以及《公司债券受托管理人执业行为准则》，发行人应当在债券募集说明书中约定构成债券违约的情形、违约责任及其承担方式以及公司之安全发生违约后的诉讼、仲裁或其他争议解决机制。

（二）国际主要评级机构的违约定义

在评级体系内部，各评级机构对于违约的定义也存在一定差异，国际评级机构主要以穆迪、标普、惠誉、A. M. Best为代表；国内方面[②]，目前明确标示违约定义的评级机构为联合资信、中债资信、东方金诚、上海新世纪、鹏元评级。

1. 穆迪

穆迪对于违约的定义仅适用于债券和债券类债务，由四类事件构成：（1）未能按照合约规定偿付或延期偿付利息或本金（不包括在合约允许的宽限期内偿付的情况）；（2）债务人提出破产申请或法律接管，使其未来可能无法履行或者延期履行债务协议的偿付义务；（3）发生消极债务重组，需要满足以下条件：债务人给债权人提供新的或重组债券，或一组新的证券组合、现金或资产，从而使债务人可以相对于原始债务承担较少的金融义务；该类债务置换能够使债务人避免破产或违约；（4）由主权国家导致的信贷协议或合约的偿付条款变化，从而使债务人可以承担较少的金融义务，例如，主权国家或债务人实行强行的币

---

① 中国银行业监督管理委员会．商业银行信用风险内部评级体系监管指引．pp. 22–23. 2008.

② 中诚信和大公在官网及官方文件中没有明确给出违约定义。

值改革，或强行改变一些其他方面的原始承诺，如指数化或修改到期日。

此外，穆迪明确指出，在其违约定义中不包括所谓的“技术性违约”，例如违反最大杠杆水平或最小债务水平的规定，除非债务人未能纠正违规行为并且未能履行由此引发的债务加速清偿。对于结构化金融产品，技术性违约（例如违反超额抵押压力测试或者其他发行文件上规定的违约行为），或者对某一证券发生在到期日之前的临时利息违约，但该证券发行条款允许在偿付相应期间利息的情况下延期偿付利息（例如可用于实物偿付的证券），均不算做违约。

2. 标普

标普并未单独给出违约定义，但在其评级符号定义中给出了关于发行人违约和债务违约的描述，以债务违约为基础。

标普认为，对于非混合资本工具来说，除非标普认为在没有规定的宽限期的情况下债务人将在到期日的五个工作日内支付上述款项，或在规定的宽限期或 30 个日历日之较早时间内支付上述款项，否则债务人将被视为违约。另外，如果相关债务人正在提起破产申请或类似行动，债项违约成为必然，那么债项也会被认为违约。如果债项正在进行低价换股，债券也将被认为违约。

如果发行人发生一项或多项债务违约，包括评级和未被评级债务，但不包括根据条款被归类为监管资本或未付款的混合工具，债务人将被标普评级为“SD”（选择性违约）或“D”（违约）。除非标普认为，在没有规定宽限期的情况下，债务人能够在 5 个工作日内完成偿付；或者在有规定宽限期的情况下，能够在宽限期内或 30 个日历日内完成偿付，否则债务人将被视为违约。如果债务人为一般性违约，无法按期偿付到期债务，标普将给予债务人“D”评级。如果债务人有选择性地拖欠某一特定议题或某一类债务，但将继续履行偿付其他发行债务或其他类型债务时，标普将给予债务人“SD”评级。此外，如果债务人正在进行消极债务重组，标普将调降其级别为“D”或“SD”。债务人提交破产申请或采取类似行动，基本可以确定在未来将导致违约，例如自动中止条款。

对于消极债务重组，标普认为需要同时满足两个条件，首先，投资者在该方案下收到的价值低于原证券承诺的价值，包括新债券支付的现金和本金总和低于原债券面值、利率低于原收益率、新债券到期期限比原债券延长、支付频率放慢、偿付顺序变为次级；其次，该债务重组方案是债务人的困境安排而非投机目的。

标普同时指出：级别“R”（监管干预）表明债务人因其财务状况而受到监管监督，此类事件并不一定预示着违约，但在监管期间内，监管机构有权调整优先偿付某一类债券，或有选择性地仅偿付某些债券；优先股不属于债务，因此不能按期偿付优先股股息不算做违约。

3. 惠誉

同标普类似，惠誉没有单独给出违约的定义，而是在评级符号体系中给出了和违约相关的级别定义。根据违约状态及程度的差异设置了“C”（预期违约）、“RD”（限制性违约）

和“D”（违约）三个级别。

（1）预期违约（Near default）

级别“C”（预期违约）表示违约即将发生、债务人处于停产状态、或封闭式融资工具的偿付能力受到无法恢复的损害，主要包括以下4种情形：（a）债务人未能按期履行金融债务的偿付义务，并且已经进入了宽限期或救助期；（b）债务人在未能按期履行金融债务的偿付义务后，与债权人达成了临时的豁免协议或者债务暂停偿付协议；（c）债务人或其代理人正式发布消极债务重组公告；（d）封闭式融资工具的偿付能力受到无法恢复的损害，因此预计在交易期间内无法足额偿付利息和（或）本金，但是没有即将发生的偿付违约。

（2）限制性违约（Restricted default）

级别“RD”（限制性违约）指惠誉认为债务人在其债券、贷款或其他形式的金融债务违约后没有完成延期兑付，但债务人尚未提出破产申请、或进入被接管、清算及其他正式的清盘程序，同时债务人未停止运营。具体包括以下四种情况：（a）未按期履行某一类债务或某一币种债务的偿付义务；（b）银行贷款、资本市场担保或其他重大金融债务在宽限期、救济期或违约豁免期内未完成偿付义务；（c）在未按期偿付一项或多项重大金融债务后，多次豁免或延长宽限期；（d）对一项或多项重大金融债务执行消极债务重组。

（3）违约（Default）

级别“D”（违约）表示债务人已进入破产申请、管理、破产清算或其他正式的清盘程序或以其他方式停止营业。违约等级并不提前预期给予债务人或其债券。在这样的条件下，对于具有延期支付特征的债券或具有宽限期限的债务，在延期支付期限或宽限期内完成支付义务不算做违约，除非不能履行支付义务的原因是破产或其他类似情况，或者是由消极债务重组导致。

4. 贝氏评级（A. M. Best）①

如果债务人、证券及货币市场工具的发行人未能按照相应条款及时支付到期的本金或利息，或者债务人已被指定为不良资产公司，贝氏评级将其视为违约。其中，当发行人由于以下问题导致保险部门或监管机构采取首次公开行动时，贝氏评级将其定义为不良资产公司：（1）无法继续正常进行保险业务；（2）资本和盈余无法满足监管要求；（3）财务状况引发监管关注，包括监督、整顿、清算、破产管理、责令停业、撤销许可等行政命令。另外，自愿解散且当时未受到财务胁迫的公司不属于不良资产公司。

（三）国内主要评级机构的违约定义

1. 联合资信

当出现下述一个或多个事件时，联合资信即可判定发行人发生违约：（1）债务人未能按照合同约定支付债券本金和/或利息；（2）债务人（被）申请破产或进入破产清算程序，

---

① A. M. Best Company 始创于1899年，是一家提供全面服务的全球性评级机构，主要为全球保险公司提供信用评级。

被接管，被停业或关闭；（3）债务人进行债务重组且其中债权人做出让步或债务重组具有明显的帮助债务人避免债券违约的意图（例如和解或重整中的债务重组），债权人做出让步的情形包括债权人减免部分债务本金或利息、降低债务利率、延长债务期限、债转股（根据转换协议将可转换债券转为资本的情况除外）等情况；（4）债务人宣布无法偿还债务，发生担保代偿或第三方代偿等情况。

2. 中债资信

中债资信在评级业务中违约主要考量评级对象所涉及债务文件下的偿付义务是否得到履行。与主体评级、债项评级业务类型的划分相对应，违约可区分为主体违约和债项违约。受评主体发生下述情形之一的，即被认定为构成“主体违约”：（1）受评主体在其为一方当事人的债务文件下出现未在约定或依行业惯例确定的支付日（或回售日）和宽限期内及时、全额地履行偿付义务的行为；（2）受评主体发生不利于债权人的困境债务重组行为；（3）受评主体发生下列任一影响其履行债务偿付能力的情形的：（a）解散（出于联合、合并或重组目的而发生的解散，但承继债务偿还义务的主体信用等级不低于受评主体的除外）；（b）法院裁定受理发行人自身、其债权人或依法负有清算责任的人针对其的破产程序申请；（c）其债权人作为担保权人采取行动取得了其全部或大部分资产，或使其全部或实质部分资产被查封、扣押、冻结或强制执行，且上述情形在30天内未被相关权力机关撤销或中止，导致其债务偿还义务将出现实际无法履行可能的；（d）受评主体依法被接管，或发生分立后仍然存续，或与另一实体联合、合并或重组，或把其实质性资产转移到另一实体的情况下，最终接管方或存续、承继、受让的实体未能履行或承继，或明示将不履行或不承继受评主体的债务；（e）受评主体书面承认其无力偿付相应义务；（f）其他任何对受评主体履行债务偿付能力产生实质影响的情形。

在债券存续期间，受评债项发生下述情形之一的，即被认定为构成“债项违约”：（1）相应债务文件项下的债务本金及利息未能在约定或依行业惯例确定的支付日（或回售日）及宽限期内获得及时、足额偿付；（2）债项到期前，相应债务文件涉及偿付义务的全部当事方，包括但不限于债务人、担保人，均明示不偿还该到期债务；（3）在债务文件中存在交叉违约条款、事先约束条款等特殊约定情况下，任何触发债券违约条件的情形发生时；（4）相应债务文件项下的债务本金及利息发生不利于债权人的困境债务重组。

3. 上海新世纪

上海新世纪在违约定义中指出，违约在合同法中是指合同主体违反合同约定，通过作为和不作为的方式未履行合同义务的状态，在信用评级中，违约是指金融债务人未能按照债务合同的约定偿还债务本息的状态。

根据巴塞尔协议关于违约率统计的标准，并结合中国的实践，上海新世纪对于违约按照以下五个方面进行统计：（1）债务（包括债券和信贷）本金逾期90天以上；（2）债务（包括债券和信贷）欠息90天以上；（3）债权人被迫做出有利于债务人的消极债务重组；（4）债务人（包括企业、金融机构、政府等）破产（包括破产申请阶段的债务人）；（5）

其他违约事项。

4. 东方金诚

东方金诚认为，受评对象出现以下任何一种情况时都将被视为违约：（1）有充分证据证明受评主体无意愿或无法履行其偿债义务（包括本金、利息和手续费）；（2）发生对债权人不利的债务重组，包括本金、利息和手续费的减免或延期；（3）债券发行人未能按期偿还债券或其他公开发行债务的本金和利息；（4）受评对象申请破产或已经进入破产程序；（5）其他对主体偿债能力和意愿产生严重负面影响的情况。

5. 鹏元评级

根据违约的对象不同，鹏元评级将违约分为债务人违约和债项违约。

（1）债务人违约

受评债务人在信用级别有效期内出现下列行为或特征之一的，则视为“债务人违约”：（a）受评债务人所涉及金融债务合同下的任意一项债务未能按期、足额地依照债务合同条款支付债务本金或利息（在合同允许的宽限期内得到足额偿付的情况除外）；（b）受评债务人与债权人之间发生债务折价清偿：受评债务人对其所涉及的债务进行重组且其中债权人做出让步或债务重组具有明显的帮助债务人避免债券违约的意图。债权人做出让步的情形包括但不限于：债权人减免部分债务本金或利息、降低债务利率、延长债务期限、债转股（根据转换协议将可转换债券转为资本的情况除外）的情况；（c）受评债务人处于破产申请或进入破产清算程序，被接管，被停业或关闭等经营停止状态；（d）受评债务人不能清偿到期债务并且资产不足以清偿全部债务，明显缺乏清偿能力或书面承认其无力偿还到期债务；（e）鹏元认定的其他债务人违约情形。

（2）债务违约

受评债务在其存续期间出现下列行为或特征之一的，则视为“债项违约”：（a）债务本金或利息未能按期、足额地依照债务合同条款得到偿付；（b）受评债务到期前发生折价清偿：债务人对该项债务进行重组且其中债权人做出让步或债务重组具有明显的帮助债务人避免债务违约的意图。债权人做出让步的情形包括但不限于：债权人减免部分债务本金或利息、降低债务利率、延长债务期限、债转股（根据转换协议将可转换债券转为资本的情况除外）的情况。

对于一些债务错过偿还时间是由技术失误或管理失误导致的，只要不涉及债务人偿债的能力和意愿，并且在短时间内（通常为 1 个或 2 个工作日）做出修正，这样的情况鹏元并不认定为违约。

（3）债务人违约和债项违约的关系

当受评债务人被认定为违约时，并不一定导致受评债务被认定为违约：受评债务人被认定为违约的情况下，如果不涉及该受评债务，或者该受评债务因启用增信措施或其他原因得以按期、足额偿付的，则该受评债务不被认定为违约；当受评债务被认定为违约时，则受评债务人一定被认定为违约。

（四）违约定义要素分析

通过对各方违约定义的分析，可将违约定义的要素总结为以下几类要素：

- 区分主体违约与债项违约。
- 事实违约。指未能按照合同约定按时、足额偿还债务。这需要债务到期后才能判断，在允许宽限期的情况下，需要到宽限期之后才能判断。
- 实质性违约。指虽未发生事实违约，但债务人实质上未能严格履行原合同，而通过第三方特殊帮助履行合同，或者为避免事实违约而修改原有合同等行为。比如，担保代偿、第三方垫款或救助；进行不利于债务人的债务重组或相关条款变更；临时性借新还旧等。
- 预期违约。未发生事实违约，但依据相关事实认定企业不能履行偿债义务。预期违约由债务到期之前的某些事件触发，如企业宣告破产、被接管或停业。或企业主动宣布不履行偿债义务，财务状况极度恶化以及其他影响企业偿债能力和偿债意愿的事件。

由于在法律法规、市场环境、数据可得性等方面存在差异，各监管机构和评级机构从自身角度出发对于违约的定义在上述要素上也存在一定差异。见表1：

表1　违约定义要素对比表

违约定义要素	巴塞尔委员会	NRSRO	中国人民银行	银监会	证监会	穆迪	标普	惠誉	贝氏	联合资信	中债资信	上海新世纪	东方金诚	鹏元评级
一、区分主体和债项	√					√	√				√			√
二、事实违约														
1. 未按照合同约定及时偿还到期债务	√	√	√	√		√	√	√	√	√	√	√	√	√
2. 是否包括宽限期	√		√	√		√	√	√				√		
三、实质违约														
1. 债务减值或消极债务重组	√	√	√	√		√	√	√		√	√	√	√	√
2. 垫款、担保代偿或其他救助			√							√				
3. 在债券到期日使用贷款偿还债券本金、利息			√											
四、预期违约			√								√		√	√
1. 由于破产、停业等情况，而无法继续经营	√		√	√		√	√	√	√	√	√	√	√	√
2. 提前声明无法履行偿债责任														
3. 级别调整			√											
4. 由主权国家导致的信贷协议或合约的偿付条款变化						√								

续表

违约定义要素	巴塞尔委员会	NRSRO	中国人民银行	银监会	证监会	穆迪	标普	惠誉	贝氏	联合资信	中债资信	上海新世纪	东方金诚	鹏元评级
5. 封闭式融资工具的偿付能力受到无法恢复的损害								√						
6. 触发交叉违约条款、事先约束条款等情形											√			

资料来源：联合资信整理。

1. 具有共性的违约定义要素

整体来看，各监管和评级机构在违约的定义上相对一致的主要包括以下三点：

（1）事实违约

所有监管机构和评级机构均将不能按照合同约定及时足额偿还到期本金和利息的情形视为违约。但在具体执行中，对于宽限期限的处理存在一定差异。

（2）发生不利于债权人的债务减值或消极债务重组

大多数监管机构和评级机构认为，如果发生不利于债权人的债务减值或消极债务重组，则算做违约。对于消极债务重组，大多数机构定义为，投资者在该方案下收到的价值低于原证券承诺的价值，包括新债券支付的现金和本金总和低于原债券面值、利率低于原收益率、新债券到期期限比原债券延长、支付频率放慢、偿付顺序变为次级等情况。此外，穆迪、标普、联合信用、鹏元评级等机构在定义中特别强调，其中债权人做出让步或债务重组具有明显的帮助债务人避免债券违约的意图（例如和解或重整中的债务重组），而非投机目的。消极债务重组是指如果不进行该债务重组，发行人可能无法按期兑付，甚至面临破产清算；而投机目的的债务重组一般指在市场利率发生变动、或采取其他技术手段、或市场变化导致发行人债券折价交易，具有较强信用的实体可能会低于面值置换债务。

（3）发行人处于破产、清算、被接管等状态，无法履行或延期履行偿付债务

根据我国破产法规定，未到期的债权，在破产申请受理时视为到期；附利息的债权自破产申请受理时起停止计息。因此，当债务人处于申请破产或者已经破产，可判定其发生违约。此外，中国人民银行和大多数评级机构在定义中也涉及被接管、被责令停业、被撤销许可、收到其他行政命令等情况。但标普在违约定义中指出：级别“R”（监管干预）表明债务人因其财务状况而受到监管监督，此类事件并不一定预示着违约。在广义的定义中，只要企业停止营业并因此导致未来可能无法履行或者延期履行债务协议，即判定为违约。

2. 存在争议的违约定义要素

（1）区分主体违约和债项违约

在巴塞尔协议对于违约的定义中，仅给出了主体违约的定义，并且巴塞尔协议并不强制主体违约成为债项预期违约的判定标准，这是因为银行对债务人及其特定债务存在额外约束

机制和偿付保障机制，巴塞尔协议允许银行自行评估额外约束机制和偿付保障机制的相对有效性以确定是否将主体对特定债务的违约作为所有债务违约的判断性标准。国际三大评级机构中，标普对主体违约、长期债项违约、短期债项违约进行了严格区分，穆迪并没有严格区分主体违约和债项违约，而惠誉对于违约的定义主要针对主体违约，同时惠誉强调其并不提前预期给予违约等级，对于逾期债项或有宽限期的债务，在延期支付期限或宽限期内完成支付的不判定成违约，除非导致不能履行支付义务的原因是债务人已进入破产申请、管理、破产清算或其他正式的清盘程序或以其他方式停止营业。国内方面，中国人民银行、中债资信、鹏元评级分别给出了主体违约和债项违约的严格定义，但是证监会、银保监会、上海新世纪、东方金诚对于主体和债项的违约定义并没有严格区分，联合信用的违约定义主要针对主体违约。

从合同法中的概念看，违约的要件是“约”，其债务违约的前提是形成了确立债权债务关系的要约，即债务合同，因此违约定义应当以债项违约为基础。违约主要由违约行为、违约责任和违约后果（损失）等组成。发行主体作为违约行为的主体，在相关债项违约的前提下，才能判定违约。因此，有必要区分主体违约和债项，主体违约应当建立在债项违约的前提下。虽然巴塞尔协议允许在债务违约的情况下不认定主体违约，考虑到债券市场中投资者地位、债务保障措施、信息对称性等与银行贷款中银行与借款人有所不同，建议采取严格标准，即如果发行人名下任一债项被认定为违约，发行人应被认定为违约。

（2）宽限期约定

使用巴塞尔协议作为参考的银行体系，并不是在债务逾期时立即确认债务人违约，而是规定债务逾期 90 天以上则违约，其中中国人民银行又根据债券期限进一步细化，分别给予长期债券 90 天、短期债券 30 天的宽限期。评级机构方面，标普在没有宽限期的情况下给予债务人 5 个工作日的宽限期，在有宽限期的情况下只要债务人能够在宽限期内或 30 个日历日内完成偿付，则不违约。而对于债务人未能按期履行债务的偿付义务并且已经进入了宽限期或救助期，以及债务人在未能按期履行金融债务的偿付义务后与债权人达成了临时的豁免协议或债务暂停偿付协议，惠誉仅将其定义为预期违约（Near Default）而不是违约，在某种程度上也给予债务人一定的宽限期限。国内评级机构中，目前仅有上海新世纪一家在违约定义中涉及宽限期，本金和利息逾期 90 天以上的债务才被定义为违约。另外，证监会要求在债券募集说明书中约定构成债券违约的情形，因此如果在募集说明书中有宽限期限的相应条款，则应以募集说明说中规定的为准。不过在实际情况中，目前国内债券募集说明书中基本上还没有涉及宽限期限的相应条款，但不排除在以后会出现相应条款。

考虑到债项投资者对发行人并没有强有力的额外约束机制和偿付保障机制，因此有必要严格把控宽限条件，建议在认定事实违约时，合同另行约定宽限期的，从其约定；合同未另行约定的，取消宽限期或缩短宽限期（如一周）。

（3）触发交叉违约条款

交叉违约是指一项债务合同下的债务人，在其他合同或类似交易中出现了违约，那么本合同也将视为违约。交叉违约一般限于财务负债，即由于借贷或者其他融资而产生的负债。

交叉违约是债务融资文件中一个重要的违约事件，该事件一旦触发，贷款人即有权利取消授信额度，宣布已经发放的贷款立即到期，并要求借款人立即偿还贷款。因此，交叉违约条款具有多米诺骨牌效应。其目的是为了使尚未发生违约的合同中的债权人与已经发生违约的合同中的债权人处于同等地位。

交叉违约条款在境外债券市场中已经十分普遍，但在我国债券市场中交叉违约尚属于少数。在国内的评级机构中，违约定义涉及交叉违约的也仅有中债资信一家，“在债务文件中存在交叉违约条款、事先约束条款等特殊约定情况下，任何触发债券违约条件的情形发生时”。

交易商协会为鼓励和规范发行人在债券发行中加入投资者保护条款，出台了《投资人保护条款范例》，其中交易商协会给出了交叉违约的范例，当触发交叉违约后，首先信息披露，然后召开持有人会议，发行人可做出解释或提供救济方案，持有人大会选择无条件豁免、有条件豁免还是不豁免，有条件豁免的条件可以是：追加担保、提高利率、禁止新发债等。只有出席持有人会议的持有人所持有的表决权数额达到本期债券总表决权的三分之二以上，并经过出席会议的持有人所持表决权四分之三以上通过的，上述豁免决议才生效。持有人会议未形成有效决议或不豁免的情况下，该期债券将在持有人会议召开后一日立即到期应付；若选择有条件豁免，则发行人需要在约定时间内完成相关法律手续，若未完成，则该期债券将在手续期满后次日立即到期应付。

在实际处理交叉违约的情形时，触发交叉违约不能直接认定违约，而应进一步观察债务人的后续救济措施。如果债务人通过救济措施能够有效豁免交叉违约条款，或者不能有效豁免交叉违约条款导致债券立即到期，但是能够及时足额偿付，都不应算做违约；但如果债务人无法有效豁免交叉违约条款，导致债券立即到期又不能足额偿付，可以将其归类到违约定义要素中“未能按照合同约定及时足额偿还到期债务”的情形，此时应判定为违约。

（五）违约定义参考

违约定义除了在理论上具有探讨的空间以外，在实践中的意义也非常重要。违约定义与级别评级和评级质量检验等业务操作密切相关，同时，监管机构也越来越重视评级机构对违约的认定和相关操作。这充分说明了建立兼具科学性和可操作性的违约定义对评级公司的重要意义。综合前述讨论，违约定义应从法律定义着手，确保定义的科学性，界定违约时要兼顾违约行为、违约责任和违约后果（损失）；同时考虑债券市场的特征，确保定义的可操作性，明确相应的违约事件。在此，提出违约框架性定义如下：

1. 债项违约分为：（1）事实违约。债务人未能按照合同约定按时、足额偿还债务。（2）实质性违约。虽未发生事实违约，但债务人实质上未能严格履行原合同，而是通过第三方特殊帮助履行合同，或者为避免事实违约而修改原有合同等行为。（3）预期违约。指依据相关事实认定企业极有可能不履行或不可能履行偿债义务。

实质性违约指虽未发生事实违约，但实质上未能按时足额偿付债务，比如为避免发生事实违约修改原有的偿债条款，通过寻求第三方协助完成偿付等。

预期违约是指债务尚未到期，但已经可以预期违约事件极大概率发生或必然发生。预期违约由债务到期之前的某些事件触发，如企业被接管或停业，或企业主动宣布不履行偿债义务，财务状况极度恶化以及其他影响企业偿债能力和偿债意愿的事件。

区分不同类型的违约一方面是对违约成因表现形式的科学分析和归类，另一方面也利于实操。比如在实际统计违约率时，应当以事实违约（或考虑实质性违约）为基准。预期违约由于是一种非实质性违约，更多体现一种主观预期，可用于评级或展望调整、评级模型研究等。同时上述违约定义为框架性定义，可以根据市场发展变化不断进行细化和扩充，比如增加预期违约的条款约定等。特别指出，由于评级的前瞻特性，相比于事实违约的认定，对预期违约的判断尤为重要，即通过某种尺度衡量企业未来违约情况（包括概率、损失期望、路径等），从这个意义上看，预期违约的定义可为评级的深入研究如违约距离等提供预置容器。

现有条件下，违约事件可定义为：

（1）事实违约：（a）未能按照合同约定及时足额偿还到期本金和利息，但不包括在合同约定宽限期内完成偿付的情况，未明确约定宽限期的，宽限期为 3 天（排除了技术性违约）；（b）债务人申请破产或已经破产；（c）经债权人和债务人约定为违约的其他情况。（2）实质性违约：（a）发生不利于债权人的债务减值或消极债务重组，债权人做出让步或债务重组具有明显的帮助债务人避免债券违约的意图，而非投机目的；（b）担保代偿；（c）第三方垫款或救助（不包括母公司注资）。（3）预期违约事件：（a）发行人处于被接管、被责令停业、被撤销许可、或收到其他行政命令等状态，导致企业未来可能无法履行或者延期履行债务协议；（b）企业主动宣布难以履行或不履行偿债义务；（c）财务状况极度恶化导致企业未来可能无法履行或者延期履行债务协议；（d）债务未按期履行并进入宽限期；（e）其他影响企业偿债能力和偿债意愿的事件。

2. 如主体名下任一债务（债券）被认定为违约，发行人应被认定为违约。

二、评级符号体系

信用评级符号是信用评级机构向投资者或公众揭示评级对象信用风险等级的一套直观、简单标识。纵观国内外各评级机构的评级符号体系，总体来说，信用评级符号体系基本遵循 AAA 至 C 的一个基本表现序列，只是在等级微调、符号细节和违约等级表现时各家机构稍有不同。另外，信用评级符号体系是与评级业务紧密联系的，随着评级业务的扩展和丰富，各个评级机构也会根据具体评级内容和对象发展出新的评级符号体系。但本文将评级符号体系分析重点放在评级机构常规业务，即主体和债券的长短期评级符号体系上。

（一）国际三大评级机构评级符号体系

作为国际三大评级机构，标普、穆迪和惠誉这三家评级机构的主体和债项评级符号体系均采用了长短期评级符号体系。

1. 穆迪

穆迪[①]长期评级符号可用于主体或者初始发行期限为一年或以上的债券；而穆迪的短期评级符号则用于主体或初始发行期限为13个月或者更少的债项。同时穆迪评级方法中称等级既反映对合同约定的支付义务违约的可能性，也反映一旦发生违约可能遭受的预期金融损失[②]。但实际在评级符号定义中，仅在长期评级符号体系内的“Ca”和“C”级中提及本金和利息回收情况。穆迪的长、短期评级符号体系及其定义既适用于主体评级也适用于债项评级，同时也适用于多项业务，除了债券相关的主体和债项评级（发行人主体评级、企业家族评级、长短期债项评级）以外，还包括银行存款评级、交易对手评级、CDS评级等。

穆迪长期评级体系三等九级，其中Aa到Caa可以通过增加1、2、3进行微调，1表示等级内最高，见表2。

表2 穆迪长期评级符号体系定义

等级符号	定义
Aaa	债务的信用质量最高，信用风险最低。
Aa	债务的信用质量很高，只有极低的信用风险。
A	债务为中上等级，有低信用风险。
Baa	债务有中等信用风险，这些债务属于中等评级，因此有某些投机特征。
Ba	债务有投机成分，信用风险较高。
B	债务为投机性债务，信用风险高。
Caa	债务信用状况很差，信用风险极高。
Ca	债务投机性很高，可能或极有可能违约，只有些许收回本金及利息的希望。
C	债务为最低债券等级，通常都是违约，收回本金及利息的机会微乎其微。

资料来源：联合资信整理。

穆迪短期评级符号分为4类，见表3。

表3 穆迪短期评级符号定义

等级符号	定义
P-1	被评为Prime-1的发行人（或相关机构）短期债务偿付能力最强。
P-2	被评为Prime-2的发行人（或相关机构）短期债务偿付能力较强。
P-3	被评为Prime-3的发行人（或相关机构）短期债务偿付能力尚可。
NP	被评为Not Prime的发行人（或相关机构）不在任何Prime评级类别之列。

资料来源：联合资信整理。

另外，穆迪提供违约概率评级（Probability of Default Ratings），该评级是针对企业集团内一项或多项长期债务违约相对可能性的评价。如果企业集团面对集团下所有债务均出现违约，比如破产，则授予D-PD级别，如果违约的是有限债务，则会添加“/LD”，例如

① 资料来源：Moody's investor service，Rating Symbols and Definition，June 2018.

② 对于某些结构性金融产品、优先股和混合证券，在这些产品中，支付违约事件要么没有得到解除，要么不符合投资者对及时支付的预期。长期和短期评级反映了资产减值的可能性和资产减值发生后的资产减值损失情况。

Caa1 - PD/LD。该业务评级符号体系微调规则同长期评级符号一致，具体符号见表4。

表4 穆迪违约概率评级符号定义

等级符号	定义
Aaa - PD	最高质量，对应最低的违约风险。
Aa - PD	高质量，对应很低违约风险。
A - PD	中高级别，对应违约风险低。
Baa - PD	中等级别，对于违约风险一般，该类别具有某些投机特征。
Ba - PD	投机级别，具有实质违约风险。
B - PD	投资级别，对于违约风险高。
Caa - PD	缺乏信誉的投机级别，对应违约风险很高，可能对某些债务但不是全部长期债务已经出现违约迹象了。
Ca - PD	具备相当高的投机性质，很有可能近期对某些但并不是全部长期债务出现违约。
C - PD	最低质量，一般来说对某些并不是全部长期债务已经出现违约。
D - PD	对所有长期债务违约。

资料来源：联合资信整理。

整体看，穆迪评级符号体系以长、短期信用评级为主，但其长、短期符号体系可用于多类评级业务，主体和债项评级符号定义未区分。同时还有大量的衍生评级业务又配备不同的评级符号，整体评级符号体系较为庞杂。

2. 标普

尽管评级符号体系大致相近，但标普①在评级符号体系中仍严格区分主体评级和债项评级的符号体系。其主要区别在于主体长短期评级中设置了“R”和“SD”等级，而债券长短期评级体系中没有该两项等级，但债券长期级别内含有“C”而主体长期级别中不含“C”级别。另外，在标普的评级符号定义中，BB、B、CCC和CC等级为投机级别，评级主要考虑主体的还款能力和还款意愿，可能会考虑违约后对债务最终偿付的影响，评级中，标普考虑的首要和核心因素是违约概率，其次考虑偿还顺序和回收情况等。在对债项进行评级时，偿还顺序和回收情况这两个因素要比对主体进行评级时考虑得更多些。对于AA到CCC，可通过“+”、“-”进行微调，见表5。

表5 标普长期主体评级符号定义

等级符号	定义
AAA	偿还债务能力极强，为标普给予的最高评级。
AA	偿还债务能力很强，与最高评级差别很小。
A	偿还债务能力较强，但相对于较高评级的发债人，其偿债能力较易受外在环境及经济状况变动的不利因素的影响。

① 资料来源：S&P Global Ratings，S&P Global Ratings Definitons，19 - Apr - 2018. https：//www. standardandpoors. com/en_US/web/guest/article/ - /view/sourceId/504352.

续表

等级符号	定义
BBB	目前有足够偿债能力，但若在恶劣的经济条件或外在环境下其偿债能力可能较脆弱。
BB	相对于其他投机级评级，违约的可能性最低。但持续的重大不稳定情况或恶劣的商业、金融、经济条件可能令发债人没有足够能力偿还债务。
B	违约可能性较“BB”级高，发债人目前仍有能力偿还债务，但恶劣的商业、金融或经济情况可能削弱发债人偿还债务的能力和意愿。
CCC	目前有可能违约，发债人须依赖良好的商业、金融或经济条件才有能力偿还债务。如果商业、金融、经济条件恶化，发债人可能会违约。
CC	目前违约的可能性很高。该级别意味着无论实际违约还需要多久，标普认为其违约是必然的。
R	债务人因其财务状况受到监管。在监管未决期间，监管机构可以有权对债务进行处置，包括对一种债务优先于其他债务偿还，或只支付部分债务而不支付其他债务。
SD 和 D	债务人对其一项或多项财务债务存在违约，包括评级债务和未评级债务，但不包括被归类为监管资本或按条款不付款的混合工具。除非标普认为，在没有规定的宽限期的情况下，债务人将在到期日的五个工作日内或在规定的宽限期的较早时间或 30 个日历日内支付上述款项，否则债务人将被视为违约。当标普认为违约将是一种普遍违约，且债务人未能在到期时支付全部或大部分债务时，就会给出“D”评级。当标普认为债务人有选择地拖欠某一特定问题或债务类别而继续在其他问题或债务类别上及时履行其付款义务时，就会被赋予“SD”评级。如果债务人正在进行低价换股，债务人级别将被下调至“D”或“SD”。

资料来源：联合资信整理。

相对于长期主体评级，标普长期债项评级没有 R 和 SD 级别，见表 6。

表 6　标普长期债项评级符号定义

等级符号	定义
AAA	标普给予债项的最高评级，相应债务人偿还债务能力极强。
AA	该级别债项与最高评级差别很小。相应债务人偿还债务能力很强。
A	相对于较高评级的债项，该级别债券表现出较易受外在环境及经济状况变动的不利因素的影响。但相应债务人偿还债务能力仍然较强。
BBB	被评为 BBB 级别的债券具备足够的保护参数，但不利的经济条件和环境有可能削弱相应债务人的偿债能力。
BB	相对于其他投机级评级债券，该等级违约的可能性最低。但持续的重大不稳定情况或恶劣的商业、金融、经济条件可能令相应债务人没有足够能力偿还债务。
B	违约可能性较“BB”级高，相应债务人目前仍有能力偿还债务，但恶劣的商业、金融或经济情况可能削弱债务人偿还债务的能力和意愿。
CCC	债项目前有可能遭遇无法偿付，相应债务人必须依赖良好的商业、金融或经济条件才有能力偿还债务。如果商业、金融、经济条件发生不利变化，相应债务人不大可能有能力偿还债务。
CC	债项目前无法偿付的可能性很高。CC 级别意味着无论实际违约还需要多久，标普认为其违约是必然的。
C	债项目前无法偿付的可能性很高，并且相比于其他高级别债项，该级别债项预计优先可能性较小，最终回收率较低。

续表

等级符号	定义
D	“D”等级说明债项已经违约或正在打破推定承诺（Imputed promise）。对于非混合资本工具来说，除非标普认为在没有规定的宽限期的情况下，债务人将在到期日的五个工作日内或在规定的宽限期的较早时间或30个日历日内支付上述款项，否则债务人将被视为违约。当标普认为违约将是一种普遍违约，且债务人未能在到期时支付全部或大部分债务时，就会给出“D”评级。另外，如果相关债务人正在提起破产申请或类似行动，债项违约成为必然，比如自动保持规定，那么债项也会被评为“D”。如果债项正在别进行低价换股，债券级别将被下调至“D”。

资料来源：联合资信整理。

标普短期主体评级符号分为7级，见表7。

表7　标普短期主体评级符号定义

等级符号	定义
A－1	标普给予的最高短期主体评级，债务人偿还债务能力强。该级别可设置“＋”，表示债务人偿还债务能力极强。
A－2	偿还债务能力令人满意。不过相对于最高的评级，其偿债能力较易受不利的环境和经济条件影响。
A－3	偿债能力适当，但是不利的经济条件和变化的环境因素很有可能削弱债务人的偿债能力。
B	该级别被视为无力偿还债务，并且具备明显的投机性质。债务人目前仍有能力偿还债务，但持续的不确定因素会导致债务人偿还能力不足。
C	目前已经无力偿还并有可能降至SD或D级别，债务人偿债能力依赖于良好的商业、金融和经济条件。
R	债务人因其财务状况受到监管。在监管未决期间，监管机构可以有权对债务进行处置，包括对一种债务优先于其他债务偿还，或只支付部分债务而不支付其他债务。
SD和D	债务人对其一项或多项财务债务存在违约，包括评级债务和未评级债务，但不包括被归类为监管资本或按条款不付款的混合工具。除非标普认为，在规定的宽限期内，债务人支付上述款项，否则债务人将被视为违约。同时，任何大于5个工作日的宽限期被视为5个工作日处理。当标普认为违约将是一种普遍违约，且债务人未能在到期时支付全部或大部分债务时，就会给出“D”评级。当标普认为债务人有选择地拖欠某一特定问题或债务类别而继续在其他问题或债务类别上及时履行其付款义务时，就会被赋予“SD”评级。如果债务人正在进行低价换股，债务人级别将被下调至“D”或“SD”

资料来源：联合资信整理。

标普短期债项评级符号分为6级，与短期主体评级符号相比，没有R级，见表8。

表8　标普短期债项评级符号定义

等级符号	定义
A－1	标普给予的最高短期债项评级，相应债务人偿还债务能力强。该级别可设置“＋”，表示相应债务人偿还债务能力极强。
A－2	相应债务人偿还债务能力令人满意。不过相对于最高的评级，其偿债能力较易受不利的环境和经济条件影响。

续表

等级符号	定义
A－3	A－3 级别债务表现出适当的保护参数。但是不利的经济条件和变化的环境因素很有可能削弱相应债务人对债务的偿还能力。
B	该级别债项被视为无法偿还债务，并且具备明显的投机性质。相应债务人目前仍有能力偿还债务，但持续的不确定因素会导致债务人偿还能力不足。
C	债项目前无法偿还，相应债务人偿债能力依赖于良好的商业、金融和经济条件。
D	“D”等级说明债项已经违约或正在打破推定承诺（Imputed Promise）。对于非混合资本工具来说，除非标普认为在规定的宽限期内支付上述款项，否则债务人将被视为违约。同时，任何宽限期大于 5 个工作日的被视作 5 个工作日处理。如果相关债务人正在提起破产申请或类似行动，债项违约成为必然，比如自动保持规定，那么债项也会被评为“D”。如果债项正在别进行低价换股，债券级别将被下调至“D”。

资料来源：联合资信整理。

整体看，标普长短期评级符号体系中主体和债项分别定义，架构相对清晰，利于理解。

3. 惠誉

惠誉①主体评级和债项评级的长短期符号基本保持一致，且长短期定义基本与穆迪一致，但其在短期评级符号定义中指出，除了包含初始发行期限在 13 个月或以下的债券外，还包括美国公开融资市场上 36 个月之内的债券②。惠誉在评级方法中指出主体评级指的是发行人违约评级（Issuer Default Ratings），是对发行人违约可能性的相对顺序排名，而不是对特定违约概率的预测。同时，短期评级指的是对相关实体或债务在各种情况下短期债务的偿还能力的衡量，当涉及短期存款评级时可能会考虑损失程度。在长期评级符号体系中，各等级可通过加减号微调，但 AAA 以及 CCC 以下级别没有微调。短期符号中 F1 可添加“＋”，表示极强。

表 9 惠誉主体长期评级符号定义

等级符号	定义
AAA	信用质量最高，违约风险最低。表示偿还债务的能力极强，基本不受不利环境的影响。
AA	信用质量很高，违约风险很低。表示偿还债务的能力很强，受不利经济环境的影响不大。
A	信用质量较高，违约风险较低。表示偿还债务的能力较强，相比高级别，较易受不利商业和经济环境影响。
BBB	信用质量良好，违约风险一般。表示偿还债务的能力尚可，但不利商业和经济环境对其影响较大。

① 资料来源：Fitch Ratings Rating Definitions.

② Short－Term Ratings are assigned to obligations whose initial maturity is viewed as “short term” based on market convention. Typically, this means up to 13 months for corporate, sovereign, and structured obligations and up to 36 months for obligations in U. S. public finance markets.

续表

等级符号	定义
BB	投机性。表示违约风险较大，尤其是在商业和经济环境发生持续性恶化时，但其业务和财务弹性仍可支撑债务的偿付。
B	投机性较高，违约风险存在，但仍有一定安全边际。即其偿还债务的能力依赖于良好的商业和经济环境。
CCC	违约可能性确实存在。
CC	违约风险很高。很可能已出现了某些违约事项。
C	违约风险极高，接近违约。当债务人的现时债务进入宽限期，或者进入债务重组协商阶段。
RD	限制性违约。当债务人对某项债务违约，但尚未进入申请破产或类似行动。
D	违约。指债务人已进入破产申请或类似的终结行动。

资料来源：联合资信整理。

惠誉的长期债项评级分为三等九级，与长期主体评级不同，没有违约级。CCC 到 C 级都可能代表违约，被评为 CCC 以下级别的违约债项，其级别不再体现违约风险，而仅体现期望回收情况。

表 10　惠誉债项长期评级符号定义

等级符号	定义
AAA	信用质量最高，信用风险最低。表示偿还债务的能力极强，基本不受不利环境的影响。
AA	信用质量很高，信用风险很低。表示偿还债务的能力很强，受不利经济环境的影响不大。
A	信用质量较高，信用风险较低。表示偿还债务的能力较强，相比高级别，较易受不利商业和经济环境影响。
BBB	信用质量良好，信用风险一般。表示偿还债务的能力尚可，但不利商业和经济环境对其影响较大。
BB	投机性。表示信用风险较大，尤其是在商业和经济环境发生持续性恶化时，但其业务和财务弹性仍可支撑债务的偿付。
B	投机性较高，存在重大信用风险。
CCC	实质性信用风险已经出现。
CC	信用风险很高。
C	信用风险极高。

资料来源：联合资信整理。

惠誉短期主体评级符号（适用于主体和债项）分为 7 个等级。见表 11。

表 11　惠誉短期评级符号定义

等级符号	定义
F1	信用质量最高，表示能够定期偿付债务的最高能力。
F2	信用质量较高。表示定期偿付债务的能力令人满意，但是其安全性不如更高级别。
F3	信用质量一般。表示定期偿付债务的能力足够，但是近期负面的变化可能会使其降级至非投资级。

续表

等级符号	定义
B	投机性。表示定期偿付债务的能力有限，而且容易受近期经济金融条件的负面影响。
C	较高的违约风险。违约的可能性确实存在。偿付债务的能力完全依赖于一个持续有利的商业经济环境。
RD	限制性违约。债务人对某些或某类债务违约。
D	违约。表示该实体或国家主权已经对其所有的金融债务违约。

资料来源：联合资信整理。

4. 小结

从国际三大评级机构的符号体系来看，比较大的区别在于违约级别的设置。穆迪在主体和债项长期评级符号体系中均采用三等九级体系，C 等级即最低信用等级，没有设置 D 等级。标普则对主体和债项长期评级符号采用四等十级，尽管均对违约级别做了规定，但主体和债券符号并不一致，主体体系中没有 C 等级，而是从 CC 直接到违约级别（SD 或 D 级别），其债项等级中则设置了 C 级别，但没有限制性违约一说，仅有一个 D 等级。惠誉主体长期评级符号体系采用四等十一级，债项长期评级符号体系则是三等九级，只有主体符号体系中设置了违约级别（RD 或 D 级）。

标普和惠誉对于违约级别的设置，均根据其自身对违约的理解来具体设定选择性违约或者限制性违约。穆迪认为 C 级别即为最低信用等级，通常为违约。

（二）国内主要评级机构评级符号体系

国内评级机构也采用了主体和债项长短期评级符号体系的设置。在国内的信用评级符号体系解释中，均提及符号应当反映违约的可能性或风险，但仅有少数机构比较明确地提及债务的清偿程度。

1. 联合资信

联合资信①中长期主体和债券评级符号体系保持一致，中长期主体和债券信用等级划分为三等九级，符号表示为：AAA、AA、A、BBB、BB、B、CCC、CC、C。其中一等为投资级，包括 AAA、AA、A、BBB 级，二等为投机级，包括 BB、B、CCC、CC 级，三等为破产级，包括 C 级。除 AAA 级，CCC 级（含）以下等级外，每一个信用等级可用“+”、“-”符号进行微调，表示略高或略低于本等级。主体信用评级是对受评对象如期偿还其全部债务的能力和偿债意愿的综合评价，评定的等级代表其整体的信用质量、违约可能性。债项信用评级是指对发行人发行的债务融资工具或金融产品（固定收益类产品）的评级，评定的是该债务融资工具或金融产品的信用风险，即是对该债务的违约可能性及清偿程度的综合判断。联合资信短期债券信用评级等级划分为四等六级，符号表示为：A-1、A-2、A-3、B、C、D。每一个信用等级均不进行微调。

① 资料来源：联合资信官网 http：//www. lhratings. com/aboutRatings. html？type =2.

表 12　联合资信长期评级符号定义

等级符号	定义
AAA	偿还债务的能力极强，基本不受不利经济环境的影响，违约风险极低。
AA	偿还债务的能力很强，受不利经济环境的影响不大，违约风险很低。
A	偿还债务能力较强，较易受不利经济环境的影响，违约风险较低。
BBB	偿还债务能力一般，受不利经济环境影响较大，违约风险一般。
BB	偿还债务能力较弱，受不利经济环境影响很大，违约风险较高。
B	偿还债务的能力较大地依赖于良好的经济环境，违约风险很高。
CCC	偿还债务的能力极度依赖于良好的经济环境，违约风险极高。
CC	在破产或重组时可获得的保护较小，基本不能保证偿还债务。
C	不能偿还债务。

资料来源：联合资信整理。

联合资信短期评级符号体系分为四类六级。

表 13　联合资信短期评级符号定义

等级符号	定义
A－1	还本付息能力最强，安全性最高。
A－2	还本付息能力较强，安全性较高。
A－3	还本付息能力一般，安全性易受不良环境变化的影响。
B	还本付息能力较低，有一定的违约风险。
C	还本付息能力很低，违约风险较高。
D	不能按期还本付息。

资料来源：联合资信整理。

2. 中债资信

中债资信[①]主体评级符号针对于发行人的违约风险评价。符号体系分为四等十级，分别为 AAA、AA、A、BBB、BB、B、CCC、CC、C、D，其中 AAA 至 B 级别可用“＋”或“－”符号进行微调，表示在本等级内略高或略低于中等水平。

表 14　中债资信主体评级符号定义

等级符号	定义
AAA	偿还债务的能力极强，基本不受不利经济环境的影响，违约风险极低。
AA	偿还债务的能力很强，受不利经济环境的影响不大，违约风险很低。
A	偿还债务的能力较强，较易受不利经济环境的影响，违约风险较低。
BBB	偿还债务的能力一般，受不利经济环境的影响较大，违约风险一般。
BB	偿还债务的能力较弱，受不利经济环境的影响很大，违约风险较高。
B	偿还债务的能力较大地依赖于良好的经济环境，违约风险很高。

① 资料来源：中债资信《评级符号体系》2016 年 12 月版本。

续表

等级符号	定义
CCC	主体基本无法偿还债务，未来一段时间内将发生违约。
CC	主体基本难以偿还债务，短期内将发生违约。
C	主体已发布债务兑付风险提示、申请破产等情况，表示主体即将违约。
D	主体已经违约。

资料来源：联合资信整理。

中债资信债项评级符号包括中长期债项评级符号、短期债项评级符号和资产证券化债项评级符号。其中中长期债项指的是一年以上债券，且中长期债项评级是对债券违约风险和损失程度的综合评价，分为三等九级，符号分别为 AAA、AA、A、BBB、BB、B、CCC、CC、C，其中 AAA 级至 B 级别可用“+”或“-”符号进行微调，表示在本等级内略高或略低于中等水平。

表 15　中债资信中长期债项评级符号定义

等级符号	定义
AAA	债券安全性极高，违约风险极低，或者违约损失风险极低。
AA	债券安全性很高，违约风险很低，或者违约损失风险很低。
A	债券安全性较高，违约风险较低，或者违约损失风险较低。
BBB	债券安全性一般，违约风险一般，或者存在一定违约损失风险。
BB	债券安全性较弱，违约风险较高，违约损失风险较高。
B	债券安全性很低，违约风险很高，违约损失风险很高。
CCC	债券已经违约，但本金和利息回收可能性较高。
CC	债券已经违约，而且债券在破产或重组时可获得的保护较小，本金和利息回收可能性一般。
C	债券已经违约，基本不能保证本金和利息的回收。

资料来源：联合资信整理。

短期债券是指偿还期限为一年或不足一年的债券。中债资信短期债项评级是对短期债券违约风险的评价，主要考量发债主体对该项短期债券的偿付能力。其等级划分为四等六级，符号分别为 A-1、A-2、A-3、B、C、D，每个信用等级均不进行微调。各主体和债项等级含义见表 16。

表 16　中债资信短期债项评级符号定义

等级符号	定义
A-1	还本付息能力最强，安全性最高。
A-2	还本付息能力较强，安全性较高。
A-3	还本付息能力一般，安全性易受不良环境变化的影响。
B	还本付息能力较低，有一定的违约风险。
C	还本付息能力很低，违约风险较高。
D	债项已经违约，参考中债资信违约定义。

资料来源：联合资信整理。

3. 中诚信

中诚信[①]信用评级定义中指出，信用评级反映的是发债主体按时偿本付息的能力和意愿，以及各类债务如约还本付息的可能性或预期损失。在中诚信的信用等级符号体系中，各等级及含义中并没有对预期损失的描述。中诚信主体信用等级符号和中长期债项信用等级符号完全一致，分为三等九级，符号分别为AAA、AA、A、BBB、BB、B、CCC、CC和C，其中除AAA级和CCC级及以下级别外，每个等级均可用“+”、“-”符号进行微调，表示略高或略低于本等级。

表17 中诚信主体评级符号定义

等级符号	定义
AAA	受评对象偿还债务的能力极强，基本不受不利经济环境的影响，违约风险极低。
AA	受评对象偿还债务的能力很强，受不利经济环境的影响较小，违约风险很低。
A	受评对象偿还债务的能力较强，较易受不利经济环境的影响，违约风险较低。
BBB	受评对象偿还债务的能力一般，受不利经济环境的影响较大，违约风险一般。
BB	受评对象偿还债务的能力较弱，受不利经济环境的影响很大，有较高违约风险。
B	受评对象偿还债务的能力较大地依赖于良好的经济环境，违约风险很高。
CCC	受评对象偿还债务的能力极度依赖于良好的经济环境，违约风险极高。
CC	受评对象在破产或重组时可获得的保护较小，基本不能保证偿还债务。
C	受评对象不能偿还债务。

资料来源：联合资信整理。

中诚信中长期债项评级符号定义见表18。

表18 中诚信中长期债项评级符号定义

等级符号	定义
AAA	债券安全性极强，基本不受不利经济环境的影响，违约风险极低。
AA	债券安全性很强，受不利经济环境的影响较小，违约风险很低。
A	债券安全性较强，较易受不利经济环境的影响，违约风险较低。
BBB	债券安全性一般，受不利经济环境的影响较大，违约风险一般。
BB	债券安全性较弱，受不利经济环境的影响很大，有较高违约风险。
B	债券安全性较大地依赖于良好的经济环境，违约风险很高。
CCC	债券安全性极度依赖于良好的经济环境，违约风险极高。
CC	基本不能保证偿还债务。
C	受评对象不能偿还债务。

资料来源：联合资信整理。

短期债券评级符号分为A-1、A-2、A-3、B、C和D，均不可微调。具体符号和定

① 资料来源：中诚信官网，http：//www.ccxi.com.cn/cn/Init/baseFile/1118.

义见表19。

表19　中诚信短期融资券评级符号定义

等级符号	定义
A－1	为最高级别短期融资券，还本付息风险很小，安全性很高。
A－2	还本付息风险较小，安全性较高。
A－3	还本付息风险一般，安全性易受不利环境变化的影响。
B	还本付息风险较高，有一定的违约风险。
C	还本付息风险很高，违约风险较高。
D	不能按期还本付息。

资料来源：联合资信整理。

4. 东方金诚

东方金诚[①]的信用评级分为主体评级和债项评级。主体评级是以企业或其他经济主体为对象进行的信用评级。债项评级是以企业或其他经济主体的特定债务为对象进行的信用评级，分为短期债项信用评级和中长期债项信用评级。

主体信用等级划分为三等九级，符号表示分别为：AAA、AA、A、BBB、BB、B、CCC、CC、C。除AAA级和CCC级以下等级外，每一个信用等级可用“＋”、“－”符号进行微调，表示略高或略低于本等级。等级释义见表20：

表20　东方金诚主体评级符号定义

等级符号	定义
AAA	偿还债务的能力极强，基本不受不利经济环境的影响，违约风险极低。
AA	偿还债务的能力很强，受不利经济环境的影响不大，违约风险很低。
A	偿还债务能力较强，较易受不利经济环境的影响，违约风险较低。
BBB	偿还债务能力一般，受不利经济环境影响较大，违约风险一般。
BB	偿还债务能力较弱，受不利经济环境影响很大，有较高违约风险。
B	偿还债务的能力较大地依赖于良好的经济环境，违约风险很高。
CCC	偿还债务的能力极度依赖于良好的经济环境，违约风险极高。
CC	在破产或重组时可获得的保护较小，基本不能保证偿还债务。
C	不能偿还债务。

资料来源：联合资信整理。

中长期债项是指一年期以上的特定债务。东方金诚中长期债项信用等级划分为三等九级，符号表示分别为：AAA、AA、A、BBB、BB、B、CCC、CC、C。除AAA级和CCC级以下等级外，每一个信用等级可用“＋”、“－”符号进行微调，表示略高或略低于本等级。等级释义见表21：

① 资料来源：东方金诚《信用等级划分及定义》。

表 21　东方金诚中长期债项评级符号定义

等级符号	定义
AAA	偿还债务的能力极强，基本不受不利经济环境的影响，违约风险极低。
AA	偿还债务的能力很强，受不利经济环境的影响不大，违约风险很低。
A	偿还债务能力较强，较易受不利经济环境的影响，违约风险较低。
BBB	偿还债务能力一般，受不利经济环境影响较大，违约风险一般。
BB	偿还债务能力较弱，受不利经济环境影响很大，有较高违约风险。
B	偿还债务的能力较大地依赖于良好的经济环境，违约风险很高。
CCC	偿还债务的能力极度依赖于良好的经济环境，违约风险极高。
CC	在破产或重组时可获得的保护较小，基本不能保证偿还债务。
C	不能偿还债务。

资料来源：联合资信整理。

短期债项是指一年期以内的特定债务。东方金诚短期债项（含：短期融资券，超短期融资券）信用等级划分为四等六级，符号表示分别为：A－1、A－2、A－3、B、C、D。每一个信用等级均不进行微调。等级释义见表 22：

表 22　东方金诚短期债项评级符号定义

等级符号	定义
A－1	还本付息能力最强，安全性最高。
A－2	还本付息能力较强，安全性较高。
A－3	还本付息能力一般，安全性易受不良环境变化的影响。
B	还本付息能力较低，有一定的违约风险。
C	还本付息能力很低，违约风险较高。
D	不能按期还本付息。

资料来源：联合资信整理。

5. 鹏元资信

鹏元资信①债务人主体长期信用等级反映债务人按期足额偿付所有债务本息的能力及其相对风险程度，其适用对象为国内各类企业。债务人主体长期信用等级划分为三等九级，符号表示为：AAA、AA、A、BBB、BB、B、CCC、CC、C。除 AAA 级和 CCC 级（含）以下等级外，每一个信用等级可用“＋”、“－”符号进行微调，表示略高或略低于本等级。

表 23　鹏元资信长期主体评级符号定义

等级符号	定义
AAA	偿还债务的能力极强，基本不受不利经济环境的影响，违约风险极低。
AA	偿还债务的能力很强，受不利经济环境的影响不大，违约风险很低。
A	偿还债务能力较强，较易受不利经济环境的影响，违约风险较低。

① 资料来源：官网网址 http：//www. pyrating. cn/technology/pingjifuhao/zhaiwuxinyongdengjifuhao.

续表

等级符号	定义
BBB	偿还债务能力一般，受不利经济环境影响较大，违约风险一般。
BB	偿还债务能力较弱，受不利经济环境影响很大，违约风险较高。
B	偿还债务的能力较大地依赖于良好的经济环境，违约风险很高。
CCC	偿还债务的能力极度依赖于良好的经济环境，违约风险极高。
CC	在破产或重组时可获得的保护较小，基本不能保证偿还债务。
C	不能偿还债务。

资料来源：联合资信整理。

鹏元资信中长期债务是指约定偿还期限为一年以上的债务。中长期债务信用等级反映债务人按期足额偿付某一特定债务本息的能力及其相对风险程度，它评价了中长期债务违约的可能性。其适用对象为国内各类主体发行的中长期债务（不包括地方政府债券和结构融资产品）。中长期债务信用等级划分为三等九级，符号表示为：AAA、AA、A、BBB、BB、B、CCC、CC、C。除 AAA 级和 CCC 级（含）以下等级外，每一个信用等级可用“+”、“-”符号进行微调，表示略高或略低于本等级。

表 24　鹏元资信中长期债务评级符号定义

等级符号	定义
AAA	债务安全性极高，违约风险极低。
AA	债务安全性很高，违约风险很低。
A	债务安全性较高，违约风险较低。
BBB	债务安全性一般，违约风险一般。
BB	债务安全性较低，违约风险较高。
B	债务安全性低，违约风险高。
CCC	债务安全性很低，违约风险很高。
CC	债务安全性极低，违约风险极高。
C	债务无法得到偿还。

资料来源：联合资信整理。

短期债务是指约定偿还期限为一年或不足一年的债务。短期债务信用等级是对受评企业按期偿还特定短期债务本息能力的判断。其适用对象为国内各类企业发行的短期融资券等短期债务。短期债务信用等级划分为四等六级，符号表示为：A-1、A-2、A-3、B、C、D。每一个信用等级均不进行微调。

表 25　鹏元资信短期债务评级符号定义

等级符号	定义
A-1	为最高级短期债券，其还本付息能力最强，安全性最高。
A-2	还本付息能力较强，安全性较高。
A-3	还本付息能力一般，安全性易受不良环境变化的影响。

续表

等级符号	定义
B	还本付息能力较低，有一定的违约风险。
C	还本付息能力很低，违约风险较高。
D	不能按期还本付息。

资料来源：联合资信整理。

6. 小结

在主体和中长期债项评级符号体系中，国内评级机构除了中债主体评级体系使用四等十级外，中债债项长期评级符号体系以及其他机构的主体债项长期评级符号体系均为三等九级，在短期债项评级符号体系中，国内机构均采用四等六级。这主要与人民银行出台的《信贷市场和银行间债券市场信用评级规范》内提供的信用评级符号体系相对一致。然而，中债资信的评级符号体系与国际接轨更好，其对于违约主体和债项的评级均采用单独的一等符号，对于债项评级，CCC 级及以下均为违约债券，但回收率高低不同。相比较而言，国内其他评级机构未对违约主体和债项采用专门一等符号（均采用 C 级），且缺乏对回收率的描述。

（三）监管方或其他机构对符号体系要求

1. 美国证交会

美国证交会向国会提交的《信用评级标准化问题研究》① 报告中提出：NRSRO 对长期信用评级使用相似的评级符号来表示，但对于其他类型的信用评级使用的符号有很大不同。规范信用评级术语有助于比较评级机构的信用评级，并可能导致更少操纵评级级别的机会，给人以准确的印象。然而，要求评级符号标准化可能并不可行，因为评级机构在评级符号体系上存在独特性，在信用评级方法上存在差异性。此外，要求标准化的信用评级符号体系可能会降低信用评级机构提高信用评级方法和监督程序的激励力度。

报告同时指出，不建议要求评级机构建立评级级别与违约率之间的映射关系。因为这种对应关系的建立哪怕不是不可能的，也是非常困难的。报告表示，调查发现所有的 NRSROs 都不提供这种量化的映射关系，其理由是评级结果是基于一系列定性定量指标得出。此外，有一个未注册为 NRSRO 的评级机构可以做到。但是，SEC 提出该建议是基于评级机构的现状，而并未给出强有力的理由。

2. 欧盟

欧盟方面，欧洲证券和市场管理局（ESMA）在最新修订的《信用评级机构监管法规》（简称 CRA Ⅲ）中约定，信用评级机构必须让投资者了解，信用评级及其展望对应的违约概率是基于历史表现而来，这些历史数据必须在 ESMA 的中央数据库中进行披露。信用评级机构发布信用评级和信用展望时，应根据 CRA Ⅲ第 11 条第（2）款，披露其对应的历史违

① SEC.《Report to Congress：Credit Rating Standardization Study》. pp. 3 - 4. 2012. 9.

约率，并对违约率的含义进行解释性说明①。

3. 中国人民银行

中国人民银行在《信贷市场和银行间债券市场信用评级规范》中提供了中长期债券、担保机构及短期债券信用等级符号体系。中长期及机构信用符号体系内除 AAA 级、CCC 级（含）以下等级外，每一个信用等级可用“+”、“-”符号进行微调，表示略高或略低于本等级。短期符号不可进行微调。人民银行符号体系内，仅在 CC 级别较为模糊地提到债券在破产或重组时获得的保护较小，并未明确提及符号应当反映损失率的情况。

表 26　中国人民银行中长期债券评级符号定义

等级符号	定义
AAA	偿还债务的能力极强，基本不受不利经济环境的影响，违约风险极低。
AA	偿还债务的能力很强，受不利经济环境的影响不大，违约风险很低。
A	偿还债务的能力较强，较易受不利经济环境的影响，违约风险较低。
BBB	偿还债务的能力一般，受不利经济环境的影响较大，违约风险一般。
BB	偿还债务的能力较弱，受不利经济环境的影响很大，违约风险较高。
B	偿还债务的能力较大地依赖于良好的经济环境，违约风险很高。
CCC	偿还债务的能力极度依赖于良好的经济环境，违约风险极高。
CC	在破产或重组时可获得的保护较小，基本不能保证偿还债务。
C	不能偿还债务。

资料来源：联合资信整理。

中国人民银行的短期债券评级符号体系如下。

表 27　中国人民银行短期债券评级符号定义

等级符号	定义
A－1	还本付息能力最强，安全性最高。
A－2	还本付息能力较强，安全性较高。
A－3	还本付息能力一般，安全性易受不良环境变化的影响。
B	还本付息能力较低，有一定的违约风险。
C	还本付息能力很低，违约风险较高。
D	不能按期还本付息。

资料来源：联合资信整理。

在上述规范文本中，中国人民银行规定，评级业务主管部门应依据违约率为核心的考核指标，对信用评级机构的评级结果进行检验。

① THE EUROPEAN PARLIAMENT AND THE COUNCIL OF THE EUROPEAN UNION. REGULATION（EU） No 462/2013 OF THE EUROPEAN PARLIAMENT AND OF THE COUNCIL of 21 May 2013 amending Regulation（EC） No 1060/2009 on credit rating agencies. pp. 2－26. 2013. 5.

4. 其他

自2015年开始，保险资管协会、交易商协会及国家发改委陆续启动市场化评价工作，其中均包含了评级质量评价的内容。中国银行间市场交易商协会发布的相关文件提出要对信用评级机构的业务实力和信用评级质量的评价，具体包括业务人才队伍、研究能力、透明度和信息披露、评级结果检验等评价指标①。其中，评级结果检验评价包括了对累计违约率数据的评价。

5. 小结

绝大部分国内外监管机构并未对评级符号体系设置作出要求，美国证交会对于评级符号体系的研究表明，建立标准化的评级符号体系不可行，并且给出了充分的理由。国内方面，人民银行在2006年曾给出相应的评级符号规范，该规范作为金融行业标准发布，成为绝大部分国内评级机构的评级符号体系定义的范本。

（四）几点思考

1. 建议分别定义长、短期信用评级符号并对微调进行限定

当前的国内外评级机构所提供的长短期主体和债项的评级符号体系中，就长期微调方面基本保持一致，即AA－CCC级可进行“+”、“－”上下微调，AAA级和CCC级以下级别不进行微调；短期微调方面，标普和惠誉允许在短期最高等级上可以添加“+”表示短期信用质量极好，其他机构均不允许微调，国内机构均不允许短期微调。因此建议长期等级AA－CCC级进行“+”、“－”上下微调，而短期不允许微调。另外根据评级对象，建议主体设置长期等级，不设立短期等级；债项区分长短期评级符号。

2. 建议单独设立违约级别

在标记违约主体和债券方面，国内外的做法有一定区别，国内主要的违约级别即为C级。国外标普、惠誉都有单独的违约级别定义。设立单独的违约级别有利于对于已经事实违约主体和债项进行显著的标记，在评级操作和统计上具有实际意义。

3. 建议在低评级债券评级符号定义中纳入回收率考量

对于评级符号体系内是否需要纳入损失率，鉴于目前的市场数据质量，建立一一对应的关系的条件尚不成熟，而且这种对应关系应用于评级实践仍不具备可操作性，但关注低等级债券的回收情况在理论上更加自洽，对于违约逐步常态化的国内债券市场而言也将具有实践意义，建议对B级别以下的等级符号体系进行大致的损失情况描述。

三、评级主标尺

评级机构、监管机构以及市场参与者都非常关注评级的质量的检验，即评级能否准确揭示信用风险。根据前述对国内外评级机构评级符号体系定义的研究，可以看到，评级机构符

① 中国银行间市场交易商协会.《非金融企业债务融资工具信用评级机构业务市场评价规则》. p. 2. 2016. 2.

号体系定义与信用风险的大小程度上存在对应关系，评级符号体系实际上发挥了一个标尺作用，即用评级级别来丈量信用风险的高低。本部分专注于评级主标尺与信用风险的关系的分析，重点关注评级与衡量信用风险的两个核心指标违约概率、违约损失率之间的关系。

（一）评级与违约概率

由于违约概率本身是一个随机变量，在实践可以采用实际的违约率统计来近似替代。因此，在分析评级与违约概率的关系时，重点是分析评级与历史统计违约率之间的关系。

1. 国际三大评级机构对评级主标尺的看法

国际三大评级机构均认为这种标尺是定性的，而非数值化的量表。

（1）穆迪

穆迪认为，将信用等级对应到一个具体的违约率数值存在三方面的问题，首先，现行评级符号适用于一定的时间范围，债务人在 1 年、3 年、5 年违约的风险是不同的，很难用一个具体的违约概率数值或范围来表示。其次，违约风险随着到期日的临近而变化，如果级别对应于具体的违约概率，则必须不断调整即将到期的债务人的评级。最后，宏观周期对所有债务人的风险都会产生影响，为了确保级别与违约概率的对应关系，会导致频繁地调整级别，不利于市场的稳定性。因此，穆迪主要关注评级主标尺对违约概率的排序关系而不是绝对数量关系①。

同时穆迪官方网站上披露与信用评级、年限相关的二维理想期望违约率和理想期望损失率数据。该数据根据 1970 年到 1989 年的数据得到，并经过了几个关键的调整，比如填充了微调级别的违约率和损失率（1983 年没有微调级别）。理想期望损失与理想违约率数据存在对应关系，$ELi = PDi \times LGD$，其中 ELi 为理想期望损失率，PDi 为理想期望违约率，$LGDi = 55\%$，即在假设违约损失率为 55% 的情况下得到的。

（2）标普

标普在 2009 年发布的《理解标普的评级定义》② 中表示，信用评级是关于评级对象信用水平高低的相对排序，而不是对违约概率的绝对度量。信用水平的首要和核心因素是违约可能性，其次还包括债务的偿还顺序、回收情况和信用稳定性。评级活动的主要目的就是力图将这些方面因素对信誉状况的影响浓缩到评级符号这个单一的维度上。评级的首要目标就是对评级对象违约可能性进行排序。偿还顺序和回收情况这两个因素在对债项进行评级时要比对主体进行评级时考虑得更多些，当评级对象违约可能性升高时，这两个因素的重要性会高些；而信用稳定性在评级对象违约可能性降低时显得更为重要。此外，次要因素重要性的排序会随着市场情况和经济环境的改变而改变。标普也提出，根据观测数据，所有级别的历史违约率随经济周期的上行和下行在降低和提高，因此不同级别的历史违约率并不能代表它目前的违约概率，对于评级质量的评价应该是在同一个周期内高级别债券具有较低的违约

① MOODY's. Measuring The Performance Of Credit Ratings. pp. 2 - 11.

② S&P. Understanding Standard & Poor's Rating Definitions. pp. 3 - 7. 2009. 6.

率，即评级对违约率的主标尺作用体现为同一时期内存在排序关系。

（3）惠誉

惠誉认为，信用评级是风险的一个相对度量，是关于违约脆弱性（vulnerability to default）相对排序的意见，并不隐含或者表达一个具体的违约概率值。历史违约率统计是一种对评级表现的回顾研究，未来的评级表现可能与历史观测数据有很大的不同。惠誉认为，首先由于信用评级是关于相对信用风险的前瞻性意见，所以对评级表现进行评价的一个惯用方法是考察不同历史时期的信用等级迁移和违约情况。其次，尽管研究历史违约率的工作是很有意义的，但不应简单地用过去的评级表现来推断未来的评级表现，对违约情况的考察是对评级有效性进行评价的最主要手段，但对历史违约率的考察需要结合当时的环境和事件，这样才是有效的。

综上所述，国际三大评级机构均主张评级与违约概率是一种相对排序关系，不能将级别直接对应于一个绝对的违约概率，历史违约率也不能反映未来的违约情况。虽然如此，国际三大评级机构非常重视历史违约率的研究，且认为历史违约率是评级质量考察的重要手段。在实践中，对历史违约率的研究也是验证评级机构所提倡的相对排序关系的唯一路径。

2. 国际三大评级机构的违约率数据实证

（1）违约率的计算方法

目前，在国际信用评级行业，主要采用两种方法计算违约率：标普、惠誉采用的静态池（static pool）方法和穆迪采用的动态群组（dynamic cohorts）方法。

静态池的样本由每年年初建立的某类债券发行人群组构成。债券发行人同时属于一个或几个静态池。如果某债券发行人在考察期内因到期、提前偿付或终止评级等原因撤销评级，或者发生违约，则需要从次年及以后的静态池中剔除。

动态群组的样本构建与静态池类似，但当群组里的某一债券发行人被撤销评级时，不仅需要从撤销以后的群组中剔除，还需要追溯至从撤销以前的群组，并对其进行调整。

具体到违约率的计算，静态池方法的分母为年初建立的群组中发行人的初始总数，动态群组方法的分母一般为年初建立的群组中发行人的初始总数减去年初建立的群组中年内被撤销评级的个数的一半。从方法上可以看出，静态池方法违约率数据通常会低于动态池。

（2）级别与违约率的关系

国际三大评级机构公开披露的违约率通常分为年度违约率和累计违约率，年度违约率为每年初建立样本池后当年违约的数据与池中样本的比例，累计违约率则为每年年初的样本池在第 1，第 2，…，第 n 年累计违约数据与池中样本的比例。本报告重点关注年度违约率和累计 3 年违约率。

a）穆迪

根据穆迪披露的 1920—2017 年分级别年度违约率数据，整体看，存在一定有序关系。同时，分级别的违约率波动性较强，分级别违约率统计离散系数（方差/均值）均大于 1。

表 28　穆迪 1920—2017 年分级别年度违约率数据统计特征（%）

	Aaa	Aa	A	Baa	Ba	B	Caa－C	投资级	投机级	全部
均值	0.00	0.06	0.09	0.27	1.02	3.17	10.50	0.15	2.81	1.16
中位数	0.00	0.00	0.00	0.00	0.53	1.99	7.74	0.00	1.90	0.82
标准差	0.00	0.17	0.26	0.45	1.60	3.81	11.22	0.27	2.96	1.36
最小值	0.00	0.00	0.00	0.00	0.00	0.00	0.00	0.00	0.00	0.00
最大值	0.00	0.86	1.64	1.99	11.55	19.44	50.00	1.55	15.71	8.49

资料来源：联合资信整理。

虽然从统计特征来看，穆迪公布的违约率统计数据与级别之间存在明显的有序关系，但具体到年度看，某些年度仍存在违约率和级别倒挂现象（级别相对高但统计违约率相对低），主要体现在投机级与投资级分界线附近，如 2008 年 Aa 级的主体违约率为 0.51%，A 级的主体违约率 0.41%。2010 年、2011 年分别出现了 A 和 Baa 倒挂、Baa 和 Ba 倒挂的情况。

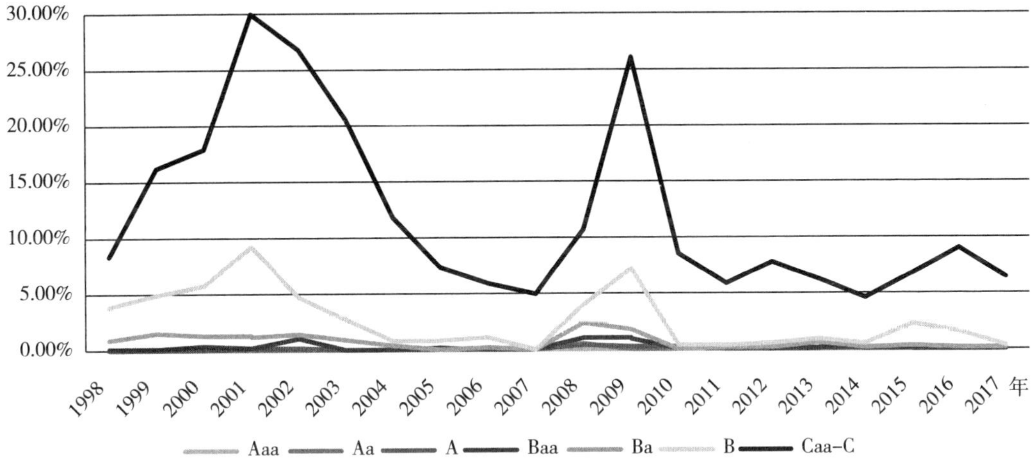

图 1　穆迪近 20 年分级别年度违约率走势

（资料来源：联合资信整理）

累计违约率方面，以 1971—2015 年数据为基础的 3 年累计违约率数据表现更为平稳。

表 29　穆迪 1970—2015 年分级别 3 年累计违约率数据统计特征（%）

	Aaa	Aa	A	Baa	Ba	B	Caa－C	投资级	投机级	全部
均值	0.00	0.11	0.34	0.95	5.11	14.66	30.16	0.46	12.63	4.46
中位数	0.00	0.00	0.18	0.90	4.51	14.06	28.31	0.46	10.51	3.81
标准差	0.00	0.25	0.38	0.74	4.07	7.84	14.53	0.37	5.62	2.29
最小值	0.00	0.00	0.00	0.00	0.64	3.42	0.00	0.00	4.69	1.60
最大值	0.00	0.95	1.22	2.55	17.81	30.02	59.62	1.27	24.55	8.80

资料来源：联合资信整理。

分年度看，3 年累计违约率也存在级别倒挂现象，比如 2006 年、2010 年、2012 年。但从累计违约率的原理来看，其稳定性和违约率级差的表现应当较年度违约率更好。

图 2 穆迪近 20 年分级别 3 年累计违约率走势

（资料来源：联合资信整理）

如果进一步细分小级别，无论是年度违约率还是累计违约率，级别倒挂现象进一步增多。

b）标普

根据标普披露的 1981—2008 年分级别年度违约率数据，整体看，存在一定有序关系。与穆迪数据类似，标普分级别的违约率波动性较强，大部分级别违约率离散系数（方差/均值）大于 1，BB 级别以下离散系数普遍低于 1。

表 30 标普 1981—2008 年分级别年度违约率数据统计特征（%）

	AA	AA－	A＋	A	A－	BBB＋	BBB	BBB－	BB＋	BB	BB－	B＋	B	B－	CCC to C
均值	0.02	0.03	0.05	0.06	0.08	0.16	0.28	0.28	0.68	0.89	1.53	2.44	7.28	9.97	22.67
中位数	—	—	—	—	—	—	0.08	—	0.18	0.83	0.86	2.06	6.27	7.69	22.25
标准差	0.08	0.1	0.14	0.13	0.2	0.32	0.36	0.43	0.96	0.84	1.83	2.02	4.51	7.82	11.93
最小值	—	—	—	—	—	—	—	—	—	—	—	—	—	—	—
最大值	0.43	0.4	0.57	0.49	0.78	1.11	1.4	1.33	3.7	3.06	7.04	8.72	16.25	32.43	44.55

资料来源：联合资信整理。

标普最新公开的 NRSROs 评级质量报表中包含了 2017 年年度违约率数据、2014 年静态池 3 年累计违约率数据、2007 年静态池 10 年累计违约率数据。从具体年度数据看，无论是累计违约率还是年度违约率，均存在级别倒挂。

表 31　标普 2017 年度最新违约率

	2015 年初静态池累计 3 年违约率	2017 年度违约率
AAA	0. 00	0. 00
AA +	0. 00	0. 00
AA	0. 00	0. 00
AA -	0. 00	0. 00
A +	0. 00	0. 00
A	0. 00	0. 00
A -	0. 00	0. 00
BBB +	0. 00	0. 00
BBB	0. 00	0. 00
BBB -	0. 25	0. 00
BB +	2. 38	0. 00
BB	0. 96	0. 28
BB -	3. 81	0. 00
B +	5. 87	0. 48
B	8. 59	0. 24
B -	20. 23	3. 17
CCC +	40. 24	15. 75
CCC	39. 29	32. 14
CCC -	37. 50	50. 00
CC	83. 33	71. 43
C	0. 00	0

资料来源：联合资信整理。

c）惠誉

惠誉最新公布的历史违约率数据也相对有限，主要包括 1990 年以来的平均累计违约率统计数据，未包括每年的明细数据，因此难以分析其波动性。从数据看，其倒挂现象较为严重，与标普不同，其平均违约率的倒挂出现在 A 级以上。

表 32　惠誉 1990—2017 年平均违约率

	AAA	AA	A	BBB	BB	B	CCC to C	投资级	投机级	全部
年度平均违约率	0. 12	0. 05	0. 05	0. 14	0. 70	2. 02	21. 05	0. 09	2. 56	0. 69
3 年累计平均违约率	0. 39	0. 06	0. 28	0. 74	3. 22	7. 08	31. 16	0. 44	6. 60	1. 90

资料来源：联合资信整理。

从国际三大评级机构披露的违约率统计数据还可以得到以下信息：

● 违约率存在周期性。比如近 20 年来，穆迪在 2002 年、2009 年均出现波峰，2007 年和 2014 年则出现明显波谷。标普则在 1991 年、1995 年、2001 年出现峰值，1993 年、1996

年和 2007 年出现波谷。

- 累计违约率更能体现违约率与级别之间的有序关系，且表现更为平稳。

3. 国内债券市场的违约率统计

由于国内评级市场发展历史较短，且违约数据缺失，长期以来，国内评级机构在评级一致性方面的质量检验方法主要是利差分析而不是违约率统计，因此在评级符号定义中不具备量化评级主标尺与违约率关系的条件。自 2014 年债券市场刚性兑付逐步打破以来，违约率研究和统计逐步受到重视，违约率统计结果见表 33。

表 33　国内公募债券市场 2014—2019 年违约率统计

指标	2014 年	2015 年	2016 年	2017 年	2018 年	2019 年	平均
样本池	2,845	3,206	3,510	3,861	3,990	3,907	3,553. 17
违约样本	4	14	28	7	30	32	19. 17
年度违约率	0. 14	0. 44	0. 80	0. 18	0. 75	0. 82	0. 54

注：1. 违约率统计采用静态池方法，样本池为当年年初存续的短期融资券、超短期融资券、中期票据、企业债券、公司债券（不含私募债）、非政策性金融债券、中小企业集合债券和集合票据等的发行人主体，并剔除此前已发生违约的发行人样本且不考虑发行人存续债券当年年内到期、发行人当年年内被终止评级等可能导致信用等级失效的情形。2. 违约样本按照联合资信最新违约定义进行判定，仅统计当年新增违约发行人。3. 平均违约率均按发行人数量占比进行加权。

资料来源：联合资信 COS 系统。

从表 33 可以看出，自 2014 年债券市场打破刚兑以来，年度违约率波动较大，2016 年违约样本较多，年度违约率达到 0. 80%，2017 年回落到 0. 18%。

进一步统计不同级别的违约率，除 2014 年违约样本过少以外，整体看分级别的年度违约率与级别变化存在一定的单调关系，在平均年度违约率上表现尤为明显。但是，由于国内债券市场评级集中在 A 级以上，BBB 级以下样本较少，违约率不具有参考价值。

表 34　国内公募债券市场 2014—2019 年分级别违约率统计

	2014 年	2015 年	2016 年	2017 年	2018 年	2019 年	平均
AAA	0. 00	0. 00	0. 00	0. 00	0. 14	0. 25	0. 09
AA	0. 00	0. 16	0. 35	0. 09	0. 74	0. 59	0. 36
A	1. 54	0. 90	4. 71	0. 00	3. 00	7. 00	2. 77
BBB	0. 49	4. 51	5. 45	6. 90	8. 33	36. 36	4. 93
BB	0. 00	2. 86	14. 29	12. 50	0. 00	50. 00	7. 75
B	0. 00	20. 00	40. 00	0. 00	50. 00	0. 00	25. 00
CCC	50. 00	0. 00	0. 00	0. 00	0. 00	0. 00	14. 29
CC	0. 00	50. 00	0. 00	0. 00	0. 00	0. 00	20. 00
C	0. 00	0. 00	100. 00	0. 00	0. 00	0. 00	100. 00

注：发行人具有不同信用等级的双评级或多评级，则按不同主体信用等级分别纳入统计。

资料来源：联合资信 COS 系统。

4. 小结

国际三大评级机构均主张评级与违约概率是一种相对排序关系，不能将级别直接对应于一个绝对的违约概率，历史违约率也不能反映未来的违约情况。从其各自披露的违约率数据看，违约率数据存在一定的周期性波动，离散系数较大。三大机构均将这种波动性作为评级无法与违约率建立对应关系的重要理由之一。同时分级别违约率存在一定的倒挂现象。从风险管理的需求来看，巴塞尔系列协议的推广进程已经证明，信用风险的量化是投资、监管的核心需求。评级作为资本市场信用风险管理的一项核心产品，至少在需求端存在量化的必要性。另外，从实践上看，现有的评级结果体现的是现行评级框架，在变革时代，其未来的改进是难以预知的。比如长期评级结果在不同时间线对应的违约概率不同的问题，巴塞尔协议下评级结果有效期为一年，避免了长时间线违约率不同的问题，而国内的评级都有每年跟踪的需求，这实际上也可以避免将一个评级级别挂钩多个时间段的违约概率。而宏观周期对违约率的影响，能否通过评级技术中引入宏观周期因子来解决，这取决于评级理念的变革和评级技术发展。

（二）评级与回收率

回收率是指债务人一旦违约后债权人能够收回比率，其概念与违约损失率 LGD（Loss Given Default）相对应。回收率 = 1 – LGD，其中 LGD 表示债务人一旦违约可能造成的损失程度。长期以来，人们对信用风险的关注和研究主要在于交易对手违约的可能性，即违约概率，对违约损失率的研究远远不及违约概率，然而，作为反映信用风险程度的基本参数之一，LGD 相比于 PD 对信用风险管理有着同样的重要性。此外，由于 LGD 相关的数据积累和研究较少，其受到的影响因素较多，通常认为其研究难度更大。在实践中，由于债权灭失之前追偿行为的持续性，回收率的实际计算涉及折现、处置结束的认定等，较为复杂。

自从新巴塞尔资本协定将 LGD 和 PD 一同纳入监管资本衡量的基本框架以来，违约损失率（LGD）引起了监管界、业界和理论界的高度重视。实际上，国际三大评级机构也一直关注评级与回收率的关系，一方面，其评级定义中明确表明了级别与回收率之间存在关联关系，另一方面，其推出了回收率相关的评级产品。

1. 国际三大评级机构评级主标尺对回收率的考虑

从前面的“评级与违约概率”一节讨论中，可以看到现行的评级主标尺与违约概率的排序能力是评级质量的首要和核心关注点。同时，前述评级符号定义以及评级说明文档中可以看到，国际三大评级机构在定义评级（或评级级别）时，不仅体现了预期违约概率的高低，也一定程度上反映了预期回收率的高低，特别是对于低级别的债券评级，更多反映的是预期回收率。

对于一只出现减值或违约，或极有可能减值、违约的债券，穆迪对该债券的评级将反映该债券的预期回收率及其不确定性。穆迪进一步给出了一个关系表（见表 35）。

表 35　穆迪债项评级与回收率的对应关系表

Expected Recovery Rate	Fundamental	Structured Finance
99 to 100% *	B1 *	B1 (sf) *
97 to 99% *	B2 *	B2 (sf) *
95 to 97% *	B3 *	B3 (sf) *
90 to 95%	Caa1	Caa1 (sf)
80 to 90%	Caa2	Caa2 (sf)
65 to 80%	Caa3	Caa3 (sf)
35 to 65%	Ca	Ca (sf)
Less than 35%	C	C (sf)
* For instruments rated B1, B2 or B3, the uncertainty around expected recovery rates should also be low. For example, if a defaulted security has a higher than a 10% chance of recovering less than 90%, it would generally be rated lower than B3		

资料来源：联合资信整理。

根据该表，穆迪评级在 B 级及以下级别债券，对应一定的期望回收率，B 级债券的期望回收率在 95% 以上，且波动性较低。评级越低，其期望回收率越低，波动性越大。这表明，即便是违约的债券，其评级也可能达到 B 级。由于预期回收率的不确定性较高，评级与预期回收率关系只是一种粗略的指示而不是刚性映射。

标普认为对于回收率评级较高的债项，发行评级高于公司信用评级；对于低回收率评级的债项，发行评级低于公司信用评级；对于公司信用评级在 BB－级及以上的无担保债券，回收率评级的下限为 3 级。

惠誉的债项评级与发行人违约评级（IDR）、回收率评级（RR）存在对应关系，对于低 IDR 发行人（B＋级及以下）的债项评级，惠誉综合考虑了 IDR 和 RR①，对于回收评级为 RR1 的情况，债项评级相对 IDR 提升 3 个小级别，对于 RR6 则可以下调 2 到 3 个小级别。

2. 国际三大评级机构的回收率评级产品

随着投资者对于信用风险管理的进一步细化，逐步产生对于预期回收情况的评级需求。然而常用的发行人评级、债项评级侧重于预期违约概率或者违约概率与回收率的综合评估，并不能单独反映期望回收情况。比如对于评级相同的两个债项，其回收情况可能大相径庭，有必要通过回收率评级来加以区分。对于低级别投机级债券（并不仅是对已违约债券），回收率评级具有重要意义。基于此，国际三大评级机构都推出了回收率（违约损失率）的评级。

（1）穆迪的回收率评级

穆迪约定，违约损失率为 100% 减去回收率，其中回收率为违约处置（可以在一个时间点上发生或在一段时间内累积）所获得的价值，按票面利率折现为最后一次还清债务的日

① Fitch Ratings. Rating Definitions: p. 23. 2018. 3.

期的现值后，除以待偿本金得到的比率①。对于债务置换的情况，如果投资者收到一只新债券或调整原有债券条款，回收率为置换日新债券的交易价值除以同日原有债券的票面金额以及应计利息之和所得到的比率。

穆迪提供对于贷款、债权和优先股的违约损失率评估。对于企业的违约损失率评估，大致为企业名下负债（不包括优先股）的违约损失率的加权平均，权值为每笔债务占违约债务的比例。根据穆迪的回收率评估主标尺定义，回收率评估分为6个级别，LGD1级的回收率为90%～100%。LGD6的回收率为0～10%。

表36 穆迪违约损失率评估主标尺

Assessments	Loss rang（%）
LGD1	0% and < 10%
LGD2	10% and < 30%
LGD3	30% and < 50%
LGD4	50% and < 70%
LGD5	70% and < 90%
LGD6	90% and 100%

资料来源：联合资信整理。

LGD评估方法可用于全球范围内的投机级公司。LGD评估模型是穆迪系统性评级框架的一个核心部分，其结果用于帮助评级委员会决定是否对CFR（Corporate Family Ratings，企业组群评级或家族评级，反映企业名下债务违约的相对可能性以及在违约情况下的期望损失的长期主权评级）级别进行调整，CFR考虑的两个主要因素一个是LGD，另一个是PDR（企业家族违约概率评级）。通过CFR评级，可以对照得到该级别对应的理想期望损失率，即理想EL，根据EL = LGD × PD，已知EL和LGD，可以计算出违约概率PD，并通过LGD评估计算企业资本结构中每笔负债的LGD，加权平均后得到实际EL，对照理想EL进行调整。同样，通过CFR和LGD，也可以推得PDR②。

根据穆迪对违约损失率评估方法应用的示例，第一步是要有一个初始的CFR评级作为初始输入。然后需要设定企业全口径的预期违约损失率。穆迪采用来自1998年到2015年超过1100家美国破产企业和不良资产交易的回收数据，通过对该数据的分析，实际损失率数据很好地拟合了β分布，其均值为50%，标准差为26%（基线场景下），评级委员会可以根据实际情况调整场景，低回收场景下（以债券类无担保或低担保债务为主）的违约损失率为65%，高回收场景下（以银行贷款类的担保债务为主）为35%。一旦CFR和预期LGD确定，即可利用理想期望损失率矩阵计算得到企业的违约概率。第二步是确定违约时的债务结构和敞口，并计算每笔债项下的LGD。第三步是根据第一步得到的违约概率和第二步确

① MOODY's INVESTORS SERVICE. Rating Symbols and Definitions. pp. 29 – 30. 2018. 6.

② MOODY's INVESTORS SERVICE. Loss Given Default for Speculative – Grade Companies. pp. 1 – 3. 2018. 6.

定的每笔债项的 LGD，采用加权平均计算得到企业全口径的 EL。

（2）标普的回收率评级

标普的回收率评级仅考虑某个债项在违约情况下的期望回收率，其评级主标尺从 1 + 到 6 分为 7 个级别，1 + 代表 100% 回收，评级为 6，则回收率为 0 ~ 10%①。

表 37　标普回收率评级主标尺

Category	Definition
1 +	A recovery of 1 + denotes the highest expectation of full recovery in the event of default
1	A recovery of 1 denotes an expectation of very high（i. e. , 90% ~ 100%）recovery in the event of default
2	A recovery of 2 denotes an expectation of substantial（i. e. , 70% ~ 90%）recovery in the event of default
3	A recovery of 3 denotes an expectation of meaningful（i. e. , 50% ~ 70%）recovery in the event of default
4	A recovery of 4 denotes an expectation of average（i. e. , 30% ~ 50%）recovery in the event of default
5	A recovery of 5 denotes an expectation of modest（i. e. , 10% ~ 30%）recovery in the event of default
6	A recovery of 6 denotes an expectation of negligible（i. e. , 0 ~ 10%）recovery in the event of default

资料来源：联合资信整理。

标普回收评级的方法主要分为企业价值估算、违约风险暴露预测和企业价值分配三步。通过估算企业违约后的资产价值以及需清偿的债务，根据债务的清偿顺序等对企业价值进行逐一分配，每笔债务分配的企业价值除以债务本金和利息即可得到回收率，最后根据情况对回收率进行调整或决定是否设定回收率上限。标普首先判断企业违约后是持续经营（实证数据表明比例很高）还是破产清算，对于两种不同的情况，后续处理不太相同。如对于持续经营主要采用 EBITDA 倍数法来估计企业价值，如破产清算则采用离散资产估值法②。

（3）惠誉的回收率评级

惠誉提供回收率评级（RR，Recovery Rating），主要针对发行人违约评级（IDR，Issuer Default Rating）结果为投机级（B + 级及以下，惠誉认为 BB - 级及以上的级别发行人的高级无担保债务的评级通常与 IDR 保持一致，其平均回收率大概是 40%，B + 级及以下的债务人违约可能性更大，回收率对投资人的意义更大）的发行人名下的具体债务进行评级。其目的是在 IDR 的基础上确定每笔债务的细分评级。惠誉指出，回收评级是一个有序尺度，并不能精确预测出一个具体的回收率水平，其评级方法根据历史平均回收率和分析判断而得出，但是一笔债务的实际回收情况可能极大地偏离历史平均值③。惠誉 IDR、RR 与债项评级之间对应关系见表 38。

---

① S&P. S&P Global Ratings Definitions. pp. 14 - 15. 2017. 6.

② S&P. Recovery Rating Criteria For Speculative - Grade Corporate Issuers. pp. 1 - 8. 2018. 8.

③ Fitch Ratings. Corporates Notching and Recovery Ratings Criteria：pp. 10 - 11. 2018. 3.

表 38 惠誉 IDR、RR 与债项评级的关系

	Long – Term IDR							
				Distressed and defaulted issuers				
	B +	B	B –	CCC +	CCC	CCC –	CC	C/RD/D
RR1	BB +	BB	BB –	B +	B	B –	CCC +	CCC
RR2	BB	BB –	B +	B	B –	CCC +	CCC	CCC –
RR3	BB –	B +	B	B –	CCC +	CCC	CCC –	CC
RR4	B +	B	B –	CCC +	CCC	CCC –	CC	C
RR5	B	B –	CCC +	CCC	CCC –	CC	C	C
RR6	B –	CCC +	CCC	CCC –	CC	C	C	C

资料来源：联合资信整理。

惠誉的回收评级结果分为 PR1 到 PR6 共六级，PR1 级定义为历史平均回收率（针对本金和利息）为 91% ~100%。PR6 级平均回收率为 0% ~10%。

表 39 惠誉回收率评级主标尺

RR	Description	Recovery（%）	Notching from the IDR for IDRs of “B +” and lower
RR1	Outstanding	91 ~ 100	+3（usually secured debt only）
RR2	Superior	71 ~ 90	+2（usually capped at “RR2” for unsecured debt）
RR3	Good	51 ~ 70	+1
RR4	Average	31 ~ 50	+0（usually capped at “RR4” for contractually subordinated debt）
RR5	Below average	11 ~ 30	–1
RR6	Poor	0 – 10	–2 to –3①

资料来源：联合资信整理。

惠誉的回收评级方法主要包括两种，一是定制分析法（Bespoke），适用于低投机级发行人（IDR 为 B + 级或 B + 级以下）的债务回收率分析；另一种称为聚合分析法（Aggregate），适用于投资级或高投机级发行人（IDR 为 BB – 级及以上）的债务回收率分析。

定制分析法重点在于评估违约情况下债权人等可以获得的价值以及债权的优先顺序。其方法与标普类似，分为三步，第一步是估计企业的价值（EV），对于持续经营和破产清算两种不同场景分别进行估值，取两者中的大者。持续经营（GC）方法包括现金流倍数、可交易资产价值、现金流现值，破产清算采用清算价值（LV）方法。第二步分析债务优先级，第三步针对债务优先级分配企业价值，计算得到回收率。

相较而言，针对高评级债项的聚合分析法很大程度上是对违约债券市场的整体性评估，而不是针对具体发行人的评估。

① Varied notching enables differentiation in subordination of the debt within this category.

3. 国际三大评级机构的回收率数据实证

穆迪采用来自1998年到2015年超过1,100家美国破产企业和不良资产交易的回收数据，通过对该数据的分析，实际损失率数据很好地拟合了β分布，其均值为50%，标准差为26%。

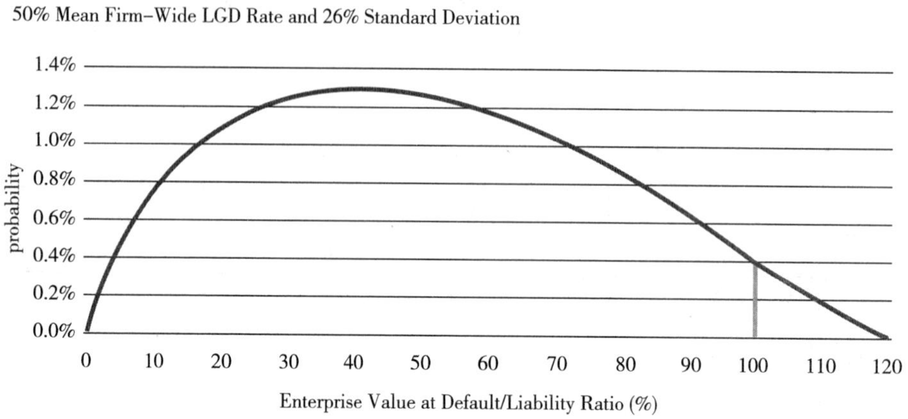

图3　穆迪回收率数据拟合图

（资料来源：联合资信整理）

针对按交易价格计算的1983—2017年高级无担保债券的汇总回收率数据，其整体分布特征较为均匀，回收率均值为45.03%，标准差为10.33%。由于是按年度汇总后的数据，较穆迪以美国破产企业数据有一定的差异，体现在均值较低，波动性更小。

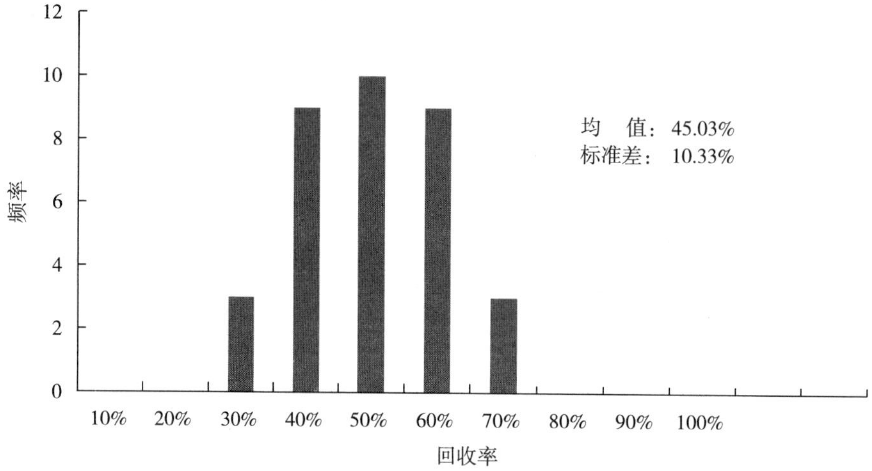

图4　1983—2017年穆迪高级无担保债券的回收率分布图

（资料来源：联合资信整理）

根据穆迪提供的年度损失率数据，可以看出不同级别债券的损失率存在显著的差异。

4. 国内债券市场回收率数据实证

国内方面，根据Wind披露的违约兑付数据，截至2018年8月末，累计113只违约债券的平均回收率为17.15%。分级别看，大部分债券违约后被调为C级，回收率仅为7.64%，债项级别和回收率间的单调关系并不明显。从具体债券看，大部分违约债券要么仍处于处置中，回收率为0，要么较快兑付本息，回收率为100%。由于违约样本较少，累积时间较短，且以违约债券为标的不良资产处置市场还不发达，部分违约债券仍在处置进程中，当前国内的债券回收率数据参考价值并不大。

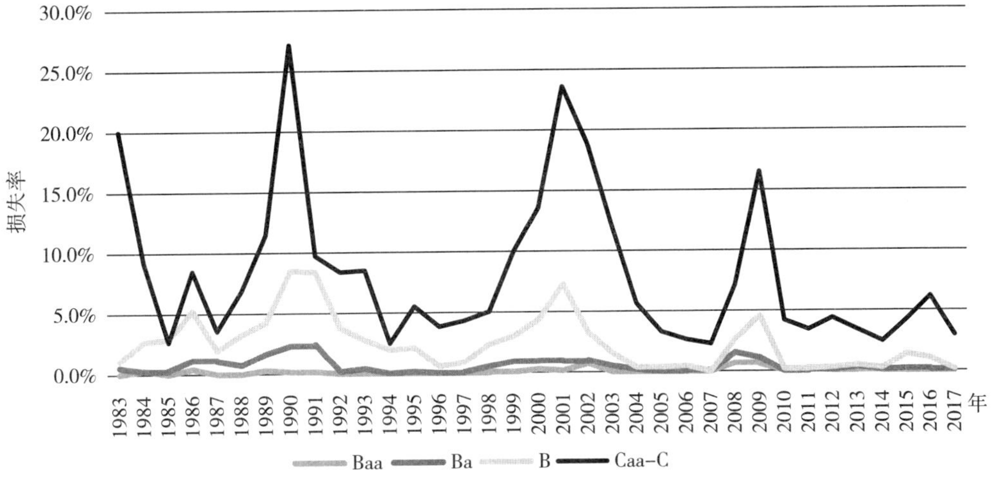

图5　穆迪不同级别回收率走势图

（资料来源：联合资信整理）

表40　中国债券市场回收率

最新债项评级	未偿金额（元）	回收金额（元）	回收率（%）
—	22,184,020,000.00	3,893,450,100.00	17.55
A-1	750,000,000.00	750,000,000.00	100.00
AA+	1,500,000,000.00	1,500,000,000.00	100.00
AA	440,000,000.00	7,100,005.00	1.61
BB	500,000,000.00	0.00	0.00
B	4,048,999,000.00	0.00	0.00
CCC	897,085,000.00	0.00	0.00
CC	2,335,552,000.00	1,070,000,000.00	45.81
C	42,320,093,400.00	3,233,000,000.00	7.64
D	2,900,000,000.00	2,900,000,000.00	100.00
总计	77,875,749,400.00	13,353,550,105.00	17.15

注：1. 以Wind违约兑付数据为基础计算；2. 级别为违约债券的最新债项评级，包括长期、短期债券。

资料来源：联合资信整理。

5. 小结

回收率与评级的关系更多体现在低级别债券评级中。在确定低级别债券的债项级别时，会更多考虑回收率的高低。国际三大评级机构都有回收率评级产品，不同的级别对应不同的预期回收率水平。且回收率评级并非仅仅作为一个独立的产品出现，穆迪和惠誉的回收率评级结果均和其核心评级产品关联，在决定核心评级级别中发挥作用。回收率评级方法依赖于历史回收数据，因此回收率数据历史统计非常重要。比如穆迪采用历史数据拟合，认为回收率服从均值为50%、标准差为26%的β分布，并在此基础上推算理想违约率矩阵；惠誉对于高级别债券的回收率评级也是以历史回收数据统计为基础的。由于国内违约数据仍处于起步阶段，回收数据还有待积累。

四、总结

（一）违约定义框架

本文结合监管规定、评级机构实践、国内债券市场现状等，提出违约定义的理论框架，从事实违约、实质性违约和预期违约三个不同层次来描述违约，并初步提出了具备可操作性的认定事件描述。同时，该框架也是一个开放性的框架，可通过对认定事件进行完善，为进一步的违约距离研究奠定基础。

（二）评级符号体系的改进

根据国际、国内研究与实践，本文建议一是区分主体、债项定义评级符号；二是对评级符号进行改进，增设专门的违约级别；三是同时在低等级债券的定义中增加对回收率的考量。

（三）评级主标尺与违约率、回收率的关系探讨

从评级的内涵和外在功能性要求来看，评级必须能够揭示信用风险，其中包含违约风险和回收风险。在评级质量检验中，历史违约率统计仍然是重要的检验方式之一，同时也是评级机构监管方对于评级机构信息披露的要求之一。虽然三大评级机构都主张评级与违约概率之间更多是一种有序关系，而不是确定的对应关系。但是，这种主张主要来自其现行评级实践数据，局限于现行的评级理念，并不说明不应或不能构建评级级别与违约概率、违约损失率等之间的更加刚性的量化关系。从实践来看，巴塞尔协议要求银行内部评级体系体现评级结果与违约概率、回收率的量化关系，并以此为基础进行风险加权资产计量，最终计算得到最低资本要求。银行业的风险管理的框架和实践，对于评级行业也具有重要的参考和借鉴意义。

结合国内资本市场看，由于“刚性兑付”的存在，市场缺乏违约率数据，国内评级机构的评级质量检验专注于迁移率，在评级一致性方面采用利差分析的方式来检验，违约数据尚处于积累阶段，对于国内评级机构而言，建立与违约率具有量化关系的主标尺的条件还不成熟。一方面，评级机构要加强违约数据的收集和整理，结合违约定义，不断完善违约率统计，积极对评级方法、评级模型进行改进和创新，不断强化评级结果与违约概率、回收率之间的对应关系；同时进一步推动评级理念变革和评级技术进步，努力探索提高评级符号量化水平的方法和路径。另一方面，随着债券违约的常态化和投资者风险容忍度的提升，可以预期对于违约债券回收的评估需求必将出现并不断增长，评级机构应提前重视回收率数据采集和评级研究，根据预期回收情况进一步细化低级别债券的评级，适时推出回收率评级相关产品，丰富评级体系，提升投资者服务水平。

02 理想违约率和历史违约率的比较及其对评级质量检验的适用性研究

联合资信 技术创新部 艾仁智 胡颖 （2020－07）

一、信用评级、违约率与违约概率

信用评级与违约概率的关系存在“序数”和“基数”两类关系：序数关系指信用风险的相对排序，信用级别不指向具体的违约概率，基数关系是指信用评级与违约概率在数量上的一一对应关系。国际三大评级机构在其评级定义中，均强调了其信用评级的序数关系。

标普表示，信用评级是对发行人或债务工具信用水平的前瞻性意见，信用等级表示信用水平的相对等级，具有较高评级的发行人或债务工具要比具有较低信用评级的发行人和债务工具更具信用。标普认为，违约的可能性（包括能力和支付意愿）是评估发行人或债务工具信用水平的最重要因素，在所有其他条件相同的情况下，具有较高评级的发行人或债务工具的违约率应低于具有较低评级的发行人或债务工具的违约率。为此，标普将评级最高的发行人或债务工具与承受绝对极端或严重压力而不违约的能力联系起来，即不同的信用等级能够承受的压力水平有所差异。但是，标普强调，没有将特定概率附加到特定类型的潜在经济环境压力中，因此，每个信用等级并没有对应特定的“违约概率”。相反，固定的违约/损失度量方式忽略了周期因素。标普认为随着经济周期所处的扩张期和收缩期，全部信用等级的违约率都会上升和下降。因此，将历史违约率假设为“违约概率”是错误的，历史违约统计数据更不能用于根据发行人信用等级推算其预期违约率。

穆迪的信用评级是对信用风险的前瞻性意见，包括短期和长期内发行人和债务工具违约的可能性，以及违约事件对债权人造成任何财务损失的潜在严重性。穆迪的信用等级表示信用风险是相对的，而不是绝对的。穆迪的信用评级试图通过违约和损失的可能性对借款人进行排名，以便进行广泛的比较。

惠誉也强调，尽管其发布的各个信用级别的违约情况可以通过历史违约进行统计，但是信用级别是对违约脆弱性相对排名的观点，并不表示或传达特定的违约概率，历史违约率是对评级表现和稳定性的回溯，未来的违约概率可能与历史表现大不相同。

理想违约率是一种违约概率，将信用等级与预期违约概率一一对应，暗含了信用等级之间的“基数”关系。因此，国际三大评级机构并未将理想违约率概念与信用评级直接相关联，否定了信用等级与理想违约率之间的绝对关系。

违约率是基于历史数据的债务人发生违约的实际历史频率。标普在评价评级表现时侧重于历史违约率的相对排名，而不是将各信用等级与具体历史违约率映射后进行评价。标普在评价评级表现时指出，由于标普信用评级的主要目标是对发行人和债务工具的相对信用进行等级排序，因此，评价期（通常为一年）内的已违约频率（observed default frequencies）排序程度是评级表现的关键指标，即在评级表现达到预期时，评价期内的高信用等级债券的已违约频率应低于低信用等级的债券。在经济周期中，不同国家地区和细分市场中所承受的压力不同，因此虽然应尽量保持评级一致性，但实际上不同国家地区和细分市场之间的违约频率排序程度一致性较低。

二、国内外评级机构的理想违约率

（一）国际三大评级机构理想违约率

1. 理想违约率的适用范围

国际三大评级机构对“理想违约率”并未形成普遍的概念，仅穆迪将其称为理想违约率。穆迪在其《评级定义和符号》中，明确说明了“理想违约概率（Idealized Default Rate）”和“理想预期损失概率（Idealized Cumulative Expected Loss Rates）”：对于某些债务和资产，穆迪可以在评估模型和工具中使用基准违约概率（benchmark default probabilities）和预期损失概率。“理想违约概率”和“理想预期损失概率”在下述情况中使用，一是在抵押资产证券化（securitization’s collateral assets）建模中，需要评估资产的信用风险或交易对手无法履约的风险，可以作为基准预期违约率和损失率，二是将不同的模型预期损失率与不同的基准评级相关联。

标普和惠誉并未明确地给出理想违约率概念，也未涉及相关词汇，仅在资产证券化评级中使用了类似于“理想违约率”概念的违约率表。

穆迪的理想违约率应用于结构化产品评级方法中，《CLO 评级方法》《担保债券评级方法》《信托优先证券 TruPS CDOs 评级方法》等均有所涉及。例如，穆迪在《CLO 评级方法》中，对于基础资产信用分析时，首先根据单笔资产的穆迪信用评级对应到穆迪违约概率评级（Moody’s Default Probability Rating），其中，对于资产存在穆迪家族评级（Corporate Family Ratings），则该笔资产使用家族评级作为其违约概率评级，若该笔资产仅有穆迪授予的其他类型级别，则使用其他类型级别（按照设定的顺位规则）作为违约概率评级。之后，根据各个资产的违约概率评级，将资产池各个资产对应的评级因子（Rating Factor）和剩余期限进行算术平均，得到组合的评级因子和剩余期限，根据评级因子和剩余期限可以通过理想违约率表查询到资产组合对应的违约概率。理想违约率是穆迪参考历史违约率数据制定的长期期望值，级别因子等于 10 年期的理想违约率乘以 10,000。此外，在其他如《消费贷款 ABS 评级方法》等中，均使用了理想预期损失率。

标普《CLO 和 CDO 评级方法和假设》中，基于年度违约率作为初始值，通过进一步调整并构建了理想的资产违约率期限结构。惠誉《CLO 和 CDO 评级方法》中，惠誉基于 20 世纪 80 年代初至今国际三大评级机构的历史平均违约率，构建了预期违约概率表。为描述更为简便清晰，下文中均将称之为理想违约率。

国际三大评级机构的理想违约率实质上是结构化产品评级模型的基本假设，因此，按照美国《证券交易法》第 15E 章（s）段、《证券交易法实施细则》第 17g－7 部分以及欧盟 CRA Ⅲ Section E 信息披露部分要求公开披露基础资产违约假设相关内容。

2. 理想违约率的修订

标普在担保证券评级方法和 CDO 评级方法中均设置了不同的理想违约率，并且随着违约数据的累积不断调整。正如表 1 所示，2015 年 CDO 评级方法中的理想违约率水平均高于担保债券评级方法中所设置的。但是，随着 CDO 评级方法的理想违约率不断调整，2019 年 CLO 和 CDO 评级方法中，理想违约率的设置已经与 2015 年担保债券评级方法的设置相一致（具体各个等级理想违约率可参见附录部分）。惠誉也曾对 CLO 和 CDO 评级方法中的理想违约率进行调整。

表 1　标普全球 CDO 评级方法和担保债券评级方法中理想违约率（2015 年）　　单位：%

产品类型	剩余期限	AAA 级	AA 级	A 级	BBB 级	BB 级	B 级	CCC 级
CDO	1 年	0.003	0.018	0.198	0.462	2.109	7.848	20.495
	2 年	0.016	0.074	0.452	1.092	4.644	14.782	34.623
	3 年	0.041	0.172	0.771	1.896	7.476	20.935	44.486
	4 年	0.085	0.318	1.159	2.868	10.488	26.397	51.603
	5 年	0.150	0.514	1.622	3.995	13.587	31.246	56.923
	6 年	0.240	0.763	2.162	5.258	16.698	35.560	61.036
	7 年	0.361	1.069	2.780	6.639	19.767	39.406	64.313
	8 年	0.514	1.433	3.476	8.116	22.758	42.850	66.996
	9 年	0.704	1.856	4.246	9.669	25.645	45.945	69.243
	10 年	0.933	2.339	5.088	11.281	28.413	48.740	71.164
担保债券	1 年	0.003	0.016	0.179	0.415	1.899	7.063	18.445
	2 年	0.014	0.066	0.407	0.983	4.185	13.357	31.488
	3 年	0.037	0.155	0.694	1.708	6.751	18.998	40.816
	4 年	0.076	0.286	1.044	2.588	9.496	24.057	47.693
	5 年	0.135	0.464	1.463	3.612	12.336	28.595	52.930
	6 年	0.217	0.690	1.954	4.764	15.206	32.671	57.043
	7 年	0.326	0.967	2.516	6.027	18.055	36.340	60.365
	8 年	0.465	1.298	3.150	7.383	20.847	39.652	63.114
	9 年	0.638	1.684	3.855	8.815	23.558	42.652	65.438
	10 年	0.846	2.125	4.627	10.306	26.171	45.381	67.440

资料来源：联合资信整理。

3. 历史违约率的验证

（1）标普

从标普 1981—2019 年工商企业平均累积违约率与 CLO 和 CDO 评级方法理想违约率对比来看，平均累积违约率基本上显著低于理想违约率。其中，AAA 级和 AA 级各期平均累积违约率低于理想违约率均 5 个百分点以内，这与高级别平均累积违约率和理想违约率较低有关；BBB 级及以下级别各期平均累积违约率低于理想违约率均超过 5 个百分点。并且，随着计算区间的拉长，各级别平均累积违约率与理想违约率的差距逐步加大。

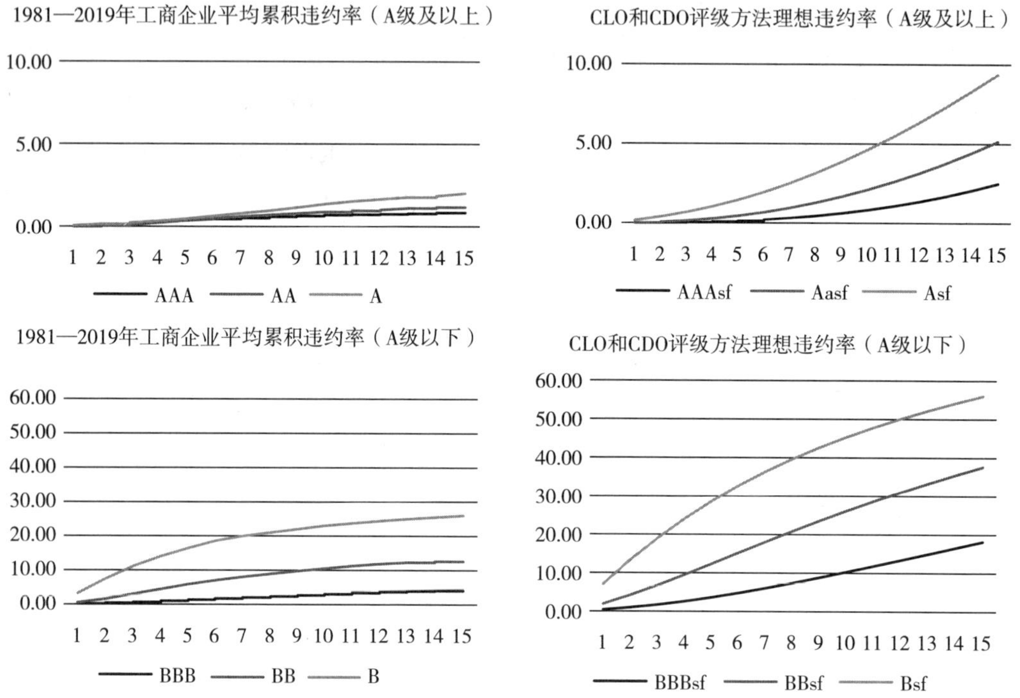

图 1　标普平均累积违约率与理想违约率对比

（资料来源：联合资信整理）

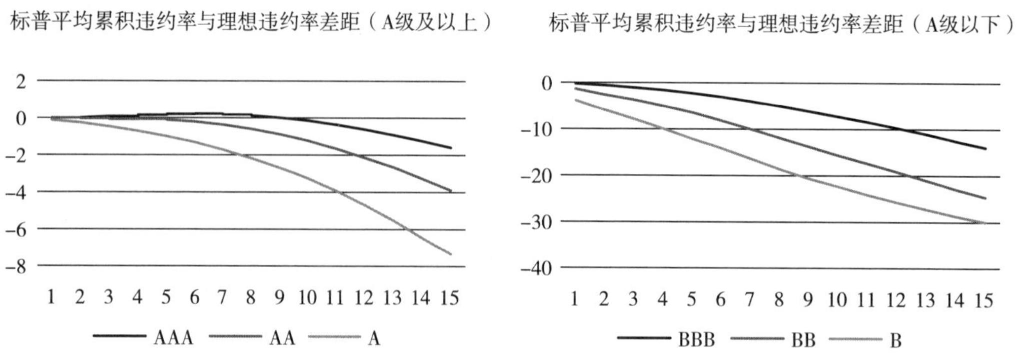

图 2　标普平均累积违约率与理想违约率差异

（资料来源：联合资信整理）

（2）惠誉

从惠誉1990—2019年工商企业平均累积违约率与CLO和CDO评级方法理想违约率对比来看，AAA级平均累积违约率出现了倒挂，且AAA级平均累积违约率显著高于理想违约率，其他级别平均累积违约率显著低于理想违约率。其中，AAA级至BBB级各期平均累积违约率与理想违约率差距均5个百分点以内，这与高级别平均累积违约率和理想违约率较低有关；BB级和B级平均累积违约率低于理想违约率超过5个百分点。

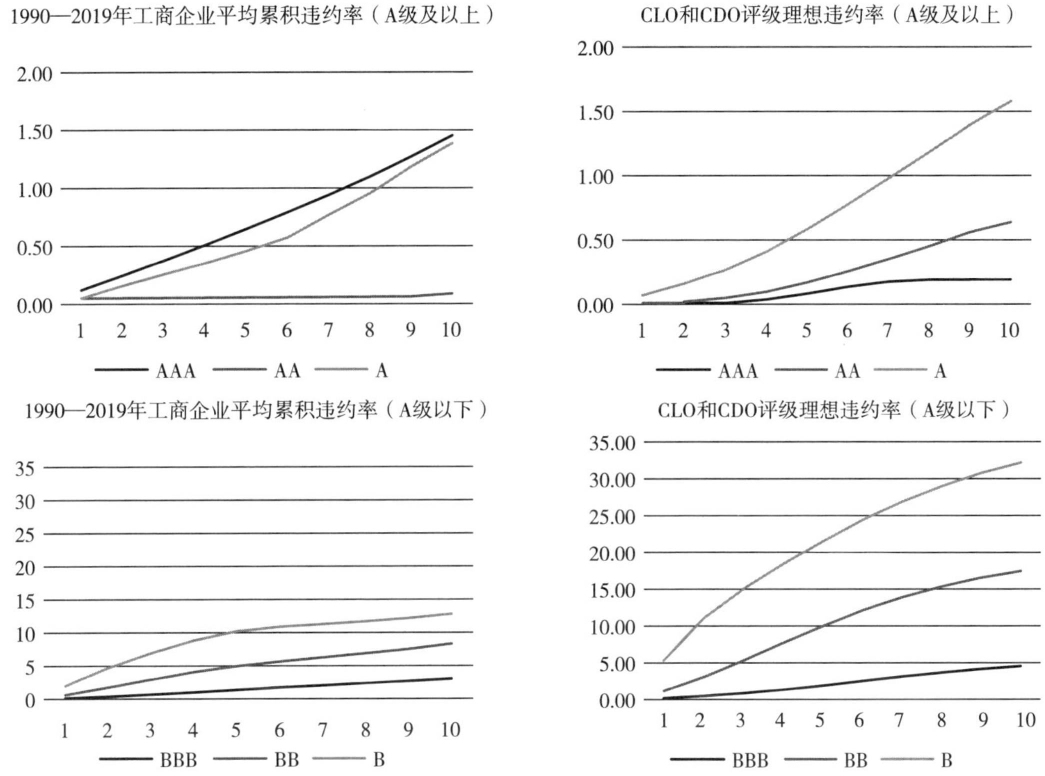

图3　惠誉平均累积违约率与理想违约率对比

（资料来源：联合资信整理）

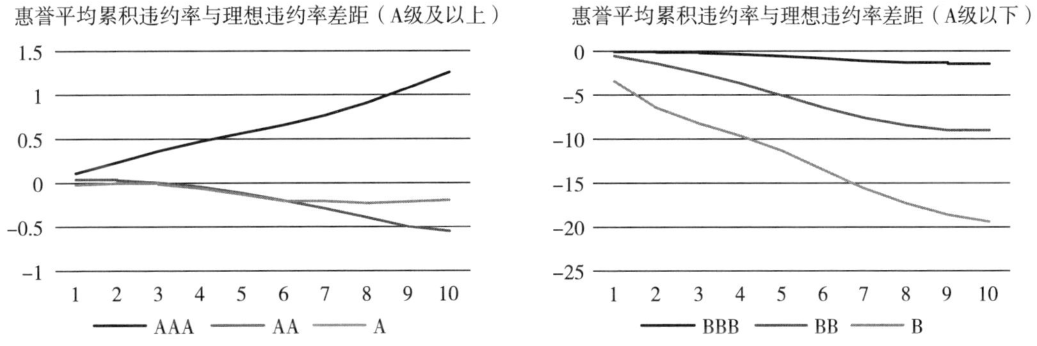

图4　惠誉平均累积违约率与理想违约率差异

（资料来源：联合资信整理）

（3）穆迪

从穆迪 1983—2019 年平均累积违约率与理想违约率对比来看，高级别平均累积违约率基本上显著高于理想违约率。其中，Aaa 级至 A 级各期平均累积违约率高于理想违约率均 5 个百分点以内，这与高级别平均累积违约率和理想违约率较低有关；Baa 级和 Ba 级平均累积违约率低于理想违约率 5 个百分点以内。

从穆迪 1970 年至今各年累积违约率的中位数与理想违约率差异来看，各年高级别累积违约率波动范围与理想违约率的绝对差值在 5 个百分点以内，但高等级绝对差值受到自身基数较小的影响；各年低级别累积违约率波动范围与理想违约率的绝对差值大多超过 5 个百分点。

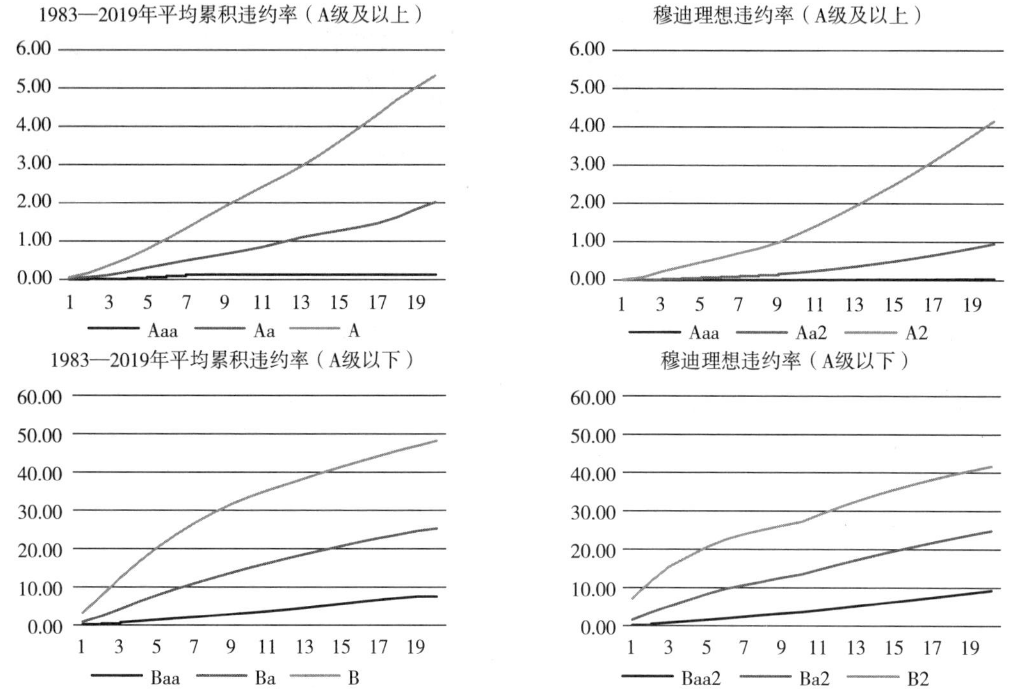

图 5　穆迪平均累积违约率与理想违约率对比

（资料来源：联合资信整理）

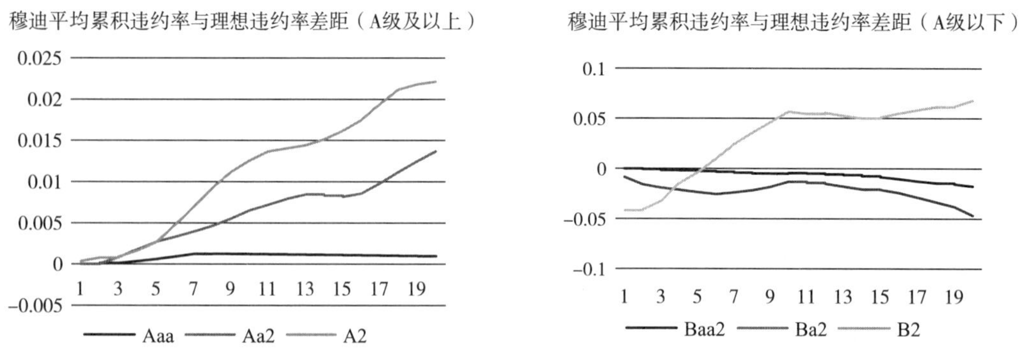

图 6　穆迪平均累积违约率与理想违约率差异

（资料来源：联合资信整理）

相对于标普和惠誉，穆迪平均累积违约率与理想违约率的差异较小，这主要从平均值来比较。如果从其实际违约率的变化范围，也就是最小值和最大值数据和理想违约率的对比来看，Baa 级及以下级别的差异仍然很大，差异绝对值出现超过 5 个百分点的情况，变化幅度在 1 倍到 3 倍之间。以 Baa 级别 5 年累计为例，其理想违约率为 1.58%，实际统计累积违约率区间为［0,5.20%］，最大统计累积违约率高于理想违约率 3.62 个百分点，变化幅度达到 2.29 倍。

表 2　1970 年至今穆迪各信用等级累积违约率中位数、最小值、最大值与理想违约率差异

		Aaa	Aa	A	Baa	Ba	B
3 年	理想违约率	0.0007%	0.03%	0.22%	0.83%	5.18%	15.55%
	中位值	0.00%	0.00%	0.09%	0.59%	2.90%	10.93%
	最大值	0.00%	0.94%	1.22%	2.54%	17.86%	30.27%
	最小值	0.00%	0.00%	0.00%	0.00%	0.51%	3.21%
	最大差值	-0.0007%	0.92%	0.99%	1.71%	12.68%	14.72%
	最小差值	0.0007%	0.03%	0.22%	0.83%	4.67%	12.34%
5 年	理想违约率	0.003%	0.07%	0.47%	1.58%	8.41%	20.71%
	中位值	0.00%	0.00%	0.38%	1.55%	6.88%	20.45%
	最大值	2.27%	1.76%	2.31%	5.20%	23.93%	39.25%
	最小值	0.00%	0.00%	0.00%	0.00%	1.59%	3.85%
	最大差值	2.27%	1.69%	1.84%	3.62%	15.52%	18.54%
	最小差值	0.003%	0.07%	0.47%	1.58%	6.82%	16.86%
7 年	理想违约率	0.01%	0.11%	0.71%	2.41%	10.70%	24.01%
	中位值	0.00%	0.25%	0.84%	2.47%	10.03%	27.00%
	最大值	2.73%	2.28%	4.95%	7.51%	29.09%	44.85%
	最小值	0.00%	0.00%	0.00%	0.00%	4.09%	3.85%
	最大差值	2.73%	2.17%	4.24%	5.10%	18.39%	20.84%
	最小差值	0.01%	0.11%	0.71%	2.41%	6.61%	20.16%
10 年	理想违约率	0.01%	0.20%	1.20%	3.60%	13.50%	27.20%
	中位值	0.00%	0.77%	1.68%	4.24%	15.84%	39.84%
	最大值	3.53%	2.82%	5.21%	9.81%	32.63%	53.69%
	最小值	0.00%	0.00%	0.00%	1.11%	6.24%	3.85%
	最大差值	3.52%	2.62%	4.01%	6.21%	19.13%	26.49%
	最小差值	0.01%	0.20%	1.20%	2.49%	7.26%	23.35%

资料来源：联合资信整理。

（4）小结

尽管理想违约率在不断调整，但整体来看，国际三大评级机构的平均累积违约率与理想违约率之间均存在较大差异。国际三大评级机构并未将理想违约率作为评价评级质量的标准，反而将实际违约率作为理想违约率的初始基准，在实际违约率的基础上不断调整理想违约率，完善结构化产品模型中的基础资产违约概率假设。并且，在结构化产品建模时，标普和惠誉对基础资产的预期违约率假设更为严格。

（二）国内评级机构的理想违约率

我国交易商协会在2018年公布的《银行间债券市场信用评级机构注册评价规则》中要求信用评级机构在注册时应披露公司的各级别违约率表格；在2019年公布的《银行间债券市场非金融企业债务融资工具信用评级业务信息披露规则》中要求信用评级机构在评级体系文件中披露预期违约率定义、各信用等级预期违约率表格。因此，从2018年中开始，部分国内评级机构开始披露违约概率表格。其中，中诚信国际在2019年对上年公布的违约概率进行了大幅度下调。

在预期违约率定义说明中，中诚信国际强调了其反映的是稳定、长期的理想累积违约概率，并不会与历史表现保持完全一致，也不会反映出违约率随着时间轴变化的特点，建立预期违约率可以更容易对比不同信用等级和投资时间的相对风险，有利于评级模型的一致性。东方金诚在预期违约率说明中，认为信用评级主要为评级用户判断发行人及特定债券的违约概率和违约损失率提供辅助性参考，强调了其信用等级是信用风险的相对度量工具，获得其授予的信用等级越高，受评对象信用风险程度相对越低。具体而言，理论违约概率是东方金诚基于违约理论模型、违约案例特征和交易数据表现研究开发的PD模型输出的理论值，由于缺乏覆盖完整经济周期的国内违约案例和债券回收数据检验尚存在一定的局限性，因此违约概率仅具有试验性质，仅能为信用评级服务用户提供有限参考。

事实上，我国评级机构所披露的信用等级违约概率均远低于我国债券市场实际违约率。

三、国内外评级机构历史违约率稳定性

（一）国际三大评级机构历史违约率稳定性

穆迪公布了1970年至今每年同群组的累积违约率（Cumulative issuer - weighted default rates by annual cohort）。从评级表现来看，穆迪各个信用级别违约率波动较大，并未形成单调、稳定的历史违约率区间：（1）各级别违约率变异系数均较高，违约率波动范围较大且高级别违约率更为不稳定；（2）各级别违约率均呈现周期性波动；（3）各级别违约率在某些年份出现违约率倒挂，且级别间违约率区分度不足、波动范围相互交叉，在高级别更为明显；（4）随着统计期的延长，各级别违约率逐步增加，变异系数有所降低，违约率呈现一定的稳定趋势。

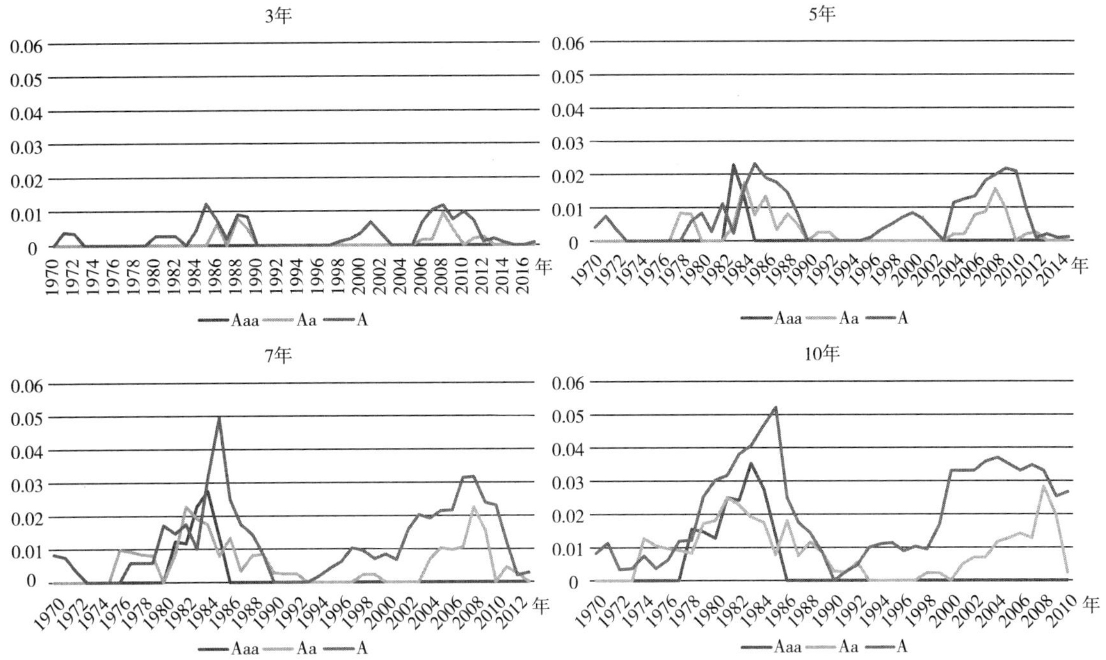

图 7　穆迪 1970 年至今每年同群组的累积违约率（A 级及以上）

（资料来源：联合资信整理）

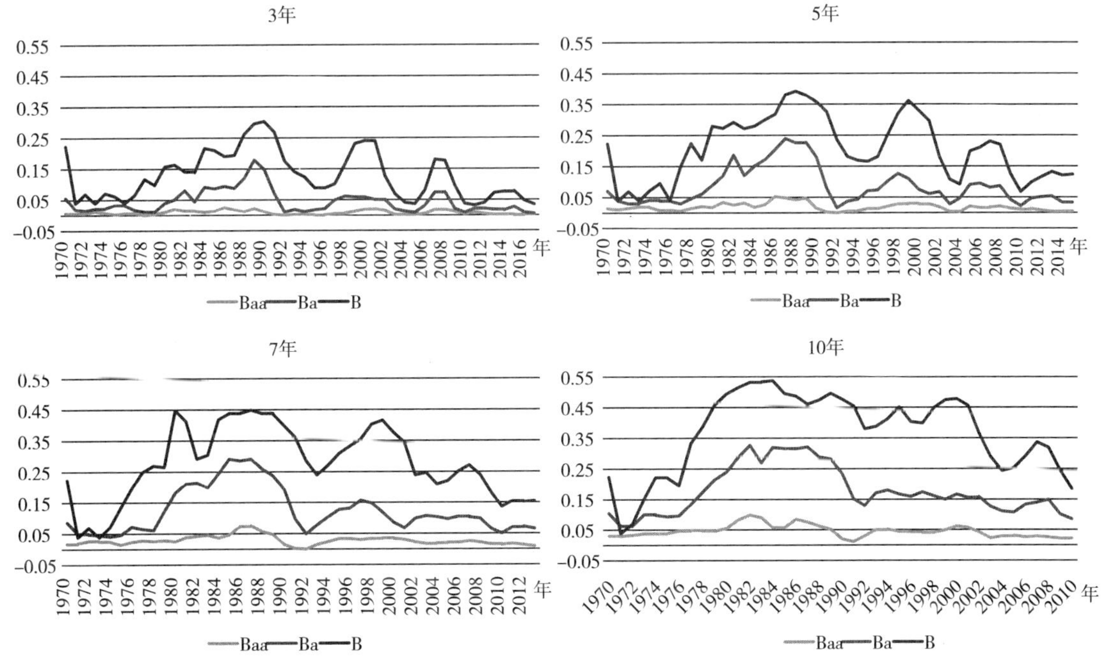

图 8　穆迪 1970 年至今每年同群组的累积违约率（A 级以下）

（资料来源：联合资信整理）

表3　1970年至今穆迪每年同群组各信用等级累积违约率统计结果

		Aaa	Aa	A	Baa	Ba	B	Caa－C
3年	最大值	0.00%	0.94%	1.22%	2.54%	17.86%	30.27%	75.00%
	最小值	0.00%	0.00%	0.00%	0.00%	0.51%	3.21%	0.00%
	中位数	0.00%	0.00%	0.09%	0.59%	2.90%	10.93%	28.96%
	均值	0.00%	0.09%	0.28%	0.83%	4.38%	12.87%	29.79%
	标准差	0.00%	0.22%	0.37%	0.69%	3.80%	7.86%	16.80%
	变异系数	—	252.87%	133.01%	83.12%	86.81%	61.08%	56.40%
5年	最大值	2.27%	1.76%	2.31%	5.20%	23.93%	39.25%	81.25%
	最小值	0.00%	0.00%	0.00%	0.00%	1.59%	3.85%	0.00%
	中位数	0.00%	0.00%	0.38%	1.55%	6.88%	20.45%	38.27%
	均值	0.08%	0.28%	0.67%	1.79%	8.48%	20.60%	39.18%
	标准差	0.38%	0.46%	0.72%	1.25%	6.04%	10.29%	17.08%
	变异系数	493.10%	160.14%	107.56%	69.75%	71.20%	49.93%	43.58%
7年	最大值	2.73%	2.28%	4.95%	7.51%	29.09%	44.85%	81.25%
	最小值	0.00%	0.00%	0.00%	0.00%	4.09%	3.85%	0.00%
	中位数	0.00%	0.25%	0.84%	2.47%	10.03%	27.00%	48.28%
	均值	0.20%	0.54%	1.18%	2.77%	12.35%	27.67%	45.80%
	标准差	0.60%	0.65%	1.10%	1.55%	7.41%	11.81%	16.91%
	变异系数	302.70%	120.74%	93.51%	56.09%	59.95%	42.69%	36.93%
10年	最大值	3.53%	2.82%	5.21%	9.81%	32.63%	53.69%	90.63%
	最小值	0.00%	0.00%	0.00%	1.11%	6.24%	3.85%	31.75%
	中位数	0.00%	0.77%	1.68%	4.24%	15.84%	39.84%	55.80%
	均值	0.41%	0.87%	2.05%	4.50%	17.61%	36.74%	55.47%
	标准差	0.91%	0.79%	1.40%	1.99%	7.88%	13.19%	14.58%
	变异系数	221.71%	90.11%	68.33%	44.13%	44.77%	35.91%	26.29%

资料来源：联合资信整理。

（二）我国历史违约率稳定性

我国评级机构方面，由于我国债券市场违约历史较短、违约样本有限，各个信用级别违约率波动较大，且出现倒挂情况较多，并未形成稳定的历史违约率区间。

表4　2017—2019年我国公募债券市场债券发行人主体违约率统计

	2014年	2015年	2016年	2017年	2018年	2019年
AAA	0.00%	0.00%	0.00%	0.00%	0.14%	0.25%
AA＋	0.00%	0.18%	0.30%	0.00%	0.11%	0.93%
AA	0.00%	0.00%	0.30%	0.15%	1.02%	0.22%
AA－	0.00%	0.63%	0.75%	0.00%	0.78%	1.69%

续表

	2014 年	2015 年	2016 年	2017 年	2018 年	2019 年
A +	0.00%	2.06%	2.38%	0.00%	1.33%	5.71%
A	0.00%	0.00%	17.65%	0.00%	11.76%	13.64%
A -	4.65%	0.00%	0.00%	0.00%	0.00%	0.00%
BBB +	0.00%	0.00%	0.00%	10.00%	0.00%	25.00%
BBB	1.24%	8.89%	5.71%	0.00%	0.00%	33.33%
BBB -	2.08%	7.41%	18.18%	16.67%	50.00%	100.00%
BB +	0.00%	0.00%	9.52%	0.00%	0.00%	0.00%
BB	0.00%	10.53%	20.00%	28.57%	0.00%	100.00%
BB -	—	0.00%	28.57%	0.00%	0.00%	0.00%
B +	0.00%	0.00%	0.00%	0.00%	0.00%	0.00%
B	0.00%	0.00%	28.57%	0.00%	50.00%	0.00%
B -	—	66.67%	100.00%	0.00%	50.00%	0.00%
CCC	66.67%	0.00%	0.00%	0.00%	0.00%	0.00%
CC	—	50.00%	0.00%	0.00%	0.00%	0.00%
C	—	0.00%	100.00%	0.00%	0.00%	0.00%

资料来源：联合资信整理。

表 5　2009—2019 年我国公募债券市场债券发行人平均累积违约率统计（动态池）

	1 年	2 年	3 年	4 年	5 年	6 年	7 年	8 年	9 年	10 年
AAA	0.07%	0.13%	0.17%	0.22%	0.29%	0.38%	0.38%	0.38%	0.38%	0.38%
AA⁺	0.25%	0.67%	1.14%	1.43%	1.69%	1.84%	1.94%	2.12%	2.44%	2.44%
AA	0.28%	0.76%	1.30%	1.89%	2.45%	2.94%	3.44%	3.75%	3.75%	4.21%
AA⁻	0.41%	0.95%	1.22%	1.52%	1.94%	2.26%	2.71%	3.45%	3.94%	3.94%
A⁺	1.06%	1.73%	2.69%	3.11%	3.36%	3.36%	3.36%	3.36%	3.36%	3.36%
A	3.52%	4.00%	4.52%	4.52%	4.52%	4.52%	4.52%	4.52%	4.52%	4.52%
A⁻	1.02%	1.55%	1.55%	1.55%	1.55%	1.55%	1.55%	1.55%	1.55%	1.55%
BBB⁺	1.23%	2.48%	3.76%	3.76%	3.76%	4.34%	4.34%	4.34%	4.34%	4.34%
BBB	3.01%	5.22%	5.78%	6.07%	6.38%	6.38%	6.38%	6.38%	6.38%	6.38%
BBB⁻	3.33%	5.42%	7.51%	7.51%	7.51%	7.51%	7.51%	7.51%	7.51%	7.51%
BB⁺	1.53%	2.31%	3.12%	3.12%	3.12%	3.12%	3.12%	3.12%	3.12%	3.12%
BB	13.56%	18.64%	24.07%	24.07%	24.07%	24.07%	24.07%	24.07%	24.07%	24.07%

续表

	1年	2年	3年	4年	5年	6年	7年	8年	9年	10年
BB^-	9.09%	9.09%	9.09%	9.09%	9.09%	9.09%	9.09%	9.09%	9.09%	9.09%
B^+	—	—	—	—	—	—	—	—	—	—
B	20.00%	20.00%	20.00%	20.00%	20.00%	20.00%	20.00%	20.00%	20.00%	20.00%
B^-	33.33%	33.33%	33.33%	33.33%	33.33%	33.33%	33.33%	33.33%	33.33%	33.33%
CCC	14.29%	14.29%	14.29%	14.29%	14.29%	14.29%	14.29%	14.29%	14.29%	14.29%
CC	16.67%	33.34%	33.34%	33.34%	33.34%	33.34%	33.34%	33.34%	33.34%	33.34%
C	100%	100%	100%	100%	100%	100%	100%	100%	100%	100%

资料来源：联合资信整理。

四、结论

（一）理想违约率不适宜作为稳定性评价标准

国际三大评级机构并未将理想违约率作为评级目标，也不将其作为评价其评级质量的检验标准。相反地，国际三大评级机构在信用评级定义的相关说明文件中，再三反复强调信用评级是信用风险的相对排序，每个信用等级并没有对应特定的“违约概率”。国际三大评级机构的理想违约率，其适用范围集中在结构化产品评级方法和模型，是对结构化产品中基础资产违约概率的假设。

国际三大评级机构是根据实际违约率作为基准，不断调整理想违约率。在理想违约率的构建中，标普和惠誉都将理想违约率设置得更为严格。实际评级表现中，国际三大评级机构的平均累积违约率与理想违约率之间存在较大差异。标普的平均累积违约率显著低于理想违约率，穆迪的平均累积违约率显著高于理想违约率，惠誉高级别平均累积违约率显著高于理想违约率，低级别平均累积违约率显著低于理想违约率。

（二）国际三大评级机构实际违约率仍未形成单调稳定区间

尽管穆迪已经累积多年评级经验和数据，但从其评级表现来看，穆迪各个信用级别违约率波动较大且呈现周期性波动、各级别间违约率倒挂、波动范围相互交叉，并未形成单调、稳定的历史违约率区间。

附表 1　标普理想违约率(%)

期限	AAA	AA +	AA	AA −	A +	A	A −	BBB +	BBB	BBB −	BB +	BB	BB −	B +	B	B −	CCC +	CCC	CCC −	D
1	0.003	0.007	0.016	0.044	0.09	0.179	0.275	0.363	0.415	0.472	0.946	1.899	2.34	2.899	7.063	9.794	14.12	18.445	22.771	100
2	0.014	0.033	0.066	0.126	0.232	0.407	0.601	0.804	0.983	1.302	2.251	4.185	5.293	6.851	13.357	18.109	25.443	31.488	36.546	100
3	0.037	0.082	0.155	0.249	0.427	0.694	0.991	1.337	1.708	2.436	3.875	6.751	8.617	11.198	18.998	25.132	34.222	40.816	45.836	100
4	0.076	0.159	0.286	0.419	0.681	1.044	1.455	1.972	2.588	3.821	5.762	9.496	12.119	15.583	24.057	31.064	41.038	47.693	52.508	100
5	0.135	0.268	0.464	0.639	0.995	1.463	1.998	2.71	3.612	5.404	7.849	12.336	15.654	19.82	28.595	36.101	46.414	52.93	57.511	100
6	0.217	0.412	0.69	0.912	1.372	1.954	2.625	3.55	4.764	7.14	10.077	15.206	19.129	23.82	32.671	40.415	50.744	57.043	61.394	100
7	0.326	0.596	0.967	1.242	1.813	2.516	3.334	4.487	6.027	8.985	12.392	18.055	22.485	27.549	36.34	44.145	54.309	60.365	64.5	100
8	0.465	0.821	1.298	1.629	2.318	3.15	4.124	5.512	7.383	10.906	14.751	20.847	25.686	31.004	39.652	47.405	57.306	63.114	67.049	100
9	0.638	1.092	1.684	2.075	2.887	3.855	4.991	6.617	8.815	12.871	17.118	23.558	28.719	34.194	42.652	50.281	59.871	65.438	69.189	100
10	0.846	1.409	2.125	2.58	3.519	4.627	5.928	7.792	10.306	14.857	19.466	26.171	31.577	37.139	45.381	52.842	62.103	67.44	71.021	100
11	1.093	1.774	2.621	3.143	4.211	5.462	6.932	9.026	11.842	16.845	21.774	28.679	34.265	39.86	47.872	55.142	64.072	69.191	72.616	100
12	1.381	2.188	3.172	3.764	4.962	6.358	7.994	10.311	13.409	18.819	24.028	31.077	36.788	42.376	50.156	57.223	65.827	70.743	74.023	100
13	1.711	2.652	3.777	4.441	5.768	7.308	9.108	11.637	14.995	20.768	26.219	33.365	39.156	44.708	52.257	59.117	67.408	72.133	75.279	100
14	2.084	3.166	4.435	5.172	6.627	8.309	10.267	12.995	16.592	22.683	28.339	35.543	41.38	46.875	54.196	60.851	68.844	73.389	76.412	100
15	2.502	3.728	5.144	5.955	7.533	9.355	11.465	14.379	18.19	24.559	30.385	37.616	43.469	48.892	55.993	62.446	70.155	74.533	77.44	100
16	2.965	4.339	5.901	6.786	8.485	10.441	12.695	15.779	19.783	26.39	32.357	39.588	45.433	50.774	57.663	63.92	71.361	75.582	78.381	100
17	3.473	4.998	6.705	7.663	9.477	11.563	13.952	17.192	21.365	28.174	34.253	41.464	47.284	52.534	59.22	65.288	72.475	76.548	79.247	100
18	4.026	5.702	7.552	8.583	10.506	12.716	15.231	18.611	22.932	29.909	36.077	43.248	49.028	54.185	60.675	66.561	73.508	77.442	80.047	100
19	4.623	6.45	8.44	9.542	11.569	13.894	16.526	20.031	24.48	31.595	37.828	44.947	50.675	55.735	62.037	67.75	74.47	78.273	80.79	100
20	5.263	7.24	9.367	10.538	12.661	15.094	17.832	21.448	26.007	33.232	39.51	46.566	52.233	57.195	63.317	68.864	75.369	79.049	81.482	100
21	5.946	8.07	10.329	11.566	13.779	16.313	19.147	22.86	27.51	34.82	41.126	48.109	53.708	58.571	64.522	69.909	76.211	79.774	82.129	100
22	6.67	8.938	11.323	12.624	14.919	17.545	20.466	24.262	28.988	36.36	42.679	49.581	55.107	59.872	65.658	70.893	77.002	80.454	82.735	100
23	7.434	9.842	12.346	13.708	16.079	18.789	21.786	25.653	30.439	37.854	44.172	50.987	56.436	61.103	66.731	71.821	77.746	81.094	83.305	100

续表

期限	AAA	AA +	AA	AA −	A +	A	A −	BBB +	BBB	BBB −	BB +	BB	BB −	B +	B	B −	CCC +	CCC	CCC −	D
24	8. 235	10. 778	13. 396	14. 814	17. 254	20. 04	23. 104	27. 031	31. 862	39. 302	45. 607	52. 331	57. 7	62. 27	67. 747	72. 697	78. 449	81. 698	83. 842	100
25	9. 072	11. 745	14. 469	15. 941	18. 442	21. 296	24. 418	28. 393	33. 258	40. 707	46. 987	53. 618	58. 904	63. 378	68. 711	73. 528	79. 114	82. 268	84. 348	100
26	9. 943	12. 739	15. 563	17. 085	19. 641	22. 554	25. 725	29. 739	34. 626	42. 069	48. 317	54. 85	60. 052	64. 433	69. 626	74. 315	79. 743	82. 807	84. 828	100
27	10. 847	13. 759	16. 675	18. 243	20. 846	23. 811	27. 024	31. 066	35. 966	43. 39	49. 597	56. 031	61. 148	65. 437	70. 497	75. 063	80. 34	83. 319	85. 282	100
28	11. 779	14. 802	17. 803	19. 413	22. 057	25. 067	28. 313	32. 376	37. 277	44. 672	50. 831	57. 165	62. 196	66. 395	71. 327	75. 775	80. 908	83. 805	85. 714	100
29	12. 739	15. 865	18. 943	20. 592	23. 271	26. 318	29. 591	33. 665	38. 561	45. 917	52. 022	58. 254	63. 199	67. 31	72. 118	76. 453	81. 449	84. 267	86. 124	100
30	13. 725	16. 946	20. 094	21. 777	24. 486	27. 564	30. 856	34. 935	39. 818	47. 125	53. 171	59. 301	64. 16	68. 185	72. 874	77. 1	81. 964	84. 707	86. 515	100

资料来源:联合资信整理。

附表 2　穆迪理想违约率(%)

期限	Aaa	Aa1	Aa2	Aa3	A1	A2	A3	Baa1	Baa2	Baa3	Ba1	Ba2	Ba3	B1	B2	B3	Caa1	Caa2	Caa3	Ca	C
1	0. 000	0. 001	0. 001	0. 003	0. 006	0. 011	0. 039	0. 090	0. 170	0. 420	0. 870	1. 560	2. 810	4. 680	7. 160	11. 620	17. 382	26. 000	50. 990	100	100
2	0. 000	0. 003	0. 008	0. 019	0. 037	0. 070	0. 150	0. 280	0. 470	1. 050	2. 020	3. 470	5. 510	8. 380	11. 670	16. 610	23. 234	32. 500	57. 009	100	100
3	0. 001	0. 010	0. 026	0. 059	0. 117	0. 222	0. 360	0. 560	0. 830	1. 710	3. 130	5. 180	7. 870	11. 580	15. 550	21. 030	28. 639	39. 000	62. 450	100	100
4	0. 002	0. 021	0. 047	0. 101	0. 189	0. 345	0. 540	0. 830	1. 200	2. 380	4. 200	6. 800	9. 790	13. 850	18. 130	24. 040	32. 479	43. 880	66. 242	100	100
5	0. 003	0. 031	0. 068	0. 142	0. 261	0. 467	0. 730	1. 100	1. 580	3. 050	5. 280	8. 410	11. 860	16. 120	20. 710	27. 050	36. 314	48. 750	69. 821	100	100
6	0. 004	0. 042	0. 089	0. 183	0. 330	0. 583	0. 910	1. 370	1. 970	3. 700	6. 250	9. 770	13. 490	17. 890	22. 650	29. 200	38. 967	52. 000	72. 111	100	100
7	0. 005	0. 054	0. 111	0. 227	0. 406	0. 710	1. 110	1. 670	2. 410	4. 330	7. 060	10. 700	14. 620	19. 130	24. 010	31. 000	41. 385	55. 250	74. 330	100	100
8	0. 007	0. 067	0. 135	0. 272	0. 480	0. 829	1. 300	1. 970	2. 850	4. 970	7. 890	11. 660	15. 710	20. 230	25. 150	32. 580	43. 657	58. 500	76. 485	100	100
9	0. 008	0. 082	0. 164	0. 327	0. 573	0. 982	1. 520	2. 270	3. 240	5. 570	8. 690	12. 650	16. 710	21. 240	26. 220	33. 780	45. 672	61. 750	78. 581	100	100
10	0. 010	0. 100	0. 200	0. 400	0. 700	1. 200	1. 800	2. 600	3. 600	6. 100	9. 400	13. 500	17. 660	22. 200	27. 200	34. 900	47. 700	65. 000	80. 700	100	100
11	0. 012	0. 131	0. 249	0. 644	1. 038	1. 432	2. 332	3. 231	4. 131	7. 697	11. 262	14. 827	19. 613	24. 399	29. 184	37. 478	49. 973	66. 634	81. 629	100	100
12	0. 014	0. 159	0. 304	0. 763	1. 222	1. 681	2. 680	3. 677	4. 675	8. 488	12. 299	16. 111	21. 079	26. 046	31. 013	39. 855	52. 063	68. 009	82. 468	100	100
13	0. 017	0. 191	0. 365	0. 892	1. 420	1. 947	3. 042	4. 137	5. 232	9. 274	13. 314	17. 354	22. 474	27. 591	32. 709	42. 058	53. 940	69. 179	83. 174	100	100
14	0. 019	0. 226	0. 432	1. 030	1. 629	2. 227	3. 418	4. 609	5. 799	10. 052	14. 304	18. 555	23. 798	29. 039	34. 281	44. 101	55. 634	70. 184	83. 776	100	100
15	0. 022	0. 263	0. 505	1. 177	1. 849	2. 521	3. 805	5. 089	6. 373	10. 821	15. 267	19. 713	25. 056	30. 397	35. 739	45. 996	57. 169	71. 056	84. 295	100	100
16	0. 025	0. 304	0. 583	1. 331	2. 079	2. 828	4. 203	5. 577	6. 952	11. 577	16. 201	20. 825	26. 249	31. 671	37. 093	47. 755	58. 564	71. 820	84. 747	100	100

续表

期限	Aaa	Aa1	Aa2	Aa3	A1	A2	A3	Baa1	Baa2	Baa3	Ba1	Ba2	Ba3	B1	B2	B3	Caa1	Caa2	Caa3	Ca	C
17	0. 028	0. 348	0. 667	1. 493	2. 319	3. 145	4. 608	6. 071	7. 533	12. 321	17. 108	21. 894	27. 381	32. 866	38. 351	49. 390	59. 838	72. 496	85. 145	100	100
18	0. 031	0. 394	0. 757	1. 662	2. 568	3. 473	5. 021	6. 568	8. 116	13. 051	17. 985	22. 919	28. 455	33. 988	39. 522	50. 911	61. 004	73. 098	85. 498	100	100
19	0. 034	0. 443	0. 852	1. 838	2. 824	3. 810	5. 439	7. 068	8. 697	13. 766	18. 834	23. 902	29. 473	35. 043	40. 613	52. 329	62. 077	73. 639	85. 813	100	100
20	0. 038	0. 495	0. 952	2. 020	3. 087	4. 155	5. 862	7. 569	9. 276	14. 466	19. 655	24. 843	30. 440	36. 036	41. 631	53. 652	63. 065	74. 129	86. 098	100	100
21	0. 041	0. 549	1. 057	2. 207	3. 356	4. 506	6. 288	8. 069	9. 851	15. 150	20. 447	25. 744	31. 358	36. 970	42. 583	54. 889	63. 979	74. 574	86. 356	100	100
22	0. 045	0. 606	1. 167	2. 399	3. 631	4. 863	6. 716	8. 568	10. 421	15. 817	21. 212	26. 607	32. 230	37. 852	43. 473	56. 046	64. 826	74. 981	86. 592	100	100
23	0. 048	0. 665	1. 282	2. 596	3. 910	5. 224	7. 145	9. 065	10. 985	16. 469	21. 950	27. 432	33. 058	38. 683	44. 308	57. 130	65. 613	75. 356	86. 808	100	100
24	0. 052	0. 726	1. 401	2. 797	4. 193	5. 589	7. 574	9. 559	11. 543	17. 104	22. 663	28. 222	33. 846	39. 469	45. 091	58. 148	66. 347	75. 701	87. 007	100	100
25	0. 056	0. 790	1. 524	3. 002	4. 480	5. 957	8. 003	10. 048	12. 094	17. 723	23. 350	28. 978	34. 595	40. 211	45. 828	59. 105	67. 032	76. 022	87. 191	100	100
26	0. 060	0. 856	1. 652	3. 211	4. 769	6. 327	8. 431	10. 533	12. 636	18. 326	24. 013	29. 701	35. 309	40. 915	46. 521	60. 006	67. 673	76. 320	87. 361	100	100
27	0. 063	0. 923	1. 783	3. 422	5. 060	6. 698	8. 856	11. 013	13. 170	18. 913	24. 653	30. 394	35. 988	41. 581	47. 174	60. 854	68. 274	76. 599	87. 521	100	100
28	0. 067	0. 993	1. 918	3. 636	5. 353	7. 070	9. 279	11. 487	13. 696	19. 484	25. 271	31. 058	36. 636	42. 213	47. 790	61. 655	68. 839	76. 859	87. 669	100	100
29	0. 071	1. 064	2. 056	3. 852	5. 647	7. 442	9. 699	11. 955	14. 212	20. 040	25. 867	31. 694	37. 254	42. 814	48. 373	62. 412	69. 370	77. 104	87. 809	100	100
30	0. 075	1. 136	2. 197	4. 069	5. 941	7. 813	10. 115	12. 417	14. 719	20. 581	26. 442	32. 303	37. 844	43. 384	48. 924	63. 129	69. 871	77. 333	87. 939	100	100

资料来源:联合资信整理。

附表 3 惠誉理想违约率(%)

期限	AAA	AA +	AA	AA −	A +	A	A −	BBB +	BBB	BBB −	BB +	BB	BB −	B +	B	B −	CCC +	CCC	CCC −	CC	C	D
1	0. 01	0. 01	0. 01	0. 01	0. 03	0. 07	0. 1	0. 14	0. 19	0. 34	0. 75	1. 16	1. 49	2. 89	5. 36	8. 35	25. 228	25. 228	25. 228	50. 5	75. 5	100
2	0. 01	0. 01	0. 02	0. 04	0. 08	0. 16	0. 23	0. 33	0. 49	0. 97	2. 07	3. 12	4	7. 15	11. 16	18. 74	37. 337	37. 337	37. 337	56. 5	81. 5	100
3	0. 01	0. 02	0. 05	0. 09	0. 15	0. 27	0. 4	0. 59	0. 87	1. 77	3. 63	5. 4	6. 9	10. 83	15. 17	24. 31	43. 817	43. 817	43. 817	62. 5	87. 5	100
4	0. 037	0. 06	0. 097	0. 157	0. 254	0. 411	0. 611	0. 907	1. 348	2. 667	5. 261	7. 753	9. 887	14. 106	18. 49	27. 663	47. 727	47. 727	47. 727	68. 5	93. 5	100
5	0. 082	0. 118	0. 169	0. 256	0. 387	0. 586	0. 869	1. 289	1. 913	3. 611	6. 869	10. 026	12. 785	17. 186	21. 572	30. 585	51. 13	51. 13	51. 13	74. 5	100	100
6	0. 135	0. 186	0. 257	0. 372	0. 538	0. 779	1. 154	1. 711	2. 536	4. 546	8. 365	12. 112	15. 465	20. 024	24. 41	33. 265	54. 252	54. 252	54. 252	80. 5	100	100
7	0. 174	0. 247	0. 35	0. 493	0. 695	0. 978	1. 442	2. 126	3. 134	5. 38	9. 649	13. 896	17. 816	22. 513	26. 899	35. 616	56. 99	56. 99	56. 99	86. 5	100	100
8	0. 19	0. 293	0. 452	0. 623	0. 859	1. 185	1. 727	2. 517	3. 669	6. 082	10. 698	15. 355	19. 806	24. 62	29. 007	37. 607	59. 308	59. 308	59. 308	92. 5	100	100
9	0. 192	0. 328	0. 56	0. 76	1. 031	1. 398	2. 009	2. 887	4. 149	6. 673	11. 55	16. 535	21. 469	26. 381	30. 767	39. 269	61. 245	61. 245	61. 245	98. 5	100	100
10	0. 193	0. 35	0. 638	0. 863	1. 168	1. 58	2. 246	3. 192	4. 536	7. 13	12. 193	17. 434	22. 805	27. 795	32. 182	40. 605	62. 8	62. 8	62. 8	100	100	100

资料来源:联合资信整理。

03 对日本评级机构评级方法研究的启发与借鉴

联合资信 技术创新部 艾仁智 陈茵 李天娇 (2020－09)

一、日本评级方法研究

(一) JCR 评级方法

JCR 在评估企业的信用风险时，重点放在两个方面。一是业务基础（业务风险）——债务人是否能够随着时间的推移维持并最终扩大其业务基础，并产生所需的现金流。二是财务基础（财务风险）——债务人的财务状况是否会对偿债能力产生不利影响。

对于业务风险的考察主要包括行业特征、行业地位和竞争力、法人主体性质三个方面。具体来看，行业特征主要考察行业所处的周期、市场规模、产业结构、技术创新趋势等；行业地位和竞争力主要考察受评企业在行业中的地位和所具备的特点；法人主体性质主要考察公司成立历史、管理层、组织结构、股东和附属公司、雇员、销售构成、生产和销售条件、资本投资情况、技术水平和研发能力、附属公司及联营公司、管理计划。

对于财务风险的考察主要包括重大事项、资本构成、财务指标三个方面。具体来看，重大事项主要是考察财务报表中的重要科目，分析科目变化原因，检查科目的稳定性和流动性，以及科目间的相关性。在资本构成方面，将从资产与资本或投资的平衡、融资来源等方面来考察资金的短期流动性和资本的长期稳定性。财务指标方面，JCR 在确定评级时，会分析各种指标——包括盈利能力、偿债安全性和规模等，并对公司的盈利能力和财务基础的稳定程度进行评估。使用的主要指标包括：（1）与规模有关的指标：销售额、营业利润、股本；（2）与盈利能力有关的指标：营业利润率、总资产回报率；（3）与偿债安全有关的指标：利息覆盖率（Interest coverage ratio）、计息债务/EBITDA（Interest bearing debt / EBITDA）、债务权益比（Debt to equity ratio）、权益比率（Equity ratio）。

以房地产行业为例，JCR 主要从受评企业的业务风险和财务风险两个方面进行分析。业务风险方面，主要分析日本房地产行业的行业特征、单个企业的市场地位和竞争力两个方面。行业特征主要从房地产行业市场概况、竞争形势、成本结构三个方面进行分析，市场地位和竞争力主要从企业的市场地位、融资能力、业务结构、租赁资产组合（或多元化）四个方面进行分析。

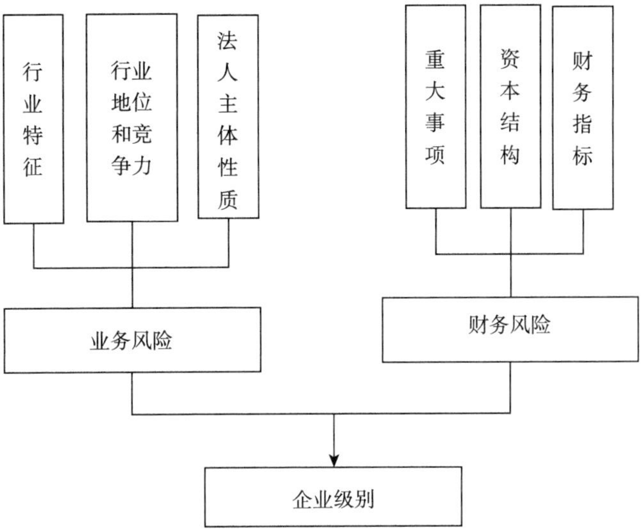

图 1　JCR 评级框架图

（资料来源：根据 JCR 评级方法整理所得）

财务风险方面，主要分析现金流、安全、融资结构（融资的质量和灵活性）三个方面。现金流选用的关键财务指标包括 EBITDA、营业活动净现金流、有息债务/EBITDA。安全选用的关键财务指标包括营业收入、总收入、股东权益、有息债务、权益比率、权益债务比、持有资产未实现利润（Unrealized profit on assets held）。融资结构选用的关键财务指标包括额外抵押的保证金、有抵押债务规模、无抵押债务比率、长期借款与短期借款的比率。

表 1　JCR 房地产行业评级指标

一级指标	二级指标	三级指标
业务风险	行业特征	市场概况
		竞争形势
		成本结构
	市场地位和竞争力	市场地位
		融资能力
		业务结构
		租赁资产组合

续表

一级指标	二级指标	三级指标
财务风险	现金流	EBITDA
		营业活动净现金流
		有息债务/EBITDA
	安全	营业收入
		总收入
		股东权益
		有息债务
		权益比率
		权益债务比
		持有资产未实现利润
	融资结构	额外抵押的保证金
		有抵押债务规模
		无抵押债务比率
		长期借款与短期借款的比率

资料来源：根据 JCR 评级方法整理所得。

此外，JCR 决定从 2020 年 1 月开始在发行人信用风险评估报告中为所有适用的发行人创建一个“ESG 说明”列。在“ESG 说明”列中，如果特定的 ESG 因素被认为对信用水平有重大影响，或者从长远来看可能成为正面或负面因素，那么 JCR 会提供概述和 JCR 对上述因素的看法。JCR 还指出，实际上目前只有少数情况下，ESG 因素会对个体发行人的信用水平有很大影响。

（二）R&I 评级方法

R&I 主要从经营风险和财务风险两个方面评估企业的信用风险。

经营风险评估由行业风险和企业自身业务风险组成。

行业风险评估因素包括市场规模、增长潜力和波动性，产业结构（竞争环境），客户连续性和稳定性，资本和存货投资周期，行业进入法规、保护政策和公共基础建设支持等方面。R&I 将行业风险大致分为五类：低，相对低，中，相对高和高。同时，R&I 将不同行业分成了六大业务类型，在大多数情况下，如果业务类型相同，则将行业风险程度与业务类型结合起来，就可以使用几乎相同的指标在行业之间进行比较。

六大业务类型包括：（1）投资回收业务类型，主要侧重于从现金流中收回投资支出的能力，制造业等行业属于此类；（2）资产管理业务类型，通过使用外部募集资金积累运营资产来获得回报的业务模型，金融业中多数公司属于此类；（3）资产利用业务类型，主要是指通过长期利用房地产和其他资产来创收的业务，房地产租赁业务和百货商店属于此类；（4）资产周转业务类型，通过转换现有资产（例如库存）来确保一定收入水平的业务模型，零售商、批发商和房地产开发商属于此类；（5）混合业务类型，结合了某些业务类型的功能，例如投资回收、资产管理和资产周转业务类型，这类业务的典型例子是一般贸易公司，涉及从纤维/纺织品和食品贸易到自然资源投资的各种业务，以及从事租赁业务（资产利用业务类型）和房地产开发业务（资产周转业务类型）的公司；（6）劳动密集型业务类型，这种业务类型还包括负担大量人事费用（例如视频游戏软件开发）的业务，物流和广播等服务行业属于此类别。

评估单个企业业务风险的主要因素包括市场的规模和特征，市场地位，业务组合的构成和特点客户基础，产品和服务的竞争力，技术和研发能力，生产能力和生产系统，营销实力、销售能力/组织和服务（维护）体系，采购基础的稳定性和充分性，成本结构的灵活性，风险概况/风险偏好和风险管理能力，公司治理，环境和社会因素这 13 个方面。

R&I 在财务风险分析中，除了研究通过分析财务报表获得的各项财务指标外，还会对企业的财务管理政策、资金采购基础、流动性风险控制政策等因素进行定性评价。必要时，R&I 将首先调整财务报表上的数字以符合实际情况，然后对财务报表进行分析。R&I 在财务风险中的主要评价因素包括盈利能力、规模和投资能力、偿债期限、财务状况、风险抵御能力、资产质量、流动性、财务管理政策八个方面。各评价因素涉及的主要财务指标详见表 2。

表 2　R&I 财务风险分析指标

财务分析	细分指标
盈利能力	EBITDA
	营业收入利润率
	EBITDA 利润率
规模和投资能力	股本资本
	EBITDA
	研发投资金额（以研发为重点的公司）
偿债期限	总债务/EBITDA
	净债务/EBITDA
	经营性净现金流/全部债务
	经营性净现金流/净债务
财务状况（用债务权益结构来评估）	总债务与权益比率
	净债务与权益比率
	权益比率
	企业对债务的依赖程度
风险抵御能力（主要评估金融业）	使用风险量度（例如 VaR（风险值）或 UL（意外损失））作为基础，同时考虑到易受压力影响的情况

续表

财务分析	细分指标
资产质量（主要评估金融机构等部门）	定量贷款（如不良贷款百分比和信贷成本）
	公司资产评估的严格程度
	准备金
	拨备覆盖率
流动性	资产和债务结构
	资金采购的稳定性
财务管理政策	财务管理政策

资料来源：根据 R&I 评级方法整理所得。

同时，R&I 为每个评级类别都设定了财务参考值（Financial Reference Values），其中涉及了多个指标，包括盈利能力、规模和投资能力、偿债期限、财务状况、风险抵御能力和流动性等，这些参考值是根据行业风险和企业的经营特点确定的。

R&I 指出，对这些指标的评价不是基于最近会计期末或其他特定时间点的结果，而是基于几个时期的结果，包括未来的预测。

R&I 会分析受评企业的财务指标与财务参考值相比将会有怎样的趋势。R&I 认为，即使行业风险很高，如果发行人具有竞争力或拥有稳健的财务基础，仍有可能缓解行业风险的影响。它表示发行人满足了所有参考值。

R&I 综合考虑了行业风险和公司自身风险，通过结合对财务指标相对于财务参考值的充分性评估来确定评级。经营风险分析和财务风险分析是相互关联的，它们的权重因行业而异。评级最终是对这些分析的总体判断，而不是简单加权平均。

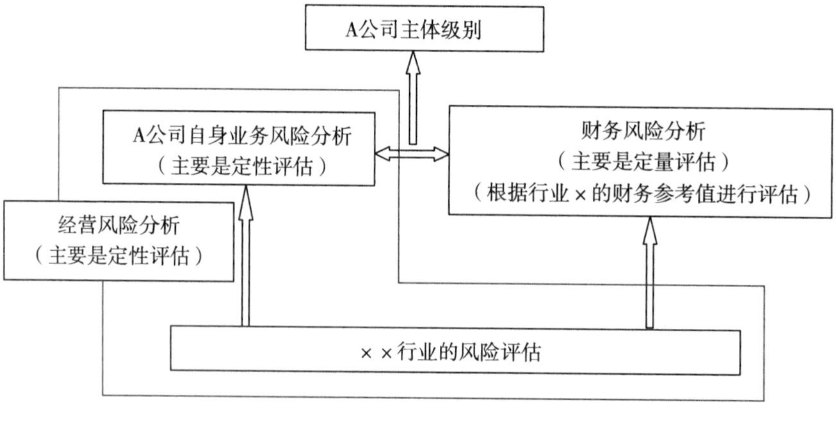

图 2　R&I 评级框架

（资料来源：根据 R&I 评级方法整理）

以房地产行业为例，R&I 主要从受评企业的经营风险和财务风险两个方面进行分析。经营风险方面，主要分析日本房地产行业的行业风险、企业自身的业务风险两个方面。R&I 认为房屋建筑商面临中等程度的行业风险。行业风险主要从市场规模、市场增长潜力和市场波动性，产业结构（竞争环境），客户的连续性和稳定性，资本和存货投资周期，环境保护、法规和社会责任、成本结构六个方面进行分析。企业自身的业务风险主要从运营基础和客户基础、产品规划和开发能力、业务概况、风险管理能力四个方面进行分析。

对于房屋建筑商，R&I 根据行业的业务特点强调以下财务指标：（1）盈利能力：毛利率、SG&A/毛利润（即毛利润减期间费用）、ROA；（2）规模和投资能力：EBITDA、权益资本；（3）债务回收期限：净债务/EBITDA、（净债务－营运资本）/FFO；（4）财务概况：权益比率，持有待售房地产/股本。除了量化的财务数据外，R&I 在其财务风险分析中还评估公司的财务管理政策和流动性风险。

此外，R&I 还指出虽然到目前为止，ESG 影响 R&I 评级行动的案例很少，但环境因素正成为许多公司面临的重要管理挑战。预计在未来的信用评级评估中，环境因素的重要性将会越来越大。在环境因素中，R&I 目前选择了温室气体减排这一评价指标，认为这是一个广泛影响行业的因素，并披露了对每个行业的观点。

R&I 对于温室气体减排的影响分析分为两个维度：（1）在行业风险评估中，会考虑温室气体减排的影响对整个行业而言是正面的还是负面的（详见表 3），R&I 认为受环境监管、节能政策等影响，与汽车和能源相关的行业将受到负面影响，相反减少温室气体排放的举措将推动节能设备和城市燃气的引入，因此将对此类行业会产生正面影响；（2）在单个公司自身业务风险评估中，R&I 会根据发行人的不同考虑其影响是正面的还是负面的，可能存在温室气体减排对行业未有明显影响，而对具体企业有很大影响的情况。

表 3　R&I 认为温室气体减排会产生明显影响的行业

对行业产生影响的方向	R&I 在当前行业评估中考虑温室气体减排的影响	大约三年后 R&I 会在行业评估中考虑温室气体减排的影响
正向	基础设施和工厂、城市燃气	基础设施和工厂、城市燃气
负向	乘用车、卡车、汽车零部件、轮胎、炼油和分销公司	乘用车、卡车、汽车零部件、轮胎、炼油和配电公司、电力

资料来源：R&I 官网。

二、中国主要评级机构评级方法研究

中国主要评级机构（除大公、中债资信外）评价框架基本一致，本质上都是围绕经营风险和财务风险综合考察受评企业的个体信用能力评级，再考虑包括外部支持等在内的其他调整因素，综合给出受评企业主体的信用级别。而大公是从信用风险的内涵出发，以受评对象目前偿债来源对债务的保障程度为落脚点，考虑宏观经济环境、行业环境、区域环境等企业外部环境因素，以及企业的产品与服务竞争、盈利能力和偿债来源等企业内部因素，以及其特殊风险事项和外部支持的综合影响，结合受评对象在行业中的位置以及所在行业的信用风险特征的对比，从而对受评对象的信用风险做出判断。中债资信是在综合评价受评主体偿债能力和偿债意愿的基础上评定受评主体自身的信用风险即个体级别，考虑外部支持对受评主体信用的增级（如有），最终得出受评主体的信用等级。其中，主体的偿债能力主要考虑资源配置能力与债务政策的评价结果；偿债意愿主要考虑偿债意识与理性决策的评价结果。

从评级要素来看，国内各家评级机构均重视对于行业风险的分析，评级要素大体包含了对于行业特征、行业周期性、竞争格局、行业增长性等方面的评价。从经营风险因素来看，各家均包含了企业的基础素质、竞争力、公司治理、运营效率等方面。从财务风险因素来看，评级要素涉及了现金流量、偿债能力、盈利能力、资本结构、财务信息质量以及财务政策等方面。流动性、财务政策等指标多作为评级调整项。

从影响机制来看，国内评级机构均采用了定性和定量结合的方式，建立相应的评级模型来评定信用级别。但是具体到模型的形式上，有一定的区别。中诚信、大公、东方金诚①、上海新世纪均采用打分表形式，中证鹏元②、联合资信、中债资信均采用矩阵形式。

经营风险评级要素包括宏观经济及区域风险、行业风险、企业基础素质、企业管理、经营分析和未来发展。

宏观经济及区域风险主要考察宏观经济环境（经济增速、投资增速、价格指数、利率水平、各项宏观经济调控政策、其变化趋势及可能性判断未来经济增速、固定资产投资水平的变化）、区域环境（地区经济水平、相关产业聚合度、人口结构及分布、地理区位、发展规划、市场化程度、地方财税政策）等方面。

行业风险分析主要包括行业特征、行业周期性和季节性、产业政策、供需状况、竞争格局、行业增长性与盈利能力等方面。

基础素质分析主要包括股东及股权状况、企业规模及市场地位、人员素质、技术水平、安全环保、外部支持（股东、政府及潜在投资者）、企业信用记录等。企业管理主要考察企业的法人治理结构、管理水平（管理架构、财务和资金管理、资产管理、质量检测管理、技术研发管理、投融资管理、工程项目管理、对子公司管理、其他管理）等。经营分析主要分析企业的运营模式、原辅材料采购、产品生产、产品销售、经营效率、重大事项等方面。未来发展主要考察企业未来经营发展策略、重大投资项目、其他影响企业发展的重大事项（如企业改制、上市、重组、购并等）等。

财务分析评级要素包括财务信息质量、资产质量、盈利能力、现金流量、资本结构、偿债能力、或有负债及其他风险、母公司财务风险。

以联合资信为例：联合资信主要是采用矩阵形式得到评级结果。首先评价出二级指标的

① 东方金诚仅城投行业使用矩阵形式，其余行业仍采用打分表形式。

② 由于交易商协会于2019年5月发布了《银行间债券市场非金融企业债务融资工具信用评级业务信息披露规则》，据此规定，国内各主要评级机构均于2019年8月左右披露了最新的评级方法和模型。因此本文收集的国内评级机构评级模型均以2019年8月之后披露的资料为准，对中证鹏元所引用的资料以城投公司评级模型为样本，其余行业中证鹏元并未披露。

得分，然后二级指标通过矩阵的形式得到一级指标得分，然后一级指标通过矩阵形式决定其级别。

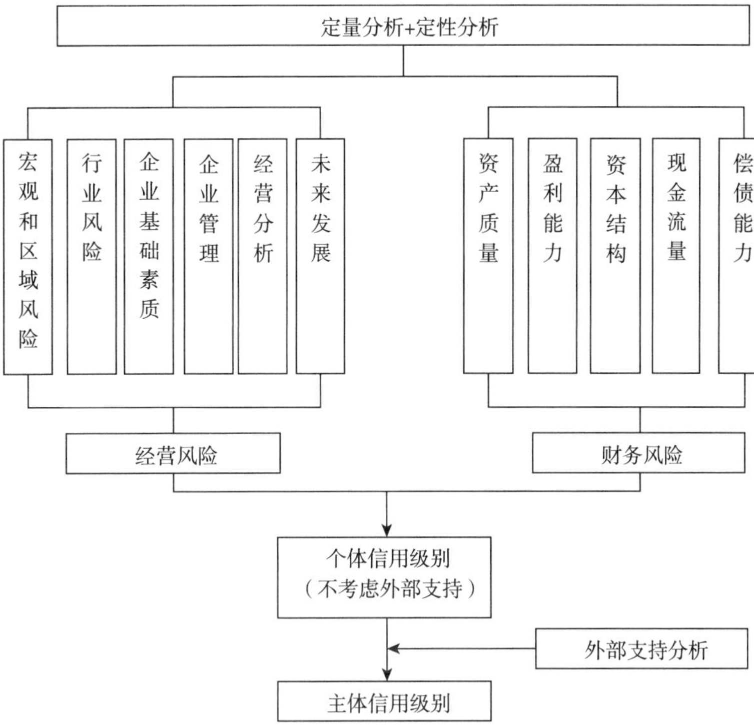

图 3　联合资信企业主体评级框架图

（资料来源：联合资信官网）

三、中日两国主要评级机构评级方法对比

（一）评级框架

日本 JCR 和 R&I 的评级框架与国内大部分评级机构（除大公、中债资信外）基本一致，都是围绕经营风险和财务风险来综合考察受评企业的个体信用能力评级。但日本 JCR 和 R&I 未考虑外部支持和其他评级调整因素，而国内评级机构均会分析评级调整因素和外部支持项对企业信用风险的影响。

（二）评级要素

从行业风险因素来看，日本 JCR 和 R&I 与国内各家评级机构均重视对于行业风险的分析，对于行业风险的评级要素大体一致。具体而言，各家均包含了对于行业特征、行业周期性、竞争格局、行业增长性、产业结构等方面。但 R&I 较为特殊的是，其将不同行业分成了六大业务类型，并指出在大多数情况下，如果业务类型相同，将行业风险程度与业务类型结合起来，就可以使用几乎相同的指标在行业之间进行比较。

从经营风险因素来看，日本 JCR 和 R&I 与国内各家评级机构关注要素也较为一致。具体而言，各家均包含了企业的基础素质、行业地位和竞争力、公司治理、运营效率等方面。R&I 还提出了风险概况/风险偏好和风险管理能力这一指标，对风险管理能力的考量较为突出。

从财务风险因素来看，日本 JCR 和 R&I 与国内各家评级机构均重视对于财务风险的分析。日本 JCR 和 R&I 考量的因素与国内各评级机构基本相同，均重视现金流量、偿债能力、盈利能力、资本结构、财务信息质量以及财务政策等要素。R&I 还会评估企业的流动性风险，国内评级机构则多把流动性纳入评级调整因素。

总体来看，虽然日本 JCR 和 R&I 未单独列示评级调整因素，但在其经营和财务考量因素中，国内评级机构所考量的评级调整因素也有涉及。但对于外部支持项，两家日本评级机构均未在评级方法中纳入。

此外，值得一提的是，日本 JCR 和 R&I 均单独发布了文件，指出虽然当前 ESG 只会对个别发行人有一定影响，但已把 ESG 纳入评级考量因素，并预计在未来的信用评级评估中，ESG 的重要性将会越来越大。

（三）影响机制

从影响机制来看，国内评级机构均采用了定性和定量结合的方式，建立相应的评级模型来评定信用级别。具体到评级模型，JCR 和 R&I 均未对外披露。R&I 提出了财务参考值指标项，会分析受评企业的财务指标与财务参考值相比将会有怎样的趋势，即 R&I 更为重视同业对比，会分析企业在行业内的位置，以此评价企业的财务风险。R&I 认为，即使行业风险很高，如果发行人具有竞争力或拥有稳健的财务基础，仍有可能缓解行业风险的影响。而国内各机构主要是通过阈值的划分来侧面反映出此观点，这是与 R&I 差异较大的方面。

综上，中日两国评级机构的评级方法大体上较为相似，均评估了企业的经营风险和财务风险，评级考量因素大多数较为相近，但个别会所差异。由于日本评级机构未公开评级模型，具体的评级标准尚未得知。但总体而言，日本评级机构的评级方法仍有值得借鉴的方面。

四、借鉴总结

具体到评级方法体系建设，从日本评级机构可以借鉴的方面包括：

（一）加强对 ESG 因素的评级考量

随着国际、国内资本市场对上市公司 ESG 信息披露关注度的提高，ESG 信息在企业可持续发展和长期价值创造上发挥了越来越重要的作用。JCR 和 R&I 也均把 ESG 纳入评级考量因素，重视对 ESG 因素的考量。我国部分评级机构也在评价模型中纳入了绿色因素指标。因此，将 ESG 因素纳入评级考量，不仅能够更准确地评估企业的信用风险，而且能够以更长远的视角考察企业的评级展望。

具体操作细节方面，可以借鉴 R&I 对于温室气体减排的影响分析角度。我国评级机构可以通过两个维度对企业进行 ESG 影响分析：（1）在行业风险评估中，考虑 ESG 的影响对整个行业而言是正面的还是负面的，并区分影响的程度大小；（2）在单个公司自身业务风险评估中，根据发行人的不同考虑其影响是正面的还是负面的，以及区分影响程度。

（二）把行业分成六大业务类型，便于跨行业对比分析

R&I 将不同行业分成了六大业务类型，在大多数情况下，如果业务类型相同，则将行业风险程度与业务类型结合起来，就可以使用几乎相同的指标在行业之间进行比较。国内评级机构可借鉴此思路，把行业分成不同的业务类型，可以更高效精准地挖掘行业间共性指标，实现跨行业对比分析。特别是在构建评级模型时，找出类型一致的行业，选取共性指标进行分析评估，不仅提高了模型构建效率，还为跨行业对比提供了路径。

项目组认为国内的工商行业板块可分为以下六类：①城投公司，城投公司兼具非经营和经营性业务，与地方政府业务及资金往来密切，对地方政府有很强的依赖性，应单独归为一类。②资源利用类型，主要是指通过利用资源禀赋来创收的业务，包括有色、煤炭、石油石化、电力等行业。③资产利用类型，主要是指通过长期利用资产来创收的业务，包括持有型房地产、机场运营、航空运输、旅游、收费公路、港口、文化娱乐等行业。④资产周转类型，通过转换现有资产（例如库存）来确保一定收入水平的业务模型，包括零售、开发型房地产等行业。⑤生产制造类型，主要是指生产制造产品出售来创收的业务，包括制造业、汽车、医药、出版、水泥、建筑工程、化工等行业。⑥混合业务类型，为上述 2～3 种类型均包含的企业。

（三）重视同业对比分析

R&I 为每个评级类别都设定了财务参考值，然后分析受评企业的财务指标与财务参考值相比将会有怎样的趋势，R&I 认为，即使行业风险很高，如果发行人具有竞争力或拥有稳健的财务基础，仍有可能缓解行业风险的影响。笔者认为财务参考值类似阈值划分和行业中枢，国内评级机构可以借鉴并扩展其内涵。在进行企业信用分析时，可加强同业的对比，例如，在分析单个企业信用风险时，企业模型指标需与行业中位值、各级别典型企业、行业内类似规模企业进行比较，考察企业在行业中的地位，综合评估企业信用风险。

第二部分

评级行动

01　违约企业评级调整研究——国内外实践对比[①]

联合资信　技术创新部　艾仁智　陈茵　郝亚刚　胡前方　（2018－12）

一、国际三大评级机构违约发行人评级调整情况

（一）违约概况

1. 穆迪

1921—2017年，穆迪评级的违约发行人一共有3,439家[②]，其中违约前年初评级为投资级的违约发行人为203家，占比5.90%；评级为投机级的发行人违约数量为3,236家，占比94.10%。

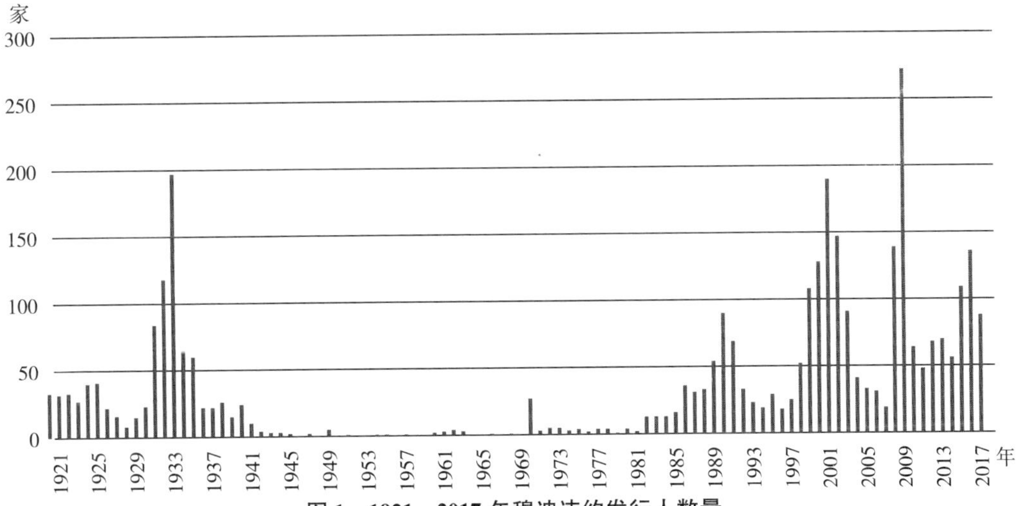

图1　1921—2017年穆迪违约发行人数量

（资料来源：穆迪违约研究报告）

2. 标普

1981—2017年，标普评级的违约发行人一共有2,672家[③]，其中违约前年初评级为投资级的违约发行人为86家，占比3.22%；评级为投机级的发行人违约数量为2,119家，占比79.30%。

① 本篇文章部分已在《债券》2019年7期发表。
② 根据穆迪违约研究报告，仅统计每年1月1日样本池中的样本。
③ 总数包括违约前1年已不再评级的公司，与后面分类数据之和不一致。

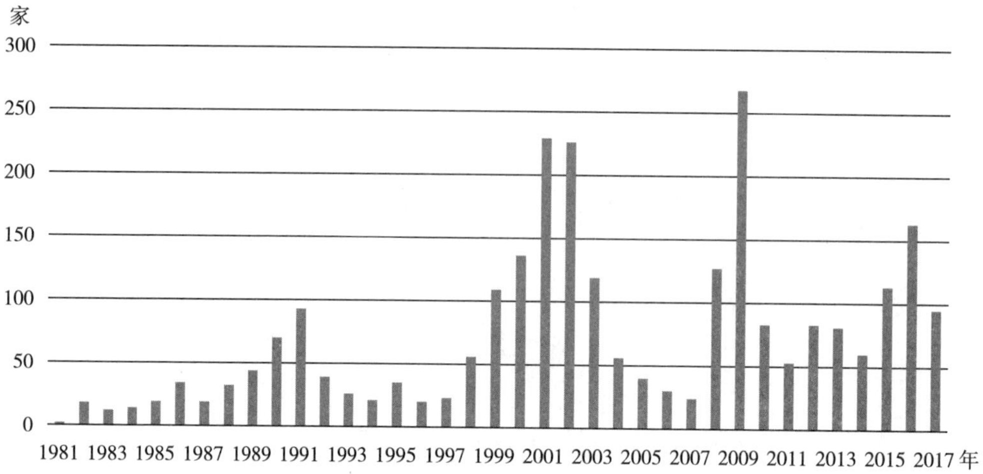

图 2　1981—2017 年标普违约发行人数量

（资料来源：标普违约研究报告）

在将违约发行人评为违约级以前，标普已将 66.99% 的违约发行人级别评定（调整）为 CCC/C 级，揭示了发行人的违约风险，有 15.16% 的违约发行人级别为 BB 和 B，在投资级及以上的仅占 0.63%，即大部分发行人违约前级别已经充分下调。

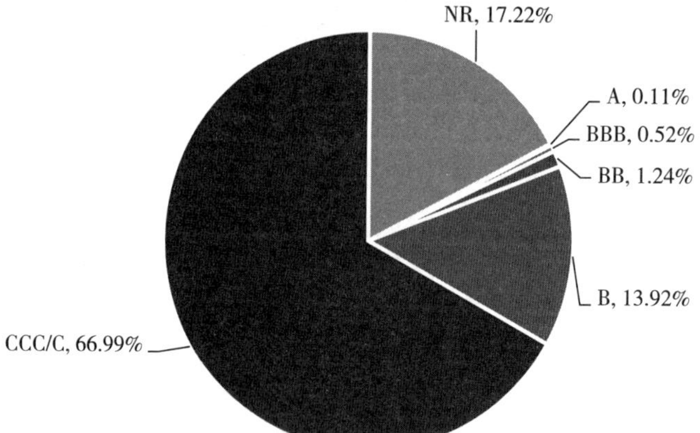

图 3　1981—2017 年标普违约发行人在下调为“D”级前的级别分布

（资料来源：标普违约研究报告）

（二）级别调整路径

1. 穆迪

从级别调整路径看。按多年平均数据（评级中位数），在发行人违约前 2 ~ 5 年，穆迪违约发行人级别变化仅下调 1 ~ 2 个小级别，相对平稳；在违约前 2 年内评级下调较为频繁，在违约前 1 年，发行人评级中位数下调至 B3 级；在违约前 6 个月下调为 Caa1；违约前 3 个月，下调为 Caa2 。

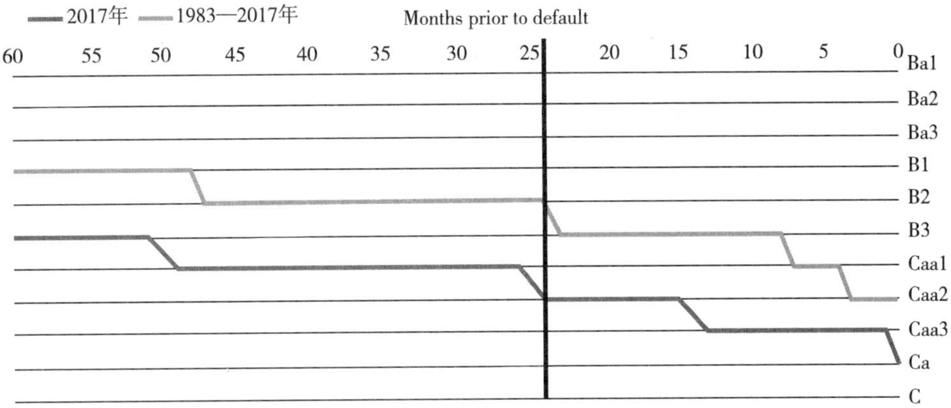

图 4　穆迪违约发行人级别下调路径对比

（资料来源：穆迪违约研究报告）

2. 标普

图 5 体现了标普非金融机构发行人违约前七年评级中位数的变化路径，浅色线以 1981—2017 年违约发行人为样本，深色线为 2017 年违约发行人样本。标普的整体情况与穆迪公司非常相似，评级变化路径较为平缓：在发行人违约前 7 年，发行人级别中位数处于 BB－或 B＋的水平；在发行人违约前 2～7 年，级别变化仅下调 1～2 个小级别；在违约前 2 年内评级下调较为频繁，在违约前 1 年，评级中位数通常被下调至 B 级；在违约前 3 个月下调为 B－；违约前 1 个月，下调为 CCC/C。

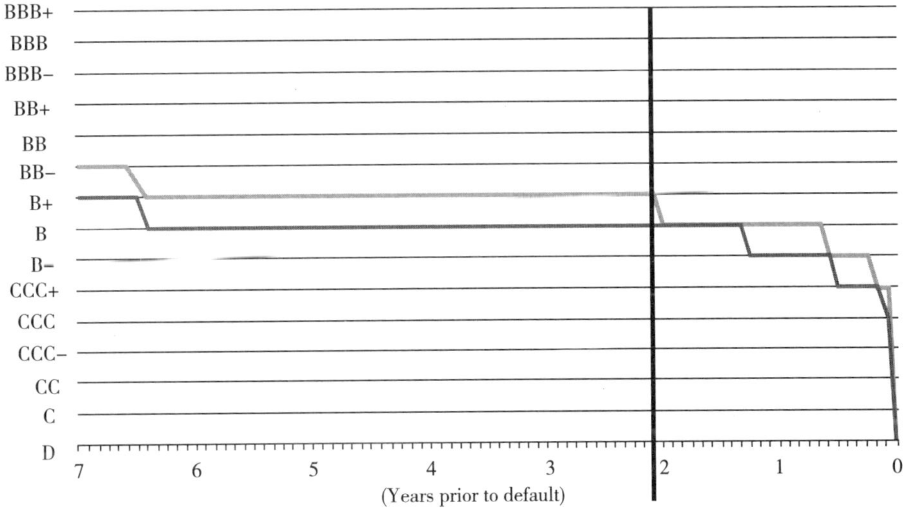

图 5　标普违约发行人（非金融机构）级别下调路径对比

（资料来源：标普违约研究报告）

（三）案例

1. iHeartCommunications，Inc.

穆迪 2008 年 7 月对该公司进行评级，企业家族评级 CFR 为 B2，违约概率评级 PDR 评级与 CFR 一致①。2009 年 3 月，穆迪预期公司收入可能下降 15%，利润率下降，债务杠杆可能提升，违约可能性较大，因此将其 CFR 级别下调至 Caa3。2010 年 2 月，穆迪因企业 EBITDA 增长等原因将其 CFR 调升至 Caa2。2016 年 12 月，穆迪认为公司可能进行消极债务重组，从而发生限制性违约，将其展望下调至负面。2018 年 3 月，该公司发行的一期优先级无担保票据经过 30 天宽限期后仍未能兑付利息，穆迪下调其 CFR 为 Caa3，下调 PDR 为 C－PD/LD，债项评级为 C 至 Caa1 不等。随后，公司宣布提出破产申请，穆迪下调公司 PDR 至 D－PD，该级别定义为企业对全部长期债务违约。2018 年 5 月，穆迪撤销了公司的 CFR 和 PDR 评级。该公司 CFR 和 PDR 级别调整路径见图 6。

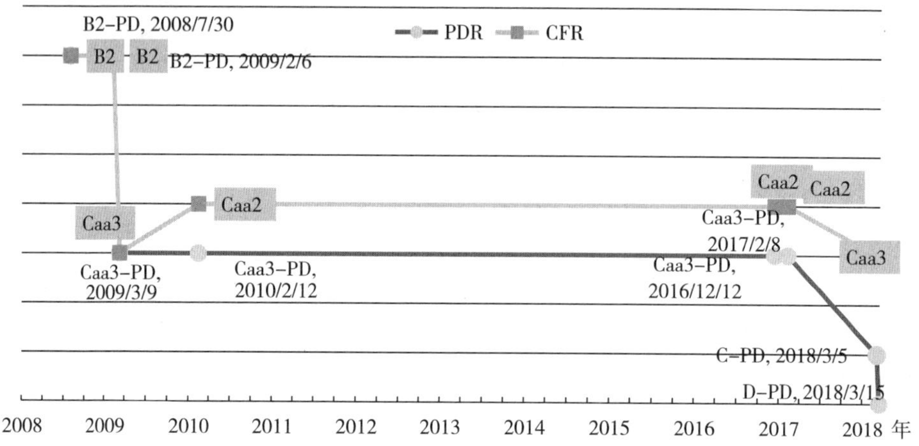

图 6　iHeartCommunications 公司级别调整路径

（资料来源：穆迪公司网站）

从图 6 中可看到，该公司违约前七年，穆迪已将其 PDR 下调至 Caa3－PD，揭示了较高的信用风险，在违约前 15 个月，及时调整其展望至负面，对于违约风险揭示较为充分。此外，CFR 和 PDR 的调整路径并不一致，2010 年 CFR 级别上调后一直高于 PDR，这是由于其优先级担保债务回收率评级较高。公司违约时，PDR 被下调至违约级，由于回收率高的债项评级更高，最终 CFR 级别高于 C。

2. Shelf Drilling Holdings Ltd.

标普公司 2012 年 12 月给出首次评级 B，后上调至 B＋。2016 年 4 月，因石油行业不景气，公司正在谈判中的合同被撤销，同时已签订的合同也具有被解约风险，公司盈利能力存在较大不确定性，标普将其级别降至 B－，后逐步下调至 CC，2017 年 1 月该公司宣布将 4.75 亿美元票据中的 93.6% 置换为 2020 年到期的票据，同时重组了其他债务。标普认为公司债务重组行为等同违约，于 2017 年 1 月 11 日下调其评级为 SD②。2017 年 1 月 18 日，在

① CFR 评级是企业组群评级或家族评级，反映企业名下债务违约的相对可能性以及在违约情况下的期望损失的长期主体评级。PDR 评级反映了穆迪关于企业家族中某实体一项或多项长期债务违约的可能性意见，与 CFR 相比未考虑违约后的回收率。相关评级符号定义请参见穆迪官网。

② SD 指选择性违约。

公司解决了债务置换问题后，标普认为置换降低了公司债务负担，改善了资本结构，将其级别上调为 B－，展望稳定。

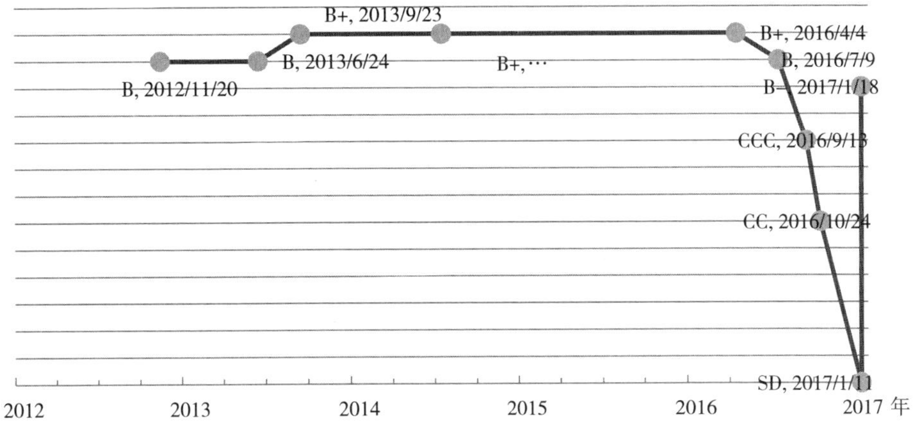

图 7　SDHL 公司违约前后主体级别调整路径

（资料来源：标普公司网站）

从该案例可以看到，标普在公司违约前半年内三次下调其评级，从 B＋降至 CC，充分揭示了风险，然后再将其降至违约级别。同时，在其债务重组成功后，标普及时上调了其评级至 B－。

3. FirstEnergy Solutions Corp

该公司业务主要为分销电力并经营核电厂，2009 年惠誉给予其主体评级为 BBB。2010 年 12 月公司宣布与 Allegheny Energy 公司合并，惠誉认为在电力价格下行，两家公司实力相当的背景下，合并存在一定负面影响，将其评级展望调整为负面。2013 年 2 月惠誉将主体级别下调为 BBB－，7 月再降为 BB＋，主要理由是公司信用指标出现恶化，盈利能力下降。2014 年，惠誉因为商业原因撤销了其评级。在 2017 年又重新给予其 CC 的评级。2018 年 3 月，公司申请破产。2018 年 4 月 3 日，惠誉下调主体级别至 D，随后撤销评级。

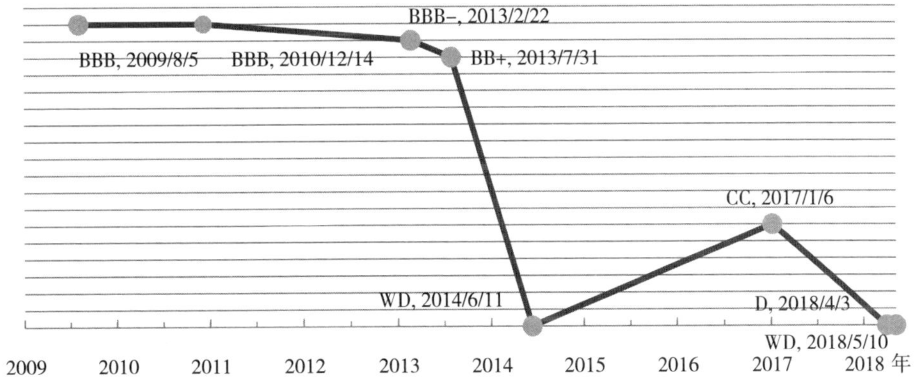

图 8　FirstEnergy 公司违约前主体评级调整路径

（资料来源：惠誉公司网站）

此案例中，惠誉在违约前5年开始下调公司级别，中间一度因商业原因撤销了评级，恢复评级后其级别已接近违约，后因企业申请破产而将其下调至违约级别，随后撤销。

二、国内违约发行人评级调整情况

（一）违约概况

根据Wind统计，2014年至2018年10月底，国内债券市场违约主体合计93家。剔除中小企业债私募债等后，共56只违约债券及其发行人有公开评级记录。从违约主体发行时级别看，最低级别为AA－，AA－至AAA级别发行主体数量分别为13家、33家、9家和1家。从违约前最新级别看，56只债券中，违约前主体评级在投资级以上25家，占比44.64%。从具体级别来看，违约前级别较为分散。

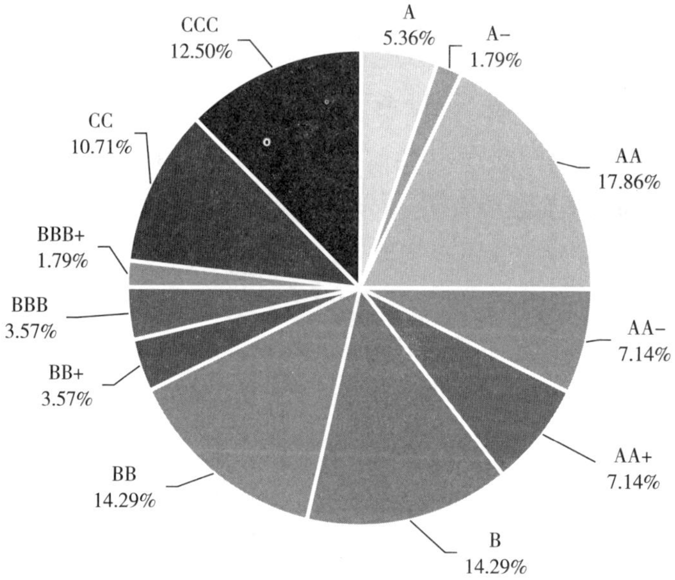

图9　2014年至2018年10月底国内违约债券发行时主体级别分布情况

（资料来源：Wind，联合评级整理）

（二）级别调整路径

由于国内违约企业违约前评级普遍较高，采用中位数级别无法体现违约前级别调整变化，所以采用平均级别来体现。从图10可以看到，国内违约评级路径前期平稳，后端陡峭。违约前4年至违约前1年均保持在AA级别。与国际三大评级机构普遍在违约前两年开始进入下调通道不同，国内机构在违约前1年开始有所下调；违约前一个月剧烈下调。从具体统计数字看，违约前一年，所有评级均在投资级以上，且仅有2只债券进入了级别下调通道，占比仅为3.57%。在违约前9个月，仅有8只债券进入了级别下调通道，占比仅为14.29%。

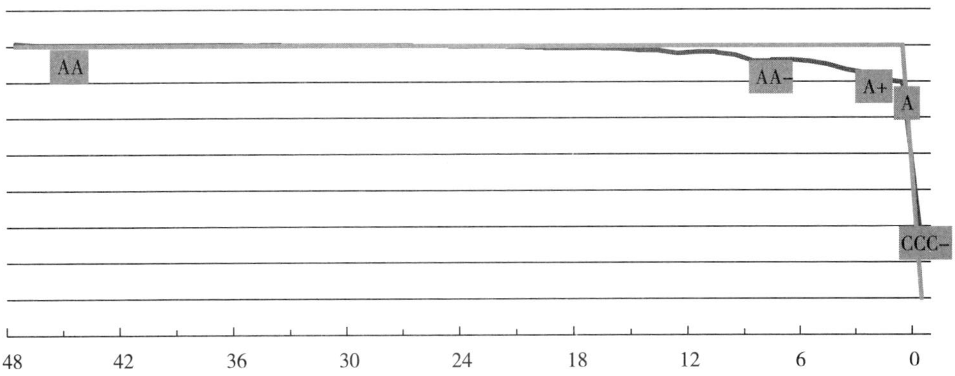

图 10　国内违约发行人级别下调路径对比

（资料来源：Wind，联合评级整理）

（三）案例

保定天威

保定天威集团有限公司（以下简称保定天威或公司）于 2011 年发行 5 年期中票“11 天威 MTN2”，联合资信给予公司主体和债项评级均为 AA + 。

2012 年，因公司变压器和光伏板块自 2011 年以来发生亏损，经营性现金净流量持续为负，债务负担加重，联合资信将公司评级展望调整为负面。2013 年，因公司持续亏损，未来短期内行业扭转的可能性不大，联合资信将公司评级由 AA + 下调为 AA，展望维持负面。

2014 年 7 月，因公司相关业务持续大面积停产，部分子公司提出破产申请，公司亏损进一步扩大等，联合资信将公司主体评级下调为 A，展望维持负面。2014 年 12 月，因公司第三季度财报显示已资不抵债，且多笔贷款逾期，寻求债务重组但无实质性进展等，联合资信将公司主体评级下调至 BBB，展望维持负面。

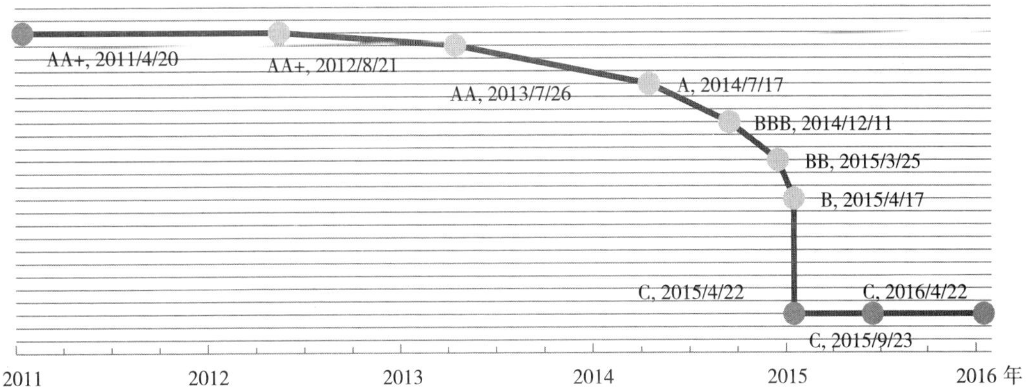

图 11　保定天威违约前后主体级别调整路径

（资料来源：Wind）

2015 年 3 月，鉴于公司核心资产控制权发生变化，主要业务仅保留少量光伏组件和风力发电，并仍然处于严重资不抵债状况，同时多笔债务出现逾期并涉及诉讼等，联合资信将公司主体评级下调为 BB，展望维持负面。

2015 年 4 月 17 日，公司年报显示 2014 年度发生巨亏，“11 天威 MTN2”的利息偿付存在不确定性，联合资信将公司主体评级下调为 B，展望为负面。2015 年 4 月 22 日，“11 天威 MTN2”利息未能按期兑付，联合资信将公司主体评级下调为 C。在 2015 年 9 月和 2016 年 4 月对公司的跟踪评级中，联合资信维持公司主体和债项评级为 C。

三、总结和启发

（一）国际三大评级机构违约评级调整特点

从实证分析看，国际三大评级机构违约级别下调有以下特点：一是违约发行人初评和违约前级别偏低，给予市场较为充分的风险信息传递和风险提示。前述分析显示，发行人违约前五年的中位级别为 B+，违约前一年为 B-。彭博数据显示，2015 年以来违约发行人中，非金融类发行人首评级别最高为 B+。二是评级调整保持了一定节奏，较少出现断崖式下调。违约评级调整通常分为两个阶段：在违约前 2~5 年，发行人评级较为平缓，平均下调一次，显示发行人信用水平处于下行趋势；在违约前 1~2 年，下调频度显著提高，其中标普平均下调 4 次，穆迪 3 次。经过多次下调后，大部分发行人级别已处于很低水平。三是违约级别调整综合考虑了回收情况。即便在违约情况下，债项级别可以高于主体级别。四是对于违约企业进行持续跟踪，及时调整、撤销。违约企业下调为违约级别后，国际三大评级机构会根据信用状况变化及时调整评级或撤销评级。

（二）国内违约评级调整特点

相较而言，国内评级机构违约调整有以下特点：一是违约企业级别普遍偏高。国内违约企业发行时主体评级均在 AA-以上。违约前一年，评级均在投资级以上。违约前，44.64% 的评级在投资级以上，远高于国际同业。这和国内债券发行政策要求以及缺少投机级债券市场有关。二是违约前短期内剧烈下调的情况较多。由于初始级别较高、下调路径长，违约前 1~2 年未及时调整，导致剧烈下调等情况较为频繁。三是违约后评级下调不及时不充分。由于违约定义及其他原因，国内评级机构在部分发行人未按期兑付债券本息的情况下，仍对其保持较高的评级，而未将其调整至违约级。

（三）国内外差异原因分析

上述分析表明，国内外评级机构在违约级别调整方面的主要差异是国内违约企业普遍存在评级虚高、下调陡峭的问题。究其原因，从外部看，主要在于国内市场对违约风险的容忍度不够，配套法律和机制不够完善等。从评级机构自身看，根本原因是违约定义和评级符号较为粗放，对风险程度的厘定未能精细化。国内评级机构对在评企业的风险监测和预警手段有待进一步丰富，并且不断强化自身风险量化能力，提高风险敏感度。

（四）几点思考

综上，对国内评级工作有几点思考：

1. 完善违约定义及评级符号的内涵和体系，精准厘定信用风险程度

研究发现，国际三大评级机构违约和评级符号定义有以下特点：一是违约定义更清晰。一方面能更为科学地区分不同类型的违约，如事实违约（实质性违约）和预期违约，同时也便于向投资者揭示受评企业在不同时期的信用变化。二是评级符号更为丰富，如穆迪常见的评级包括 CFR、PDR、债项评级和 LGD 评级等，互相关联但内涵各不相同，可较好地区分企业信用变化的状况和风险程度。比如评级符号不仅体现预期违约概率的高低，也一定程度上反映预期回收率的高低，特别是对于低级别债券。可见，违约定义的完善、评级符号体系的细分等基础工作对于提升评级精准度具有重要意义。

2. 加强风险的监测、量化和预警能力建设，做好风险信息的尽早提示和逐步释放

揭示信用风险是评级机构的职责。风险的揭示不仅体现在发行之初，还应涵盖企业的受评生命周期。过去长期以来，国内债券市场的刚性兑付导致了评级机构“重首评、轻跟踪”的模式，对发行人风险变化敏感度不够。随着刚性兑付的打破和信用环境的变化，必须加强对存续期债券及受评主体的风险发现和预警能力，提升监测频率，确保及时发现风险变化，为评级作业的决策提供有力支持。

3. 重视评级基础建设和人才队伍建设

数据库和风险评估模型是评级机构最为核心的基础设施之一。风险的精准识别一定是建立一定量的数据积累基础上，模型构建和参数设定都离不开数据和信息的累积，这也是为什么巴塞尔协议对数据和信息提出了明确的时间和质量要求。国内评级机构应高度重视评级数据库等基础建设，投入一定财力去持续完善数据库和各种量化模型的建设，为及时、准确发现风险和预警风险提供支持。评级机构还应重视对评级技术及相关研究投入，打造专业化的量化团队，形成一套行之有效的制度和考核体系，培育浓厚的研究文化和研究氛围等，为开展能力建设提供软性保障。

4. 积极推动国内资本市场在风险意识、政策环境等方面的良性发展

违约常态化以来，国内资本市场对于风险的容忍度已有所提高，实现了刚性兑付到允许违约的突破。但是风险容忍度还有待进一步提升。评级机构作为资本市场的重要一员，应勇于承担社会责任，既要不断提升自身的风险揭示能力，也要积极推动外部环境的良性发展，共建确保评级机构作业独立性和有序竞争的制度安排和市场环境，以更好地发挥信用评级对信用风险的揭示作用。

02　国内外评级机构对突发事件的应急措施研究

债市研究部　陈诣辉　邓博文　孙健　（2020－04）

一、国外机构对突发事件的应急措施

（一）国际金融机构对于突发事件的定义及应急措施

1. 国际金融机构对于突发事件的定义

2006年8月，国际清算银行（Bank for International Settlement）应金融稳定委员会（Financial Stability Board）要求，发布了《业务连续性高级原则》（以下简称《原则》），为国际金融机构应对严重影响金融系统运营的风险事件（例如恐怖主义事件、SARS事件、禽流感以及自然灾害等）做出了指引。《原则》将严重影响金融系统运营的风险事件（“业务中断事件”）定义为导致大型市区或地理范围内正常业务中断的事件。这类事件除了会阻碍金融行业和其他商业正常运营外，也会影响基础设施（例如供水、公共卫生、通讯等）正常运行。《原则》具体包括以下六项要求：（1）金融机构的董事会和高级管理层应当共同为公司业务连续性负责；（2）金融机构和监管机构应将业务中断事件纳入其业务连续性管理，监管机构应说明他们自身如何应对业务中断事件；（3）金融机构应当建立业务恢复目标，必要时可与监管机构协同制定；（4）金融机构和监管机构应当在业务连续性计划中包含其内部、外部沟通程序；（5）金融机构和监管机构的沟通程序应包含跨部门、跨境机构间的沟通程序；（6）金融机构和监管机构应检验业务连续性计划，评估计划的有效性并适时更新业务持续性管理计划。《原则》还指出高效的业务连续性管理可以保证业务中断事件发生时，企业的部分运营可以得到维持并及时恢复。高效的业务连续性管理包括业务影响分析、业务恢复策略以及业务连续管理计划。业务影响分析是出发点，动态识别重要运营业务的内外部依赖性和弹性水平①，评估不同业务中断情境对公司运营和声誉所带来的影响；业务恢复策略通过业务影响分析结果来制定业务恢复目标和优先顺序；业务连续管理计划提供业务恢复策略的实施指南，分派职责和计划的触发条件。

① 弹性水平指金融机构、金融监管部门或金融系统承受业务中断事件并继续保持主要业务运营的能力。

2. 国际金融机构对于突发事件的应急措施

案例一：2003 年 SARS 爆发对香港证券市场的影响[①]

2003 年香港爆发了该区域罕有的大型疫情 SARS。疫情从 2003 年 2 月爆发并于 2003 年 6 月在世界卫生组织将香港从感染地名单去除后结束。疫情在当地传播的恐惧与焦虑对于就业水平和经济产生了严重的影响，但香港证券行业并未直接从该疫情中受损。在疫情爆发时，香港证券市场有超过 400 家券商和 100 家期货公司以及几百家投资顾问、基金和其他市场参与者，大部分为本地公司。监管部门和大部分金融机构并未在疫情爆发的同一阶段采取防范措施。例如，在疫情早期爆发时，由于缺乏可靠的信息来源，在当地国际投行设立疫情防范措施后，香港证监会才在 2003 年 3 月设立了内部工作小组来应对疫情产生的影响。香港交易所设立了类似的内部工作小组并每日与香港证监会开会制定方针政策[②]并监督政策实施效果，以及搜集工作人员及家属感染情况。

为降低疫情对市场的影响，香港证监会采取如下措施：（1）向所有市场参与者发送了通函，要求他们在员工被感染时告知相关当局，并确保其业务连续性计划能够应对此类事件，及时找出业务连续性计划中与疫情相关的应对程序。（2）通知交易所人员，如果在交易所内有 SARS 确诊病例，则暂停交易，同时通知交易所市场参与者，并于 30 分钟后关闭交易大厅一天以进行彻底清洁。只有在获得卫生当局的批准或经过适当的检疫期后才能重新开放。（3）建立数据库并监测涉及经纪人和其他市场参与者的病例汇报情况。（4）设立了热线，回答投资者和其他市场参与者有关疫情及其对当地证券业影响等问题。

金融机构采取的措施包括：（1）每天举行业务连续性简报会议，讨论最新动态。通过网站或每日电子邮件为工作人员提供了疫情状态和其他相关信息的更新。（2）一些公司白天雇用医疗专业人员供其办公室的工作人员使用。（3）乘坐公共交通工具上班的工作人员可获得车费报销以最大程度地减少他们在较高风险地区工作的情况，同时采用灵活的工作时间以便那些乘坐公共交通工具的人可以在高峰时间以外上下班。（4）亚洲的商务旅行受到了严重限制，或仅限于基本旅行，并且出台了一系列政策，要求所有商务旅行都必须获得高级管理层的批准，一些公司要求香港其他地区办公室的工作人员在离开香港之前先咨询医生。

---

① 该案例取自《业务连续性高级原则》，该《原则》中列举的案例如自然灾害、恐怖袭击和疫情对金融市场影响有限。

② 香港金融监管机构采取的疫情防范措施包括：（1）定期向员工发出疫情相关通知，以及员工在怀疑自己受到感染后的应对措施（如通知管理层，寻求医疗救护并在为期十天的潜伏期以及以后隔离从而确认他们是否感染 SARS）。被感染的员工将受到严格的检疫程序的约束。（2）如果公司的办公室受到感染，则采取各种方法来维持最低水平的服务。一些公司实施了“拆分团队方法”，即从一个团队拆分成两个团队，每个团队都可以相互替补。在疫情消退之前，这两个小组之一的成员都会在家工作，鼓励电话会议代替面对面的会议。（3）工作人员可以选择取消与外部人员的不必要的会议，并且暂时停止了现场尽调。可以穿便装，以方便衣物的清洁和消毒，并要求怀孕的工作人员提早休产假。（4）将口罩分发给所有工作人员。当本地供应耗尽时，香港证监会找到替代来源。鼓励员工在任何时候都戴口罩，并鼓励那些需要与公众打交道的人与外部人士会面后用肥皂彻底洗净脸和手。（5）洗手间，电梯和公共区域全天每小时清洁一次，而办公室则每晚进行彻底清洁和消毒。发生疫情时，安排一个团队对办公室进行消毒和隔离。

在监管机构和金融机构的共同努力下，通过信息共享等措施，香港主要投行以及一些小型金融中介商都没有员工被感染。

案例二：2004 年日本新泻中越地震

2004 年 10 月 23 日，日本新泻中越发生 6.8 级地震，余震持续了两个月。此次地震对基础设施和建筑物造成了严重破坏，影响到金融机构的正常运营。虽然地震影响到了当地供电，但大多数金融机构都能够继续使用备用电源运行，而减震建筑施工技术使他们的计算机中心能够承受这种冲击。用于 ATM 和其他服务的通信线路通常可以正常工作。金融机构的设施损失很小，主要是由于吸取了阪神淡路大地震的经验而制定了业务连续性计划。日本财务当局随后指示金融机构实施"与地震破坏有关的财务措施"，旨在将地震对受灾地区个人的影响降至最低。例如，指导银行在遗失存款证明或存折的情况下发放资金，制定替换残缺货币的相关规定，要求保险公司迅速支付保险金并延期或暂停收取保费。由于地震后电话运营商的通话量很大，因此金融机构花了一些时间才能与受灾地区的金融机构进行通信。事实证明，监管部门和金融机构共享的紧急联络电话号码很有帮助。日本当局实施了"紧急求助树"，其中包括内阁府、日本财务省、日本银行、金融服务局、新泻县防灾对策办公室、新泻县政府以及许多行业组织等国内有关当局。大多数机构在响应初期都使用了优先电话服务，而内阁办公室和其他相关机构之间的通信使用了中央无线系统。当日本发生地震时，保险公司必须迅速处理相关索赔（即涉及火灾和地震损害的保单下的索赔），并使其服务中心（负责处理索赔的区域办事处）的运营成为最高优先事项。因此，他们制定了以服务中心运营为重点的业务连续性计划，并且能够有效地处理大规模的损失咨询和保险付款，并利用其高流动性来应对新泻中越地震的索赔。由于充分的后备供给准备以及及时的信息共享，此次地震对当地金融机构的正常运营影响较小。

此外，国际金融机构通过发行巨灾债券（Catastrophe Bond）来确保灾难发生时金融机构可以得到及时的补偿。根据慕尼黑再保险（Munich Re Group）数据，自 1997 年巨灾债券诞生至 2006 年的 10 年间，巨灾债券的发行量增长约 3 倍，到 2007 年已逼近 60 亿美元。根据瑞士再保险（Swiss Re）数据，截至 2019 年末，巨灾债券市场存量规模增至 407 亿美元。国际上巨灾债券在美国、日本、欧洲等发达国家和地区发展较快。从巨灾债券覆盖的风险来看，美国飓风仍为首要灾害，占全部覆盖的自然灾害的 53%；其次为欧洲风灾，占 21%；第三是美国地震，占 17%；除自然灾害外，寿险和健康险占 9%。

（二）国际三大评级机构对突发事件的应急措施

2008 年国际金融危机爆发后，标普和穆迪主要通过金融峰会和定期报告发布会向外界发送信息。为保持声誉，标普和穆迪在金融危机后前期均否认其在金融危机中存在评级不当的行为，大部分针对标普的法律诉讼都被法院驳回。但在金融危机结束几年后，美国联邦政府及各州指控标普和穆迪在金融危机时存在评级欺诈的行为，两家评级机构分别缴付巨额罚款来和解该诉讼。之后，两家评级机构相应做出声明将采取措施增强评级独立性。

1. 国际三大评级机构对金融危机的应急措施

金融危机爆发时，信用评级机构为挽回市场声誉，在短期内大规模下调次级抵押债券及其发行机构的信用等级。据统计①，2007 年第 4 季度被标普和穆迪降级的资产抵押债券总市值达到第 3 季度的 2.8 倍；而 2008 年第 1、第 2 季度，被这两家评级机构降级的资产抵押债券的总市值达到 2007 年第 4 季度的 3.1 倍和 3.5 倍。在 2007—2008 年，95% 以上的降级行为与结构性融资产品（例如 ABS、CDO 和 RMBS）相关，而由于投资者在判断结构融资产品的风险时比较依赖评级机构判定的级别，因此信用评级机构短期大幅调降结构融资产品的行为引起了投资者恐慌性的抛售债券，进一步恶化了市场环境。2010 年 7 月，美国在全面总结 2008 年次贷危机经验和教训上，出台了《多德—弗兰克华尔街改革与消费者保护法案》（以下简称《多德—弗兰克法案》），其中第三部分通过 9 个条款（Sec. 931 ~ Sec. 939）对信用评级机构的监管体系提出 10 个方面的规范性要求，包括：（1）成立信用评级办公室，并要求信用评级办公室至少每年对信用评级机构进行一次检查；（2）强化信息披露，提高信用评级机构的透明度，要求“全国认可的统计评级机构”（NRSRO）公布其评级方法论、聘用第三方进行尽职调查的情况以及各项评级的历史记录；（3）增强评级机构的独立性，并要求 NRSRO 在进行评级时，除被评级机构提供的信息以外，从其他来源获取可信信息；（4）解决利益冲突问题，对合规官员的任职资质提出具体要求；（5）加强信用评级机构评级行为的责任追究，允许投资者就评级公司的失误进行民事诉讼，追究信用评级机构对其尽调不充分行为的法律责任；（6）对于严重违规或多次出现重大评级失误的评级机构，美国证监会（SEC）有权撤销其注册资格；（7）评级分析人员经过相应的资格考试并进行持续的教育；（8）减少监管机构对使用 NRSRO 评级的强制性要求，降低对评级的依赖，鼓励投资者进行独立分析；（9）信评机构必须建立独立的董事会，至少半数为独立董事，独立董事不得从任何一家信用评级机构那里获得顾问费，也不得与信评机构或其附属机构有任何关联和经济利益；（10）在资产支持证券发行方面，SEC 制订新计划②来防止发行商根据所获得评级的高低而选择指定的评级机构。

案例一：标普在金融危机后的公关措施和处罚

金融危机后，标普主要通过季报会议和论坛对市场更新其监管问询情况和评级改进措施。2009 年 6 月 8 日，标普全球在第五届来宝金融年度会议中对投资者公布了其加强管理方面的措施，包括：（1）设立申诉专员公署来解决利益冲突和公司治理方面的问题，并让申诉专员直接汇报给母公司麦格劳—希尔金融公司（McGraw Hill Financial Inc.）CEO 以及董事会审计委员会；（2）公司治理部门、合规部门以及质量保证部门都独立于

---

① 马林影．金融危机中美国信用评级机构行为分析及监管改革研究［D］．长春：吉林大学．2014.

② 2014 年 10 月 14 日 SEC 公布了根据《多德—弗兰克法案》修订的 NRSROs 监管条例（Release No. 34 - 72936），其中要求（1）NRSROs 按照结构融资产品类别披露其历史级别统计和评级表现；（2）结构融资产品的 NRSROs，发行商，承销商以及第三方尽调机构公开披露尽调信息。

评级业务部门；（3）设立独立小组来分析和验证评级模型；（4）采取新的标准①来增强评级稳定性；（5）在 RMBS、CMBS 和信用卡贷款产品业务中进行情景测试，并发布测试结果；（6）与纽约大学合作设立评级分析师资格项目，所有评级小组负责人或信评委成员必须通过考试获得该资格。

在金融危机后初期针对标普的法律诉讼主要分为三类。第一类是基于美国 1933 年《证券法》的承销商索赔，这一类别包括次级 RMBS 的购买者对标普的一系列集体诉讼，以及一宗涉及房利美评级的案件。这些诉讼认为，根据 1933 年《证券法》第 11 条和/或第 12 条，标普作为证券的承销商或卖方应承担责任。第二类诉讼为母公司麦格劳—希尔公司的股东索赔，包括根据《证券交易法》第 10（b）条提出的集体诉讼。麦格劳—希尔公司的股东声称公司对其有关收益和评级业务的陈述具有误导性。第三类涉及州法律诉讼，指控认为标普在评级过程中存在欺诈行为，存在评级欺诈的产品包括 Structured Investment Vehicle（SIV），Structured Investment Vehicle Lite（SIV - Lite），CDO 和雷曼兄弟的债务。针对上述指控，标普采取否认的态度，标普认为媒体对于标普的法律诉讼报道有投机成分，影响了市场对于标普法律立场的判断。这三类针对标普的法律诉讼大部分也都被法院驳回了，法院判定结果如下：（1）评级机构并非证券承销商；（2）信用级别代表观点而非事实陈述；（3）事后对于评级机构的批评并不表示事前评级机构本身不认可自己公布的信用级别；（4）投资者已知晓信评机构商业模型中存在利益冲突的情况；（5）投资者已被充分警告使用信用级别的风险和局限性，即信用级别不能作为证券买卖或持有的建议。

2015 年 2 月 3 日，标普及其母公司麦格劳—希尔金融公司与美国司法部和 19 个州以及哥伦比亚特区达成了 13.75 亿美元的和解协议，来解决 2013 年司法部以及各州对标普在结构性金融产品评级中存在对投资者欺诈行为的指控。这些结构融资产品包括住宅抵押支持证券（RMBS）和债务抵押债券（CDO）。诉讼称，因标普对这些证券发布了虚高的评级，从而误导了这些证券的真实信用风险，导致了投资者在 RMBS 和 CDO 上蒙受了重大损失。还有一些指控称标普错误地表示其评级是客观的，独立的，不受其与发行证券的投资银行之间业务关系影响。除了支付 13.75 亿美元外，标普还在一项声明中承认了其在 2004 年至 2007 年期间对 RMBS 和 CDO 评级的行为。作为决议的一部分，标普承认其对投资者和公众的虚假陈述，追求利润的动机使其评级产生了偏差。13.75 亿美元的罚款的一半（即 6.875 亿美元）向联邦政府支付，并且是评级机构所付此类罚款中最大的一笔。其余的 6.875 亿美元将分配给 19 个州及哥伦比亚特区。各州及哥伦比亚特区之间的分配反映了各州之间关于该钱分配的协议。在事实陈述中，标普承认其出于业务的考虑影响了评级模型的使用，对有质量问题的证券仍然授予正面评级。具体来说：（1）标普曾经承诺在任何情况下，其评级必须

① 一些发行人信用质量缓慢下降后违约，而另一些发行人信用质量突然下降并违约，因此，标普增加了额外的评级稳定性因子。例如，当评估两个违约风险相似的发行人时，如果其中一个发行人在经济恶化时信用质量快速下降的话，标普将会给出更低的级别。此外，标普还考虑违约后付款顺序和违约后潜在回收金额（标普 2019 年第 3 季度业绩发布会）。

是独立客观的，并且不受任何现有或潜在业务关系的影响；（2）标普高管已承认，标普CDO模型的测试和更新部分受到业务考虑的影响；（3）标普内部人员称，2007年的RMBS资产池的贷款中，存在很多拖欠并无法偿还的情况；（4）在评级调整时，标普在本应调降级别时调升了级别。

案例二：穆迪在金融危机后的公关措施和处罚

2008年2月13日，穆迪投资服务公司在德国柏林举行的邦达斯塔金融峰会上就评级机构在近期金融危机中的职责进行了公开讨论。在峰会上，德国资本市场参与机构从三方面对穆迪提出了疑问：（1）穆迪评级过程的独立性以及其采用何种措施管理利益冲突；（2）评级机构在结构融资产品中的角色以及穆迪在对结构融资产品评级中所使用的信息；（3）穆迪评级过程的透明度；（4）当前的监管环境。穆迪作出如下回应：（1）在评级独立性方面，穆迪使用并公开其职业操作准则①（以下简称《准则》），声称其对于“发行人付费”模式产生的利益冲突能够有效管理，并否认其在评级过程中担任咨询服务的角色；（2）穆迪在结构融资产品评级过程中扮演的角色与其对其他债项评级中并无二致，在对结构融资产品评级时，穆迪并担任对底层资产尽调的角色；（3）在评级透明度方面，穆迪公开其评级原理和评级假设并发布半年度及全年度的结构融资产品评级表现，但其评级结果只代表潜在的违约风险和预期信用损失，穆迪不鼓励市场参与者将信用评级用作其他用途；（4）在欧洲的信用评级监管环境方面，穆迪认为当前法规主要针对评级保密性、内部交易和市场操纵。

2017年1月13日，穆迪投资服务公司，穆迪分析公司及其母公司穆迪公司与美国司法部和19个州和哥伦比亚特区达成了8.64亿美元的和解协议，来解决其在金融危机期间对住宅抵押支持证券（RMBS）和债务抵押债券（CDO）评级不客观、不透明的诉讼。和解协议包括4.375亿美元的联邦民事罚款，这是评级机构向联邦政府支付的数目第二大的此类罚款。穆迪在其事实陈述说明了其信用评级过程是否因“发行人付费”模式中固有的利益冲突而受到损害。穆迪的事实陈述具体如下：（1）穆迪曾在线发布了其“专业行为守则”，目的是促进“信用评级过程的完整性，客观性和透明度”，其中包括了避免在RMBS和CDO评级时与发行人的利益冲突情况；（2）穆迪承认，这些利益冲突已转移给业务部门的总经理，然后由他们在确保评级质量和赢得业务之间做出衡量；（3）穆迪公开表示，其评级“主要是解决投资者可能遭受的预期信用损失”，其中包括对受评证券的“违约概率”和“违约损失”的评估；（4）从2001年开始，穆迪的RMBS小组开始使用内部工具对RMBS进行评级，该工具并未计算默认信用损失或预期信用低于Aaa级别时的损失，并且未采用穆迪自己的评级标准，该工具仅“复制”了以前的模型中计算的每次付款的损失；（5）从2004年开始，穆迪就对某些Aaa级别的CDO证券评级时使用更为宽松的标准并且未向市场发布相关信息；（6）2005年，穆迪批准将这种更宽松的标准应用到所有Aaa级别CDO证券评级中，

① 穆迪在这里主要提及该《准则》中的以下三点：（1）最终级别由信评委决定而不是个别分析师；（2）分析师的薪酬奖金不与评级费用挂钩；（3）评级模型在网站上公开，从而使市场参与者评估穆迪的评级是否遵循评级模型。

并于2006年正式授权对所有Aaa级别结构性金融证券采用更为宽松的标准，尽管证券发行参与机构都知道穆迪正在使用更为宽松的Aaa级别评级标准，但穆迪并未向市场发布相关信息。根据合规承诺的条款，穆迪同意采取一系列确保其信用评级完整性的措施，包括：（1）业务人员与市场人员分离，从而将穆迪的信用评级和市场职能分开；（2）通过维持独立的小组来制定和审查评级方法，独立审查和批准评级方法的变更；（3）确保不因公司的财务表现而对指定人员进行补偿；（4）增强穆迪的监督职能，以监控新闻稿的内容和评级方法开发的及时性；（5）部署新的技术平台和集中式系统来记录至少五年的评级程序和穆迪总裁的合规承诺证明。

2. 国际三大评级机构对突发气候事件的应急措施

Task Force on Climate Related Financial Disclosures（TCFD）是金融稳定委员会（Financial Stability Board）在2016年推出的，旨在更加有效和标准化地评估因重大气候影响产生的风险和机遇。TCFD要求评级机构披露其在评级过程中如何考虑TCFD相关因素。标普全球和穆迪公司2019年各自发布的TCFD报告中，两家机构分别披露了他们对气候变化风险和机遇的评估标准以及风险管理等相关措施。

（1）标普

2019年，标普全球（S&P Global）根据Task Force on Climate Related Financial Disclosures（TCFD）推荐的相关标准，评估了其2018年的气候相关风险及机遇并发布了报告。

标普全球针对重大气候影响的风险需要协调三个风险管理项目进行管理。企业风险管理项目（ERM）通过公司的风险网络识别并评估当前和潜在风险。这些风险包括自然灾难、特定地点的脆弱性（如断电、局部洪水等）以及天气相关的风险，并会被纳入到标普全球企业最高风险档案。该项风险评估为年度评估，同时企业风险管理委员会以及标普全球集团的董事会也会参与讨论。商业持续运作管理项目（BCM）会指导企业计划、准备并应对商业中断的情况。此外，BCM团队作为危机管理计划的一部分，将会负责公司全球、地区以及当地的紧急情况处理。IT灾难恢复项目保证集团的技术支持能够在自然灾害发生后得到恢复。

严重影响商业运作的风险包括气候的影响会被纳入风险团队的年度全面危机管理、商业持续运作和灾难应对计划。危机管理项目组会在现场进行风险和事故脆弱性审查，并会根据当地情况进行有效的事故管理并预防风险。商业持续运作管理项目保证公司可以在灾后维持必要的运营并且立即恢复主要系统和技术支持。然而，标普全球并没有公开披露其危机管理项目以及商业持续运作管理项目更加具体的措施。

（2）穆迪

根据2018年穆迪公司（Moody's Corporation）披露的TCFD报告，其对重大气候风险和机遇的评估同样需要多个部门协调完成。公司管理层会与风险官们共同做出以下工作：识别并评估风险官们责任范围内的风险；建立、实施以及监督风险官们的应对策略；确保风险报告的准确性和及时性。企业风险管理项目（ERM）的主要责任为：确保重大企业风险被识别，建立和执行风险应对处理策略；确认已被识别的风险以及其应对措施的相关责任人；通过主要的风险指标和风险承受级别来监督风险应对结果；与管理层和董事会保持对风险相关信息的沟通。在商业运作可能受到自然灾害等风险事件影响时，商业持续运作项目（BCM）为公司提供计划和应对措施，项目小组每年检验并更新其计划。危机管理项目小组主要作为协调功能为公司发生紧急事件提供应对策略，该项目小组定期检验其应对紧急事件的能力。IT 灾难恢复项目将会协助 BCM 项目在灾后恢复技术支持。同样地，穆迪公司并没有公开披露其危机管理项目以及商业持续运作管理项目更加具体的措施。

二、我国对于突发事件的定义及应急措施

（一）我国对于突发事件的定义

为了预防和减少突发事件的发生，控制、减轻和消除突发事件引起的严重社会危害，规范突发事件应对活动，保护人民生命财产安全，维护国家安全、公共安全、环境安全和社会秩序，2007 年全国人民代表大会常务委员会发布了《中华人民共和国突发事件应对法》。该法所称的突发事件，是指突然发生、造成或者可能造成严重社会危害，需要采取应急处置措施予以应对的自然灾害、事故灾难、公共卫生事件和社会安全事件。按照社会危害程度、影响范围等因素，自然灾害、事故灾难、公共卫生事件分为特别重大、重大、较大和一般四级。该法从突发事件的预防与应急准备、监测与预警、应急处置与救援、事后恢复与重建等应对活动等四个方面做出规定，以消除或者有效控制、减轻其严重社会危害。该法指出突发事件应对工作实行预防为主、预防与应急相结合的原则。国家建立健全突发事件应急预案体系，应急预案针对突发事件的性质、特点和可能造成的社会危害，具体规定突发事件应急管理工作的组织指挥体系与职责和突发事件的预防与预警机制、处置程序、应急保障措施以及事后恢复与重建措施等内容。国务院建立全国统一的突发事件信息系统，国家建立健全突发事件监测制度、突发事件预警制度，县级以上地方各级人民政府建立或者确定本地区统一的突发事件信息系统，汇集、储存、分析、传输有关突发事件的信息，并与上级人民政府及其有关部门、下级人民政府及其有关部门、专业机构和监测网点的突发事件信息系统实现互联互通。突发事件发生后，应当针对其性质、特点和危害程度，依照规定采取应急处置措施。突发事件的威胁和危害得到控制或者消除后，当停止执行依照本法规定采取的应急处置措施，同时采取或者继续实施必要措施，防止发生自然灾害、事故灾难、公共卫生事件的次生、衍生事件或者重新引发社会安全事件，并对突发事件造成的损失进行评估，组织受影响地区尽快恢复生产、生活、工作和社会秩序，制定恢复重建计划，并向上一级人民政府报告。

在中国银行间市场交易商协会所发的《银行间债券市场非金融企业债务融资工具突发事件应急管理工作指引》中提到突发事件与应急管理，其中突发事件是指在债务融资工具存续期间突然发生的、严重影响或可能严重影响债务融资工具本息偿付的、需要立即处置的

重大事件。应急管理，是指由债务融资工具主承销商牵头，提供信用增进服务的机构、信用评级机构和律师事务所等中介机构配合，协助相关发行企业有效应对突发事件的行为。该指引中还对评级机构应对突发事件应采取的措施作出了要求，要求信用评级机构应及时评估突发事件对企业和债务融资工具信用级别的影响，开展补充尽职调查，在指定媒体披露不定期跟踪评级结果。此外，国内各家评级机构并没有公开披露对突发事件的应急管理政策和文件。

（二）我国金融机构对于突发事件的应急措施

以下以2008年汶川大地震国内金融业应急措施为例予以介绍。

2008年5月12日，汶川发生里氏8级特大地震，此次地震不仅对人民的生命财产带来了巨大的损失，更给金融机构的风险管理工作提出了更高的要求。国内金融机构采取了一系列应对措施来缓解此次地震带来的危害。（1）暂缓对受灾严重的成都、绵阳、德阳、广元、雅安、阿坝藏族羌族自治州等6个市州的地方法人金融机构提高存款准备金率。（2）对灾区不能按时偿还各类贷款的单位和个人，不催收催缴、不罚息，不作不良记录。（3）从利率优惠和减免利息方面着手采取一定的优惠政策支持灾后贷款。（4）对涉及地震的川渝66家上市公司停止交易，直到上市公司相关地震损失发布公告之后复牌，这在一定程度上避免了市场的波动。（5）监管层对基金公司进行窗口指导，要求基金维护市场稳定，尽量维持净买入的格局，在一定程度上熨平市场的剧烈波动。

（三）我国评级机构对于突发事件的应急措施

面对此次新冠肺炎疫情，为维护证券评级机构正常经营秩序和提升评级服务保障，国内评级机构主要采取了以下应急措施，第一，优化疫情防控期间的评级作业流程，通过视频会议、邮件等多种方式加强对疫情重点地区发行人的尽职调查和风险监测，做好访谈内容记录好和保存访谈过程记录，待疫情结束后，补整现场尽调及相关材料，以便及时提供评级服务。第二，做好疫情重点地区发行人相关风险监测，积极关注疫情对发行人经营、财务及资金流动性的影响，通过非现场尽调形式及时监测企业信用水平状况，建立信息共享机制加强与发行人、原始权益人、受托管理人、专项计划管理人及有关单位沟通，充分了解其外部救助举措与具体偿付安排，合理谨慎进行评级调整，并依法依规做好相关信息披露工作。第三，对于募集资金主要用于疫情防控或基础资产涉及疫情防控用途的，以及疫情较重地区或受疫情影响较大企业在沪深交易所等交易所场所发行的公司债券、资产支持证券的，在保障评级质量的前提下合理安排评级作业时间。对于疫情较重地区的企业视具体情况给予评级费用减免或延迟收取评级费用，配合纾解疫情防控期间流动性困难。第四，加强对防疫专题债券信用风险特征的研究，为创设防疫专题债务融资工具建言献策，为防疫专题债券提供高质量评级服务，为疫情防控重点地区落实防疫资金、加快防疫重点项目建设和防疫物资生产提供支持。第五，加强对疫情形势及短期影响的研判，关注系统性冲击对企业流动性和信用风险的影响，增强预警性，对疫情结束后各行业的恢复情况和中长期趋势进行研判，把握疫情防控地区发行人的信用风险中长期趋势。第六，对于因受疫情影响较大延迟披露年度报告的债券发行人或资产支持证券管理人，评级机构适当延期完成定期跟踪评级。

三、对比与启示

根据以上国际金融机构应对突发事件的相关措施，可以借鉴的方面包括：

（一）做好突发事件的应急预案

国际金融机构对突发事件均有应急预案，如国际清算银行发布了《业务连续性高级原则》，要求国际金融机构制订业务连续性计划，开展高效的业务连续性管理，具体包括业务影响分析、业务恢复策略以及业务连续管理计划。标普和穆迪均制定了商业持续运作管理项目，以应对突发事件的影响。对境内评级机构来说，构建有效的突发事件应急预案非常重要，以保证突发事件发生时，能维持业务的连续性，减少或避免突发事件对业务的负面冲击。具体来看，境内评级机构需要对重大的突发事件进行分类，根据不同突发事件明确相应的责任部门、响应流程和应对措施，并构建应急管理系统，包括组织指挥系统、应急预案系统、资源保障系统和决策辅助系统等。

（二）灵活的团队管理

在 SARS 爆发期间，香港部分金融机构采取了“拆分团队方法”，即一个团队拆分成两个团队，每个团队都可以相互替补。在疫情消退之前，这两个小组之一的成员都会在家工作。通过团队拆分，可以保证即使一个团队成员出现问题，也可以保证业务正常进行，而不会因整个团队业务中止导致公司业务的中断。因此，在突发事件发生期间，采取灵活的团队管理方式，可以降低突发事件带来的风险冲击，最大程度保障业务运行的持续性。

（三）灵活的工作方式和时间安排

在突发事件发生期间，可以采取更为灵活的工作方式和时间安排。香港部分金融机构在 SARS 爆发期间采取了居家办公、错峰上下班、减少出差等措施，在此次新冠肺炎疫情中，部分境内评级机构也采取了这种方式，从而减少了员工被感染的风险，更好地保障了业务的持续运行。境内评级机构可以根据不同类型的突发事件，采取相应的灵活工作方式和时间安排，以更好地保障员工安全，维持业务持续运转。

（四）构建统一指挥的应急管理体系

境内评级机构可以根据突发事件的严重性、可控性、所需动用的资源、影响范围等因素，启动相应的管理部门及应对预案，建立健全分类管理、分级负责为主的应急管理体制。在突发事件发生时，应立即明确一名主要领导人作为总指挥，专门负责应对突发事件的全面工作。在总指挥的领导下，应急管理机构对事件的控制和处理工作进行统一指挥、组织协调，避免由于多头领导造成矛盾和混乱，耽误处理危机的最佳时机。此外，在对外联络与沟通方面，也要遵循统一指挥原则，应急管理机构要用一个声音通报事件情况，保持口径的一致性，避免由于口径不一致在员工中引发不信任情绪的被动局面。

（五）强化对突发事件的公关能力

在处理涉及公司的突发事件时，需要公司与监管机构、公众媒体等保持良好的沟通，向外界传递公司正面的声音和形象。在2008年金融危机爆发以后，国际三大评级机构受到公众的广泛质疑，监管机构也发起了对国际三大评级机构的调查。为了应对该突发事件，国际三大评级机构均开展了大量的公关活动，例如标普通过季报会议和论坛对市场更新其监管问询情况和评级改进措施，对投资者公布了其加强管理方面的措施，并积极与美国司法部达成和解。境内评级机构需要明确自身相关部门的公关职责，建立与监管机构和公众媒体的良好沟通渠道，加强自身的公关能力建设，以有效应对突发事件的冲击。

第三部分

评级方法与模型

第一章　主权及次主权等

01　国际三大多边组织评级方法研究

联合资信　主权部　胡前方　（2018－12）

一、多边组织评级定义

由两个或两个以上的主权国家直接或间接共同建立和所有的组织或机构称为多边组织，或超主权机构（Supranationals）（以下统称多边组织）。一般来说，这些组织或机构均是以促进这些政府或相关地区的经济和社会发展为目标而专门设立的。多边组织一般分为两类：多边发展银行（Multilateral Development Banks），或多边借贷组织[①]（Multilateral Lending Institutions）和其他多边组织（Other Supranational Entities）。

国际三大评级机构（标普、穆迪和惠誉）的多边组织评级方法基本保持一致。在标普和穆迪的多边组织评级方法中，对多边组织的评级对象定义保持一致。多边组织，主要指的是多边发展银行或多边借贷组织，同时也包含其他超主权实体，我们称为其他多边组织，只是在方法中对其他多边组织评级时进行了应用上的细节调整，整体评级方法思路保持一致。但惠誉将国际多边发展银行和其他多边组织进行区别，分为国际多边发展银行评级方法和其他多边组织评级方法，并且由于其他多边组织数量不多[②]，惠誉为每个非多边发展银行的其他多边组织专门设计了评级报告体系。

二、国际三大评级机构多边组织评级方法梳理及比较

（一）评级逻辑比较

穆迪考察多边发展银行的自身财务能力，主要考虑多边发展银行的资本充足率和流动性两要素，再以成员国支持力度作为积极因素进行等级上调，其他外部因素作为调整项进行细节调整；标普方法中则先考察多边发展银行的自身信用状况，不仅考虑其财务状况，也将本

① 穆迪和惠誉均称为多边发展银行，而标普则称之为多边借贷组织，从定义来看，两者的本质属性基本一致，因此我们这里统称为多边发展银行。

② 截至目前，惠誉共披露4个非多边发展银行的超国家实体评级报告，分别为欧盟（European Union）、欧洲原子能共同体（EURATOM）、国际免疫金融基金会（IFFIm）和欧洲金融稳定基金会（EFSF）。

身的经营状况作为主要因素，考察内容有政策职能、管理经验、资本充足率、融资和流动性等内容。在分析重要股东支持时，并不单独评价股东支持力度，而是将股东支持力度量化进自身信用状况的整体分析中重新认定等级区间；惠誉则是从资本状况、信用状况、运营状况以及市场风险等多角度综合考虑的。

（二）三大评级方法关键要素梳理

1. 穆迪

穆迪利用打分卡，对各要素进行打分，根据打分表现（非常低到非常高五个等级）分别赋予1至5分。最后根据得分来确定多边银行等级范围。穆迪的多边开发银行评级方法包含三大基本要素，资本充足率、流动性和成员国支持度。其中资本充足率和流动性，这两大要素构成穆迪对多边开发银行自身财务实力分析的基础。具体要素框架如图1所示：

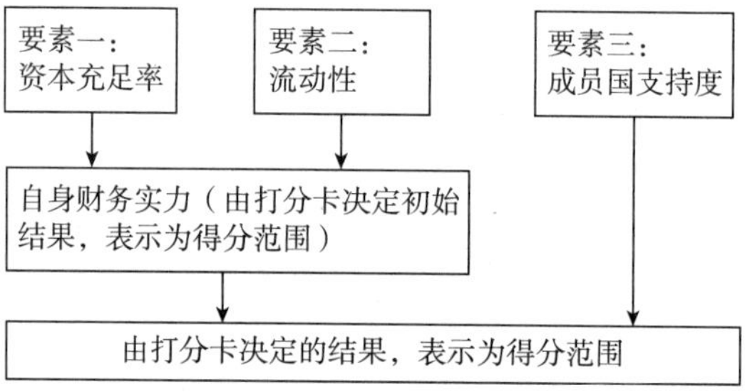

图1　穆迪要素框架

（资料来源：穆迪，联合资信整理）

以自身财务实力为基础，根据成员国支持力度的得分结果，可以向上最多提高3个子级，等级范围如表1所示。

表1　穆迪多边开发银行评级要素等级矩阵

自身财务实力		成员国支持力度	
评估	初评等级范围	评估	调整（子级）
非常高	Aaa－Aa2	非常高	+3
高	Aa2－A1	高	+2
中等	A2－Baa1	中等	+1
低	Baa2－Ba1	低	0
非常低	B1－C	非常低	0

资料来源：穆迪，联合资信整理。

（1）资本充足率

多边开发银行同其他商业银行一样，对于风险资产也必须做好充足的资金准备。资本充足率这一要素主要考察多边开发银行对风险资产的资本覆盖能力、资产表现，以及相关借贷者的信用质量和杠杆化程度。在决定多边开发银行财务实力时，该项要素总权重达到60%。具体指标及权重如表2所示。

表 2　穆迪要素一：资本充足率打分规则

次级要素	权重	指标	指标权重	非常高	高	中等	低	非常低
资本地位	60%	资产覆盖率	联合矩阵[①]	>50%	25% <X ≤50%	10% <X ≤25%	5% <X ≤10%	X≤5%
		借贷者质量-借贷者加权评级		Aaa - Aa3	A1 - Baa3	Ba1 - Ba3	B1 - B3	Caa1 - C
杠杆率	20%	债务占可用权益比	100%	0% ≤X ≤150%	150% <X ≤300%	300% <X ≤500%	500% <X ≤800%	>800%
资产表现	20%	不良资产占总贷款比	100%	0% ≤X ≤1%	1% <X ≤3%	3% <X ≤6%	6% <X ≤10%	>10%
调整因素	[-4, 3]	投资组合集中度	[-0.5, -0.25, 0,0.25,0.5]	考察：(1) 前 10 个投资组合的风险敞口；(2) 投资组合在部门、国家和地区的集中度。权重各占 50%。				
		经营环境	[-0.5,0,0.5]	对经营环境进行评估，考察宏观经济展望以及借款人的经济和金融环境联系。				
		盈利能力	[-0.5,0,0.5]	评估盈利能力对多边开发银行资本水平的影响，加强/削弱该机构对外部冲击的缓冲能力。				
		历史不良率	[-2.5,0]	对不良贷款的历史水平进行评估，当不良贷款占总贷款的比例超过 15% 时，视为对总体资本充足率的重大风险来源。				
		其他因素	[-2.0, -1.5, -1.0, -0.5,0, 0.5,1.0,1.5,2.0]	对其他可能影响机构资本充足率的因素进行评估，如管理问题，预期的杠杆或资本水平的未来趋势，以及其他指标没有考虑的资产质量等相关问题。				

资料来源：穆迪，联合资信整理。

对于资本地位中考察的两个指标，资产覆盖率和借贷者信用质量，穆迪通过两指标的联合矩阵给出最后的等级规则。如表 3 所示：

表 3　资产覆盖率与借贷者质量联合矩阵

		资产覆盖率				
		非常高	高	中等	低	非常低
加权平均借贷者信用等级	非常高	非常高	非常高	非常高	非常高	高
	高	非常高	高	高	高	中等
	中等	非常高	高	中等	中等	低
	低	高	中等	中等	低	低
	非常低	中等	低	低	低	非常低

资料来源：穆迪，联合资信整理。

---

① 见表 3。

对于调整因素来说，穆迪针对各项调整指标分别制定了相应的规则和得分调整规则。如表4所示：

表4　调整因素规则

调整内容	调整指标	调整范围	次级指标	次级指标权重	指标值	低	中等	高
投资组合集中度	前10个投资组合的风险敞口	[－0.25,0,0.25]分				0%＜X≤33.3%	33.3%＜X≤66.6%	66.6%＜X≤100%
	不同维度集中度(HHI)	加权平均后调整[－0.25,0,0.25]分	部门	公共：0%	低：0	0%＜X≤25%	25%＜X≤50%	50%＜X≤100%
				私营：30%	中等：0.5			
				混合：40%	高：1			
			国家	公共：70%	低：0	0%＜X≤25%	25%＜X≤50%	50%＜X≤100%
				私营：40%	中等：0.5			
				混合：40%	高：1			
			地区	公共：30%	低：0	0%＜X≤25%	25%＜X≤50%	50%＜X≤100%
				私营：30%	中等：0.5			
				混合：20%	高：1			
经营环境		平均调整范围[－0.5，0，0.5]分	宏观经济展望		低：＋0.5	宏观经济表现对于资本充足率的影响分为低/中/高风险		
					中等：0			
					高：－0.5			
			经济和金融联系		低：＋0.5	客户之间经济与金融联系对资本充足率影响分为低/中/高风险		
					中等：0			
					高：－0.5			
盈利能力		[－0.5,0,0.5]分			低：＋0.5	盈利能力促使资本水平上升明显	盈利能力促使资本水平上升	经常性损失导致资本水平下降
					中等：0			
					高：－0.5			
历史不良率		[－2.5，0]分				历史平均不良贷款占比＞15%		
其他因素		[－2.0，－1.5，－1.0，－0.5,0,0.5，1.0,1.5，2.0]分				分析师对其他能够支持或减损总体资本充足性的指标的定性因素的评估		

资料来源：穆迪，联合资信整理。

（2）流动性

多边发展银行作为一个金融机构，其本身资金状况和稳定性对其抵抗外部冲击起到关键性作用。流动性不足往往是一个金融机构失败的最直接原因。而对于多边发展银行而言，股东的支持往往不能立刻变现，同时，它也无法像商业银行那样获得央行的流动性支持，那么其本身的流动性就尤其重要。这一要素主要考察多边开发银行的流动资产能够多大程度上覆盖偿债要求，同时，融资渠道的稳定性也是重要考察的内容。该项要素总权重为40%，与资本充足率要素一起构成穆迪考察多边开发银行自身财务状况的全部内容。具体规则及打分如表5所示：

表5　穆迪要素二：流动性打分规则

次级要素	权重	指标	指标权重	非常高	高	中等	低	非常低
流动性地位	50%	偿债覆盖率	100%	0% <X ≤50%	50% <X ≤100%	100% <X ≤150%	150% <X ≤200%	>200%
	调整因素	[-2, -1, 0, 1, 2]						
融资能力	50%	市场：债券隐含评级	权重依据其借贷结构	Aaa	Aa1 - Aa3	A1 - Baa3	Ba1 - Ba3	B1 - C
		贷款：贷款债务加权平均成本	权重依据其借贷结构	0% <X ≤2.5%	2.5% <X ≤5%	5% <X ≤7.5%	7.5% <X ≤10%	>10%
	调整因素	[-2, -1, 0, 1, 2]						

资料来源：穆迪，联合资信整理。

其中，偿债覆盖率指标的计算公式为偿债覆盖率 = （短期债务 +12 个月内到期的长期债务）/预期损失折算后的流动资产（%）。公式中的预期损失折算后的流动资产，除了现金及其等价物、流动性存款外，预期损失主要指的是流动资产中持有的证券资产需要根据其预期损失进行折算。另外，市场融资能力权重，在有隐含评级的情况下，等于100%减去贷款债务加权平均成本的权重；若没有隐含评级，则为0。贷款债务加权平均成本的权重，则为多边开发银行总融资减去存款的贷款融资份额占比。

（3）成员国支持

主权国家参与是多边开发银行的一个典型特征，各成员国对其的支持力度是评价其信贷质量的一个重要因素。一般来说，各成员国以其合同承诺的要求提供资本支持，称之为可赎回资本质押。即多边开发银行独立于成员国运营，但如果多边开发银行面临偿付压力或流动性压力，在已耗尽或即将耗尽自身资源时，可以要求成员国提供额外资本以帮助其恢复正常的财务状况。实际上，除了合同承诺的资本支持外，还可能有超出可赎回资本范围的特别支持。因此在考察成员国支持力度时，除了合同承诺外，穆迪同时考察了超出合同承诺的特别支持。表6为对成员国支持力度要素的评估规则。

表6　穆迪要素三：成员国支持力度打分规则

次级要素	权重	指标	指标权重	非常高	高	中等	低	非常低
合同支持	50%	可赎回资本对债务存量的覆盖率	100%	0% <X ≤150%	150% <X ≤300%	300% <X ≤600%	600% <X ≤1000%	>1000%

续表

次级要素	权重	指标	指标权重	非常高	高	中等	低	非常低
特别支持	50%	股东实力－股东评级加权中值	50%	Aaa－Aa2	Aa3－A2	A3－Baa3	Ba1－Ba3	B1－C
		股东支持意愿：支持的倾向	25%	评估成员国可能提供的独立支持（从非常高到非常低）				
		股东支持意愿：支持的优先级	25%	评估成员国可能提供的系统性支持（从非常高到非常低）				
调整因素	[－2,1]分	成员国之间的联系	可以整合减去最高2分					
		成员国和资产间的相关性						
		成员国集中度						
		责任连带的支持	可以合计1分					

资料来源：穆迪，联合资信整理。

其中，对成员国支持力度评估时，还要考虑相关调整因素，表内列举了四个方面，分别为成员国之间联系、成员国和资产间的相关性、成员国集中度以及责任连带支持，它们具体调整内容和规则如表7所示。

表7　成员国支持力度调整因素规则

调整因素	调整范围	指标值	低	中	高
成员国之间的联系	[－0.5，0]分	低：0	经济和金融联系程度低	经济和金融联系程度中等	经济和金融联系程度高
		中：0			
		高：－0.5			
成员国和资产间的相关性	[－0.5，0]分	低：0	贷款/股权投资中较不重要的部分是提供给最有可能发挥支持作用的成员。非借款国家是主要股东	贷款/股权投资中较不重要的部分是提供给最有可能发挥支持作用的成员	相当大一部分贷款/股权投资是提供给那些最有可能发挥支持作用的成员
		中：0			
		高：－0.5			
成员国集中度（HHI）	[－0.5，0]分	低：0	0%＜X≤25%	25%＜X≤50%	50%＜X≤100%
		中：0			
		高：－0.5			
责任连带支持	[0，1]分	是：1	对多边组织是否有责任连带支持进行评估		
		否：0			

资料来源：穆迪，联合资信整理。

(4) 其他评级考虑因素

除了以上评级要素外，在某些情况下，评级过程中仍有可能包括一些不在打分卡中的其他因素。这些因素包括对财务控制和财务报告质量、管理质量和经验，以及对环境和人文社会方面的考虑，比如监管、诉讼、需求模式变化、技术和声誉风险等。穆迪特别提出两个其他评级考虑因素：组织管理的有效性和财务历史长度（财务历史有限的金融机构）。

其中，组织管理的有效性，指的是依靠财务报表审计报告的准确性来判断整体机构相关活动和结构的合理性和有效性，例如董事会及其委员会的结构、关联方交易情况、外部审计师意见等。长期的财务历史和可追溯的经营记录一般会为多边开发银行奠定一个良好的信用基础。而财务历史有限的金融机构信用档案则相对较弱。刚起步的多边发展银行相对于历史较长的多边发展银行在政策、系统和管理程序上更粗糙一些。初创多边发展银行有限的财务历史提供洞察未来信用资质的信息有限，对这些机构的评级基准会更加保守。

(5) 其他多边组织（OSEs）评级应用①

穆迪认为，多边发展银行与其他多边组织尽管有所不同，但是可以利用相同的评级要素进行分析。与多边发展银行相比，其他多边组织不太依赖于其本身的财务实力，反而更依赖于其成员国实际或潜在的资信状况。因此，其他多边组织的评级与其成员国的信用质量密切相关。

在具体应用上，会根据其他多边组织特征做一些调整。

- 成员国支持力度是评级的主引擎，而非其自身的财务实力。如果其自身财务实力非常高，则在成员国支持力度得到的打分范围上最多上升 2 个子级（高则 1 个子级，中等或低则不调整），如果非常低则下调 1 个子级。
- 在评估自身财务实力时，由于其他多边组织基本没有资本，所以根据实体特质，资本充足率权重为范围调整为 0 ~ 30%，主要评估要素为流动性，流动性权重为 70% ~ 100%。
- 当其他多边组织没有流动资产时，流动性要素内的流动性地位要素则不再有意义，融资能力成为评估的主要考虑。
- 其他多边组织通常没有资本，也就没有可赎回资本一说，但这并不意味着它没有其他形式的合同资助。因此，在计算成员国支持力度中的合同支持时，使用明确的担保或具有法律约束力的赠款来替代可赎回资本。

其他多边组织评级要素的等级矩阵如表 8 所示。

① 穆迪方法中，对于新成立的多边发展银行，如果其支持力度全部来自股东同时财务信息不足的情况下，也会利用其他多边组织评级方法的逻辑进行信用质量分析。

表 8　穆迪其他多边组织评级要素等级矩阵

		自身财务实力				
		非常高	高	中等	低	非常低
成员国支持力度	非常高	Aaa - Aa2	Aaa - Aa2	Aaa - Aa2	Aaa - Aa2	Aa1 - Aa3
	高	Aaa - Aa2	Aa1 - Aa3	Aa2 - A1	Aa2 - A1	Aa3 - A2
	中等	Aa3 - A2	A1 - A3	A2 - Baa1	A2 - Baa1	A3 - Baa2
	低	A3 - Baa2	Baa1 - Baa3	Baa2 - Ba1	Baa2 - Ba1	Baa3 - Ba2
	非常低	Ba2 - C	Ba3 - C	B1 - C	B1 - C	B2 - C

资料来源：穆迪，联合资信整理。

2. 标普

标普多边组织评级方法主要分为两步：第一，对多边发展银行自身信用状况（SACP）[①]进行评分；第二，评估重要成员股东对多边发展银行信用的支持度。最终得到多边发展银行的最终信用评级结果。评级框架如图 2 所示：

图 2　标普评级框架

（资料来源：标普，联合资信整理）

其中，发行人的自身信用状况主要评级要素则由经营状况和财务状况两方面构成，经营状况主要包含政策的重要性和管理经验，财务状况则主要考察资本充足率与融资和流动性两方面。评级要素构成如图 3 所示：

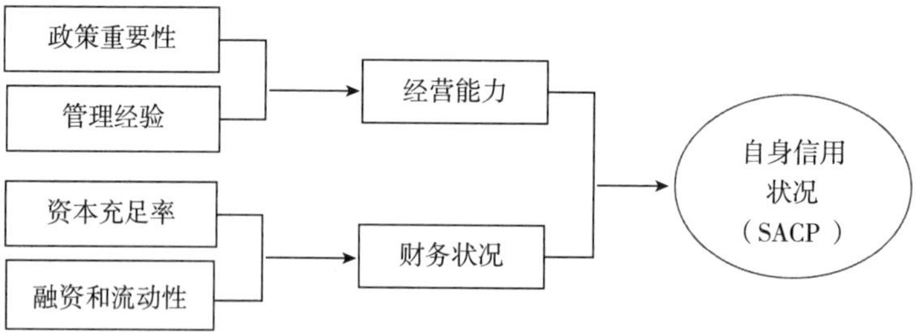

图 3　标普自身信用状况（SACP）评级要素构成

（资料来源：标普，联合资信整理）

根据经营状况和财务状况表现，得到非常强、很强、强、适当、中等、弱、很弱合计 7 个评价，然后根据以下矩阵得到发行人的自身信用状况等级范围。

① Stand - Alone Credit Profile，简称 SACP。

表9　标普自身信用状况（SACP）评级矩阵

	财务状况						
经营状况	非常强	很强	强	适当	中等	弱	很弱
非常强	aaa	aaa/aa +	aa + /aa	aa/aa −	a + /a	a − /bbb +	bbb/bbb
很强	aaa/aa +	aa + /aa	aa/aa −	a + /a	a/a −	bbb + /bbb	bb + /bb
强	aa + /aa	aa/aa −	a + /a	a/a −	bbb + /bbb	bbb/bbb −	bb/bb
适当	aa/aa −	a + /a	a/a −	bbb + /bbb	bbb/bbb −	bb + /bb	b + /b
中等	a + /a	a/a −	bbb + /bbb	bbb/bbb −	bb + /bb	bb − /b +	b/b
弱	a − /bbb +	bbb + /bbb	bbb/bbb −	bb + /bb	bb/bb −	b + /b/b −	ccc + /ccc/ccc
很弱	bbb + /bbb	bbb/bbb −	bb + /bb	bb/bb −	b + /b/b −	ccc + /ccc/ccc −	cc

资料来源：标普，联合资信整理。

（1）经营状况

经营状况主要考察多边发展银行相对于其他多边发展银行，其自身的业务经营实力。主要从两个方面入手，政策的重要性和管理经验。这两因素以定性分析为主，政策重要性依据其表现分为非常强、强、适当、中等和弱 5 等，管理经验则依据其表现分为强、满意、一般和弱 4 等。两因素通过以下矩阵共同决定经营状况表现评价。

表10　标普经营状况评价矩阵

	政策重要性				
管理经验	很强	强	适当	中等	弱
强	非常强	很强	强	适当	中等
满意	很强	强	适当	中等	弱
一般	强	适当	中等	弱	很弱
弱	适当	中等	弱	很弱	很弱

资料来源：标普，联合资信整理。

a）政策重要性

政策重要性指的是对多边发展银行职责的重要性及其对机构股东和成员的公共政策作用进行评估，主要考察内容有政策角色、公共政策要求、与股东关系的坚固性和稳定性，以及优先债权人待遇与特殊优待。具体定性打分条件如表 11 所示：

表11　标普政策重要性定性评价规则

	很强	强	适当	中等	弱
政策角色	其角色不能被其他私营或国内公共机构代替，并将持续维持这一重要角色。	其角色可被其他私营或国内公共机构部分代替，或其起到的重要角色在持续减弱。	其角色正在减弱，并部分被私营或国内公共机构代替。	其角色被私营实体代替的部分逐渐增加。	其大部分角色可由私营实体满足。

续表

	很强	强	适当	中等	弱
公共政策要求	多边发展银行在信贷周期中履行公共政策要求超过二十年，并预计此状况将持续；当需要支持其公共政策要求时，股东增加资本认购并及时缴纳资本，并将持续保持这一状况。	完成其公共政策要求的历史记录较短，受例如活动地理范围有限等原因影响，其政策要求重要性不高；当需要支持其公共政策要求时，股东增加资本认购并及时缴纳资本，并将持续保持这一状况。	完成其公共政策要求的历史记录较短，其政策要求的重要性弱于“强”分类中的政策要求；股东未按时（90 天内）缴付大额定期认购资本。	履行公共政策要求的能力减弱。	预计多边发展银行未来无法通过信贷周期完成其公共政策要求。
股东关系的坚固性和稳定性	多边发展银行是根据条约建立的；没有大股东在近期内退出或预计在中期内退出；收入可以免缴企业所得税。	多边发展银行是根据条约建立的；没有大股东在近期内退出或预计在中期内退出；收入可以免缴企业所得税。	股东的支持正在减弱（如大股东近期内退出了多边贷款组织）；收入可以免缴企业所得税。	多边发展银行不是根据条约建立；股东的支持并不均衡。	多边发展银行不是根据条约建立；股东的支持很弱且不确定性较高；收入不可以免缴企业所得税。
优先债权人待遇与特殊优待	多边发展银行受益于政府贷款的优先债权人待遇，并将在未来保持这一状态。	多边发展银行受益于政府贷款的优先债权人待遇，并将在未来保持这一状态。	多边发展银行受益于政府贷款的优先债权人待遇及其他相关的优惠待遇。	在借款人给多边发展银行提供优先债权人待遇和（相关情况下）从优惠待遇中受益方面缺乏确定性或缺乏记录。	优先债权人待遇和（相关情况下的）优先待遇无法确定。

资料来源：标普，联合资信整理。

b）管理经验

管理经验则是考察多边发展银行的制度规范，内部管理准则，风险管理政策等方面的经验。例如内部审计和控制、股息分配政策等。管理经验的一般定性评价规则如表 12 所示：

表 12　标普管理经验定性评价规则

	每一类别中经常出现的因素
强	透明、审慎、独立的治理和管理，一般具有以下特点：
	–多元且合理的政府股东构成（通常有 5 个或更多的股东拥有超过象征性的/实质性的股份）；
	–具有明确授权的完善的治理标准；
	–没有实质性的私人持股；
	–有能力执行战略计划，在实现其公共政策作用时实现财政和业务目标；
	–管理层具有相当的专业知识和经验，并在经营期所有主要方面有成功的记录；
	–能承受关键人员的损失，且不会对各重要业务部门的运营造成重大影响；
	–在治理方面的排名较高反映了多边发展银行管理层较高的治理标准；
	–该机构在其业务活动中采用优秀的财务和风险管理政策；
	–股东允许多边发展银行保留大部分收益，以实现稳定增长。
满意	除了“强”、“一般”或“弱”之外，其他的多边贷款组织。
一般或弱	–多边发展银行主要由一到两个股东控制；
	–借款成员国拥有控制权，并对决策产生重大影响；
	–战略规划过程有限，或计划深度不够；
	–管理层常常无法将战略决策转化成建设性的行动，或常常无法实现其财务和业务目标；
	–多边发展银行依赖于一个或几个经理；关键人员流失会严重影响组织运作或使管理层缺乏专业知识和经验；多边发展银行经常严重偏离其计划；
	治理排名低，治理标准面临一定风险；
	–该机构采用与其业务相关的次级财务和风险管理政策；
	–收入分配（赠与、转让）导致资本基础受损。

注：“一般”和“弱”的选择取决于这一类别中定义的风险大小及其在给定机构中的普遍性。

资料来源：标普，联合资信整理。

（2）财务状况

财务状况主要反映标普对多边发展银行相对于其他部门以及全球范围内更广泛的银行业的资本充足率、融资和流动性状况的评估。主要评级要素为资本充足率和融资和流动性状况。此部分依然以定性评价为主，资本充足率依据其表现分为非常强、很强、强、适当、中等、弱和很弱合计 7 个等级，融资和流动性则依据其表现分为很强、强、适当、中等、弱和很弱合计 6 个等级，财务状况评价则根据以下矩阵得出。

表 13　标普财务状况评价矩阵

	资本充足率						
融资和流动性	非常强	很强	强	适当	中等	弱	很弱
很强	非常强	非常强	很强	强	适当	中等	弱
强	非常强	很强	强	适当	中等	弱	很弱
适当	很强	强	适当	中等	弱	很弱	很弱

续表

	资本充足率						
融资和流动性	非常强	很强	强	适当	中等	弱	很弱
中等	强	适当	中等	弱	很弱	很弱	很弱
弱	中等	中等	弱	很弱	很弱	很弱	很弱
很弱	弱	弱	很弱	很弱	很弱	很弱	很弱

资料来源：标普，联合资信整理。

a）资本充足率

资本充足率的表现评估由两步组成。首先是根据风险调整资本比率（RAC 比率）[①] 对多边发展银行的资本和收益（capital and earning）进行评估，根据 RAC 比率将资本和收益表现分为非常强、很强、强、适当、中等、弱、很弱和非常弱合计 8 个等级。这一步过程中使用最新数据，并结合标普 3～5 年的预测数据。第二步依据多边发展银行的风险头寸情况对资本和收益评估结果进行调整，以反映多边发展银行实际的优先债权人地位或其他特殊风险考虑等具体情况。风险头寸主要对贷款质量表现、不良贷款、风险管理等情况进行定性评估，依据其表现分为很积极、积极、中性、消极、很消极和非常消极 6 个等级，该步骤可以根据风险头寸表现评估对资本和收益评估结果进行提高最多 2 个类别或是调低最多 6 个类别的调整。

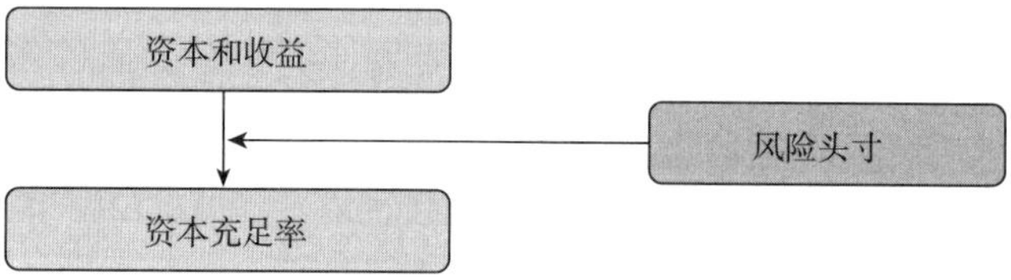

图 4　标普资本充足率评估

（资料来源：标普，联合资信整理）

b）融资和流动性

融资和流动性，其中融资能力是通过定性和定量相结合的方式对多边发展银行的融资能力和潜力进行评估，而流动性则是考察多边发展银行在不利的市场和经济条件下管理其流动性需求的能力，以及在较长时间（分别考察未来 1 个、3 个、6 个和 12 个月）的不利环境下维持流动性正常运转的能力。融资能力根据其表现分为积极、中性和消极 3 个等级，流动性分为很强、强、适当、中等、弱和很弱 6 个等级。两因素根据以下矩阵确定融资和流动性综合表现。

① RAC（risk－adjusted capital）比率计算公式如下：RAC＝ACE/RWAs，其中 ACE（adjusted common equity）指的是依据多边发展银行实际情况调整的一般股东权益，RWA（risk－weighted assets）指的是标普计算的风险加权资产。

表 14　标普融资和流动性评价矩阵

	流动性					
融资能力	很强	强	适当	中等	弱	很弱
积极	很强	强	适当	适当	弱	很弱
中性	强	强	适当	中等	弱	很弱
负面	强	适当	中等	弱	很弱	很弱

注：1. 当流动性为“弱”时，多边发展银行的 SACP 的上限为“bb”；

2. 当流动性为“很弱”，该上限为“ccc”。

资料来源：标普，联合资信整理。

（3）重要股东支持

标普认为，重要股东支持主要体现在可赎回资本的注入，在某些情况下，多边发展银行可能存在对不良贷款的联合股东担保，这一担保与可赎回资本在赎回过程和金融影响上地位基本相当，所以也作为可赎回资本考虑。标普并未设立单独的重要股东支持的评估，而是将可赎回资本的积极影响体现在计算 RAC 比率上，也就是在有重要股东支持下重新考量资本充足率的情况。

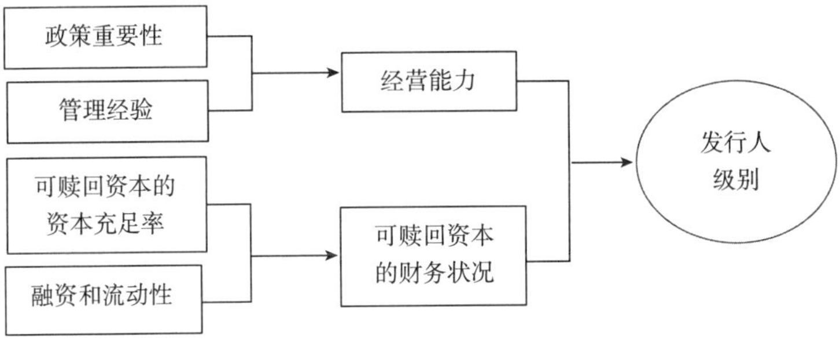

图 5　标普重要股东支持评估

（资料来源：标普，联合资信整理）

在此因素下，在选择发行人级别和发行人自身信用状况（SACP）等级时，均选择相同的边界。例如如果发行人 SACP 落在了“a +/a”内，而经同行业比较定性分析后选择了“a”，那么在发行人级别落在“AA +/AA”范围内时，也选择“A”级别。同时，这里的重要股东指的是级别等于或高于发行人级别的股东，即信用质量好于多边发展银行的股东，同时将所有股东的可赎回资本视做多边发展银行资本和所有评估的潜在稳定因素。对于重要股东支持的评估，最高可将 SACP 等级上调 3 个子级。

（4）其他多边组织评级应用

在标普评级方法中，特别提到的其他多边组织分类，主要包含多边保险机构、多边救助机构、与母公司有高度业务和金融一体化的多边组织以及发行从股东担保中受益的债务工具的多边组织。根据各组织特征，在评级过程中，根据多边发展银行的评级框架进行相应变量及细节调整。这些调整均体现出标普对相应组织特征的个性化考虑。

3. 惠誉

在惠誉的多边发展银行评级方法中，采用定性和定量分析相结合的方式来量化其评分过程，评级要素也分为两个部分，分别为股东支持和内在评级要素。股东支持主要考察股东信用等级、可赎回资本以及多边发展银行的重要性。内在评级要素相当于惠誉商业银行评级过程中分析的偿债和流动性要素，主要考察资本化程度、流动性、信用风险等。两者通过惠誉的打分框架体系相结合，得到最终的评级结果。但惠誉表示，打分框架得到的结果与最终的评级结果并不完全一致，原因是打分框架内的量化要素并不一定涵盖分析单个主体时考虑的所有要素。

股东支持要素和内在评级要素分别进行量化打分，各部分得分分别对应“AAA”到“D”等级，最终等级取两者中较高的结果。

（1）股东支持

股东支持，指的不仅是多边发展银行的股东，也包含成员国。主要考察股东信用级别、可赎回资本情况、多边发展银行重要性三个方面。

股东信用级别主要考察两方面，首先采用加权平均方法得到股东的加权信用状况评价，其次考察重要股东或关键股东对多边发展银行的支持意愿和支持能力。关键股东指的是拥有多边发展银行最大股份的国家或组织，或者累计超过50%总资本的国家群或多个组织。一般来说，多边发展银行的信用等级不低于关键股东的加权平均信用等级，除非惠誉对于关键股东的支持意愿有其他考虑。

可赎回资本作为成员国之间约定的对多边发展银行的无条件承诺支持机制，是多数情况下对多边发展银行最直接的支持。当多边组织发生无法偿还债务时，可以根据约定要求成员国赎回可赎回资本。惠誉依据可赎回资本给予相应股东信用级别AA-级及以上，然后根据AA-级及以上股东的可赎回资本所占比例评估多边发展银行可信赖的潜在支持力度，并以此与多边发展银行的债务存量进行比较，以此评估多边发展银行可获取有效支持。

多边发展银行的重要性体现在成员国对多边组织的支持意愿高低上，成员国越重视该组织就越愿意支持它。在这方面，惠誉通过定性分析的方法，主要考察机构相对于成员国经济体的规模大小、机构在成员国的金融体系所起作用以及机构本身的声誉等方面因素。

股东支持的变量及相关权重如表15所示：

表15　惠誉股东支持因素得分构成——变量及权重

变量	比重（%）
股东平均得分	20
主要股东平均得分	20
AA-级及以上股东可赎回的资本份额（%）	20
多边开发银行对于成员国的重要性——定性评估	20

续表

变量	比重（%）
AA－级及以上股东可赎回的资本份额/未偿债务（%）	20
总计	100

资料来源：惠誉，联合资信整理。

（2）资本化程度

资本化程度是惠誉内生评级要素之一，是分析多边发展银行偿债能力的主要因素。主要利用可使用资本与需求资本比率来体现惠誉的评估过程。可使用资本即“AA－”级以上股东的可赎回资本与所有者权益的和；需求资本表示为贷款、所有者权益、担保和流动资产组合等各种敞口的预期损失。该评估过程中主要考察的量化指标有：所有者权益/总资产及担保、实缴资本/认缴资本以及未偿债务/所有者权益。

（3）流动性

流动性也是分析偿债能力的主要指标之一。鉴于多边发展银行项目一般具备长期性特征，流动性管理失当是多边发展银行潜在风险的主要来源之一。该要素的评估过程与惠誉评估商业银行的流动性基本保持一致，主要考察指标有流动性资产/短期债务，流动性资产与总资产比等。

（4）信用风险

信用风险是多边发展银行面临的主要风险之一。这一风险分析与传统金融机构信用风险分析基本一致，评价指标一般包括：减值贷款/贷款总额、贷款损失准备/总贷款、贷款损失准备/减值贷款以及投机级别借贷人贷款份额。同时惠誉还考虑，贷款人的平均信用等级、第三方的担保情况以及短期贷款等。

优先债权人地位往往决定了各国在偿还债务的时候会优先考虑多边发展银行，但如果多边发展银行涉及的贷款领域多为私营领域，则优先债权人地位并不能保证。因此利用多边发展银行的非主权债务敞口与总敞口比值体现其敞口在主权债务和私营领域方面的分布，以此评估其优先债权人地位对其信用状况的影响。对于多边发展银行来说，向主权国家提供的贷款因优先债权人地位而优于其他贷款。

多边发展银行贷款的集中度风险也放在了信用风险的考察中，主要考察指标为前五大敞口与总贷款比值。

（5）市场风险

市场风险并不是多边发展银行面临的主要风险，但是外汇以及利率变动往往会对多边发展银行的交易或者对冲活动产生显著影响。这一风险分析主要通过对多边发展银行的风险管理政策进行定性分析来评估。

（6）经营风险

惠誉评级方法中，经营风险主要指的是组织内部的人员或技术相关的缺陷而导致的风险，同时也考虑多边发展银行所处的政治和立法环境。尽管一般来说，多边发展银行总部所在国的立法和政治环境不会成为其评级过程中的积极因素，但是如果总部所在国面临较大的政治和立法风险则会成为多边发展银行评级过程的负面因素。该因素评估主要通过定性分析完成。

（7）风险管理政策

由于多边发展银行不受任何特定的银行监管约束，因此其本身的风险管理政策，例如机构章程、运营宗旨、合规手册等，对其信用状况来说非常重要。惠誉通过对各多边发展银行的这些政策进行审查和对比，评估其信用和市场风险、流动性和资本充足情况。这一因素评估也是通过定性分析来完成的，主要考察的是多边发展银行对借贷人和运营流程中的风险管理政策。

（8）战略与管理

战略与管理和风险管理政策侧重点不同，主要考察多边发展银行自身的战略管理过程。特别是，在多边发展银行成长过程中，对各项风险活动的规模和程度均实现有效控制。因此，多边发展银行必须确定其长期发展目标以及发展路径。这一因素评估也是通过定性分析来完成。

（9）盈利能力

尽管多边发展银行的主要目的并不是盈利，但是盈利能力可以使其持续增强自身资本、提高风险抵御能力。另外，持续损失不仅导致所有权的快速消耗，还会降低成员国信心，影响股东支持。这一因素的评估主要利用传统的盈利性指标，例如净资产收益率（ROE）、总资产收益率（ROA）、成本收入比等。

表16　惠誉内生评级因素得分构成——变量及权重

分项	变量	比重（%）
资本化程度	所有者权益/总资产及担保（%）	15.0
	实缴资本/认购资本（%）	3.5
	未偿债务/所有者权益（%）	12.5
信用风险	贷款及担保的平均信用等级	10
	减值贷款/贷款总额（%）	5.0
	AA-级及以上流动资产份额（%）	2.5
	资本参股/贷款及资本参股（%）	1.0
	非主权敞口/总敞口（%）	1.5
集中度风险	前五大敞口/贷款总额（%）	5.0
市场风险	定性评估	5.0
经营风险	定性评估	5.0
流动性风险	流动资产/短期债务（%）	12.5
	流动性缓和——定性评估	1.5

续表

分项	变量	比重（%）
盈利能力	净收入/所有者权益（%）	5.0
风险管理政策	定性评估	10.0
战略与管理	定性评估	5.0
合计		100

资料来源：惠誉，联合资信整理。

（10）主要定性分析因素

在惠誉评级方法中，主要的定性分析要素如表17所示。

表17　惠誉多边发展银行评级中主要定性分析要素及描述

定性变量及标准	描述
多边开发银行对股东的重要性	
机构的相对规模	机构相对于运营及股东所在地经济发展的规模
声誉风险	银行的知名度以及违约时的声誉损失
地区融资状况	为满足成员国需求而提供的融资的数额
支持的历史	来自股东的增资及其他形式的资金支持的规模；延迟或拒绝参与资金需求情况
股东基础的多样性	持有资本的国家数量以及这些国家经济的相关性
流动性风险缓释措施	
再融资工具可获得度	备用信贷额度及央行再融资窗口的可获得度
总体操作的成熟度	贷款和借款业务的平均期限；国债资产的平均期限
市场风险	
利率风险敞口	按利率匹配资产和负债（对冲后）
外汇风险敞口	按汇率匹配资产和负债（对冲后）
对冲工具质量	衍生品及其他资产负债管理工具的使用
市场风险	市场活动中遭受损失的历史
市场风险管理质量	市场风险管理政策和组织
经营风险	
法律/治理风险	与法律事务及治理问题相关的风险
总部所在国的政治环境	总部所在国政治暴乱风险
运营风险敞口及管理	与人力或技术缺陷相关的风险
风险管理政策	
审慎性框架的质量	流动性及资本充足率门槛，国债资产及衍生品的最低评级，集中度及信贷上限以及其他的风险管理原则
风险管理的组织	风险管理团队的独立程度及总体质量
战略与管理	
管理质量及可信度	高管的过往经验及表现记录
增长潜力	目标部门和地理区域的增长潜力及风险
实现均衡增长的能力	在偿付能力避免恶化的前提下实现增长的管理能力

资料来源：惠誉，联合资信整理。

三、多边组织评级方法启示

综合国际三大评级机构的方法来看，多边组织评级方法依然以定性分析为主、定量分析为辅；方法上以对多边发展银行的考察为主要基石搭建整体评级框架，其他多边组织结合实际特征个性化应用。因此在框架搭建上来看，我们也可借鉴此方式，先针对多边发展银行的信用特征搭建多边组织评级方法框架。在此基础上，加强对其他多边组织结构的分析和分类。

评级的关键要素方面，除了多边组织自身资本状况、融资能力、流动性、运营状况等一般信用评级方法中的关键因素外，成员国支持力度也是多边组织评级方法的重要组成部分。

但是在考察各要素的具体方法上，数据的可得性、定性分析要素的专业性是方法的难点所在。这需要对各多边组织的组织目标、机构设置、运营规则、贷款章程等方面做更多深入研究。

02　国际三大评级机构多边开发银行评级方法研究

联合资信　债市研究部　林青　（2016－06）

一、多边开发银行的特点

超主权机构是指由两个或两个以上的主权国家共同建立和所有的机构。超主权机构一般分为两类：多边开发银行和其他超主权机构，其中，多边开发银行是超主权机构最主要的组成部分。多边开发银行是为发展中国家的经济和社会发展活动提供资金援助和专业咨询的机构，其基本宗旨是消除贫困、促进成员国的经济发展和社会进步，以及促进区域经济一体化。按照其覆盖的地理范围可划分为：全球性开发银行（如世界银行）、区域性开发银行（如亚洲开发银行）、次区域开发银行（如安第斯开发银行）和跨区域开发银行（金砖银行）等。

与一般的商业银行类似，多边开发银行可以为国家或私人部门提供贷款等服务，但是由于多边开发银行是超主权机构，它在以下几个方面与商业银行存在差别：一是多边开发银行不受任何形式银行监管的限制，其运营管理条例由成员国制定；二是多边开发银行在主权贷款中通常享有优先债权人待遇，其偿还地位高于其他债权人；三是多边开发银行不分配股息，不以利润最大化为主要目的，更多的是履行其政策使命；四是多数多边开发银行利润率较低，运营收益完全计入资本或转为发展基金；五是多边开发银行通常无法吸收居民存款，主要资金来源为主权国家出资或捐赠，同时也可以向国际金融市场借款和发行债券等。

多边开发银行具有违约率较低、信用等级较高等特点，其主体信用等级不受总部所在地信用等级的制约，并且可以拥有高于主要成员国家的信用等级（见表1）。

表1　惠誉所评多边开发银行级别情况表

机构	信用等级
非洲开发银行	AAA
亚洲开发银行	AAA
中美洲经济一体化银行	A
安第斯开发银行	AA－
欧洲复兴开发银行	AAA

续表

机构	信用等级
欧洲投资银行	AAA
欧洲投资基金	AAA
美洲发展银行	AAA
国际复兴开发银行	AAA
伊斯兰开发银行	AAA
北美开发银行	AA
欧洲理事会开发银行	AA +
东部和南部非洲贸易和发展银行	BB
国际投资银行	BBB –
非洲进出口银行	BBB –
西非开发银行	BBB

资料来源：惠誉，联合资信整理。

二、评级框架比较

标普采用评级矩阵的方法，以个体信用评级为基础，结合外部支持评级，评估发行人信用质量（见图1）。具体的评估过程如下：首先，在不考虑外部支持的情况下，标普通过分析多边开发银行的商业运营和财务实力评估个体信用状况；其次，标普在考虑外部支持对财务实力的影响下，对个体评级重新进行评估以得出多边开发银行最终信用评级，外部支持对个体评级的上调上限将根据未考虑外部支持情况的资本充足性评估、股东支持能力和股东支持意愿确定，但需在3个子级（含）之内。

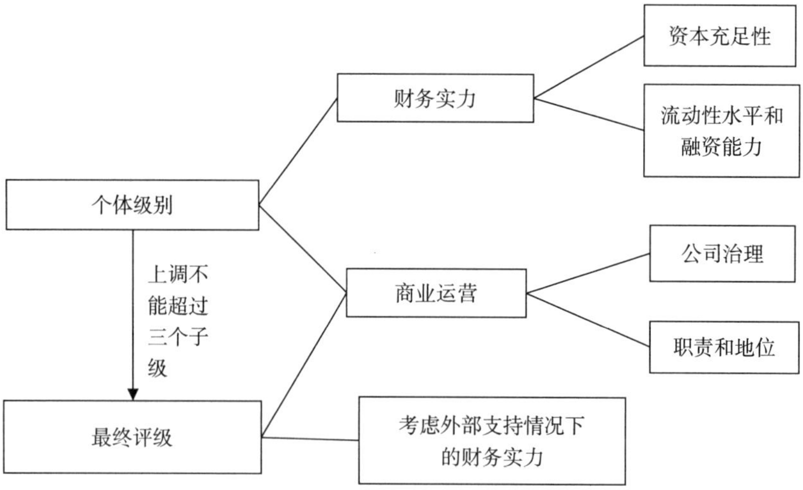

图1　标普多边开发银行评级框架

穆迪采用打分表的方式对多边开发银行进行评级（见图2）。个体评级方面，穆迪重点分析多边开发银行的财务实力，从资本状况、流动性水平和融资能力两个方面评估。外部支持评级方面，穆迪关注通知即缴资本①、其他股东支持和调整因素。穆迪会根据外部支持评级结果对个体评级上调0～3个子级，确定多边开发银行的最终评级。

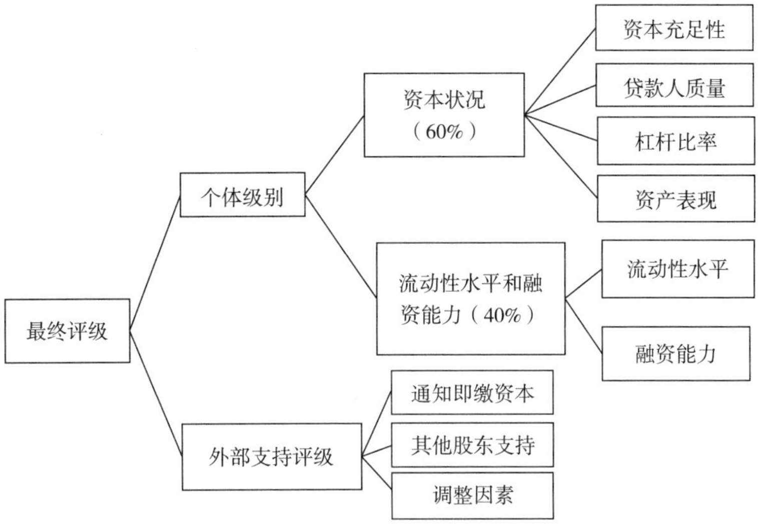

图2　穆迪多边开发银行评级框架

惠誉也采用打分表的方法进行评估。个体评级涉及9个评级要素（见图3），其中资本充足性、信用风险和流动性风险的权重较高。外部支持评级主要包含股东支持能力和股东支持意愿两个方面。惠誉采用个体评级和外部支持评级中较高的级别作为多边开发银行最终评级结果。

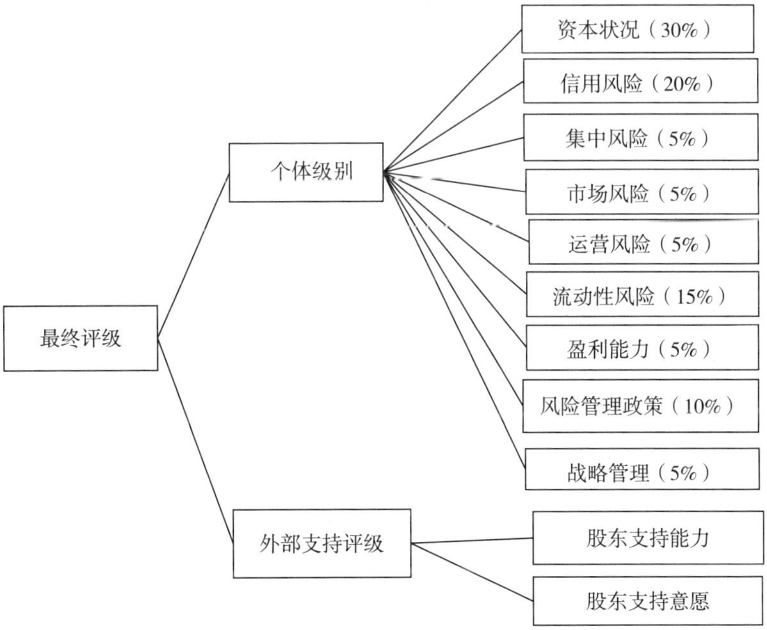

图3　惠誉多边开发银行评级框架

① 对通知即缴资本的解释详见评级要素下的通知即缴资本部分。

三、评级要素

标普、穆迪和惠誉评估多边开发银行的要素均包含财务实力和通知即缴资本等，但在其他要素的选择上三大评级机构各有侧重。综合三大评级机构多边开发银行评级方法，本文将其中涉及的个体评级要素重新整理为5个评级要素，将外部支持评级要素重新整理为4个评级要素，并对各要素进行详细介绍。

（一）个体评级

1. 运营环境

多边开发银行资产质量易受到宏观环境的影响，宏观环境的不佳可能导致资产质量的恶化，威胁银行的资本充足性。多边开发银行运营和总部所在地区的法律和政治环境也会对其产生影响。在稳定的运营和法律环境下（比如欧洲或北美）的多边开发银行面临的风险较低，在新兴市场的多边开发银行面临的风险较高，可能的风险包括运输中断（电力和交通）、能源、安全问题、政府问题等。

2. 职责和地位

多边开发银行的职责和地位，主要是指多边开发银行的职责和公共政策使命、股东与其关系的稳定性和强度以及优先债权人待遇和优惠待遇几个方面。

（1）职责和公共政策使命

多边开发银行的核心职责是为公共部门主体（比如主权国家、地方性政府、公共企业，后两个主体通常以国家主权作为担保）提供贷款，部分多边开发银行也可以为私人部门贷款，还可以提供比如银团贷款、咨询等服务。多边开发银行的职责以及在不同信贷周期履行公共政策使命，代表了其国际地位和被其他机构替代的可能性。

多边开发银行的建立方式也可以体现其地位，一般来讲，依据国际条约建立的多边开发银行具有较为重要的地位。此外，成员国扩容也有助于增强多边开发银行的地位。

（2）股东和多边开发银行关系的稳定性和紧密程度

多边开发银行和股东关系的紧密程度和稳定性，主要表现在股东对多边开发银行的支持程度。例如股东是否能够满足其新的资本需求并及时支付认购资本。

（3）优先债权人待遇和优惠待遇

多边开发银行享有的优先债权人待遇和优惠待遇也是股东支持的一种形式。多边开发银行对主权国家的贷款通常可以享受优先债权人待遇，优先债权人待遇指的是当主权国家发生债务违约时，多边开发银行不需参与主权债务重组而可以优先获得债务偿还，该条款不会包含在合同里，由违约国家决定是否执行。通常来讲，在经济不景气的情况下，为了能够从多边开发银行获得额外资金支持，主权国家会优先偿还多边开发银行的贷款，即使其商业银行贷款发生违约。当贷款发生违约时，多边开发银行的清偿顺序会优先于商业银行，因为这是主权国家能够从多边开发银行获得资金援助的一个融资条件。多边开发银行对私人部门的贷款并不享受优先债权人待遇，但可能会享有优惠待遇。历史上多边开发银行对私人部门贷款的损失情况会好于商业银行，主要由于借款人的政府为维持与多边开发银行的良好关系而为借款人提供资金救济。优惠待遇对多边开发银行信用的提升要弱于优先债权人待遇，但也会在一定程度上增强多边开发银行的地位。

3. 公司治理与战略管理

（1）公司治理

公司治理方面将重点考察多边开发银行所有权结构、审核与控制结构、股利政策、董事会效率、经营管理效率、财务和相关交易透明度等。股东尤其是借款成员国对银行决策有重要影响的情况会影响多边开发银行的运营。多边开发银行管理层的管理经验会对公司治理产生影响，考察内容包括主要业务的管理经验和运营记录、执行战略和实现财务运营目标的能力等。

（2）战略管理

战略不当或管理不善会产生信用风险，为保障多边开发银行规模和风险的增长在可控范围内，多边开发银行应制定长期的增长目标和详细的发展路径。关于机构运营战略的一致性和管理计划的可靠性是评估的重点。

4. 风险管理

多边开发银行面临的风险包括信用风险、市场风险、流动性风险、资本充足性、集中风险等，其中流动性风险和资本充足性将在财务实力部分进行介绍。

（1）信用风险

多边开发银行的信用风险主要来自贷款、股权投资、担保、国债投资和衍生品交易对手等。评级关注的指标包括：贷款减值准备在贷款总额的占比、投资级借款人贷款占比、借款人信用质量、高信用等级（AA－级及以上）国债资产在总国债资产中的占比、衍生品交易对手、风险缓解措施等。

评级机构认为优先债权人待遇可以缓解信用风险，但私人业务并不会受到该待遇的保护。因此，私人业务占比较高会对信用风险评估结果产生负面影响。评估指标包括：私人业务风险敞口在总风险敞口中的占比、股权投资在运营资本（比如贷款、股权投资等）中的占比。

（2）市场风险

多边开发银行并不参与市场活动，市场风险不是它的主要风险来源。市场风险包括利率风险、汇率风险等。对于在新兴市场国家经营的多边开发银行，受限于衍生品市场不发达，多边开发银行无法有效对冲外汇或利率风险。评级机构评估市场风险主要依赖于对风险管理政策的分析。

（3）集中度风险

资产分散能够降低风险，如果多边开发银行的贷款过于集中于某个国家或区域，就会引发贷款集中度风险。贷款组合较为集中的多边开发银行容易受到借款国影响。多数多边开发银行不会遵循国际银行监管机构设定的集中度限制，其贷款组合面临的集中度风险较商业银行更为严重。评估指标包括：前十大借款人在总贷款中的占比和贷款组合在部门、国家、区域等的集中度水平。借款人之间的经济和金融联系也是考察的内容，借款人之间较为紧密的联系可能使他们面对经济压力时产生较高的相关性，导致经济不景气时大部分贷款会同时受到影响。

（4）风险管理政策

多边开发银行不受国际监管，风险管理政策有助于控制其所面临的风险，对信用质量至关重要。风险管理政策中会限定银行运营指标需遵循的数值，评级机构会分析各家多边开发银行的风险管理政策，并比较它们评估信用风险、市场风险、流动性风险和资本充足性的主要指标和基准。

信用风险方面，主要关注多边开发银行设定的发放贷款最高限度，该指标通常会结合资本总额或风险承受资本（权益加储备）来考量。多边开发银行批准贷款和其他融资的内部程序以及项目贷后检查频率也是考察的内容。

市场风险方面，主要关注多边开发银行对利率风险和外汇风险敞口的管理条例。

流动性风险方面，主要关注内容包括：多边开发银行流动性衡量标准、对资产质量和到期期限的限制、流动资产中的证券。

资本充足性方面，一些多边开发银行会遵守巴塞尔资本比率，另一些会制定自己的衡量标准。多数情况下，多边开发银行采用信用风险敞口占资本的比重这一指标，银行对该指标的限定隐含了其对未来的风险偏好，是评级机构考察的重点内容。

此外，为了有效客观地评估风险，风险管理部门需要和财务等其他部门独立运行，风险管理部门与其他部门的独立程度也是考察的内容。

5. 财务实力

（1）资本充足性

资本充足性反映了银行抵御风险和吸收损失的能力，是衡量银行资本状况的核心要素。由于多边开发银行具备超主权的特征，其资本充足率不会受到巴塞尔协议的监管。历史上，股东通常会为多边开发银行提供较为充足的资本来降低其融资成本，再加上多边开发银行不需分配股利和支付企业所得税等，其资本充足率较高。评估资本充足性主要是从资本对风险的覆盖程度来考量，采用指标包括 RAC 比率（Risk – Adjusted Capital Ratio，风险调整资本比率）、资本充足率等。

（2）杠杆水平

多边开发银行的杠杆水平可以体现其债务负担，债务负担越大，表明多边开发银行资本对损失的吸收能力越低，债务无法偿还的风险越高。采用的指标包括未偿还债务与股东权益的比重等。

（3）资产质量

贷款人质量和资产表现可以体现多边开发银行的资产质量。贷款人质量通过贷款人信用等级的加权平均值来衡量，对于有担保的贷款，将选取担保人和贷款人级别中较高的。资产表现衡量的是多边开发银行历史贷款组合的表现，常用指标为不良贷款率。考虑到该指标为时点数，将采用指标的七年平均值以避免经济周期的影响。对资产潜在损失的评估将建立在资产历史表现的基础上。

（4）流动性水平

流动性风险是多边开发银行面临的主要风险之一，尤其是对于投资长期项目的多边开发银行。同时，保持较高的流动性水平可以帮助多边开发银行在经济不景气情况下拥有足够资金维持正常运营。国际三大评级机构评估多边开发银行流动性时采取的方法与一般商业银行类似，主要通过流动比率、流动资产在总资产的占比、流动性缺口及压力测试等定量指标来衡量。流动性需求和供给是否均衡以及其他可能对流动性水平产生影响的因素也在评估范围内。

（5）融资能力

由于多边开发银行不吸收存款，也无法获得中央银行的资金和流动性支持，其流动性对融资的依赖程度较大。评估多边开发银行的融资能力主要围绕融资来源的多样性和融资的稳定性。多边开发银行主要的融资来源是通过资本市场发行债务融资工具和从金融中介机构、双边银行或多边开发银行贷款，前者的稳定性取决于资本市场对多边机构信用水平和财务情况的认可程度，后者的稳定性基于长期的合作关系，但在一定程度上也会受到信用水平的影响。国际三大评级机构通过计算长期债务成本判断市场对多边开发银行信用水平的认可度，从而评估其融资来源的稳定性，涉及指标有两个，分别是多边开发银行资本市场发行的债务融资工具的违约率的市场测算和从金融中介机构获得贷款的加权平均成本，两个指标的权重取决于两种融资规模的比重。此外，信用利差的显著扩大、股东信用等级的显著下降或多边开发银行政策作用受到质疑也会对多边开发银行的融资能力产生负面影响。

（6）盈利能力

多边开发银行不以盈利为目的，但持续的盈利可以增强资本充足性，提高风险承受能力，同时亏损还会导致资本的快速损耗，降低成员国信心。衡量盈利能力主要采用资产收益率、净资产收益率、收入成本比率等指标。

总的来看，个体评级方面，标普主要关注多边开发银行的财务实力、公司治理以及职责和地位，在分析财务实力时还会结合风险管理相关内容；穆迪重点关注财务实力，运营环境、风险管理等将作为财务实力评估中的调整因素；惠誉考察内容包括财务实力、风险管理、战略管理和运营环境等。

（二）外部支持评级

1. 通知即缴资本

通知即缴资本是多边开发银行股东提供支持的主要形式，它是由多边开发银行的股东所做出的承诺，当多边开发银行的贷款面临违约或需要履行担保责任时，股东为多边开发银行提供额外的资本支持。多边开发银行的协议条款中会对通知即缴资本的支付条件等做出规定。通常情况下，由多边开发银行的理事会或董事会提出请求，要求成员国支付此前未缴纳的资本来偿还债务。这些协议体现了经济下行期股东对多边开发银行提供的强力支持。

标普并未单独考察通知即缴资本，而是将通知即缴资本纳入资本充足性的评估。穆迪和惠誉均是从通知即缴资本对债务的覆盖程度来衡量通知即缴资本所能够提供的支持能力。

2. 其他股东支持

股东信用等级的加权平均级别可以反映成员国在通知即缴资本之外对多边开发银行的支持能力。权重的确定是根据认缴资本的比重。惠誉考察的股东范围与其他评级机构有所区别，惠誉认为评估股东支持能力最为关键的是判断出哪些国家在多边开发银行提出资本请求时能够提供支持，惠誉将这些国家称为主要股东，主要股东指的是那些拥有资本最多，并且资本合计占比超过 50% 的国家。

3. 股东支持意愿

对股东支持意愿的评估一般从两个方面分析：一是当仅有一家多边开发银行提出资本请求时，成员国愿意提供支持的意愿，衡量的因素包括：成员国对多边开发银行的所有权意识、过去 10 年股东认购资本的频率和规模、政治联系和声誉风险、多边开发银行规模相对区域经济规模的大小、多边开发银行在成员国融资中的作用、多边开发银行履行职责的历史记录等。二是在发生系统性危机情况下，当多家多边开发银行均面临财务压力并提出资金请求情况下，成员国赋予多边开发银行支持的优先权。对于参股多家多边开发银行的主权国家，它对多边开发银行资源分配的顺序可以表明其对多边开发银行的支持顺序。多边开发银行前五大股东在其他多边开发银行的持股情况也是评级关注的内容。

4. 其他要素

穆迪评估外部支持时还会包含以下调整因素：一是成员国之间的联系。该要素衡量的是成员国之间发生系统性风险时支持的脆弱性，即考虑到成员国之间的经济、财务联系或相似性，多数成员国都无法提供支持。二是成员国和资产的相关性。该要素考察的是当成员国为借款人时，支持减少的潜在可能，发生财务困难无法偿还多边开发银行贷款的成员国提供财务支持的可能性较小。三是成员集中度。该要素衡量多边开发银行股东的集中情况，如果集中度较高，无法提供支持的风险较大。四是联合支持。该要素考察合同中对成员国支持的规定。比如，当一些成员国违背承诺不提供支持时，其他成员国可能承诺补偿该部分资金。

整体来看，标普将通知即缴资本作为外部支持分析的核心要素，在考虑通知即缴资本的情况下重新评估财务实力，以体现外部支持对个体评级的影响。标普认为股东支持能力可以通过股东对通知即缴资本支付的法律和行政程序来衡量，若程序能够保障股东快速支付资本，即表明股东支持能力较强。股东支持能力和股东支持意愿是标普确定外部支持对个体评级调整上限的两个考量因素。穆迪和惠誉均是将外部支持作为评级的一个独立方面，其中惠誉以通知即缴资本和其他支持能力评估结果中较高的级别作为股东支持能力评估结果，再根据股东支持意愿对股东支持能力评估结果做出调整得到外部支持评级结果，调整范围在 1 个子级之内；穆迪认为，通知即缴资本是协议条款上规定的内容，受股东支持意愿影响较小，而股东提供的其他支持在很大程度上依赖股东支持意愿的大小，因此穆迪通过其他支持能力和股东支持意愿评估除通知即缴资本以外的其他支持情况，再结合通知即缴资本和调整因素获得对外部支持的最终评级。

四、总结

综上所述，标普、穆迪和惠誉在对多边开发银行评级时均考虑了其作为一般金融机构和股东为主权国家的特点，从个体评级和外部支持评级两个角度综合评定，其中标普和穆迪均以外部支持评级作为个体评级的调整因素，上调范围在 3 个子级之内，惠誉则以个体评级和外部评级中较高的级别作为多边开发银行的最终评级结果。个体评级的评级方法与一般商业银行评级类似，包含运营环境、公司治理、风险管理、财务实力等要素，评估外部支持则考虑到多边开发银行的超主权特征，分析股东国家提供外部支持的能力和意愿。

我国评级机构在评估多边开发银行时可以借鉴国际三大评级机构的思路，以个体评级作为对多边开发银行的初步评级，再加入对外部支持的评级形成多边开发银行的最终评级结果。但是，评级过程中有两个方面需要注意：一是由于多边开发银行的主权贷款受到优先债权人待遇的保护，其资产质量普遍较好，但是优先债权人的资格缺乏法律依据，仅是市场惯例，并且该条款仅适用于主权贷款，对私人部门的贷款适用的法律是各国的破产法律。二是多边开发银行的实缴资本占比普遍偏低，通知即缴资本对其信用评级至关重要，但是历史上还没发生过多边开发银行提出补缴资本的请求，由于缺少过往案例，并且发出资本请求的银行管理者是由接受资本请求的国家任命的，很难确切地评估出在何种压力下董事会才会提出资本请求，成员国政府的决议进程需要多长时间，以及一个成员国的拒绝支付会对其他国家造成多少影响。

03　国际三大评级机构地方政府评级方法研究

联合资信　主权部　李为峰　（2018 - 11）

一、地方政府评级定义

国际三大评级机构（标普、穆迪和惠誉）的地方政府评级方法，一般分为美国地方政府评级方法和非美地区地方政府评级方法。本部分重点讨论非美地区地方政府评级方法，为国内评级机构开展中国地区以外的地方政府评级提供借鉴和参考。

国际三大评级机构对于地方政府的定义较为统一，一般而言，地方政府是通过征收税费、从其他政府获得转移支付等手段在特定行政区域内提供公共服务和发展基础设施的机构。惠誉还对地方政府进行了细分，主要包括二级政府（区域政府）和三级政府（省级、区级、市级等）。

地方政府评级是对地方政府能否按时足额偿付债务本息能力和偿债意愿的评价，其等级设置及含义与国际三大评级机构主体信用评级等级设置及含义保持一致。

二、国际三大评级机构地方政府评级方法比较

（一）评级思路

穆迪采用了其传统的打分卡模式来确定地方政府的基础信用等级，主要从个体风险和系统性风险两个维度来进行评判，其中系统性风险直接用地方政府所在国家的主权评级进行衡量；标普和惠誉则将体制框架作为地方政府评级的首要考虑因素，然后再结合经济状况、财政表现、债务状况等因素得到地方政府的基础信用等级。在调整因素方面，惠誉主要考虑主权评级对地方政府信用等级的限制或支持，穆迪主要考虑地方政府获取外部支持的可能性及对其信用等级的影响，标普则兼顾了这两方面的调整因素。

（二）评级要素

1. 体制框架

体制框架主要为定性评价，标普和惠誉对体制框架这一要素较为看重，均将其作为评价地方政府基础信用状况的首要考虑因素，而惠誉更将其作为可以凌驾于其他方面表现的重要因素，如果地方政府的体制框架评价为“强”，那么其最终的信用等级将在 A 到 AAA 范围

内。穆迪则将体制框架作为评价地方政府个体风险的一部分，仅占20%的权重。这三家评级机构在评价体制框架时所参考的主要因素及评级体系差别较大（见表1），但也存在一定的共性。

表1　体制框架主要参考因素及评价体系

	标普	穆迪	惠誉
参考因素	政策可预测性； 收入及支出状况； 透明性及可信性	政策可预测性及稳定性； 财政灵活性	法律法规； 上级政府监管； 财政平衡机制； 财政灵活性； 透明性及审慎性
评价体系	总体六个等级（1~6）；各项指标分为三个等级（1、3、5）	政策可预测性及稳定性指标三个等级（1、5、9），财政灵活性指标各项指标五个等级（1、3、5、7、9）	总体三个等级（强、中、弱）

资料来源：联合资信整理。

（1）政策可预测性

政策可预测性主要考量地方政府的权力和职责以及政府间的关系是否得到宪法或法律的明确界定，在外部环境发生变化时这些权力和职责的划分是否有可能发生变化，是否会对地方政府财政收入和支出的稳定性产生影响。一般而言，如果地方政府所处的体制框架成熟且稳定，地方政府的权力和职责得到了明确划分，对现有体制做出的任何更改对财政收入和支出产生的影响都是可预见的，那么其政策可预测性就较强。

此外，标普还考虑到了地方政府是否具备通过有效机制否决对其不利变化的能力，如果这种能力越强，那么其政策可预测性也越强。

（2）财政灵活性

财政灵活性主要考量地方政府是否有足够财政收入来源（包括税收、补贴、转移支付等）来覆盖财政支出，同时也会考量地方政府是否有修改地方税率或削减地方开支的能力，即是否具备一定的财政自治能力。一般而言，财政自治能力越强的地方政府会拥有更高的财政灵活性。

（3）透明性及可信性

透明性及可信性主要考量地方政府是否遵循了国际通用的公共部门会计准则，是否实现了财政预算过程的制度化及透明性。在很多国家，地方政府通常是由上级或本级政府指定的审计机构进行审计，且出具审计报告的及时性差别很大。在这种情况下，如果审计机构能够做到完全尽责并及时出具审计报告，那么地方政府的透明性及可信性则相对较高，但如果能由具备一定声誉的独立审计机构承担审计工作则是最为理想的。

2. 经济状况

地方政府所在地区的经济状况决定了其创收能力及支出需求，并最终会对其偿债能力产生影响。国际三大评级机构在对经济状况进行评价时均结合了定量评价因素和定性评价因素，在选用的参考指标上也较为接近。

表 2　经济状况主要参考因素及评价体系

	标普	穆迪	惠誉
参考因素	收入水平； 经济多元化程度； 经济增长前景； 社会经济及人口状况	经济实力（地区人均 GDP 与全国人均 GDP 的比值）； 经济波动性（经济多元化程度）	主要经济驱动力（经济多元化程度）； 就业水平； 收入及财富水平； 人口因素（人口增长及人口结构）； 财政负担
评价体系	总体五个等级（1～5）	经济实力指标五个等级（1、3、5、7、9），产业集中度指标三个等级（1、5、9）	—

资料来源：联合资信整理。

（1）收入水平

地方政府所在地区的收入水平决定了地方政府财政收入或税收基数的大小，也决定了当地社会公共服务及福利的需求水平，因此对地方政府的偿债能力有着重大影响。

在参考指标上，穆迪选用地区人均 GDP 和全国人均 GDP 的比值来衡量地区收入的相对水平，标普选用地区人均 GDP 这一绝对值来衡量，惠誉则两者兼顾。如果地区人均 GDP 数据无法获取，则可以用全国人均 GDP 代替。

表 3　穆迪和标普收入评价标准

穆迪					
地区人均 GDP/全国人均 GDP（%）	≥120	＜120&≥105	＜105&≥95	＜95&≥80	＜80
等级	1	3	5	7	9
标普					
地区人均 GDP（美元）	＞38,000	27,001～38,000	16,001～27,000	5,500～16,000	＜5,500
等级	1	2	3	4	5

资料来源：联合资信整理。

（2）经济多元化程度

经济多元化程度对于地方政府税收收入的波动性及抗风险能力有着重大影响。一般而言，经济基础较广、多元化程度较高的经济体受到个别行业衰退的影响相对较小，税收的稳定性也更强。

标普通常用某一个行业所贡献的税收或就业占总体的比例来衡量经济多元化程度的高低，如果某一个行业的占比超过 20%，则认为其存在集中度过高的风险，而穆迪和惠誉对于经济多元化程度的评判则主要以定性分析为主。

（3）就业及人口状况

就业及人口状况主要对地方政府的财政支出压力产生影响。如果地方政府所在地区的失业率过高、人口增长过快或人口老龄化程度较高，那么地方政府在医疗、教育及养老支出等方面的压力就会越大，从而对地方政府的财政状况产生不利影响。

3. 财政表现

财政表现反映了地方政府从经常性及投资性活动中获取现金用于偿还债务的能力，也反映了地方政府财政政策的有效性。国际三大评级机构在评价财政表现时均将财政收支余额作为最主要的定量参考指标，此外还考虑财政收支的波动性、现金储备等因素。

和标普及惠誉不同，穆迪将财政表现及债务状况结合起来作为一个重要考虑要素进行评价，其总体占到地方政府个体风险评价30%的权重。

表4 财政表现主要参考因素及评价体系

	标普	穆迪	惠誉
参考因素	经常性收支余额； 总体财政收支余额； 现金储备； 结构性调整； 财政收支的稳定性	经常性收支余额； 利息支出压力； 现金及流动性管理； 债务负担； 债务结构	财政收入来源及稳定性； 财政支出灵活性； 经常性收入和支出的变化趋势； 政府基金及储备水平
评价体系	总体五个等级（1~5）	流动性指标三个等级（1、5、9）； 其他指标五个等级（1、3、5、7、9）	—

资料来源：联合资信整理。

（1）财政余额

对财政盈余的评价一般包括两个维度：经常性收支余额和减去资本性支出净额之后的总体财政收支余额。

经常性收支余额主要考量地方政府用税收、补贴等经常性收入覆盖营运成本及公共服务支出的能力，主要用经常性收支余额和经常性财政收入的比值来衡量。一般而言，这一比值不低于5%的地方政府财政自给的能力较强；介于0%~5%之间的财政自给能力相对较弱，在面对长期经济衰退或外部事件冲击时具有一定的脆弱性；长期为负则意味着地方政府需要长期通过发行债务工具来弥补赤字，也在一定程度上反映出地方政府的税收基数不足以覆盖其服务范围或缺乏解决结构性赤字问题的意愿。

总体财政收支余额反映了地方政府从经常性活动及资本性活动中获得的总体盈余或赤字情况，在以现金为基础的审计体系下通常对应净债务额的增减。由于投资周期和债务水平的限制，地方政府长期实现总体财政收支盈余的情况并不多见，偶尔出现赤字也可以接受，但长期出现赤字则对地方政府的信用状况有负面影响。

表 5　穆迪和标普财政余额评价标准

穆迪					
经常性收支余额/经常性财政收入（%）	≥10	<10&≥5	<5&≥0	<0&≥ −5	< −5
等级	1	3	5	7	9
标普					
	总体财政收支余额/财政收入（%）				
经常性收支余额/经常性财政收入（%）	>0	−5 ~ 0	−10 ~ −5	−15 ~ −10	< −15
>5	1	2	3	4	4
0 ~ 5	2	3	3	4	5
<0	N/A	4	4	5	5

资料来源：联合资信整理。

（2）财政收支的稳定性

财政收支的稳定性主要考量财政收入和财政支出的波动性、多样性、灵活性、可预测性等方面。一般而言，税收收入占经常性财政收入的比值越高，地方政府的财政收入稳定性越强；经常性支出占财政支出总额的比值越低，地方政府的财政支出灵活性越强。

（3）现金储备

现金储备可以在地方政府财政收入或支出出现较大波动时起到一定的缓冲作用，主要用于弥补财政赤字。现金储备水平是否合理并没有一个明确的标准可以衡量，其主要取决于经济或税基集中度、收支波动性及地方政府调节财政收支的灵活度。如果地方政府长期持有现金储备，且有固定的收入机制及严格的支出限制，则有助于其财政表现评价的提升。

4. 债务状况

债务状况是决定地方政府信用水平的重要因素之一，国际三大评级机构在对债务状况进行评价时选用的参考因素和指标也大致相同，主要参考债务负担水平，此外还考虑利息支出压力、债务结构、养老金负担及或有负债等因素。

表 6　债务状况主要参考因素及评价体系

	标普	穆迪	惠誉
参考因素	债务负担； 利息支出压力； 利率风险； 货币风险； 非传统金融工具的使用； 债务期限结构； 其他长期债务（主要为养老金负担）	经常性收支余额； 利息支出压力； 现金及流动性管理； 债务负担； 债务结构	债务负担及债务可持续性； 债务结构（期限、利率、货币结构等）； 金融衍生工具的使用； 或有负债及养老金负担

续表

	标普	穆迪	惠誉
评价体系	总体五个等级（1～5）	流动性指标三个等级（1、5、9）； 其他指标五个等级（1、3、5、7、9）	—

资料来源：联合资信整理。

（1）债务负担

债务负担和地方政府信用状况之间并不存在简单的线性关系，信用等级较高的地方政府通常有着更好的流动性、更稳定的财政收支结构及更强的财政灵活性，因此可以承受更重的债务负担。但在同等情况下，债务负担越重的地方政府信用状况越差。

国际三大评级机构在具体指标选择上差别较大：标普主要参考税收支持债务和经常性财政收入的比值，同时用利息支出和经常性财政收入的比值与其构成矩阵，得到地方政府债务状况的初始评价；穆迪主要参考债务净额和经常性财政收入的比值，且所参考的债务包括了直接债务和间接债务；惠誉则参考直接债务和经常性财政收入、经常性财政收支余额等多个比值。

表 7　穆迪和标普债务负担评价标准

穆迪					
债务净额/经常性财政收入（%）	≤35	＞35&≤65	＞65&≤100	＞100&≤200	＞200
等级	1	3	5	7	9
标普					
	税收支持债务/经常性财政收入（%）				
利息支出/财政收入（%）	＜30	30～60	61～120	121～180	＞180
＜5	1	2	3	4	5
5～9	2	3	4	4	5
＞9	3	4	5	5	5

资料来源：联合资信整理。

（2）利息支出压力

利息支出压力一般用利息支出和经常性财政收入的比值来衡量，以此反映地方政府债务的可持续性。利息支出压力较大的地方政府将财政收入用于项目支出等其他方面的空间较小，债务风险也相对较高。一般而言，利息支出和经常性财政收入的比值在5%以内相对较为合理。

（3）债务结构

债务结构分析包括债务的期限结构、利率结构、货币结构等多个方面。一般而言，债务平均到期期限较长、固定利率债务及本币债务占比较高的地方政府债务结构更加合理，在面对市场波动时受到的影响也相对较小。

（4）养老金负担及或有负债

养老金负担对地方政府信用状况的影响取决于当地养老金方案的类型、当地的人口结构及对未来养老金负担的覆盖程度等因素。标普在养老金缺口达到地方政府经常性财政收入50%以上时会对其债务状况评价进行下调，如果地方政府对于解决养老金缺口问题毫无计划，其下调程度可以最高达到2分。

和穆迪及惠誉不同，标普将或有负债作为独立的考量要素而非作为财政或债务状况评价的一部分，在地方政府个体评价中占10%的权重。地方政府的或有负债主要来源于政府关联机构、政府担保、PPP项目、资产证券化、诉讼等方面。对或有负债的评价主要衡量地方政府表外负债的规模及影响程度，以及这些负债是否会对地方政府中长期内的偿债能力产生影响。标普对或有负债的评价主要为定性评价，其将或有负债的评价分为1～5个等级，如果源自政府关联机构的或有负债和地方政府经常性财政收入的比值低于20%，且其他方面的或有负债规模较为有限，那么其在或有负债方面的评分就可以达到最高等级。

5. 政府治理及管理

政府治理及管理主要为定性评价，会对决定地方政府信用水平的其他因素产生正面或负面的影响。国际三大评级机构选择的参考因素差别相对较大，但也存在一定的共性。

表8　政府治理及管理主要参考因素及评价体系

	标普	穆迪	惠誉
参考因素	政治及管理能力； 长期财政规划； 财政收支管理； 债务及流动性管理； 政府关联机构管理	风险控制及财政管理； 投资及债务管理； 财政透明性	财政政策； 预算机制； 政治环境； 财政收支限制
评价体系	总体五个等级（1～5）	各项指标均为三个等级（1、5、9）	—

资料来源：联合资信整理。

（1）财政政策及规划

财政政策及规划主要考量地方政府是否具备审慎的财政政策，是否有详细的长期财政规划方案，且其中主要的财政目标及财政收支预测均符合实际，以及能否有效地实现这些财政目标。

（2）财政收支管理

财政收入管理主要考量地方政府对于预算周期的预测、对主要税种的管理及征收情况、财政收入变化原因分析等方面，财政支出管理则主要考量地方政府控制及监督财政支出的机制是否有效，资本支出是否有明确的规划、用途及重点等。

（3）债务管理

债务管理主要考量地方政府在债务管理方面是否有明确的政策及指导方针，是否能够采取审慎的管理政策来减少政府债务所面临的市场波动风险（利率风险、货币风险等）。

（三）评级调整因素

1. 主权上限

国际三大评级机构中只有穆迪将地方政府所在国家的主权评级作为决定地方政府基础信用等级矩阵的一部分，而标普和惠誉都是在得到地方政府基础信用等级后再考虑主权评级对其进行调整。

地方政府一般会受到主权政府融资借贷政策的影响，因此主权政府的决定权会影响到地方政府财政的可预测性，而主权国家遭遇经济或财政危机也会对地方政府的财政产生严重影响，因此地方政府的本币信用等级一般受到主权评级的限制。但国际三大评级机构均认为，在满足一定条件的情况下，地方政府的本币信用等级可以超出主权评级（见表9）。其中，标普对于超出主权评级设定的条件最为苛刻，且还需通过主权违约压力测试；穆迪和惠誉均设置了两个条件，其中最核心的条件在于财政独立。

由于主权国家获取外汇的能力显著强于地方政府，因此通常情况下地方政府的外币信用级别也等于或低于主权评级，但如果该主权国家属于货币联盟成员，地方政府的外币信用级别有可能会高于主权评级。

表9　地方政府信用等级高于主权评级需满足的条件

标普	穆迪	惠誉
完全满足以下三个条件并通过主权违约压力测试：1. 在压力情境下展现出比主权更强的信用特点（如财政收入主要来自于当地，对中央政府依赖程度很低）；2. 制度框架稳定可靠，避免主权干预的负面风险（如财政独立得到了宪法及相关法律的支持）；3. 具备很强的财政灵活性及财政管理的独立性，有能力减小主权干预的负面风险。	完全满足以下两个条件：1. 隔绝市场风险，即地方政府融资需求十分有限或有大量的现金储备可以应对丧失市场融资渠道的情况；2. 财政独立，即地方政府通过宪法或其他形式的保护免予受到主权政府对其财政的干预，或者主权政府的任何措施对于地方政府财政的影响可以轻易地被地方政府高度的财政灵活性所化解。	完全满足以下两个条件：1. 体制认可，即地方政府所在国家的宪法或法律认可其独特地位，在不改变宪法或法律的情况下中央政府很难对其财政进行单边干预；2. 财政独立，即地方政府的征税权、融资及借贷的能力不受主权政府单边决定的影响，且财政收入中绝大多数来源于当地税收及其他收入。

资料来源：联合资信整理。

2. 外部支持

外部支持主要考量指地方政府在遭遇流动性危机时获得上级政府支持可能性及程度。国际三大评级机构对这一因素的评价存在较大差异（见表10）：标普认为，地方政府只有在完全满足六个条件的情况下才能在基础信用等级的基础上提升一个子级；在证实地方政府和提供支持政府之间有着很强违约相关性的基础上，穆迪结合了提供支持政府的信用等级和获取特殊支持的可能性两方面因素，得到地方政府的最终信用等级范围，并由信用评级委员会决定最终的结果；惠誉主要从获取主权政府特殊支持的角度来考虑，并引入了评级下限①的概念。

表 10　外部支持对地方政府信用等级的提升

标普	穆迪	惠誉
在完全满足以下六个条件时，地方政府信用等级可以在基础信用等级上提升一个子级：1. 特殊支持只是暂时性的，其目的主要在于帮助地方政府偿还债务，且建立在持续的系统性支持之上；2. 特殊支持仅在地方政府处于压力情境下提供，且仅限于国内少数几个地方政府；3. 提供支持政府明确表达了其支持意愿，且得到宪法或法律规定的支持，或对类似的持续援助记录；4. 提供支持政府在宪法或法律的支持下有能力及时提供特殊援助；5. 提供支持政府信用评级高于接受支持的地方政府；6. 国内政党意见一致或分歧不会影响到对地方政府的特殊支持。	主要考量三方面因素：1. 提供支持政府的信用等级；2. 地方政府和提供支持政府之间的违约相关性；3. 获取特殊支持的可能性。其中地方政府获取特殊支持的可能性通过打分卡得到，分为五个等级：低（0% ~30%）、中（31% ~50%）、强（51% ~70%）、高（71% ~90%）和很高（90% ~100%）。	主要考量主权对地方政府信用等级的支持作用，地方政府信用等级得到评级下限支持需满足以下条件：有较强的横向（来自同级政府）及纵向（来自中央政府）财政平衡机制，且主权政府对地方政府财政及流动性进行严格控制，获得特殊支持的可能性很高。

资料来源：联合资信整理。

三、小结

结合以上国际经验，国内评级机构在制定外国地方政府信用评级方法时，需注意以下几点：

一是加强对外国地方政府治理结构、财税体系、职能设置等方面的研究，深入了解国外地方政府与国内地方政府存在差异较大的信用特点，并针对这些信用特点来确定评级分析重点；

二是加强对于外国地方政府评级数据及资料的收集，了解各国地方政府在财务审计规则方面存在的差异，确定统一的数据处理规则，并在积累数据的基础上反过来验证地方政府评级的准确性及合理性；

三是加强对于地方政府信用评级和主权评级两者之间关系的研究，是在对地方政府的基础信用状况分析时直接考虑主权评级的影响，还是在考量地方政府的独立信用状况后再结合主权评级因素进行调整，在对这两种方式进行深入探究的基础上确定更为合理的评级思路及框架。

① 评级下限可能是固定的（低于主权评级若干子级）、动态的（低于主权评级若干子级并随主权评级变化而变化）或与主权评级保持一致。

第二章　工商企业

01　国内外评级机构非金融企业评级模型的比较与研究

联合资信　技术创新部　陈茵　李天娇　胡乾慧　孙巧莉　（2019－12）

一、概述

本文主要对国内外评级机构的评级方法和框架进行对比梳理，各评级机构评级方法和模型均采用截至2019年末最新公布的版本。国内评级机构中[①]，除中债资信外，其他机构披露的行业数目均超过了20个。国际三大评级机构方面，标普和惠誉披露了一般性的评级方法，然后再对细分行业指标进行介绍，穆迪披露了各个行业不同的评级方法，本文未对国际三大评级机构具体行业进行列示。

表1　国内外非金融企业评级方法与涉及行业

评级机构	评级模型披露时间	行业数目	行业明细
大公	2019年8月	24	产业投融资控股、城市基础设施建设投融资、出版传媒、电力、电气设备、房地产、纺织服装、钢铁、港口、化工、机械制造、家庭用品制造、建材、建筑、零售、贸易、煤炭、农产品、汽车制造、收费公路、水务、医药制造、有色金属、纸制品
东方金诚	2019年8月	28	城投、传媒、电力、电气设备、房地产、纺织、钢铁、港口、高速公路、化工、机场、建筑、零售、旅游、贸易、煤炭、农林牧渔、汽车整车制造、燃气、食品饮料、水泥、水务、信息技术、一般轻工制造、医药制造、有色金属、造纸和纸制品、重型装备制造业
联合资信	2019年8月	25	城投、出版、电力、房地产、钢铁、港口、航空运输、化工、机场运营、建筑与工程、零售、旅游、贸易、煤炭、汽车制造－乘用车、汽车制造－商用车、石油石化、收费公路、水泥、水务、文化娱乐、一般工商企业、医药制造、有色金属、有线电视

① 由于鹏元披露的最新行业评级方法只有城投行业，标普（中国）与标普全球的框架基本类似，且尚未披露行业评级模型，因此本文未把鹏元和标普（中国）的评级方法纳入比较分析。

续表

评级机构	评级模型披露时间	行业数目	行业明细
上海新世纪	2019年8月	22	电力、电气设备、电子信息制造、房地产开发、纺织服装、钢铁、港口、基础化工、家用电器、建材、建筑施工、零售、煤炭采选、汽车流通、汽车制造、软件、食品饮料、文化传媒、医药制造、有色金属、造纸、装备制造
中诚信	2019年8月	29	玻璃、持有型物业、电力生产、电子信息制造、房地产住宅开发、钢铁、港口、航空运输、化工、化学肥料、环保运营、基础设施投融资、建筑、酒类、零售、煤炭、民用机场、批发贸易、汽车制造、燃气生产和供应、收费公路、水泥、水生产和供应、医药流通、医药制造、饮料乳品、有色金属、造纸、装备
中债资信	2019年8月	13	钢铁、港口、黄金、火电、建筑施工、铝、煤炭、汽车－整车制造、收费公路（平台）、收费公路（运营）、水泥、铜、住宅开发房地产
标普	2019年6月	—	—
穆迪	2019年9月	—	—
惠誉	2019年5月	—	—

资料来源：各家评级机构官网，联合资信整理。

二、国内外评级机构非金融企业的评级框架和模型

（一）评级思路

国际三大评级机构对非金融企业评级的思路较为相似，都是从受评企业的行业风险、经营风险、财务风险、公司组织架构等各方面提取关键的定性和定量风险因素，通过评级模型得到企业初始信用等级，再对模型中不能完全涵盖的影响因素进行定性或定量分析，得到企业最终信用等级。

表2 国际三大评级机构评级思路比较

评级机构	穆迪	标普	惠誉
评级思路	首先披露打分卡因子、选取原因及对应权重（打分卡因子主要涵盖经营和财务两个方面），然后根据因子相应权重获得分值，最后对应打分卡获得相应级别	首先分析公司的经营风险概况和财务风险概况以确定发行人初始信用等级，然后分析六个可调整因素进行级别微调，最后进行政府或集团的持续支持或负面影响分析，得出最终级别	首先根据行业风险确定信用评级的上限，然后分析国家风险，再对业务概况和财务概况进行分析，以确定最终级别

资料来源：穆迪、标普、惠誉官网。

具体来看，标普和惠誉均使用基础评级方法（General Methodology or Criteria），为企业评级提供一般性指导，在此基础上，再根据不同行业的特性分别制定适用于各行业的主体评

级方法。与标普和惠誉不同的是，穆迪不使用基础评级方法，而是针对各行业制定独立的主体评级方法（如表3所示）。

表3 国际三大评级机构评级方法对比

国际三大评级机构	穆迪	标普	惠誉
基础评级方法	无	《Criteria | Corporates | General：Corporate Methodology》	《Corporate Rating Criteria》
行业主体评级方法（以综合油气行业为例）	《Rating Methodology：Integrated Oil and Gas Methodology》	《Criteria | Corporates | Industrials：Key Credit Factors for the Oil and Gas Exploration And Production Industry》	《Sector Navigators（Addendum to the Corporate Rating Criteria）》
行业主体评级方法（以建材行业为例）	《Rating Methodology：Building Materials》	《Criteria | Corporates | Industrials：Key Credit Factors for the Building Materials Industry》	《Sector Navigators（Addendum to the Corporate Rating Criteria）》

资料来源：穆迪、标普、惠誉官网。

国内多数评级机构对非金融企业评级的思路也较为相似，本质上都是围绕经营风险和财务风险综合考察受评企业的个体信用能力评级，再考虑包括外部支持等在内的其他调整因素，综合给出受评企业主体的信用级别。具体来看，各评级机构均针对各行业制定独立的主体评级方法。

表4 国内评级机构评级思路对比

评级机构	中诚信	大公	东方金诚	上海新世纪	中债资信	联合资信
评级框架	主体自身信用风险（经营风险、财务风险）+外部支持	主体自身信用风险（偿债环境、财富创造能力、偿债来源与负债平衡）+调整事项	经营风险+财务风险+定性调整	业务风险+财务风险+外部支持	行业风险+偿债能力（资源配置、债务政策）+偿债意愿（偿债意识、理性决策）+调整项+外部支持	主体自身信用风险（经营风险、财务风险）+定性调整+外部支持

资料来源：各家评级机构官网，联合资信整理。

整体来看，国际和国内评级机构均主要从企业经营风险和财务风险来评价企业的个体信用风险，同时结合一些外部因素进行调整。从形式上来看，多数评级机构均针对具体的行业单独制定评级方法。

（二）评级模型

从评级模型方面来看，国内外评级机构主要采用三种形式（打分表、打分表和矩阵结合、评级指示器）来给出企业的信用级别，详见表5。

表5　国内外评级机构评级模型使用情况对比

评级模型	评级机构
打分表	中诚信、大公、东方金诚、上海新世纪、穆迪
打分表+矩阵	联合资信、中债资信、标普
评级指示器	惠誉

资料来源：各家评级机构官网，联合资信整理。

打分表的通常做法为：首先赋予各评级因素权重，然后通过加权平均获得指标得分，再通过映射获得基准评级结果，最后再通过评级调整及外部支持得到企业的最终评级。

打分表和评级矩阵相结合的方式的通常做法为：（1）在三级指标时会使用打分表获得相应的分值或档位；（2）三级指标的分值得到二级指标和一级指标时选取打分表或矩阵形式；（3）一级指标最后通过矩阵形式得到基准评级；（4）通过评级调整及外部支持得到企业的最终评级。

评级指示器为惠誉专用，其做法为：（1）给出该行业企业的行业风险上限；（2）通过分析二级指标的具体表现获得指标的评级（类似打分表形式）；（3）把二级指标的评级反映在评级指示带上，获得二级指标的“三子级带”（the three - notch wide）①；（4）通过行业风险上限和二级指标的“三子级带”确定最终评级结果（见图1）②。

Diversification

Overall factor assessment	Sub-factors	Sub-factor selected description	Category
a+	Geographic diversification	Revenue base well spread out geographically	a
a	Commercial vs. defence split	Active in both commercial and defence segments, although one dominates	bbb
a−	Programme/product diversification	Active in a large number of programme	a
bbb+	Aftermarket presence	Moderate aftermarket presence	bbb
bbb	Customer concentration (Non-prime suppliers)	Limited exposure to a particular customer, top customer less <10% of revenue and top-five programmes <30% of revenue	a

Source: Fitch, Aerospace and Defence Navigator

① 以“多元化”这一关键因素为例（见图1），图中最左侧列显示多元化这个关键因素整体的三子级带评估，范围为a-级至a+级；第二列显示的是评价多元化指标的二级因子，一般情况下包含五个二级因子；第三列是针对二级因子的描述；最右侧列表示受评企业针对各二级因子的评级结果，二级因子的评估是在简单的评级类别（即“bbb”、“bb”，没有+或-修饰符）中选择。在最右侧各二级因子评级的结果的基础上，平衡每个二级因子的优势、劣势和相对影响程度，得到最左侧列的整体因素评估结果。

② 惠誉指出，评级指示器不使用任何明确的因子权重，主要是因为风险要素的重要性可能会随着时间的推移而迅速变化，或在发行人之间显著不同。因此，我们未能更具体地得知如何获得最终级别。

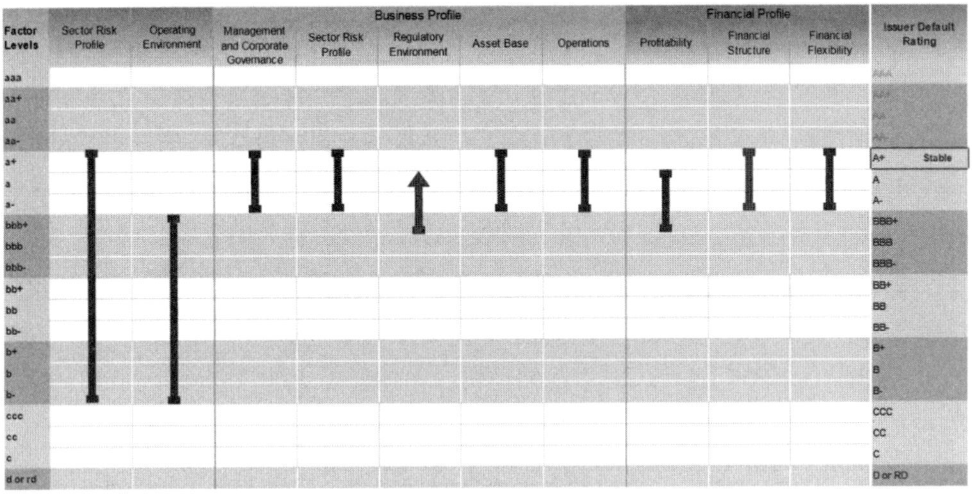

图1　评级指示器示例

（资料来源：惠誉《Corporate Rating Criteria》）

整体来看，国际三大评级机构采用的评级模型形式各不相同，国内多数评级机构（中诚信、大公、东方金诚、上海新世纪）采用和穆迪类似的评级模型（打分表），联合资信和中债资信采用的是和标普类似的评级模型（打分表+矩阵）。

三、评级模型指标选择简略分析

如上文所介绍的，标普和惠誉在使用一般性评级方法的基础上，根据不同行业的特性分别制定适用于各行业的主体评级方法，穆迪直接针对各行业制定独立的主体评级方法。各机构主要包含的指标如表6所示。

表6　国际三大评级机构评级模型指标对比

评级机构	穆迪	标普	惠誉
评级指标	各行业均有不同 以综合油气行业为例，指标包括：规模、竞争地位、盈利和收入（EBIT/平均账面资本和下游行业 EBIT/总吞吐桶量）、财务政策、杠杆和覆盖率（EBIT/利息支出、留存现金流/净负债和债务/账面资本化）、与政府政策目标相关的制约因素	经营风险（行业风险（周期性、竞争性风险和增长）、国家风险、竞争地位） 财务风险（会计和分析调整、现金流和杠杆分析（核心比率、补充比率）） 评级调节器（多元化或组合效应、资本结构、流动性、财务政策、管理与治理以及可比较评级分析）	行业风险 国家风险（消耗并需要不断重新投资运营基础资产、商品价格暴露导致的周期性收益和现金流量风险、地缘政治因素、环境政策风险和由此产生的税费、极端天气对生产和需求的影响、技术开发增强利用新资源和现有资源的能力） 业务概况（管理和公司治理（管理战略、公司治理的结构和质量、与集团结构相关的风险以及财务透明度）、多样化和环境风险、现金流周期、生产规模等） 财务概况（盈利能力、财务结构和财务灵活性）（具体行业可能会有不同）

资料来源：各家评级机构官网，联合资信整理。

具体来看，经营风险方面，穆迪对于企业经营风险因素的选取主要是选取特定的行业因素（如规模、竞争地位、经营概况等）；标普对于企业经营风险因素的选取包含行业风险、国家风险和竞争地位（具体包含竞争优势、规模范围和多样性、运营效率和盈利能力四个方面）因素；惠誉对于企业经营风险因素的选取主要包含管理和公司治理（具体包含管理战略、公司治理的结构和质量、与集团结构相关的风险以及财务透明度的评估四个方面），以及特定行业的关键因素（具体的行业因素选择3~4个关键评级因素）。

财务风险方面，国际三大评级机构对财务风险指标的选取虽各有不同，但多数包含以下四个方面数据：①债务（Debt）；②息税折旧及摊销前利润（EBITDA）；③营运资金（FFO），为EBITDA减净利息费用减去当期税费；④经营活动净现金流（CFO），根据上述四个数据计算得到相关财务指标。

国内评级机构在选取经营风险因素时，普遍把管理和公司治理、特定行业的关键因素、竞争地位等评级因素纳入评级考量范围，基本与国际三大评级机构一致。财务风险因素上，国内外不同机构、不同行业的指标选取差异均较大。国内各家评级机构对财务风险的关注点虽然涉及了现金流量、偿债能力、盈利能力、资本结构、财务信息质量以及财务政策等各项指标，但指标的选取有一定的侧重和区别。

考虑到各机构间经营类指标总体相似，同时以定性为主。而财务指标均可量化，同时国内采用的是同样的会计准则，财务指标具有很强的可比性。本节将专注于从全行业综合层面整体分析国内评级机构在财务指标选取上的偏好，以了解最受欢迎的财务指标；同时，对于重要指标，分析其不同评级机构、不同行业模型中的重要性是否存在差异。

（一）指标选取偏好

为了观察哪些财务指标最受国内评级机构的欢迎，我们统计了各个指标在各模型中累计出现次数，列出了排名前六的指标，分别为：EBITDA利息保障倍数、资产负债率、EBITDA/全部债务、全部债务资本化比率、营业收入和经营性净现金流/流动负债，出现频率均在80次以上①。

接下来我们将通过比较同一评级机构不同行业选取了哪些相同的财务指标，来观察各家评级机构的财务指标选取的侧重点（即常用哪些共有指标来评估企业的信用风险）。我们将同一机构超过50%以上行业均使用的指标定义为高频指标。

从高频指标覆盖范围来看，大公高频指标主要覆盖企业偿债能力、盈利能力和债务结构三个方面。联合资信高频指标覆盖企业偿债能力、盈利能力、现金流量、资产质量和资本结构五个方面。中诚信覆盖偿债能力和盈利能力两个方面。东方金诚覆盖企业盈利能力、资本结构、资产质量和偿债能力四个方面。中债资信覆盖企业偿债能力、现金流量、盈利能力和资本结构四个方面。上海新世纪覆盖企业偿债能力、资产结构、盈利能力和现金流量四个方面，详见表7。

---

① 我们对于含义相似的指标进行了合并统计，如EBITDA/总债务、EBITDA/刚性债务、总债务/EBITDA、总债务/经调整的EBITDA均统计为一个指标，下同。

表7　国内评级机构评级模型财务高频指标对比

评级机构	大公	联合资信	中诚信	东方金诚	中债资信	上海新世纪
高频指标	经营性净现金流/流动负债	EBITDA 利息倍数	总资本化比率	资产负债率	现金类资产/短期债务	流动比率
	可变现资产/总负债	净资产收益率	EBITDA 利润率	资产总额	EBITDA 利息保障倍数	EBITDA/利息支出
	债务资本比率	利润总额	营业总收入	毛利率	全部债务/EBITDA	资产负债率
	总来源/安全来源	全部债务/EBITDA	总资产收益率	营业总收入	现金收入比	现金比率
	总资产报酬率	全部债务资本化比率	EBITDA 利息保障倍数	经营净现金流/流动负债	资产负债率	总资产报酬率
	EBITDA 利润率	所有者权益	全部债务/EBITDA		总资产报酬率	经营活动现金净流量/流动负债
	营业收入	现金类资产/短期债务			经营活动现金流入/流动负债	营业收入现金率
	EBITDA 利息保障倍数	现金收入比				股东权益与刚性债务比率
	毛利率	资产负债率				毛利率
	短期有息债务/总有息债务	营业利润率				营业收入
	总有息债务/EBITDA	经营现金流动负债比				
	扣非净利润	经营活动现金流量净额				
		全部债务/经营活动现金流量净额				
		资产总额				
		总资产周转次数				
		流动资产占比				
		流动比率				
高频指标数	12	17	6	5	7	10
总指标数	17	24	58	28	45	29
高频指标占比	70.59%	70.83%	10.34%	17.86%	15.56%	34.48%

资料来源：各家评级机构官网，联合资信整理。

（二）指标行业差异性比较

理论上讲，不同行业财务特征各异，即便同一个指标在多个行业使用，但是如果权值不同，也能够体现出行业的差异。本节观察同一评级机构不同行业下的指标权重设置的差异程度并进行机构间比较。我们采用权值离散系数来表征这种行业间的差异。指标权值离散系数定义为该指标在不同行业下的权重数列的标准差/均值，如果指标权值离散度较高，则说明行业差异较大。

首先选择穆迪 27 个行业的打分卡计算其高频指标离散系数。通过表 8 可以看出，穆迪各行业使用的高频指标有 3 个，规模方面主要采用营业收入指标，另外还有两个长期偿债能力指标，指标离散系数集中在 30% 左右，较为均衡。

表 8　穆迪 27 个行业评级模型财务高频指标离散系数　　单位：次、%

指标名称	使用频次	离散系数
营业收入（营业总收入）	25	34.90
EBITDA 利息保障倍数	18	34.13
EBITDA 全部债务比	24	29.34

资料来源：穆迪官网，联合资信整理。

国内评级机构方面，我们对各评级机构财务指标做了如下处理①：（1）由于大公和中债资信未披露三级指标权重，不纳入此次对比；（2）采用矩阵方式的模型无须设置权重，联合资信未纳入此次对比；（3）财务指标权重之和为 100%。

从国内机构指标权重的离散系数来看，上海新世纪行业差异整体较大，主要体现在规模、盈利能力指标方面。东方金诚各指标权重的行业差异表现均衡，集中在 35% 左右，和穆迪较为接近。中诚信指标权重的离散系数略微偏低。

表 9　国内评级机构评级模型指标变异系数　　单位：次、%

指标名称	中诚信		上海新世纪		东方金诚	
	使用频次	离散系数	使用频次	离散系数	使用频次	离散系数
资产总额	—	—	—	—	24	20.48
营业收入	17	27.98	14	43.10	27	34.99
毛利率	—	—	14	45.25	20	33.84
资产负债率	—	—	21	26.96	27	36.61
全部债务资本化比率	25	30.92	14	27.48	—	—
EBITDA 利息保障倍数	16	32.10	21	36.41	14	34.10
EBITDA/全部债务	24	51.88	—	—	—	—
现金短期债务比	—	—	20	30.67	—	—
经营性净现金流/流动负债	—	—	15	42.44	16	47.24

注：指标使用频次低于 10 次，不予计算。

资料来源：各家评级机构官网，联合资信整理。

① 下文涉及权重分析时均采用上述处理方法，此处理有一定的主观性，不排除对结果分析产生一定的影响。

四、行业评级模型指标及权重详细对比分析（以房地产行业为例）

本节通过比较某一具体行业下不同评级机构指标的异同，来观察各家评级机构在该行业下构建评级模型的思路。考虑到房地产行业作为债券市场中关注度较高的行业，国内外各家评级机构均披露了此行业评级方法，我们特以该行业为分析示例。

（一）指标选取

1. 非财务指标分析

穆迪使用的非财务指标主要包括业务状况和财务政策。业务状况是在定性的基础上进行评估的，包括对经营状况的广泛评估、业务和收购策略、产品组合、地理多样性和执行能力。穆迪特别强调在评估中国房地产开发商的评级时，业务概况是一个需要考虑的重要因素。中国住宅地产行业受到政府的高度监管，这将影响开发商的销售业绩及其财务和流动性状况。但影响的程度会因各公司的经营领域和产品组合而不同。中国政府的主要目标控制措施是抑制投机性投资，并确保房地产市场活动不会给政府或国家经济造成不稳定。因此，经营策略以最终用户需求为重点的房地产公司更不易受到政府对投机活动控制的影响。财务政策主要指管理层和董事会对财务风险的容忍度，以判断风险偏好以及公司资本结构未来可能的方向。

标普使用更多非财务指标包含在国家风险、行业风险和竞争地位的分析中。其中行业风险主要考虑行业的周期性、行业进入壁垒、行业利润率水平和趋势、产品服务和技术的可替代风险以及行业的增长性。竞争地位分析中的非财务指标主要包括企业的竞争优势、规模、范围和多样性、运行效率。

惠誉使用的非财务指标主要包括市场地位、品牌认可度、历史业绩、土地储备的质量、区域多样性、融资途径、商业地产开发占比、财务政策和土地收购政策。

国内评级机构中，中诚信和东方金诚使用的非财务指标较少。中诚信考虑的非财务指标为土地储备，重点关注土地储备的分布区域、区域房地产市场的未来发展前景和已获得土地储备的平均成本。东方金诚考虑的非财务指标为企业的多样性，主要包括区域多样性和业态多样性。

大公、上海新世纪和联合资信考虑的非财务指标相对较多，意义较为相近，宏观、行业、区域、土地储备均在考虑范围内。上海新世纪在定性分析中还会考虑会计政策和会计信息质量，大公会考虑房地产企业的开发模式，如去化能力、招商能力。

中债资信使用的非财务指标包括核心开发区域景气度、优质项目占比、已完工项目去化率、在建项目去化率、项目安全边际、优质项目土地储备占比。中债资信单独评估房地产企业的商业地产板块经营情况，包括商业地产收入规模、区域景气度、物业质量。物业质量分为三个角度：物业出租率、租金水平和投资回收期限。

整体来看，各家评级机构在非财务指标上各有一定的特点。我们注意到多家评级机构（如穆迪、惠誉、中诚信、东方金诚和中债资信）在模型中未考虑宏观和行业，更多地放在企业运营上。另外，惠誉和中债资信均考虑到了房地产企业的商业地产板块（尽管考虑的要素的不同)。目前随着行业发展，越来越多的房地产企业开始进入商业地产方向，商业地产板块的运营可能影响企业的信用质量。

2. 财务指标分析

财务指标方面，国内外各评级机构差异较大。总体来看，东方金诚、中诚信、中债资信以及国际三大评级机构使用的财务指标数量相对较少，平均为7个左右。

表10　国内外评级机构评级模型财务指标个数——房地产行业

评级机构	财务指标个数
联合资信	16
上海新世纪	13
大公	13
中债资信	10
中诚信	9
东方金诚	8
标普	7~8
惠誉	6
穆迪	4

资料来源：各家评级机构官网，联合资信整理。

我们对国内各家评级机构所使用的高频财务指标进行了归纳汇总，具体如表11所示。

表11　国内评级机构评级模型高频财务指标——房地产行业

高频使用的财务指标
营业收入
总资产
EBITDA 利息保障倍数
净资产收益率
全部债务资本化比率
全部债务/EBITDA
合同销售金额
存货周转率
毛利率

资料来源：各家评级机构官网，联合资信整理。

国际三大评级机构在评级模型中使用了各自较具特色的财务指标，详见表12。例如，标普突出现金流/杠杆分析，穆迪利用减值前的毛利润率评估房地产企业的盈利能力和效率，惠誉将调整后的存货定义为“存货+预付土地保费存款+投资性房地产+应收联合营企业款项-应付联合营企业款项-预收款项”，并在经调整的存货基础上考虑房地产企业的运营效率和财务结构。此外，穆迪还指出虽然分析侧重于打分卡中包含的财务指标，但其他财务指标也非常重要，特别是当其变化不同寻常或显著异于同行公司时。例如，有形资产净值不包括在打分卡上，但通常可以提供额外的分析洞察。

表 12　国际三大评级机构评级模型中的财务指标——房地产行业

标普	穆迪	惠誉
EBITDA 资本收益率（ROC） FFO/债务 EBITDA/债务 CFO/债务 FOCF/债务 DCF/债务 FFO+利息支出/现金支付的利息 EBITDA 利息保障倍数 债务/（债务+净资产）	营业收入 减值前毛利润率 EBIT 利息倍数 收入/债务（高增长市场） HB 和 PD 债务总额资本化（标准市场）	合同销售额 合同销售额/总债务 合同销售额/经调整存货 EBITDA 利润率 净债务/经调整存货 融资利率

注：1. 该表中标普和穆迪评级方法适用于全球住宅和房地产开发行业，惠誉评级方法适用于中国房地产开发商；
　　2. 穆迪将中国房地产市场定义为高增长市场类型。

资料来源：各家评级机构官网，联合资信整理。

（二）指标阈值设置及得分映射

指标阈值设置也是评级模型中非常重要的一项内容，下面我们以房地产行业营业收入指标为例，来观察下各评级机构对该指标阈值设置的标准。

从表 13 可以看出，联合资信和东方金诚的得分设置是离散值，每个区间对应一个得分或档位，而上海新世纪和大公评级机构的得分设置是连续值，即每个区间对应一段得分。

表 13　国内外评级机构“营业收入”阈值指标对比——房地产行业

联合资信		上海新世纪		大公		东方金诚		穆迪	
得分	阈值	得分	阈值	得分	阈值	得分	阈值	得分	阈值
7	≥300	100	≥300	7	≥1000	一档	>500	Aaa	≥50
6	[150，300)	80~100	[50，300)	[6，7)	[400，1000)	二档	(250，500]	Aa	30~50
5	[100，150)	60~80	[10，50)	[5，6)	[200，400)	三档	(100，250]	A	15~30
4	[50，100)	40~60	[5，10)	[4，5)	[100，200)	四档	(40，100]	Baa	5~15
3	[30，50)	20~40	[1，5)	[3，4)	[50，100)	五档	(10，40]	Ba	1.5~5
2	[10，30)	20	<1	[2，3)	[30，50)	六档	(3，10]	B	0.5~1.5
1	<10			[1，2)	[0，30)	七档	(1，3]	Caa	0.2~0.5
						八档	(0，1]	Ca	<0.2

注：1. 国内评级机构的阈值单位均为亿元，穆迪的阈值单位为亿美元；2. 穆迪指标阈值仅做列示，由于单位不一致，暂不纳入比较。

资料来源：各家评级机构官网，联合资信整理。

（三）经营指标与财务指标权重[①]

通过对四家评级机构（东方金诚、上海新世纪、大公、中诚信）[②] 在评价房地产行业时所选取的经营指标权重和财务指标权重进行分析对比，我们发现，大公在房地产行业评级模型中所使用的经营指标权重/财务指标权重最大（50/50），上海新世纪第二（47/53），其次是东方金诚（20/80），中诚信最小（15/85）。

可以看到，大公和新世纪在考量房地产行业的信用风险时对于经营和财务指标均较为看重，而中诚信和东方金诚则更侧重使用财务指标考量房地产行业的信用风险。

更进一步，为了观察不同行业的差别，我们还随机选取了钢铁行业和零售行业进行对比。对于钢铁行业经营和财务指标权重对比，上海新世纪、大公、中诚信和东方金诚的比重分别为52/48、50/50、35/65、35/65；对于零售行业经营和财务指标权重对比，上海新世纪、大公、中诚信和东方金诚的比重分别为42/58、50/50、20/80、10/90。

整体来看，大公和新世纪在评价企业的信用风险时，对经营风险和财务风险的权重设置较为均衡，而中诚信和东方金诚则更侧重财务风险。

五、评级调整项和外部支持项分析

（一）国际三大评级机构评级调整项和外部支持项分析

指标方面，穆迪在各个行业评级方法中均披露了主要的评级调整指标，标普在基础评级方法中也披露了主要的评级调整指标，惠誉未在基础基础评级方法中披露评级调整指标。具体来看，穆迪评级调整因素主要包括与政府政策目标相关的制约因素、管理层素质、公司治理、财务控制、流动性管理、突发事件风险和季节性的评估等。标普评级调整因素包括多元化或组合效应、资本结构、财务政策、流动性、公司治理和可比较评级这六个评级调整指标。

调整规则方面，国际三大评级机构中，穆迪和惠誉均未披露各个调整指标具体调整规则，标普则公布了具体的评级调整矩阵。以标普的评级调整项“资本结构”为例，评级调整矩阵详见表14。需要指出的是，标普并未规定各个评级调整项总的调整级别档不能超过几个级别。

① 由于中国企业有其独特特征，在指标权重上国内评级机构的实践经验可能更适用，且国内遵循相同的会计准则，因此本小节未把国际三大评级机构的指标权重纳入对比。

② 联合资信和中债资信采用的是矩阵形式得出基础评级，因此不纳入此次对比；大公虽未披露三级指标权重，但披露了二级指标和一级指标权重，因此可以纳入此次比较范围。

表 14　标普资本结构级别调整矩阵

Modifier Step 2：Impact of Remaining Modifier Factors On The Anchor				
		—Anchor range—		
	‘a’ and higher	‘bbb +’ to ‘bbb –’	‘bb +’ to ‘bb –’	‘b +’ and lower
Factor/Assessment Capital structure (see Sectiong G)				
1 (very positive)	2 notches	2 notches	2 notches	2 notches
2 (positive)	1 notch	1 notch	1 notch	1 notch
3 (Neutral)	0 notches	0 notches	0 notches	0 notches
4 (Negative)	–1 notch	–1 notch	–1 notch	–1 notch
5 (Very negative)	–2 or more notches	–2 or more notches	–2 or more notches	–2 or more notches

资料来源：标普官网。

与评级调整因素类似，穆迪和惠誉也未披露外部支持的明确矩阵，而标普对政府相关实体（GRE）和集团评级的外部支持有不同的框架，其中对 GRE 有详细的调整矩阵。具体而言，标普通过 GRE 的重要性和与政府之间关系两个维度来判断其获取政府支持的可能性（分为“几乎确定”、“极高”、“很高”、“高”、“较高”、“一般”和“低”七个等级），除“几乎确定”和“低”外的五个等级设有不同的矩阵来得到 GRE 的主体信用评级。

表 15　标普外部支持框架

—Government's local currency rating—																
SACP	AAA	AA +	AA	AA –	A +	A	A –	BBB +	BBB	BBB –	BB +	BB	BB –	B +	B	B –
aaa	AAA															
aa +	AAA	AA +														
aa	AAA	AA +	AA													
aa –	AAA	AA +	AA	AA –												
a +	AA +	AA	AA	AA –	A +											
a	AA +	AA	AA –	AA –	A +	A										
a –	AA +	AA	AA –	A +	A	A	A –									
bbb +	AA +	AA	AA –	A +	A	A –	A –	BBB +								
bbb	AA +	AA	AA –	A +	A	A –	BBB +	BBB +	BBB							
bbb –	AA +	AA	AA –	A +	A	A –	BBB +	BBB	BBB	BBB –						
bb +	AA +	AA	AA –	A +	A	A –	BBB +	BBB	BBB –	BBB –	BB +					
bb	AA	AA –	A +	A +	A	A –	BBB +	BBB	BBB –	BB +	BB	BB				
bb –	AA	AA –	A +	A +	A	A –	BBB +	BBB	BBB –	BB +	BB	BB –	BB –			

续表

—Government's local currency rating—																
b +	AA	AA −	A	A	BBB +	BBB +	BBB	BBB −	BB +	BB	BB	BB −	B +	B +		
b	AA −	A +	A	A	BBB +	BBB +	BBB	BBB −	BB +	BB	BB	BB −	B +	B	B	
b −	AA −	A	A	A	BBB	BBB	BBB	BBB −	BB +	BB	BB	BB −	B +	B	B −	B −
ccc +	BBB −	BBB −	BBB −	BBB −	BBB −	BBB −	BBB −	BB +	BB	BB −	B +	B +	B	B −	B −	*
ccc	BB +	BB +	BB +	BB +	BB +	BB +	BB +	BB	BB	BB −	B +	B +	B	B −	B −	*
ccc −	BB +	BB +	BB +	BB +	BB +	BB +	BB +	BB	BB	BB −	B +	B +	B	B −	B −	*
cc	BB −	BB −	BB −	BB −	BB −	BB −	BB −	B +	B +	B +	B	B	B −	*	*	*

注：标普对于政府支持的调整矩阵共有 5 个，分别对应了提供支持可能性为“极高”、“很高”、“高”、“较高”和“一般”时的调整情况（当支持可能性为“几乎确定”时调整至政府本币信用相同等级或低一个子级，当支持可能性为“低”时则不进行调整），表中只列出了支持可能性为“极高”时的调整矩阵。

资料来源：标普官网。

（二）国内评级机构评级调整项和外部支持项分析

指标方面，国内各家评级机构均披露了主要的评级调整项和外部支持项指标，具体如表 16 所示。总体而言，各家机构的调整指标类似，其中大公还关注了绿色因素。

表 16　国内各评级机构评级调整项和外部支持项指标概况

	中诚信	大公	东方金诚	上海新世纪	中债资信	联合资信
评级调整项	公司治理、会计标准和报表质量、流动性管理、行业特殊性（政策支持力度和行业发展模式）、企业特殊事件等	可比性调整（公司治理、管理素质、风险管理与内部控制、财务政策和财务信息质量、债务履约情况）、绿色因素（制定了是否符合本行业的绿色金融政策、企业政策执行或制定的严谨度、绿色成本投入、绿色效益产出）	财务信息质量、公司治理、流动性	正面（连续及持续的重大亏损、财务杠杆持续高企并对信用质量有实质影响、流动性风险异常突出、环保、品控等重大事件性风险等）、负面（连续及持续的重大亏损、财务杠杆持续高企并对信用质量有实质影响、流动性风险异常突出、环保、品控等重大事件性风险等）	公司治理与管理、流动性、偿债意愿、大数据调整因子	不良信用记录、表外重要风险和未来重大不利事项等
外部支持项	股东实力和其对企业支持可能性、支持政府实力和支持可能性	支持机构的支持能力和支持意愿	政府支持、股东支持	政府支持、股东或母公司支持、其他支持	政府支持、股东支持	政府支持、股东支持

资料来源：各家评级机构官网，联合资信整理。

调整规则方面，东方金诚、大公和中债资信公布了详细的评级调整规则。具体来看，东方金诚的评级调整项和外部支持项下各种情况对应的是具体的级别档位；大公的评级调整项和外部支持项下各种情况对应的是分数区间；中债资信则是针对每个调整项单独披露了一个文件来进行详细的解释说明，且在文件中披露了各个评级调整项下的各种情况所对应的调整方式，包括列入负面信用观察名单、调整子级、级别上限（原则上在BB级及以下）等多种情形，同时有些调整项还规定了最大的级别调整幅度。

02　国内外评级机构一般工商企业信用评级方法的比较与研究

联合评级　工商一部　唐玉丽　蒲雅修　（2018－09）

一、概述

本文梳理了国内外评级机构对于工商企业的评级方法，重点从评级分析的逻辑框架、主体评级主要关注要素及债券评级中违约回收率模型几方面进行对比和综述。

二、国际三大评级机构对工商企业评级方法的比较

国际三大评级机构对工商企业评级的整体逻辑框架基本一致，大致都遵循宏观与微观结合、定性分析与定量分析结合、历史分析与预测分析结合、个体评级与支持评级结合、基础评级与风险调整结合的原则，主要从运营环境考察宏观层面，从管理与战略、风险管理、业务经营、财务状况等方面考察公司自身实力，从股东背景、政府支持等方面考察外部支持情况，在考虑其他风险调整事项等的基础上，综合确定公司主体级别；并在主体级别的基础上，通过相关测算模型确定债项级别。

表1　国际三大评级机构工商企业的评级要素比较

机构	标普	惠誉	穆迪 （以采矿行业为例）
主体评级要素	• 定性 国家风险 行业风险 周期性 资本密集程度 革新变化 竞争地位 持续性 市场份额	• 定性 行业风险 区域风险 管理策略/公司治理 集团架构 经营状况	• 定性—40% 规模（20%） 纳税规模 经营情况（20%） 成本控制能力 产品或者矿产的种类 终端市场覆盖和服务能力 地理位置 经营场所的数量

续表

机构	标普	惠誉	穆迪 （以采矿行业为例）
主体评级要素	• 定性 多元化 业务规模 盈利能力及同行业比较 管理层评价 • 定量 公司治理、风险容忍度和财务政策 会计和财务报告体系 流动性分析 现金为王 其他内部流动性来源 剥离现金流为负的业务 外部流动性来源 银行授信额度 借债条款及触发机制 发行权益工具 资本结构 其他事项 诉讼 担保 突发事项 • 外部支持 • 调整因素 常规调整 行业调整 非标准化调整	• 定量 现金流和盈利能力 财务结构 财务灵活性	• 定量—60% 盈利能力和经营效率(15%) EBITDA（10%） 有形资产平均收益率（5%） 杠杆比率和覆盖倍数(35%) EBITDA 利息倍数（7.5%） 全部债务/EBITDA（15%） 全部债务/全部资本（5%） (经营现金－利息支出) 全部债务（7.5%） 财务政策（10%）
债项评级方法	根据违约回收率级别，在主体级别基础上进行调整而得出债项级别	根据违约回收率级别，在主体级别基础上进行调整而得出债项级别	事先设定好违约概率及违约损失率，并由此计算出预期损失率，再按照计算出的预期损失率对应的主体级别调整表，对主体级别进行调整，最终得出债项级别

资料来源：联合评级整理。

（一）主体评级

1. 标普

（1）主体评级方法

标普的主体评级重点放在通过用定性和定量的方法来测算评级对象未来现金流的水平和持续性。每个考量因素的分析结果在标普的打分表里被分成了 1～6 个等级，等级越高，风险越大。

定性分析方面，标普的主体评级要素包含的因素比较多，例如国家风险、行业特征、个体因素、发展战略、管理水平、财务政策、风控措施、抗风险能力等。

国家风险因素主要包括经济环境风险、政府治理风险、金融系统风险、法律风险以及债务偿还惯例等。一个国家的主权评级水平可以从一个侧面反映出这个国家的风险程度。一般情况下，一国的主权评级可以代表该国企业面临的国家风险水平，但是如果评级对象的业务分布于多个国家，该企业面临的国家风险水平就是这些国家主权评级的加权平均水平。国家风险在标普的打分表里被分成了1～6个等级，等级越高，风险越大。

行业风险因素主要包括行业的发展前景、行业波动性、技术革新速度、竞争程度以及行业发展周期水平。标普特别重视评级对象所处行业的周期性分析，因为历史评级反映出，一个行业的周期性程度与行业内企业的收益和盈利能力密切相关。竞争程度一般从行业进出壁垒、行业利润水平及发展趋势、行业产品、服务及技术的可替代性、行业整体发展趋势几个方面考量。

个体因素方面，标普主要考察因素包括产品和服务的多样化、经营效率和竞争地位等。其中，特别重视竞争地位分析，一般从业务规模和范围、业务和产品多样性、经营效率以及盈利能力来判断评级对象的竞争地位。

定量分析主要集中于财务分析和会计政策。一般来说，财务分析的重点包括盈利能力、杠杆水平、现金流充沛性、资产流动性以及财务灵活性。其中现金流水平是分析重点。标普会测算评级对象在不同情形下的现金流水平，比如职工工资变化前后、有重大资本支出前后、支付股利前后其现金流水平分别是什么情况。并且，根据评级对象所处国家、行业及个体经营情况的不同，标普会调整对各评级对象的现金流水平要求的标准。最主要的考察指标包括经营现金流/全部债务（FFO[①]/DEBT）、全部债务/EBITDA（DEBT/EBITDA）。

经过定性和定量分析级别映射表，标普得出主体初步级别，然后再结合资本结构、财务政策、流动性、公司管理和治理、比较分析结果等调整项，对初步结果进行调整，然后考虑集团及政府等外部支持因素，最终得出评级对象的主体级别。

表2　标普主体评级方法中的业务——财务矩阵级别映射表

Business risk profile	—Financial risk profile					
	1（minimal）	2（modest）	3（intermediate）	4（significant）	5（aggressive）	6（highly leveraged）
1（excellent）	aaa/aa+	aa	a+/a	a-	bbb	bbb-/bb+
2（strong）	aa/aa-	a+/a	a-/bbb+	bbb	bb+	bb
3（satisfactory）	a/a-	bbb+	bbb/bbb-	bbb-/bb+	bb	b+
4（fair）	bbb/bbb-	bbb-	bb+	bb	bb-	b

① FFO（funds from operations）=EBITDA－净利息支出－所得税支出。

续表

Business risk profile	—Financial risk profile					
	1 (minimal)	2 (modest)	3 (intermediate)	4 (significant)	5 (aggressive)	6 (highly leveraged)
5 (weak)	bb +	bb +	bb	bb -	b +	b/b -
6 (vulnerable)	bb -	bb -	bb -/b +	b +	b	b -

资料来源：How Standard & Poor's Rates Nonfinancial Corporate Entities。

(2) 资产流动性

标普认为一个看似经营健康的企业如果在资产流动性方面出了问题，也会导致违约，因此其特别注重资产流动性评价。资产流动性评价的因素主要包括：现金来源及使用情况、EBITDA、银行授信情况、信用市场中所处的位置、风控措施的审慎性等。资产流动性的考量周期是未来12个月及以上。标普将资产流动性划分为五个级别，非常好、好、良好、一般和较差。BBB-级及以上级别的企业的资产流动性就属于良好及以上的水平。

测量资产流动性的公式主要有两个：

①A/B法——Liquidity sources (A) divided by uses (B)

②A-B法——Liquidity sources (A) minus uses (B)

公式中，流动性来源主要包括：现金和短期投资、未来经营现金流（正的）、未来资本流入、资产出售资金、未来12个月可用银行授信等；流动性消耗主要包括：未来经营现金流（负的）、未来资本流出、到期债务、职工退休金等。

表3 标普流动性分析判断主要标准表

非常好（几乎没有）	A/B of 2x or more projected each year over the next two years.
	Positive A - B, even if forecasted EBITDA were to decline by 50%.
好	A/B for the upcoming 12 months of 1.5x or more and remaining above 1.0x over the subsequent 12 - month period.
	Positive A - B, even if forecasted EBITDA declines by 30%
良好	A/B of 1.2x or more over the upcoming 12 months. In particular, any upcoming debt maturities should be manageable.
	Positive A - B, even if forecasted EBITDA declines by 15%
一般	A/B of less than 1.2x over the next 12 months. This level offers scant protection against unexpected adverse developments.
	A - B of about zero or below.
差	A/B or A - B reflecting a material deficit over the next 12 months.

资料来源：Liquidity Descriptors For Global Corporate Issuers。

2. 惠誉

惠誉的评级预测周期是构成评级对象的一个典型的经济周期的三到五年，通常使用和考虑评级对象过去至少三年的经营和财务数据。惠誉很重视对评级对象进行可比性分析，即通过对该评级对象所属行业与（或）评级分类中的同类企业相关的情况进行比较，对评级对象级别进行判断。在惠誉的评级体系中，同行业的不同个体之间、同一个体在不同时间点上的定性和定量因素的加权值都不一样。一般情况下，显著的较弱的因素往往会被赋予更大权重。

定性分析方面，惠誉主要评级因素包括行业风险、区域风险、公司管理战略和公司治理、所有权和集团因素及经营情况。行业风险方面，惠誉认为处于衰退期、竞争激烈、资本密集、周期性或波动性的行业的内在风险要显著高于竞争对手少、进入壁垒高、国家主导和需求可测的稳定行业。考虑到行业的产能过剩会直接导致价格压力，削弱企业盈利能力，惠誉把评级对象所在的行业所处周期以及产品的成熟度作为行业风险分析的重要考量因素。惠誉会对不同行业设置级别区间，即使某个行业内的某个企业财务和经营表现要明显高于一般水准，都不太可能获得高于相关行业评级范围上限两个等级的级别。而且，对于某些风险较高的行业，例如航运行业的企业即使财务表现非常保守，也不太可能获得 AAA 级的最高评级。区域风险方面，惠誉主要考察运营环境及转让和折算风险。对于运营环境，惠誉认为，运营环境是一个非对称的考虑因素，因为无论是在最适宜还是较为恶劣的环境，公司都能成功；但是一个高风险的环境会约束公司的潜力。因此，在大多数情况下，运营环境对信用级别并不是一个正面的增量因素。公司管理战略和公司治理方面，对于管理战略，惠誉从是否能创造健康的业务组合的能力、能否保持经营效率、能否加强评级对象的市场地位几方面考量管理战略的优劣。对于公司治理，惠誉主要考察是否存在管理层侵占股东或债权人权益和大股东侵占小股东或债权人权益的现象。经营情况方面，惠誉主要考察评级对象在关键市场中的地位、产品的主导地位、影响价格的能力、产品的多样性、销售区域的扩大、主要客户和供应商的多样化以及成本的控制能力。如果评级对象的规模对其在经营效率、财务灵活性和竞争地位方面都有重大的影响，那么公司规模可以列为评级因素。但是，公司规模并不意味着高级别。例如，在大宗商品行业，由于单一参与者不太可能影响全球商品价格水平，所以对该行业来说，规模远不如成本控制能力重要。

定量分析方面，惠誉主要考察评级对象的财务状况及其利用内部和外部资源来偿还债务的能力，该评估一方面是从实际历史数据出发，但更重要的是对评级对象未来偿债能力和筹资能力进行预测，一般这种预测周期是不少于未来 12 个月。

3. 穆迪

穆迪对工商企业的主体评级通过对业务和财务状况的定性和定量特征，以及其经营环境的评估来考察评级对象。业务分析方面主要考察市场地位与品牌、销售渠道、产品重心与多样化等。财务状况分析重点关注长期和短期的财务实力，主要考察资产质量、资本充足性、盈利能力、流动性及财务灵活性等因素。其他影响评级的因素主要是公司治理和风险管理、会计政策和信息披露、外部支持等。

穆迪的评级最大的特点是针对每个行业都有级别映射表，级别映射表中对于每个评级因素的权重都设置得很清楚，评级步骤大致是先通过级别映射表对财务和业务的基本定量指标进行打分，再结合公司治理、流动性管理、外部支持、突发事件、季节性因素等定性的指标，通过级别映射的方式作出最终评级。

以矿产资源企业为例，定性因素占比 40%，其中规模因素占比 20%、经营情况占比 20%，定量因素占比 60%，盈利能力和经营效率占比 15%、杠杆比率和覆盖倍数占比 35%、财务政策占比 10%。

（二）长期债项评级

标普和惠誉的长期债项评级方法类似，都主要是根据违约回收率情况在主体评级基础上进行调整而得出的。根据债券回收情况的不同，债项评级有可能高于、低于或者等于主体评级。而穆迪的长期债项评级是在主体评级的基础上，以预期损失率（预期损失率 = 违约概率 × 违约损失率）作为衡量标准得出的，其债项评级一般不高于主体评级。

1. 标普

标普的投机级别企业回收率分析法的适用范围是主体级别 BB + 级及以下级别的情况，测算的是从假设的违约情形发生到企业破产期间能够回收的本息的百分比。标普的债项评级采取“六步法”。

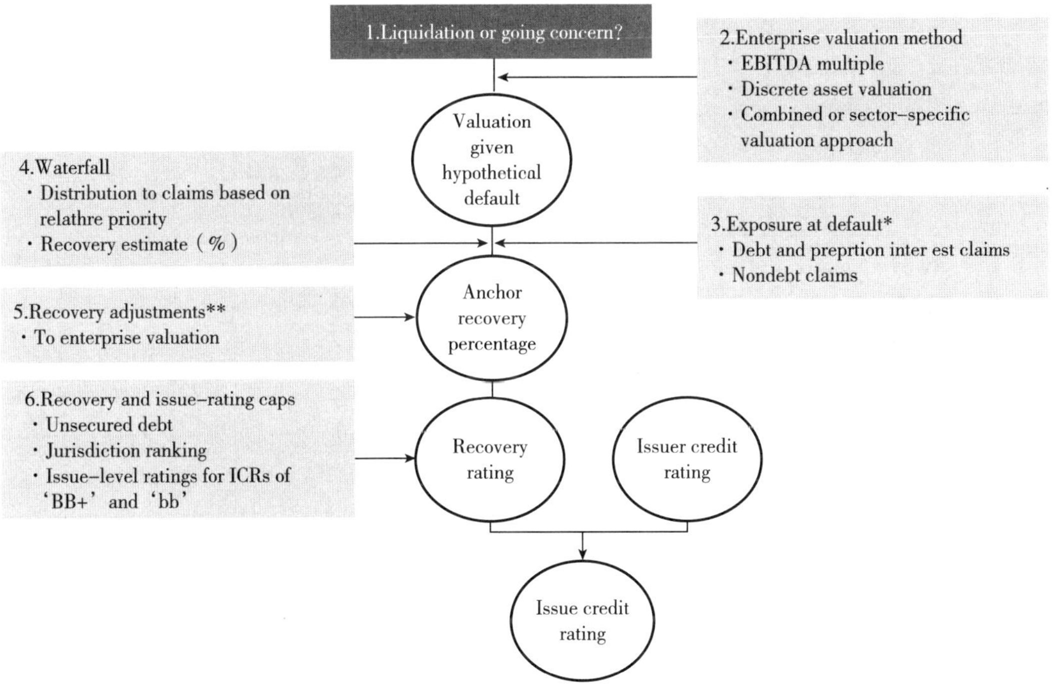

*Under the EBITDA multiple valuation appcoach the debt and nondebt claims need to be cakulated to detenmine the appcopriate EBITDA, as interest expenses are part of the default EBITDA proxy(also known as the fixed-charge proxy cakulation).

**Any recovery adjustment leads to a re-run of Steps 2 and 4 and results in an adjusted recovery percentage.

© 2016 Standard & Pear's Financial Services LLC. All rights reserved.

图 1　标普债项评级步骤图

（资料来源：Recovery Rating Criteria For Speculative - Grade Corporate Issuers）

步骤一：预测企业违约时的经营状况

标普认为企业在假定的违约之后，通常可能有两种结果：第一种，重组并继续经营。大多数违约企业都是这种情况。这时，标普采用 EBITDA 倍数估值方法来进行分析。第二种，进入破产清算。小部分案例将出现这种情况，这时标普采常用单项资产估值方法（DAV approach）进行分析。

步骤二：测算违约时的企业价值（EV）

标普使用三种企业估值方法：1. EBITDA 倍数法；2. 单项资产估值法；3. 其他估值方法，例如特定行业法。

表 4　标普企业估值方法

	EBITDA multiple valuation（EBITDA 倍数法）	Discrete asset valuation（单项资产估值法）	Sector - specific methodology（特定行业法）
适用情形	最常用的方法。常用于假设企业会重组或出售部分资产以继续经营的情况。	用于假设企业违约时进行破产清算的情况。 另外，此方法也适用于：（1）该企业所处的行业是资产密集型的（空运和海运等）；资产占重要地位的（油气设备制造企业）；以交易金融资产为主的金融服务公司。这些行业的企业通常会把关键资产在第二市场中清算，并且它们的资产都可以被独立估值。 （2）DAV 能更好地估计出资产的实现价值的情形，比如企业将特定资产用于融资的情况。	比如对于一些特定的房地产公司以及油气勘探和生产行业。
计算方法	EV = Emergence EBITDA × EBITDA multiple Emergence EBITDA = DefaultEBITDA proxy ×（1 + cyclicality adjustment） EBITDA multiple：根据不同行业设定不同的倍数，范围为 5 ~ 6.5		

资料来源：Recovery Rating Criteria For Speculative - Grade Corporate Issuers。

标普 EBITDA 倍数法中，Default EBITDA proxy 是指企业支付其债务和非债务索赔的最低 EBITDA 值，一般为以下几个值的和：（1）由“假定的违约年限”（即发生违约距离目前的年限，级别越低，年限越短）造成的利息费用；（2）由“假定的违约年限”导致的本金摊销，不高于原有本金的 5%，且不包括一次性付款和期末整付的款项；（3）用于维持企业继续经营的最小资本支出；（4）在特定案例中，可能包括其他因企业的契约债务或必须支付的债务所导致的现金支出，并且这些现金支出并未作为经营费用被包括在 EBITDA 中。

表5　标普假定违约年限和主体级别对应情况

Year of Default By Issuer Credit Rating	
Rating of the Issuer	Suggested time to default
"CCC -" and below	<1 year
CCC	1 year
CCC +	1.5 years
B -	2 years
B	3 years
"BB -" or "B +"	4 years
"BB" or "BB +"	5 years

资料来源：Recovery Rating Criteria For Speculative - Grade Corporate Issuers。

Cyclicality Adjustment 是指标普按照行业的周期特征，将行业周期系数分成四种，见表6。[①]

表6　标普行业周期系数分类情况

Cyclicalty Adjustment		
Cyclicalty	Industry cyclicality assessment	Cyclicality adjustment (cyclical EBITDA rebound expectation) *
Low	Very low risk (1) and low risk (2)	0%
Intermediate	Intermediate risk (3)	5%
Moderate	Moderately high risk (4)	10%
High	High risk (5) and very high risk (6)	15%
* Adjustments to default EBITDA proxy. For subsectors in secular decline, this assumption will be set to zero		

资料来源：Recovery Rating Criteria For Speculative - Grade Corporate Issuers。

步骤三：违约债务敞口测算

测算范围是假设违约发生时的本金和利息。这种假设在估计假定违约所欠本息时，综合考虑各种增加待偿本金数量的情况、可能减少待偿债务的情况、循环债务的情况、非债务索赔的情况等众多情形。

步骤四：将企业价值（EV）分配给各个债务

这种分配按照债务的优先次级顺序来进行，一般是行政费用、优先级债务、第一顺位的有担保债务、第二顺位的有担保债务、夹层担保债务、无担保债务、次级债务，最后是次级债中比较靠后受偿的债务（deeply subordinated debt）。

① 具体行业的周期系数设置，参见：Methodology. Industry Risk, published on Nov. 13, 2013, and Standard & Poor's Assigns Industry Risk Assessments To 38 Nonfinancial Corporate Industries, published on Nov. 20, 2013。

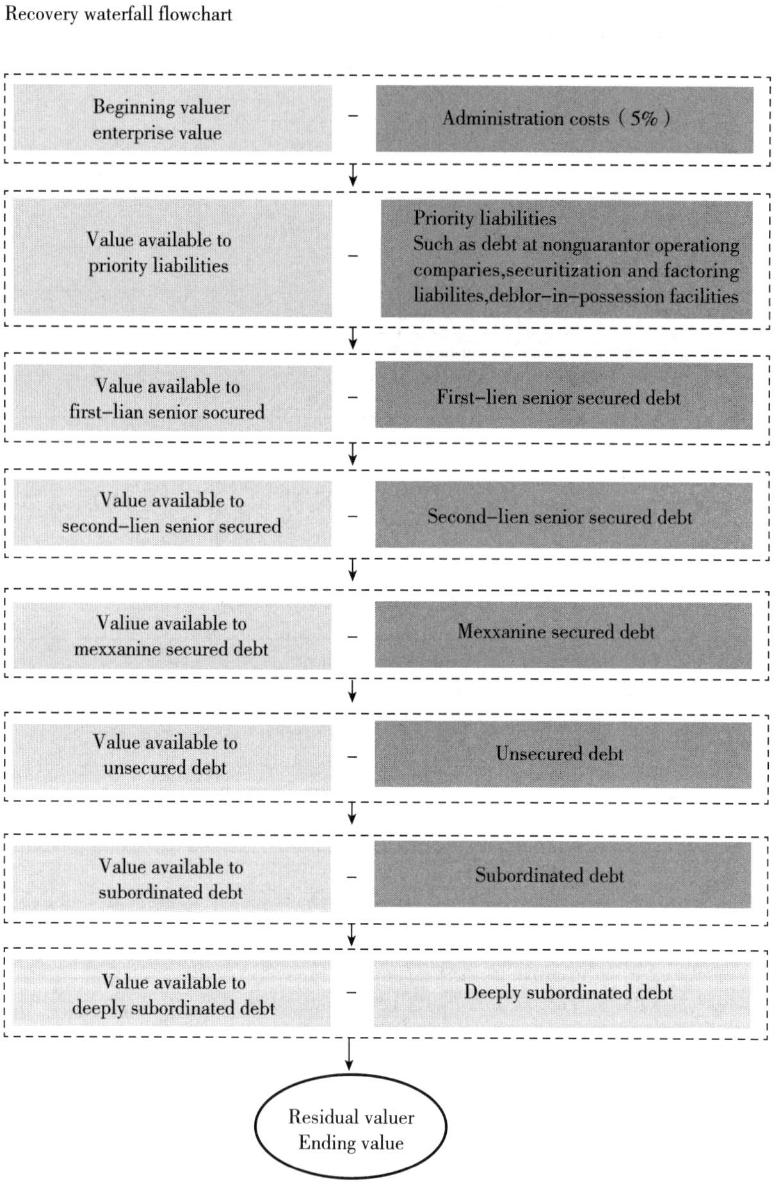

图 2　标普债务分配顺序

（资料来源：Recovery Rating Criteria For Speculative – Grade Corporate Issuers）

步骤五：决定回收调整项是否适用

如果标普认为锚定回收率不能充分反映债务的回收可能，则可能会进行回收调整。包括 EBITDA 倍数调整，比如针对特别高或低的增长前景（与行业相比）时，通常会上调或下调 0.5 倍或 1.0 倍。或者，如果公司拥有的物料资产寿命特别短，就把倍数降低 0.5 倍或 1.0 倍。

步骤六：决定是否设置回收上限标准

当评级对象所在地属于标普认定的 B 类管辖地、或者债务无担保的、或者评级对象级别是 BB 和 BB+的，标普会设置回收率上限，根据回收上限对回收率级别进行调整。

完成上述六步后，标普会按照得出的回收率水平（1+级到 6 级），按照对应表（见表 7），确定在主体评级基础上，按照级别调整参量，最终确定债项级别。

表 7　标普违约回收率水平和债项级别对应表

Group A And B Jurisdictions						
For issuers with a speculative - grade issuer credit rating						
		Group A Jurisdiction		Group B Jurisdiction		
		Nominal recovery expectations				
Recovery rating*	Recovery description	Greater than or equal to	Less than	Greater than or equal to	Less than	Issue rating notches relative to ICR
1+	Highest expectation, full recovery	100%	N/A	N/A	N/A	+3 notches
1	Very high recovery	90%	100%	N/A	N/A	+2 notches
2	Substantial recovery	70%	90%	90%	100%	+1 notches
3	Meaningful recovery	50%	70%	50%	90%	0 notches
4	Average recovery	30%	50%	30%	50%	0 notches
5	Modest recovery	10%	30%	10%	30%	-1 notches
6	Negligible recovery	0%	10%	0%	10%	-2 notches
* Recovery ratings are capped in certain countries to adjust for reduced creditor recovery prospects in these jurisdictions. Recovery ratings on unsecured debt issues are generally also subject to caps (see Step 6, paragraphs 90 - 98 for further detail). A recovery rating of 1+ or 1 can only be applied in Group A jurisdictions. ICR - Issuer credit rating. N/A - Not applicable.						

资料来源：Recovery Rating Criteria for Speculative - Grade Corporate Issuers。

2. 惠誉

惠誉的长期债项评级方法和标普基本一致。惠誉认为主体级别在 BB-级及以上的，通常发行高等级无担保证券，其级别与主体相同，一般回收率能达到40%。而 B+级及以下级别的主体，违约概率更高，因此惠誉的长期债项评级方法，适用于主体级别为 B+级及以下级别的评级对象，其回收率级别分为 RR1～RR6 六个等级，并根据回收率级别调整主体级别得出最终债项级别。

惠誉的债项评级采取三步法。

步骤一：确定重组后企业价值（Estimating Post - restructuring Enterprise Value）

主要使用两种方法：a. 持续经营法；b. 清算价值法。这两种方法的选择基础在于，判断违约公司的内在价值或经济价值是否大于清算价值，如果大于，那么该公司将试图重组并继续经营，就用持续经营法；如果小于，就用清算价值法。

（1）持续经营法

包括2个步骤：一是根据EBITDA来确定现金流水平；二是根据企业在行业的实际或预期的市场地位，以及其同业破产重组时使用的乘数，来确定一个乘数。

A：持续性现金流

对现金流最常用的度量因素是EBITDA。

特殊情况：

a：由于超额运营成本（在破产或周期性衰退时可以避免的运营成本）造成的现金净流出或者净流入很少的情况，持续性现金流可以通过对企业在破产重组后可能实现的现金流量来计算。

b：对于周期性但目前不经历长期变化的行业，比如大宗商品，可以将行业平均现金流作为预测的基准。

c：非周期性行业且经营性现金流又为负的，最常使用的是清算价值法。

B：确定EBITDA乘数

EBITDA乘数的确定通常通过最近的市场交易或历史销售数据，如果没有这些数据，则根据相近行业或者市场趋势做出假设。当市场估值较高时，惠誉通常使用较为保守的乘数，反之亦然；此外，信贷市场对企业主体的接纳度也是乘数的考虑因素；在乘数特别低时，则使用清算价值法作为企业估值的方法。

C：特殊情况

a：当一些行业有在公开市场有商品定价或有经常性交易价格时，惠誉通过使用这些公开价格数据测算企业估值。例如，石油和天然气行业、电力行业、炼油行业、能源零售行业等。

b：在有足够的信息支持并且企业未来的现金流量可以准确估计时，惠誉使用现金流折扣法来估值EV。这种方法常用于发电或其他类型的基础设施资产。比如，对于美国公用事业企业，惠誉使用11%的折现率来计算发电资产的净现值。

（2）清算价值法

清算价值法通常是对资产负债表中资产的账面价值进行打折测算。不过，当一项资产的账面价值低于清算价值时（比如50年前买的土地），惠誉使用更合适的定价策略来确定资产价值。

惠誉对不同的资产设置了不同的资产价值折现率。比如，对于应收账款，通常使用20%的折现率，并根据应收账款的不良率、历史冲销、集中度等调整；对于存货，通常使用50%的折现率，并且根据其时效性及行业特性进行调整。此外，对于不同行业、不同地区、不同运营主体，惠誉会根据其不同特性调整估值方法。

步骤二：确定债权人的债权

包括债务性债权和非债务性债权（租赁相关的债务、行政费用、信用证债务等）。

步骤三：将企业价值按照债权优先级分配给各个债权人，进而算出每项债权的回收率水平

表8　惠誉债券回收率级别与主体级别调整的对应表

RR	Description	Recovery（%）	Notching from the IDR for IDRs of "B+" and lower
RR1	Outstanding	91－100	+3（usually secured debt only）
RR2	Superior	71－90	+2（usually capped at "RR2" for unsecured debt）
RR3	Good	51－70	+1
RR4	Average	31－50	+0（usually capped at "RR4" for contractually subordinated debt）
RR5	Below average	11－30	－1
RR6	Poor	0－10	－2 to －3①

资料来源：Non－Financial Corporates Notching and Recovery Ratings Criteria。

3. 稳迪

穆迪对债项的评级是在主体评级的基础上，以预期损失率（预期损失率＝违约概率×违约损失率）作为衡量标准得出的，其债项评级一般不高于主体评级。穆迪的预期损失率模型只适用于投机级别的评级对象，因为穆迪认为这种级别的主体有相对较高的违约可能性，而且这类主体违约时的债务结构可以从其目前的债务结构中推测出来。大多数情况下，评审会按照模型结果确定级别，但在一些特殊情况下，评审会不会采用模型级别，比如评审会认为评级对象未来的资本结构较目前会有很大变化时、季节因素导致债务额大幅变动的等情况。

穆迪对债项的评级基本模型：预期损失率＝违约概率×违约损失率（Expected loss＝Probability of default×Loss given default）

（1）违约概率的判断

穆迪按照其历史数据库信息，对于不同主体级别的评级对象，按照不同的预计违约时限设置了不同的违约概率。

表9　穆迪主体评级对应的预期违约概率指标（以违约期限4年为例）

Idealized Loss（EL＝PD×LGD）&Default（PD）Rates			
Corporate Family Rating	Four－Year Idealized Expected Loss Rate	Probability of Default Rating	Four－Year Idealized Default Probability（Assumes 50% Average Expected LGD）
Ba1	2.3100%	Ba1－PD	4.6200%
Ba2	3.7400%	Ba2－PD	7.4800%
Ba3	5.3845%	Ba3－PD	10.7690%
B1	7.6175%	B1－PD	15.2350%
B2	9.9715%	B2－PD	19.9430%
B3	13.2220%	B3－PD	26.4440%

① varied notching enables differentiation in subordination of the debt within this category.

续表

Idealized Loss（EL = PD × LGD）&Default（PD）Rates			
Corporate Family Rating	Four - Year Idealized Expected Loss Rate	Probability of Default Rating	Four - Year Idealized Default Probability（Assumes 50% Average Expected LGD）
Caa1	17. 8634%	Caa1 - PD	35. 7268%
Caa2	24. 1340%	Caa2 - PD	48. 2680%
Caa3	36. 4331%	Caa3 - PD	72. 8662%
Ca	50. 0000%	Ca - PD	100. 000%
C	100. 000%	C - PD	100. 000%

资料来源：Loss Given Default for Speculative - Grade Companies。

（2）违约损失率（LGD）的判断

穆迪设置的基础违约损失率指是 50%（一般是针对主体级别 B2 级别及以上的评级对象），另外还设置了 26% 的偏离率。"50%"的违约损失率和"26%"的偏离率是穆迪根据其回收率数据库（Moody's Ultimate Recovery Database，URD）的分析得出的结果。此数据库包含了从 1998 年到 2015 年美国 1,100 家破产企业的平均回收率数据，这些数据显示了这些企业的平均违约损失率是 50%，26% 的偏离率水平。一般情况下，穆迪将企业的违约损失率水平确定为 50%。但特殊情况下，穆迪信评委也会根据企业的行业特征及其资本结构情况，在足够理由的情况下，调整这个基础指标。比如，根据对数据库中企业的分析，穆迪发现，财务结构中银行信贷比例低的企业违约损失率一般较高，大概是 65%；而那些只有银行债务的企业违约损失率较低，大概是 35%。此外，数据库分析还显示，受到政策监管的公用事业公司违约损失率一般较低，大概是 35%。

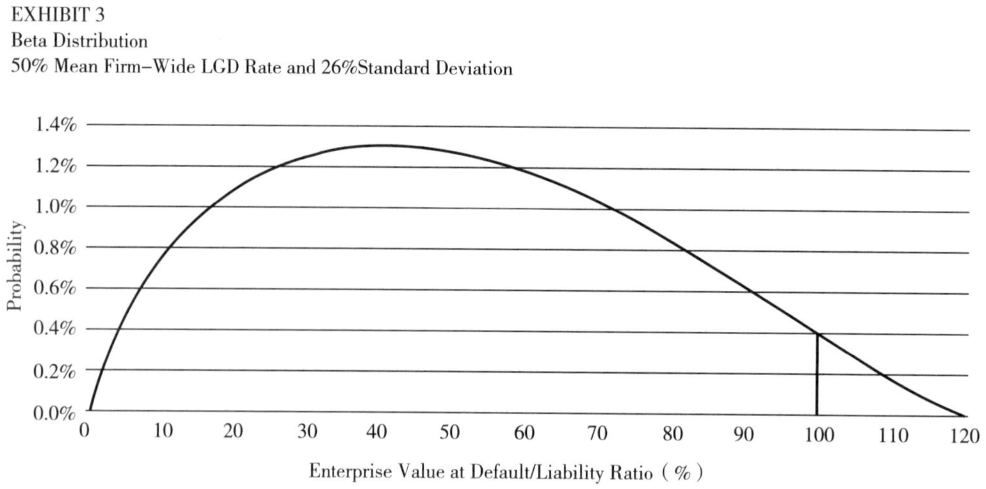

图 3　穆迪违约损失率的偏离率示意图

（资料来源：Loss Given Default for Speculative - Grade Companies）

违约损失率按照损失率的高低分为 6 个等级，LGD1 ~ LGD6。LGD1 意味着损失不大于

10%，也就是说能回收至少 90%；LGD6 则相反。

表 10 穆迪违约损失率等级分布情况

Assessments	Loss rang（%）
LGD1	0% and <10%
LGD2	10% and <30%
LGD3	30% and <50%
LGD4	50% and <70%
LGD5	70% and <90%
LGD6	90% and 100%

资料来源：Loss Given Default for Speculative - Grade Companies。

穆迪得出债项级别的原理和标普及惠誉相似，即按照计算出的预期损失率对应的主体级别调整表，对主体级别进行调整，最终得出债项级别。

三、国内评级机构对工商企业评级方法的比较

国内评级机构对工商企业评级的整体逻辑框架基本一致，大致都遵循宏观与微观结合、定性分析与定量分析结合、历史分析与预测分析结合、个体评级与支持评级结合、基础评级与风险调整结合的原则，主要从宏观层面考察公司所处运营环境，从管理与战略、风险管理、业务经营、财务状况等方面考察评级对象自身实力，从股东背景、政府支持等方面考察外部支持情况，在考虑其他风险调整事项等的基础上，综合确定评级对象主体级别；并在主体级别的基础上，通过相关测算模型确定债项级别。其中，东方金诚针对长期债券和短期融资券分别制定了不同的评价体系。长期债券部分，东方金诚的评级思路是以主体长期信用评级为基础，评估发债额可能对主体信用等级带来的影响，确定主体的信用等级；然后，据此评估有无担保情况债项的最终信用等级，即在无担保情况下，或有担保，但担保主体信用等级低于发行主体信用等级时，债项信用等级等于主体信用等级；有担保，且担保主体信用等级高于发行主体信用等级时，债项信用等级等于担保主体信用等级。对于可转债来说，在评估发债额可能对主体信用等级带来的影响时，要考虑转股因素，其他同企业债券。短期融资券部分，评级思路是以评级对象主体信用为基础，评估发债额可能对主体信用等级带来的影响；根据长期债信用等级和短期债信用等级之间的对应关系，以及发行主体的长期信用等级，确定短期融资券的信用等级范围；考虑发行主体的流动性、本期债券的特征及偿债能力、备用信用支持情况，只有可靠的备用支持才能对短债的信用增级；流动性的高低依次为：靠融资前现金流偿还、靠变现短期资产偿还、靠便利的再融资（短期债）偿还、靠特定的授信偿还和靠其他授信偿还，最终考虑上述因素确定短期融资券的信用等级。

表 11　国内评级机构工商企业的评级要素比较

机构	鹏元评级	联合资信	大公国际	东方金诚	联合评级	新世纪	中诚信
主体评级要素	• 外部运营环境 • 公司治理和管理 • 经营竞争力 • 公司背景与外部支持 • 公司规模 • 营运能力 资产周转率 • 盈利能力 综合毛利率 期间费用率 总资产报酬率 • 偿债能力 负债总额/EBITDA EBITDA 利息保障倍数 经营性净现金流/流动负债 经营性净现金流/负债总额 资产负债率 流动比率 速动比率 • 成长能力 营业收入增长 净利润增长率	• 产业分析 • 企业基本素质 • 企业经营分析 经营策略 历史经营业绩 经营效率 经营领域 经营中风险因素 销售策略与市场网络 产品市场竞争力 • 企业管理 • 企业战略 • 资产质量 • 资本结构 资产负债率 有息债务负担 债务结构 • 盈利能力 主营业务毛利率 营业利润率 期间费用 总资产报酬率 净资产收益率 • 现金流状况 • 偿债能力	• 宏观经济环境分析 宏观经济运行状况 宏观经济调控政策的变化趋势 汇率、利率和通货膨胀等资金价格的变化趋势 信用环境 • 行业信用风险特征分析 行业界定 行业信用风险要素分析 国家相关产业政策对行业的影响分析 地域性 行业供需状况 行业竞争格局及趋势 其他因素 • 公司信用（公司特有经营风险）分析 基本经营与竞争 战略与管理 财务分析	• 行业分析 企业主体行业属性分析 行业状况 行业竞争 • 企业竞争力 企业规模 产品结构 技术水平 经济地理及政策环境 股东状况 政策支持 • 经营管理 企业管理 经营状况 • 财务分析 近 3 年财务资料来源、审计情况 会计政策 财务政策 资产构成及资产质量 负债构成及负债水平 盈利能力 现金流分析 • 偿债能力 近 3 年信用记录 整体债务短期偿债能力 整体债务长期偿债能力 • 担保	• 行业分析 行业特征 行业政策 行业景气性 行业竞争程度 • 公司基本素质分析 规模优势 技术水平 领导和员工素质 安全环保 外部支持 地理位置 • 公司经营管理分析 公司管理 经营分析 未来发展 • 财务分析 近 3 年及最近一期财务资料来源、审计结论 会计政策 财务政策 资产构成及资产质量 资本结构 盈利能力 偿债能力	• 业务风险 宏观环境 行业风险 竞争地位 盈利能力/同业比较 公司治理与战略 • 财务风险 风险容忍度/财务政策 会计政策 负债结构和资产质量 现金流状况 流动性/短期因素	• 业务规模和竞争力 上下游控制力 技术实力及资质 业务/产品结构多元化 营业总收入 • 盈利能力 EBITDA/收入 总资产收益率 • 财务政策 总资本化比率 总债务/EBITDA • 财务实力 EBITDA 利息覆盖倍数 FCF/总债务 （CFO－股利）/总债务 • 外部因素 外部支持 公司治理 行业特殊性

续表

机构	鹏元评级	联合资信	大公国际	东方金诚	联合评级	新世纪	中诚信
债项评级方法	在主体评级的基础上，结合债券条款的设置及债券的偿还保障措施，对债券偿还的安全性进行的综合分析。	未介绍	未介绍	以主体长期信用评级为基础，评估发债额可能对主体信用等级带来的影响，确定主体的信用等级，再据此评估有无担保情况债项的最终信用等级。	未介绍	未介绍	未介绍

资料来源：公开信息，由联合评级整理。

四、对比国内外评级机构工商企业评级方法的启发

通过对国内外各评级机构对工商企业评级的评级逻辑和评级方法的梳理，我们发现：

1. 主体评级方面，国内外各评级机构对工商企业主体评级的分析要素差异不大，基本都围绕宏观经济、行业、所处地区环境、业务经营、财务实力、公司治理及其他考虑因素展开分析。其中定量分析方面，各机构普遍特别重视现金流、盈利能力和流动性的相关分析。

2. 每家机构对于每个要素的关注程度不尽相同，但总体来说国外机构更加重视通过行业内比较或跨行业比较，甚至是跨境比较来考察评级对象的竞争地位和盈利能力；而国内评级机构对于行业内企业的比较或者行业之间企业的比较重视程度较弱。

3. 在级别映射表的权重设置方面，标普和惠誉认为各评级要素的重要性在不同的主体、不同的时间点上都不尽相同，因此没有在级别映射表中事先确定各评级要素的权重；穆迪则事先在级别映射表中对于不同行业主体的各类评级要素均设置了确定的权重。

4. 债项评级方面，国外机构多以预期损失率和债券回收率为基础，通过相应模型测算进行分析，评级方法中对此论述较多，而国内机构对此论述较少。标普和惠誉的长期债项评级方法类似，都主要是根据债券的回收率情况在主体评级基础上进行调整而得出的。根据债券回收情况的不同，债项评级有可能高于、低于或者等于主体评级。穆迪的长期债项评级是在主体评级的基础上，以预期损失率（预期损失率 = 违约概率 × 违约损失率）作为衡量标准得出的，其债项评级一般不高于主体评级。而国内评级机构受样本数量限制，一般没有历史违约数据库，对债券预期损失率和回收率的研究相对薄弱，国内评级机构一般是通过考虑债券条款的设计、发债额度可能对主体信用等级带来的影响、是否有增信措施等因素，在主体级别的基础上确定债项级别。

03　国内外评级机构非金融企业永续债信用评级方法的比较与研究

联合资信　工商二部　刘珺轩　（2019－12）

一、评级思路与逻辑

（一）国内永续债评级逻辑

国内评级机构评级思路主要在对永续债条款设置特点进行分析和总结基础上识别影响永续债违约率和回收率的重要因素。国内评级机构先总结永续债的信用风险特征（长久期性、具有一定权益属性、特殊条款导致投资者面临损失或风险），再对永续债评级时主要关注发行人主体信用质量和永续债的股性。而永续债的权益属性又主要通过期限结构安排、息票步升条款、延期支付利息、本金减记和转股条款、偿付顺序等评级要素来分析。

东方金诚将永续债权益属性评价结果分为弱、较弱、中等、较强、很强五档，并列出了权益属性与主体级别相对应的永续债级别调整幅度评级矩阵。

表1　东方金诚永续债权益属性评分指标和权重评分依据

指标	权重	评分依据
偿付顺序	35%	偿付顺序接近普通债务为1，接近普通股为5
利息支付弹性	15%	利息支付不可延期为1，可延期不可累计为5
期限及赎回/回售安排	15%	明确赎回且到期时间短于5年为1，无明确赎回期限或回售安排为5
利息调整机制	15%	设有利息调整机制且调升幅度很大为1，无调整机制为5
减记/转股安排	20%	不存在减记/转股安排为1，减记/转股条件容易触发且不可恢复为5

资料来源：东方金诚。

表 2　东方金诚级别调整幅度评价矩阵

主体级别＼权益属性	弱	较弱	中等	较强	很强
AAA	0 个小级别	0 个小级别	0 个小级别	0～1 个小级别	1～2 个小级别
AA＋	0 个小级别	0 个小级别	0～1 个小级别	1～2 个小级别	2～4 个小级别
AA	0 个小级别	0～1 个小级别	0～2 个小级别	2～3 个小级别	2～4 个小级别
AA－	0 个小级别	0～1 个小级别	1～2 个小级别	2～4 个小级别	3～4 个小级别
A＋	0～1 个小级别	1～2 个小级别	1～3 个小级别	3～4 个小级别	3～5 个小级别
A	0～1 个小级别	1～2 个小级别	2～4 个小级别	3～5 个小级别	4～5 个小级别
A－及以下	0～1 个小级别	1～3 个小级别	2～4 个小级别	3～5 个小级别	≥5 个小级别

资料来源：东方金诚。

（二）国外永续债评级逻辑

国际三大评级机构披露混合资本证券评级方法各有特色，但评级逻辑基本都是先判断永续债的股性强弱程度，再在发行人主体信用等级基础上，调整得出永续债的信用等级。

1. 穆迪

穆迪将混合资本证券的股性强弱分为 A～E 五档（对应 0%～100%，每 25% 一档，A 为 0% 股性，E 为 100% 股性）。在判定股性强弱时，穆迪将投资级发行人和投机级发行人以及可转换类混合资本证券与不可转换混合资本证券区分开。对于投资级发行人发行的不可转换证券，穆迪主要关注清偿顺序、可累计否、期限情况等，并考虑票息递延触发、票息步升、赎回权设置等条件，从而得出股性比例。而对于投资级发行人发行的可转换证券，穆迪还会关注转换或减记本金期限、底层证券、转换比例或减记比例等。

表 3　穆迪对投资级发行人不可转换证券股性强弱判断案例

要素		#1	#2	#3	#4	#5	#6	#7	#8	#9	#10	#11	#12
利息取消支付	弱强制性		X										
	有限制的选择			X							X		
	选择性	X			X	X		X	X			X	
	选择性且高强制性						X			X			X
利息是否累计	累计	X	X	X	X	X	X	X		X			
	不累计								X		X	X	X
清偿顺序	次级债	X	X	X	X	X	X						
	优先股							X	X	X	X	X	X
	普通股												

续表

要素		#1	#2	#3	#4	#5	#6	#7	#8	#9	#10	#11	#12
期限	<30 年	X											
	30～59 年				X								
	≥60 年		X	X		X	X	X		X	X	X	X
	不可赎回												
股性分类		A	B	B	B	B	B	C	C	C	C	C	D

资料来源：穆迪，联合资信整理。

而相对投资级发行人，投机级发行人更接近违约、资本结构稳定性更弱也更复杂、债务限制性条款更多，从而更加倾向于停止支付混合资本证券的票息（因为该行动是被合同允许的、不触发违约）。对于此类发行人，穆迪会评估在破产情况下该类证券可能获得的法律处理：（1）对于优先股和类似的在破产中无债务追索权且不能由于取消利息支付加速到期或触发违约的，将给予100%股性；（2）对于所有其他债权类工具均给予100%债性，适用于穆迪的违约损失率（LGD）模型。

在判定股性强弱后具体下调级别幅度方面，穆迪并没有详细披露股性与下调级别幅度的具体关系，但在《基于不同增信措施和清偿顺序的企业融资工具信用等级评定方法》中穆迪提到会根据不同债务类型估计相对损失严重性，并根据隐含的损失率给出信用等级。另外，穆迪给出了各类工具的评级指引（见表4）。

表4　穆迪评级指引——基准级别为家族评级（CFR）或优先无担保等级（SU）

类型	调整子级
优先有担保类债务	+1 或 +2
优先无担保类债务	0
次级债务*	-1 或 -2
劣后次级债务*	-1 或 -2
优先股**	-2

注：*对 CFR/SU 在 Ba1 以下发行人，如果债务次级程度深且有可靠的破产制度，下调2个子级；其他情况下下调1个子级。

**对具有股性和债性的最次级混合证券下调2个子级；但如果最次级混合证券具有强制取消票息支付机制，则下调3个子级。

资料来源：穆迪，联合资信整理。

2. 标普

标普的评级思路是先分析混合资本工具的条款设置是否具有强或中等股性特征，如果满足特征再结合发行人意愿判断股性强弱，最后得出证券工具的信用等级（如果可评级的话），具体流程见图1。标普判断股性时考虑的因素主要包括主体信用等级和剩余期限、在压力情况下吸收损失和保留现金的能力、清偿顺序、赎回权设置、触发递延条件和强制付息条件、投资者情况、加速到期条款以及可转换资本工具的转换标的、转换期限、转换价格、转换条件等。

标普特别强调了对发行人意愿的分析，在无法确定发行人是否计划在足够长时间段内持有混合资本工具或它的转换标的，或者会在需要时使用混合资本工具来吸收损失或者保留现金的情况下，即使混合资本证券具备强或中等股性特征，标普也会将该工具判定为零股性。且标普会将单只混合资本工具与发行人其他混合资本工具以及整体资本策略结合分析。比如，混合资本工具具备中等或强股性特征且无可转换条款，但是发行人在到期前赎回了其中一部分，标普也会认为该类混合资本工具零股性。再比如，混合资本工具通过利息递延支付来实现吸收损失或保留现金的，发行人如果不能递延利息五年以上，标普也认为该资本工具零股性。另外，标普对不同细分行业还设定了具体评级标准。如对工商企业，标普将占总资本比例超过15%的混合资本证券工具判定为零股性（除非超过15%是减值或经营亏损带来的）；如果赎回且不转换为其他工具的混合资本工具导致混合资本工具占比由15%以上下降至以下，且该赎回不会对信用品质产生影响或对信用品质产生微小负面影响，标普不会将剩余混合资本工具重新分类。

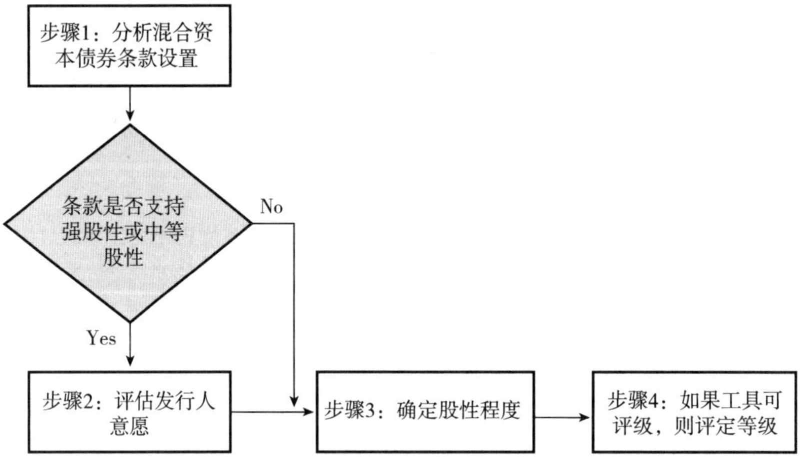

图1　标普混合资本工具评级流程

（资料来源：标普，联合资信整理）

在确定混合资本证券工具的股性后，标普对混合资本证券工具的级别评定是从发行人主体信用等级基础上下调，下调因素主要包括两方面：（1）针对次级清偿顺序下调1~2个子级；（2）反映吸收损失和保留现金带来的风险下调1个或更多子级。

3. 惠誉

惠誉将混合资本工具划分为0%股性、50%股性和50%债性、100%股性，对混合资本工具的评级首先是识别权益特征，在满足权益特征条件下判断股性程度。但与标普和穆迪有所不同的是，惠誉将次级属性、违约事件和重要协议约定、资本结构稳定性、有效期限、递延或取消支付利息期限等评级要素均作为股性认定的必要条件，即不满足其一就会被认定为0%股性（必要条件参考图2），而标普和穆迪仅将上述因素中期限作为必要条件。

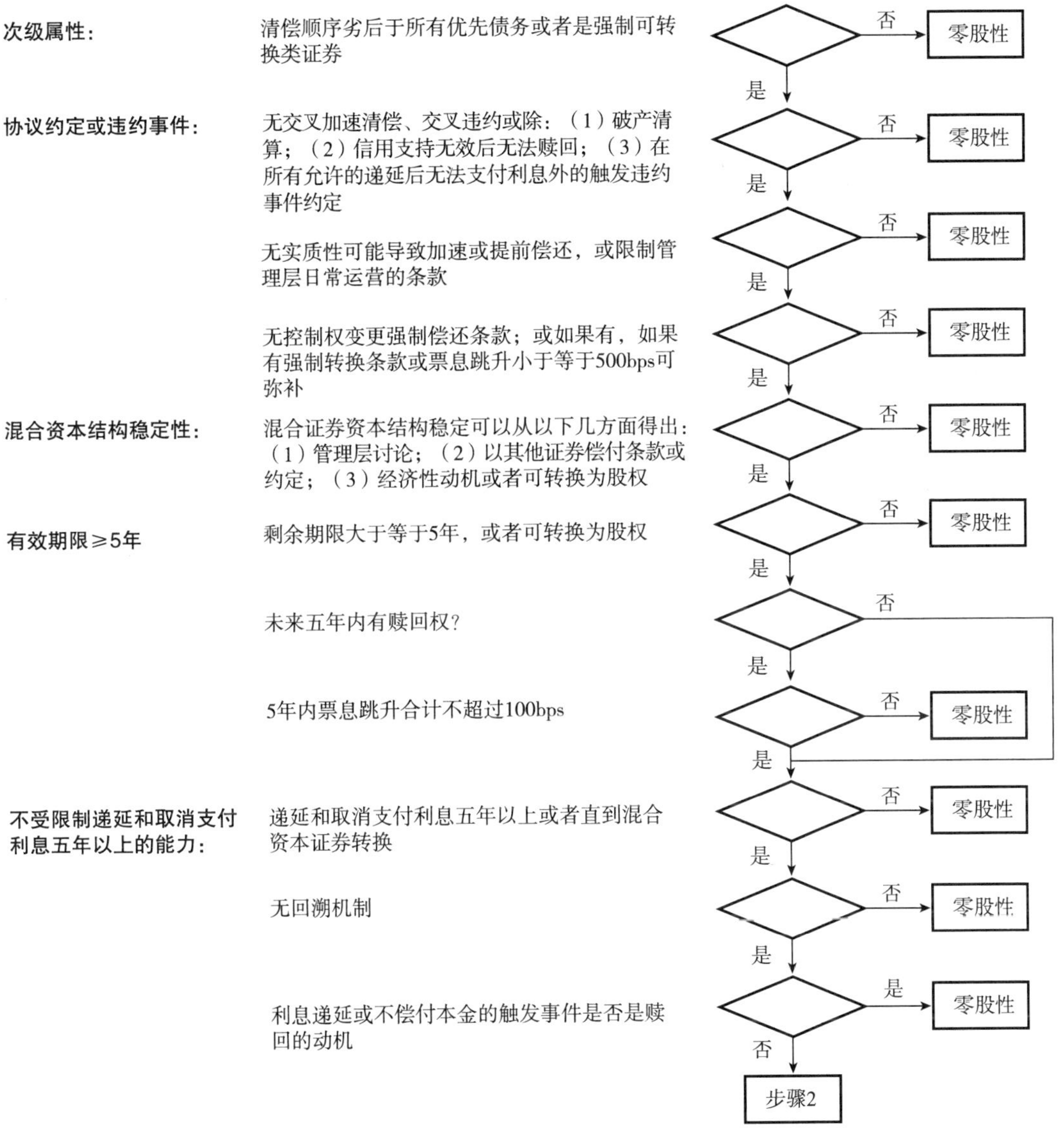

图 2　惠誉混合资本工具评级流程步骤 1——权益特征识别

（资料来源：惠誉，联合资信整理）

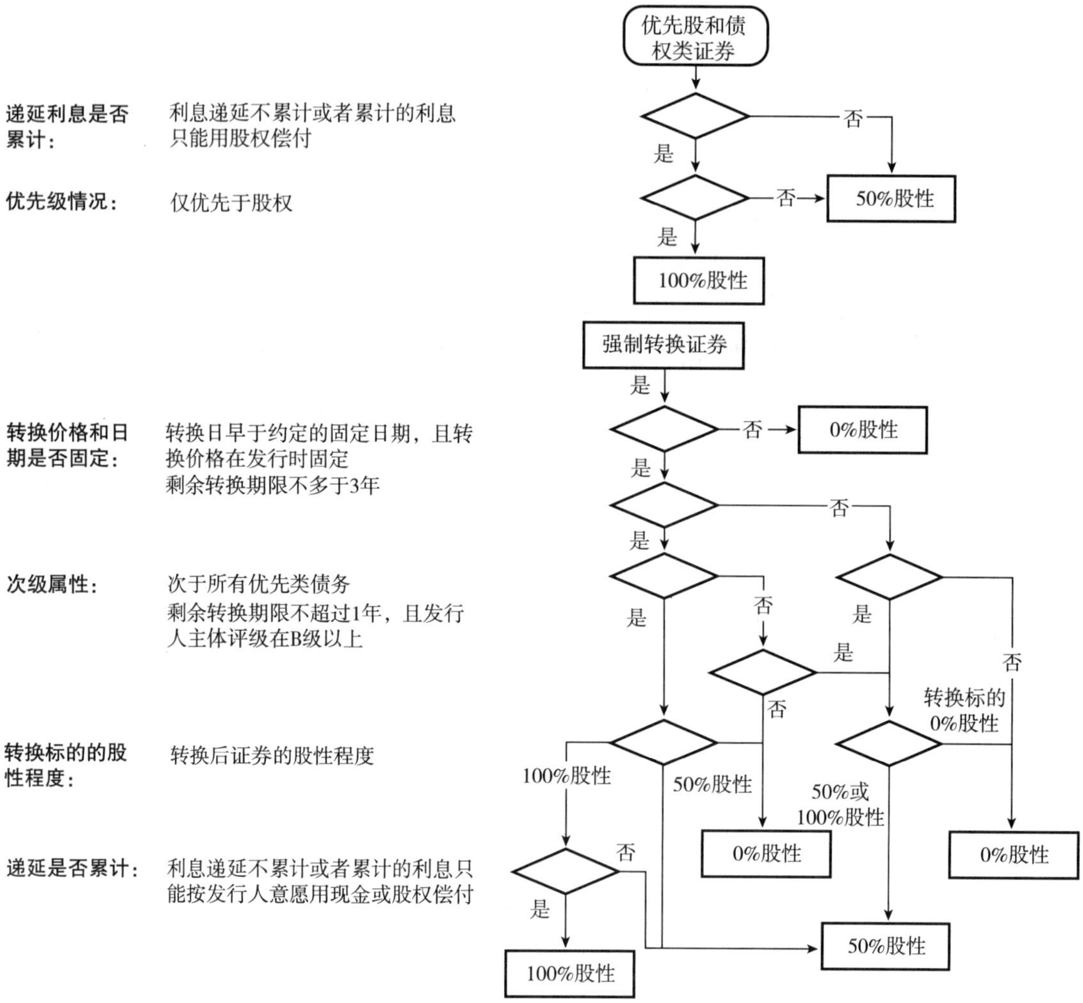

图 3　惠誉混合资本工具评级流程步骤 2——股性程度判断

（资料来源：惠誉，联合资信整理）

表 5　惠誉典型的资本工具评级（相对发行人违约评级）

回收率预测	对投资级和高投机级发行人调整子级
非常好	+2
很好	+1
好	+1
平均	0
低于平均	-1
弱	-2
低	-3 或更多

注：以下情况可能下降 3 个子级以上：（1）发行人正常运营情况下触发吸收损失容易；（2）本金减记条款长期有效；（3）发行人违约评级是考虑了外部支持（如母公司），但是该支持不能确定是否对资本工具有效；（4）可转换为股权条款。

资料来源：惠誉，联合资信整理。

在具体级别评定上，惠誉提出评级生命周期概念，将混合资本工具存续期分为三个阶段：阶段一，初始评级和之后正常运营时期，利息按预期支付。在这个阶段，惠誉根据混合资本工具的次级属性、回收率预测等，在发行人主体评级基础上调整得出混合资本工具的信用等级（投资级和高投机级发行人可参考表5）。通常深度次级、可在正常运营时期吸收损失的混合资本工具在破产清算时回收率很低，一般会下调2～3个子级，如果还有其他风险还会进一步下调。阶段二，发行人的信用基本面下行，混合资本工具吸收损失可能性上升。该阶段惠誉信评委员会可能会下调混合资本工具评级至初始评级与阶段三评级中间，或接近阶段三的评级。阶段三，混合资本工具吸收损失特征触发。通常发生这种情况是发行人破产、清算、重组的前兆，惠誉对混合资本工具的评级会按个例情况但通常会非常低，主要根据证券工具未来现金流的净现值（如果有的话）和发行人的信用展望来判断。

二、评级要素

（一）国内永续债评级要素

国内评级机构的评级要素差异不大，主要围绕发行人主体信用特点和国内外永续债条款设置特点展开，包括发行人主体信用特点、偿付顺序、期限结构安排和利率调整机制、利息支付弹性、本金减记或转股安排等。

发行人主体信用特点：通常情况下，发行人信用风险越高，偿债压力越大，越倾向于递延支付利息、不赎回永续债，从而使永续债的投资者面临更大的损失。所以通常在相同条款设置条件下，信用等级越高，永续债在主体信用等级基础上向下调整幅度越小。

次级性/偿付顺序：永续债次级性越强，权益属性越强。

期限结构安排和利率调整机制：永续债通常设置无明确到期日或发行人可在接近到期时无限制延长债券期限，部分无明确到期日的永续债设置了发行人赎回权，国外部分永续债设置了投资者回售权。永续债赎回和回售时间点越远、赎回和回售可能性越小，权益属性越强。赎回的可能性通常通过不赎回票息步升幅度结合发行人信用状况、再融资成本情况来判断，步升幅度越大，调整后票面利率相对发行人再融资成本越高，发行人赎回动机越强。回售的可能性通过市场利率和发行人信用状况来判断，如果投资者再投资的收益率相对不选择回售的预期收益率越高，则投资者选择回售的可能性越高。

利息支付弹性：永续债利息支付包括不可延迟支付和可延迟支付。设置可延迟支付条款可以在发行人遇到困境时减少现金支出，相对不可延迟支付的权益属性更强。发行人行使延迟支付利息的权利越不受限制，永续债的权益属性越强，如果设置了强制付息事件或者延迟付息后票息步升，发行人延迟支付利息的可能性或动机会减小，从而减弱永续债的权益属性。另外，延迟支付发生时利息是否累计对永续债权益属性也有一定影响，不累计支付的永续债可减少更多的现金流出，权益属性更强。

本金减记或转股安排：基于监管要求或者发行条款约定，永续债可能具有本金减记或者转股机制。即当满足一定的监管要求或者发行人的经营和财务状况触发特定条件时，永续债的本金可能被一次性地全额或部分减记，或者根据触发条款和约定的价格将永续债转换为发行人普通股。本金减记条件越容易触发，权益属性越强。转股条件主要有两类：一是转股的触发条件，二是转股的价格。转股条件越容易触发、转股价格越容易触及，则永续债的权益属性越强。

（二）国外永续债评级要素

国际三大评级机构对永续债评级的主要要素基本一致，但评定标准不尽统一。另外，每家评级机构存在一些独特的评级要素，如混合资本工具在资本结构中的占比等。

1. 穆迪

对于不可转换证券，穆迪主要关注清偿顺序、可累计否、期限情况等，并考虑票息递延触发时间和条件、阻碍发行人递延支付利息条款设置等因素。清偿顺序与国内评级机构分析类似。

穆迪认为，次级证券、类优先股证券、普通股的股性依次递增。

期限方面，证券期限足够长，发行人才能在需要时利用其来吸收损失或者节省现金。穆迪认为只有初始期限在 30 年以上且剩余期限在 10 年以上的证券才具有股性（除非具有强制转券条款或本金减记条款），且期限越长股性越强。赎回日设置并不是穆迪分析的重点，除非发行人有强烈的动机去赎回混合工具。强烈的动机包括票面利率的大幅调升（穆迪认为如果 10 年内赎回票面利率跳升超过 100bps 就算有强烈赎回动机）等。

票息方面，利息累计的证券相对利息不累计的证券，发行人未来需要支付更多的资源偿付，递延支付利息的动机更小，投资者承担的损失也相对较小，所以权益属性相对较弱。穆迪将证券票息可用发行普通股或某些优先股类证券来偿付的证券视为累计证券。

对于可取消或递延支付利息的证券来说，还要分析取消或递延支付是否有时间要求和触发条件。弱限制性触发条件包括无法达到监管要求最低资本比率等，通常在接近破产时才触发；有限制的选择性取消利息支付包括在取消支付利息前六个月内，发行人须停止偿付同等或次级偿付顺序债券等；高强制性触发事件通常在广义违约前很早就可触发，可以帮助发行人在财务情况不好时减轻流动性压力。另外，混合证券还可能设置了阻碍发行人可取消或递延支付利息的条款，如分红或偿付某些次级证券后，也必须支付该证券票息。总的来说，发行人越能够按照自身需要不支付利息，权益属性越强。

而对于投资级发行人发行的可转换证券，穆迪还会关注转换或减记本金期限、底层证券、转换比例或减记比例等。

2. 标普

标普对混合资本证券强股性要求比较严格，强制可转换证券在满足以下条件时可以被认定为强股性：（1）主体信用等级为 BBB - 以上的，要在三年以内转换为普通股；主体信用等级为 BB 的，要在两年以内转换为普通股；主体信用等级为 B 的，要在一年以内转换为普通股；（2）转换价格等于或高于发行时价格。如果混合资本工具仅被政府（或代表政府的机构）持有，满足下列条件也可被认定为强股性：（1）政府投资该证券是为了援救或提供额外的支持给发行人，或作为对银行或发行人特定项目长期支持的一部分；（2）该证券在清算时劣后于或等同于发行人所有优先债权；（3）现金票息是否支付由发行人自由决定，递延支付不受到分红和票息步升限制，且与其他混合资本证券独立。

对于中等股性，标普的认定条件包括：（1）在发行人无法运营或破产前，可以且能够在压力情况下吸收损失或保留现金；（2）主体信用等级为 BBB－以上的，剩余有效期限超过 20 年；主体信用等级为 BB 的，剩余有效期限超过 15 年；主体信用等级为 B 的，剩余有效期限超过 10 年；（3）清偿顺序劣后或等同于发行人所有优先债权；（4）五年内不能设置赎回权（除非赎回权是基于外部事件）；（5）通过不支付票息、本金减记等来吸收损失或保留现金的，要能够持续五年且不会触发发行人违约；（6）没有不利于或限制发行人递延利息的条款，如对累计利息票息步升、一年内强制付息事件等，且递延不需要股东同意；（7）如果设置转股日期，则转换价格不低于发行价格。

如前文分析，标普还重点强调了对发行人意愿的分析。另外，标普还会参考监管意见对发行人资本结构等的影响和混合资本证券投资者情况。如果混合资本证券是发行人重要资本组成部分，又仅由一两个（除强股性特征中由政府持有情况外）投资者持有，则投资者意见也会对发行人意愿造成重大影响，混合资本证券也会被认定为零股性。对于不满足强股性、中等股性、发行人要求的混合证券，标普均认定为零股性。

3. 惠誉

惠誉认为以下要素为认定混合资本工具股性的必要条件：

A. 清偿顺序劣后于所有优先债务或者是强制可转换类证券。即在发行人违约前后，都不能确定本金和利息的回收。

B. 不能触发违约。包括无交叉加速清偿、交叉违约、无触发违约事件的约定。

C. 无控制权变更后强制加速或提前偿还条款；如果控制权变更时发行人可以有赎回权，如果赎回有强制转换条款或不赎回票息跳升小于等于 500bps，不受本条件限制。

D. 剩余有效期限大于等于 5 年，或可转换为股权。如果未来 5 年设置了赎回权，不赎回票息步升五年累计不能超过 100bps。但是如果赎回权是由外部事件触发的，惠誉认为不受本条件限制。

E. 发行人将混合资本证券作为资本结构中的稳定部分。判断方式包括：（1）管理层表达赎回混合证券后用发行类似证券或股票来代替；（2）有以其他证券代替混合证券的条款或实际行为；（3）有持续利用混合资本融资的经济性动机或者可转换为股权。

F. 可以递延和取消支付利息五年以上或者直到混合资本证券转换为其他证券；利息递延或取消支付票息不会导致票息步升累计超过 100bps；无回溯机制，即利息递延或取消支付不受过去发生某些事件的限制；利息递延、不支付本金或转换会导致惩罚性后果，如普通股股东丧失所有投票权、证券转换后会导致现有股东控制权被大量稀释。

对于满足股性特征的优先股和债权类证券，惠誉认为：如果利息递延不累计或累计的利息只能用股权偿付且偿付顺序仅优先于股权，则认定为100%股性，否则为50%股性。

对于强制转换证券，则根据转换价格、日期、次级属性、转换标的的股性以及递延票息是否累计来判断其股性（具体见表6）。

表6　国际三大评级机构混合资本工具评级要素对比

评级机构	穆迪	标普	惠誉
评级要素	➢不可转换证券 •票息支付 触发递延或取消支付的时间和条件 阻碍发行人递延支付利息的特征 •偿付手段 •次级属性 •有效期限 剩余期限 赎回日设置 强赎回动机 •混合资本占比上限 ➢可转换证券还要考虑 •转换时间 •转换证券标的的清偿顺序 •转换比率 ➢混合工具占权益资本比	➢强股性条件 •是否强制可转换证券 主体信用等级与转换时间 转换价格 •投资人是否仅有政府 投资动机 清偿顺序 票息支付灵活度 ➢中等股性条件 •吸收损失或保留现金能力 •主体信用等级与剩余有效期 •清偿顺序 •赎回权设置 •持续吸收损失能力 •票息支付灵活度 •可转换证券的转换价格 ➢发行人意愿 •计划长期持有 •必要时可以用于吸收损失 •监管意见 •投资者集中度 ➢混合资本占总资本比——针对工商企业	➢股性必要条件 •次级属性或可转换为股 •协议约定或违约事件 •混合资本结构稳定性 •剩余有效期限 •不受限制递延和取消支付利息五年以上的能力 ➢对于优先股和债权类证券 •递延利息是否累计 •清偿顺序 ➢对于强制可转换证券 •转换价格和日期 •次级属性 •转换标的股性 •递延利息是否累计

资料来源：穆迪、标普、惠誉，联合资信整理。

三、国内外评级机构永续债评级方法的比较和启示

综观国内外永续债的评级方法，可以发现国内外各家评级机构在评级逻辑上各有不同，国际三大评级机构的评级逻辑更加严密。这主要是由于国外债券市场的证券条款设置更为复杂，发行人信用等级分布更分散，国际三大评级机构对不同信用等级的发行人和具有不同特征的工具设置了不同的标准。评级要素方面，虽然国内外评级机构考察要素基本一致，但对于各评级要素的侧重程度不尽相同，每个评级要素的判断刻度也存在差异。对于判定股性后在主体信用等级基础上下调等级幅度，各家评级机构也各有不同，国际三大评级机构也没有给出各种股性特征严格对应的下调幅度，只是给出了一些经验值。国内评级机构评级方法基本没有说明对永续债整个存续期评级的动态评估判断。另外，按照国际三大评级机构的评级

方法，目前国内市场的永续债基本会被判定为零股性，这与国内评级机构对于清偿顺序不劣后的永续债与普通债券特征接近的结论一致。

因此，在评级逻辑的严密性和对永续债动态评估方面，国际三大评级机构永续债评级具有一定借鉴意义。

04　综合油气行业国际信用评级方法研究

联合资信　债市研究部　李天娇　王聂　（2018－12）

一、综合油气行业评级方法概述

（一）综合油气行业定义

穆迪和标普对于综合油气行业的界定基本一致，综合油气行业涵盖从储量勘探到精炼和产品营销的全产业链活动。“上游”涉及石油、天然气和天然气液体的勘探、开发和生产；沿着整合链，将石油和天然气运往“下游”，“下游”涉及精炼产品的炼油、分销、批发和零售营销、石化制造、能源营销和贸易等；许多公司还从事“中游”业务，如天然气收集、天然气液体处理、管道运输和储存等。惠誉[①]仅在报告中披露了油气行业的评级指示器，并指出油气行业评级指示器为在该行业发行人的企业评级标准提供指导，当发行人跨越多个行业领域时，可能会选择为每个相关行业分别进行指示器分析，或者当油气行业占主导地位时，就将分析重点放在综合油气行业[②]，但未对综合油气行业的具体内涵做出界定。

穆迪、标普和惠誉对综合油气企业的划分基本一致，主要分为三类：（1）大型和较大型油气企业；（2）相对较小和/或业务专注于特定区域的高杠杆油气企业；（3）由政府拥有和控制的国家石油公司（NOCs），这些公司通常有巨大规模和政治地位，评级主要受到地缘政治或主权相关因素影响。

（二）综合油气行业风险概述

穆迪认为综合油气行业具有很高的准入门槛，面临商品价格风险，并具有高度周期性，国家石油公司已成为精明的参与者以及“上游”和“下游”的直接竞争对手。标普认为综合油气行业具有相对高的经济周期性风险、中等的增长与竞争风险，以及中等的行业风险[③]。惠誉认为综合油气公司通常受益于整个价值链中的多样性和广泛性，有助于评级稳定

① 笔者尚未从公开资料中找到惠誉对综合油气行业的界定。

② 惠誉《Corporates — Sector Navigators》。

③ 标普对于风险评估的范围是：1. 风险很低；2. 风险较低；3. 中等风险；4. 相对高风险；5. 风险较高；6. 风险很高。

性，可以最高获得“AAA”/“AA”的投资级评级类别；但仅针对上游生产商的公司，其项目多样性通常较低，更容易受到价格波动以及成本超支和项目延迟的影响，评级最高为“A+”。

（三）评级思路

整体来看，国际三大评级机构对综合油气企业的评级思路较为相似，都是从受评企业的行业风险概况、经营概况和财务表现等各方面提取关键的定性和定量风险因素，通过打分卡、评级矩阵或评级指示器等提供决定企业信用级别的重要因素指引，同时对其中不能完全涵盖的影响因素进行定性分析及调整，得出符合未来预期的企业最终级别。

表1　国际三大评级机构评级方法比较

	穆迪	标普	惠誉
评级方式	打分卡	打分卡、评级矩阵	评级指示器
关键因素	规模（平均日产量、探明储量和原油蒸馏能力）； 行业地位； 盈利和收入（EBIT/平均账面资本化和下游行业EBIT/总吞吐桶量）； 财务政策； 杠杆和覆盖率（EBIT/利息支出、留存现金流/净负债和债务/账面资本化）； 与政府政策目标相关的制约因素	经营风险（行业风险（周期性、竞争性风险和增长）、国家风险、竞争地位（竞争优势、规模、范围和多样性、运营效率、盈利能力））； 财务风险（会计和分析调整（储备披露、勘探费用、调整程序、储备减损、经济对冲、批量生产支付）、现金流和杠杆分析（核心比率、补充比率））； 评级调节器（多元化或组合效应、资本结构、流动性、财务政策、管理与治理以及可比较评级分析）	行业风险； 国家风险（消耗并需要不断重新投资运营基础资产、商品价格暴露导致的周期性收益和现金流量风险、地缘政治因素、环境政策风险和由此产生的税费、极端天气对生产和需求的影响、技术升发增强利用新资源和现有资源的能力）； 业务概况（管理和公司治理（管理战略、公司治理的结构和质量、与集团结构相关的风险以及财务透明度）、多样化和环境风险、证明储备、现金流周期、生产规模）； 财务概况（盈利能力、财务结构和财务灵活性）
因子权重	披露	披露	未披露
分析方法	定性与定量相结合	定性与定量相结合	定性与定量相结合
评级思路	首先披露打分卡因子、选取原因及对应权重，然后根据因子相应权重获得分值，最后对应打分卡获得相对应的级别	首先分析公司的业务风险概况和财务风险概况以确定发行人初始评级，然后分析六个可调整因素调整级别，最后进行政府或集团的持续支持或负面影响分析，给出最终级别	首先根据行业风险确定信用评级的上限，然后分析国家风险，再对业务概况和财务概况进行分析，以确定最终级别

续表

	穆迪	标普	惠誉
评级方式	打分卡	打分卡、评级矩阵	评级指示器
评级结果	打分卡得出最终级别	评级矩阵和评级调整后得出最终级别	评级指示器得出最终级别。 各类公司所对应的评级范围大致为：综合石油和天然气公司——通常为“AAA”到“A”评级类别；大型石油和天然气勘探与生产（E&P）公司——通常为“A”到“BBB”评级类别；小型石油和天然气勘探与生产公司——通常为“BB”到“B”评级类别

资料来源：穆迪、标普、惠誉官网。

二、国际三大评级机构评级方法

（一）穆迪

1. 评级方法概述

穆迪对于综合油气行业的评级主要是采用评级打分卡。穆迪认为评级打分卡在绝大多数情形下可以用来分析综合油气行业信用风险状况，不过并不完全涵盖所有影响评级的因素。打分卡首先是选择可以描述企业信用风险的一级因子与二级因子，然后根据各因子在评级结果中的重要性分别赋予相应的权重，最后加权各因子获得总分，通过一定的映射关系得到相应的级别。

2. 评级关键因素及步骤

穆迪综合油气行业的打分卡考虑 5 个因素，分别是规模、行业地位、盈利和收入、财务政策、杠杆和覆盖率，其中规模、盈利和收入、杠杆和覆盖率分别设置了二级因子。此外，打分卡还加入了额外的评级因子“与政府政策目标相关的制约因素”，该因子不加权，而是对 5 个因子得出的打分结果进行评级调整。

（1）规模。受评公司的规模是一个非常重要的评级因素。更大的综合油气公司受益于更大的资产多样化、金融资源和流动性以及规模经济。它们能比小公司更好地抵御冲击或衰退。规模也倾向于与其他积极特征（如成功的运营、持久性和多样化）密切相关。

穆迪对规模的评价，通过对探明储量、平均日产量和总原油蒸馏能力进行分析而得。探明储量代表了当前和未来的且可用来与行业内其他公司进行量化比较的储量价值。平均日产量，是受评公司的产量与预期增长的来源。原油蒸馏能力可以很好地代表公司下游作业的整体规模。

（2）行业地位。行业地位可以反映出综合油气公司产生较大规模的、持续的和多样性的经营性现金流的能力，这种经营性现金流可以支持综合油气公司从事复杂的资本密集型石油天然气工程，并且可以支持公司长期持续其业务模式。

在分析行业地位时，穆迪关注受评公司烃类化合物资源的规模和多样性，项目执行能力和技术知识的广度和深度，还有受评公司石油和天然气价值链条的一体化程度。

烃类化合物资源的规模和多样性。虽然未经证实的储备和或有资源并不当然产生现金流，但是其构成了可以给受评公司的价值和资源带来额外财务灵活性的来源，这些储备和资源可以在石油天然气项目工程周期的不同阶段变现成受评公司的资产。同样需要重点考虑的是受评公司石油天然气资产的地质构造的和地理位置的多样性。大型综合油气公司通常在不同地理区域和地质构造区域作业，这将会为受评公司在面对一系列行业事件时提供较好的保护，这些行业事件有：石油天然气价格的下滑，下游行业利润受损，对作业有影响的突发内部或政治领域的事件等。

项目执行能力和技术知识的广度和深度。随着传统油气盆地开采的枯竭，近些年，一体化石油天然气公司开始从事越来越复杂的上游开采工程以及在之前从未开采且作业环境更恶劣的地域从事开采作业。在这种背景下，为了使这些复杂的开采工程安全作业，且使这些高成本工程准时且经济的开采，需要相当多的专业技术知识和丰富的工程管理经验。

石油和天然气价值链条的一体化程度。穆迪希望审视受评公司的作业概况，因为这将更好地展示受评公司石油和大然气链条的一体化程度。这种一体化不仅帮助受评公司为其股东带来更多的价值，也能使受评公司的收入来源多样化并且缓释受评公司上游业务活动面对石油天然气价格波动时的风险敞口。

（3）盈利和收入。盈利和收入的衡量对于综合油气行业管理层和投资人都是重要的关注指标。一方面，为了获得有竞争力的回报，公司必须保持最小化的成本结构并且控制资金支出和资本支出，同时优化投资资本。另一方面，为了吸引低成本的债务融资和股权融资，满足较大规模收购和兼并的需要，强劲的回报也至关重要。

穆迪对盈利和收入的评价，通过对息税前利润/平均账面资本额、下游息税前利润/总吞吐桶量来评价。

息税前利润/平均账面资本化是公司所有资本来源的综合回报指标。EBIT（分子）是在一年内测量的。账面资本化（分母）包括债务总额加上账面资产、少数股东权益和递延所得税。账面资本化是当前和上一年度的平均值，用于反映在一年中更改资产负债表的流量项目。

下游息税前利润是根据吞吐桶量来衡量的（注意：穆迪没有使用冶炼行业的 EBIT，这是因为受评公司通常不会公布这个数据。下游行业 EBIT 包括了冶炼和化工产品生产、供应和贸易，以及零售和市场等行业的数据，但这不包括燃气和电力企业的贡献）；分子和分母都是在一年内测量的。

（4）财务政策。管理层和董事会对财务风险的容忍度是一个关键的评级考虑因素，原因是该因素直接影响公司债务水平、信用质量和负债杠杆率发生不利变化的风险。财务政策有助于了解公司董事会和管理层的风险偏好，以及公司资本结构未来可能的方向。财务政策的主要内容包括负债杠杆率、覆盖率和回报目标、流动性管理、对股东的现金分红、收购战略。一家公司对上述各项的公开承诺、其承诺在穆迪与公司沟通过程中的一致性、其目标的实际可行程度均是重要的考虑因素。

公司的财务风险容忍度可表明其投资与资本配置方向。管理层致力于保持现有信用质量或持续改善的信用质量也是重要的评级考虑因素。评级会考虑管理层进行战略性收购、向股东发放现金分红或进行分拆或其他杠杆交易的可能性。相反，如果管理层有意在杠杆交易后将公司的信用指标恢复到交易之前的水平，并一直采用这种做法，则该公司的信用评级可以更好地承受一定的杠杆交易。

穆迪评估发行人的目标资本结构、过去行动的历史及是否信守承诺。穆迪会特别注意发行人在经济周期的不同阶段如何使用现金流，另外会考察管理层应对重大事件的方式，例如信用市场流动性环境趋紧、法律行动、竞争挑战、监管压力和劳资纠纷等。此外穆迪也将评估管理层对并购活动的偏好，重点是交易类型（即核心业务或新业务）和融资决策。穆迪会评估并购的频率和规模及以前的融资方案。依靠举债进行收购或因收购而改变信用质量的历史会提高发行人的风险。穆迪会考虑公司及其所有者过去平衡股东回报和债券持有人利益的情况。如果公司一贯倾向于股东回报，而牺牲债券持有人的利益，这会是一个负面评级因素。

（5）杠杆和覆盖率。杠杆和覆盖率指标是反映公司财务灵活性和长期可行性的指标。财务灵活性对于综合油气公司能够在复杂的上游和下游项目中进行大量投资至关重要，这需要在大宗商品价格高企和下游业务收益产生波动时期持续大规模的资本投入，并且这些工程充满作业风险。

杠杆和覆盖率可以细分为 3 个子因子：利息覆盖率（EBIT/利息支出），这个指标可以反映受评公司支付利息和其他固定作业成本的能力；现金流（留存现金流/净债务，这个指标可以反映受评公司偿付存续债务本金的能力；资本结构（总债务/资本），这个指标可以反映受评公司的资本结构中有多少是由债务或类债务构成的。

（6）与政府政策目标相关的制约因素。该因子主要为了考察政府（主要以股东和/或税务员的身份）可能采取行动以实现某些政策目标，但不利于国家石油公司内部再投资和保持财务灵活性的能力等。

表 2　穆迪综合油气行业打分卡

因子	因子权重	Aaa	Aa	A	Baa	Ba	B	Caa	Ca
因子 1：规模（25%）									
平均日产量	10%	≥2,750	1,100～2,750	550～1,100	140～550	55～140	20～55	10～20	<10
探明储量	10%	≥10,000	5,000～10,000	2,000～5,000	500～2,000	100～500	30～100	10～30	<10
原油蒸馏能力	5%	≥3,000	2,000～3,000	1,000～2,000	500～1,000	250～500	50～250	25～50	<25
因子 2：行业地位（20%）									
行业地位	20%	规模极大且多样化的烃类资源；因为技术领先而具有极强的上游工程作业能力；全面一体化的石油和天然气价值链条且该链条由全球性LNG业务做支撑，非常高效或全球规模的冶炼业务和全球领先的市场地位	规模非常大且多样化的烃类资源；因为技术领先而具有非常强的上游工程作业能力；非常强的一体化石油和天然气价值链条且该链条由非常强的LNG业务做支撑，非常高效或大规模的冶炼业务和在若干地区领先的市场地位	大规模且多样化的烃类资源；因为技术领先而具有强大的上游工程作业能力；强大的一体化石油和天然气价值链条且该链条由一定规模的LNG业务做支撑，有效或大规模的冶炼业务和领先的地区市场地位	一定规模的烃类资源，虽然在地理位置或化学成分上具有一定集中度；良好的工程作业能力；实质上的一体化石油和天然气价值链条且该链条由LNG业务或冶炼业务做支撑，以及在若干国家中具有一定的市场地位	中等规模的烃类资源并且地域或化学成分多样性有限；一定的工程作业能力且作业人职责有限；石油和天然气价值链条进行了一定程度的整合，具有少量中等规模的冶炼设施，以及在单一国家具有零售领域的市场地位	小规模的烃类资源且缺乏地域或化学成分的多样性；有限的工程作业能力且没有实质意义上作业人职责；石油和天然气价值链一体化程度有限且受评公司的利益局限在小规模的冶炼设施中，市场地位差	非常小规模的烃类资源且集中于单一地域或化学成分；较差的工程作业能力且没有作业人职责；非常有限的石油和天然气一体化程度	非常小规模的烃类资源且集中于单一地域或化学成分，并且大部分是非生产资产；非常差的工程作业能力且非常有限的石油和天然气一体化程度
因子 3 盈利和收入（10%）									

续表

因子	因子权重	Aaa	Aa	A	Baa	Ba	B	Caa	Ca
EBIT/平均账面资本额	5%	≥25%	20%～25%	15%～20%	10%～15%	5%～10%	3%～5%	0%～3%	<0%
下游 EBIT/总吞吐桶量（$/bbl）	5%	≥$15	$9～$15	$6～$9	$3～$6	$2～$3	$1～$2	$0～$1	<$0
因子 4 财务政策（20%）									
财务政策	20%	财务政策极为保守，财务指标极稳定，长期公开致力于保持很高的信用质量	极稳定和保守的财务政策，财务指标稳定，造成评级改变的事件风险极小，长期公开致力于保持很高的信用质量	财务政策预期能保护债权人利益。存在一定的事件风险，但对杠杆率的影响可能较小且短暂；努力保持稳定的信用质量	财务政策可平衡债权人和股东利益；存在举债收购或股东分红可能导致信用质量下降的一定风险	财务政策倾向有利于股东而非债权人；因股东分红、收购或其他重大资本结构变化而产生的财务风险高于平均水平	财务政策往往有利于股东而非债权人；因股东分红、收购或其他重大资本结构变化而产生的财务风险较高	财务政策会导致各种经济环境下债务重组的风险上升	财务政策会导致债务重组的风险上升，即使在良好的经济环境下也会出现同样情况
因子 5 杠杆和覆盖率（25%）									
EBIT/利息支出	7.50%	≥20x	12x～20x	7x～12x	4x～7x	2x～4x	1x～2x	0.5x～1x	<0.5x
留存现金流/净债务	10.00%	≥60%	40%～60%	30%～40%	20%～30%	10%～20%	5%～10%	2%～5%	<2%
总债务/资本	7.50%	<25%	25%～35%	35%～45%	45%～55%	55%～65%	65%～75%	75%～85%	≥85%
因子 6：与政府政策目标相关的制约因素	0～3 个子级调整			4～6 个子级调整			7～9 个子级调整		

续表

因子	因子权重	Aaa	Aa	A	Baa	Ba	B	Caa	Ca
与政府政策目标相关的制约因素		政府对公司治理、战略和财务政策的影响力有限——国家维持控股权，少数股东权利受到严密保护。		政府处于控股股东地位且有权力去影响公司治理、战略和财务政策。			政府全资或控股公司，政府有广泛权力影响公司治理、战略和财务政策；没有对少数股东的有效保护。		
		公司所在国家的法律框架和税收制度稳定可预测。		公司注册地的法律和税收体系周期性调整，产生了一定的不确定性。			公司注册地的法律和税收体系没有稳定性且高度不确定。		
		政府政策目标与公司盈利追求和为股东创造价值的财务目标不冲突——即使在资源丰富的国家，政府也力求增加国有石油天然气储备的措施，反映出政府对公共利益的考量。		公司和整个石油天然气行业构成了一国税收收入和对外出口的重要组成部分。			公司和整个石油天然气行业占一国税收收入和对外出口收入的最大部分。		
		来自居住国以外的国际资产/收入的重要份额。		政府的首要目的是促进国家石油天然气资源的增加或确保国家能源供应的安全；相比于保持公司财务稳健的目标，公共利益还是被置于最优先地位。			政府的首要目标是最大化公司收入（和最大化石油天然气行业收入）来为政府的社会政策提供资金并提高就业率，对于公司财务现状并不考虑。		

资料来源：穆迪《Global Integrated Oil And Gas Industry Rating Methodology》。

在对每个二级因子进行分析或计算后，将其结果映射到穆迪的评级指示级别上（Aaa、Aa、A、Baa、Ba、B、Caa、Ca），并根据映射关系（见表3）将二级因子的级别转化为相应的数值。

表3　二级因子级别与数值的映射关系

Aaa	Aa	A	Baa	Ba	B	Caa	Ca
1	3	6	9	12	15	18	20

资料来源：穆迪《Global Integrated Oil and Gas Industry Rating Methodology》。

每个二级因子的数值得分乘以其赋予的权重后，加总求和得出综合加权因子得分，综合加权因子得分基于表4的数值范围映射到对应的级别。

表4　综合得分与级别的映射关系

打分卡指示级别	综合加权总因子得分
Aaa	x < 1.5
Aa1	1.5≤x<2.5
Aa2	2.5≤x<3.5
Aa3	3.5≤x<4.5
A1	4.5≤x<5.5
A2	5.5≤x<6.5
A3	6.5≤x<7.5
Baa1	7.5≤x<8.5
Baa2	8.5≤x<9.5
Baa3	9.5≤x<10.5
Ba1	10.5≤x<11.5
Ba2	11.5≤x<12.5
Ba3	12.5≤x<13.5
B1	13.5≤x<14.5
B2	14.5≤x<15.5
B3	15.5≤x<16.5
Caa1	16.5≤X<17.5
Caa2	17.5≤X<18.5
Caa3	18.5≤X<19.5
Ca	x ≥ 19.5

资料来源：穆迪《Global Integrated Oil and Gas Industry Rating Methodology》。

3. 其他未包含在打分卡中的评级因素

评级综合了很多其他考虑因素，包括但不限于穆迪对未来经营和财务表现可能会偏离历史行为、管理层素质、公司治理、财务控制、流动性管理、突发事件风险和季节性的评估。

（1）管理战略。管理层素质是支持公司信用实力的一个重要因素。评估业务计划的长期执行情况有助于评估管理层的业务战略、政策和理念，以及对管理层表现和竞争对手表现与穆迪预测的比较。贯彻一致的记录便于穆迪了解管理层未来在压力环境下可能的表现，并能反映管理层严重偏离其既定计划和指导原则的可能性。

（2）公司治理。公司治理所关注的领域有审计部门的财务专业性、高管薪酬方案所产生的激励作用、关联方交易、与外部审计师的协作和股权结构。

（3）投资和收购战略。穆迪在对该行业的信用评估中会考虑管理层的投资战略，并与其他受评公司进行比较。收购可以加强公司的业务。穆迪对某一特定评级的公司的收购意愿进行评估时会考虑：管理层的风险偏好，包括中期内继续进行收购的可能性；股票回购活动；公司对具体杠杆率目标的承诺；主营业务及所收购业务的波动性。即使大规模收购后杠杆率会暂时升至高于正常可接受的范围，评级通常也可以维持。但是，这取决于穆迪对以下各项的看法：战略契合度；穆迪对收购后的杠杆率预测；穆迪判断信用指标可在相对较短的时间内恢复。

（4）财务控制。穆迪依赖经审计的财务报告的准确性对该行业的公司授予评级并加以跟踪。只有公司有充分的内部控制才能确保财务报告的准确性，内部控制包括高层的统一管理和正确的态度，以及会计政策和程序的一致性。整体财务报告流程不完善、财务报告重新编制或监管申报延期意味着内部控制可能出现问题。

（5）流动性管理。流动性是评级中关键的因子。对于投机级的公司而言，流动性极为重要，因为这种公司通常作业和财务的灵活性都很缺乏。穆迪对于短期内流动性需求的观点包括了现金来源和现金使用两方面。穆迪也会审核公司与银行的信贷承诺协议与合规要求的资金缓冲，以评估受评公司在行业下行或该公司陷入困境时是否可以要求银行提供信贷资金。

（6）风险事件。穆迪也认为可能发生的意外事件会导致发行人信贷能力的断崖式下跌。典型的意外事件包括兼并与收购、资产出售、公司分立、资本重组、法律诉讼和股东所持股份被他人非遗嘱继承等。

（二）标普

1. 评级方法概述

标普的评级方法是首先分析受评企业的经营风险和财务风险，综合二者的评估结果确定企业的基准评级，然后使用评级调节器的六个因子对基准评级进行调节，最后进行集团或政府影响分析，给出最终级别，详见图1。

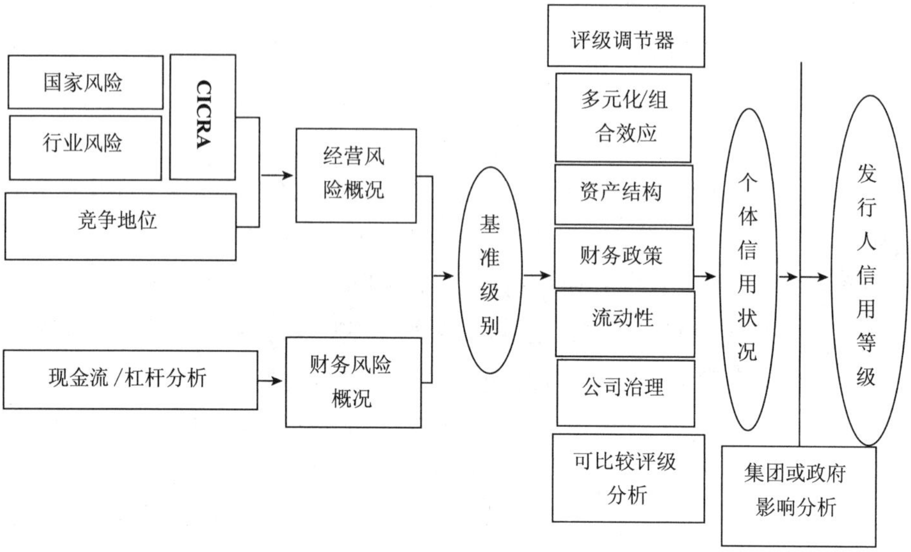

图1　标普综合油气企业评级框架

（资料来源：标普《Corporate Methodology》）

2. 评级关键因素及步骤

标普认为影响综合油气企业评级结果的关键因素包括经营风险和财务风险等，详见表5。其中，经营风险具体的评价因素包括行业风险、国家风险和竞争地位。财务风险具体的评价因素是首先进行会计和分析调整，然后采用现金流和杠杆分析进行财务评估。综合经营风险和财务风险可以得到企业的初步基准评级。

在确定基准评级后，标普使用评级调节器对该评级进行调节。评级调节器分析指标有六个，分别是多元化或组合效应、资本结构、财务政策、流动性、公司治理和可比较评级分析。根据每个因素的评估可以在基准评级的基础上提高或降低一个或多个子级。

表5　标普综合油气行业评级关键因素

关键因素	具体因素
经营风险概况	行业风险
	周期性
	竞争性风险和增长
	国家风险
	竞争地位
	竞争优势
	规模、范围和多样性
	运营效率
	盈利能力

续表

关键因素	具体因素
财务风险概况	会计和分析调整
	现金流和杠杆分析
	核心比率
	补充比率
评级调节器	多元化或组合效应
	资本结构
	财务政策
	流动性
	公司治理
	可比较评级分析
集团/政府影响分析	

资料来源：标普《Key Credit Factors For The Oil And Gas Exploration And Production Industry》。

具体分析步骤如下：

经营风险分析

标普进行经营风险分析，首先是要确定企业行业风险和国家风险分析结果（issuer's Corporate Industry and Country Risk Assessment，CICRA）。具体使用的矩阵如表6所示。

表6　行业风险分析与国家风险分析矩阵

	国家风险分析					
行业风险分析	1（风险很低）	2（风险较低）	3（中等风险）	4（相对高风险）	5（风险较高）	6（风险很高）
1（风险很低）	1	1	1	2	4	5
2（风险较低）	2	2	2	3	4	5
3（中等风险）	3	3	3	3	4	6
4（相对高风险）	4	4	4	4	5	6
5（风险较高）	5	5	5	5	5	6
6（风险很高）	6	6	6	6	6	6

资料来源：标普《Corporate Methodology》。

在行业风险分析和国家风险分析结果基础上，结合竞争地位分析，最终可以得到企业的经营风险。标普经营风险的评估结果包括：1. 非常好，2. 较好，3. 满意，4. 一般，5. 较弱，6. 非常弱，如表7所示。

表7　经营风险分析矩阵

	行业风险分析与国家风险分析的结果（CICRA）					
竞争地位分析	1	2	3	4	5	6
1（非常好）	1	1	1	2	3	5
2（较好）	1	2	2	3	4	5

续表

	行业风险分析与国家风险分析的结果（CICRA）					
竞争地位分析	1	2	3	4	5	6
3（满意）	2	3	3	3	4	6
4（一般）	3	4	4	4	5	6
5（较弱）	4	5	5	5	5	6
6（非常弱）	5	6	6	6	6	6

资料来源：标普《Corporate Methodology》。

其中，行业风险、国家风险和竞争地位的分析如下：

（1）行业风险

行业风险①分析解释了标普认为的会影响公司在各自行业中面临的主要风险因素。标普对行业风险的评估结果是：1. 极低风险，2. 低风险，3. 中等风险，4. 中高风险，5. 高风险，6. 极高风险。

标普认为综合油气行业具有中等行业风险。标普对石油天然气开采的行业风险作出评估是源自标普认为这个领域具有相对高的周期性风险，以及考虑到竞争风险和行业增长评估所带来的中等行业风险。

（2）国家风险

标普对国家风险②的分析包括在特定国家开展业务所产生的经济、制度、金融市场和法律风险。国家风险的评估范围是：1. 风险很低，2. 风险较低，3. 中等风险，4. 相对高风险，5. 风险较高，6. 风险很高。

标普在评估石油天然气开采生产公司的国家风险时，标普使用的评级方法与其他工商企业发行人适用的方法一致。对国家风险的评估，主要是评估该公司在这个国家开展业务时所产生的经济、政治、金融市场和法律风险。当有足够的披露来确定国家特定的 EBITDA 生成时，标普根据其在那里生成的 EBITDA 评估公司对某个国家的风险敞口。如果 EBITDA 披露不充分，标普可能会使用生产水平确定国家风险敞口。

（3）竞争地位

对企业竞争地位的评估认为：处于最佳竞争地位的企业，他们利用关键行业驱动因素或者缓和相关风险的影响，比那些缺乏强有力价值主张或更易受到行业风险影响的企业更能获得竞争地位优势。竞争地位评估范围是：1. 非常好，2. 较好，3. 满意，4. 一般，5. 较弱，6. 非常弱。

竞争地位考虑了公司的：（1）竞争优势，（2）规模、范围和多样性，（3）运营效率，（4）盈利能力。标普认为企业在前三个组成部分的优势和劣势塑造了其在市场中的竞争力

① 遵照标普 2013 年 11 月 19 日发布的“行业风险评级方法”。

② 遵照标普 2013 年 11 月 16 日发表的“国家风险评估方法和假设”。这一方法能够确定所有非主权评级的风险因素，并包括比主权违约风险更广泛的因素。主要关键因素包括：经济风险（Economic risk）、制度风险（Institutional risk）、金融系统风险（Financial system risk）、支付文化和法制风险（Payment culture and rule - of - law risk）。

以及其收入和利润的可持续性或脆弱性。盈利能力可以确认标普对企业竞争地位的初步评估，也可以正面或负面地对其进行修改——一套强于行业平均水平的竞争地位特征将加强公司的经营风险状况，相反，弱于行业平均水平的竞争地位特征将削弱公司的经营风险状况。

标普按照四个步骤进行竞争地位评估。首先，标普分别评估企业的竞争优势、规模、范围和多样性以及运营效率（不包括发行人的 CICRA 评估中已经捕获的任何利益或风险）；其次，标普将加权因子应用于这三个组成部分，以得出加权平均评估，转化为初步的竞争地位评估；再次，评估盈利能力；最后，将初步竞争地位评估和盈利能力评估结合起来，以确定最终的竞争地位评估。盈利能力可以确认或积极或负面地影响竞争地位评估。

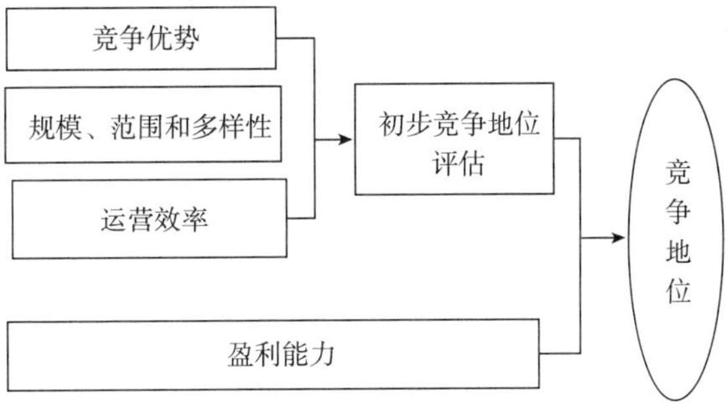

图 2　竞争地位评估框架图

①初步竞争地位评估

标普评估竞争优势时，规模、范围和多样性和运营效率的评估范围是：1. 强，2. 强/充足，3. 充足，4. 充足/弱，5. 弱。综合油气行业初步竞争地位这三个指标具体评估因素见表 8。

表 8　综合油气行业初步竞争地位评估因素

关键因素	说明	具体因素	评估结果为“强”、“强/充足”表现特征	评估结果为“充足/弱”、“弱”表现特征
竞争优势	标普认为，一家石油天然气上游行业企业管理有关更新和增加其油气储备资源的相关风险的能力，在很大程度上决定了这家企业的整体竞争优势。	在受评企业已有开采权地域内的生产潜力； 生产的油气混合度； 在每个生产区域内实现的单位收入； 除作业部门外的垂直一体化程度（如有）	项目执行记录良好，生产和成本与邻近运营商相比有利； 向内陆分配资本并具有有利的内部收益率（通常超过 30%）的记录； 业务部门能够扩展油气勘探和开发业务，以在整个业务周期内实现明显更好的盈利能力或更稳定的财务业绩； 运输和服务的某些整合，例如与运营商通过第三方采购的单位成本相比，钻井平台的单位成本更低； 具有某种程度上的与客户和供应商的杠杆关系。	项目执行情况不佳，生产和成本低于邻近地区的运营商； 缺乏向流域分配资金的记录，具有有利的内部收益率； 在整个商业周期中盈利能力较差或财务业绩波动较大； 缺乏对客户和供应商的杠杆作用； 缺乏与运输、设备和服务的整合。

续表

关键因素	说明	具体因素	评估结果为“强”、“强/充足”表现特征	评估结果为“充足/弱”、“弱”表现特征
规模、范围和多样性	标普认为，油气勘探与生产公司可以通过有效地调整不断变化的技术来开发新发现的油藏，从而在其运营中发展有意义的规模、范围和多样化。	碳氢化合物储量 储量的大小（较大的储层导致规模经济）； 液体（如原油和天然气液体）； 开发储量所固有的操作风险（例如，深水生产比陆上作业风险更大）； 生产来源的地理多样性； 该公司目前的产量和未来增长前景 储备质量 探明的发达生产（the proved developed producing，PDP）比率，表示PDP储备相对于已探明储量总量的百分比； RLI（储备除以年产量），表示公司以当前生产率消耗现有储备的时间范围； 储备替代率（the reserve replacement ratio，RRR），表示公司已经通过有机增长（通过钻头）或收购取代了多少生产的碳氢化合物	规模较大，储量通常超过15亿桶油当量，产量通常超过每天500,000桶油当量； RLI为10年或更长； 在至少三年的时间范围内，平均RRR大于100%，鉴于钻井库存和计划投资项目的排队，产量增长前景良好； 在天然气混合配置中还包含了液态成分（原油和液态天然气［NGLs］） 地理多样性，大多数领域或项目具有良好的发展活动记录和相对较低的国家风险（即国家风险评分为3或更低的国家）； 即使公司集中在相对较少的油田，生产和储备更换的风险也非常低。	小规模，在已证实的基础上，基于总储备基数，通常低于5000万桶油当量； 生产基地每天通常少于30,000桶油当量； RLI为五年或更短； 地理集中，一个基地基本就产生了绝大部分现金流量； 在生产和储备更换的可持续性方面存在重大不确定性； 过去三年的RRR低于100%，生产增长前景有限。
运营效率	公司资产基础的质量和灵活性及其成本管理和结构	运营和生产成本及其储备替代成本以及相关的资本效率措施 相对于同行的单位现金成本和单位全部资源勘探和开发（FD&A）成本； 相对于FD&A成本的单位现金保证金（或净额），相当于运营保证金； 相对于非杠杆成本的每单位产量收入	单位运营资金和单位FD&A成本始终低于具有类似碳氢化合物组合的同行； 在标普的定价假设下，单位产品的收入一直较高且预计将始终高于单位非杠杆成本，单位现金利润可以在内部为单位FD&A成本提供资金。	与具有类似碳氢化合物混合物的同行相比，单位现金成本（例如，提取石油和天然气的成本）和FD&A成本始终较高； 在标普的定价假设下，单位产品的收入一直较低且预计将始终低于单位非杠杆成本，单位现金利润无法在内部为单位FD&A成本提供资金（外部融资对公司的增长至关重要）。

资料来源：标普《Corporate Methodology》《Key Credit Factors For The Oil And Gas Exploration And Production Industry》。

在三个指标加权平均评估的权重分配方面，对于石油天然气开采生产公司，标普通常采取大宗商品/规模导向的竞争地位框架。在此框架下，竞争优势，规模、范围和多样性和运营效率的权重分别为10%、55%和35%。

但是当政府政策或控制、监管、税收和关税政策显著影响行业的竞争动态时，标普使用国家工业或公共事业的竞争地位框架，对于综合油气公司，满足以下条件中的至少一个，则属于这种情况：重税对净利润的影响超过其他作业因素（如将油气从油气层提升上来或运输的成本）对净利润的影响；监管机构设定国内油价，存在价格监管或基准价格调节，这可能与国际或区域基准价格存在重大差异；国家油气公司享有垄断权，或者拥有预先确定的优先储备权，这有效地创造了较高的行业准入门槛。在此框架下，竞争优势，规模、范围和多样性和运营效率的权重分别为60%、20%和20%。

加权平均评估转化为初步竞争地位评估后，评分范围为"1"到"6"，"1"是最好的。表9描述了标普用于将三个组成部分的加权平均评估转化为初步竞争地位评估的矩阵。

表9　加权平均评估——初步竞争地位评估转换表

加权平均评估范围	初步竞争地位评估
1.00～1.50	1
>1.50～2.25	2
>2.25～3.00	3
>3.00～3.75	4
>3.75～4.50	5
>4.50～5.00	6

资料来源：标普《Corporate Methodology》。

②盈利能力评估

盈利能力主要由盈利水平和盈利能力的波动性决定。标普以三个等级衡量盈利水平："高于平均水平"、"平均水平"和"低于平均水平"，以六个等级评估盈利能力的波动性，从"1"到"6"，"1"是最稳定。

通过盈利能力分析可以确认或修改初步竞争地位的评估。具体来看，盈利能力的评估包括两个部分，即盈利水平和盈利波动性。

针对盈利水平，标普使用"高于平均水平"、"平均水平"、"低于平均水平"三个等级进行衡量。一般使用调整后的利息单位收益（EBI）、资本回报率和EBI利润率作为综合油气行业企业盈利水平的主要指标。每年，标普都会根据这些盈利指标对公司进行排名。盈利能力高于平均水平的公司通常指标排名排在前25%，中间的50%是"平均水平"，后25%是"低于平均水平"。由于油气产品价格波动以及公司运营效率指标的可能变化，标普预计高于平均水平、平均水平和低于平均水平的盈利能力的基准阈值可能每年都有所不同。针对盈利波动性，使用1（最稳定）至6（最不稳定）进行衡量。根据标普企业评级的标准，如果公司具有至少7年以上的历史数据，则使用资本回报率指标来确定综合油气公司的回归标准误差（SER）。如果没有足够的历史信息来计算SER，标普会选择全球公司标准来评估公司的盈利波动性。

在得到盈利水平和盈利波动性的基础上，使用表 10 映射矩阵，得到最终的盈利能力评估，其中，1 为非常好。

表 10　盈利能力评估

盈利能力评估等级	盈利能力评估波动性					
	1	2	3	4	5	6
高于平均	1	1	2	3	4	5
平均	1	2	3	4	5	6
低于平均	2	3	4	5	6	6

资料来源：标普《Corporate Methodology》。

③最终竞争地位评估

最后，将初步竞争地位评估与盈利能力评估相结合。使用表 11 中的组合矩阵，确定最终竞争地位评估，其中，1 为非常好。

表 11　结合初步竞争地位评估与盈利能力评估

盈利能力评估	初步竞争地位评估					
	1	2	3	4	5	6
1	1	2	2	3	4	5
2	1	2	3	3	4	5
3	2	2	3	4	4	5
4	2	3	3	4	5	5
5	2	3	4	4	5	6
6	2	3	4	5	5	6

资料来源：标普《Corporate Methodology》。

财务风险分析

（1）会计和分析调整

标普在进行财务风险分析前会进行会计和分析调整，也就是首先对财务报表的准确性与可靠性进行评估，确保会计与财务信息可以反映企业业绩和公司在同行业中的地位。其次为了使财务分析具有全球可比性、更好地分析公司经营状况，也会进行一定的定量调整。

标普对于综合油气公司主要的会计调整和分析科目为：

储备披露。对于综合油气行业，标普认为，由国际公认的第三方工程师编制和审核的储备报告具有最大的可信度。同时，如果一家公司在历史上公布了大量或频繁的负面业绩储备修订，标普则认为该公司存在积极的储备预订政策，相对于同等评级的同行，标普认为这些公司的储备规模和质量达到了更高的标准。

勘探费用。为了获得综合油气行业的可比性，标普在计算 EBITDA 时没有包含勘探费用。在调整 EBITDA 的计算后，标普对于营运资金 FFO 的定义是 EBITDA 减净利息费用减去当期税费。

全部资源勘探和开发（FD&A）成本。为了获得综合油气行业的可比性，标普在计算FD&A成本中，采用三年单位FD&A成本。

经济对冲。综合油气公司经常通过对冲来管理商品价格和外币波动的风险。当衍生品不符合套期会计资格或未被指定为对冲时，标普通常会消除与未来生产相关的未实现的收益和损失，重点关注仅包括已实现的套期保值效应的收益。

批量生产支付（VPP）。标普认为VPP在概念上类似于担保债务，当有必要的数据时，标普会相应地调整财务和经营分析。

在进行会计和分析调整后，标普会进行企业的现金流和杠杆分析。

（2）现金流和杠杆分析

标普对于现金流和杠杆分析的评估范围是：1. 最小，2. 较小，3. 适中，4. 中高，5. 高，6. 极高杠杆化。分析步骤为以下五步：

第一步，计算五年时间范围内的核心和补充比率的时间序列，选择相关的基准表，并确定财务比率的适当时间加权权重。

①确定企业的核心比率和补充比率

在评估综合油气企业的现金流充足性时，标普使用与其他行业发行人相同的方法。评估现金流量/杠杆的评估结果是：1. 最低，2. 较低，3. 中等，4. 较高，5. 很高，6. 最高。

标普在基础评级方法中给出了现金流和杠杆分析的所有相关指标（见表12），且分为核心指标和补充指标，根据这些指标的表现最终得到相应的财务风险评估。特别地，不同行业企业财务风险评级所选取的指标不尽相同。

表12　财务风险评价指标

<table>
<tr><th colspan="2">财务指标</th><th>具体指标</th><th>相关解释</th></tr>
<tr><td colspan="2" rowspan="2">核心指标</td><td>债务/税息折旧及摊销前利润</td><td>EBITDA是具有高度可比性的现金流量指标，是现金流量分析的起点。</td></tr>
<tr><td>营运资金/债务</td><td>营运资金（FFO）为EBITDA减净利息费用减去当期税费。FFO是一个混合现金流量指标，用于估算公司从其运营中产生经常性现金流的内在能力。</td></tr>
<tr><td rowspan="2">补充指标</td><td rowspan="2">补充偿还率</td><td>经营活动净现金流/债务</td><td>经营活动净现金流（CFO）是在计算经营资产和负债变动对收益的影响后计算的纯粹的现金流量衡量指标。CFO可用于融资项目的现金流，如资本支出、偿还借款、支付股息以及股票回购款项。</td></tr>
<tr><td>自由营运现金流/债务</td><td>自由营运现金流（FOCF）是从CFO中扣除资本支出，它可以用作公司核心业务产生的现金流的指标。正的FOCF是一种强大的标志，有助于区分具有相同FFO的两家公司的实力。</td></tr>
</table>

续表

财务指标		具体指标	相关解释
补充指标	补充偿还率	可支配现金流量/债务	可支配现金流量（DCF）是从FOCF减去普通股和优先股支付的现金股息。对于主要评级为投资级别的企业发行人而言，可支配现金流量（DCF）与负债比可以成为未来现金流充足性的重要晴雨表，因为它更能充分反映公司的财务政策，包括有关股息支付的决策。
	补充覆盖率	营运资金减利息/现金利息	—
		EBITDA/利息	—

资料来源：标普《Corporate Methodology》。

针对综合油气行业，标普选取两个核心指标：债务/EBITDA、营运资金（FFO)/债务；对于补充指标，标普选用以下两个比率：自由营运现金流（FOCF)/债务和可支配现金流量(DCF)/债务。

因为储备金替代和生产稳定性都依赖于大量的资本获取，因此，标普认为，综合油气公司无法为其最低的持续投资要求（或维护资本支出）提供资金将是最可能的财务压力来源。故标普评价综合油气公司所采用的补充比率为：自由营运现金流（FOCF)/债务(至少考虑维持资本支出要求）和可支配现金流量（DCF)/债务,后者对于向发行股东支付部分超额现金流作为股息最为相关。

②确定时间加权权重

由于经济、竞争、技术或投资周期、公司的生命阶段以及战略行动等，公司的财务比率可能会随着时间的推移而发生变化很大。因此，标普通常考虑公司过去两年、当前年份和之后两个年度预测的财务比率，这五年的财务比率权重分别为10%、15%、25%、25%和25%。

但是，如果发行人正在经历转型事件并且存在适度或更好的确定性现金流时，所应用的权重通常是增加后两年的权重；如果预计发行人将产生负的现金流，标普则认为这可能导致财务指标恶化，那么对于当前和随后的两年，所应用的权重通常分别为30%、40%和30%；如果发行人处于波动或现金流量不确定性较高的行业，竞争风险或行业风险为高或极高，那么对于当前和随后的一年，所应用的权重通常均为50%。

③确定基准表

财务风险分析的评估结果包括：1. 最低，2. 较低，3. 中等，4. 较高，5. 很高，6. 最高。

标普认为具有不同行业风险和国家风险的企业，现金流的表现不同。如果行业风险较低，那么实现给定现金流量/杠杆评估的适用比率的阈值水平不如中等或标准波动率表中的那些严格。标普会根据受评企业在行业风险和国家风险分析（CICRA）得到的结果，选择不同的矩阵映射表，将核心指标和补充指标映射到相应的评价结果上。

简单来看，如果 CICRA 的得分是 1，则选择低波动性对应的矩阵；在一些情况下，根据具体行业评级方法的描述，当 CICRA 的得分是 1 或者 2 时，可以选择中等波动性对应的矩阵；如果 CICRA 的得分是 2 或者更高，则选择标准波动性对应的矩阵。

表 13　财务风险分析（低波动性）

	财务风险分析						
	核心比率		补充覆盖率		补充偿还率		
	营运资金/债务	债务/EBITDA	营运资金/现金利息率	EBITDA/利息	经营活动净现金流量/债务	自由营运现金流/债务	可支配现金流量/债务
最低	35 +	小于 2	8 +	13 +	30 +	20 +	11 +
较低	23 - 35	2 - 3	5 - 8	7 - 13	20 - 30	10 - 20	7 - 11
中等	13 - 23	3 - 4	3 - 5	4 - 7	12 - 20	4 - 10	3 - 7
较高	9 - 13	4 - 5	2 - 3	2.5 - 4	8 - 12	0 - 4	0 - 3
很高	6 - 9	5 - 6	1.5 - 2	1.5 - 2.5	5 - 8	（10） - 0	（20） - 0
最高	小于 6	大于 6	小于 1.5	小于 1.5	少于 5	小于（10）	小于（20）

资料来源：标普《Corporate Methodology》。

表 14　财务风险分析（中等波动性）

	财务风险分析						
	核心比率		补充覆盖率		补充偿还率		
	营运资金/债务	债务/EBITDA	营运资金/现金利息率	EBITDA/利息	经营活动净现金流量/债务	自由营运现金流/债务	可支配现金流量/债务
最低	50 +	小于 1.75	10.5 +	14 +	40 +	30 +	18 +
较低	35 - 50	1.75 - 2.5	7.5 - 10.5	9 - 14	27.5 - 40	17.5 - 30	11 - 18
中等	23 - 35	2.5 - 3.5	5 - 7.5	5 - 9	18.5 - 27.5	9.5 - 17.5	6.5 - 11
较高	13 - 23	3.5 - 4.5	3 - 5	2.75 - 5	10.5 - 18.5	5 - 9.5	2.5 - 6.5
很高	9 - 13	4.5 - 5.5	1.75 - 3	1.75 - 2.75	7 - 10.5	0 - 5	（11） - 2.5
最高	小于 9	大于 5.5	小于 1.75	小于 1.75	少于 7	小于 0	小于（11）

资料来源：标普《Corporate Methodology》。

表 15　财务风险分析（标准波动性）

	财务风险分析						
	核心比率		补充覆盖率		补充偿还率		
	营运资金/债务	债务/EBITDA	营运资金/现金利息率	EBITDA/利息	经营活动净现金流量/债务	自由营运现金流/债务	可支配现金流量/债务
最低	60 +	小于 1.5	13 +	15 +	50 +	40 +	25 +
较低	45 - 60	1.5 - 2	9 - 13	10 - 15	35 - 50	25 - 40	15 - 25
中等	30 - 45	2 - 3	6 - 9	6 - 10	25 - 35	15 - 25	10 - 15

续表

	财务风险分析						
	核心比率		补充覆盖率		补充偿还率		
	营运资金/债务	债务/EBITDA	营运资金/现金利息率	EBITDA/利息	经营活动净现金流量/债务	自由营运现金流/债务	可支配现金流量/债务
较高	20－30	3－4	4－6	3－6	15－25	10－15	5－10
很高	12－20	4－5	2－4	2－3	10－15	5－10	2－5
最高	小于12	大于5	小于2	小于2	少于10	小于5	小于2

资料来源：标普《Corporate Methodology》。

第二步，使用核心比率来确定初步现金流和杠杆评估。标普会通过两个核心指标来确定企业初步的财务分析评级。如果两个指标的表现不一致，则选择更能代表企业未来杠杆率的指标作为评级依据。

第三步，在初始财务分析的基础上，辅以补充比率进行具体调节。综合油气行业即选择两个补充比率指标：自由营运现金流（FOCF)/债务和可支配现金流量(DCF)/债务进行调节。如果这两个指标的表现不一致，则选择更能代表企业未来杠杆率的指标作为评级依据。

第四步，计算调整后的现金流和杠杆评估。如果重要补充比率所显示的现金流量/杠杆评估与初步现金流量/杠杆评估不同，且认为补充比率是公司未来杠杆率的最佳指标，那么标普可能会在现金流量方向上将初步现金流量/杠杆评估调整一个等级（如原财务风险评估为1最低，会调整为2较低)，或者采用由补充比率表示的杠杆评估，以得出调整后的现金流和杠杆评估。

第五步，根据波动率调整，确定最终现金流和杠杆评估。

波动率调整相当于对比率进行压力测试。压力情景包括但不限于：衰退的经济环境、技术或竞争性转变、主要合同或客户的损失或重新谈判，以及关键产品或投入价格的变动。

标普对压力测试调整描述了三种情形：

第一种，如果现金流量/杠杆比率在压力测试后使财务风险结果上升一个等级（如由3中等升为2较低)，那么标普将公司归类为稳定的现金流量类，这些公司的最终现金流量/杠杆评估不会从调整后的现金流量/杠杆评估中进行修改。

第二种，如果现金流量/杠杆比率在压力测试后使财务风险结果下降一到两个等级（如由2较低降为4较高)，那么标普将公司归类为波动的现金流量类。通常，这相当于EBITDA从目前的水平下降约30%。这些公司的最终现金流量/杠杆评估将被修改为弱于调整后现金流量/杠杆评估的一类（如原结果为2较低，现就要调整为3中等)；如果评估的现金流量/杠杆率已经包括中度到高度的压力，那么调整将被取消。

第三种，如果现金流量/杠杆比率在压力测试后使财务风险结果下降二到三个等级（如由2较低降为5很高)，那么标普将这些公司归类为高度不稳定的现金流量类。通常，这相当于EBITDA从目前的水平下降约50%。这些公司的最终现金流量/杠杆评估将被修改为弱于调整后现金流量/杠杆评估的两类；如果评估的现金流量/杠杆比率已经包括中度到高度的压力，则调整将被消除或仅降低一个等级。

对于综合油气行业而言，碳氢化合物价格波动较大，特别是当标普认为综合油气公司处于其现金流量生成周期的高峰期，并且价格稳健时，标普可以将现金流量/杠杆评估削弱两个类别。

通过上述五步即可得出企业的财务风险概况结果。

确认基准评级

综合经营风险分析和财务风险分析可以得出企业基准评级，详见表16。

表16　经营风险分析与财务风险分析矩阵

	财务风险分析					
经营分析	1（最低）	2（较低）	3（中等）	4（较高）	5（很高）	6（最高）
1（非常好）	aaa/aa +	aa	a + /a	a −	bbb	bbb − /bb +
2（较好）	aa/aa −	a + /a	a − /bbb +	bbb	bb +	bb
3（满意）	a/a −	bbb +	bbb/bbb −	Bbb − /bb +	bb	b +
4（一般）	bbb/bbb −	bbb −	bb +	bb −	bb −	b
5（较弱）	bb +	bb +	bb	bb	b +	b/b −
6（非常弱）	bb −	bb −	bb − /b +	b +	b	b −

资料来源：标普《Corporate Methodology》。

评级调节器

在上述基准评级的基础上，利用评级调节器中多元化或组合效应、资本结构、财务政策、流动性、公司治理和可比较评级分析这六个指标的具体情况，将基准评级进行微调，可能上调或下调0个、1个、多个子级。

（1）多元化或组合效应

多样化/投资组合效应旨在分析主营多个业务线的公司的信用品质如何在多样化基础上得到提升。一般适用于拥有至少3条主营业务线的综合性企业，且每个主营业务线均需要是集团的收入和现金流的主要来源。综合性企业的评估结果可以分为：1. 高度多元化，2. 适度多元化，3. 中性。其中对适度多元化或高度多元化的评估可能会提高发行人的基础评级。标普根据不同行业的业务线数量以及各业务线之间的相关程度来确定该因素的评估结果。对于业务线数量小且高度相关的发行人，不会提升其评级。相比之下，相关的业务线数量多且高度不相关，则其评级会得到最大程度的提升。

多元化/投资组合效应的分析步骤为：首先确定企业的主营业务线数目，然后判断各业务线间的相关程度，最后根据表17得出综合性企业的多元化或组合效应评估结果。

表 17　多元化/投资组合效应调节标准

	主营业务线数目		
业务线间相关程度	3	4	5 及以上
高	中性	中性	中性
中等	中性	适度多元化	适度多元化
低	适度多元化	高度多元化	高度多元化

资料来源：标普《Corporate Methodology》。

多元化或组合效应对于基准评级的调整如表 18 所示：

表 18　多元化或组合效应因子调整矩阵

	经营风险分析					
多元化或组合效应	1（非常好）	2（较好）	3（满意）	4（一般）	5（较弱）	6（非常弱）
1（高度多元化）	+2 子级	+2 子级	+2 子级	+1 子级	+1 子级	0 子级
2（适度多元化）	+1 子级	+1 子级	+1 子级	+1 子级	0 子级	0 子级
3（中性）	0 子级	0 子级	0 子级	0 子级	0 子级	0 子级

资料来源：标普《Corporate Methodology》。

（2）资本结构

资本结构调整项用来评估不会出现在现金流和杠杆分析中的资本结构风险，这些风险可能是由于融资来源与资产或现金流量之间的货币错配、期限错配等问题引起的，外部风险也会加剧这一风险，例如利率或汇率的变动。资本结构评估一般分为五类，分别是：1. 非常正面，2. 正面，3. 中性，4. 负面，5. 非常负面。在绝大多数情况下，标普对公司资本结构的评估为中性。

资本结构的分析涉及四个相关子因素：债务的汇率风险、债务期限概况（或计划）、与债务相关的利率风险和投资概况。标普会根据前三个子因素得到初始资本结构评估，在此基础上，使用第四个子因素“投资概况”进行调整得到最终结果。此外，标普根据重要性水平，将前三个指标分为两级风险子因素，分别是第一级风险子因素，债务的汇率风险和债务期限概况；第二级风险子因素，债务利率风险。

资本结构的分析步骤为：首先判断第一级风险子因素有无负面情况，以及有几个负面情况，然后判断第二级风险子因素的负面情况，最后根据表 19 得出企业的初始资本结构评估结果。

表 19　初始资本结构评估

初始资本结构评估	子因素分析
中性	第一级风险子因素无负面的情况，第二级风险子因素不考虑。
负面	第一级风险因素评估中，有一项呈负面，且第二级风险子因素呈中性。
非常负面	第一级风险子因素评估均呈负面，或其中一个子因素评估呈负面且第二级风险子因素评估均呈负面。

资料来源：标普《Corporate Methodology》。

第四个子因素“投资概况”量化了公司投资对整体财务风险状况的影响，可以修改初始资本结构评估。如果该子因素被评估为中性，则初始资本结构评估将保持不变。如果投资情况因素被评估为正面或非常正面，标普将向上调整初始资本结构评估以得出最终评估结果。

表 20　最终资本结构评估

	投资概况自因素评估		
初始资本结构评估	中性	正面	非常正面
中性	中性	正面	非常正面
负面	负面	中性	正面
非常负面	非常负面	负面	负面

资料来源：标普《Corporate Methodology》。

资本结构对于基准评级的调整如表 21 所示：

表 21　资本结构调整矩阵

	基准评级范围			
	a－级以上	bbb＋级至 bbb－级	bb＋级至 bb－级	b＋级及以下
资本结构				
1（非常正面）	2 子级	2 子级	2 子级	2 子级
2（正面）	1 子级	1 子级	1 子级	1 子级
3（中性）	0 子级	0 子级	0 子级	0 子级
4（负面）	－1 子级	－1 子级	－1 子级	－1 子级
5（非常负面）	－2 子级或更多	－2 子级或更多	－2 子级或更多	－2 子级

资料来源：标普《Corporate Methodology》。

（3）财务政策

标普对财务政策的评估结果有“积极”、“中性”、“消极”，对于金融控股公司，标普对金融控股公司的财务政策评估结果又分为“FS－4”、“FS－5”、“FS－6”或“FS－6（减）”四类。具体财务政策的评估步骤为：

首先确定是否为金融控股公司，如果为非金融控股公司，标普会评估管理层的“财务准则”和“财务政策框架”。

“财务准则”衡量公司对增加的财务风险的容忍度水平，通过评估实体扩张计划和股东回报策略的可预测性来确定财务准则的评估结果，结果也可以分为积极、中性和消极。其评估结果会对整体财务政策评估产生正面或负面影响，或无影响（评估方法详见表 22）。

表 22　财务准则评估

评估结果	意义	评估指引
积极	管理层可能采取的行动导致杠杆率低于标普的基本情况预测，但不能确定地包含在基本情况假设中。事件风险很低。	管理层承诺并有能力通过快速实施增信措施来减少债务杠杆并增加财务空间，符合其明确的财务政策。这主要与管理层在收购、股东薪酬和组织战略方面采取谨慎和温和政策有关。过去五年的历记录并未显示公司信贷比率长期减弱会支持正面评估结果，该评估结果也与标普对公司基本信用情况的相关假设有关。即使是新的管理层也有成功执行的记录。
中性	预计杠杆率不会与标普的基本情况预测产生实质性偏差。事件风险适中。	管理层在收购、股东薪酬以及组织增长战略方面的财务规则并未导致其杠杆率与其财务政策框架中定义值有显著不同。
消极	杠杆率可能会大大高于标普的基本情况预测。事件风险很高。	与标普的基准假设相比，管理层的财务政策框架并没有明确排除杠杆率的显著增加，这可能反映出其并购和股东薪酬政策以及组织增长战略的事件风险更大。这些观点得到了过去五年历史证据的支持，这些证据表明过去 5 年杠杆率显著且持续处于高峰值，管理层的信贷支持措施仍然没有缓解这一情况。

资料来源：标普《Corporate Methodology》。

“财务政策框架”评估通过评估公司财务政策框架的全面性、财务目标是否明确地传达给大量利益相关者，以及财务目标定义明确性、可实现性以及可持续性来做出决定，评估结果分为“支持型”和“非支持型”，其评估结果不会对整体财务政策评估产生正面影响，可以将评估限制在中性范围内。

最终，通过财务准则和财务政策框架的评估结果，对财务政策进行分析，具体评估指引见表 23。

表 23　财务政策评估

评估结果	意义	评估指引
积极	标普预计管理层的财务政策决策将对评估时间范围内的信贷比率产生积极影响，超出标普根据标准化运营和现金流假设合理建立的预测。一个例子是，一个可靠的管理团队承诺在短期和中期内处置资产或增加权益融资，以减少杠杆率。财务风险概况评估结果为 1 的公司，财务政策将不会被评估为正面。	如果财务准则是正面的，且财务政策框架是支持型的。
中性	根据标普对管理层的财务政策、最近的业绩记录和公司的运营预测的评估，标普认为未来的信贷比率在预测期间内将不会超出标普预测值的范围。标普认为，中性财务政策评估有效地反映出“事件风险”的可能性较低。	如果财务准则是正面的，且财务政策框架是非支持型的。或者当无论财务政策框架评估如何，财务准则保持中立时的情况。

续表

评估结果	意义	评估指引
消极	标普认为信用比率的可预测性较低，根据管理层财务准则（或缺乏准则），认为超出了标普可合理预测范围。与标普根据标准化运营和现金流假设建立的预测结果相比，管理层的财务政策决策可能会在预测时间范围内压低信用指标。	适用于无论财务政策框架评估如何，财务准则评估结果是负面的情况。
金融控股*	标普定义金融控股公司为遵循积极的财务战略的投资实体，用债务和类似债务的工具来最大化股东回报。通常，这些投资人在短期到中期的时间范围内处置资产。金融投资者包括私募股权公司，但不包括基础设施和资产管理基金，这些投资公司会维持较长的投资期限。	标普将金融投资者拥有的公司定义为非金融公司实体，该实体至少40%的普通股权被一个或多个金融投资者拥有，或金融投资者通过优先股保留该实体大部分投票权和控制权，在这种情况下，标普认为金融投资者单独或共同控制着该公司。

注：*评估结果分为 FS-4，FS-5，FS-6，或者 FS-6（减）。

资料来源：标普《Corporate Methodology》。

如果为金融控股公司，鉴于金融投资者策略的内在特征和激进性本质（即短期至中期持有到期、使用债务或类似债务的工具以最大化股东价值），标普会考虑金融投资者的公司战略对公司财务杠杆的影响，而不会单独分析管理层的财务准则或财务政策框架（评估方法详见表24）。

表24　金融控股公司财务风险评估

评估结果	意义	评估指引
FS-4	财务风险值设为4	主体必须满足以下条件：(1) 其他股权所有人必须持有相当比例的股份（不少于20%）。(2) 标普假设金融投资者会在中期内放弃企业控制权。(3) 对于表17（标准级波动性）的主体，负债/EBITDA 小于4倍，且标普估计该值将持续小于4倍；对于表18（中性波动性）的主体，负债/EBITDA 小于4.5倍，且标普估计该值将持续小于4.5倍；或对于表19（低波动性）主体，负债/EBITDA 小于5倍，且标普估计该值将持续小于5倍。(4) 已有迹象表明公司已经规定了一个与较好的财务风险评估结果相称的杠杆（即对于标准级波动性，负债/EBITDA 小于4倍；对于中性波动性的主体，负债/EBITDA 小于4.5倍；或对低波动性主体，负债/EBITDA 小于5倍。(5) 标普评估公司流动性至少足够，且有足够的契约空间。
FS-5	财务风险值设为5	主体必须满足以下条件：(1) 对于表17（标准级波动性）的主体，负债/EBITDA 小于5倍，且标普估计该值将持续小于5倍；对于表18（中性波动性）的主体，负债/EBITDA 小于5.5倍，且标普估计该值将持续小于5.5倍；或对于表19（低波动性）主体，负债/EBITDA 小于6倍，且标普估计该值将持续小于6倍。(2) 标普相信再杠杆风险值对于标准波动主体超过5倍，对于中性波动主体超过5.5倍，对于低波动性主体超过6倍。(3) 标普评估公司流动性至少足够，且有足够的契约空间。

续表

评估结果	意义	评估指引
FS－6	财务风险值设为6	标普评估结果中，负债/EBITDA对于标准波动主体来说超过5倍，对于中性波动主体来说超过5.5倍，对于低波动性主体来说超过6倍。但是，不认为主体在杠杆风险评估值会超过以上值。
FS－6（减）	财务风险值设为6，且初始基准评级降低1个子级（该降级使得最终评级低于“B－”的情况除外）	从标普对金融投资公司的追踪记录来看，标普确信，杠杆在已经很高的基础上，还会进一步增加。

资料来源：标普《Corporate Methodology》。

财务政策对于基准评级的调整如表25所示：

表25 财务政策调整矩阵

	基准评级范围			
	a－级以上	bbb＋级至bbb－级	bb＋级至bb－级	b＋级及以下
财务政策（FP）				
1（积极）	＋1子级 如果M&G至少为满意	＋1子级 如果M&G至少为满意	＋1子级 如果流动性至少为充足的且M&G至少为满意	＋1子级 如果流动性至少为充足的且M&G至少为满意
2（中性）	0子级	0子级	0子级	0子级
3（消极）	－1至－3子级	－1至－3子级	－1至－2子级	－1子级
4（FS－4，FS－5，FS－6［minus］）	N/A	N/A	N/A	N/A

注：标普采用FS－4、FS－5、FS－6［minus］来衡量金融控股公司的财务政策水平。
资料来源：标普《Corporate Methodology》。

（4）流动性

标普对流动性的评估[①]侧重于现金流、现金的来源和使用。这是公司流动性缓冲的关键指标。该分析评估了公司因EBITDA下降而违反契约的可能性、公司应对低概率而高风险事件的能力、公司银行关系情况、公司在信贷市场中的地位以及标普认为其财务风险管理审慎与否。

流动性对于基准评级的调整如表26所示：

① 遵照标普2014年12月16日发布的“方法与假设：全球企业发行人流动性评价指标”。

表 26　流动性调整矩阵

	基准评级范围			
	a－级以上	bbb＋级至 bbb－级	bb＋级至 bb－级	b＋级及以下
流动性				
1（超常）	0 子级	0 子级	0 子级	＋1 子级 如果 FP 是积极、中性、FS－4、FS－5
2（强）	0 子级	0 子级	0 子级	＋1 子级 如果 FP 是积极、中性、FS－4、FS－5
3（充足）	0 子级	0 子级	0 子级	0 子级
4（不充足）	N/A	N/A	－1 子级	0 子级
5（弱）	N/A	N/A	N/A	上限是 b－级

资料来源：标普《Corporate Methodology》。

（5）公司治理

公司治理分析①解决管理层的战略能力、组织效率、风险管理和治理实践如何影响发行人在市场中的竞争力、财务风险管理的优势以及公司治理的稳健性。加强对重要战略和金融风险的管理可以提高公司信誉。

公司治理对于基准评级的调整如表 27 所示：

表 27　公司治理调整矩阵

	基准评级范围			
	a－级以上	bbb＋级至 bbb－级	bb＋级至 bb－级	b＋级及以下
公司治理				
1（强）	0 子级	0 子级	0，1 子级	0，1 子级
2（满意）	0 子级	0 子级	0 子级	0 子级
3（公平）	－1 子级	0 子级	0 子级	0 子级
4（弱）	－2 子级或更多	－2 子级或更多	－1 子级或更多	－1 子级或更多

资料来源：标普《Corporate Methodology》。

（6）可比较评级分析

可比较评级分析是标普确定公司独立信用概况的最后一步。在经过上述调整子因素调整后，可比较评级分析通过“微调”评级结果，对公司初始基础评级提高或降低一级，得出最终的评级结果。这包括对公司的独立信用风险概况进行全面审查，审查中标普会综合评估发行人的信用特征。正面的评估结果可以使得基础评级调升一个子级，负面评估导致基础评

① 遵照标普 2012 年 11 月 13 日发布的“方法：企业实体与保险公司的公司治理信用指标”。

级调降一个子级，中性评估对基础评级不产生影响。

标普认为每个潜在子因素的评估结果都分布于某一区间范围内。因此，生成最终评级结果的每一个子因素的评估值都可以位于该区间的高端或低端，或者在中间点：（1）如果标普认为其子因素的相对排名通常处于该区间的较高端，则公司会得到正面的评估；（2）如果标普认为其子因素的相对排名通常处于该范围的较低端，则公司会收到负面评估；（3）如果标普认为其子因素的相对排名通常与范围的中间一致，则公司会收到中性评估。

可比较评级分析最直接的应用是在以下领域的评估中：（1）业务风险评估。如果标普认为公司在业务风险类别中的评估结果，可能处于较高或较低的位置，公司将分别获得正面或负面微调。（2）财务风险评估和财务指标。如果公司的实际和预测指标恰好高于（或刚好低于）财务风险状况范围，标普可给予正面（或负面）微调。

此外，标普还会考虑上述分析框架中未涵盖的其他因素或未完全捕获的现实存在的因素。主要有：（1）短期运营记录。对于新成立的公司或经历过转型事件的公司，例如重大收购，缺乏经营和财务业绩的既定记录可能导致负面评估，直到建立这样的业绩记录。（2）经营实体的转变。标普预期经过经营实体转变的公司信用增加、削弱或尚未在前述评估指标中完全获取其评价标准时，标普可能会给予正面或负面的评估。这种转变可能发生在重大剥离或收购之后，或在其战略、业务或财务结构的重大改革期间。（3）行业或宏观经济趋势。当行业或宏观经济趋势表明公司财务状况的加强或削弱，但该趋势尚未表现在其他评价指标时，公司可以分别获得正面或负面评估。（4）不寻常的融资结构。公司具有独特的财务资源，这些资源的评价在传统比率或流动性分析或资本结构分析中无法获得，则公司可以得到正面的评估。（5）或有风险敞口。如果公司不能很好识别、管理和预留或有风险敞口（在担保被调用、衍生品合同违约条款被激活或者重大诉讼识别下的或有风险敞口），可能导致负面评估。

在上述基准评级的基础上，利用评级调节器中多元化或组合效应、资本结构、流动性、财务政策、公司治理和可比较评级分析这六个指标的具体情况，将基准评级进行微调，最终得到个体信用概况。

确定最终级别

最后，评级体系考虑了政府（政府相关实体）或集团的持续支持或负面影响，并确定发行人最终级别。

（三）惠誉

1. 评级方法概述

惠誉对于综合油气行业的评级主要是采用评级指示器。评级指示器的结构一般包括行业风险概况、国家风险评估、业务概况和财务概况。其中每个关键因素在指示器上以“三子级带”表示，而非具体的级别。惠誉在使用评级指示器时，主要通过图形表示出受评机构的各主要因素及其子因素的信用等级分布范围，以评价受评机构的信用等级。评级指示器首先是确定企业的行业风险上限，然后再分析企业的运营环境，最后对企业的业务概况和财务概况进行分析，以确定最终级别。

惠誉对于每个评级因子评估都包括三个关键信息：（1）整体因素评估在整个评级范围内描述为“三子级带”；（2）该因素在信用分析中的相对重要性；（3）箭头方向表示因子级别展望。

以“多元化”这一关键因素为例（见图3）。图3中第一列为“多元化”这个因子整体的“三子级带”评估，第二列是“多元化”指标的二级因子，第三列是受评企业在二级因子下的概况，第四列是受评企业的二级因子评级，是在简单的评级类别（即“bbb”、“bb”，没有+或−修饰符）中选择。在对受评企业“多元化”这一因素进行评级时，先是根据受评企业二级因子概况（第三列）得出相应评级（第四列），然后根据各二级因子评级，平衡每个二级因子的优势、劣势和相对影响程度（注意不是子因子的数学平均值），得到一级因子“多元化”评级带（此表中显示为“a−”到“a+”）。

Diversification

Overall factor assessment	Sub-factors	Sub-factor selected description	Category
a+	Geographic diversification	Revenue base well spread out geographically	a
a	Commercial vs. defence split	Active in both commercial and defence segments, although one dominates	bbb
a−	Programme/product diversification	Active in a large number of programme	a
bbb+	Aftermarket presence	Moderate aftermarket presence	bbb
bbb	Customer concentration (Non-prime suppliers)	Limited exposure to a particular customer, top customer less <10% of revenue and top-five programmes <30% of revenue	a

Source: Fitch, Aerospace and Defence Navigator

图3 评级关键因素“三子级带”评估示例

（资料来源：惠誉《Corporate Rating Criteria》）

惠誉还对每个评级因子相对总体评级的重要性进行了区分，相对重要性是“更高”、“平均”或“更低”。

通过使用箭头表示“正面”、“负面”、“稳定”或“演变”趋势，提供了每个因素的展望指示。例如，如果发行人的评级展望为“正面”，则可以预期至少有一个评级因素的评级展望为“正面”。由于这些因素应该以周期性的角度进行评估，预计大多数展望将被设定为“稳定”，但特别是对于速度更快的财务比率，展望就可能为“正面”或“负面”。

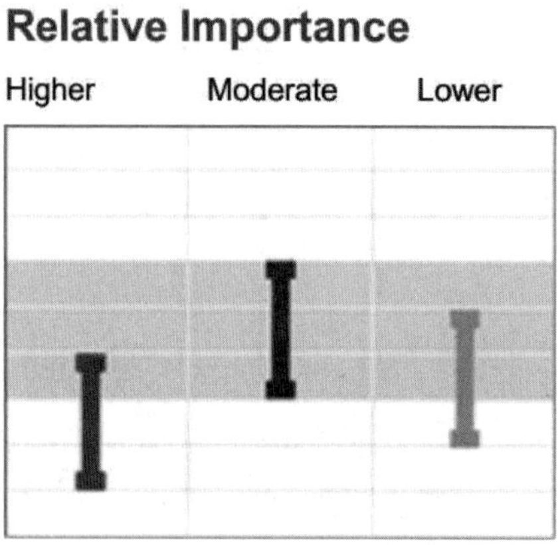

图 4　评级关键因素相对重要性示例

（资料来源：惠誉《Corporate Rating Criteria》）

综合行业风险概况、运营环境、业务概况和财务概况各评级因素的“三子级带”展示情况，经过一定的综合考量得出最终的发行人评级。评级指示器不使用任何明确的因子权重，主要是因为风险要素的重要性可能会随着时间的推移而迅速变化，或在发行人之间显著不同。

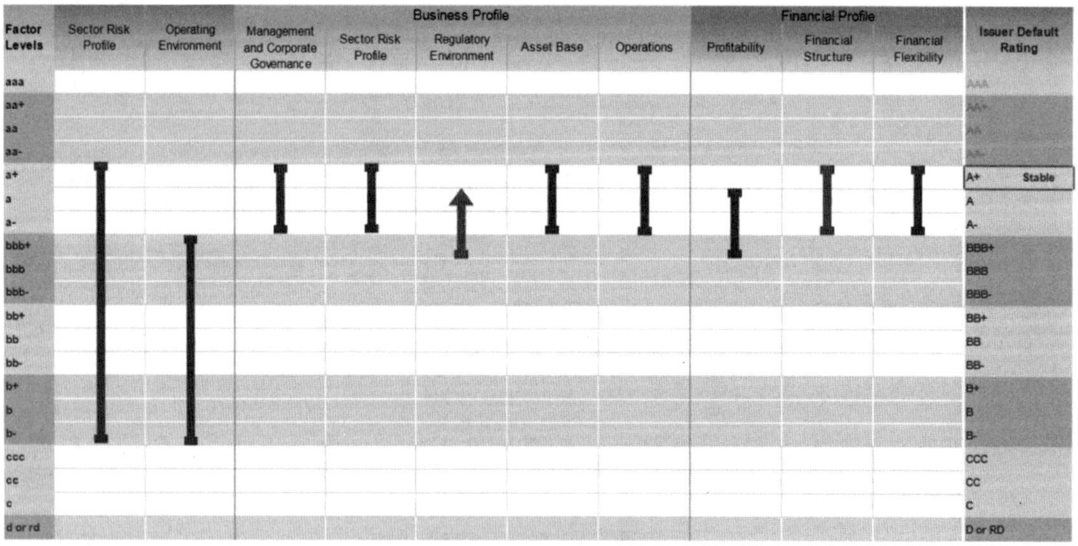

图 5　惠誉评级指示器完整示例

注：该评级指示器非综合油气行业企业，仅做参考。

（资料来源：惠誉《Corporate Rating Criteria》）

2. 评级关键因素及步骤

评级指示器中的关键因素包括行业风险概况、国家风险、五个业务概况和三个财务概况（综合油气行业评级关键因素详见表 28）。

表 28 惠誉综合油气行业评级关键因素

关键因素	具体因素
行业风险概况	确定了信用评级的上限，且并不是简单地复制行业内现有评级的范围
国家风险	运营环境分析、转让和汇兑风险
业务概况	管理和公司治理（管理战略、公司治理的结构和质量、与集团结构相关的风险以及财务透明度）、四个特定行业的关键因素（多样化和环境风险、证明储备、现金流周期、生产规模）
财务概况	盈利能力、财务结构和财务灵活性

资料来源：惠誉《Corporate Rating Criteria》《Sector Navigator》。

具体分析步骤如下：

（1）确定受评企业同业比较组

首先，惠誉评级委员会通过对受评企业的行业风险、国家风险、业务概况与财务风险的特征进行初步分析，确定受评企业最合适的同业比较组，以便在此基础上根据历史数据和对未来的预测缩小评级范围。

（2）行业风险分析

行业风险概况确定了各个行业的级别上限。对于综合油气公司而言，其可以获得的最高级别为“AAA”/“AA”的投资级类别；但仅针对上游生产的油气公司，评级最高是“A+”。

（3）国家风险分析

国家风险的评估，通常是对企业运营环境的分析，有时也包括转让和兑换风险，惠誉评估国家风险对企业信用状况的影响。运营环境评估，反映了更广泛的非特定行业背景对发行人运营的影响。它包括惠誉评级在评估国家风险对企业的影响时所考虑的广泛因素。具体到综合油气行业，关注点主要包括：①消耗基础资产，并需要不断重新投资运营的能力；②商品价格暴露导致的周期性收益和现金流量情况、与商业周期相关的需求波动情况；③地缘政治因素，包括：改变税收结构/制度、潜在的资产征用和接触人为灾难（战争）等；④环境政策风险和由此产生的税费；⑤极端天气对生产和需求的影响；⑥技术开发增强利用新资源和现有资源的能力情况。

（4）业务概况分析

业务概况分析中，第一个关键因素是管理和公司治理，对所有行业企业的评估均要用到此因子，包括对管理战略、公司治理的结构和质量、与集团结构相关的风险以及财务透明度的评估；其他四个因子是特定行业的关键因素，综合油气行业的具体指标因子为：多样化和环境风险、探明储备、现金流周期和生产规模，如表 29 所示。

表 29　综合油气行业特定关键因素

级别	多样化和环境风险		探明储备	现金流周期	生产规模
	多样性	环境风险	储备（boe）	自由现金流	规模（千 boe/日）
aa	综合参与者能够从多样性和波动利差中获益，从而使项目顺利进行。评级受运营规模的限制。	无	≥4 billion	整个周期都是正的	≥2000
a	上游勘探与生产公司拥有更多样化的项目或更小的集成。不易受价格波动的影响；很少存在成本超支和生产延迟的情况。	无	2.5 –4 billion	整个周期大多数都是正的	700 –2000
bbb	上游勘探与生产公司拥有多样化的项目或更小的集成。不易受价格波动的影响；仍然存在成本超支和生产延迟的问题。	与环境法规和/或材料相适应，但相对于预计现金流量，补救成本可管理。	1.5 –2.5 billion	整个周期是中性的	175 –700
bb	上游勘探与生产公司拥有很少的项目。易受价格波动的影响；成本超支；生产延迟。	高于平均值的环境法规和/或相对于预计现金流量的高补救成本。	0.4 –1.5 billion	整个周期中性至负面	75 –175
b	上游勘探与生产公司只拥有一点点的项目。易受价格波动的影响；成本超支；生产延迟或破产。	与预计的现金流量相比，严重暴露于环境法规和/或非常高的补救成本。	<0.4 billion	整个周期都是负面的	<75
ccc	上游勘探与生产公司集中暴露于无利可图的运营和/或重大的绿地开发风险。	由于多项惩罚性环境补救成本与预计现金流量相关，大量现金减值已经或即将结束。	储备基础迅速下降，威胁到运营的长期可持续性。	持续负的现金流，从股权/债务/处置中获得有限的资金。	生产迅速下滑，转机的希望有限。

资料来源：惠誉《Sector Navigator》。

（5）财务风险分析

财务风险分析的指标有现金流与盈利能力、财务结构和财务灵活性。尽管这些因素对所有行业都是共同的，但个别比率的选择及其每个评级类别的中点在不同行业之间存在很大差异。综合油气行业财务概况关键因素如表 30 所示。

表 30　综合油气行业财务概况关键因素

	盈利能力	财务结构	财务灵活性
级别	FFO（$）	租赁调整后的 FFO 总杠杆	金融纪律
aa	25 billion	1.2x	公开宣布保守的财政政策，跟踪记录严格遵守。

续表

	盈利能力	财务结构	财务灵活性
a	8 billion	2. 2x	明确承诺维持保守政策，只允许适度的偏差。
bbb	4 billion	2. 8x	财务政策不如同行保守，但一贯应用。
bb	1. 5 billion	3. 8x	现有的财务政策，但应用它们的灵活性可能导致暂时超过降级指南。
b	<750 million	5. 0x	没有财务政策或忽略它的记录。机会主义行为。
ccc	快速减少的 ffo	>8. 0x	财务管理已经失去了很多纪律，并且受到与危机环境一致的频繁突然变化的影响。
	资本支出/CFO（%）	租赁调整后的 FFO 净杠杆	流动性
aa	67%	1. 0x	流动性非常舒适；在接下来的 24 个月内无须使用外部资金。分散的债务到期日。多元化的资金来源。
a	<100%	2. 0x	非常舒适的流动性。良好的债务到期日程表。多元化的资金来源。
bbb	100%	2. 5x	一年流动资金比率高于 1. 25 倍。债务的到期日程安排良好，但资金可能不那么多样化。
bb	资本支出材料在大多数时期由生产项目的现金流覆盖，但由于块状资本支出而暂时偏离。	3. 5x	流动性比率约为 1. 0 倍。不太顺利的债务到期或集中资金。
b	由于专注于扩张性项目，资本支出预计将在评级范围内大幅超过现金流量。	4. 5x	流动资金比率低于 1 倍。过度依赖一个资金来源。
ccc	没有持续的收益	>7. 0x	没有近期的流动性复苏前景。所有/大多数资金来源都存在重大执行风险。
		总调节债务/经营 Ebitdar	FFO 固定费用覆盖
aa		1. 0x	10. 0x
a		2. 0x	8. 0x
bbb		2. 5x	6. 0x
bb		3. 5x	4. 0x
b		4. 5x	3. 0x
ccc		>7. 0x	1. 25x
			外汇风险暴露
aa			没有重大外汇不匹配。

续表

	盈利能力	财务结构	财务灵活性
a			盈利能力可能与外汇风险不匹配，但套期保值是有效的。债务和现金流量很好地匹配。
bbb			一些有关盈利能力和/或债务/现金流量的外汇风险相匹配。有效的对冲到位。
bb			盈利能力和/或债务/现金流量的外汇风险相匹配。一些套期保值到位，但只是部分有效。
b			大额外汇风险。没有重大/无效的套期保值。
ccc			外汇风险主导损害发行人以现金方式偿还债务的能力。
			EBITDAR/总利率费用 + 租金
aa			15. 0x
a			13. 0x
bbb			9. 0x
bb			7. 0x
b			5. 0x
ccc			1. 25x

资料来源：惠誉《Sector Navigator》。

（6）确定最终级别

综合行业风险概况、国家风险概况、业务概况和财务概况各评级因素的“三子级带”展示情况，经过一定的综合考量得出最终的综合油气企业评级。

05　煤炭行业国内外信用评级方法的比较与研究

联合评级　工商二部　余瑞娟　周珂鑫　于彤昆　王晓鹏　（2018－12）

一、评级主体界定

（一）国内主体界定

国内各评级机构多以国家统计局的《国民经济行业分类》（GB/T 4754—2011）进行行业划分，其中煤炭行业定义为“对各种煤炭的开采、洗选、分级等生产活动”，“不包括煤制品的生产和煤炭勘探活动”，对应目录中“B 采矿业”中“B0610 烟煤和无烟煤开采洗选”、“B0620 褐煤开采洗选”和“B0690 其他煤炭采选”三类。评级机构主要以受评企业收入构成为筛选条件来界定。此外，由于受评对象具备特殊性，因此，“可能需要依据受评对象的特性采取有针对性的分析，本方法所提及的评级要素可能并非完全适用”。

（二）国外主体界定

标普和穆迪①所制定的企业评级方法适用于全球范围内的工商企业，由于各国行业界定标准不一，因此，二者并无标准的“行业分类准则”可寻。具体到煤炭行业，标普煤炭行业评级方法适用采矿上游行业评级方法，穆迪煤炭行业评级方法适用采矿行业评级方法。

二、评级思路

（一）国内煤炭行业评级逻辑

国内评级机构评级思路较为统一，均在对煤炭行业特点（周期性、政策性因素影响大、盈利能力对于资源禀赋的依赖性以及补充储量和开发新矿产的需求而导致的资本密集性、运输瓶颈、历史遗留问题）进行分析和总结之上，识别影响煤炭行业企业级别的重要因素，如政策变动方面、煤炭企业的规模、煤种、煤质、开采条件以及区位优势等煤炭企业自身拥有的资源禀赋和盈利能力等因素。此外，国内煤炭企业较为重视政策性因素以及获得外部支持的可能性。

---

① 惠誉未披露煤炭企业或者煤炭相关行业企业评级方法，因此本处不涉及。

（二）国外评级思路逻辑

与国内评级机构不同，标普认为采矿类上游行业具有强周期性及适度的竞争风险和行业经济增长，将采矿上游行业的风险等级定为“适度的高风险性”。由于采矿行业的行业特点，国别风险对整个行业的影响较大，标普对国别风险的判断思路较为新颖，采用对整个国家的 EBITDA 进行分解的方式来判断国别风险的大小。在进行财务风险评估时，标普采用过去两年和未来三年的财务指标，比较关注不同企业的财务可比性，并且和穆迪同样十分关注企业的偿债能力。

相比标普，穆迪设置的指标更为直接，侧重点更为明显，并且通过将指标量化并映射到各个级别，最终形成了一套完整的打分体系，在实际应用中具有较强的可操作性。在指标的选取上，穆迪将最大的权重分配给杠杆水平和偿债能力指标。财务政策为穆迪对采矿行业内企业进行评级的第二个定性指标，若企业的财务政策更重视债权人的利益，并将举债经营维持在稳健水平，才可获得更高的信用评级。

三、各评级机构对煤炭企业的评级要素及逻辑

（一）标普评级要素

标普行业评级方法的思路为从风险的角度切入，对影响企业偿债能力的风险因素做出了详尽的分析，但未对相关指标进行量化、赋以权重或者进行级别映射。值得注意的是，标普的评级标准全球适用。采矿行业的评级要素主要涵盖经营风险、财务风险和级别调整项三方面。

1. 经营风险指标

行业风险：标普认为采矿上游行业具有强周期性及适度的竞争风险和行业经济增长，将采矿上游行业的风险等级定为“适度的高风险性”。

周期性：采矿行业内企业的收入和盈利能力周期性高，尤其在价格高企和边际利润极高的时期，企业持续大规模增产导致产能过剩，产能过剩将使行业周期性加剧。因此，标普将采矿行业周期性的等级定为“高”。

竞争风险和行业经济增长：标普认为行业的竞争风险和行业经济增长可能会减轻或加剧周期性对行业风险状况的总体影响，因此设置竞争风险这一二级指标，对周期性进行补充；并通过以下 4 个三级指标对采矿行业风险进行分析。

行业壁垒：中等风险

由于采矿行业属资本密集型，新入驻该行业需要投入大量的资金用于购置固定资产，并且受开采条件的影响，企业或将投入资金用于基础设施建设。由于全球矿储资源量日益减少，且资金面紧张，采矿行业的行业壁垒方面为中等风险。

利润空间的水平和趋势：中等风险

标普认为行业内企业的利润空间会随着经济周期和商品周期而持续波动。金属和大宗商

品的市场是全球性的，采矿行业的分散性较强、产品同质性高，竞争主要来自于价格，但矿产定价标准统一，企业无定价权，对采矿企业利润水平产生一定影响。此外，采矿活动的危险性、监管和税收政策等风险，也将直接压缩采矿企业的利润空间。但多数采矿企业成本控制能力较强，与消费者联系紧密，行业内技术更新速度较慢、研发成本低，使得采矿行业内的企业仍有很强的盈利能力。因此，标普认为采矿行业内企业的利润水平和趋势面临中等风险。

长期的产品、服务和技术的变化和替代风险：低风险

尽管金属和矿物在下游生产和应用中逐渐被其他金属和塑料取代，但代替品的范围存在局限性，从而平滑了行业内产品被取代的速度。

行业经济增长风险：低风险

矿业是一个成熟的行业，其中长期的销售收入增速与名义 GDP 的增速相近，需求的增速在发达国家低于 GDP 的增长，在新兴市场上高于 GDP 的增速；同时销售收入在经济扩张阶段高于 GDP 增速，在经济衰退阶段大幅下降。标普认为采矿行业的行业经济增长为“适度”水平。

国别风险：标普认为，相对于其他行业，采矿企业更易受国别风险影响，国别风险因素对企业的信用质量影响程度很大，其中风险因素主要包括在特定国家开展业务时面临的经济、制度、金融市场和法律监管等相关风险。具体分析中，标普通过将一国的 EBITDA 进行分解的方式来评估国别风险；若 EBITDA 无法获取，则用营业利润、EBIT、税前利润或固定资产代替；如税收政策在不同国家存在差异，标普则更关注净利润或经营性现金流净额。

竞争地位：标普设置竞争优势，规模、范围和多样性，经营效率和盈利能力 4 个三级指标对竞争优势进行分析。其中，前三项指标的评价标准为“很强”、“强”、“一般”、“较差”和“差”；盈利能力则通过盈利能力的现有水平和盈利的波动性衡量。

竞争优势

企业增加产量和矿储的能力：主要考虑企业未来 5 ~ 10 年在建及拟建项目的规划情况；技术情况过往项目的推迟情况以及成本超支情况；充分利用目前拥有的基础设施及劳动力的能力等因素。

公司增长潜能和公司战略：主要考虑产量的增速（标普认为产量的稳定增长能够为公司中长期的偿债能力提供保障），经营战略是否过于激进（拟建项目规模过大甚至超过公司现有经营规模，因为这种策略将分散管理资源，带来管理风险以及资金的紧张）等因素。

其他：如市场份额的获取、订单管理、定价能力、运输条件等，比如是否接近市场，是否有自有铁路或港口使得公司在同行业中具有优势（这种优势对于大宗商品的生产企业更为明显），是否和下游客户签订长期合同，因行业集中度高而拥有的定价权（适用于小众行业）等因素。

规模、范围和多样性

资产多样性——经营场所的数量和规模；固定资产剩余使用年限；产品多样性；经营场

所的地理位置多样性和采矿行业特有的监管风险敞口。

经营效率

成本控制水平：受矿储质量、采矿条件（露天或地下，是否易发生自然灾害）、基础设施质量、能源和人工成本和汇率等因素影响。

三废排放合同（特别是小规模企业）

盈利能力

盈利水平：用息税折旧摊销前利润率衡量（EBITDA/总收入），若该比率高于25%，则“高于行业平均”；若处于15%～25%，则可达到“行业平均水平”；若低于15%，则“低于行业平均”。

盈利波动性：标普用从“1”（最稳定）到“6”（最不稳定）的6个点衡量盈利能力的波动性。在衡量企业盈利波动性时，标普利用回归标准误（SER），并用企业的EBITDA作为样本计算企业的SER。

2. 财务风险指标分析

标普在制定采矿行业的财务风险分析评级方法时，主要依据其工商企业评级方法，与其他行业的工商企业财务评级方法相同。标普在进行财务分析时考虑了企业过去两年的财务指标以及通过对矿产价格进行假定来预测企业未来三年的财务指标；在对现金流覆盖指标进行分析的时候考虑了公司特有的经营活动现金流的波动性以及公司未来资本支出项目。

会计科目调整：为确保全球范围内的企业的财务数据可比性，标普会进行财务数据调整，如某企业遵守IFRS会计准则，另一企业遵守US GAAP会计准则，那么在进行企业比较时，需将两企业的会计准则同一并进行报表调整。

持续性交易：标普认为，某些矿业公司生产的部分副产品（如贵金属）可采用持续性交易的方式向下游销售。例如，某公司以某一现价将副产品预售给下游并收到部分预付货款（相当于出售了一个副产品的期权），并在随后发出货物同时收到相对应部分的货款。有时这种交易可能会延续很长时间，因为下游客户在进行生产时，并非必须全额支付其余货款并接收全部货物，而是可随时按比例收货并支付相应货款，因此相当于下游客户享有还款灵活性，但在交易中，下游需要支付一定比例的利息。对企业来说，在订单内的全部货物未完全交割至下游客户时，企业不能将已收款项用于资本扩张，因为下游客户有权在进行产品检测后，因对产品的质量不满意而申请退款。标普视这种持续性交易为下游企业的融资行为。

因此若符合以下情况，标普认为交易性质为持续性交易，并对企业债务进行调减：①下游客户以分期付款和分期收货的方式进行原材料采购而非通过借款采购；②在下游客户资不抵债时，企业享有对担保人的追索权（某些流动性交易可增加外部担保）；③如果发生违约则企业可要求下游客户加速还款；④下游客户可因对商品不满意而申请退款；⑤下游客户可为还款提供超额抵押或其他可确保还款的安全机制。

标普认为，相对于全额支付全部货款并进行货物交割的方式，这种动态交易方式可减少违约风险的发生，确保企业能及时收到销售货款。由于这类交易涉及约定利率，标普会对企业的收入、EBITDA 和融资活动现金流进行相应调整。

现金流/杠杆比率：采矿业公司现金流量的评级方法与其他行业工商企业的评级方法相同，在评估企业现金流/杠杆时，标普制定了六个等级，依次为“最小”、“适度”、“中等”、“显著”、“激进”和“高杠杆”。在指标设置方面，标普设置了两大核心比率和五大补充比率（包括补充覆盖率和补充回报率）。其中，核心比率包括营运现金流/全部债务（FFO①/DEBT）和全部债务/EBITDA（DEBT/EBITDA）；补充覆盖率包括经营现金流/现金利息（FFO/cash interest）、EBITDA/利息（EBITDA/Interest）；补充回报率包括经营现金流/全部债务（CFO/DEBT）、自由经营现金流/全部债务（FOCF②/DEBT）和可支配现金流/全部债务（DCF③/DEBT）。

3. 调整项指标

除经营风险指标和财务风险指标，标普还在公司经营战略、债务风险、经营活力和资金流动性以及发行主体独立信用情况等方面设置调整项，对企业的信用等级进行调整。

多样性：此指标采用与其他行业工商企业评级方法相同，主要考察矿业公司的产品多样化程度。

资本结构：标普采用公司债务风险、债务集中到期风险、与债务相关的利率风险、投资这四个指标对企业的资本结构进行评估。

流动性：标普对企业的流动性评估主要是依据其对企业现金流的来源及应用情况进行考量。该指标体现了当企业的 EBITDA 下滑时，企业债务违约的可能性。

财务政策：标普主要对股东或管理层的经营策略以及通过财务政策体现的偿债意愿进行评估，比如企业是否倾向于举债经营或是否更加优先考虑债权人的利益。标普认为，若企业的财务政策表现为积极的，则体现为其财务政策可在长期内对企业的信用带来积极影响，并可以此为依据对企业的经营以及现金流稳健性有乐观的预期。

公司治理：标普通过对企业管理的战略能力、组织有效性、风险管理和治理实践进行评估。这些因素可影响企业在市场上的竞争力、其财务风险管理的强度以及其治理的稳健性。若企业加强对重要战略和金融风险的管理，可以提高其信用评级。

独立信用分析：标普采用“独立的信用分析”方法（SACP）进行可比评级分析，即不考虑外部支持（包括股东支持、政府支持或来自某些第三方的资金支持等因素）的情况下，发行人的信用等级情况。

（二）穆迪评级要素

穆迪采矿企业的评级方法主要包含对规模、经营情况、盈利能力和经营效率、杠杆水平

---

① FFO = EBITDA – 利息费用 – 当期税费。

② FOCF = CFO – 资本性支出。

③ DCF = FOCF – 支付给普通股股东和优先股股东的现金分红。

和偿债能力以及财务政策等方面的考量，对每个要素设置了相应权重，对每个要素予以量化和级别映射，并对最终得分进行级别映射，形成了一套完整的采矿行业打分体系。穆迪考虑的具体指标如下：

1. 规模——20%权重

规模提供了一个重要的指标，显示一个公司获取收入的能力，整体的市场竞争力，对市场的重要程度以及对商品价格和需求的弹性。

规模较大的企业在不同的产品价格及需求情况下具有更大的弹性，这对于周期性行业来说显得尤为重要。大规模的收入使得公司在材料成本控制上以及管理效率上具有规模效应。规模较大的企业也往往能够产生大量的现金流用于资本投入和缩减债务规模，有利于公司在资本市场的融资来降低资本成本。

穆迪采用财务报表中的总收入指标来衡量规模变量，如表1所示：

表1　穆迪对规模的权重设置以及各级别所对应区间的映射情况 单位：%、十亿美元

一级指标	权重	二级指标	权重	Aaa	Aa	A	Baa	Ba	B	Caa	Ca	C
收入	20	收入	20	≥100	50~100	25~50	15~25	5~15	2~5	1~2	0.5~1	<0.5

资料来源：穆迪采矿行业评级方法，联合评级整理。

注：收入的最大值为1,500亿美元，若大于该值，此项得分为0.5；最小值设定为0。

2. 经营情况——25%权重

经营情况反映了企业获取收入及现金流的能力以及公司获得现金流的稳定性和可持续性，这对一个高的周期性和产品价格波动较大的行业来说是一个很重要的考量因素；经营情况也体现了一个矿业公司在其产品价格较低或者持续下降的过程中公司的自我调节能力。矿业公司经营情况主要包括其销售商品的种类及市场，竞争地位（主要由公司的成本控制决定），经营的区域分布以及市场需求情况。对环境的敏感性、监管及政策风险是另外一个关键的因素。

衡量企业的经营情况要素包括：收入和现金流的波动（主要受公司商品的多样性风险及运营风险、竞争地位以及地理分布上的多样性所影响）；企业竞争地位（主要受公司的采矿成本及其他成本控制的能力影响）；区域分布（考虑矿产资源的区域分散性，只拥有3个或者更少的矿的企业得分比那些拥有很多矿的企业得分低）；政策及监管环境。

通常，穆迪打分模型不指望一个公司的经营情况可以精确地匹配一个级别范围，通常会按照符合最多的特征来确定指标对应的信用级别，但是也存在某个特征对一个公司的因子得分特别重要的情况，例如，一个拥有3个及以下的矿产的公司，其得分很有可能被限制在B或Caa的范围，因为这种经营风险是非常高的。

穆迪采用定性的方式来区分业务概况指标所映射的信用等级，具体如表2所示：

表 2　穆迪对业务概况的权重设置以及各级别所对应的标准

指标	信用级别	不同信用级别的对应标准
经营情况（25%）	Aaa	企业预期的经营成果几乎不因行业的波动而发生波动。支持依据为：企业的行业地位为行业龙头，有成熟并有效的成本控制办法，科技优势明显，影响力覆盖全球。采矿行业面临低的地缘政治风险。
	Aa	企业预期的经营成果因行业的波动而发生极小波动，支持依据为：企业的行业地位极高，因其拥有成熟并有效的成本控制办法和全球领先的科技水平，企业抗风险能力很高。采矿行业面临低的地缘政治风险。
	A	企业预期的经营成果因行业的波动而发生小波动，支持依据为：企业在其相关行业的行业地位很高，具备持续的竞争优势，原材料市场的波动对其成本不造成影响，具备很强的产品多样性优势。采矿行业面临有限的地缘政治风险。
	Baa	企业预期的经营成果因行业的波动而发生温和波动，支持依据为：企业在某些重要市场或区域的行业地位很高，产品市场被纵向整合或可将成本的变化转移到下游客户。企业良好的产品多样性特点，可帮助其缓冲因下游需求发生突然或无法预期的变化而造成的影响。采矿行业面临温和但可控的地缘政治风险。
	Ba	产品主要是无差别的，并且市场的竞争度高，使公司的经营活动处在高度波动的阶段，风险敞口主要体现在：确定的（既定而难以改变的）市场地位，良好的成本控制且可将成本的变化转移到下游客户，具有明确的多样性特性，包括适度的经营集中度。采矿行业面临中等水平的地缘政治风险。
	B	产品是无差别的，市场竞争激烈且消费者对价格敏感度高，因此公司经营活动高度波动。公司没有有利的成本控制方法或其他竞争优势。经营集中程度高。公司经营集中在采矿行业面临高的地缘政治风险的国家。
	Caa	经营成果的预期波动性极强。公司有适当的市场占有率，较小的竞争优势，生产成本或高于平均水平，生产基地或集中，非常高的经营集中度（1 个或 2 个经营地点），公司经营仅在采矿行业面临高的地缘政治风险的国家。
	Ca	近期的经营成果在任何置信度上都难以预测，没有实质上的竞争优势，公司经营仅在采矿行业面临高的地缘政治风险的国家。
	C	近期的经营成果已经无恢复的可能性或者已经没有任何实质上的竞争优势。

资料来源：穆迪采矿行业评级方法，联合评级整理。

3. 盈利能力和经营效率——10% 权重

考虑盈利能力的原因为：公司在不同的经济环境下，需要产生足够的现金流来增加再投资以及调整债务结构，这对一个资本密集型的行业尤其重要；考虑公司成本控制的原因为：矿业公司对产品价格的定价能力弱，对成本投入的定价权也弱，较好的成本控制能力是一个企业在行业下行周期内仍保持盈利能力的重要因素。

息税前利润收入比——10% 权重

息税前利润收入比即用 EBIT 除以总收入。穆迪在息税前利润率计算时，往往采用年限平均法，将分母分子分别求平均，起到平滑作用。此外，穆迪也对每年的息税前利润率进行统计，进行趋势分析。穆迪认为，采矿行业内的企业需要不断地进行固定资产投资，保持产品的竞争力，因此 EBIT 比 EBITDA 更适合衡量企业的盈利能力。

穆迪采用设置区间的方式来区分盈利能力和经营效率指标所映射的信用等级，具体如表 3 所示：

表 3　穆迪对盈利能力和经营效率的权重设置以及各级别所对应区间的映射情况

指标	权重	Aaa	Aa	A	Baa	Ba	B	Caa	Ca	C
EBIT Margin	10%	≥50%	35% ~50%	20% ~35%	15% ~20%	10% ~15%	6% ~10%	2% ~6%	-5% <2%	< -5%

资料来源：穆迪采矿行业评级方法，联合评级整理。

4. 杠杆水平和偿债能力——30% 权重

相对于价格波动较小的公司，矿业公司对负债水平容忍度较低，因为较低的债务水平能够保证矿业公司在竞争中具有较大的经营弹性。

EBIT 利息保障倍数——10% 权重

即 EBIT 除以利息费用，穆迪在计算利息保障倍数时，往往采用年限平均法，将分母分子分别求平均，起到平滑作用。此外，穆迪也对每年的息税前利润率进行统计，进行趋势分析。此指标用于衡量企业支付负债利息的能力。

全部债务/EBITDA——10% 权重

穆迪在计算 Debt/EBITDA 时，往往采用年限平均法，将分母分子分别求平均，起到平滑作用。此外，穆迪也对每年的息税前利润率进行统计，进行趋势分析。

全部债务/全部资本——5% 权重

即全部债务除以全部资本，全部资本指全部有息债务和所有者权益的求和。穆迪认为，此指标衡量公司总资本中有息债务的占比。运用此指标可进行同行业内不同公司间的资本结构和风险承受能力的横向对比。

(经营现金流净额 - 分红)/全部债务——5% 权重

穆迪在计算此指标时，往往采用年限平均法，将分母分子分别求平均，起到平滑作用。此外，穆迪也对每年的息税前利润率进行统计，进行趋势分析。

穆迪采用设置区间的方式来区分杠杆水平和偿债能力指标所映射的信用等级，具体如表 4 所示：

表 4　穆迪对杠杆水平和偿债能力的权重设置以及各级别所对应区间的映射情况

指标	权重	Aaa	Aa	A	Baa	Ba	B	Caa	Ca	C
Interest coverage ratio	10%	≥20x	15x ~20x	7x ~15x	4. 5x ~7x	3x ~4. 5x	1. 5x ~3x	1x ~1. 5x	0. 5x -1 x	<0. 5x
Debt/EBITDA	10%	≤0. 5x	0. 5x ~1x	1x ~1. 5x	1. 5x ~2. 75x	2. 75x ~3. 5x	3. 5x ~4. 5x	4. 5x ~7. x	7x -9x	>9x
Debt/Total Capital	5%	≤20%	20% ~30%	30% ~40%	40% ~50%	50% ~70%	70% ~80%	80% ~90%	90% ~110%	>110%

续表

指标	权重	Aaa	Aa	A	Baa	Ba	B	Caa	Ca	C
(CFO - Dividends)/Debt	5%	≥70%	55% ~70%	45% ~55%	35% ~45%	20% ~35%	10% ~20%	5% ~10%	0% ~5%	<0%

资料来源：穆迪采矿行业评级方法，联合评级整理。

5. 财务政策——15%权重

穆迪对企业财务政策的评估包括管理层和董事会对财务风险的容忍程度，以及公司资本结构的未来发展方向。管理层和董事会对财务风险的容忍程度是反映企业信用等级的重要因素，因为它直接体现为企业的债务水平、信用等级以及当企业的财务和资本结构发生不利变化时面临的潜在风险。

穆迪首先通过评估企业预期的资本结构和信用水平、历史投融资活动以及其对公司整体规划的贯彻性来考核公司的财务政策指标。穆迪也十分关注管理者的经营表现，以及在不同的经济周期下对现金流的灵活运用。此外，穆迪还关注管理层对关键事件的反应，比如信贷市场和流动性环境的变化、相应的法律法规的调整、来自行业内竞争者挑战和监管压力等。

管理层对于兼并收购活动的偏好程度、被收购对象的选择（如对同业内核心竞争对手的收购或对同业内新设企业的收购）、资金的获取方式等，也是评估公司财务政策的重要标准。具体来看，企业进行收购的频率高低、收购对企业经营发展的重要程度以及收购活动的资金来源等方面，都将影响企业在财务政策指标中的评分。此外，穆迪还考虑企业如何平衡股东回报和债务持有人的利益。若以牺牲债权人利益为代价来支持股东回报，亦将影响企业在财务政策指标中的评分。

穆迪采用定性方式来区分财务政策指标所映射的信用等级，具体如表5所示：

表5 穆迪对财务政策的权重设置以及各级别所对应的标准

二级指标	信用级别	不同信用级别的对应标准
财务政策（10%）	Aaa	企业的财务政策极其保守，财务政策相关指标十分稳定，可长期对自身的信用状况进行非常强有力的公开承诺
	Aa	企业的财务政策非常保守且稳定，财务政策相关指标稳定，因发生风险事件而影响企业信用评级的可能性极小，可长期对自身的信用状况进行强有力的公开承诺
	A	企业的财务政策是可预期能够保护债权人利益的，尽管存在一定的风险事件，但因杠杆而导致的风险小并且只是暂时的，可对自身的信用状况进行非常可靠的承诺
	Baa	企业的财务政策可平衡债权人和股东的利益，存在举债收购而导致的风险，或存在因股权结构而影响企业的信用状况
	Ba	企业的财务政策倾向于对股东更有利而非债权人，财务风险可能因股权结构、进行收购或改变资本结构而高于平均水平
	B	企业的财务政策对股东更有利而非债权人，财务风险可能因股权结构、进行收购或改变资本结构而处于高水平

续表

二级指标	信用级别	不同信用级别的对应标准
财务政策（10%）	Caa	在不稳定的经济环境下，企业的财务政策可导致可估计的债务重组风险
	Ca	即使在稳定的经济环境下，企业的财务政策可导致可估计的债务重组风险
	C	企业的财务政策导致迫在眉睫的债务重组风险

资料来源：穆迪采矿行业评级方法，联合评级整理。

6. 调整项

环境保护、法律及其他考虑

主要考虑：后续环境修复及补救的要求，这种可能会持续很多年，各种监管可能会要求企业成立专项基金去满足后续的环境修复支出；关于空气污染的要求；关于土壤、水及废弃物的管理；二氧化碳的限制排放；当地的委员会以及农业生产对于水资源使用的影响；自然灾害以及人工损失等。其他方面的考虑还包括安全生产记录情况等。

社会问题

这里考虑能实质上引起重大损失的事项，例如通过对公司名誉或者政府与被雇佣者之间的关系造成不好的影响，对公司带来的损害。

公司治理

穆迪认为公司治理的重点包括审计委员会的专业性、高管的薪酬体系、关联方交易管理、与外部审计的互动以及所有权结构等方面。

资源储备情况

公司的矿产资源的探明储量揭示了公司未来可能可以合法动用的资源，代表了公司生产经营的可持续时间，尤其是对于拥有较少资源、级别较低的企业来讲更是如此。影响资源质量的因素主要包括煤矿的等级、修复费率、金属价格假设、可获得的地理数据以及新的资源与原先的资源具有联系还是需要重新开发。地质条件也非常重要，因为它会影响恢复税率以及开采运营成本，资源的地理位置（包括处于地表还是地下、海拔以及是否接近终端市场）也在考虑之内。

然而由于随着时间的推移，特许权等会发生变化，因此资源储备水平不是测算未来现金流的一个好的指标。此外，探明储量、资源等级、恢复费率以及可采年限在不同的金属之间区别较大，因此，我们在考虑资源质量的时候是在特定的金属类别、公司的财务报告要求以及同行业对比的前提下来进行的。

管理战略

管理质量是支撑企业信贷实力的重要因素。穆迪通常通过评估企业的经营计划执行能力来考量企业的管理质量。

财务控制

穆迪根据审计报告的准确性来决定该调整项的评级。财务报告的质量可受企业内控的影响，审计人员对财务报告的评论和不正常的财务报表的重述或监管文件的延迟可能反映企业内控的弱点。

流动性管理

穆迪认为流动性指标对采矿行业十分重要，特别是针对某些经营和财务灵活性较差的投机级别发行人。穆迪从资金来源和使用角度衡量企业的短期流动性，也通过审核企业与银行的业务合同来佐证当企业面临经营困境或行业下行时，是否有充足的流动性。

多余现金的管理能力

有些公司会在账面保留多于经营活动所需的现金，多余的现金也是信用评级时考虑的一个重要因素。但通常，持有较多的现金的动机才是我们应该重点关注的因素，这可能跟公司的财务政策、是否有投资机会以及股东施加压力等有关。

额外的指标考虑

打分卡中包含了该行业中影响级别的重要的因素，但针对具体的公司，我们也可以采用别的指标，这些指标有利于我们对打分卡上的一些指标的未来预测。例如自由现金流，虽然对级别没有直接的影响，但是可以对公司未来发展及未来的现金流形成支持。

非全资拥有的子公司

一些公司倾向于分散其在子公司的股权，例如，子公司 IPO 之后，其对上市公司现金流的控制能力减弱；母公司对子公司的控制权减弱，面临控制权转移的风险，得到的分红减少等。

事件风险

穆迪认为，一个突然的事件可能导致发行人信用等级的急速下调。这些事件包括财务重组、法律的变化等足以拖垮一个好的公司。

股东支持

如果矿业公司的母公司很强大，且其在母公司的战略定位较高，将有助于其级别的提升。此处会考虑到股东在矿业公司遇到财务困难的时候是否会提供资金或者财务支持或者策略的激励，或者过去是否已经这么做了。相反，如果股东债务负担较重，且给公司带来较大负担，亦会带来其评级级别的下调。

很多矿业公司与国企具有紧密的关系，对级别有一定支持作用；但对于有些公司来说，政府的关系也可能对其带来负面的影响，比如价格控制等。

其他外部支持

在一些国家，大的公司在遇到财务困难的时候更容易获得政府或者银行的支持，因为其对经济的影响较大；穆迪的评级方法同时也考虑在企业遇到困难时，大的团体或者银行系统的关系所提供的支持。

7. 发行人主体等级与融资工具等级的分配

穆迪根据打分卡结果，给予企业主体级别后，会通过企业关系树（工商企业）或基本信贷评估（控股股东担保企业、政府控股企业和政策扶持企业）对企业融资工具评级做出适当调整。这种调整除了基于上述因素，还考虑了预期损失和质押物品。

8. 前提假设

穆迪的假设包括主权信用风险与其国内发行者的风险密切相关；对于同一发行人，在法律优先索赔的条件下，通过不同类别债券的平均回收率的差异，以及相同发行人在不同类别的融资工具上的评级级别存在差异，佐证了流动性是信用风险的一个重要驱动因素。

较为长远的观点，事后可能证实是错误的，造成这种错误的原因可能是宏观经济环境、金融市场条件、行业竞争颠覆性技术以及监管和法律措施的变动。

9. 限制

评级方法中的打分卡是个相对简单的工具，主要关注了一些相对重要的变量；当一个主体即将违约时，信用的损失及恢复在打分卡中未考虑；此外，打分卡也受它的上下界限的限制，在上下界限处的打分可能没那么准确。

打分卡中每个指标及子指标的权重，代表在级别确定中的重要性程度，但实际各指标的重要性还要具体公司具体对待。

打分卡外的因素（包括上面谈到的其他评级考虑部分）也可能对级别产生重要影响，且重要性可能根据具体情况不太一样。所以穆迪经常将定性因素纳入风险评估以缓解定量因素的负面影响。

表 6 为标普和穆迪煤炭行业评级方法的对比。

表 6 标普和穆迪对煤炭行业相关实体评级方法对比①

标普（采矿上游行业评级方法）			穆迪（采矿行业评级方法）		
一级指标	二级指标	三级指标	一级指标	二级指标	比重
经营风险	行业风险	—	规模	收入	20%
	周期性	—	经营情况	当前成本控制能力 进一步减少经营成本的能力	25%
	竞争风险和行业经济增长	行业壁垒 利润空间的水平和趋势 长期的产品、服务和技术的变化和替代风险 行业经济增长风险		产品或矿物品种的丰富程度	
	国别风险	—		终端市场的活跃度	
	竞争地位（包括盈利能力）	竞争优势 规模、范围和多样性 经营效率 盈利能力		矿区和生产线的 地理位置及数量	

① 标普的采矿行业评级方法未列出具体权重。

续表

标普（采矿上游行业评级方法）		
一级指标	二级指标	三级指标
财务风险	会计科目调整	—
	动态交易	—
	现金流及杠杆	—
	核心比率	营运现金流/全部债务 全部债务/EBITDA
	补充比率	营运现金流/现金利息 EBITDA/利息 经营现金流/全部债务 自由经营现金流/全部债务 可支配现金流/全部债务
级别调整项	多样性	—
	资本结构	公司债务风险、债务集中到期风险、与债务相关的利率风险、投资
	流动性	—
	财务政策	—
	公司治理	—

穆迪（采矿行业评级方法）		
一级指标	二级指标	比重
盈利能力和经营效率	息税前利润收入比	10%
杠杆水平和偿债能力	EBIT 利息保障倍数	10%
	全部债务/EBITDA	10%
	全部债务/全部资本	5%
	(经营现金流净额－分红)/全部债务	5%
财务政策	财务政策	15%
级别调整项	环境保护、法律及其他考虑	多余现金的管理能力
	社会问题	额外的指标考虑
	公司治理	非全资拥有的子公司
	资源储备情况	事件风险
	管理战略	股东支持
	财务控制	其他外部支持
	流动性管理	—

资料来源：联合评级根据标普、穆迪相关评级方法整理。

（三）国内各评级机构评级方法比较

表 7　国内评级机构对煤炭企业评级方法对比

联合资信/联合评级	东方金诚	大公国际	上海新世纪	远东资信	中诚信国际/ 中诚信证评	鹏元评级	中债资信
行业风险要素 宏观经济运行状况 供需与煤炭价格 行业政策 行业竞争	—	**偿债环境** 产业政策 信用环境	—	**宏观因素** **行业环境** 行业供需 行业竞争 行业政策	—	**业务发展状况评估要素** 外部运营环境 公司治理和管理 公司经营竞争力 公司背景和外部支持	—
企业基本素质 企业性质与规模 资源禀赋及区位条件 业务互补情况 装备及技术水平 安全环保	**业务风险** 经营环境 企业竞争力 业务运营 企业管理	**财富创造能力** 市场供需 产品竞争力 管理竞争力 经营性盈利和财务实力 偿债来源 偿债能力	**业务风险** 宏观环境 行业风险 竞争地位 盈利能力/同业比较 公司治理与战略管理	**企业运营** 规模和市场地位 资源禀赋 成本效率 区位条件 多元化程度	**七大评级要素** 储量规模 成本效率与盈利能力 财务政策 财务实力 业务多样性与安全 生产规模	**财务风险状况评估因素** 公司规模 营运能力 盈利能力 偿债能力 成长能力	**经营风险要素** 资源禀赋 区位条件 规模和市场地位
经营与竞争力 收入和业务结构 主要产品的市场竞争力 主要产品的销售渠道、价格政策 并购重组与重大资本支出 经营业务的关联程度、同业竞争和关联交易等情况	**财务风险** 财务报表质量 资本结构 营运能力 现金流与偿债能力 偿债能力		**财务风险** 风险容忍度/财务政策 会计政策 现金流状况 负债结构和资产质量 流动性/短期因素	**管理与战略** 管理素质 发展战略 **财务分析** 会计信息质量 资本结构 资产质量及流动性 盈利性 现金流分析 财务弹性 或有事项	**其他因素** 外部支持 公司治理与管理 流动性 战略与管理 运力保障 环境保护 安全、维简费	**特殊风险调整事项** 外部经营环境重大变化 公司治理和管理存在重大问题 重要子公司失去风险 公司及董事、监事和高管的重大违法违规风险 法定代表人变更国籍风险	**财务风险要素** 资本结构 盈利能力 偿债指标 **影响企业自身信用等级的调整因素** 公司治理 发展战略 财务信息质量 指标严重异常 其他因素

续表

联合资信/联合评级	东方金诚	大公国际	上海新世纪	远东资信	中诚信国际/中诚信证评	鹏元评级	中债资信
战略与管理 发展战略 组织管理形式			**其他考虑因素** 股东支持 重大特殊事件 重大资本开支及计划 历史包袱及人员负担	**外部支持分析**		公司战略投资规模及失败风险 审计报告质量风险 企业历史信用水平风险 对外担保风险 未决诉讼及行政处罚风险 安全事故及或有事项风险	**影响企业信用等级的外部支持调整因素** 外部支持
财务风险要素 信息披露与采纳准则 资产质量 资本结构 盈利水平 偿债能力	**债项因素** 债券特征 偿还保障						

资料来源：公开资料，联合评级整理。

四、国内外评级机构煤炭企业评级方法比较及启示

（一）国内外评级机构煤炭行业评级方法比较

国内外评级机构煤炭企业评级方法的逻辑基本相同，均通过经营要素、财务要素、管理要素等判断企业的信用风险和信用级别。其区别主要在于：

1. 外部经营环境（行业风险、周期性等）对信用等级的影响

在外部经营环境方面，标普已将采矿行业风险等级定为“适度的高风险性”、将采矿行业周期性的等级定为“高”、将竞争风险定义为“中等”，同时注重在特定国家开采的国别风险；穆迪在评级方法中并未设置行业发展情况、行业竞争或周期性等指标，而是通过收入规模的持续性、稳定性判断煤炭企业抵御行业周期性波动的能力。

而国内主要评级结构大多设置了宏观经济运行状况、行业供需、行业政策等指标，这些指标在一定时期内的变动会影响该行业内企业在该时期的信用级别情况。

2. 安全环保等对信用等级的影响

由于我国煤炭行业集中度较低、开采机械化程度水平差距较大，且国内对环保要求的逐步提高，国内主要评级机构在分析煤炭企业的信用情况时，大多设置了安全环保方面的指标；而标普和穆迪在设置指标方面均未在环保、安全事故方面设置相关指标。

3. 股东背景以及行业政策对于煤炭行业信用等级的影响

由于我国特殊的国情背景以及历史遗留问题，部分具有国有背景的煤炭企业承担了一定的社会职能并得到较大的股东支持，大大降低了债券违约的可能性，因此，国内评级机构在对煤炭企业进行评级时更多地关注了企业的股东支持，而弱化了企业的债务负担情况；另外，我国市场化程度整体相对较低，政府对煤炭市场干涉力度大，国内评级机构在对煤炭行业企业进行评级时普遍关注了煤炭行业的政策性因素。

（二）对我国煤炭行业评级方法的启示

由于我国煤炭资源较为丰富，企业的发展历史和现状与国际上存在一定差异，且目前仍产能过剩严重，因此在对国内煤炭企业的信用评级方面，国内评级机构的评级方法更加适用。但国内评级机构仍然可以从国际三大评级机构得到一定的启示：

1. 国际三大评级机构更多关注采矿企业自身抵抗行业周期性的能力，并未设置宏观经济运行指标、行业供需指标，这样的指标设置可以保证在宏观经济下行、行业供需矛盾加剧的情况下，对采矿企业的信用评价相对保持稳定。

2. 穆迪对财务政策的权重设定为15%，相对标普和国内主要评级机构更为重视该项指标。穆迪认为，管理层对于兼并收购活动的偏好程度、被收购对象的选择（如对同业内核心竞争对手的收购或对同业内新设企业的收购）、资金的获取方式等，是评估公司财务政策的重要标准，体现了公司的偿债能力和偿债意愿。此外，穆迪还考虑企业如何平衡股东回报和债务持有人的利益，若以牺牲债权人利益为代价来支持股东回报，亦将影响企业在财务政

策指标中的评分。这是一种较为主观判断的指标，但直接决定了管理层的偿债意愿问题，我们在进行评级工作时应予以重点关注。

3. 关于经营性负债

标普在对负债进行衡量的时候考虑了持续性交易，认为持续性交易为下游行业的一种融资行为，需要对企业的债务进行调减。同样地，因正常的经营活动产生的负债亦应进行调减，才能真正反映企业的债务水平。

4. 关于自由现金流的概念

由于煤炭企业需要持续的资金投入来保持生产经营规模以及保证市场竞争力，因此，标普引入了可支配现金流/全部债务的概念，用“经营性净现金流 - 投资活动现金流出 - 分红”来衡量 DCF。DCF 是一个企业可以真正支配的现金流。

另外，穆迪采用 EBIT 利息倍数而非 EBITDA 利息倍数衡量对利息的偿还能力，穆迪认为折旧和摊销是一个矿业企业平均需要的支出，以此来保证正常的生产经营以及产能扩张，因此在考虑其偿债能力时，不应该将该部分考虑进去，这对国内的评级思路是一个很好的参考。

06　有色金属行业国内外信用评级方法的比较与研究

联合评级　工商二部　周婷　李莹　李博文　（2018－12）

一、评级主体界定

（一）国内主体界定

国内评级机构有色金属企业评级方法多将有色金属行业定义为包括有色金属采选、有色金属冶炼和有色金属压延三个子行业。各评级机构在表述上分为两类，其中，联合资信、联合评级、中诚信国际、大公国际、中债资信、上海新世纪将有色金属企业定义为以有色金属采选、冶炼、加工一体化为主营业务的企业；鹏元资信和远东资信侧重于以有色金属冶炼、精细加工为主营业务的企业，将矿产采选作为有色金属企业向上游延伸。各评级机构在评级方法内容的实质上是相同的，都考虑了矿产资源对于有色金属企业信用水平的影响，并未适用于单独以矿产采选为主营业务的企业。评级机构主要以受评企业收入构成为筛选条件来界定。此外，由于受评对象具备特殊性，因此，“可能需要依据受评对象的特性采取有针对性的分析，本方法所提及的评级要素可能并非完全适用”。

（二）国外主体界定

标普和穆迪①所制定的企业评级方法适用于全球范围内的工商企业，由于各国行业界定标准不一，因此，二者并无标准的“行业分类准则”可寻。具体到有色金属行业，标普将矿业分为上游与下游，其中上游指主营收入来源为金属、矿石的开采及相关洗选产品的公司，下游指冶炼、制造、销售该种金属、矿石，或同时炼钢、炼铝的垂直一体化生产商。穆迪将行业分为开采与冶炼，开采指铁矿、煤矿或其他金属的开采以及随后的粗炼和精炼，冶炼指外购矿石作为原料用以冶炼或者深加工、利润来源主要是基于高附加值产品的公司。由于标普与穆迪均秉持一以贯之的评级思路，因此本文将二者关于上下游的论点融合后分别论述。

① 国际三大评级机构中惠誉未披露有色金属企业或者有色金属相关行业企业评级方法，因此本文不涉及。

二、评级思路

（一）国内有色金属行业评级逻辑

国内评级机构评级思路较为统一，均在对有色金属行业特点（强周期性、资源端受限、产业链发展不均衡、无产品定价权、价格波动明显、政策性因素影响大、资本密集性等）进行分析和总结之上识别影响有色金属行业企业级别的重要因素，如资源获取及保障能力、有色金属产业政策、规模及市场地位及财务风险。此外，国内有色金属企业较为重视政策性因素以及获得外部支持的可能性。

（二）国外评级思路逻辑

标普的分析框架最为清晰，其将企业信用风险分为经营风险和财务风险，并在具体行业的评级方法中沿用了此分析框架。穆迪则直接将各风险要素按照不同权重列出，体现了分析方法的全球一致性和标准化处理规则。穆迪与标普的基本评价要素一致，但两者对风险的来源及影响的认识确是不同的。

三、各评级机构对有色金属企业的评级要素及逻辑

表 1　标普和穆迪对有色金属行业相关企业评级方法对比①

标普			穆迪		
一级指标	二级指标	三级指标	一级指标	二级指标	比重
经营风险	行业风险	—	规模	收入	20%
	周期性	—	经营情况	当前成本控制能力 进一步减少经营成本的能力	20%
	竞争风险和行业经济增长	行业壁垒； 利润空间的水平和趋势； 长期的产品、服务和技术的变化和替代风险； 行业经济增长风险		产品的丰富程度	
	国别风险	—		终端市场的活跃度	
	竞争地位（包括盈利能力）	竞争优势； 规模、范围和多样性； 经营效率； 盈利能力		矿区和炼厂的地理位置及数量	

① 标普的评级方法未列出具体权重。

续表

<table>
<tr><td colspan="3">标普</td><td colspan="3">穆迪</td></tr>
<tr><td>一级指标</td><td>二级指标</td><td>三级指标</td><td>一级指标</td><td>二级指标</td><td>比重</td></tr>
<tr><td rowspan="5">财务风险</td><td>会计科目调整</td><td>—</td><td rowspan="2">盈利能力和经营效率</td><td>息税前利润率</td><td>10%</td></tr>
<tr><td>动态交易</td><td>—</td><td>平均有形资产回报率</td><td>5%</td></tr>
<tr><td>现金流及杠杆</td><td>—</td><td rowspan="4">杠杆水平和偿债能力</td><td>利息保障倍数</td><td>7.5%</td></tr>
<tr><td>核心比率</td><td>营运现金流/全部债务
全部债务/EBITDA</td><td>全部债务/EBITDA</td><td>15%</td></tr>
<tr><td>补充比率</td><td>营运现金流/现金利息
EBITDA/利息
经营现金流/全部债务
自由经营现金流/全部债务
可支配现金流/全部债务</td><td>全部债务/全部资本</td><td>5%</td></tr>
<tr><td rowspan="5">级别调整项</td><td>多样性</td><td>—</td><td>(经营现金流净额－分红)/全部债务</td><td>7.5%</td></tr>
<tr><td>资本结构</td><td>公司债务风险、债务集中到期风险、与债务相关的利率风险、投资)</td><td>财务政策</td><td>财务政策</td><td>10%</td></tr>
<tr><td>流动性</td><td>—</td><td rowspan="4">调整项</td><td>管理战略</td><td rowspan="4"></td></tr>
<tr><td>财务政策</td><td>—</td><td>公司治理</td></tr>
<tr><td rowspan="2">公司治理</td><td rowspan="2">—</td><td>财务控制</td></tr>
<tr><td>流动性管理</td></tr>
</table>

资料来源：联合评级根据标普、穆迪相关评级方法整理。

（一）标普评级要素

1. 行业风险评价

基于有色金属行业周期性风险高、竞争风险适度以及有色金属行业具备的成长性，标普评估有色金属行业具备适度高的产业风险。相比于国内评级机构，标普的评级方法以有色金属行业适度高风险作为切入点，特别地，标普的评级思路围绕着有色金属行业的周期性作为展开。

有色金属行业的周期性风险体现在行业中企业收入和利润的周期性波动上。通常情况下，特定行业的盈利水平的周期性越强，该行业内企业的信用风险越大。但是，标普认为考察行业的周期性不能一概而论，行业的竞争环境和所处经济体的成长性，也应该纳入考察。标普认为在衡量周期性风险时，应当注意有色金属企业所处经济体的发展阶段；在成熟经济体中，行业周期性会相对明显；在发展中经济体中，由于经济体本身具备较强增长性，因此，此环境下的有色金属企业具备较高的稳定性。

由于有色金属行业首先是高度资本密集，其次，设厂时间周期长、新开矿山、环保监管、终端品控、用户认可度都加大了新建厂区的难度。此外，有色金属企业的设立还面临监管或经营许可的审批等问题。因此，有色金属行业具备一定的进入壁垒。受供需不平衡、原材料价格波动影响，有色金属行业的盈利边际是持续下滑的。虽然金属产品的替代产品不断涌现，但这个过程是渐进的；同时，由于金属的终端应用广泛，有色金属企业面临的被替代风险很低。有色金属行业销售收入增速在经济扩张阶段高于 GDP 增速，在经济衰退阶段大幅回落；但整体看，有色金属行业中长期的销售收入增速与名义 GDP 的增速相近。

国别风险因素对企业的信用质量影响程度很大，其中风险因素主要包括在特定国家开展业务时面临的经济、制度、金融市场和法律监管等相关风险。标普通过判断企业固定资产、收入取得情况，以评估有色金属企业受到的国别风险影响。

2. 企业竞争地位

标普认为，工商企业的竞争地位主要体现为：竞争优势，规模、机遇和分散化，经营效率，盈利能力；其中盈利能力又可以划分为盈利水平和盈利波动性。

虽然有色金属企业的规模并非一个明确的评级要素，但规模所带来的经营范围的拓展、规模经济都会给企业带来更多的盈利机会。中小有色金属企业则受到产品、市场份额低和分散化能力弱的约束；跨国有色金属企业通常会取得更有竞争力和多样的产品品种。品种多样性则主要体现在分散特定产品价格波动对企业收入的冲击；有色金属企业若仅仅是产品多样化，而非终端市场的丰富，则仍会受到经济周期的冲击。标普着力于评估有色金属企业面临的是量价稳定的市场，还是面临量价波动较大的市场。通常情况下，若有色金属企业销售给供销商，更有可能弱化为市场价格接受者，因此价格通常是反复无常的；若有色金属企业销售给固定的终端客户，更有可能取得稳定的销量和售价。

有色金属企业是否能够获取具备成本竞争力的原材料系有色金属企业成本控制的关键。对于长流程的金属生产企业，这意味着获得低廉优质的有色金属矿石供应。通过外采而取得原材料的有色金属企业将暴露在原材料价格波动中，具有高度垂直整合能力的有色金属企业能够获得自己的低成本原材料。值得注意的是，能够整合金属矿石资源对于有色金属企业并非绝对的优势；除非资源优势能有效地转化为成本优势，否则维持资源禀赋所导致的资本支出反而会对有色金属企业造成不利影响。在考察产能利用率时，有色金属企业在产量水平和固定成本结构方面具有灵活性。在需求低迷的时期，压缩产量和成本对于有色金属企业来说至关重要。

盈利水平方面，标普的评估不仅仅依赖于历史数据。通常情况下，衡量盈利水平的 EBITDA 利润率是五年均值（分别为 T－2、T－1、T＋0、T＋1、T＋2 均值）。此外，如果历史数据不可靠，标普会赋予预期数据更大的权重。另外，标普通过回归标准误（SER）以确定盈利的波动性。具体来看，使用至少 7 年的 EBITDA（或 ROC）历史数据来测算 SER，并将测算结果分为“好（稳定）”和“坏（波动）”；如果没有足够的历史信息来计算 SER，标普采用“工商企业评级方法”中的判定准则来确定盈利的波动性。

3. 财务风险度量

财务风险分析方面，有色金属企业的财务分析与其他行业的工商企业财务评级方法相同。标普认为，财务报表的准确性审查应该与行业内的竞争对手进行比较，因此，标普在进行财务分析时会对公司的审计报告做定量调整。

有色金属企业现金流量的评估方法与其他行业工商企业的评级方法相同，在评估企业现金流/杠杆时，制定了六个等级，依次为“最小”、“适度”、“中等”、“显著”、“激进”和“高杠杆”。在指标设置方面，标普设置了两大核心比率和五大补充比率（包括补充覆盖率和补充回报率）。其中，核心比率包括营运现金流/全部债务（FFO/DEBT）和全部债务/EBITDA（DEBT/EBITDA）；补充覆盖率包括经营现金流/现金利息（FFO/cash interest）、EBITDA/利息（EBITDA/Interest）；补充回报率包括经营现金流/全部债务（CFO/DEBT）、自由经营现金流/全部债务（FOCF/DEBT）和可支配现金流/全部债务（DCF/DEBT）。

会计科目调整方面，为确保全球范围内的企业的财务数据可比性，标普会进行财务数据调整，如某企业遵守 IFRS 会计准则，另一企业遵守 US GAAP 会计准则，那么在进行企业比较时，需将两企业的会计准则同一并进行报表调整。

持续性交易方面，标普认为，某些矿业公司生产的部分副产品（如贵金属）可采用持续性交易的方式向下游销售。例如，某公司以某一现价将副产品预售给下游并收到部分预付货款（相当于出售了一个副产品的期权），并在随后发出货物同时收到相对应部分的货款。有时这种交易可能会延续很长时间，因为下游客户在进行生产时，并非必须全额支付其余货款并接收全部货物，而是可随时按比例收货并支付相应货款，因此相当于下游客户享有还款灵活性，但在交易中，下游需要支付一定比例的利息。对企业来说，在订单内的全部货物未完全交割至下游客户时，企业不能将已收款项用于资本扩张，因为下游客户有权在进行产品检测后，因对产品的质量不满意而申请退款。标普视这种持续性交易为下游企业的融资行为。

因此若符合以下情况，标普认为交易性质为持续性交易，并对企业债务进行调减：①下游客户以分期付款和分期收货的方式进行原材料采购而非通过借款采购；②在下游客户资不抵债时，企业享有对担保人的追索权（某些流动性交易可增加外部担保）；③如果发生违约则企业可要求下游客户加速还款；④下游客户可因对商品不满意而申请退款；⑤下游客户可为还款提供超额抵押或其他可确保还款的安全机制。

标普认为，相对于全额支付全部货款并进行货物交割的方式，这种动态交易方式可减少违约风险的发生，确保企业能及时收到销售货款。由于这类交易涉及约定利率，标普会对企业的收入、EBITDA 和融资活动现金流进行相应调整。

4. 调整项指标

除经营风险指标和财务风险指标，标普还在公司经营战略、债务风险、经营活力和资金流动性以及发行主体独立信用情况等方面设置调整项，对企业的信用等级进行调整。

多样性：此指标采用与其他行业工商企业评级方法相同，主要考察有色金属企业的产品多样化程度。

资本结构：标普采用公司债务风险、债务集中到期风险、与债务相关的利率风险、投资这四个指标对企业的资本结构进行评估。

流动性：标普对企业的流动性评估主要是依据其对企业现金流的来源及应用情况进行考量。该指标体现了当企业的 EBITDA 下滑时，企业债务违约的可能性。

财务政策：标普主要对股东或管理层的经营策略，以及通过财务政策体现的偿债意愿进行评估，比如企业是否倾向于举债经营、或是否更加优先考虑债权人的利益。标普认为，若企业的财务政策表现为积极的，则体现为其财务政策可在长期内对企业的信用带来积极影响，并可以此为依据对企业的经营以及现金流稳健性有乐观的预期。

公司治理：标普通过对企业管理的战略能力、组织有效性、风险管理和治理实践进行评估。这些因素可影响企业在市场上的竞争力、其财务风险管理的强度以及其治理的稳健性。若企业加强对重要战略和金融风险的管理，可以提高其信用评级。

独立信用分析：标普采用“独立的信用分析”方法（SACP）进行可比评级分析，即不考虑外部支持（包括股东支持、政府支持或来自某些第三方的资金支持等因素）的情况下，发行人的信用等级情况。

（二）穆迪评级要素

1. 规模——20%

穆迪认为，基于有色金属行业的周期性和价格波动特征，规模更大的有色金属企业能够更加灵活地应对需求和价格冲击。更大规模的有色金属企业能够有效地摊薄原材料采购和企业运营所带来的融资、法务、税务以及会计成本；由于现金流充裕，更大规模的有色金属企业能够更好地应付资本支出以及债务压缩等问题。此外，更大规模的有色金属企业往往具备更多的融资渠道，以便于其降低融资成本。

2. 经营情况——20%

穆迪将那些能够影响有色金属企业获利能力、经营现金流的因素，以及能够影响上述因素可持续性和稳定性的因素，统一纳入“经营情况”进行考量。对于一个有色金属企业来说，核心的经营情况包括：市场地位、成本竞争能力、产品以及产品终端市场多样化的能力、应对区域政治事件的能力等。

市场地位很大程度上决定了有色金属企业短期内对抗波动和长期内维持稳定经营的能力。进一步来看，产品质量、生产技术、产品工艺和客户服务对有色金属企业的市场地位产生极大的影响，上述品质有助于有色金属企业维护良好的客户关系、获取更强的价格谈判能力以及锁定长期合同。

主要精炼金属很难做到差异化，有色金属企业之间价格竞争较为激烈；因此，穆迪认为，成本压缩的能力决定了有色金属业的竞争地位。由于原材料价格在完全成本中占比很高，因此，有色金属企业控制原材料价格的能力尤为重要。

生产基地的合理布局，产品和终端市场的合理分散也很重要，否则有色金属企业将面临产品单一或对单一市场产生依赖的问题。通过生产区域的多样化，罢工、设备故障、停电以及其他原因导致能操作风险能够得到一定程度的缓解。此外，地域多样性有助于有色金属企业减轻贸易壁垒和关税对其出口的冲击。由于有色金属工业产业链遍及全球，因此，地缘政治亦是深刻影响有色金属企业经营的重要因素。政府若主导去产能行为或通过环保来遏制本地有色金属企业的发展，那么收益的一定是国外生产企业。相反地，进口限制、关税、反倾销条款则可以保护本地有色金属企业，但这又会波及到其他产品市场。

3. 盈利能力和经营效率——15%

穆迪认为，只有盈利才能为有色金属企业提供持续的现金流，同时帮助有色金属企业取得优势性的竞争地位（包括市场营销、研究充分的再投资、设施和人力资本）。如果结合企业所具备的稳定或增长的市场份额来看，维持高利润率通常是衡量经营效率和有色金属企业实质性竞争优势的有力指标。

4. 杠杆水平和偿债能力——35%

杠杆和现金流覆盖倍数能够很好地衡量有色金属企业愿意承担的财务风险水平，同时，该指标也衡量了有色金属企业维持其竞争地位、再投资以及偿债的能力。相比于其他行业，有色金属行业现金流的稳定性一般、产品价格波动较大，因此，有色金属企业承受过高财务杠杆的能力相对较差。保持较低杠杆率的有色金属企业在经营和经济条件发生变化时，具备更大的灵活性，并通过有机增长或收购来投资企业。

5. 财务和管理政策——10%

管理层和董事会对财务风险的容忍程度是反映企业信用等级的重要因素，因为它直接体现为企业的债务水平、信用等级以及当企业的财务和资本结构发生不利变化时面临的潜在风险。穆迪首先通过评估企业预期的资本结构和信用水平、历史投融资活动以及其对公司整体规划的贯彻性来考核公司的财务政策指标。穆迪也十分关注管理者的经营表现，以及在不同的经济周期下对现金流的灵活运用。此外，穆迪还关注管理层对关键事件的反应，比如信贷市场和流动性环境的变化、相应的法律法规的调整、来自行业内竞争者挑战和监管压力等。

6. 调整项

管理战略：管理质量是支撑企业信贷实力的重要因素。穆迪通常通过评估企业的经营计划执行能力来考量企业的管理质量。

公司治理：穆迪认为公司治理的重点包括审计委员会的专业性、高管的薪酬体系、关联方交易管理、与外部审计的互动以及所有权结构等方面。

财务控制：穆迪根据审计报告的准确性来决定该调整项的评级。财务报告的质量可受企业内控的影响，审计人员对财务报告的评论和不正常的财务报表的重述或监管文件的延迟可能反映企业内控的弱点。

流动性管理：穆迪认为流动性指标对采矿行业十分重要，特别是针对某些经营和财务灵活性较差的投机级别发行人。穆迪从资金来源和使用角度衡量企业的短期流动性，也通过审核企业与银行的业务合同来佐证当企业面临经营困境或行业下行时是否有充足的流动性。

（三）国内各评级机构评级方法比较

表 2　国内评级机构对有色金属企业评级方法对比

联合资信/联合评级	远东资信	大公国际	上海新世纪	中诚信国际/中诚信证评	鹏元评级	中债资信
行业信用风险要素 宏观经济 行业政策 产品价格 行业竞争 行业景气度	**宏观及区域环境** 国内外宏观经济状况、国内产业结构调整、有色金属储量等		**业务风险** 宏观因素 行业因素 竞争地位 盈利能力 公司治理与运营管理		**业务发展状况评估要素** 外部运营环境 公司治理和管理 经营竞争力 公司背景和外部支持	
企业基本素质 企业性质与规模 资源禀赋及区位条件 生产工艺及设备技术 安全环保	**行业环境** 行业供需 行业竞争 行业政策	**偿债环境** 政治法律环境 信用环境	**财务风险** 风险容忍度/财务政策 会计政策 现金流状况 负债结构和资产质量 流动性/短期因素		**财务风险状况评估因素** 公司规模 营运能力 盈利能力 偿债能力 成长能力	**经营风险评级要素** 宏观经济 行业政策 价格波动 资源环境 规模和市场地位 原料供应 业务结构 装备及技术水平 销售与渠道 企业管理 发展战略

续表

联合资信/联合评级	远东资信	大公国际	上海新世纪	中诚信国际/中诚信证评	鹏元评级	中债资信
经营与竞争力 收入和业务结构 生产经营分析 采购管理情况 价格和汇率风险控制 重大资本支出 关联交易	**企业运营** 经营规模 市场地位 多元化 技术实力 生产能力 营销资源 原材料供应	**财富创造能力** 市场需求 市场与服务竞争力 盈利能力	**调整因素** 企业个体信用特征（运用期货等衍生工具进行风险管理、风险敞口规模）	**评级因素** 资源赋存与原材料供应稳定性 成本效率与盈利能力 财务政策 财务实力 业务多样性 规模	**调整事项** 外部经营环境重大有利或不利变化 公司治理和管理存在严重问题 重要子公司失去风险 公司及董事、监事和高管的重大违法违规风险 法定代表人变更国籍风险 公司战略投资失败风险 财务作假 企业历史信用水平风险 对外担保风险 未决诉讼及行政处罚风险 重大资产注入或资产重组事项 重要子公司、参股公司上市 定向增发 其他	**财务风险评级要素** 会计信息质量 资产质量 资本结构 盈利能力 现金流量 偿债指标
战略与管理 发展战略 组织管理模式	**管理与战略** 管理素质 发展战略	**偿债来源** 经营性现金流 现金及现金等价物以及一些流动性较强变现价值较为稳定的资产 债务融资	**外部支持** 控股股东提供的融资担保及大型金融机构提供的外部支持	**其他因素** 外部支持 公司治理与管理		**外部支持评级要素** 股东支持
财务风险要素 信息披露与采纳准则 资产质量 资本结构 盈利水平 偿债能力	**财务分析** 会计信息质量 资本结构 资产质量 盈利能力 现金流 财务弹性 或有事项	**偿债能力** 存量债务偿付能力 总债务偿付能力 新增债务偿付能力	**其他** 股东、所属集团、政府的信用支持 重大特殊事件（历史债务违约、重大兼并收购、股权转让、管理层重大人事变动、信息披露严重违规、重大事故等）			
外部支持 一般来自股东、政府、主管部门的支持	**外部支持分析** 股东支持 政府支持					

资料来源：公开资料，联合资信整理。

四、国内外评级机构有色金属企业评级方法比较及启示

（一）国内外评级机构有色金属行业评级方法比较

国内外评级机构有色金属企业评级方法的逻辑基本相同，均通过经营要素、财务要素、管理要素等判断企业的信用风险和信用级别。其区别主要在于：

1. 外部经营环境（行业风险、周期性等）对信用等级的影响

在外部经营环境方面，标普已将采矿行业风险等级定为“适度的高风险性”、将采矿行业周期性的等级定为“高”、将竞争风险定义为“中等”，同时注重在特定国家开采的国别风险；穆迪在评级方法中并未设置行业发展情况、行业竞争或周期性等指标，而是通过收入规模的持续性、稳定性判断采矿企业抵御行业周期性波动的能力。

而国内主要评级机构大多设置了宏观经济运行状况、行业供需、行业政策等指标，这些指标在一定时期内的变动会影响该行业内企业在该时期的信用级别情况。

2. 原材料保障对信用等级的影响

国际三大评级机构采矿业评级方法主要从矿山企业角度来分析，并未重点强调原材料保障对企业经营的重要性。而国内评级机构有色金属企业评级方法更多地从冶炼企业的角度出发，由于中国矿产资源相对短缺，是否有充足的资源保障和原材料供给是影响有色金属企业经营的重要因素，所以国内评级机构较为看重原材料保障程度对有色金属企业信用等级的影响。

3. 股东背景以及行业政策对于有色金属行业信用等级的影响

由于中国特殊的国情背景以及历史遗留问题，部分具有国有背景的有色金属企业承担了一定的社会职能并得到较大的股东支持，大大降低了债券违约的可能性，因此，国内评级机构在对有色金属企业进行评级时更多地关注了企业的股东支持，而弱化了企业的债务负担情况；另外，中国环保限产、相关控产能等产业政策对行业供需影响较大，国内评级机构在对有色金属行业企业进行评级时普遍关注了有色金属行业的政策性因素。

（二）对我国有色金属行业评级方法的启示

由于我国矿产资源禀赋、有色金属企业发展、产业政策实施具有我国固有的特点，因此在对国内有色金属企业的信用评级方面，国内评级机构的评级方法更加适用。但国内评级机构仍然可以从国际三大评级机构得到一定的启示。

1. 对企业自身抗周期性的关注

国际三大评级机构更多关注有色金属企业自身抵抗行业周期性的能力，并未设置宏观经济运行指标、行业供需指标，这样的指标设置可以保证在宏观经济下行、行业供需矛盾加剧的情况下，企业的信用情况也可以相对保持稳定。

2. 对企业财务政策偏好的关注

穆迪对财务政策的权重设定为10%，相对标普和国内主要评级机构更为重视该项指标。

穆迪认为，管理层对于兼并收购活动的偏好程度、被收购对象的选择（如对同业内核心竞争对手的收购或对同业内新设企业的收购）、资金的获取方式等，是评估公司财务政策的重要标准，体现了公司的偿债能力和偿债意愿。此外，穆迪还考虑企业如何平衡股东回报和债务持有人的利益，若以牺牲债权人利益为代价来支持股东回报，亦将影响企业在财务政策指标中的评分。

3. 关于经营性负债

标普在对负债进行衡量的时候考虑了持续性交易，认为持续性交易为下游行业的一种融资行为，需要对企业的债务进行调减。同样，因正常的经营活动产生的负债亦应进行调减，才能真正反映企业的债务水平。

07　钢铁行业国内外信用评级方法的比较与研究

联合评级　工商二部　赵天慧　徐益言　（2018－12）

一、概述

近年来随着我国债券市场的发展，钢铁企业在银行间市场及交易所发行的各类信用债券及资产证券化产品规模越来越大。但由于我国评级机构尚处于成长阶段，相关评级体系的建设以及评级方法的制定与国外主流评级机构相比仍存在一定差距。本文分别对国内外评级机构关于钢铁行业的评级方法进行横向对比梳理，在此基础上归纳得出国内钢铁行业评级方法的启示与借鉴。

本文梳理了目前国内外的主要信用评级机构披露的钢铁行业相关评级方法，其中，国内主要评级机构均披露了钢铁行业评级方法；国际三大评级机构对钢铁行业评级方法的披露则详略不一。各评级机构的评级方法整体逻辑相同，除了在列举影响评级的其他因素时有一定差异外，其他部分的分析基本一致。

表1　目前国内外钢铁行业评级方法

披露评级方法的机构和披露年份	
国内	国际（均为全球方法）
中债资信（2013） 中诚信国际（2018）、中诚信证评（2014） 大公国际（2017） 新世纪（2018） 东方金诚（2015） 联合资信（2017）、联合评级（2017）	穆迪（2017） 标普（2017） 惠誉（2014）

资料来源：联合评级整理。

二、国内外评级机构对钢铁企业的定义及各自评级方法适用范围的比较

（一）国内主体界定

国内各评级机构多以国家统计局《国民经济行业分类》（GB/T 4754—2011）进行行业

划分，其中钢铁行业定义为“从事黑色金属冶炼和压延加工等工业生产活动为主的工业行业，具体包括炼铁、炼钢、黑色金属铸造、钢压延加工及铁合金冶炼”。评级机构以受评企业收入构成为筛选条件，以判断企业是否适用钢铁企业评级方法。此外，由于受评对象具备特殊性，因此，“可能需要依据受评对象的特性采取有针对性的分析，本方法所提及的评级要素可能并非完全适用”。

（二）国外主体界定

国际三大评级机构，标普、穆迪、惠誉所制定的企业评级方法适用于全球范围内的工商企业。由于各国行业界定标准不一，因此，二者并无标准的“行业分类准则”可寻。具体到钢铁行业：标普评级方法适用于长/短流程钢铁企业、钢材加工企业以及钢贸企业。穆迪评级方法适用于主要涉及钢铁（包括碳钢、不锈钢和特殊钢）生产和销售的企业。惠誉并未制定钢铁行业评级方法，但针对钢铁行业风险特征总结了核心评级要素。

三、评级思路

（一）国内评级思路

钢铁行业的发展高度成熟，因此钢铁行业经营素质整体受企业规模和产品竞争力影响较大。国内评级机构重点关注钢铁企业的经营规模，并认为经营规模是决定钢铁企业抗周期性波动风险的重要素质。国内评级机构同时也关注产品结构、产品竞争力对钢铁企业信用品质带来的提升。最后，由于经济体制以及钢铁企业在地方经济发展中承担重要职能，国内评级机构认为，政府支持的性质、类型和力度对于钢铁企业信用水平起到较大的支持作用。

（二）标普评级思路

标普评级思路大致可以归纳为三个步骤。首先，标普分别对企业基本面和财务状况的评级要素进行评估，通过查找信用等级二维矩阵获得其映射的初始指示性评级结果。然后，标普对影响企业风险的其他有利或不利要素进行考虑，得出指示性评级结果。最后，标普综合考虑国家主权风险、政府支持、适用的其他评级方法（如政府相关实体），确定受评主体的最终信用级别。

1. 行业风险评价

基于钢铁行业周期性风险高、竞争风险适度以及钢铁行业具备的成长性，标普评估钢铁行业具备适度高的产业风险。相比于国内评级机构，标普的评级方法以钢铁行业适度高风险作为切入点，特别的是，标普的评级思路围绕着钢铁行业的周期性作为展开。

钢铁行业的周期性风险体现在行业中企业收入和利润的周期性波动上。通常情况下，特定行业的盈利水平的周期性越强，该行业内企业的信用风险越大。但是，标普认为考察行业的周期性不能一概而论，行业的竞争环境和所处经济体的成长性，也应该纳入考察。标普认为在衡量周期性风险时，应当注意钢铁企业所处经济体的发展阶段；在成熟经济体中，行业周期性会相对明显；在发展中经济体中，由于经济体本身具备较强增长性，因此，此环境下的钢铁企业具备较高的稳定性。

由于钢铁行业首先是高度资本密集，其次，设厂时间周期长、新开矿山、环保监管、终端品控、用户认可度都加大了新建厂区的难度。此外，钢铁企业的设立还面临监管或经营许可的审批等问题。因此，钢铁行业具备一定的进入壁垒。受供需不平衡、原材料价格波动影响，钢铁行业的盈利边际是持续下滑的。虽然钢材产品的替代产品不断涌现，但这个过程是渐进的；同时，由于钢材的终端应用广泛，钢铁企业面临的被替代风险很低。钢铁行业销售收入增速在经济扩张阶段高于 GDP 增速，在经济衰退阶段大幅回落；但整体看，钢铁行业中长期的销售收入增速与名义 GDP 的增速相近。

国别风险因素对企业的信用质量影响程度很大，其中风险因素主要包括在特定国家开展业务时面临的经济、制度、金融市场和法律监管等相关风险。标普通过判断企业固定资产、收入取得情况，以评估钢铁企业受到的国别风险影响。

2. 企业竞争地位

标普认为，工商企业的竞争地位主要体现为：竞争优势，规模、机遇和分散化，经营效率，盈利能力；其中盈利能力又可以划分为盈利水平和盈利波动性。

生产竞争对手不生产或很难以进口的特殊钢材产品的钢铁企业具备很强的竞争优势。因为这样有助于钢铁企业与重点客户（例如宇航局和航空公司）取得长期合同；同时，也使钢铁企业的产品具备较低的价格敏感性。此外，合理的定价策略、区域内的保护政策、固定资产和 R&D 的再投资均有利于钢铁企业提升自身的竞争优势。

虽然钢铁企业的规模并非一个明确的评级要素，但规模所带来的经营范围的拓展、规模经济都会给企业带来更多的盈利机会。中小钢铁企业则受到产品、市场份额低和分散化能力弱的约束；跨国钢铁企业通常会取得更有竞争力和多样的产品品种。品种多样性则主要体现在分散特定产品价格波动对企业收入的冲击；钢铁企业若仅仅是产品多样化，而非终端市场的丰富，则仍会受到经济周期的冲击。进一步地，标普更着力于评估钢铁企业面临的是量价稳定的市场，还是面临量价波动较大的市场。通常情况下，若钢铁企业销售给供销商，更有可能弱化为市场价格接受者，因此价格通常是反复无常的；若钢铁企业销售给固定的终端客户，更有可能取得稳定的销量和售价。

钢铁企业是否能够获取具备成本竞争力的原材料系钢铁企业成本控制的关键。对于长流程的钢铁生产企业，这意味着获得低廉优质的铁矿石和煤炭供应。通过外采而取得原材料的钢铁企业将暴露在原材料价格波动中，具有高度垂直整合能力的钢铁企业能够获得自己的低成本原材料。值得注意的是，能够整合铁矿石和喷吹煤对于钢铁企业并非绝对的优势；除非资源优势能有效地转化为成本优势，否则维持资源禀赋所导致的资本支出反而会对钢铁企业造成不利影响。对于短流程钢铁企业来说，获取低成本的废钢是增加成本控制能力的关键。虽然废钢是国际贸易中流通的商品，但受高昂的运输成本影响，取得废钢供应亦是成本竞争的关键。通常来说，废钢最易在老工业区获取。在考察产能利用率时，钢铁企业在产量水平和固定成本结构方面具有灵活性。在需求低迷的时期，压缩产量和成本对于钢铁企业来说至关重要。

盈利水平方面，标普的评估通常不仅仅依赖于历史数据。通常情况下，衡量盈利水平的EBITDA利润率是五年均值（分别为T-2、T-1、T+0、T+1、T+2均值）。此外，如果历史数据不可靠，标普会赋予预期数据更大的权重。另外，标普通过回归标准误（SER）以确定盈利的波动性。具体来看，使用至少7年的EBITDA（或ROC）历史数据来测算SER，并将测算结果分为“好（稳定）”和“坏（波动）”；如果没有足够的历史信息来计算SER，标普采用“工商企业评级方法”中的判定准则来确定盈利的波动性。

3. 财务风险度量

财务风险分析方面，钢铁企业的财务分析与其他行业的工商企业财务评级方法相同。标普认为，财务报表的准确性审查应该与行业内的竞争对手进行比较，因此，标普在进行财务分析时会对公司的审计报告做定量调整。

钢铁企业现金流量的评估方法与其他行业工商企业的评级方法相同，在评估企业现金流/杠杆时，制定了六个等级，依次为“最小”、“适度”、“中等”、“显著”、“激进”和“高杠杆”。在指标设置方面，标普设置了两大核心比率和五大补充比率（包括补充覆盖率和补充回报率）。其中，核心比率包括营运现金流/全部债务（FFO/DEBT）和全部债务/EBITDA（DEBT/EBITDA）；补充覆盖率包括营运现金流/现金利息（FFO/cash interest）、EBITDA/利息（EBITDA/Interest）；补充回报率包括经营现金流/全部债务（CFO/DEBT）、自由经营现金流/全部债务（FOCF/DEBT）和可支配现金流/全部债务（DCF/DEBT）。

4. 其他调整

最后，考虑到每个企业均具备特殊性，标普还在公司经营战略、债务风险、经营活力和资金流动性以及发行主体独立信用情况等方面设置调整项，对企业的信用等级进行调整。标普采用公司债务风险、债务集中到期风险、与债务相关的利率风险、投资这四个指标对企业的资本结构进行评估。流动性评估主要是依据其对企业现金流的来源及应用情况进行考量。该指标体现了当企业的EBITDA下滑时，企业债务违约的可能性。财务政策方面，主要对股东或管理层的经营策略以及通过财务政策体现的偿债意愿进行评估，比如企业是否倾向于举债经营、或是否更加优先考虑债权人的利益。若企业的财务政策表现为积极的，则体现为其财务政策可在长期内对企业的信用带来积极影响，并可以此为依据对企业的经营以及现金流稳健性有乐观的预期。企业管理层的战略能力、组织有效性、风险管理和治理实践可影响企业在市场上的竞争力、其财务风险管理的强度，以及其治理的稳健性。若企业加强对重要战略和金融风险的管理，可以提高其信用评级。最后，标普采用“独立的信用分析”方法（SACP）进行可比评级分析，即不考虑外部支持（包括股东支持、政府支持或来自某些第三方的资金支持等因素）的情况下，发行人的信用等级情况。

总体看，标普对钢铁企业信用等级的评定主要依据经营风险和财务风险做出。此外，有别于国内评级机构，标普对钢铁企业的评级有如下重点关注的要点：①由于发展中经济体本身具备较强增长性，因此，发展中经济体中的钢铁企业具备较高的稳定性；②从价格敏感程度和客户黏性层面出发，钢材产品的竞争力是钢铁企业竞争力的重要影响因素；③仅仅注重产品结构的多样性，而非终端市场的丰富程度，仍将导致钢铁企业受到经济周期的冲击；④能够整合铁矿石和喷吹煤对于钢铁企业并非绝对的优势；除非资源优势能有效地转化为成本优势，否则维持资源禀赋所导致的资本支出反而会对钢铁企业造成不利影响。

（三）穆迪评级思路

穆迪对钢铁企业的评级方法可分为五个步骤。第一步是识别关键评级要素，其中，每大类评级要素又可以进一步分为若干子要素；第二步是采用定性与定量分析相结合的方法来度量关键评级要素；第三步是根据对每个子要素的度量与分析，确定各个子要素对应的等级（Aaa/Aa/A/Baa/Ba/B/Caa/Ca）；第四步是确定受评主体的打分表映射等级，为了确定打分表映射等级，首先要确定各个子要素级别对应的分值，将各子要素的分值与权重相乘，加总后得到总分数，然后查表确定受评对象的打分表映射等级；第五步是分析调整要素的影响，对初始打分级别进行调整，从而得到受评对象的最终级别。此外，穆迪认为，打分表是一种参考工具，但并不包括所有评级要素，打分表中要素的权重表示其对评级决策的重要性的近似值，但实际重要性可能会有很大差异。

1. 规模

穆迪认为，基于钢铁行业的周期性和价格波动特征，规模更大的钢铁企业能够更加灵活地应对需求和价格冲击。更大规模的钢铁企业能够有效地摊薄原材料采购和企业运营所带来的融资、法务、税务以及会计成本；由于现金流充裕，更大规模的钢铁企业能够更好地应付资本支出以及债务压缩等问题。此外，更大规模的钢铁企业往往具备更多的融资渠道，以便于其降低融资成本。

2. 基础素质

穆迪将那些能够影响钢铁企业获利能力、经营现金流的因素，以及能够影响上述因素可持续性和稳定性的因素，统一纳入“基础素质”进行考量。对于一个钢铁企业来说，核心的基础素质包括：市场地位、成本竞争能力、产品以及产品终端市场多样化的能力、应对区域政治事件的能力等。

市场地位很大程度上决定了钢铁企业短期内对抗波动和长期内维持稳定经营的能力。进一步来看，产品质量、生产技术、产品工艺和客户服务对钢铁企业的市场地位产生极大的影响，上述品质有助于钢铁企业维护良好的客户关系、获取更强的价格谈判能力以及锁定长期合同。

主要钢材产品很难做到差异化，钢铁企业之间价格竞争较为激烈；因此，穆迪认为，成本压缩的能力决定了钢铁业的竞争地位。进一步地，由于原材料价格在完全成本中占比很高，因此，钢铁企业控制原材料价格的能力尤为重要。

生产基地的合理布局，产品和终端市场的合理分散也很重要，否则钢铁企业将面临产品单一或对单一市场产生依赖的问题。通过生产区域的多样化，罢工、设备故障、停电以及其他原因导致的操作风险能够得到一定程度的缓解。此外，地域多样性有助于钢铁企业减轻贸易壁垒和关税对其出口的冲击。由于钢铁工业产业链遍及全球，因此，地缘政治亦是深刻影响钢铁企业经营的重要因素。一个地区铁矿石和煤炭生产的终端会严重冲击另一个地区钢铁企业的生产。政府若主导去产能行为或通过环保来遏制本地钢铁企业的发展，那么收益的一定是国外生产企业。相反地，进口限制、关税、反倾销条款则可以保护本地钢铁企业，但这又会波及到其他产品市场。

3. 盈利能力和经营效率

穆迪认为，只有盈利才能为钢铁企业提供持续的现金流，同时帮助钢铁企业取得优势性的竞争地位（包括市场营销、研究充分的再投资，设施和人力资本）。维持高利润率通常是衡量经营效率和钢铁企业实质性竞争优势的有力指标。

4. 杠杆水平和偿债能力

杠杆和现金流覆盖倍数能够很好地衡量钢铁企业愿意承担的财务风险水平，同时，该指标也衡量了钢铁企业维持其竞争地位、再投资以及偿债的能力。相比于其他行业，钢铁行业现金流的稳定性一般、产品价格波动较大，因此，钢铁企业承受过高财务杠杆的能力相对较差。保持较低杠杆率的钢铁企业在经营和经济条件发生变化时，具备更大的灵活性，并通过有机增长或收购来投资企业。

5. 财务和管理政策

管理层和董事会对财务风险的容忍程度是反映企业信用等级的重要因素，因为它直接体现为企业的债务水平、信用等级以及当企业的财务和资本结构发生不利变化时面临的潜在风险。穆迪首先通过评估企业预期的资本结构和信用水平、历史投融资活动以及其对公司整体规划的贯彻性来考核公司的财务政策指标。穆迪也十分关注管理者的经营表现，以及在不同的经济周期下对现金流的灵活运用。此外，穆迪还关注管理层对关键事件的反应，比如信贷市场和流动性环境的变化、相应的法律法规的调整、来自行业内竞争者挑战和监管压力等。

总体看，穆迪的评级思路也通过结合企业经营素质和财务风险完成。此外，有别于国内评级机构，穆迪对钢铁企业的评级有如下重点关注的要点：①因为钢铁行业的周期性和价格波动特征，而规模更大的钢铁企业能够灵活地应对需求和价格冲击，所以受评对象的规模应赋予较高的考虑权重；②由于主要产品差异化难度大，因此成本压缩的能力决定了受评对象的竞争地位；③钢铁行业现金流的稳定性一般，因此钢铁企业承受过高财务杠杆的能力相对较差。

（四）惠誉评级思路

惠誉很重视对评级对象进行可比性分析，即通过对该评级对象所属行业与（或）评级分类中的同类企业相关的情况进行比较，对评级对象级别进行判断。在惠誉的评级体系中，同行业的不同个体之间、同一个体在不同时间点上的定性和定量因素的加权值都不一样。一般情况下，显著的较弱的因素往往会被赋予更大权重。

1. 定性分析

惠誉主要评级因素主要包括行业风险、区域风险、公司管理战略和公司治理、所有权和集团因素和经营情况。

行业风险方面，惠誉认为处于衰退期、竞争激烈、资本密集、周期性或波动性的行业的内在风险要显著高于竞争对手少、进入壁垒高、国家主导和需求可测的稳定行业。考虑到行业的产能过剩会直接导致价格压力，削弱企业盈利能力，惠誉把评级对象所在的行业所处周期以及产品的成熟度作为行业风险分析的重要考量因素。惠誉会对不同行业设置级别区间，即使某个行业内的某个企业财务和经营表现要明显高于一般水准，都不太可能获得高于相关行业评级范围上限两个等级的级别。

区域风险方面，惠誉主要考察运营环境和转让和折算风险。对于运营环境，惠誉认为，运营环境是一个非对称的考虑因素，因为无论是在最适宜还是较为恶劣的环境，公司都能成功；但是一个高风险的环境会约束公司的潜力。因此，在大多数情况下，运营环境对信用级别并不是一个正面的增量因素。

公司管理战略和公司治理方面，对于管理战略，惠誉从是否能创造健康的业务组合的能力、能否保持经营效率、能否加强评级对象的市场地位几方面考量管理战略的优劣。对于公司治理，惠誉主要考察是否存在管理层侵占股东或债权人权益和大股东侵占小股东或债权人权益的现象。

经营情况方面，惠誉主要考察评级对象在关键市场中的地位、产品的主导地位、影响价格的能力、产品的多样性、销售区域的扩大、主要客户和供应商的多样化以及成本的控制能力。如果评级对象的规模对其在经营效率、财务灵活性和竞争地位方面都有重大的影响，那么公司规模可以列为评级因素。但是，公司规模并不意味着高级别。例如，在大宗商品行业，由于单一参与者不太可能影响全球商品价格水平，所以对该行业来说，规模远不如成本控制能力重要。

2. 定量分析

惠誉主要考察评级对象的财务状况及其利用内部和外部资源来偿还债务的能力，该评估一方面是从实际历史数据出发，但更重要的是对评级对象未来偿债能力和筹资能力进行预测，一般这种预测周期是不少于未来 12 个月。

3. 钢铁行业特殊风险要素

由于全球经济以及产品市场供需的周期性波动会导致产品价格的波动，因此，给予钢铁行业的风险级别一般最高为“BBB”，是为了反映出钢铁行业信用风险受产品价格周期性波动冲击较大的特征。具体到公司，受区域和产品多样化程度不同、成本控制能力不同、对原材料掌控能力不同等因素影响，钢铁企业的级别可能为“BBB +”或偶尔达到“A -”。由此，可以看出惠誉的侧重点在于多样化、成本控制和原材料掌控。

惠誉强调，产业链向上游原材料的延伸可以使钢铁企业从容面对价格周期性波动的影响，原材料和产品价格能形成一定对冲，并产生更高、更稳定的利润率。产品结构和所处区位的多样性使钢铁企业能够应对某一细分市场（无论是指某区域或某产品条线）疲软时的对冲。此外，钢铁企业可以通过粗钢的进一步加工而提升产品的附加值，高附加值产品通常可以产生较高的利润率，同时，建立客户黏性，从而减少因产品的需求波动对企业的影响。

总体看，惠誉的评级方法建立在工商企业评级方法总论之上，对于各个行业，惠誉增加了行业风险要素作为补充。相较于国内评级机构，惠誉重视评级对象的可比性分析，受评对象的级别要以同行业企业之间对比作为依据；对表现较弱的评级要素赋予更大权重，即考虑短板效应。具体到钢铁行业，惠誉将受评对象所属行业的生命周期以及产品的成熟度作为行业风险分析的重要衡量依据；同时，惠誉突出行业的周期性是导致行业内受评对象信用风险较高的主要原因；对于钢铁企业，区域和产品多样化的程度、成本控制能力的高低、对原材料掌控能力差异是评价受评对象信用等级的重要因素。

四、评级要素

（一）国外评级要素

如表 2 所示，标普、穆迪、惠誉行业评级方法的要素覆盖面相对较小，但仍对影响企业偿债能力的风险要素做出了详尽的展示，未对相关指标进行量化、赋以权重或者进行级别映射。值得注意的是，标普和穆迪的评级标准全球适用。钢铁企业的评级要素主要涵盖经营风险、财务风险和级别调整项三方面。

表 2　国际三大评级机构钢铁行业受评企业评级要素

标普		穆迪		惠誉	
一级指标	二级指标	一级指标	二级指标	一级指标	二级指标
定性	行业风险	**规模**	收入	**企业素质**	成本控制能力
	周期性	**企业素质**	当前成本控制能力		原材料自给率
			进一步减少经营成本的能力		附加值 • 产品附加值情况 • 客户直销情况
	竞争风险和行业经济增长 • 行业壁垒 • 利润空间的水平和趋势 • 长期的产品、服务和技术的变化和替代风险 • 行业经济增长风险		产品或产品市场的丰富程度		
			钢厂和生产线的地理位置及数量		分散化 • 产品种类和区位分布的分散化 • 经营性分散化 • 环保监管的敞口
	国别风险	**盈利能力和经营效率**	• 息税前利润率 • 平均有形资产回报率	**财务素质**	盈利能力 • FFO 盈余 • EBITDA 利润率 • 自由现金流盈余
	竞争地位（包括盈利能力） • 竞争优势 • 规模、范围和多样性 • 经营效率 • 盈利能力	**杠杆水平和偿债能力**	• 利息保障倍数 • 全部债务/EBITDA • 全部债务/全部资本 • （经营现金流净额－分红）/全部债务		财务结构 • 经调租赁整后 FFO 总杠杆比率 • 经调租赁整后 FFO 净杠杆比率 • 经调整后债务经营性 EBITDAR 比率
定量	会计科目调整				

续表

标普		穆迪		惠誉	
一级指标	二级指标	一级指标	二级指标	一级指标	二级指标
定量	动态交易	**财务政策**	—	**财务素质**	财务弹性 • 财务政策 • 流动性 • 经营活动净现金流固定支出覆盖倍数 • 外汇敞口
	现金流及杠杆	调整	• 管理战略 • 公司治理 • 流动性管理		
	核心比率 • 营运现金流/全部债务 • 全部债务/EBITDA				
	补充比率 • 营运现金流/现金利息 • EBITDA/利息 • 经营现金流/全部债务 • 自由经营现金流/全部债务 • 可支配现金流/全部债务	—		**管理与战略**	• 管理 • 战略
				外部因素	• 所有权 • 外部支持 • 集团因素
调整	多样性			**区域风险**	—
	资本结构 • 公司债务风险、债务集中到期风险、与债务相关的利率风险、投资 流动性			—	
	财务政策				
	公司治理				

资料来源：联合评级根据标普、穆迪、惠誉相关评级方法整理。

（二）国内评级要素

国内评级机构对钢铁企业的分析要素基本一致，均包括对钢铁行业、钢铁企业运营及财务的分析。除常见评级要素外，国内各评级机构均有自身独到的观察要点，如大公国际额外关注了钢铁行业的金融市场信用环境；新世纪考虑了影响企业的偶发性特殊因素等。如表3所示。

表3　国内评级机构的钢铁企业评级要素对比

	联合资信/联合评级	中诚信国际/中诚信证评	大公国际	新世纪	鹏元	中债资信
运营	**企业基础素质** • 区域环境 • 企业规模及地位 • 产品结构 • 技术水平 • 企业所有者性质和股东背景 **企业管理** • 治理结构 • 管理体制 • 内部控制 • 管理制度建设及执行情况 **经营** • 原材料采购 • 生产经营 • 产品营销 • 环境保护 • 投资项目 • 未来发展	**评级因素** • 营业总收入 • 原材料稳定性 • 产品结构多样化 • 装备水平及节能环保	**经营与竞争** • 规模 • 原材料 • 多元化程度 • 研发与技术 • 环保与节能 **战略与管理分析** • 战略 • 公司治理 • 管理素质 • 风险管理 • 内部控制	**竞争地位** • 规模 • 市场地位 • 装备技术水平及研发能力 • 产能布局与产品多样性 • 原材料（铁矿石和焦炭等）保障性 **盈利能力/同业比较** **公司治理与战略管理**	**经营状况** • 产品结构 • 企业规模 • 设备和技术 • 原材料采购 • 销售状况 • 公司治理	**经营风险** • 规模及市场地位 • 铁矿石、燃料保障及成本控制 • 产品结构 • 产品销售 • 产品技术及装备水平 • 企业管理 • 发展战略
财务	**财务风险** • 财务信息质量 • 资产质量 • 资本结构 • 盈利能力 • 现金流 • 偿债能力	**财务分析** • 盈利能力 • 财务政策 • 财务实力	**财务分析** • 资本结构 • 资产流动性 • 成本控制与盈利能力 • 现金充足程度 • 外部财务弹性	**财务风险** • 风险容忍度/财务政策 • 会计政策 • 现金流状况 • 负债结构和资产质量 • 流动性/短期因素	**财务状况** • 资产结构与质量 • 资产运营效率 • 盈利能力 • 现金流 • 资本结构与债务安全性	**财务风险** • 财务信息质量 • 资产质量 • 资本结构 • 盈利能力 • 现金流 • 偿债指标
特殊项	—	**外部支持** • 政策及政府支持 • 股东支持 • 融资渠道 公司治理与管理	• 偿债来源 • 偿债能力	**外部信用支持** • 股东、母公司、政府的信用支持 **企业重大特殊事件** • 历史债务违约 • 重大兼并收购 • 股权转让 • 管理层重大人事变动 • 公关危机 • 重大事故等	—	**外部支持** • 政府支持 • 股东支持

资料来源：联合评级整理。

五、总结与启示

通过对国内外各评级机构的评级逻辑和评级方法的梳理，我们发现：

1. 评级思路方面，国内和国外分析框架类似，基本都围绕宏观经济、行业、所处地区环境、业务经营、财务实力、公司治理及其他考虑因素展开分析。其中定量分析方面，各机构普遍特别重视现金流、盈利能力和流动性的相关分析。

2. 以钢铁行业为例，标普、穆迪、惠誉均认为钢铁行业具备较高风险；其中，标普将钢铁行业风险等级确定为“适度的高风险性”，穆迪认为钢铁行业内企业的信用等级应在较低的投资级至较高的投机级范围内，惠誉则给予钢铁行业的风险级别一般最高为“BBB”。对于行业整体风险的评定，有助于确定行业内企业信用等级的中枢。这种处理方式为不同行业间受评企业的信用等级的可比性打下基础。

3. 以钢铁行业为例，标普、穆迪、惠誉均重视财务政策的评估。股东或管理层的偿债意愿不同、对风险容忍程度不同导致的偿债能力不同，都会在长期内对企业的信用水平构成影响。股东或管理层对财务政策的许诺以及过往承诺执行情况，都被纳入到财务政策的评估当中。股东或管理层的偿债意愿和行动导致的偿债能力，虽然是一种较为主观判断的指标，但也直接影响受评企业的信用等级。

4. 钢铁行业风险识别方面，标普、穆迪、惠誉也在不同方面有深刻的值得借鉴的洞见。例如：“由于钢材产品差异化难度大，因此成本压缩的能力决定了受评对象的竞争地位”；“钢铁行业现金流的稳定性一般，因此钢铁企业承受过高财务杠杆的能力相对较差”；“仅仅注重产品结构的多样性，而非终端市场的丰富程度，仍将导致钢铁企业受到经济周期的冲击”；“能够整合铁矿石和喷吹煤对于钢铁企业并非绝对的优势；除非资源优势能有效地转化为成本优势，否则维持资源禀赋所导致的资本支出反而会对钢铁企业造成不利影响”等。由于不同国家/地区行业性质不同，国家/地区所处的发展阶段不同，对于行业关注要点的认识自然也不尽相同。国际三大评级机构对于行业的认识值得借鉴，但不能作为生搬硬套的依据。

08　汽车行业国内外信用评级方法的比较与研究

联合评级　工商一部　高鹏　宁立杰　（2020－09）

一、概述

从各机构评级方法来看，均对汽车行业相关企业制定了详细的评级方法和评级模型；国内评级机构对汽车企业的评级方法差别不大，评级模型存在一定差异性；国际三大评级机构与国内评级机构相比，差别较大，其中惠誉官网未公布汽车制造行业相关评级方法，因此本文不对惠誉的评级方法进行比较分析，具体如表1所示。

表1　目前国内外汽车行业评级方法

国内	国外
联合资信（2019）：涵盖汽车整车制造	穆迪（2017）
中诚信国际（2019）：涵盖汽车整车制造	标普（2013）
大公国际（2020）：涵盖汽车、摩托车整车制造和汽车零配件制造	
上海新世纪（2018）：涵盖汽车整车制造	
东方金诚（2019）：涵盖汽车整车制造	
中证鹏元（2016）：涵盖汽车整车制造和汽车零配件制造	
中债资信（2020）：涵盖汽车整车制造	

资料来源：联合评级整理。

二、国际三大评级机构对汽车制造业行业评级方法和模型的比较[①]

（一）穆迪

穆迪的汽车制造行业评级方法的评级对象以乘用车辆制造企业为主。

穆迪的《汽车制造行业评级方法》制定了一个线性打分表，这是一个相对简单的参考工具，在大多数情况下能够粗略估计行业内企业的信用状况，并且能够以简要的形式解释在给出汽车制造行业内发行人级别时考虑的最重要的因素。该方法强调，一方面，打分表给出

① 由于惠誉并未公开其汽车行业评级方法，本报告只分析穆迪和标普对汽车制造行业企业评级的方法。

的结果可能与实际级别并不完全一致，因为打分表并没有包括所有因素，某些因素对行业整体不重要但对某个发行人却很重要（以下简称“其他考量因素”）；另一方面，打分表中各因素的权重赋值可能与实际情况并不一致，实际操作中，对于表现异常的指标，其权重根据具体发行人情况调整；此外，打分表并未考虑未来预期，但提示该打分表可用于不同时间段（历史或未来）的评估，用于对现有状况的评估或对未来状况的预判。

穆迪的汽车制造行业打分体系从“业务概况、盈利能力和经营效率、杠杆率和覆盖倍数、财务政策”4个维度评价发行人（见表2），采用各维度下的次级因素被赋分后加权、加总的线性打分模型，针对可能存在重要影响的其他考量因素①，将视情况对打分表结果进行调节，进而指向最终的信用等级。需要说明的是，其一，穆迪的打分体系选取的评级要素相对较少，且量化成分较高（9个次级因素中的7个属于可直接量化的因素）；其二，未强制要求将企业管理和治理纳入打分体系，可视情况考虑将其纳入其他考量因素并对最终结果产生影响；其三，穆迪打分体系引入对财务政策的评价，体现发行人未来可能存在的财务与投资风险。

表2　穆迪打分表主要要素

评级要素	权重	次级因素	权重
业务概况	40%	三年以上市场份额趋势	10%
		市场地位、产品谱系和竞争优势	30%
盈利能力和经营效率	20%	EBITA 利润率	20%
杠杆率和覆盖倍数	30%	债务/EBITDA	10%
		（现金+可供出售债券）/债务	5%
		留存现金流/债务	5%
		自由现金流/债务	5%
		EBITA/利息支出	5%
财务政策	10%	财务政策	10%
合计	100%	合计	100%

资料来源：穆迪《汽车制造行业评级方法/Rating Methodology - Automobile Manufacturer Industry》。

（二）标普

标普的汽车制造行业评级方法的评级对象包括了乘用车制造企业和商用车制造企业；且该评级方法主要是列示了其在评级过程中考虑的主要信用要素，并对要素进行了较为详细的分析。

标普对汽车制造行业制定了一个矩阵打分体系，不同于穆迪的线性打分体系，标普采用了多层矩阵嵌套的方式，将各次级要素分别进行评分并通过逐级加权求和或二元矩阵方式，

① 包括但不限于专属金融子公司、环保及其他监管要求、管理战略、公司治理、财务控制、变现能力、超额现金储备余额、附加指标（比如付款账期等）、非全资子公司、事件风险、外部支持、季节性、周期因素等。

最终汇总出“经营风险”和“财务风险”所处的档位，并将两者再次通过二元矩阵得出基准级别，并视情况采纳其他考量要素、集团或政府影响对基准级别的调整，进而指向最终的信用等级。同样与穆迪有所不同的是，标普财务风险的次级要素的样本数据同时采纳了历史财务数据和未来财务预测（两者加权），包括对现金流的预测。

评级要素的选取方面，标普基于上述矩阵打分体系选取评级要素（见表3），经营风险要素涵盖了国家、行业、竞争地位3个维度，其中国家维度的评定是基于标普“相关主权信用等级”和“超越主权信用级别的企业评级”等研究成果；对汽车行业的风险判断是考虑到“高”周期性风险和“中级”程度的竞争风险，标普认为乘用车和商用车制造行业是一个“中度的高风险”行业；竞争地位的打分主要采用定性和定量互相结合的评价方式，且项下选取了数量较多的子要素，覆盖竞争优势、经营规模、效率和盈利4个大类；财务风险要素主要选取可直接量化指标，包含2个核心指标和若干辅助指标。

表3　标普评级要素情况

一级指标	二级指标	三级指标	四级指标
经营风险分析	行业风险	周期性	
		竞争性风险和增长	行业壁垒
			行业边际毛利
			产品、服务、技术的长期变化和替代性
			增长趋势
	国家风险	财政收入和资本支出	
		工业和基础设施情况，以及制造成本	
		信贷市场和金融便利性	
		政府支持情况	
		政府行为	
	竞争地位（包括盈利能力）	竞争优势	市场份额
			产品组合和多样化战略，包括品牌、多样性、产品独特性、可靠性和质量、研发能力、是否满足监管要求
			消费金融情况
			分销战略
		经营规模、产品范围和多样性	收入和利润来源的多元性
			地区集中性
			专属金融子公司的规模
			供应商集中度
			战略合作

续表

一级指标	二级指标	三级指标	四级指标
经营风险分析	竞争地位（包括盈利能力）	运营效率	与竞争对手相比的相对成本情况，包括毛利、研发占比
			产能布局、产能利用率、产能通用性
			成本结构的调整性
			成本下降和调整记录
			营运资本管理
			经营整合情况
		盈利能力	盈利水平，指标：EBITDA 毛利为主、资本回报率为辅，计算时五年平均（过去 2 年、当年以及未来 2 年）
			盈利波动性，使用标准差，指标采用名义 EBITDA、EBITDA 毛利、ROC
财务风险分析	核算以及分析调整	会计特征	
	资金流动和杠杆率分析	2 个核心债务偿付比率，运营资金/债务和债务/EBITDA	
		辅助比率：债务本息覆盖率，现金流/债务，可支配现金流	
评级调整项	多样性/组合影响		
	资本结构		
	变现能力		
	财务政策		
	管理和治理		
	比较评级法分析		
	专属金融		

资料来源：联合评级整理。

整体看，穆迪和标普的评级方法可以简要划分为经营性因素、财务性因素和其他调整因素，二者均较强调未来因素的重要性；穆迪对各要素的权重进行了明确的揭示，从各要素的权重来看，穆迪对债务情况因素更为重视；标普对风险要素揭示的更为详细，并未揭示各要素的权重。不同于国内的评级模型的是，穆迪和标普的打分体系中权重不固定、将未来预测数据纳入打分体系、可能会对直接获取的财务数据或直接计算的指标进行干预（国内对该等情况的分析尚不显著），上述要素也将是国内评级机构未来需要考虑的方向之一。

三、国内汽车制造行业评级方法和模型的比较

（一）评级方法

国内各家评级机构汽车制造行业评级方法对受评对象的界定有所不同：如表1所示，大部分机构的评级方法的受评对象是整车制造（包括乘用车和商用车）企业，大公国际、中证鹏元的受评对象同时涵盖了整车制造及汽车零部件制造行业。

1. 国内各家评级机构汽车行业评级方法作为细分行业评级方法，主要是在工商企业评级方法或制造业评级方法等基础评级方法的基础上制定。

2. 国内各家评级机构对汽车行业企业评级的整体逻辑框架基本一致，大致都遵循宏观与微观结合、定性分析与定量分析结合、历史分析与预测分析结合、个体评级与支持评级结合、基础评级与风险调整结合的原则，主要从运营环境考察宏观层面，从管理与战略、风险管理、业务经营、财务状况等方面考察公司自身实力，从股东背景、政府支持等方面考察外部支持情况，在考虑其他风险调整事项等的基础上，综合确定公司主体级别。

3. 各家评级方法列示的评级思路仅是一个分析的框架，未包含所有的评级要素，具体企业可能会有不同情况，实际评级结果与分析框架得出的结论可能有所不同。

4. 评级程序上，汽车行业评级作为工商企业评级的一个分支，也是在综合考虑主要评级要素的基础上，由信用评级委员会确定最后的级别。

表4　国内评级机构对汽车企业评级方法对比

联合资信	中诚信国际	大公国际	上海新世纪	东方金诚	中证鹏元	中债资信
行业信用风险要素 宏观经济 行业政策 行业竞争 景气度情况 行业未来发展	**竞争地位** 汽车销售量 市场占有率 品牌认可度 汽车谱系竞争力	**偿债环境** 产业环境（宏观经济环境、产业政策环境、区域市场环境） 信用环境（金融政策引导、债券市场融资环境、股票市场融资环境）	**业务风险** 宏观环境 行业风险 竞争地位 盈利能力/同业比较 公司治理与战略管理	**行业因素** 行业在宏观经济中的地位 行业周期 政策监管环境 区域经济环境 行业竞争程度 行业政策	**宏观环境** 宏观经济形势和发展趋势 宏观经济政策 **行业环境** 市场需求状况 生命周期阶段 行业竞争状况 行业地位 产业政策 行业发展状况及前景 行业对国际市场的依赖性	**行业经营风险要素** 供求状况 原材料价格 产业政策 竞争格局 技术水平

续表

联合资信	中诚信国际	大公国际	上海新世纪	东方金诚	中证鹏元	中债资信
企业基本素质风险要素 企业性质与规模 研发设计水平及设备水平	**盈利能力** EBITDA 利润率（3 年均值） EBIT/总资产（3 年均值）	**财富创造能力** 需求动力（消费种类、竞争格局） 产品竞争力（企业规模及市场份额、产品结构及配套服务、产品生命周期、技术研发） 管理竞争力（战略竞争力、公司治理能力、管理素质竞争力） 财务品质（财务信息质量、资本结构、资产流动性、盈利能力、现金充足程度、外部财务弹性）	**财务风险** 风险容忍度/财务政策 会计政策 现金流状况 负债结构和资产质量 流动性/短期因素	**企业竞争力** 企业规模与市场地位 产品多样化 技术和研发能力 融资能力 外部支持 **管理素质** 公司治理 管理水平 经营战略分析	**公司治理** 治理结构及运营的规范性 独立性及同业竞争 **公司管理** 管理制度设计 管理制度执行结果 **人员素质** 高层管理人员素质 中层管理人员素质 **公司战略** 战略执行效果和战略可行性	**企业经营风险要素** 规模及市场地位 产业链 产品结构 装备及技术、研发水平 销售与售后服务 品牌价值 企业管理 企业战略
经营与竞争力风险要素 收入与业务结构 汽车产品的生产情况 主要原材料的供应与采购情况 主要产品销售渠道、价格政策与销售情况 重大资本支出 关联交易	**资本结构** 最近一年总资本化比率	**偿债来源** 经常性偿债来源 投资性偿债来源 股权融资性偿债来源 债务融资性偿债来源 存量资产偿债来源 第三方支持偿债来源	**其他要素** 股东或母公司支持 政府支持	**资产质量** 资产结构 资产运营效率 资产减值风险 资本结构 资产负债率 全部债务资本化比率	**经营多元化** 产品多元化 区域多样化 客户多元化 供应商多元化 **竞争地位** 与客户合作关系 品牌影响力 研发实力 生产制造水平 周边产业集群情况	**企业财务风险要素** 会计信息质量 资产质量 资本结构 盈利能力 现金流量 偿债指标

续表

联合资信	中诚信国际	大公国际	上海新世纪	东方金诚	中证鹏元	中债资信
战略与管理风险要素 发展战略 组织管理模式	**现金流** RCF/总债务（3年均值） FCF/总债务（3年均值）	**偿债能力**		**盈利能力** 销售毛利率 净资产收益率 总资产报酬率 **现金流充足性** 现金存量规模 现金流量的结构 经营性现金流获取能力	股东背景 股东支持	**外部支持** 政府支持 股东支持
财务风险要素 信息披露与采纳准则 资产质量 资本结构 盈利水平 偿债能力	**财务实力** 总债务/EBITDA（3年均值） 现金及等价物/总债务（3年均值） EBITDA利息保障倍数（3年均值）			**偿债能力** 短期债务偿还能力 长期债务偿还能力		
外部支持要素 股东支持、政府支持	**其他定性因素** 外部支持（政府、股东、银行） 公司治理 **其他评级因素** 销售区域多元化 节能环保					

（二）评级模型

国内各家评级机构的汽车制造行业评级模型存在一定差异（此处不包括受评对象的界定区分，前文已述）：

1. 除东方金诚外，其他机构均披露了评级方法总论或通用评级方法、模型。

2. 各机构打分表的计算模型存在差异：中证鹏元采用加权加总、二元矩阵相结合的方式，对非一级指标加权加总、对一级指标使用矩阵；联合资信除了底层指标采用加权求和计算，其他层级大量采用矩阵分析；其余机构则采用线性加权求和的方式。从另一个角度看，除中债资信和东方金诚并不强制规定各要素的权重，允许在特殊情况下或一定范围内对评级要素的权重进行调整；其余机构均原则上设定了固定的各要素权重。

3. 经营风险的评级要素选取：各机构均强调了业务规模、市场地位及产品竞争力，由于选取底层要素数量不同，部分机构强调了研发实力和产业链；在共性的基础上，各机构体现了自身不同的侧重，中诚信国际考虑了谱系竞争力、中债资信考虑了品牌价值，大公国际和东方金诚引入产品均价的要素，联合资信引入存货周转效率的要素；各机构主要采用定性和定量相结合，东方金诚在考察经营风险要素时，侧重于定量分析。

4. 财务风险的评级要素选取：各家侧重有所不同，但主要仍以定量分析为主，且侧重于盈利能力、杠杆率、流动性以及长、短期偿债能力指标。其中，大公国际的偿债评价要素较为不同于其他机构，大公国际尤为侧重于偿债来源、负债是否平衡的考察，除债务状况（债务规模和结构）外，大公国际将偿债来源分为流动性偿债来源（盈利、利息收入、外部支持等）和清偿性偿债来源（可变现资产等）两方面、进而分析两者对存量债务的保障能力；联合资信选取的财务要素覆盖较为全面，且在考虑现金流对存量债务的覆盖中，将投资收益类的现金流入纳入考量（主要针对利润源于合资企业投资收益的情况），但也相应存在指标数量较多分散了单一指标的重要性和变动影响。

5. 其他调整因素（包括外部支持）：各机构对此项的定义差异较大，共性之处在于普遍包括政府和股东支持、财务信息质量、战略及未来发展、重大偶发事件等方面，但具体到底层要素的设计、调整幅度的操作标准方面，仍有待进一步明确。

表 5　国内评级机构对汽车制造企业评级模型对比

联合资信	中诚信国际	大公国际	上海新世纪	东方金诚	中证鹏元	中债资信
权重设置：固定权重 打分方式：二元矩阵多次	权重设置：固定权重 打分方式：线性加权求和	权重设置：固定权重 打分方式：线性加权求和	权重设置：固定权重 打分方式：线性加权求和	权重设置：基本固定，特殊情况下可对各年权重进行调整 打分方式：线性加权求和	权重设置：固定权重 打分方式：二元矩阵1次	权重设置：经营和财务风险的权重可调节 打分方式：线性加权求和

续表

联合资信	中诚信国际	大公国际	上海新世纪	东方金诚	中证鹏元	中债资信
经营风险	运营实力	偿债环境	业务风险	市场竞争力	业务发展状况	经营风险
经营环境（宏观、区域、行业） 自身竞争力（基础素质、经营、管理）	市场地位 研发实力 谱系竞争力	宏观环境 行业环境 区域环境	宏观环境 行业风险 市场竞争 盈利能力 公司治理 调整要素（如有）	市场份额 产品均价	外部运营环境 公司治理和管理 经营竞争力 公司背景与外部支持	规模和市场地位 产业链 产品结构 装备和技术研发水平 品牌价值
财务风险	盈利能力	财富创造能力	财务风险	企业规模和盈利能力	财务风险	财务风险
盈利能力 现金流量 资产质量 资本结构 偿债能力	EBITDA 利润率 重资产收益率	产品与服务竞争力（品质、销售、价格） 盈利能力（收入、成本、利润）	财务政策风险 会计政策与质量 现金流状况 负债结构与资产质量 流动性 调整要素（如有）	营业收入 毛利率 利润总额	公司规模 运营能力 盈利能力 偿债能力 成长能力	盈利能力 资本结构 短期偿债能力 长期偿债能力
模型外调整因素	财务政策与偿债能力	偿债来源与负债平衡	模型外调整因素	债务负担和保障程度	模型外调整因素	模型外调整因素
政府支持 股东支持 未来发展 表外重要风险 不良记录 其他因素	总资本化比率 EBITDA/总债务 EBITDA 利息保障倍数 留存现金流/总债务 现金及其等价物/总债务	债务状况（规模和结构） 流动性偿债来源（盈利、现金流、债务收入、外部资金支持等） 清偿性偿债来源（可变现资产等）	政府支持 股东或母公司支持 其他支持因素	资产负债率 全部债务/EBITDA 经营现金流动负债比	利好因素 利空因素	公司治理 发展战略 财务信息质量 指标严重异常 其他自身因素 外部支持

续表

联合资信	中诚信国际	大公国际	上海新世纪	东方金诚	中证鹏元	中债资信
	模型外调整因素	模型外调整因素		模型外调整因素		
	外部支持 公司治理 会计标准和报表质量 流动性管理 企业特殊事件以及产品更新换代速度等	可比性调整（财务政策、对外担保、偶发重大事项、公司治理及管理水平、发展战略等） 绿色因素 外部支持		财务信息质量 公司治理 流动性 外部支持 其他（包括但不限于历史信用记录、流动性、安全生产、突发事件）		

注：由于未能获取中证鹏元的《汽车及零部件制造企业主体长期信用评级模型》，上表中的中证鹏元评级模型分析采用《企业主体长期信用评级模型》。

表 6 国内外评级机构对汽车制造企业评级所列举的调整项统计

评级机构	评级调整项
中诚信国际	公司治理、会计标准和报表质量、流动性管理、企业特殊事件、产品更新换代速度
中债资信	公司治理与管理、偿债意愿、大数据调整因子
联合资信	未来发展（项目投产、收购兼并、压力测试与预测）、表外重要风险（诉讼风险、担保风险）、不良记录（贷款逾期、其他失信记录）、其他因素（其他有利因素、其他不利因素）
上海新世纪	可能导致上调的因素（极强的资本实力、突出的市场地位、强劲的现金获取能力、显著的营收规模、明显的资产估值优势、业务多元化的正面影响、较明确的资本补充预期、年度财务报表日之后的重大正面影响事件等）、可能导致下调的因素（持续亏损或重大亏损、财务杠杆持续高企并对信用质量构成实质影响、流动性风险异常突出、安全、环保、质量等重大事件性风险、复杂的关联关系且对信用质量形成负面传导效应、年度财务报表日之后的重大负面影响事件等）
东方金诚	财务信息质量、公司治理、流动性、外部支持、其他
大公国际	可比性调整（财务政策、或有负债、偶发重大事件、公司治理及管理水平、发展战略）、绿色因素、外部支持（股东支持、政府支持、银行授信）

续表

评级机构	评级调整项
中证鹏元	可能下调级别的重大事项： 1. 公司所处的外部经营环境发生重大不利变化，将对公司经营产生巨大影响；2. 相关事项表明公司治理和管理存在严重问题；3. 公司对重要下属子公司为相对控制，存在较大的失去重要子公司的风险；4. 公司及控股股东、实际控制人、董事、监事、高层管理人员有重大不诚信记录，具体包括虚假出资或抽逃注册资本金，逃漏税行为，有海关、土地管理、环保、安全等重大违法违规行为，近三年受过重大刑事处罚；5. 公司法定代表人已变更成外籍，且存在变现资产逃离国内的风险；6. 公司实施的战略投资额大，且实施战略的已投资较多，战略实施失败的可能性很大，预计将给公司带来巨大负面影响；7. 审计意见为非标准无保留意见，或经过现场调研，发现公司财务信息存在重大作假嫌疑；8. 企业征信报告显示公司有不良贷款或欠息（非第三方原因），或存在担保违约记录；9. 公司对外担保占同期净资产的比重在 80.00% 及以上，且没有反担保措施，担保代偿风险较大；10. 公司历年受到的行政处罚和未决诉讼性质严重，预计将影响公司的可持续经营；11. 公司拥有的核心专利或技术存在被更新替换，或者在合资生产中存在核心技术的丧失风险；12. 连续三年生产线投资规模大幅下降；13. 其他对公司信用品质或偿债能力产生重大不利影响的风险事项 可能上调级别的重大事项： 1. 公司所处的外部经营环境发生重大有利变化，将对公司经营产生巨大影响；2. 存在未在财务报表中体现的重大资产注入或资产重组事项，且预计将明显改善公司盈利水平；3. 存在未在财务报表中体现的股票上市（或重要子公司、参股公司上市）事项，且预计将较大程度提升公司的资本实力或盈利水平；4. 存在未在财务报表中体现的定向增发事项，且预计将较大程度地增强公司资本实力并降低偿债压力；5. 其他对公司信用品质或偿债能力产生重大有利影响的事项
穆迪	控股金融子公司、环境和其他监管事项、管理策略、公司治理、财务内控、流动性、超额现金储备余额、非全资子公司、事件风险、股东和机构支持、季节性、周期性
标普	多元化或组合效应、资本结构、财务政策、流动性、公司治理和可比较评级

09　医药行业国内外信用评级方法的比较与研究

联合评级　工商一部　唐玉丽　刘丽红　（2018－12）

一、概述

本文梳理了目前国内外的主要信用评级机构披露的医药行业相关评级方法，其中国内6家评级机构披露了医药行业[①]评级方法，但详略不一；国际主流3大评级机构均有详细披露。从已披露的评级方法来看，大部分评级机构在设计评级要素及相应打分标准时并未对医药行业子行业进行细分，只有标普在每个评级要素下针对不同的医药子行业有不同的打分标准（如Generic Drug和CMOs的打分标准不同）。但各评级机构的评级方法整体逻辑相同，除了在列举影响评级的其他因素时有一定差异外，其他部分的分析基本一致。

表1　目前国内外医药行业评级方法

披露了评级方法的机构和披露年份	
国内	国际（均为全球方法）
中债资信（2020） 中诚信国际（2019） 大公国际（2020） 新世纪（2018） 东方金诚（2020） 联合评级（2018）	穆迪（2017） 标普（2017） 惠誉（2014）

资料来源：联合评级整理。

二、国际三大评级机构方法比较

（一）评级逻辑框架

国际三大评级机构对医药行业的评级总体还是关注业务概况和财务情况等方面，再根据宏观环境的一些其他影响因素最终确定级别。国外机构披露的评级方法各有特色，如标普的

① 本文所分析的医药行业仅指医药制造业，不包括医药流通业。

分析框架最为全面，穆迪更侧重财务和企业业务方面的分析，惠誉更侧重企业和经营环境相结合。

（二）评级关注要素

表 2　国际三大评级机构对医药制造企业的评级要素比较

机构	标普	穆迪	惠誉
评级要素	• 经营风险 行业风险 周期性 竞争风险和预期增长 准入门槛有效性 利润率的水平和趋势 长期变化风险（产品、服务和技术） 增长趋势风险 国家风险 竞争性定位 竞争优势 规模、范围和多样性 运作效率 盈利能力 盈利水平 盈利波动性 • 财务风险 会计和分析调整 现金流分析 核心比率 补充比率 基准波动表 • 其他定性考虑因素 多样性影响 资本结构 财务政策 流动性 公司治理 其他评级分析	• 规模 收入 • 业务概况 产品和治疗的多样性 地理的多样性 专利保护 生产线质量 • 杠杆和偿债能力 负债/EBITDA 经营性现金流/负债 现金债务总额比 • 财务政策 财务政策	• 具体业务概况 规模和市场定位 专利保护 研究开发的生产线 多样性 • 财务风险 财政结构 盈利能力 财务弹性 • 经营环境和公司治理 经济环境 金融服务 政府 管理策略 公司治理 组织结构 财政透明度

续表

机构	标普	穆迪	惠誉
重点与异同	分析框架最为全面，评价指标设置最多。	在行业环境下分析企业规模（权重占25%）、业务状况（权重占40%）、杠杆和偿债能力（权重占25%）和财务政策（权重占10%），并给出了指标区间。	重点考察公司业务概况和财务风险；并对公司经营环境和公司治理面进行考核。

资料来源：联合评级整理。

标普

标普对医药行业的评级主要从公司的经营分析、财务风险和一些其他“定量”因素进行考核，分析框架十分全面。经营分析方面主要考察市场地位、市场竞争、多样化与盈利能力。财务状况是定量分析，主要考察现金流和各财务指标。其他影响评级的因素主要是资本结构、公司治理和流动性等。标普将医药行业细分为Branded、Generic和CMOs三个子行业，每个子行业的量化标准有所不同。

标普对医药行业评级的主要特点是将医药行业定位在“低风险”行业，并相应将周期性、竞争风险和预期增长等指标设为“低风险”。对于竞争性定位指标，标普主要关注公司的盈利能力而非仅仅是利润。

穆迪

穆迪对医药行业的评级重点关注公司业务和财务状况，通过对业务和财务状况进行定性和定量分析来考察单个医药企业。业务状况主要包括产品多样性、专利和生产线。财务方面则主要关注公司杠杆水平和偿债能力。

穆迪的评级主要分五步。第一步，确定影响因素；第二步，测量或评估影响因素；第三步，用打分卡为各影响因素打分；第四步，计算总得分并确定结果；最后一步，对相关局限性、假设和其他考量因素进行补充。对于各影响因素，穆迪给出了各指标的权重，其中规模在评级打分中权重占25%，业务状况权重占40%，杠杆和偿债能力权重占25%，财务政策权重占10%；并给出了主要定性和定量指标对应每个级别下的认定区间。

表3　穆迪对医药行业评级要素的权重分配

Rating Factors	Factor Weighting	Sub - factors	Sub - factors Weighting
Scale	25%	Revenue	25%
Business Profile	40%	Product and Therapeutic Diversity	15%
		Geographic Diversity	10%
		Patent Exposures	7.5%
		Pipeline Quality	7.5%

续表

Rating Factors	Factor Weighting	Sub - factors	Sub - factors Weighting
Leverage and Coverage	25%	Debt/EBITDA	10%
		CFO/Debt	10%
		Pharmaceutical Cash Coverage of Debt	5%
Financial Policy	10%	Financial Policy	10%
Total	100%	Total	100%

资料来源：穆迪医药行业评级方法。

惠誉

惠誉对医药制造企业的评级主要关注企业业务、企业财务、企业治理和经营环境。具体来看，惠誉关注企业业务的市场定位，专利和生产线状况；财务方面，主要关注企业盈利能力和财务弹性，企业盈利状况是否能承担负债；在经营环境方面，从宏观角度对企业影响进行定性分析。

总体看，国际三大评级机构的评级方法针对全球市场，主要从经营风险和财务风险两方面确立大体信用级别，结合定性和定量分析法，再通过一些难以量化的影响因素（如公司治理）对评级结果进行修正以使其能够反映当前情况下特定公司的风险。另外，穆迪对不同因素设置权重，主要关注公司业务状况；惠誉则更侧重公司状况与所处经营环境；标普的评级方法相对其他两家而言更全面具体，并且给出了相应指标的量化标准，更具有参考意义。

三、国内评级机构对医药行业的评级方法比较

（一）评级逻辑框架

国内评级机构对医药企业评级的整体逻辑框架基本一致，大致都遵循宏观与微观结合、定性分析与定量分析结合、历史分析与预测分析结合、个体评级与支持评级结合、基础评级与风险调整结合的原则，主要从运营环境考察宏观层面，从管理与战略、风险管理、业务经营、财务状况等方面考察公司自身实力，从股东背景、政府支持等方面考察外部支持情况，在考虑其他风险调整事项等的基础上，综合确定企业主体级别；在主体级别和债项风险的基础上确定债项级别，具体见图 1。

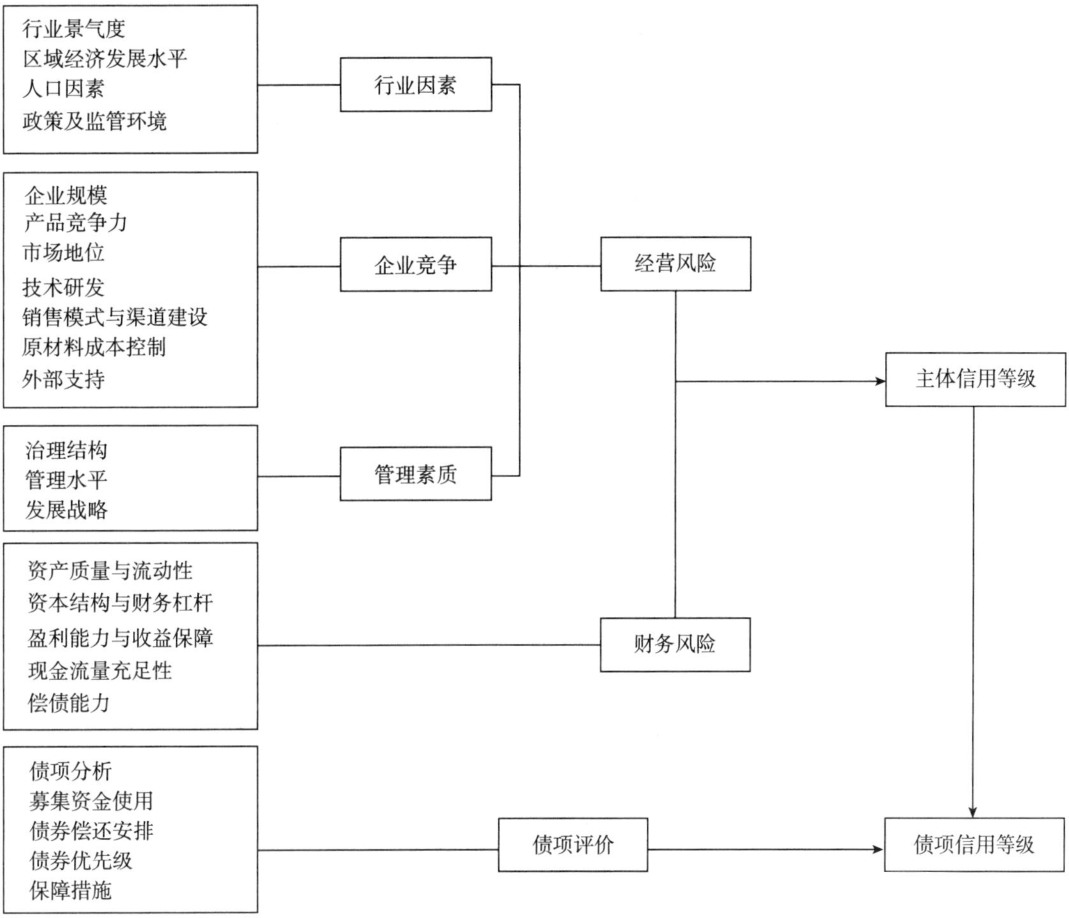

图 1　国内评级机构对医药企业的信用评级逻辑框架

（资料来源：联合评级搜集整理）

（二）评级关注要素

国内评级机构对医药企业评级的主要关注要素差异不大，但各要素在各机构评级方法中的布局情况和名称等有所差别。外部环境部分，大公国际还关注到人口、收入等因素对医药行业的需求方面产生的影响。定量分析部分，中债资信的评级模型较为精准，用打分卡的形式构建医药企业信用评级模型，采用了线性加和形式，具有易解释、易调整、直观透明的优点。此外，大公国际也统计了部分指标的风险映射关系，根据指标数值分布区间来评定医药企业的抗风险能力。

表 4　国内评级机构对医药行业的评级要素比较

机构	中债资信	中诚信国际	大公国际	联合评级	新世纪	东方金诚
评级要素	•行业经营风险 行业需求 行业竞争 行业政策 •企业经营风险 规模与市场地位 产品结构和多元化 研发实力 销售模式与渠道建设 原材料保障 药品质量 企业管理 发展战略 •财务风险 财务信息质量 资产质量 资本结构 盈利能力 现金流量 偿债指标 •外部支持 股东支持	•规模与多元化 营业总收入 药品结构多元化 核心药品竞争力 研发实力 •盈利能力 EBIT 利润率 总资产回报率 •财务政策 总资本化比率 总债务/EBITDA •财务实力 货币等价物/短期债务 经营活动净现金流利息保障倍数 自由现金流/总债务 •外部支持 股东支持 融资渠道 •公司治理与管理 治理结构 管理水平 发展战略	•偿债环境 产业政策 市场前景 信用环境 •财富创造能力 需求动力 市场竞争力 经营性盈利和财务实力 •偿债来源 •外部支持 •偿债能力分析	•行业风险 行业政策 行业竞争 行业景气度 •企业基本素质 企业性质与规模 研发实力 安全环保 •经营与竞争力 收入与业务结构 核心药品的市场竞争力 原材料的供应情况 药品生产情况 药品销售推广能力 重大资本支出 关联交易 •战略与管理 发展战略 组织管理模式 •财务风险要素 信息披露与采纳准则 资产质量 资本结构 盈利水平 偿债能力 •外部支持 股东支持 政府支持	•业务风险 宏观经济与环境 行业风险 竞争地位 盈利能力/同业比较 公司治理与战略管理 •财务风险 风险容忍度/财务政策 会计政策 现金流状况 资本结构和资产质量 流动性/短期因素 •其他因素 外部支持 医药相关诉讼	•经营风险 行业因素 企业竞争力 管理素质 •财务风险 资产质量 资本结构 盈利能力 现金流量 偿债能力

续表

机构	中债资信	中诚信国际	大公国际	联合评级	新世纪	东方金诚
重点与异同	评级标准系统且全面；结合评级模型定量分析	侧重关注公司经营风险与财务风险，对行业风险考察较少	评级体系较独特，设置四大指数编制；从偿债角度出发进行财务分析；风险管理重数据分析	关注点十分全面，考察主体经营风险和财务风险的所有要素	侧重宏观经济环境的影响，对企业产品的生产与销售环节关注较少	侧重经营风险与财务风险的分析

资料来源：联合评级整理。

四、对比国内外评级机构评级方法的启发

通过对国内外各评级机构的评级逻辑和评级方法的梳理，我们发现：

1. 国内外各评级机构对医药行业的分析框架差异不大，基本都围绕经营风险、财务风险以及包含外部支持在内的其他调整因素展开分析。

2. 国内外评级机构都将医药行业定义为低风险、弱周期性行业，相关指标设计也围绕低风险和弱周期性的特性进行。

3. 每家机构对于每个要素的关注程度不尽相同，有的对要素关注十分全面，有的更看重宏观环境影响（如人口结构），且各家机构对经营风险和财务风险分配的权重不同。

4. 国外机构披露的评级方法中选取的指标更加丰富，量化程度更高，而国内机构披露的资料中描述性语言更多。

5. 由于医药行业的特殊性，国内评级机构的评级方法仅适用于大陆地区，而国际三大评级机构的评级标准针对不同国家和地区有较大差异，如美国与其他国家不同（美国政府没有对药品设置指导价，但在其他国家需要考虑政府干预对于药物价格的影响）。

6. 有些机构的评级方法较为独特，如大公设计的几个偿债指数并进行仿真模拟测验，其整体框架也较其他国内外机构有所差别；标普在经营风险和财务风险的每个要素下将医药行业细分为 Branded、Generic 和 CMOs 三个子行业进行分析，不同子行业相同要素的打分标准不同。

7. 关于评级要素的权重，只有大公和穆迪给出了主要要素的基础赋权情况，穆迪还给出了主要定性和定量指标对应每个级别下的认定区间，惠誉给出了主要指标的中位数参考值。惠誉也明确指出，大多数信用因素是以相对重要性来衡量的，而且这些因素间会相互影响，因素权重也会随着时间而变化，因此没有给出确切权重比例。

10　建材行业国际信用评级方法研究

联合资信　债市研究部　郝帅　徐鹤龙　（2018－12）

一、概述

（一）建材行业定义

穆迪、标普和惠誉对建材行业企业范围的定义类似，均为主要收入来源是从事基础建筑材料生产和销售的企业，例如水泥、混凝土、石膏、砖和屋顶瓦等。

穆迪认为建筑材料的需求主要受到GDP增长、人口增长的驱动，且需求的周期主要依赖建材生产商终端市场的模式，即建筑和基建行业。同时，地理分布多元化的建材企业具有更稳定的现金流；资本支出较为灵活的建材企业更有利于适应区域或市场特征的变化。由于原材料的有限供应、进入市场需要较高的初始成本以及需要建立有效的分销渠道，穆迪认为建材行业进入壁垒非常高。此外，建材行业属于高耗能的能源密集型产业，且运输成本较高，材料价值与重量的比值较低。

惠誉认为建材行业公司的级别上限为BBB级，考虑到建筑需求的季节性和周期性、行业竞争程度较高、最终产品的商品化特性以及生产的资本密集性，建材行业风险高于平均行业风险。此外，惠誉指出建筑材料的需求主要受住房、非住宅和基础设施建设活动的推动，又与经济周期、资金供应和人口趋势相关。地理多样化有利于减少特定国家或地区风险。建筑材料行业具有相对较高的准入门槛。

标普认为建材行业属于相对高周期性、中等竞争风险和增长性行业，因此确定为中等风险①的行业。

（二）评级思路与方法简述

评级思路方面，国际三大评级机构对建材行业企业的评级思路较为相似，都是从受评企业的行业风险概况、经营风险、财务分析、公司组织结构等各方面提取关键的因素，穆迪、标普和惠誉均依靠定量与定性相结合的方式，分别使用打分卡、打分矩阵和评级指示器得到初始企业信用级别，再对打分卡、打分矩阵、评级指示器中不能完全涵盖的影响因素进行定性或定量的分析，最终得出符合未来预期的企业真实级别。

评级方法方面，穆迪建材行业的打分卡主要包括五个因素，分别是规模、经营概况、盈

---

① 标普对于风险评估的范围是：1. 极低风险；2. 低风险；3. 中等风险；4. 中高风险；5. 高风险；6. 极高风险。

利能力与效率、杠杆率与覆盖率以及财务政策，其中盈利能力和效率、杠杆和覆盖率分别设置了二级因子（见表1，具体内容见附件1）。在打分表初步结果的基础上，结合管理水平、公司治理、流动性管理、风险事件、季节性等调整性因素，得出最终评级。

表1　穆迪打分表评级要素及权重分布

一级因子	一级权重	二级因子	二级权重
规模	5%	收入（十亿美元计）	5%
经营概况	15%	经营概况	15%
盈利能力与效率	30%	经营利润率	10%
		经营利润率波动	10%
		平均总资产回报率	10%
杠杆率与覆盖率	40%	债务/账面资本化价值	10%
		债务/EBITDA	10%
		EBIT/利息费用	10%
		留存现金流/净债务	10%
财务政策	10%	财务政策	10%

标普使用矩阵的方式，通过经营风险分析和财务风险分析确定基础评级结果（见表2，对应矩阵详见附件2），再结合评级调节器进行修正，得出最终评级。

表2　标普建材行业评级关键因素

关键因素	二级因素	三级因素
经营风险分析	行业风险	周期性
		竞争性风险与增长
	国家风险	
	竞争地位	竞争优势
		规模、范围和多样化
		运营效率
		盈利能力
财务风险分析	会计和分析调整	
	现金流和杠杆分析	核心比率
		补充比率
评级调节器	多元化或组合效应	
	资本结构	
	流动性	
	财务政策	
	公司治理	
	可比较评级分析	

惠誉对企业评级主要使用的是评级指示器，在行业风险分析之后，初步给出级别范围，在此基础上，进一步对企业所处经营区域环境风险、公司治理以及为该行业特设的七项指标进行分析，最后在评估补充性评级调整因素后，给出企业级别（详见表3）。

表3　惠誉建材行业评级关键因素

关键因素	具体因素
行业风险概况	行业特征确定信用评级上限
国家风险	运营环境/转让和兑换风险
经营概况	管理策略与公司治理
	市场地位与进入壁垒
	终端市场多样性
	地理多样性
	成本地位
财务风险分析	现金流与盈利能力
	财务结构
	财务灵活性

二、国际三大评级机构对建材行业重点评级要素的分析

整体来看，三家评级机构对建材行业信用评级的分析要素均涵盖了宏观、行业中观以及企业微观层面。标普和惠誉披露的评级考量指标相对穆迪更为全面、细化，穆迪使用指标较少。重点评级要素主要包括规模和市场地位、多样性、盈利能力、杠杆水平和偿债能力、财务政策、流动性管理以及公司治理等。

（一）规模和市场地位

三家评级机构均明确指出规模和市场地位可以很大程度上体现一个企业业务承揽能力、资金实力、融资和盈利能力等，因此该项因素作为重点考量之一。穆迪给予规模5%的权重，标普和惠誉则在经营风险分析中将竞争地位分析专门作为核心一级要素来考量。

（二）多样性

三家评级机构对于多样性因素均采用定性分析的评估方法，且均作为重点考量。在对多样性因素评估时，三家评级机构均将经营区域、业务板块是否多元纳入衡量范围。标普将多样性突出程度作为竞争地位分析中的二级指标，并以“强”、“强/充足”、“弱”、“充足/弱”来评价。穆迪将该因素放入经营分析中作为二级因素赋予15%的权重。惠誉在经营概况中分别考虑了终端市场多样性、地理多样性。

（三）盈利能力

穆迪盈利能力使用的指标是经营利润率、经营利润率波动和平均资产回报率。标普将盈

利能力放入经营风险中进行分析，不仅考虑了盈利水平，还对盈利能力的波动性进行评估。惠誉在财务关键因素中将盈利能力作为第一分析要点，综合考虑企业营运资金收入比和自由现金流收入比。

（四）杠杆水平和偿债能力

杠杆水平和偿债能力为三家评级机构重点分析要素之一。其中，营运现金流（FFO）对债务的覆盖是三家评级机构均重点考虑的基础要素，持续的稳定的经营活动现金（净）流入被认为是偿债的最主要来源。同时，标普与穆迪通过 EBITDA 对全部债务的覆盖倍数揭示企业依靠利润偿还债务所需时间。惠誉除了现金流之外，还综合考量了可变现资产对于债务的覆盖。

（五）财务政策

三家评级机构对于财务政策因素均主要采用定性分析的评估方法，且均对企业信用级别产生重要影响。三家评级机构均认为财务政策代表管理层的风险偏好程度，从而对财务风险、经营风险形成影响。穆迪直接将财务政策作为一级因素给予 10% 的权重，穆迪认为保守的财务政策有利于企业各项指标的稳定。往往可以通过企业过往融资活动、并购活动、现金分红等情况评估公司管理层和董事会对财务风险的关注和把控。

标普将财务政策作为评级调整项，根据结果可以对基础评级锚点上调 1 ~ 2 个或下调 1 ~ 3个级别。标普在分析管理层对于杠杆水平的态度之后，进一步对财务政策的全面性、透明度和可持续性进行分析。

惠誉将财务政策作为财务灵活性的二级因子考虑，认为一般情况下，如果企业将债务控制在一定水平（相对保守的财务政策），其财务灵活性越强，也往往能够更好地应对突发事件。

（六）流动性（现金）管理

穆迪对流动性的考虑包含着打分表之外的调整项中。穆迪指出流动性对所有建材行业企业都是重要的考虑事项。尤其是非投资级的建材企业，这些企业一般拥有较低的经营和财务灵活性。穆迪通常从现金来源和现金使用方面评估企业短期流动性需求。同时，也通过监控银行协议或承诺缓冲条款来评估企业在温和的行业下行周期或发行人特定的业绩下滑情形下是否需要寻求协议救助。

标普评级方法中将流动性作为调整项之一，并认为该要素对于较低级别的企业正面影响更大。流动性主要定量分析预期营运资本流入（综合受限现金及可变现资产、营运现金流入、可确定的资产出售收益、1 年内的信用额度、股东外部流动性支持得出）对流动性需求（预期资本支出、营运支出、到期债务支出、并购等支出）的覆盖。

惠誉认为营运资本的稳定性与充足性对于具备现金流季节性波动特征的企业至关重要。此外，惠誉用流动性比率（调整后现金类资产/一年内到期债务 – 可自由支配现金）来评估企业流动性。

（七）公司治理

三家评级机构均考虑了公司治理对评级的影响，它们均认为有效的公司管理与治理对维持公司运营效率、保持市场地位等具有重要作用。

三、借鉴与启示

通过以上对国际三大评级机构对建材行业的评级方法研究，主要得到以下几点启示：

（一）提高评级要素指标的细化程度

针对建材行业特点，三家评级机构均将其认为对企业信用风险有重大影响的更加细化的定性指标放入评级模型中，或者根据行业内企业的不同类型对指标划分不同的权重水平，从而对企业级别产生直接影响。例如，穆迪根据建材行业的特点，将流动性管理与季节性管理加入定性调整项中；标普在确定初步竞争地位时，根据是否是“资本或资产驱动型”、“服务和产品驱动型”确定不同的指标权重。总体来看，国际三大评级机构在指标的细化程度以及指标标准的制定等方面值得我们借鉴。

（二）提高偿债指标选取的针对性与差异性

国际三大评级机构针对建材行业的特点对偿债指标进行了定制化修正。例如，标普将营运现金流债务比率（FFO/全部债务）以及债务 EBITDA 倍数为核心指标的基础上，设置了两个补充覆盖率指标以及三个补充回报率指标，并根据不同的初始锚点，选取不同的补充指标对核心指标反映的评级结果进行调整。惠誉则在以 FFO 作为偿债来源的基础上对其适当调整得出调整后 FFO 并以此对调整后利息支出进行覆盖以评价企业偿债能力。相较而言，国内评级机构在偿债指标的选择上针对性及差别化使用方面有待提升。

（三）增加对财务政策的考虑

标普和穆迪均将财务政策作为核心指标进行评估，认为财务政策代表管理层的风险偏好程度，从而会对财务风险和经营风险形成影响。不同性质的企业对待风险的偏好程度有较大差距，对于风险偏好程度不同的企业，其对债务的把控程度是不同的，建议将其纳入定性指标进行评估。具体来说，可以通过对企业过往投融资情况、股权分配较利息偿还优先程度等方面进行分析，来判断企业财务政策的保守程度。

（四）增加压力测试和对未来表现的预测因素

标普在财务风险分析中加入了对财务指标的压力测试，旨在得出现金流量/杠杆的波动率，压力情景包括但不限于：衰退的经济环境、技术或竞争性转变、主要合同或客户的损失或重新谈判，以及关键产品或投入价格的变动。并给出不同情形下的评级调整子级，在一定程度上增加了评级揭示风险的准确性。此外，三家评级机构的评级均包括了对未来表现的预测，穆迪的预测表现在打分卡之外的定性调整项中；标普在确定财务比率计算的时间范围和加权权重时，通常考虑公司过去两年的财务比率、当前年度预测的财务比率，和未来两个年度预测的财务比率，并分别给予不同的权重，且对当前和未来年份的权重更大。

附件 1

穆迪建材行业打分卡

一级因子（权重）	二级因子（权重）	Aaa	Aa	A	Baa	Ba	B	Caa	Ca
规模（5%）	收入（十亿美元计）（5%）	≥40	20 – 40	10 – 20	3 – 10	1.25 – 3	0.25 – 1.25	0.1 – 0.25	< 0.1
经营概况（15%）	经营概况（15%）	卓越的地理多样性，在多个大洲的新兴和发达国家拥有领先的市场地位（通常处于市场第一位，有时市场第二位也可）。业务包括多个独立的、盈利的和非常平衡的产品线，涉及该行业的所有产品。	良好的地理多样性，在多个大洲的新兴和发达国家拥有领先的市场地位（市场第二位）。业务包括多个独立的、盈利的和非常平衡的产品线，涉及该行业的大多数产品。	较好的地理多样性，在至少两个大洲的新兴市场和发达国家拥有市场领先地位（市场第三位）。业务包括至少三个独立和盈利的产品线，涉及行业的部分产品。	合理的地理多样性，最好在两个或以上的大洲的新兴和发达国家拥有较好的市场份额（市场第四位）。业务至少包括三条独立的业务线，这些业务线的盈利能力各不相同，分别侧重于行业产品范围的特定部分。	适中的地理多样性，在主要集中的多个选定国家的市场地位至少处于前五位。经营包括一个以上的产品线，但重点放在能够产生合理现金流的一个细分市场。	较低的地理多样性，在主要集中的几个选定国家的市场地位处于前十位。经营包括一个以上的产品线，但重点放在能够产生现金流的一个细分市场。	区域性市场或特定领域参与者，地理多样性非常有限。经营专注于在不同经济条件下产生盈亏平衡现金流的单一产品。	区域性市场或特定领域参与者，地理多样性极端有限。经营集中于即使在良好的经济环境条件下仍然不能产生稳定持续现金流的产品。
盈利能力与效率（30%）	经营利润率（10%）	≥30%	24% – 30%	18% – 24%	12.5% – 18%	7.5% – 12.5%	2.5% – 7.5%	1% – 2.5%	<1%
	经营利润率波动（10%）	<2.5%	2.5% – 5%	5% – 10%	10% – 17.5%	17.5% – 25%	25% – 40%	40% – 50%	≥50%
	平均总资产回报率（10%）	≥25%	16% – 25%	11% – 16%	7% – 11%	4% – 7%	2% – 4%	1% – 2%	<1%
杠杆率与覆盖率（40%）	债务/账面资本化价值（10%）	<15%	15% – 20%	20% – 30%	30% – 45%	45% – 65%	65% – 80%	80% – 100%	≥100%
	债务/EBITDA（10%）	<1X	1X – 1.75X	1.75X – 2.5X	2.5X – 3.5X	3.5X – 4.5X	4.5X – 6X	6X – 7X	≥7X
	EBIT/利息费用（10%）	≥16X	10X – 16X	7X – 10X	4X – 7X	2X – 4X	1X – 2X	0.5X – 1X	<0.5X
	留存现金流/净债务（10%）	≥70%	50% – 70%	35% – 50%	20% – 35%	10% – 20%	5% – 10%	2.5% – 5%	<2.5%
财务政策（10%）	财务政策（10%）	预期财务政策极端保守，非常稳定的度量指标，公开承诺长期信用状况极好。	预期财务政策稳定保守，稳定的指标，会有导致级别迁移的最小事件风险。公开承诺长期信用状况极好。	预期会有可预测的财务政策来维护债权人的利益。虽然存在适度的事件风险，但对杠杆作用的影响可能很小且是暂时的；对坚实的信用状况有强烈的承诺。	预期有一定的财务政策去平衡股东和债权人的利益。存在债务融资收购或股东权益分配导致较弱的信用状况的风险。	预期财务政策偏向股东而非债权人，因股东分配、收购或其他重大资本结构变动导致的财务风险高于平均水平。	预期财务政策偏向股东而非债权人，因股东分配、收购或其他重大资本结构变动导致具有很高的财务风险。	预期在变化的经济环境下存在债务重组风险上升的财务政策。	预期在健康的经济环境下仍存在债务重组风险上升的财务政策。

注：经营利润率为经营利润与净收入的比值；经营利润率波动是5年经营利润率的标准差与5年经营利润率均值的比值；平均总资产回报率是EBIT与平均总资产的比值，具体计算方法为（税前利润＋利息费用＋其他非经常性费用）/平均总资产（一般为近两年的总资产均值）；留存现金流量是由（营运资金－股利支付）计算得出。

资料来源：穆迪《Building Materials Industry Rating Methodology》。

附件 2

标普建材行业经营风险分析与财务风险分析矩阵

	财务风险分析					
经营分析	1（最低）	2（较低）	3（中等）	4（较高）	5（很高）	6（最高）
1（非常好）	aaa/aa +	aa	a + /a	a −	bbb	bbb − /bb +
2（较好）	aa/aa −	a + /a	a − /bbb +	bbb	bb +	bb
3（满意）	a/a −	bbb +	bbb/bbb −	bbb − /bb +	bb	b +
4（一般）	bbb/bbb −	bbb −	bb +	bb −	bb −	b
5（较弱）	bb +	bb +	bb	bb	b +	b/b −
6（非常弱）	bb −	bb −	bb − /b +	b +	b	b −

11　建筑施工行业国内外信用评级方法的比较与研究

联合资信　公用一部　闫蓉　王中天　兰迪　姚玥　张宁　（2018－12）

一、概述

本文对国内外主要评级机构的建筑施工行业评级方法进行了研究、分析与对比，涉及各家机构的评级逻辑以及评级要素等，旨在从中寻找值得借鉴与参考的信用风险分析要点。

表1　目前国内外建筑施工企业评级方法出具时间

国外		国内	
评级机构	评级方法年份	评级机构	评级方法年份
穆迪	2017年	联合资信/联合评级	2018年
标普	2018年	中诚信国际	2018年
惠誉	2018年	大公国际	2018年
		新世纪	2018年
		东方金诚	2015年
		鹏元评级	2017年
		中债资信	2013年

资料来源：联合资信整理。

二、国内外评级机构对建筑施工企业的评级逻辑及流程比较

国外三家机构的评级逻辑略有区别：（1）在行业风险分析之后，惠誉初步给出级别范围，在此基础上，进一步对企业所处经营区域环境风险、公司治理以及为该行业特设的七项指标进行分析，最后在评估补充性评级偏离要素后，给出企业级别。（2）穆迪则直接对建筑企业的四项核心分析要素（涵盖经营及财务风险）打分，根据打分结果给出初始级别，再结合调整指标后给出最终级别。（3）标普通过经营风险分析（包括对行业风险、国家风险和竞争地位三方面）和财务风险分析确定基础评级结果，再结合行业修饰符对基础评级结果进行修正，最终给出建筑施工企业的主体信用级别。

三家机构评级流程复杂程度亦有不同。穆迪评级步骤相对较少（见图1），将各评级要

素打分汇总后，结合辅助因素调整所得分数，最后根据分数获得企业最终级别。

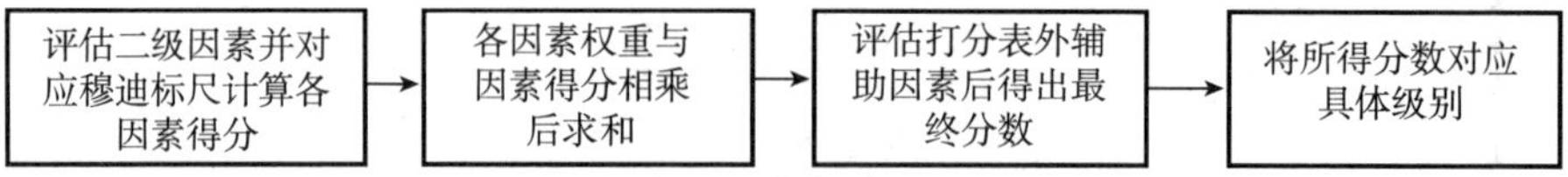

图 1　穆迪评级流程图

（资料来源：联合资信根据公开资料整理）

表 2　穆迪评级要素权重分布

一级因素	一级权重	二级因素	二级权重
规模	25%	收入	15%
		EBITA	10%
经营概况	25%	多样性	15%
		预期收入和利润稳定性	10%
杠杆水平和偿债能力	30%	EBITA/利息费用	10%
		债务/EBITDA	10%
		FFO/债务	10%
财务政策	20%	财务政策	20%
合计	100%	合计	100%

资料来源：联合资信根据公开资料整理。

标普评级要素细化程度更高，评级流程较为复杂，大致分为七步。第一，根据行业风险及国家风险评估结合通过矩阵方式给出 CICRA 值（1～6 不等，1 为风险最低）。第二，分三步评估四个指标给出竞争地位分值（1～6 不等，1 为最优）：①评估企业竞争优势（45%）、规模、范围和多样性（30%）、运营效率（25%）后得出加权分数并对应初评结果；②从盈利水平（定量）和盈利波动性（定量）两方面评估企业盈利能力（1～6 不等，1 为最优）；③结合初评结果和盈利能力得分获得最终竞争地位分数（1～6 不等，1 为最优）。第三，将 CICRA 与竞争地位分析结果对照经营风险矩阵，得出经营风险分数（1～6 不等，1 为最优）。第四，通过考察核心比率指标和补充指标（不同指标区间对应分数不同）得出财务风险分值。第五，结合第三、第四步中的经营风险和财务风险分数给出锚点范围（b－～aaa）。第六，针对建筑施工行业，标普给出了五个主要调整项，各个调整项对于不同锚点范围的企业影响程度不同（通常上调或者下调 1 到 2 个级别）。第七，根据企业在所属集团企业中的战略结合其母公司的信用级别进一步调整锚点范围（如果集团信用等级高于所评企业主体信用级别，则企业信用级别最高跟集团一致；如果集团信用等级低于所评企业主体信用级别，则企业信用级别需要适当下调）。

惠誉未披露详细评级流程。

总体来看，标普采用双维度矩阵方式给出最终级别，整个评级过程中试图尽可能将行业重点要素分级（打分）放入矩阵使得最终级别依据更为充分明了。另外，根据行业特征选取的调整项作为评级重点评估指标则更直接有效地对企业级别进行干预。穆迪评级流程使用打分法，流程相对简单且选用指标较少，更多行业内定性因素未体现在打分系统中；打分表以外其他因素对级别相较其他机构可能产生更大影响。

国内评级机构对建筑施工企业的评级逻辑基本一致，都是基于对经营风险以及财务风险两方面做出判断后给予初始级别，并在对调整因素评估后给出最终级别。

我们仅获取到大公国际、中债资信的评级流程，其他评级机构未获知。其中，大公国际与中债资信首先均会提炼出对最终信用级别产生重大影响的指标，并对各个指标赋予不同的权重与阈值，在按照阈值转换为评分值后，再根据权重计算出该指标当年的评分值，进而累加得出初始评分值。在此基础上，大公国际对调整项各指标赋予不同分值，经过调整项分值调整后得出最终分值，依照级别映射表最终得出受评主体所涉及数据年份的最终信用等级；最终采用近一年及未来一年（预测）中较低值所映射的级别作为最终级别。而中债资信则是在累加评分的基础上先根据映射表映射出初始级别，再赋予调整项下调 1～2 个子集或维持不变的权限，经过调整后确定企业最终级别。

综上，大公国际和中债资信均采用给企业打分方式给出对应级别，大公国际将对公司未来一年经营及财务等数据的预测加入打分流程中，但预测依据有待考察。

三、国际三大评级机构对建筑施工企业的评级要素比较

国际三大评级机构对于建筑施工企业信用评级的分析要素均涵盖了宏观、行业中观以及企业微观层面。标普与惠誉披露的评级考量指标相对穆迪更为全面、细化；穆迪选用指标较少。穆迪给予经营风险和财务风险各自 50% 的权重，对财务政策的考量相对突出。标普在细分指标权重分配上对于不同信用风险、业务特征的企业往往给予不同权重，旨在更有效地揭示风险。惠誉在分析中对财务指标的应用更为频繁，且往往根据企业特性进行定制化调整。

从表 3 可以看出，规模和市场地位、多样性、预期收入和利润稳定性、杠杆水平和偿债能力、财务政策是三家机构共同重点分析的要素。标普和惠誉认为建筑施工企业流动性（现金）管理至关重要，对于垫资特性明显的施工类企业，营运资本的大幅波动对其造成较大融资压力；另外，两家机构针对建筑施工企业合同管理也给予一定权重。

表 3　国际三大评级机构对建筑施工企业评级要素对比

	标普	穆迪	惠誉
行业风险及国家风险（经营区域风险）	行业周期性、行业竞争风险和增长评估；业务区域融资便利性、项目手续办理复杂性、政府投资力度等	宏观经济环境、行业竞争、监管法律风险等（补充性指标）	行业内企业级别上限 BBB；对业务区域经营环境、融资环境、政策环境等评估

续表

	标普	穆迪	惠誉
规模和市场地位	收入、竞争优势（声誉、细分市场专营性等）	收入、EBITA	收入、市场地位（全球排名）
多样性	经营区域、细分业务、客户、合同规模的多样性；分散投资效应（调整项）	经营区域及细分业务多样性	区域和细分业务多样性，经营项目多元化（盈利稳定性）
合同风险管理	中标率、合同成本管理、合同损失规模及频率、合同执行合格情况等	—	合同风险管理、合同执行及投标纪律
预期收入和利润稳定性	盈利能力（EBITDA）波动相对行业平均波动	技术水平、行业壁垒、在手合同及盈利能力稳定性	订单的可持续性、客户关系、项目集中风险、客户多样性（新签合同额/收入）
杠杆水平和偿债能力	核心指标：FFO/全部债务，债务/EBITDA；辅助指标：FOCF/全部债务，CFO/全部债务，EBITDA/利息支出等	EBITA/利息费用，全部债务/EBITDA，FFO/全部债务	调整后全部债务/调整后 FFO，调整后净债务/调整后 FFO，公司总债务/经营项目账面价值；现金类资产/（一年内到期债务 - 可自由支配现金）；调整后 FFO/调整后利息支出
财务政策	管理层和股东的风险偏好（体现在杠杆水平的把控等）；政策透明度和稳定性等（补充项）	风险偏好、股权分配较利息偿还优先程度、杠杆水平是否稳定	是否明确、是否保守
盈利能力	EBITDA 利润率，资本回报率（ROC 补充性指标），盈利能力波动性	—	盈利稳定性、经营项目的盈利能力、FCF 均值（正负）
流动性（现金）管理	流动性供给与流动性需求的差额；流动性管理谨慎程度；预付款及竞标保证金对公司流动性影响	—	营运资本需求稳定性和资本充足性分析
管理与治理	治理结构与战略管理对公司运营效率及风险管理等影响	—	战略管理和公司治理

续表

	标普	穆迪	惠誉
各家机构特有主要评级要素	资本结构 1. 债务汇率风险 2. 债务到期情况（两年内） 3. 债务利率风险补充性要素分析 4. 集团或政府对评级对象的影响（考虑集团信用级别）	—	评级偏离要素分析（补充性） 1. 受限资金 2. 汇率对债务、利润等的影响 3. 要素权重调整

资料来源：联合资信根据公开资料整理。

1. 行业风险及国家风险（经营区域风险）

	标普	穆迪	惠誉
行业风险及国家风险（经营区域风险）	行业周期性、行业竞争风险和增长评估；业务区域融资便利性、项目手续办理复杂性、政府投资力度等	宏观经济环境、行业竞争、监管法律风险等（补充性指标）	行业内企业级别上限 BBB；对业务区域经营环境、融资环境、政策环境等评估

三家机构评级方法中均对行业风险及国家风险进行定性分析；但标普和惠誉直接在核心打分要素中考虑了行业风险，惠誉根据行业风险设置了行业内企业的级别上限，标普将行业风险放入第一步评级矩阵中，直接影响企业经营风险得分范围。惠誉和穆迪并未明确量化国家风险对于企业级别的影响。

2. 规模和市场地位

	标普	穆迪	惠誉
规模和市场地位	收入、竞争优势（声誉、细分市场专营性等）	收入、EBITA	收入、市场地位（全球排名）

三家机构均明确指出规模和市场地位可以很大程度上体现一个企业业务承揽能力、资金实力、融资和盈利能力等，因此该项因素作为重点考量之一。穆迪给予规模 25% 的权重，标普和惠誉则在经营风险分析中将竞争地位分析专门作为核心一级要素来考量。

3. 多样性

	标普	穆迪	惠誉
多样性	经营区域、细分业务、客户、合同规模的多样性；分散投资效应（调整项）	经营区域及细分业务多样性	区域和细分业务多样性，经营项目多元化（盈利稳定性）

三家机构对于多样性因素均采用定性分析的评估方法，且均作为重点考量。在对多样性因素评估时，三家机构均将经营区域、业务板块是否多元纳入衡量范围。标普将多样性突出程度作为竞争地位分析中的二级指标，并以“强”、“强/充足”、“弱”、“充足/弱”来评价，并未对该因素赋予可参考的权重；另外，将分散投资分析（业务线及业务线关联度）作为级别锚点调整项之一对低经营风险主体级别给予1～2个级别的上调。穆迪将该因素放入经营分析中作为二级因素赋予15%的权重。惠誉并未对该因素赋予可参考的权重。

4. 合同风险管理

	标普	穆迪	惠誉
合同风险管理	中标率、合同成本管理、合同损失规模及频率、合同执行合格情况等	—	合同风险管理、合同执行及投标纪律

三家机构中标普及惠誉对于合同风险管理因素均采用定性分析的评估方法，属于其评级体系中相对重要的因素；穆迪未对相关因素予以明确分析。

标普通过考察公司的合同成本管理、项目执行情况、合同损失情况以及成本控制能力等方面来衡量企业的经营效率（合同风险管理情况），并给予该要素“强”、“强/充足”、“弱”、“充足/弱”的评价，标普将该要素放在竞争地位分析中作为二级因素，并未对该因素赋予可参考的权重。

惠誉则将合同管理作为建筑企业七大分析要点之一，通过企业的合同风险管理程序，合同执行状况以及其投标纪律（对利润、风险的把控）进行评估。惠誉并未对该因素赋予可参考的权重。

5. 预期收入和利润稳定性

	标普	穆迪	惠誉
预期收入和利润稳定性	盈利能力（EBITDA）波动相对行业平均波动	技术水平、行业壁垒、在手合同及盈利能力稳定性	订单的可持续性、客户关系、项目集中风险、客户多样性

三家机构中穆迪及惠誉对于预期收入和利润稳定性均主要采用定性分析的评估方法，其中穆迪给予该因素10%的权重。惠誉在定性评估的基础上，采用了订单量/收入比率，作为预期收入的前瞻性指标，具有一定参考意义。标普对于利润稳定性因素以盈利能力的波动性进行评估（放在盈利能力因素中分析）。

穆迪评估预期收入和利润的稳定性是基于其技术水平、行业壁垒以及对其过往完成项目执行情况的跟踪记录。过往盈利水平稳定表现也是测量其未来盈利能力的一个指标。

惠誉使用订单与收入比率作为一个重要的前瞻性指标。订单的情况在一定程度上为预测未来现金流的产生、资金需求量、经营多元化等方面提供了一个洞察视角。通过订单的可持续性、客户关系、项目集中风险、客户多样性维度进行评估。惠誉并未对该因素赋予可参考的权重。

6. 杠杆水平和偿债能力

	标普	穆迪	惠誉
杠杆水平和偿债能力	核心指标：FFO/全部债务，全部债务/EBITDA；辅助指标：FOCF/全部债务，CFO/全部债务，EBITDA/利息支出等	EBITA/利息费用，全部债务/EBITDA，FFO/全部债务	调整后全部债务/调整后 FFO，调整后净债务/调整后 FFO，公司总债务/经营项目账面价值；现金类资产/（一年内到期债务－可自由支配现金）；调整后 FFO/调整后利息支出

杠杆水平和偿债能力为三家机构重点分析要素之一。其中，营运现金流（FFO）对债务的覆盖是三家机构均重点考虑的基础要素，持续的稳定的经营活动现金（净）流入被认为是偿债的最主要来源。同时，标普与穆迪通过 EBITDA 对全部债务的覆盖倍数揭示企业依靠利润偿还债务所需时间。惠誉除了现金流之外，还综合考量了可变现资产对于债务的覆盖。

7. 财务政策

	标普	穆迪	惠誉
财务政策	管理层和股东的风险偏好（体现在杠杆水平的把控等）；政策透明度和稳定性等（补充项）	风险偏好、股权分配较利息偿还优先程度、杠杆水平是否稳定	是否明确、是否保守

三家机构对于财务政策因素均主要采用定性分析的评估方法，且均对企业信用级别产生重要影响。其中标普与穆迪均将此因素作为核心指标进行评估。三家机构均认为财务政策代表管理层的风险偏好程度，从而对财务风险、经营风险形成影响。

其中，标普财务政策作为评级调整项，根据结果可以对基础评级锚点上调 1 ~ 2 个或下调 1 ~ 3 个级别。标普在分析管理层对于杠杆水平的态度之后，进一步对财务政策的全面性、透明度和可持续性进行分析。

穆迪则直接将财务政策作为一级因素给予 20% 的权重，穆迪认为保守的财务政策有利于企业各项指标的稳定。往往可以通过企业过往融资活动、并购活动、现金分红等情况评估公司管理层和董事会对财务风险的关注和把控。

惠誉将财务政策作为财务灵活性的二级因子考虑，认为一般情况下，如果企业将债务控制在一定水平（相对保守的财务政策），其财务灵活性越强，也往往能够更好地应对突发事件。惠誉并未对该因素赋予可参考的权重。

8. 盈利能力

	标普	穆迪	惠誉
盈利能力	EBITDA 利润率，资本回报率（ROC 补充性指标），盈利能力波动性	—	盈利稳定性、经营项目的盈利能力、FCF 均值（正负）

标普将盈利能力放入经营风险中进行分析，不仅考虑了盈利水平，还对盈利能力的波动性进行评估。惠誉在财务关键因素中将盈利能力作为第一分析要点，综合考虑企业盈利稳定性（与行业平均水平对比）、经营项目的盈利能力以及 FCF（相对更为严格的指标，在 FFO 基础上减去资本性支出、分红支出等）。

9. 流动性（现金）管理

	标普	穆迪	惠誉
流动性（现金）管理	流动性供给与流动性需求的差额；流动性管理谨慎程度；预付款及竞标保证金对公司流动性影响	—	营运资本需求稳定性和资本充足性分析；流动性比率

标普和惠誉在流动性（现金）管理方面给予充分重视。标普评级方法中，将流动性作为调整项之一，并认为该要素对于较低级别的企业正面影响更大。流动性主要定量分析预期营运资本流入（综合受限现金及可变现资产、营运现金流入、可确定的资产出售收益、1 年内的信用额度、股东外部流动性支持得出）对流动性需求（预期资本支出、营运支出、到期债务支出、并购等支出）的覆盖。标普还强调预付款及保证金对于流动性的侵蚀作用。惠誉认为营运资本（working capital）的稳定性与充足性对于具备现金流季节性波动特征的建筑施工企业至关重要，惠誉会将营运资本中被质押的应收账款与未到期的应付票据分别从流动资产与流动负债中调出以真实反映企业的现金状况。此外，惠誉用流动性比率（调整后现金类资产/一年内到期债务 - 可自由支配现金）来评估企业流动性。

10. 管理与治理

	标普	穆迪	惠誉
管理与治理	治理结构与战略管理对公司运营效率及风险管理等影响	—	战略管理和公司治理

惠誉和标普将企业管理与治理作为调减项用于企业评级中，它们认为有效的公司管理与治理对维持公司运营效率、保持市场地位等具有重要作用。

四、国内评级机构对建筑施工企业的评级要素比较

评级要素方面，虽然国内各个评级机构划分有所不同，但均可归结为经营风险以及财务风险。经营风险分析中，各家机构主要对宏观及行业风险、企业管理、企业竞争地位、业务结构及规模进行分析。财务风险则从资本结构、盈利能力、现金流分析、偿债能力等方面入手。区别在于各家机构所选取的评级打分表具体指标以及权重有所不同，中债资信给予短期债务偿还能力以及业务、区域多元化指标相对较大的权重，并同时将 BT 等资本经营项目作为考核指标关注企业资金周转情况；大公国际则更加偏重于产品竞争力分析以及各类偿债来源对债务的覆盖分析。

表4　国内评级机构对建筑施工企业评级要素对比

联合资信	中债资信	大公国际	鹏元评级	新世纪	东方金诚	中诚信国际
经营风险 • 行业风险 • 企业基础素质 • 公司管理 • 公司治理 • 外部支持 • 企业经营 • 未来发展	行业经营风险 • 行业需求 • 行业竞争多 • 建材等成本变化	偿债环境 • 政治法律环境 • 信用环境	经营风险 • 外部运营环境 • 公司治理和管理 • 公司经营竞争力 • 公司背景和外部支持 • 外部经营环境 • 公司治理	经营风险 • 宏观环境 • 行业风险 • 竞争地位 • 盈利能力/同业比较 • 公司治理与运营管理 • 外部支持	经营风险 • 行业因素 • 企业竞争力 • 管理素质 • 外部支持	业务评价 业务规模和稳定性 经营效益 资本结构和财务实力 公司治理 外部支持
财务风险 • 资产质量 • 资本结构 • 盈利能力 • 现金流量 • 偿债能力	财务风险 • 财务信息质量 • 资产质量 • 资本结构 • 盈利能力 • 现金流量 • 偿债指标	财富创造能力 • 市场需求 • 产品或服务竞争力 • 盈利能力	财务风险 • 公司规模 • 营运能力 • 盈利能力 • 偿债能力 • 成长能力 • 财务信息质量 • 或有负债	财务风险 • 风险容忍度/财务政策 • 会计政策 • 现金流分析 • 负债结构和资产质量 • 流动性	财务风险 • 资产质量与流动性 • 资本结构和财务杠杆 • 盈利能力与收益保障 • 现金流充足性 • 偿债能力	
	企业经营风险 • 规模和市场地位 • 施工能力 • 施工领域及多元化财务 • 项目储备 • 企业管理 • 发展战略	偿债来源 • 盈利水平 • 经营性收入 • 外部融资 • 外部支持				
	外部支持 • 股东背景、与股东（政府）关系紧密度、历史获得支持情况，未来股东注资计划等	偿债能力 • 存量债务 • 清偿性还本付息能力 • 流动性还本付息能力 • 盈利能力利息覆盖程度 • 财务政策				

资料来源：联合资信根据公开资料整理。

五、借鉴与启示

通过分析比较国内外各家机构对于建筑施工企业的评级方法，我们主要得到以下几点启示：

1. 针对建筑施工行业特点，国内外多家机构均将其认为对企业信用风险有重大影响的更加细化的定性指标放入打分系统中，从而对企业（初始）级别产生直接影响。其中，惠誉将客户关系、项目投标政策等要素放入评级体系中，更加直观与具有前瞻性地评估企业的项目经营风险。标普则将企业的市场声誉、细分市场专营性等作为评估企业竞争地位的要素，从而避免仅用财务量化指标衡量风险带来的片面性。总体来看，国际三大评级机构在指标的细化程度以及指标标准的制定等方面值得我们借鉴。

2. 国际三大评级机构针对建筑施工行业的特点对偿债指标进行了定制化修正。例如，标普在营运现金流债务比率（FFO/全部债务）以及债务 EBITDA 倍数为核心指标的基础上，设置了两个补充覆盖率指标以及三个补充回报率指标，并根据不同的初始锚点，选取不同的补充指标对核心指标反映的评级结果进行调整。惠誉则在以 FFO 作为偿债来源的基础上对其适当调整得出调整后的 FFO，并以此对调整后利息支出进行覆盖以评价企业偿债能力。相较而言，国内评级机构在偿债指标的选择上针对性及差别化使用方面有待提升。

3. 标普和穆迪均将财务政策作为核心指标进行评估，认为财务政策代表管理层的风险偏好程度，从而会对财务风险和经营风险形成影响。就我国情况来看，不同性质的建筑施工企业对待风险的偏好程度有较大差距，很多代表性的央企承担着建设国家基础设施项目、维持国内建筑行业稳步发展同时解决就业的重任，与迅速扩大业务板块相比，控制债务、维持企业的平稳发展更为重要。而对于想要在市场上迅速扩张业务规模的企业而言，可能发生承接超过自身体量的业务的情形。对于风险偏好程度不同的企业，其对债务的把控程度是不同的，可以通过对企业过往投融资情况、股权分配较利息偿还优先程度等方面进行分析，来判断企业财务政策的保守程度。

同时，对到期债务的监测也可纳入财务政策的考量。企业的债务偿还安排能够帮助确定其再融资风险，一般来看，长期、均匀分散的债务期限安排可以降低企业再融资风险。在评估再融资风险时，可以着重考虑 12 个月到 24 个月时间范围内的债务规模。

4. 多样性因素被多家机构认定为重点因素考量。国外机构对于多样性评估采用定性的方法直接放入打分体系中，其中细分业务多样性和客户的多样性对于国内机构具有较强借鉴意义。首先，分析业务的多样性主要系横向扩张利于降低企业在某一细分行业景气度下降时所受到的冲击，提高其抗风险能力，全产业链布局有助于企业提高利润水平及相关业务进入壁垒。其次，分析客户的多样性主要系若公司对单一客户集中度高，假设该客户陷入困境或合作终止，则公司合同订单量可能会受到较大的波动，继而影响后续收入稳定性。

附件1　标普对于建筑施工企业主体基础评级锚点对照表

	财务风险分析					
经营风险分析	1（极小杠杆率）	2（适度杠杆率）	3（中度杠杆率）	4（较高杠杆率）	5（高杠杆率）	6（极高杠杆率）
1（优秀）	aaa/aa +	aa	a + /a −	a −	bbb	bbb − /bb +
2（强）	aa/aa −	a + /a −	a − /bbb +	bbb	bb +	bb
3（满意）	a/a −	bbb +	bbb/bbb −	bbb − /bb +	bb	b +
4（适当）	bbb/bbb −	bbb −	bb +	bb	bb −	b
5（弱）	bb +	bb +	bb	bb −	b +	b/b −
6（脆弱）	bb −	bb −	bb − /b +	b +	b	b −

附件2　穆迪打分结果映射表

模型对应的级别	复合加权因素数合计
Aaa	x < 1.5
Aa1	1.5 ≤ x < 2.5
Aa2	2.5 ≤ x < 3.5
Aa3	3.5 ≤ x < 4.5
A1	4.5 ≤ x < 5.5
A2	5.5 ≤ x < 6.5
A3	6.5 ≤ x < 7.5
Baa1	7.5 ≤ x < 8.5
Baa2	8.5 ≤ x < 9.5
Baa3	9.5 ≤ x < 10.5
Ba1	10.5 ≤ x < 11.5
Ba2	11.5 ≤ x < 12.5
Ba3	12.5 ≤ x < 13.5
B1	13.5 ≤ x < 14.5
B2	14.5 ≤ x < 15.5
B3	15.5 ≤ x < 16.5
Caa1	16.5 ≤ x < 17.5
Caa2	17.5 ≤ x < 18.5
Caa3	18.5 ≤ x < 19.5
Ca	x ≥ 19.5

12　房地产行业国内外信用评级方法的比较与研究

联合评级　工商二部　支亚梅　李晶　冯磊　王安娜
刘潘　李聪　周凯　（2018－12）

一、概述

本文分别对国际三大评级机构以及国内评级机构①关于房地产开发公司的评级方法进行横向对比梳理，重点对国际三大评级机构的评级方法进行综合比较与分析，在此基础上对国内评级机构的评级方法要素进行了简要归纳，最后总结得出国内评级机构可以从国际三大评级机构对房地产相关实体的评级方法中可以获得的启示与借鉴。

表 1　目前国内外房地产相关实体评级方法

评级机构	评级方法年份	评级机构	评级方法年份
穆迪	2018 年	联合评级	2018 年
标普	2014 年（2016 年更新）	联合资信	2017 年
惠誉	2018 年	中诚信国际	2018 年
		大公国际	2018 年
		东方金诚	2014 年
		新世纪	2015 年
		鹏元	2017 年

资料来源：联合评级搜集整理。

二、国内外评级机构对房地产企业的评级逻辑

国际三大评级机构在房地产企业的评级方法中，评级逻辑基本相同，主要从宏观及行业、业务运营、财务表现和调整项四部分入手，其中惠誉针对中国房地产市场出具了特定的评级方法。同时，国际三大评级机构均设定了各有侧重的评级调整项。

国内评级机构评级逻辑相似，大多数主要从行业及区域分析、业务运营和财务表现三个

① 中债资信未披露房地产行业评级方法，因此本文不对中债资信评级方法进行比较。

角度出发。

三、国际三大评级机构对房地产相关实体的评级要素比较

穆迪对行业未单独进行考察，更多地关注房地产企业财务状况，其影响占比约为60%，这与房地产属于资金密集型行业有关，公司财务政策与杠杆水平是其考察的重点。

惠誉先将行业进行定位，进而关注房地产企业的业务运行与财务状况；惠誉评级要素针对中国行情，在分析中国房地产开发商时提出特定信用因素，其评级方法与指标选取更加贴近中国实际，更多地考察企业的土地储备规模、资产流动性和偿债能力情况。

标普是穆迪与惠誉两者评级方法的结合，分别从业务（包括行业分析）与财务两个方面进行考察，两者并重，标普评级方法更加注重企业竞争地位以及现金流对债务覆盖情况。

（一）穆迪评级要素

穆迪的评级步骤：首先，判断当地市场是否属于高速发展期；其次，通过打分卡对六个二级指标的基本定量指标进行打分，在估计或计算每个子因子后，每个子因子的结果映射到广泛的穆迪评级类别（Aaa，Aa，A，Baa，Ba，B，Caa或Ca）；最后，为了确定总体评级，穆迪会将六个子因子分数中的每一个转换为数值，以该子因子的权重进行加权平均得到复合加权因子得分，进而通过范围映射得到字母数字评级。另外，考虑公司的特定次要因素的表现，实际评级会调高或调低。

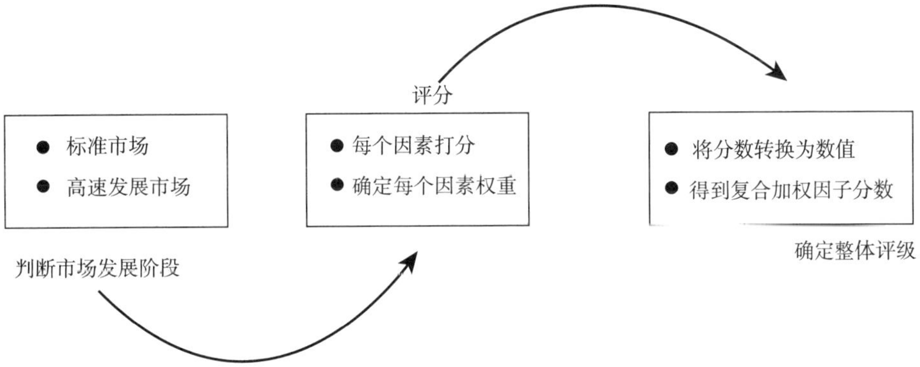

图1　穆迪房地产行业评级逻辑图

（资料来源：联合评级根据穆迪评级方法整理）

穆迪对房地产开发部门的评级要素主要包括五个一级指标，包括规模、业务概况、盈利能力和效率、杠杆和偿债能力和财务政策，一级指标下设有二级指标，并附有相应权重。

表 2　穆迪房地产评级指标体系

一级指标	权重	二级指标	权重	备注
规模	15%	销售额	15%	—
业务状况	25%	业务状况	25%	运营状况；业务与收购战略；产品类型；地域多元化；执行能力。业务状况是对中国房地产开发商进行评级时的一个重要考虑因素
盈利能力和效率	10%	成本结构	10%	减值前毛利润率（包括计入已售产品成本中的利息，但不包括土地减值费用）
杠杆和偿债能力	30%	EBIT 利息倍数	15%	—
		对于高增长市场的公司：收入债务比 对于标准市场的公司：全部债务资本化率	15%	中国属于高增长市场，使用收入债务比指标；但中国实施预售制度，该指标有一定的缺陷
财务政策	20%	财务政策	20%	管理层和董事会对财务风险的容忍度，以判断风险偏好以及公司资本结构未来可能的方向
调整项：管理层素质、公司治理、财务控制、流动性管理、突发事件风险和季节性的评估等				

资料来源：联合评级根据穆迪评级方法整理。

（二）标普评级要素

标普将每个风险从 1（非常低的风险）到 6（非常高的风险）进行打分，最后通过对业务和财务的风险进行综合评估，得到信用初评结果；同时，考虑公司的多元化/投资组合效应、资本结构、财务政策、流动性、管理与治理和可比较的评级分析等，对初评结果进行修正，得到指示性信用状况。

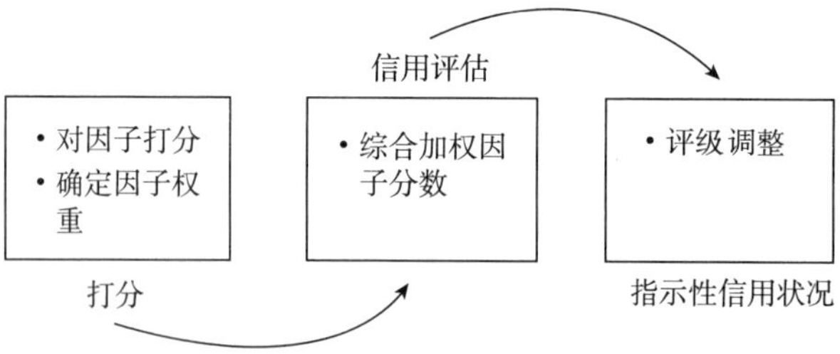

图 2　标普房地产行业评级逻辑图

（资料来源：联合评级根据标普评级方法整理）

标普在对全球房屋建筑商和房地产开发商行业评级时，总体来讲分为三大部分进行考量：业务风险分析、财务风险分析和评级调整项；相对于其他评级机构而言，标普对房地产相关主体的测算更偏重于现金流管理。

表3　标普房地产评级指标体系

业务风险	行业风险	周期性	
		竞争风险和增长	行业进入壁垒的有效性
			行业利润率水平和趋势
			产品、服务和技术的长期变革和替代的风险
			增长趋势的风险
	国家风险		
	竞争地位	竞争优势	
		规模、范围和多样性	
		运行效率	
		盈利能力	
财务风险分析	会计和分析调整		
	现金流/杠杆分析	核心比率	FFO/债务
			EBITDA/债务
		补充比率	CFO /债务
			FOCF /债务
			DCF /债务
评级调整项	多元化/投资组合效应		
	资本结构		
	财务政策		
	流动性		
	管理与治理		
	可比较的评级分析		

注：1. FFO（Funds From Operations）=净利润+折旧+摊销+延期支付的税金及其他非付现费用=EBITDA－net interest expense－current tax expense；多用于资本密集型行业，更能反映其现金能力。2. CFO=FFO+ΔWCR。3. FOCF=CFO－Capex。

资料来源：联合评级根据标普评级方法整理。

（三）惠誉评级要素

惠誉首先对行业风险有个整体判断，然后根据定量分析（公司具体情况和企业财务状况），来考察公司如期履行债务或其他义务的能力和意愿，其评级侧重于对未来可持续发展、抗风险能力的分析评估，揭示受评对象违约风险的大小。

惠誉评级要素针对中国行情，在分析中国房地产开发商时提出特定信用因素，其对中国的评级结果主要分布在CCC～BBB之间，惠誉认为中国房地产行业易受政府政策和宏观经济（两者都超出管理层的控制）影响，评定中国房地产行业的评级上限为BBB+的评级水平。惠誉在对房地产企业评级时，总体来讲分为三大部分进行考量：行业状况、公司经营状况、公司财务状况和评级调整项。

惠誉针对公司具体经营情况确定了客户认可、规模、业务深度和营运效率四个评级要素；财务方面，惠誉更关注房企的现金流量和流动性，从盈利能力、财务结构和财务灵活度三方面进行考量。

表 4 惠誉关于房地产企业公司经营状况和财务状况方面的指标体系

等级	公司经营状况										财务状况				
	客户认可				规模	业务深度			营运效率		盈利能力		财务结构	财务灵活度	
	市场地位	品牌认可	历史业绩，稳定性和执行力	土地质量	年合同销售额	项目区域布局	融资途径	商业地产开发占比	合同销售额/总债务（倍）	合同销售额/经调整存货（倍）	EBITDA 利润率（%）	融资利率（%）	净债务/经调整存货（%）	财务政策	土地收购政策
bbb	在其运营的大部分城市中排名前三	全国范围内品牌知名度很高	在其大部分市场业绩记录超过 5 年；产品线丰富，在多个区域取得成功	位于城市核心位置；开发项目中有 100 个项目销售额不低于 1 亿元	约 800 亿元人民币	全国范围的多样化	获得境内和境外的债务和股权融资	商业开发占销售额的不到 20%	1.8	1	25	5	25	较不保守的政策，但通常一致	土地收购遵循管理指导，在整个周期经营活动产生少量负向中性现金流
bb	在其核心市场排名前五或在全国范围内的细分市场排名领先	全国品牌知名度中等	在其核心市场五年多的业绩记录；建立了多条标准化产品线	位于城市核心位置；开发项目中有 50 个项目销售额不低于 1 亿元	约 300 亿元人民币	跨区域多样性	获得境内和境外的债务和股权融资	商业开发占销售额的比例 20% ~ 50%	1.3	0.8	20	8	35	适当的财务政策，但在实施方面的灵活性可能导致评级暂时下调	土地征用遵循管理指导，相对于合同销售额，土地收购产生了少量的负的经营性现金流

续表

等级	公司经营状况										财务状况				
	客户认可				规模	业务深度			营运效率		盈利能力		财务结构	财务灵活度	
	市场地位	品牌认可	历史业绩，稳定性和执行力	土地质量	年合同销售额	项目区域布局	融资途径	商业地产开发占比	合同销售额/总债务（倍）	合同销售额/经调整存货（倍）	EBITDA利润率（%）	融资利率（%）	净债务/经调整存货（%）	财务政策	土地收购政策
b	在其核心市场面临强有力的竞争	在其核心市场外品牌知名度有限	仅在其本土市场上有长期记录；很少有标准化的产品系列	位于二、三线城市；开发项目中有20个项目销售额不低于1亿元	约100亿元人民币	集中在一两个地区	有限的离岸融资记录或/和有限的境内银行业务关系	商业开发超过销售额的50%	1	0.6	15	10	50	没有财务政策或忽视财务政策；机会主义行为	依靠债务为土地收购提供资金，导致经营活动相对于合同销售额产生可持续的大量负现金流
ccc	竞争市场中无差别参与者	存在未解决项目缺陷的记录，不可信的品牌	不知名的参与者	在主要城市外有非常高的单一项目风险	销售额高波动性	集中在没有优势的地区	国内银行融资渠道关闭	大量接触新型商业地产项目	不可持续	不可持续	低于EBITDA水平或与之持平	不可持续的资金成本	持续增长并超过70%	财务管理已经失去了许多原则，而且经常受到与危机环境相一致的突然变化的影响	土地收购危及短期流动性

注：经调整存货 = 存货 + 预付土地保费存款 + 投资性房地产 + 应收联合营企业款项 - 应付联合营企业款项 - 预收款项；净债务 = 全部债务 - 货币资金。

资料来源：联合评级根据惠誉评级方法整理。

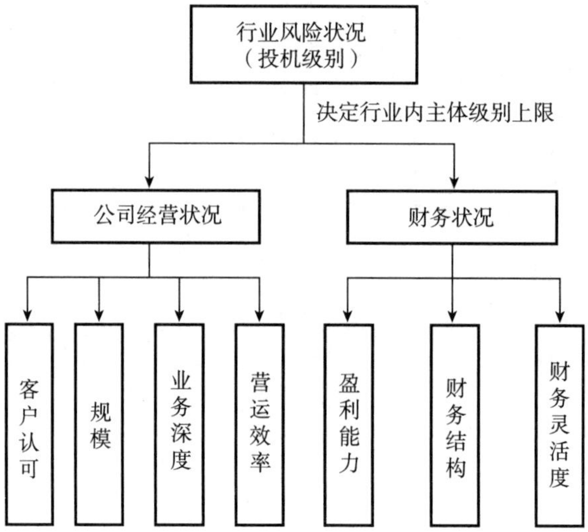

图3 惠誉房地产行业评级逻辑图

（资料来源：联合评级根据惠誉评级方法整理）

另外，惠誉还考虑了调整因素：联合营企业、土地增值税和其他税收、离岸从属企业风险等。

四、国内评级机构对房地产相关实体的评级要素比较

表5 国内评级机构房地产评级要素比较

中诚信国际	东方金诚	新世纪	鹏元	大公
	经营环境 • 宏观环境 • 行业状况 • 政策与监管 • 竞争格局	宏观因素 • 经济发展 • 人口因素 • 融资环境因素 行业风险 • 经营环境与竞争态势 • 增长和盈利趋势 • 经营要素和成本 • 行业资本特征与融资环境 • 行业政策和法律风险	外部运营环境 • 宏观环境 • 行业环境 • 区域环境	行业风险 • 进入壁垒 • 替代风险 • 上下游关系 • 行业内部竞争 • 宏观经济敏感 偿债环境 • 政治法律环境 • 信用环境（信用供给、信用关系）
开发运营能力 • EBIT 利润率 • 预收款项/营业收入 • 存货周转率	企业竞争力 • 市场定位 • 开发业态及分布区域 • 股东支持		股东背景与外部支持 • 股东背景 • 股东支持	财富创造能力 • 市场需求 • 产品与服务竞争力 • 盈利水平（收入、成本、利润）

续表

中诚信国际	东方金诚	新世纪	鹏元	大公
竞争实力 • 总资产 • 合同销售金额 • 近三年累计竣工量 • 项目储备质量	业务运营 • 规模与多样化 • 融资能力 • 开发速度	竞争地位 • 经营规模 • 市场地位 • 业务多样性 • 技术水平 • 融资能力	经营竞争力 • 经营多元化 • 竞争地位	偿债来源 • 盈利（总债务/息税折旧摊销前利润、息税折旧摊销前利润利息覆盖倍数） • 经常性收入（经营性现金流净值/利息、速动比） • 债务融资 • 可变现资产 • 外部支持
财务实力 • 总资本化比率 • 总债务/销售商品、提供劳务收到的现金 • FFO 利息倍数	财务风险 • 资本结构 • 营运能力 • 盈利能力 • 偿债能力	财务风险 • 风险容忍度/财务政策 • 会计政策 • 现金流状况 • 负债结构和资产质量 • 流动性/短期因素	财务风险 • 公司规模 • 营运能力 • 盈利能力 • 偿债能力 • 成长能力	
公司治理与管理	企业管理 • 公司治理 • 内控制度建设与实施 • 管理层素质 • 战略规划	盈利能力/同业比较 • 毛利率 • 总资产报酬率 • 净资产收益率	公司治理和管理 • 公司治理 • 公司管理 • 人员素质 • 公司战略	偿债能力 • 总债务偿还能力 • 存量债务偿还能力 • 新增债务偿还能力
外部支持		公司治理与战略管理		
其他 • 业务协同方面（即房地产相关产业链的延伸：投资物业运营、物业管理、产业招商等）	调整事项	其他因素 • 股东、母公司、政府的信用支持 • 重大特殊事件（历史债务违约、重大兼并收购、股权转让、管理层重大人事变动、公关危机、重大事故）	调整事项	调整事项 • 可比性调整 • 外部支持 • 绿色因素

资料来源：联合评级整理。

国内评级机构对房地产企业的信用分析存在一定差异，具体来看：①中诚信对企业运营、竞争实力和财务实力均较为关注，但相对于其他评级机构而言，更加侧重于对现金流的考察；②东方金诚对企业运营和财务表现也较为关注，此外，企业的融资能力也是考察重点；③新世纪对业务运营的考察与其他行业区分度不大，但与其他评级机构不同的是较为关注房地产企业的短期流动性管理；④鹏元注重企业的财务风险，还较为侧重股东支持部分；⑤大公尤其注重企业偿债方面的表现，对企业自身财富的创造能力和行业风险也较为关注，各项评级指标均较其他评级机构更为细化。

五、借鉴与启示

我国房地产销售环节实行预售制度，与其他国家销售制度有所不同，国际三大评级机构与我国评级机构在房地产评级中的财务指标选取上存在重大差异。但国内评级机构仍然可以从国际三大评级机构的评级要素等方面得到一系列的借鉴与启示。

（一）现金流管理

一般而言，企业获取现金的渠道主要包括经营活动产生、营运资本运作、对外投资现金分红、增资扩股、长短期借款等。信用评级过程中运用的现金流方面的指标可以分为两类，一类是反映企业现金获取能力的指标（通过现金流类项目与收入、利润或资产类项目比较），另一类是直接反映企业偿债能力的指标（通过 EBITDA、CFO、FFO、FOCF 等现金流指标与债务、利息等进行比较，直接反映其偿债能力）。

历史分析与未来预测相结合是信用评级的基本原则之一。信用评级对现金流的历史分析是为了预测企业未来的偿债能力，因此现金流预测是信用评级现金流分析的一个重要部分。现金流预测的具体方法可大致包括根据被预测对象实际情况进行预测的实际法、根据历史数据进行预测的时间序列法、在对历史数据进行平滑基础上进行预测的平滑法等，每种方法的假设和优劣势有明显不同。

（二）再融资能力

多样化的融资渠道有助于房地产开发企业开拓市场，承接不同类型的项目。尤其在金融环境收紧的情况下，大多数开发商无法从资本市场中获得帮助，而拥有其他融资渠道的企业具有更大的发展潜力。此外，我国房地产市场目前在加快长效机制的建立，鼓励房地产开发商增加自持比例成为新的行业特征，在此背景下房地产企业的流动性管理和长期的再融资能力对于企业发展的重要性日益突出。

（三）城市级别的划分

我国房地产市场具有一定的特殊性，随着城市化进程的加快以及核心城市圈的建立，传统的一、二、三、四线城市级别的划分对房地产相关实体土地储备和项目分布的指导意义在逐渐减弱。在此大背景下，城市级别的修订对城市划分将更加具有针对性和指导性，有利于更好地判断土地储备及项目区域分布的质量。

（四）内在逻辑的差异

标普和惠誉在国家和行业评级的基础上，结合主体的业务和财务风险水平确定最终评级，该评级一般不超过行业和国家的级别上限；穆迪虽无行业和国家风险指标，但将该影响内化在其他评级指标和调整因素上。

国内关于房企评级体系虽然考量了行业风险，但是将行业确定为带有权重的指标和其他指标一起确定主体级别，没有将行业风险作为主体级别的限制。国内房地产行业周期性明显、受政策影响大等，国际三大评级机构将绝大部分国内开发商主体评级为投机级，而国内评级机构在房企信用级别上区分度较大，各区间均有覆盖。

13 商业地产行业国内外信用评级方法的比较与研究

联合评级 工商二部 罗星驰 卢瑞 朱一汀 (2019－12)

一、概述

本文分别对国际三大评级机构以及国内评级机构关于商业地产行业的评级方法进行对比梳理，总结得出国内评级机构可以从国际三大评级机构对房地产相关实体的评级方法中获得的启示与借鉴。

国际三大评级机构中，仅穆迪披露了REITs和其他商业地产企业评级方法。国内主要评级机构中，中诚信国际、中诚信证评和远东资信披露了商业地产企业的主体评级方法，其他评级机构仅披露了针对商业地产资产证券化的评级方法。本文仅对商业地产企业的主体评级方法进行梳理。

表1 目前国内外商业地产主体评级方法

国际三大评级机构	评级方法年份	国内评级机构	评级方法年份
穆迪	2018年	远东资信	2014年
		中诚信证评	2018年
		中诚信国际	2019年

资料来源：联合资信搜集整理。

二、国内外评级机构对商业地产企业的评级逻辑

国内评级机构在商业地产企业的评级方法中，评级逻辑大多是从行业及区域分析、业务运营、财务表现和调整项几个方面入手。与住宅地产企业的评级方法相比，各机构的商业地产评级方法均着重强调了融资能力和偿债能力指标。此外，各机构均强调了商业地产企业的规模、品牌知名度、持有物业区域分布等因素对其信用水平的影响。

三、国际三大评级机构对商业地产企业主体评级方法

穆迪的评级方法适用于房地产信托投资基金（REITs）和其他以长期持有和运营商业地产的公司。与穆迪对销售型房地产企业主体的打分卡相比，商业地产评级打分卡的一级指标

中，“规模”指标的权重从15%下降至5%，“杠杆和偿债能力”指标的权重从30%上升至45%。此外，商业地产评级打分卡取消了“盈利能力和效率”“财务政策”指标，新增了“流动性与融资能力”指标。融资能力和长短期偿债能力成为穆迪对商业地产主体考察的重点。

穆迪通过打分卡对九个二级指标的基本定量指标进行打分，在估计或计算每个子因子后，每个子因子的结果映射到广泛的穆迪评级类别（Aaa，Aa，A，Baa，Ba，B，Caa或Ca）；最后，为了确定总体评级，穆迪会将六个子因子分数中的每一个转换为数值，以该子因子的权重进行加权平均得到复合加权因子得分，进而通过范围映射得到字母数字评级。另外，考虑公司的特定次要因素的表现，实际评级会调高或调低。

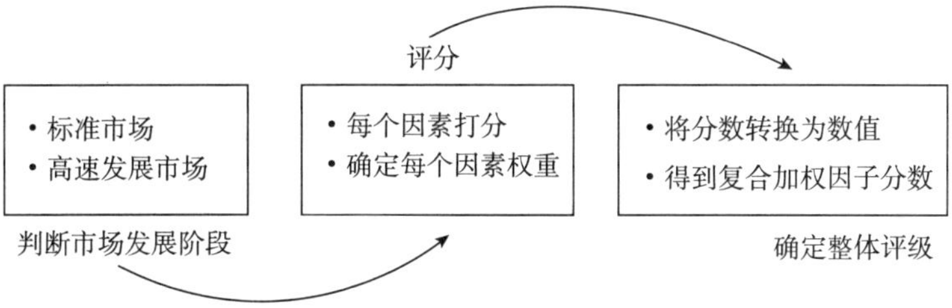

图1　穆迪房地产行业评级逻辑图

（资料来源：联合资信根据穆迪评级方法整理）

穆迪对商业地产企业的评级要素主要包括四个一级指标，包括规模、业务概况、流动性与融资能力以及杠杆和偿债能力。一级指标下设有二级指标，并附有相应权重。

表2　穆迪商业地产评级指标体系

一级指标	权重	二级指标	权重
规模	5%	总资产账面价值	5%
业务概况	25%	市场地位和资产质量	15%
		运营环境	10%
流动性与融资能力	25%	流动性和融资能力	15%
		非受限资产/总资产账面价值	10%
杠杆和偿债能力	45%	（总债务+优先股）/总资产账面价值	15%
		净债务/EBITDA	10%
		担保债务/总资产账面价值	10%
		固定费用偿付比率	10%
调整项：发展、合资企业和融资业务、公司历史记录、组织深度、管理策略和风险偏好等			

资料来源：联合资信根据穆迪评级方法整理。

四、国内评级机构对商业地产相关实体的评级要素比较

表 3 国内评级机构商业地产主体评级要素比较

中诚信国际	中诚信证评	远东资信
—	—	宏观及区域环境 • 经济周期 宏观经济运行状态 城镇化水平 人均收入 • 区域分析 地区经济实力 人口数量及人均收入 交通及配套 区域政策 行业风险 • 行业政策 • 行业竞争
规模 • 总资产 • 租金收入 运营实力 • 项目区位及品牌 • 项目拓展风险	市场地位 • 品牌知名度 • 资产规模 资产质量 • 持有物业区域分布 • 持有物业品质 • 抵押及受限资产占比	企业运营及管理 • 影响力与规模 社会影响力 规模实力 土地储备 专业集聚度 • 融资能力 • 开发特征 市场开发能力 招商能力 • 企业管理 治理结构 内控制度 人力资源状况 • 发展战略

续表

中诚信国际	中诚信证评	远东资信
财务政策与偿债能力 • 总资本化比率 • 经调整的 EBITDA 利息倍数 • 总债务/经调整的 EBITDA • 受限资产比例 盈利能力与效率 • 经调整的 EBITDA 利润率 • 项目运营能力	财务杠杆及资本结构 • 净负债率 • 总债务/EBITDA • EBITDA 利息倍数 • 偿债能力 流动性及资金来源 • 货币资金/短期债务 • 债务期限结构 • 融资能力 现金流及盈利能力 • 营业毛利率 • EBITDA/营业收入 • EBITDA/资本支出	财务风险 • 会计信息质量 • 财务政策 • 资产质量及流动性 • 盈利性 • 现金流 • 财务弹性 • 或有事项
其他 • 公司治理 • 会计标准和报表质量 • 流动性管理 • 企业特殊事件 • 房地产开发、酒店及其他多元化产业 • 其他调整因素 外部支持 • 股东支持 • 政府支持	定性因素 • 多元化 • 公司治理及管理 • 外部支持	外部支持 • 股东支持 • 政府支持

资料来源：联合资信整理。

中诚信系和远东资信商业地产主体评级方法的适用企业有显著差异。中诚信系评级方法适用于物业租赁收入占比 50% 以上的持有型商业地产企业；远东资信评级方法适用于以商业地产相关业务（包括商业地产销售、出租）为主要收入来源的企业。与其住宅地产评级方法相比，远东资信商业地产评级方法新增了“融资能力”、“开发特征”等评级要素，其中“开发特征”主要是指企业的市场开发能力和招商能力等。中诚信国际和中诚信证评的商业地产评级方法均针对持有型企业，但评级要素存在一定差异。此外，中诚信国际还制定了商业地产评级模型，为各指标设定了权重和区间，通过将各指标的结果进行标准化的区间处理，获得的映射结果可作为信评委的重要参考条件。

五、借鉴与启示

从国内外评级机构的评级要素方面，我们能得到一系列的借鉴与启示。

（一）融资能力

商业地产行业开发建设及项目回报周期长，所需资金投入大，因此融资能力对商业地产企业有重要影响。其中，穆迪将“流动性和融资能力”设为一级指标，通过对企业未来12个月内流动资金的用途、已获得的信贷额度、现金类资产规模、经营性现金流状况、资本市场融资情况等方面综合分析，进行定性判断；此外，穆迪将“非受限资产/总资产账面价值”作为衡量流动性和融资能力的定量指标，并将非受限资产的质量作为调整项。

整体来看，融资渠道、融资成本、授信额度、进一步融资的空间等均是影响商业地产企业的重要因素，流动性管理和长期的再融资能力对企业发展的重要性日益突出。

（二）杠杆水平和偿债能力

在杠杆水平和偿债能力方面，各机构主要考察商业地产企业的财务杠杆及资本结构、债务期限结构、利息支付能力、短期流动性、长期偿债能力、资产受限程度等指标。除了常规的净负债率、现金短期债务比、EBITDA利息倍数等，评级机构对公式进行调整或对指标区间进行了特殊设计，从而更适用于商业地产行业。

整体来看，投资性房地产的计量方式对商业地产企业的杠杆指标和偿债能力指标影响很大，如何对相关指标进行处理是商业地产主体评级的难点之一。

（三）城市和商圈级别的划分

项目区位情况是商业地产企业的核心竞争力之一，也是各评级机构考察的重点。优质的地段位置具有稀缺性和排他性，一二线城市核心地段的项目具有很强的增值保值能力。随着城市化进程的加快以及核心城市圈的建立，传统的一、二、三、四线城市级别的划分对商业地产企业项目区位分布的指导意义在逐渐减弱。对于商场、办公楼、产业园等不同业态的自持物业，在进行区位评价时需要分别判断，综合考虑城市和商圈的情况。

14　火电行业国内外信用评级方法的比较与研究

联合评级　工商二部　王越　余瑞娟　王晓鹏　（2018－12）

一、评级主体界定

（一）国内主体界定

国内各评级机构多以国家统计局《国民经济行业分类》（GB/T 4754—2011）进行行业划分，其中对电力行业定义为“从事将煤炭、石油、天然气、核燃料、水能、海洋能、风能、太阳能、生物质能等一次能源经发电设施转换成电能的一系列经济活动的行业”，对应目录中为“D441 电力、热力生产和供应业”中“D4411 火力发电”、“D4412 水力发电”、“D4413 核力发电”、“D4414 风力发电”、“D4415 太阳能发电”和“D4419 其他电力生产”。评级机构主要以受评企业收入构成为筛选条件来界定。此外，部分评级机构评级方法对行业更细致地限定为“我国火电以煤电为主，以石油和天然气为燃料的火电生产规模很小，评级方法所指火电行业也主要指煤电行业”。

（二）国外主体界定

标普的美国电力及天然气行业评级方法于 2018 年 9 月 27 日修订，未对评级主体的界定进行更新；穆迪的美国发电与传输合作组织评级方法于 2013 年 4 月 15 日修订，未对评级主体的界定进行更新，仍为拥有发电、配电和电力传输资产的企业。以上企业通常从事电力业务的所有方面，包括建造发电厂、获取燃料、发电、建立并维护电网以及向终端用户提供电力①。

二、评级思路

（一）国内电力行业评级逻辑

国内评级机构评级思路较为统一，均在对电力行业特点（周期性、政策性因素影响大、地域因素影响大、煤电的发电原料价格波动影响大）进行分析和总结之上识别影响电力行

① 国际三大评级机构中惠誉未披露火电企业或者火电相关行业企业评级方法，因此本文不涉及。

业企业级别的重要因素，如电力行业风险的分析主要集中在政策变动方面、电力企业的装机规模、单机容量水平、电源结构、发电利用小时数、区位分布及资源获取能力、负债水平及盈利能力以及股东支持的性质、类型和力度等因素。

（二）国外评级思路逻辑

与国内评级机构相比，由于美国用于发电的燃料价格完全市场化、电力生产及传输企业可根据自身经营情况向监管部门提出改变费率的动议，同时电力生产及传输企业可向终端用户出售电力，与国内政策及市场环境有较大差异，同时国外评级主体为电力生产与传输企业，而国内评级主体为电力生产企业，故评级要素有较大差异，另外，整体的评级逻辑与国内评级方法也有明显区别。

相比标普，穆迪设置的指标更为直观，侧重点更为明显，通过将指标量化并映射到各个级别，最终形成了一套完整的打分体系，在实际应用中具有较强的可操作性。在指标的选取上，穆迪将最大的权重分配给经营现金流与债务比（FFO/Debt）、经营现金流与利息比（FFO/Interest）、权益资本化比率（Equity/Capitalization）。穆迪认为，此指标可有效衡量企业对抗风险的能力和长期发展能力，现金流对债务及利息覆盖程度高、再融资空间大，可使企业更易规避因行业波动而带来的财务困境，亦可使企业在资本扩张时具备更大优势。

三、国际三大评级机构对火电企业的评级要素比较

（一）标普与穆迪评级要素总结

标普在评级方法中，评级要素主要涵盖管理层、运营、行业竞争、市场、监管、服务区域经济、财务和法律规定共八个因素；同时在部分评级要素中阐述子因素，对优质企业的部分特征进行描述，但标普并未将因素进行权重分配，同时未在评级方法中设置映射区间及各级别对应的标准。

穆迪将最大的权重分配给近三年发电企业和电力传输企业的平均财务数据（40%）、长期合同规模和监管现状（20%）和费率弹性指标（20%），规模（10%）权重相对较低，更多关注财务数据及费率弹性指标情况。其中，财务指标主要关注经营现金流与债务比、经营现金流与利息比和权益资本化比率。穆迪在评级方法中设置映射区间及各级别对应的标准。

表1　标普与穆迪评级方法对比

类型	标普		穆迪		
	一级指标	二级指标	一级指标	二级指标	指标权重
行业层面	行业竞争	—	长期合同规模和监管现状	—	20%
	市场				
	监管				
	所服务区域的经济				
经营层面	运营 管理层能力	—	规模	销售电量	5%
				固定资产净值	5%
			费率弹性	董事会效率/费率调整机制	5%
				外购电力/销售	5%
				新建资本支出	5%
				费率冲击风险	5%
财务层面	财务	—	会员/在册用户	住宅销售额/总销售额	5%
				会员综合权益/资本化	5%
			近三年发电企业 & 电力传输企业 的平均财务数据	利息保障倍数	5%
				债务偿付比率	5%
				经营现金流与债务比	10%
				经营现金流与利息比	10%
				权益资本化比率	10%
调整事项	调整事项	行业监管	调整事项	管理质量	—
		偿付保障		内控	—
		利息条款		财务内控	—
		资金流量		—	—
		额外债券测试			
		准备金			

资料来源：联合评级根据标普、穆迪相关评级方法整理。

（二）标普评级要素

如表1所示，标普电力及天然气行业的评级要素主要涵盖管理层、运营、行业竞争、市场、监管、服务区域经济、财务和法律规定共八个因素。另外，调整项分别为行业监管、偿付保障、利息条款、资金流量、额外债券测试、准备金。

1. 管理层

对于管理层的评估，标普主要关注管理层在公用事业费率设定、运营和财务等各个方面的决策；对管理层的评估侧重点包括地方议会或董事会对公用事业战略计划的支持程度和管理机构支持其信用质量的程度。良好运营的公司拥有以下特征：拥有根据变化的外部环境定期修订的制度化规划程序；拥有健全的财务和能够得到支持、实施和实现的运营政策；具有丰富经验且对公共事业有较强的行业认知的高级管理团队；广泛了解客户及其需求；广泛了解竞争对手；能够得到董事会或委员会的支持的长期有效的管理方法。

2. 运营

公用事业公司的运营状况和成本竞争力的优势在于其电力和燃料供应的组合资源。

发电效率[①]

发电效率的计量，包括计划外停机的频率和持续时间、工厂热效率、可用性和容量因素以及线路损耗，都会影响设施效率，从而最终决定单个发电厂的竞争能力或公用事业的总成本。

燃料

标普对于原材料的关注点在于资源多样性或集中度，具体原材料关注资源可用性、可靠性及成本。购买资源阶段则关注于费用水平、合同中的特殊条款、合同期限和利用市场机会的能力。整体看，标普对电力和燃料供应评估是对公用事业的燃料组合、供应安排、生产安全、燃料成本控制以及燃料价格对冲机制的评估。

历史投资成本

发电厂的历史投资成本是其决定电力销售价格的重要因素。投资是根据已发生的债务数额以及与销售量、需求量、装机容量以及系统所服务的客户数量相关的偿债成本来衡量的。若在竞争激烈的环境下，固定债务偿付压力导致电力销售费率高于市场平均水平，则该公司不太可能完全收回这些成本，这将对公司的业务运行和评级产生负面影响。

单位生产成本

电力公司相对于行业平均水平的发电成本，将表明其电力供应的经济性和成本控制能力。

销售渠道

传输对电力企业系统的运行、信用和商业风险至关重要。在确定这一领域的风险时，标普通常会考察相关电力公司成本概况、相互连接的供应和储备规模，以及电力输送的价格。

其他业务

一些电力公司除了核心业务之外，还积极从事或计划提供新的服务，如电信服务和蒸汽，以使其收入来源多样化，但同时标普也将评估这些可能增加财务风险的额外投资是否会对电力公司的核心业务造成影响。

良好运营的公司拥有以下因素：拥有多种燃料供应来源；具备燃料成本控制优势；广泛的电力传输渠道；生产成本具有竞争力，具备合理的运营和维护成本；可管理的环境或监管风险；计划提供新服务。

---

① 该标题在评级方法中暂无，联合评级提炼。

3. 行业竞争

标普对电力公司相对竞争地位评估的重点在于系统平均费率以及客户类别的费率。同时，分析扩展到包括发电公司对长协客户收取的费率和潜在竞争对手给其最大客户提供的费率的评估。处于优势竞争地位特征包括：公平的分配系统客户之间的成本；按客户分类显示竞争优势的单位费率；保留与本地客户的相关收入现金流，并吸引新的客户；能够在州监管机构自由设定费率；灵活快速、频繁地调整费率。

4. 服务区域经济

对公用事业服务区域的分析通常侧重于调查其客户群和人口特征，具体实施方法为考量客户总数及类别。

5. 监管

标普对监管的评估因素包括联邦、州或地方监管机构在制定费率、竞争、传播和环境方面的影响。

6. 财务

对公用事业财务业绩的传统分析通常包括债务覆盖程度、利润率和流动性。其中，主要财务比率包括营业收入对债务、利息和固定支出覆盖程度，总支出中现金支付比例及债转股等。虽然营业收入对债务及利息覆盖程度是信用评级的传统财务指标，但市政电力系统通常通过举债购买和建设设备及厂房，并购买具有债务特征的电力协议（向配电公司购买其与用户签订的电力供应协议，未来需向用户提供电力，故而协议具有债务性质）。因此，无论是考量其偿还债务能力，还是考量其购买合同的支付能力，这些需要固定支付的费用的覆盖率是我们考量发电及输电合作企业的重要指标。

另外，资产负债管理对于负债较高的公司来说也尤其重要，因为这些公司投资于高成本的生产资产，并长期使用资本化的利息为其提供资金。电力公司的资产负债管理因子包括债务重组、延长设备使用期限、剥离亏损资产、加速高成本债务摊销以及使用可变利率债务、利率互换和其他债务衍生品。为了应对费率降低的压力，很可能还会引入其他金融工具。

7. 法律规定

标普认为，对于财务状况相对较差的公用事业公司来说，法律条款的分析仍然是一个关键因素。审查的最重要的条款是担保质押、利率契约、资金流动、额外债券压力测试和偿债准备金。

8. 偿付保障

公用债券最常见的债券偿付形式是系统净收入。一些公司选择以总收入为基础来获得债券。然而，标普认为，承诺的系统收入应始终足以支付偿债和营业费用，因此不会区分净收入和总收入承诺。

9. 利息条款

利息条款规定了公司必须满足最低债务利息覆盖水平。标普分析了与运营和财务相关的利息条款，包括优先债务和次级债务，以及其他资金需求。

10. 资金流量

资金流动决定了收入用于偿债的顺序及时间和公司将盈余资金转移出系统的能力。这种转移可能会消耗电力公司的现金头寸，影响其分红和所有者权益规模，从而对再融资空间产生影响。

11. 额外债券测试

标普对平价债券进行额外债券测试的属性包括基于历史净收入的测试，该测试保留现有和拟尽义务的合理覆盖。

12. 准备金

公司已建立的储备基金和保持在特定资金水平的偿债储备账户，在给定的预算年度内为偿债支付和系统维护提供额外缓冲。

（三）穆迪评级要素

穆迪发电与传输合作组织（以下简称电力及传输行业或 G&T）企业的评级方法主要包含对长期合同规模/监管状况、费率弹性、在册用户会员率和规模等方面的考量。具体指标如下：

1. 长期合同规模和监管现状

评级主体面对着无数的信用风险，包括资本项目的支出、不稳定的燃料成本以及不确定的环保规章和其带来的相关成本支出。长期电力合同规模和可预测的收入是电力及传输行业企业信用支撑的主要来源。

电力及传输行业企业有更大的灵活性来应对成本上升，因为费率调整通常不需要监管部门的批准。监管地位与监管机构的关系很重要，因为与不受监管控制的同行相比，在对其费率设定活动拥有某种监管权力的州运营的电力及传输行业企业可能更难提高费率。评估成员/业主的监管地位也很重要，因为有些在册用户会员（以下简称会员）需要遵守费率监管规定，在这种情况下，发电与传输合作组织的成员（以下简称成员）可能拒绝批准大幅上调费率，从而难以履行其与电力及传输相关企业的合同义务。

关于长期合同规模和监管现状，穆迪采用定性的方式来映射信用等级，具体如表 2 所示：

表 2　穆迪对规模的权重设置以及各级别所对应区间的映射情况

一级指标	信用级别	不同信用级别的对应标准
长期合同规模/监管状况	Aaa	在册用户会员率 100%； 不受国家委员会监管费率； 立法防止国家委员会未来介入费率监管程序； 非常好的合同关系
	Aa	在册用户会员率 100%； 不受国家委员会监管费率； 无立法防止国家委员会未来介入费率监管程序； 部分地区的分公司可能会受国家委员会监管费率； 整体受国家委员会的政策鼓励； 非常好的合同关系
	A	在册用户会员率大于 80%； 受国家委员会监管费率（或有事项）； 部分地区的分公司可能会受国家委员会监管费率； 整体受国家委员会的政策鼓励； 非常好的合同关系
	Baa	在册用户会员率大于 70%； 受国家委员会监管费率（或有事项）； 部分地区的分公司可能会受国家委员会监管费率； 受国家委员会的政策有限支持； 良好的合同关系
	Ba	在册用户会员率小于 70%； 受国家委员会监管费率（或有事项）； 部分地区的分公司可能会受国家委员会监管费率； 国家委员会的政策不支持； 一般或较差的合同关系
	B	在册用户会员率小于 60%； 受国家委员会监管费率（或有事项）； 绝大部分地区的分公司受国家委员会监管费率； 国家委员会的政策非常不支持； 极差的合同关系（常有诉讼事件发生）

资料来源：穆迪行业评级方法，联合评级整理。

2. 费率弹性

在美国用于发电的燃料的价格完全市场化，公司运营成本可能会受到剧烈波动的影响。G&T 需要灵活性来提高费率，以应对除了运营成本、现有的强制性环境要求产生的相关成本、与碳排放相关的不可避免的成本，以及与建设新工厂相关的资本投资以外的燃料价格的成本大幅上涨带来的压力。

董事会效率/税率调整机制

G&T 董事会对于能在运营成本增长、燃料增长和环保成本增长的同时，拥有通过相关政策及时地调高费率的能力对企业运营有至关重要的作用。

对购买电力的依赖程度

G&T 的大部分电力供应需求都来自 G&T 旗下的发电厂。一些 G&T 依靠市场购买电力来满足部分成员的需求，因为他们拥有的资源不足、性价比差或周期性不可用（如设备检修时期）。

现有资产基础上，新建项目的风险敞口

G&T 主要通过举债为资本投资融资，并依赖约定费率的收入来偿还债务。当建设延迟或超出预算时，为弥补增加的成本而增加的费率可能导致成员抵制，或者在部分法规的限制下，费率调整受到限制从而导致成本难以回收或回收延迟。

潜在的费率冲击敞口

费率冲击暴露的风险敞口与费率竞争力有关，因为大幅提高费率可能导致成员抵制，并且更高的费率水平会无法与该地区其他电力供应商竞争。如果 G&T 的费率明显高于其所在地区的其他供应商，那么受监管的 G&T 与监管部门关系可能会变得紧张，引起更广泛的会员动荡，可能导致合同纠纷或会员退出。

对于费率弹性，穆迪采用定性及区间的方式来映射信用等级，具体如表 3 所示：

表 3 穆迪对业务概况的权重设置以及各级别所对应的标准

类型	董事会效率/费率调整机制	对购买电力的依赖程度	现有资产基础上，新的风险敞口	潜在的费率冲击敞口
Aaa	特别积极主动的董事会，支持管理层及时调整费率以支付所有服务费用的建议； 在厘定费率过程中，没有监管干预； 立法防止国家委员会未来介入费率监管程序	x <5%	x <5%	费率情况优于该地区所有竞争者； 外购电量小于 5%； 上年末资本净支出小于 5% 的 5 年资本支出； 0 ~20% 的发电量来自碳燃料
Aa	积极主动的董事会，支持管理层及时调整费率以支付所有服务费用的建议； 在厘定费率过程中，没有监管干预； 无立法防止国家委员会未来介入费率监管程序	5% ≤x <20%	5% ≤x <25%	费率情况优于该地区绝大部分竞争者； 外购电量小于 20%； 上年末资本净支出小于 25% 的 5 年资本支出； 20% ~40% 的发电量来自碳燃料

续表

类型	董事会效率/费率调整机制	对购买电力的依赖程度	现有资产基础上，新的风险敞口	潜在的费率冲击敞口
A	较为主动的董事会，支持管理层调整费率的建议；在厘定费率过程中，可能存在监管； 实践中具备频繁的费率调整能力； 能及时回收所有延期付款	20% ≤x <30%	25% ≤x <50%	费率情况优于该地区大部分竞争者； 外购电量小于 30%； 上年末资本净支出小于 50% 的 5 年资本支出； 40% ~55% 的发电量来自碳燃料
Baa	适当活跃的董事会，对费率调整较为支持； 有在管制下的年度费率调整能力； 能及时回收所有延期付款	30% ≤x <40%	50% ≤x <75%	费率情况处于该地区中等水平； 外购电量小于 40%； 上年末资本净支出小于 75% 的 5 年资本支出； 55% ~70% 的发电量来自碳燃料
Ba	不活跃的董事会； 对年度燃料成本调整能力有限； 回收延期付款存在不确定性	40% ≤x <60%	75% ≤x≤120%	费率情况差于该地区大部分竞争者； 外购电量大于 40%； 上年末资本净支出大于 75% 的 5 年资本支出； 70% ~85% 的发电量来自碳燃料
B	不活跃的董事会； 没有对年度燃料成本调整的能力； 回收延期付款存在不确定性	x≥60%	x >120%	费率情况差于该地区所有竞争者；外购电量大于 40%； 上年末资本净支出大于 75% 的 5 年资本支出； 85% ~100% 的发电量来自碳燃料

资料来源：穆迪行业评级方法，联合评级整理。

3. 会员/在册用户

住宅客户销售额占总销售额的百分比

G&T 倾向于为大型住宅客户服务，其中大部分能源被卖给这些客户，尽管卖给更不稳定的工商业客户会产生较高的利润。但是对住宅客户更高的销售比例是有利的，因为这种销售通常更稳定、更可预测。

分销合作社成员综合权益/资本化

分销合作社成员的财务状况（部分以合作社成员合并股本与资本化的比率衡量）非常重要，因为这影响了其与 G&T 签订的批发电力合约下的表现。

对于会员/在册用户，穆迪采用设置区间的方式映射信用等级，具体如表 4 所示：

表4　穆迪对业务概况的权重设置以及各级别所对应的标准

	住宅销售额占总销售额的百分比	分销合作社成员综合权益/资本化比率
Aaa	x≥80%	x≥65%
Aa	75%≤x<80%	55%≤x<65%
A	50%≤x<75%	50%≤x<55%
Baa	40%≤x<50%	25%≤x<50%
Ba	20%≤x<40%	20%≤x<25%
B	x<20%	x<20%

资料来源：穆迪行业评级方法，联合评级整理。

4. 财务指标

财务实力是G&T履行债务（包括债务）能力的重要指标。其中，财务指标为消除财务业绩及财务报表利率的年度波动，使用最近三年年度报告的平均值。

财务指标包括利息保障倍数TIER、债务偿付比率DSC、营运现金流与债务比FFO/Debt、营运现金流与利息比FFO/Interest和权益资本化比率Equity/Capitalization。

对于财务指标，穆迪采用设置区间的方式来映射信用等级，具体如表5所示：

表5　穆迪对杠杆水平和偿债能力的权重设置以及各级别所对应区间的映射情况

指标	TIER	DSC	FFO/Debt	FFO/Interest	Equity/Total Capitalization
Aaa	x≥1.6x	x≥1.9x	x≥15%	x≥3.25x	x≥50%
Aa	1.4x≤x<1.6x	1.4x≤x<1.9x	10%≤x<15%	2.5x≤x<3.25x	35%≤x<50%
A	1.2x≤x<1.4x	1.2x≤x<1.4x	6%≤x<10%	2.0x≤x<2.5x	20%≤x<35%
Baa	1.1x≤x<1.2x	1.1x≤x<1.2x	3%≤x<6%	1.5x≤x<2.0x	5%≤x<20%
Ba	1.0x≤x<1.1x	1.0x≤x<1.1x	2%≤x<3%	1.2x≤x<1.5x	3%≤x<5%
B	x<1.0x	x<1.0x	x<2%	x<1.2x	x<3%

资料来源：穆迪行业评级方法，联合评级整理。

5. 规模

规模在五个因素中的占比最低，因为对于G&T等受到有限竞争的企业来说，规模因素对信用水平影响较小。

销售电量

如果G&T公司能够将固定成本分摊到更大数量的兆瓦时电力上，其价格竞争力将提高。

净资产（工厂和设备情况）

将资产集中在一家发电厂的G&T公司，可能会面临巨大的成本压力，如果其唯一发电厂长期断电，该公司不得不在公开市场上购买电力。同样，过度依赖某一种特定的燃料来源可能会因该原料成本价格变动，给其经营带来风险。

对于规模，穆迪采用设置区间的方式来映射信用等级，具体如表 6 所示：

表 6　穆迪对规模的权重设置以及各级别所对应区间的映射情况　　单位：MWh、Billion

子因素	销售电量	净资产
Aaa	x≥50	x≥5
Aa	20≤x<50	2≤x<5
A	11≤x<20	1≤x<2
Baa	5≤x<11	0.4≤x<1
Ba	3≤x<5	0.3≤x<0.4
B	x<3	x<0.3

资料来源：穆迪行业评级方法，联合评级整理。

6. 调整项

管理质量

管理质量评估，通过与高管会面，评估管理层的业务战略、政策和理念，并评估管理层相对于同行的表现和我们预测的表现。

内控

内控包括审计委员会的财务专业知识、高管薪酬方案创造的激励机制、关联方交易、与外部审计师的互动以及所有权结构。

财务内控

财务内控依靠经审计的财务报表的准确性来分配和监督评级。只有当公司拥有足够的内部控制，包括集中操作，以及会计政策程序的一致性时，这种准确性才有可能实现。

四、国内评级机构对火电企业的评级要素比较

国内评级机构对火电企业的分析要素基本一致，但除采用常见的评级要素外，均有自身独特的评级要素，如大公国际对信用环境进行分析，以判断市场融资情况；在考虑火电业信用评级时采用的评级要素更加全面，因此将各评级机构的评级要素进行综合考虑，将评级要素总结如表 7 所示。

表 7　国内评级机构对火电企业评级方法对比

评级要素	联合资信/ 联合评级	东方金诚	大公国际	上海新世纪	远东资信	中诚信国际/ 中诚信证评	鹏元评级
外部环境	行业信用 风险要素		偿债环境	业务风险	宏观和区域 环境	产业政策	业务发展状况 评估要素
	宏观经济 行业政策 行业景气性 行业竞争 上下游影响		政治法律环境 信用环境	宏观环境 行业因素	宏观经济环境 区域环境		外部运营环境 公司治理和管理 公司背景和外部支持
					行业环境		
					产业政策 竞争格局		
经营层面	企业性质 与规模	经营规模与 市场地位	财富创造能力	竞争地位 盈利能力/同业比较 公司治理与战略管理	企业运营	经营规模	公司经营竞争力
	企业性质与规模 设备技术水平 电源结构 安全环保 经济地理环境	总可控装机容量 发电设备利用小时数 全国及区域市场份额	市场需求 市场竞争力 盈利能力		企业规模与市场地位 煤炭资源 装备水平和环保投入	权益装机容量 上网电量 收入规模 资产规模	
	经营与竞争力	运营多样化				资产质量	
	收入和业务结构 产业链延伸 运营能力 重大资本支出 关联交易	电源结构多样化 区域分布多样化				装机结构 多元化 利用水平 资源控制力	

续表

评级要素	联合资信/联合评级	东方金诚	大公国际	上海新世纪	远东资信	中诚信国际/中诚信证评	鹏元评级
财务层面	财务风险要素	成本控制及盈利能力	偿债来源	财务风险	财务分析	盈利能力	财务风险状况评估因素
	信息披露与采纳准则 资产质量 资本结构 盈利水平 偿债能力	销售毛利率	盈利 经常性收入 债务收入 可变现资产 外部支持	风险容忍度/财务政策 会计政策 现金流状况 负债结构和资产质量 流动性/短期因素	会计计量信息 资本结构 资产质量与流动性 盈利性 现金流分析 财务弹性 或有事项	毛利率 EBITDA 利润率 总资产回报率	公司规模 营运能力 盈利能力 偿债能力 成长能力
		净资产收益率					
		财务杠杆及债务覆盖程度	偿债能力			财务政策	
		资产负债率 全部债务/EBITDA	总债务偿债能力 存量债务偿债能力 新增债务偿债能力			总资本化率 留存现金流/资本支出	
						财务实力	
						EBITDA 利息倍数 EBITDA/总债务	
调整因素	战略与管理	外部支持		调整因素	管理与战略	其他因素	调整项
	发展战略 组织管理模式	股东或政府支持		股东或母公司支持	管理素质 发展战略	外部支持 公司治理与管理 流动性 投资风险	
	外部支持要素				外部支持分析		
	股东支持、政府支持						

资料来源：公开资料，联合评级整理。

五、比较与借鉴

与国内评级机构相比，由于美国用于发电的燃料价格完全市场化、电力生产及传输企业可根据自身经营情况向监管部门提出改变费率的动议，同时电力生产及传输企业可向终端用户出售电力，与国内政策及市场环境有较大差异，同时国外评级主体为电力生产与传输企业，而国内评级主体为电力生产企业，故评级要素有明显差异，另外，整体的评级逻辑与国内评级方法也有较大区别，可参考借鉴性较弱。

15 水务企业国内外信用评级方法的比较与研究

联合资信 公用一部 王治 竺文彬 楚方媛 （2018－12）

一、概述

国际三大评级机构均对水务企业制定了具体的评级方法，其中穆迪对水务企业评级阐述更为详细，标普使用一般公用事业评级方法评定水务企业信用质量，惠誉2017年曾针对美国的水务企业制定相应的评级方法，但只适用于特定市场而且缺乏普遍性，本文对惠誉评级方法的研究主要以其适用于特定市场水务企业所披露的评级要素，并结合其对一般企业和基础设施建设企业的评级方法进行比较；国内评级机构中，联合资信、中诚信国际、大公国际、东方金诚、鹏元评级五家机构均对水务企业制定了详细的评级方法。

表1 目前国内外水务企业/评级方法

国外		国内	
评级机构	评级方法年份	评级机构	评级方法年份
穆迪	2018年（水务）	联合资信	2017年
标普	2018年（一般公用事业，含水电气）	中诚信国际	2018年
惠誉	2017年（美国水务）、2018年（一般企业、基建企业）	大公国际	2018年
		东方金诚	2018年
		鹏元评级	2017年

资料来源：联合资信整理。

二、国内外评级机构对水务企业的定义比较

国际三大评级机构并未对水务企业给出具体的定义，但对评级方法适用范围有所规定。

穆迪认为其评级方法适用于拥有特许经营权的自来水公司、与自来水相关的海水淡化厂、水库或污水截流隧道等单一资产或环节提供商，该类型企业的共同特点是收入来源于特许经营或类似受监管规定的业务；该类企业处于垄断或近乎垄断地位，且价格受到监管管制；该类企业的所有权可以是企业本身或政府。

标普使用一般公用事业评级方法评定水务企业信用质量，标普认为受管制的公用事业通

常由国家、地方政府机构或纳税人控制，并且为大众提供必需的基础服务和产品，这类服务和产品（主要为水电气）几乎无法被替代，相关经营主体在法律政策的监管和保护下隔离竞争，在特定区域内处于垄断地位；同时，产品服务的定价、质量及种类等均受到监管部门的隐性监管，定价一般基于成本回收的原则采取不同形式，而不是依赖市场化的价格变动。

惠誉在对美国水务企业的评级方法中指出，其评级方法适用于美国市政供水和下水道（卫生排水和雨水）公用事业企业，此类公用事业企业的运营支持美国基本的公共服务，其债务偿还来源于公用事业企业自身的收入或资源，包括服务费、公共赠款和税收补助。

国内评级机构评级方法中，受国家行业分类影响，各家评级机构对水务企业的认定基本一致，主要是指从事原水、供水、节水、排水、污水处理及水资源回收利用等的企业，且通常可获得地方政府赋予的特许经营权。

根据上述国内外评级机构对水务企业的认定可以总结，水务企业的两大特点为：主营业务以供水、污水处理及产业链上相关服务为主；水务企业的特殊性要求其运营过程中需要获得政府等相关部门核发的特许经营权。考虑到我国市场化程度、水务企业性质、水务资产所有权归属以及水价成本归置方法与国外尚有一定差距，国际三大评级机构对我国水务企业普适度有限。

三、国内外评级机构对水务企业的评级逻辑和流程比较

穆迪的评级方法细分到行业（因此没有宏观经济和行业分析大类指标，宏观经济和行业分析作为企业评级的基础依据），其对水务企业评级逻辑如下：首先通过三个因素（经营概况、财务政策、杠杆和覆盖倍数）得到每个指标等级并量化到具体数值，并对不同指标等级赋予不同权重，通过双重权重加权平均法得出最终数值与级别的映射关系，该过程形成的级别为初始级别；然后通过考量受评对象的经营概况、财务政策、杠杆和覆盖倍数等因素中表现突出的指标，对初始打分表级别进行一定程度的级别上调，详见图 1。

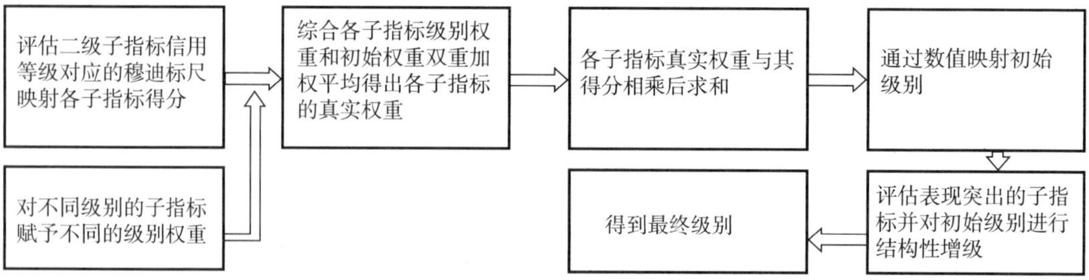

图 1　穆迪水务企业评级流程图

（资料来源：联合资信根据公开资料整理）

表2 穆迪评级要素权重分布

一级指标/评级要素	初始权重	二级指标/子指标	子指标权重
经营状况	50%	监管环境的稳定性、透明度和可预期性	15%
		资产所有权模型	5%
		成本与投资覆盖情况（充分性和及时性）	15%
		收入风险	5%
		资本支出计划的规模和复杂性及资产质量风险	10%
财务政策	10%	财务政策	10%
杠杆率和覆盖倍数	40%	调整后利息覆盖倍数和FFO利息覆盖倍数	12.5%
		Net Debt/ regulated Asset Base OR Debt/Capitalization	10%
		FFO/Net debt	12.5%
		RCF/Net debt	5%
合计	100%		100%
根据得出的初始级别，根据调整因素在初始级别基础上最多再上调3个子级			

资料来源：联合资信根据公开资料整理。

标普在对受监管的公用事业主体（RU，包括水务企业）评级逻辑方面，首先对公司的经营状况和财务风险状况分别作出判断，经营状况风险评估是通过宏观经济和所属行业风险（CICRA）和公司的竞争地位综合判断；财务风险根据公司现金流波动情况对重要财务指标分别打分判断。然后根据经营财务风险矩阵，得到一个指示性等级，最后根据调整因素（包括资产分散效应、资本结构、流动性、财务政策、管理和治理、同行业对比等指标）对指示性级别进行调整，得出最终的级别。

惠誉在美国水务评级方法中，并没有提及到水务企业的评级逻辑，我们可以参照其对一般企业和基础设施建设企业（包含水务）的评级逻辑。惠誉的评级方法提供了一个伞形框架，首先根据企业所处行业风险、国家风险、企业的经营和财务特征，选出最适合企业评级类别的范围，然后评级委员会再决定最适合的同行业可比企业群组，同时参考企业历史数据和未来展望进行综合分析，最后将评级结果缩小至明确的级别水平。

国内评级机构对水务企业的逻辑框架基本一致，基本上均可以归纳为水务企业自身实力分析和外部支持（包括股东、政府等支持）分析这两方面。但同时各家评级机构评级逻辑均有自身的特别之处，鹏元评级此处将股东及潜在外部支持分析统一纳入到水务企业自身评级中，再根据一系列特殊风险事项进行级别调整；联合资信、大公评级和中诚信国际均将外部支持作为对初始级别重要的调整因素进行分析，判断外部支持的可能性和大小从而对初始级别下调或者上调；东方金诚对股东或政府支持单独进行分析，判断外部支持的可能性。

四、国际三大评级机构对水务企业的评级要素比较

表 3　国际三大评级机构对水务企业评级方法对比

穆迪	标普	惠誉
联合违约率分析法	二维矩阵映射分析法	向下调整对比分析法
三因素评估企业基本信用状况 • 经营状况 • 财务政策 • 杠杆率和覆盖倍数	经营状况评估 • 行业风险 • 主权风险 • 竞争地位 财务状况评估 • 会计政策 • 会计关键指标 • 现金流状况	• 行业风险 • 国家风险 • 企业的经营和财务特征
结构性增级 • 减少违约风险因素 • 降低风险恶化的因素 • 上调 1 ~ 3 个子级	评估调整 • 资产分散效应 • 资本结构 • 流动性 • 财务政策 • 公司管理及治理 • 同行业对比	调整因素 • 收入的可预防性 • 经营风险 • 财务状况 • 其他风险因素

资料来源：联合资信整理。

（一）穆迪评级要素分析

穆迪对水务企业的评级要素主要围绕经营状况、管理层融资风险偏好、债务指标三个方面进行考量。

1. 经营状况

（1）水务相关监管环境和政策的稳定性、可预见性和透明性越强，企业信用质量越高：具体指水务企业所处的与水务相关的监管环境、特许经营条款、水价设置机制等稳定性、可预见性和透明度。

（2）对水务资产的所有权和控制权越高，信用质量越高：具体指水务企业是否全资、永久拥有水务相关资产。但是全资且永久拥有水务资产的水务企业不多，大部分企业一般是在特许经营权期间内持有关键水务资产。穆迪将考虑当特许经营权或协议到期时运营资产残值的回收机制，及是否存在特许经营权到期后继续延续的可能或补偿机制。

（3）企业成本及投资覆盖的充分性和及时性：该指标在全部指标中权重为 15%，系衡量水务企业在成本上涨的情况下，自身是否有能力或外部政策机制是否能够保证其及时地修正水价。若水价受外部政策原因制约上调空间有限时，企业是否能够获得一定成本补贴。在衡量水价上调的可能性问题上，穆迪还考量水务企业所处区域家庭收入和消费能力（惠誉具体量化为水费支出最好控制在居民可支配收入中值 MHI 的 1% 之内）。

（4）收入稳定性和上游稳定供水及客户集中度密切相关：一方面，上游的供水量要保持稳定，另一方面用户分布过于集中的话，水务企业可能严重依赖某一用户，一旦该用户终止合作，该水务企业收入将受到很大影响（惠誉量化客户集中度指标，认为水务企业的前10大客户占整体收入的5%或更少，且不存在占整体收入的2%以上的客户时，该指标可以达到AAA级别）。

（5）资本支出规模、项目复杂性及固定资产质量影响企业信用质量，企业应处理好资产更新规模和折旧：首先，水务企业每年资本支出规模越小，项目复杂性越低，项目资金集中度越低，企业面临的风险越低。穆迪认为企业年度总投资≤4%总固定资产（包括无形资产中的特许经营权），则认为该企业在该指标上可达到AAA。如果企业水务相关资产不断恶化，或者资产开发严重低于预期，企业可能面临终止许可证、特许权或租赁合同的风险，则企业信用质量被认为很差（惠誉在水务企业评级中提到，如果水务企业每年更新的资产超过折旧的100%及以上，则认为企业资产更新较快能够更好满足日常运营）。

2. 管理层的融资风险偏好

国际三大评级机构对水务企业评级时更倾向于将其作为一个自主化经营的企业进行评级。在此逻辑考量下，评级机构将考量股东在扩大规模创造股利和承受债务风险之间的选择和平衡。穆迪认为，公司一直以来长期持续且未来继续保持保守的融资政策，低于行业水平的债务有利于提升公司信用级别，该指标在全部指标中权重为10%。

3. 债务指标方面

国际三大评级机构一般通过杠杆率和覆盖倍数来衡量公司债务指标，具体详见表4。

表4　穆迪水务企业评级要素及指标初始权重

一级指标/评级要素	初始权重	二级指标/子指标	子指标初始权重
经营状况	50%	监管环境的稳定性、透明度和可预期性	15%
		资产所有权模型	5%
		成本与投资覆盖情况（充分性和及时性）	15%
		收入风险	5%
		资本支出计划的规模和复杂性，及资产质量风险	10%
财务政策	10%	财务政策	10%
杠杆率和覆盖倍数	40%	调整后利息覆盖倍数和FFO利息覆盖倍数	12.5%
		Net Debt / Regulated Asset Base OR Debt/Capitalization	10%
		FFO/Net Debt	12.5%
		RCF/Net Debt	5%
合计	100%		100%

续表

根据得出的初始级别，根据下述因素在初始级别基础上最多再上调3个子级： （1）减少违约的风险因素： 限制尝试新的商业活动、限制并购重组等激进行为；限制新增债务；限制公司困境时期对股东分红；债务结构的设置尽可能地降低风险；充分储备资金以应对大额支出和未来不确定支出的； （2）避免风险恶化的因素 控制权的有效性；特许经营周期；专门的流动性支持 （3）其他方面 在绝大多数情况下，债务结构特征需要包括以下要素以确保完整性： ☆受融资约束和限制行为的实体将从更广泛的所有权集团和商业集团中分离出来。这种分离是通过法律手段来实现并约束发行人的融资结构。 ☆所有债权人必须遵守共同条款，确保个人债权人不能采取单方面行动破坏融资稳定。 ☆债权人介入权应在特许权、监管许可或法律框架下以及融资文件中明确允许。请注意，我们只将安全安排的价值作为一个要素，通常作为一个关键要素，广泛用于提高债权人检测早期潜在问题的能力，并尽可能纠正这些问题（首先保留现金盈余在公司内）。此外，如果补救行动不可能或不能成功，安全安排将用于最大限度地恢复预期。 提供一个有意义的债权保护将对有助于信用等级的提升，也是达到等级提升的最后一步。在评估提高级别时，我们将所有因素综合考虑在内以评估总体有效性。例如，对财务比率条款的遵守情况进行研究是评估此类合同持续有效性的重要考虑因素。对某些资产而言，由于其所有权可能由国家或其他授权机构保留，安全措施有时不允许或不可强制执行。全面有效的结构调整可以在系统内提升三个等级。然而，在已有的评级中，目前一般都上调两个级别以内。对于不同的融资结构（可以包含一系列可能的组合中的各种要素），这些增强措施以半个子级为单位进行调整。

资料来源：联合资信整理。

（二）标普评级要素分析

受监管的公用事业主体（Regulated Utility Entity，RUE）遵循标普的企业评级方法，对一个公司的经营风险和财务风险状况分别作出判断，并根据经营财务风险矩阵，得到一个初始等级。根据调整事项对初始级别进行向上或向下调整。

经营风险评级要素包括行业风险、主权风险和竞争地位。

行业风险：标普通过其行业评级方法，基于该行业低周期性风险、低竞争风险和低成长性风险的评估观点得出 RUE 的整体行业风险为“很低”。

主权风险：标普考虑主权的经济情况和与公用事业有关的行业发展指标情况，根据具体主权分析判断。

竞争地位：RUE 的竞争地位结果可以分为“很高”、“高”、“较高”、“一般”、“较低”、“低”六类。评判要素包括：（1）监管优势（此处区别于一般工商企业竞争地位要素）；（2）规模、区域及多样性；（3）经营效率；（4）盈利能力。其中，前三个二级指标的结果有强、强/一般、一般、一般/弱和弱五类。再结合盈利能力评估，对竞争地位进行综合打分。

1. 监管优势

由于公用事业行业市场化水平低，竞争地位中不像一般工商企业考虑竞争优势，而是重点考虑监管政策优势。监管优势主要通过监管框架和经营策略两方面分别评估后通过表5的二维矩阵得到监管优势评估结果。

表5　标普对监管优势评估表

监管优势		RUE 经营策略			
		正面	中性	负面	非常负面
监管框架信用支持	强	强	强	强/一般	一般
	强/一般	强	强/一般	一般	一般/弱
	一般	强/一般	一般	一般/弱	弱
	一般/弱	一般	一般/弱	弱	弱
	弱	一般/弱	弱	弱	弱

资料来源：标普评级方法，联合资信整理。

具体来看，标普在对监管优势进行评估的过程中，首先通过监管框架对 RUE 信用支持程度的判断得出一个初级评估等级，再通过对 RUE 自身经营策略对区域内监管信用支持利用效益的评估对初级评估等级进行调整，得到最终的监管优势评估等级。

由于行业特征，监管框架优势对公用事业的成本覆盖、利润获取，以及对股东回报可能性至关重要，标普主要从监管稳定性、定价程序效率、融资政策稳定性和监管独立性四个方面来判断监管框架对 RUE 的信用支持情况。

（1）监管稳定性主要考虑定价步骤的透明度、监管政策的可预测性以及监管框架的连续性，稳定的监管架构能够有效地降低 RUE 及其利益相关者经营及发展的不确定性。

（2）价格制定程序的有效性主要通过三方面体现，即经营和资金成本的可回收性、所有利益相关者的利益平衡、有效的激励措施。

（3）融资政策稳定性主要通过四个方面来判断，即成本回收及时性、资金灵活性、吸引长期资本的能力、建设资金支持获取能力。

（4）成本的及时回收可以一定程度上避免现金流波动，灵活的资金链可以帮助企业应对意外支出，在投资压力较大的时期，获得资金支持能够及时减轻投资和现金流压力。监管独立性即判断行业相关政策规定是否有清晰的法律规范，受监管者专权和政治干预的影响较小。

在确定了由监管框架决定的初级评估等级后，标普认为在特定的管辖区域内当监管策略和定价能力均得到有效处理后，RUE 如何围绕监管事项制定有效的经营策略以脱颖而出创造一个持久的竞争优势，是充分发挥监管优势的另一个重要方面。标普将经营策略分为正面、中性、负面和非常负面四个等级，通过对初级评估结果进行调整来反映经营策略带来的正面或负面影响；在经营策略相对于同行影响有限的情况下，标普认为这种影响是中性的，不作出调整。在调整幅度方面，正面的经营策略评估可以将初级评估等级上调一级；当经营策略的失误导致与同行相比不利的监管效果时，负面的经营策略评估可能导致初级评估等级下调一级，在策略执行不佳的极端情况下，初级评估等级将下调两级。

2. 规模、区域及多样性

公司所处公用事业的市场规模、公司所服务的区域范围和业务的多样性等因素能在一定程度上帮助公司在遇到经济周期和市场威胁时提升公司现金流的稳定性。

市场规模较大、业务所在区域经济发展水平较高、区域监管机构越多、服务区域较分散，企业抗风险能力较强，在其他条件相同情况下，标普认为居民用户占比高，工业用户占比小的企业的抗周期能力、经营稳定性更好。

3. 经营效率

标普认为，公用事业企业经营效率主要考察企业如何有效满足监管要求、成本管控能力和资本支出控制，上述三个方面都会导致企业经营现金流的波动，企业服务的安全、可靠性和环境标准不满足监管要求，面临罚款支出，当运营成本超高，或者当资本支出超预算都会影响总成本无法得到覆盖。

一个拥有强管理效率的受监管公用事业公司，可以用最低的成本产生收入和利润，提高资产利用效率。它的典型特征是：（1）高安全记录；（2）良好的生产记录，能够提供满足需求的服务，并且公用事业资产让人足够有信心能够提供稳定的服务；（3）企业应该对未来的行业标准有充分准备；（4）管理费用控制能力良好；（5）有史可寻的重大项目管理能力。

4. 盈利能力

通过同行业对比，盈利水平高于监管要求的企业面临较小的风险。通过盈利水平和盈利波动性考察企业盈利能力。盈利波动性通过企业 EBITDA、EBITDA 利润率或 ROC 历史数据的回归标准差（SER）判断，包括 6 档（分别对应 1 ~6 分），盈利水平根据 EBITDA 收入占比、ROC、ROE 等指标的阈值水平划分为 3 档："低于平均水平"、"平均水平"、"高于平均水平"。然后，通过矩阵形式确定盈利能力的最终得分（1 ~6 分）。

在 EBITDA/收入的分析中，要考虑到通货膨胀以及资本成本等，单纯的 EBITDA 不能准确反映公用事业公司的盈利能力。国家的通货膨胀率以及股东要求的回报在行业中是跟公司盈利能力紧密相关的。在价格或者回报率受监管的情况下，监管机构通常设定一个 ROE，主要通过 ROE 和 ROE 的波动情况来衡量公司的盈利能力。

标普发现实际盈利能力的波动性与监管下的盈利能力的波动性之间存在明显差异。在这种情况下，可以用监管账户作为判断收益的稳定性依据。用公司实际的收益（7 年以上的历史数据）来获得企业的标准差，如果企业的合并与并购以及汇率波动会对结果产生影响，将会对这些数据做出一定调整。

财务风险方面，标普对公用事业主体财务风险考核是基于其现金流波动率（包括高、中、低三等）的，现金流波动性不同的企业的财务指标的起点值和分值对应的阈值范围不同，现金流低波动的公用事业的阈值范围相对小。现金流波动率主要通过经营现金流来源于受监管业务占比、监管优势强弱以及长期债务融资成本来体现。指标方面主要考核杠杆水平和偿债能力两类财务指标，与一般工商企业一致，主要包括 EBITA/利息费用、全部债务/

EBITDA 和 FFO/全部债务等。

表 6　标普评级要素参照表①

一级指标	二级指标	三级指标
经营概况		
行业风险	周期性风险—低	①收入平均峰谷值（PTT－6%）；②利润平均峰谷值（PTT－5%）
	竞争和行业发展风险—很低	①行业进入壁垒高；②行业利润率水平和趋势； ③替代风险低；④行业发展与 GDP 趋势相匹配
主权风险	经济风险	①国家发展前景；②商业周期； ③影响商业环境的政治因素；④当前及预计的通胀水平； ⑤影响进出口流量和收支平衡的外汇风险； ⑥支付系统及银行体系的力量和深度；⑦利率和息差； ⑧本地资本市场的深度和流动性；⑨商业或金融交易跨市场进入渠道
	行业相关风险	①劳动力市场的约束或激励；②工会的力量和政治方向； ③劳动力成本和罢工经历；④国家一般基础设施条件； ⑤在道路、港口和机场的运输服务较差； ⑥国家财务和报告透明度；⑦国家政府法律体系； ⑧公用事业、银行及其他受监管主体的监管风险； ⑨存在或潜在的税收压力过重； ⑩影响日常经营的腐败相关风险
竞争地位	监管优势	①监管框架信用支持；②经营策略
	规模、区域及多样性	①客户群体及规模；②服务区域范围；③监管强度
	经营效率	①各级监管要求合规情况；②成本控制； ③资本支出的规模、范围和管理
盈利能力	盈利水平	①EBITDA /收入、ROE/ROC
	盈利波动性	①标准差
财务概况		
财务指标		①Operating income before D&A/revenues；②EBIT/interest； ③EBITDA/interest；④Debt/debt plus equity；⑤FFO/debt；⑥FOCF/debt； ⑦Net cash flow/capital expenditures；⑧Debt/EBITDA
评级调整		
①资产分散效应		
②资本结构		
③流动性		
④财务政策		
⑤管理和治理		
⑥同行业对比		

资料来源：联合资信整理。

① 指标没有权重，每个因素的重要性视不同情况有所变动。

表 7　标普评级矩阵

	财务风险概况				
经营信用概况	极小	偏小	一般	偏大	极大
极强	AAA	AA	A	BBB	BB
强	AA	A	A −	BBB −	BB −
一般	A	BBB +	BBB	BB +	B +
弱	BBB	BBB −	BB +	BB −	B
极弱	BB	B +	B +	B	B −

资料来源：联合资信整理。

（三）惠誉评级要素分析

惠誉将美国水务企业的关键评级因素分为四大类，即收入的可预防性、经营风险、财务状况和其他风险因素，前三个评级因素的评判结果分为三个等级，最后一个因素（其他风险因素）的评判结果还可分为没有影响和不利影响两个等级。此外，美国的水务行业评级会根据实际的公用事业经验进行有利和不利调整，惠誉列举了影响水务行业评级的三个主要敏感因素，但并非全部因素。

1. 收益的可防御性。惠誉的分析指出，公用事业公司能够根据其法律框架和基本经济学原理产生现金流。惠誉将评估影响收入波动性的需求和定价特征，以及评估公用事业企业应对需求波动的可用工具。

2. 运营风险。惠誉的分析考虑了发行人的经营状况，包括成本的可预测性和波动性、生命周期/资产设备更新资本支出风险、关键资源成本风险以及管理成本随时间增长的能力。

3. 财务信息。惠誉评估发行人在遭遇预期在相关预测期内发生的压力时能够维持的财务弹性。财务指标用于评估发行人的营业毛利、流动性状况和在发行人整体风险状况下的整体杠杆率。分析的这个领域包括惠誉的大多数关键比率。因此，公用事业的财务状况是评级结果的主要决定因素。

4. 其他风险因素（Asymmetric Risk Factors）。在进行评级时，还会考虑债务结构、管理和治理、法律和监管等风险因素。这些风险因素没有被衡量，只有较弱的特征影响评级。

综合以上分析，水务企业自身经营和财务状况均是国外三大评级机构的重要评级要素，国际三大评级机构均在其评级方法中列出较为具体的评级因素及特殊因素，更侧重于对水务企业业务特许经营体系、监管优势、成本与投资覆盖情况等要素的评价，且要素选取方面更有深意。穆迪虽然采用联合违约分析法，但在对水务企业评级时，并未过多强调，而是通过对不同级别赋予不同权重，以体现“越弱的指标权重越大”的审慎的评级原则。标普主要利用企业经营和财务分析，通过二维矩阵映射分析，并强调企业所面临的监管优势。

表 8　惠誉对美国水务企业的关键评级要素

<table>
<tr><td rowspan="4">收益的可防御性</td><td rowspan="4">● 影响收入波动性的需求和定价特征
● 公用事业公司应对需求波动的可用工具</td><td rowspan="4">● 对价格的可支配性
● 所在区域的特征
● 客户集中度和增长率</td><td></td><td colspan="2">单一（综合）水务企业的居民缴费水平占 MHI 的比重</td><td colspan="2">固定收费模式获得的收入</td><td>客户稳定或者增长率</td><td colspan="2">零售公用事业前 10 大客户占收入比重，单一客户占收入比重</td><td>未开票或者未入账的水量</td><td>服务区域 MHI 占州或家的比重</td></tr>
<tr><td>强</td><td colspan="2">≤0.6%（1.2%）</td><td colspan="2">大约 30% 或 > 30% 的营业收入</td><td>≤1%</td><td colspan="2">≤5%，≤2%</td><td><10%</td><td>≥110%</td></tr>
<tr><td>中</td><td colspan="2">约 0.8%（1.5%）</td><td colspan="2">大约 15%</td><td>1% ~3%</td><td colspan="2">约 10%，≥5%</td><td>约 12%</td><td>约 100%</td></tr>
<tr><td>弱</td><td colspan="2">>1.0%（2.0%）</td><td colspan="2">几乎或者根本没有</td><td>>3%</td><td colspan="2">>20%，>10%</td><td>>15%</td><td>≤85%</td></tr>
<tr><td rowspan="4">经营风险</td><td rowspan="4">● 成本的可预测性和波动性
● 生命周期/资本更新风险
● 关键资源成本风险
● 控制随时间增长的成本的能力</td><td rowspan="4">● 运营成本；
● 处理能力；
● 遵守环保法律法规；
● 资本需求和债务负担</td><td></td><td>转移到母公司成本占营业收入比重</td><td>处理能力超过需求量或流量的比例</td><td>年度更新占折旧资产的比例</td><td>监管要求</td><td>每个客户现有欠款以及 5 年内欠款</td><td>每个客户现有债务 5 年内预期债务人均数</td><td>未偿还债务与固定资产净额比重</td><td>债务融资资本化比率</td><td>未来 20 年本金摊销率</td></tr>
<tr><td>强</td><td>≤2%</td><td>>140%</td><td>≥100%</td><td>完全符合</td><td>≤ $1200</td><td>≤ $350</td><td>≤25%</td><td>≤35%</td><td>≥90%</td></tr>
<tr><td>中</td><td>2% ~5%</td><td>约 130%</td><td>少量延迟维护</td><td>有限的不符合</td><td>约 $1800</td><td>约 $500</td><td>45%</td><td>约 45%</td><td>约 80%</td></tr>
<tr><td>弱</td><td>>5%</td><td><120%</td><td>重大延迟维护</td><td>严重不符合，导致重大资本支出和/或罚款</td><td>≥ $2100</td><td>≥ $600</td><td>≥65%</td><td>约 55% 或 >55%</td><td>≤70%</td></tr>
</table>

续表

<table>
<tr><td rowspan="4">财务状况</td><td rowspan="4">• 在遭遇预期相关预测期内发生的压力时能够维持的财务灵活性
• 营业毛利
• 流动性状况
• 在整体风险状况下的整体杠杆率</td><td rowspan="4">• 覆盖程度和财务表现
• 现金和资产负债表的考虑</td><td></td><td colspan="2">债务总额覆盖率
面向居民客户的公用事业企业（收付合同的面向企业客户的公用事业）</td><td colspan="2">全部负债覆盖率
面向居民客户的公用事业企业（收付合同的面向企业客户的公用事业）
注：全部负债的覆盖范围考虑了资产负债表表外债务和转移到母公司的债务</td><td colspan="2">营运资本周转天数和现金周转天数
面向居民客户的公用事业企业（收付合同的面向企业客户的公用事业）</td><td>自由现金占折旧比例</td><td>债务相对于用于偿债的资金的倍数
面向居民客户的水务企业（收付合同的面向企业客户的公用事业）</td></tr>
<tr><td>强</td><td colspan="2">≥2.5x（≥1.5x）</td><td colspan="2">≥2.0x（≥1.5x）</td><td colspan="2">≥1y（≥120d）</td><td>≥100%</td><td>≤4.0x（=7.0x）</td></tr>
<tr><td>中</td><td colspan="2">约2.0x（约1.3x）</td><td colspan="2">≥1.5x（≥1.3x）</td><td colspan="2">约1y（约75d）</td><td>约90%</td><td>约6.0x（约8.0x）</td></tr>
<tr><td>弱</td><td colspan="2">≤1.5x（≤1.1x）</td><td colspan="2">≤1.2x（≤1.1x）</td><td colspan="2">约1y（<60d）</td><td>约90%</td><td>约8.0x（约108.0x）</td></tr>
<tr><td rowspan="3">其他
风险因素</td><td rowspan="3"></td><td rowspan="3">• 债务结构
• 管理和治理水平
• 法律和监管等</td><td></td><td>合同费率占按净收益计算的年度债务的倍数</td><td>额外债券测试占根据历史或预计净收益计算的年度债务覆盖率</td><td>稳定性，有效性和管理水平</td><td>来自监管的政治压力</td><td>内部管理机构</td><td></td><td>预测和资源管理计划的历史</td><td>政策和程序</td></tr>
<tr><td>没有影响</td><td>≥1.10x</td><td>≥1.10x</td><td>正常</td><td>不受限制</td><td>管理层和管理机构之间透明度和沟通</td><td>对于面向企业客户的企业，协调公用事业企业和管理机构之间的努力</td><td>有</td><td>标准化</td></tr>
<tr><td>不利影响</td><td><1.10x</td><td><1.10x</td><td>欠缺</td><td>潜在市政当局或会员服务领域的重大政治压力</td><td>管理机构内部重大不一致</td><td>未能在公用事业公司和管理机构之间保持开放的沟通，这可能会在意想不到的、显著的费率增长情况下显现出来</td><td>欠缺</td><td>欠缺</td></tr>
</table>

资料来源：联合资信根据惠誉评级方法整理。

五、国内评级机构对水务企业的评级要素比较

表 9　国内评级机构主要评级要素

<table>
<tr><th>联合资信</th><th>大公国际</th><th>东方金诚</th><th>鹏元评级</th><th>中诚信国际</th></tr>
<tr>
<td rowspan="2">经营风险分析
● 行业分析
　● 宏观经济及区域经济发展水平分析
　● 行业环境分析
● 企业基础素质分析
　● 股权状况
　● 企业规模与竞争优势
　● 人员素质
　● 外部支持
　● 企业信用记录
● 管理分析
　● 法人治理结构
　● 管理水平
● 经营分析
　● 业务构成与服务范围
　● 运营能力
　● 运营效率
　● 企业发展战略</td>
<td rowspan="2">主体评级要素分析
● 偿债环境
　● 政治法律环境分析
　● 信用环境分析
● 财富创造能力
　● 市场需求分析
　● 市场竞争力分析
　● 盈利水平分析
● 偿债来源分析
　● 盈利性现金流
　● 经常性收入
　● 债务融资
● 偿债能力
　● 总债务偿还能力
　● 存量债务偿还能力
　● 新增债务偿还能力</td>
<td>区域经济环境及水资源禀赋
● 区域经济实力
● 区域财政实力
● 水资源储量及水质</td>
<td rowspan="2">业务发展状况评估要素分析
● 外部运营环境
　● 行业环境分析
　● 区域环境分析
● 公司治理和管理
　● 治理水平
　● 管理水平
　● 人员素质
● 经营竞争力
　● 经营多元化
　● 竞争地位
● 股东支持
　● 股东背景
　● 股东支持及潜在支持分析</td>
<td>区域环境分析
● 经济社会环境分析
● 水务市场发展水平分析</td>
</tr>
<tr>
<td>水处理能力与市场地位
● 供水能力
● 污水处理能力
● 区域市场份额</td>
<td>服务能力与市场地位分析
● 处理能力分析
● 水务收入分析
● 市场地位分析
● 持续经营能力分析</td>
</tr>
</table>

续表

联合资信	大公国际	东方金诚	鹏元评级	中诚信国际
财务风险分析 • 财务信息质量 • 资产质量 • 资本结构 • 盈利能力 • 现金流 • 偿债能力 **可选调整项** • 公司管理 • 未来发展事项 • 外部支持 • 重要风险事项 • 其他因素	**必要调整项** • 行业风险指数 　• 进入壁垒 　• 替代风险 　• 上下游关系 　• 行业内部竞争 　• 宏观经济敏感性 **可选调整项** • 可比性调整 　• 失信或处罚记录 　• 业务稳定性 　• 融资渠道多元 　• 债务管理规范 • 外部支持 　• 社会机构支持 　• 政府支持 • 绿色因素 　• 绿色效益 　• 社会效益	**运营效率及多样化** • 运营效率分析 • 收入结构分析 • 区域分布分析 **成本控制及债务覆盖水平** • 盈利能力分析 • 成本控制分析 • 资产对债务的覆盖程度分析 • 现金流及盈利对债务的覆盖程度分析 **外部支持分析** • 股东或政府支持 **其他因素** • 融资渠道 • 技术水平 • 或有事项	**财务风险分析** • 公司规模 • 营运能力 • 盈利能力 • 偿债能力 • 成长能力 **可选调整项** • 公司所处外部经营环境变化分析 • 公司治理及管理分析 • 对下属子公司的管控能力分析 • 信用记录及处罚记录 • 担保代偿及担保违约风险分析 • 重大战略投资分析 • 其他因素	**运营实力** • 运营效率分析 • 经营波动风险分析 • 盈利能力分析 **财务表现** • 企业杠杆水平分析 • 利息保障能力分析 • 债务保障能力分析 • 融资与资本支出分析 **可选调整项** • 将企业的运营能力、收入总和、盈利能力等指标定量分析 • 战略与管理 • 股东和地方政府支持 • 节能环保

资料来源：联合资信整理。

国内评级机构对水务企业的分析要素基本一致，各家在要素分类上略有不同，但除采用常见的评级要素外，均有自身独特的评级要素，如大公国际反映偿债来源中可变现资产指标和偿债能力偏离自身的创造财富的偏移度要素，中诚信反映特许经营期限、特许经营期内的权利义务以及特许经营期限届满以后的安排的可持续经营要素，鹏元反映企业未来的发展前景的成长能力要素。因此，此部分将各评级机构的评级要素进行综合考虑，将评级要素总结如表9所示。

六、借鉴与启示

由于我国水务企业在市场化程度、水务企业性质、水务资产所有权归属以及水价成本归置方法上与国外尚有一定差距，与国际水务企业特征差别较大，国际三大评级机构评级方法对我国水务企业普适度有限。因此在对水务企业自身级别评价时，国内评级机构的评级方法更加适用。但国内评级机构仍然可以从国际三大评级机构在评级指标和级别调整标准等方面得到一系列的借鉴与启示。

在评级逻辑和流程方面，国际三大评级机构在水务企业的评级逻辑上大致相同，更强调对水务企业自身经营和财务状况进行分析。但由于我国水务行业整体市场化程度低，且多为地方国有企业，国内评级机构还额外关注水务企业所获得的外部支持（包括股东、政府等支持）。此外，惠誉在对水务企业评级时，首先会根据企业所处行业风险（行业政策）、国家风险等选出最适合企业评级类别的范围，以考量其对水务企业可能造成的影响。

在评级要素选取方面，国内外评级机构评级要素基本一致，但国际三大评级机构评级要素更全面且更为细化，例如特许经营体系、监管优势、成本与投资覆盖情况等要素对水务企业长期发展的影响，但上述指标在我国当前市场环境并不适用。而人均GDP、客户和区域集中度、退出机制及续签可能性分析对国内评级机构具有一定借鉴价值。此外，国际三大评级机构对一些可以区分范围的定性指标进行量化处理的方式具较大借鉴价值。

在水务企业最终级别判断方面，惠誉的向下调整法较适用于国内水务评级，但其通过分析师衡量指标对企业信用质量影响程度调整各个指标的权重大小的方法对评级分析师的要求比较高，具体方法不够透明、调整标准比较宽泛，可借鉴程度大打折扣。标普的二维矩阵映射并通过评级调整得到最终信用级别的方法灵活度较高，适用性有限。穆迪“越弱的指标权重越大”的权重调整方法，以及其围绕营运现金流（FFO）财务指标适用性较低，但其定性和定量相结合，通过双重权重加权平均得出最终得分与级别的映射关系，可以得到同一信用级别下的水务企业的具体信用得分，对同一信用级别下不同水务企业的信用质量进行差异分析，且穆迪评级方法内容披露较完善，具有较大借鉴价值。

附件1　穆迪打分结果映射表

模型对应的级别	复合加权因素数合计
Aaa	x<1.5
Aa1	1.5≤x<2.5
Aa2	2.5≤x<3.5
Aa3	3.5≤x<4.5
A1	4.5≤x<5.5
A2	5.5≤x<6.5
A3	6.5≤x<7.5
Baa1	7.5≤x<8.5
Baa2	8.5≤x<9.5
Baa3	9.5≤x<10.5
Ba1	10.5≤x<11.5
Ba2	11.5≤x<12.5
Ba3	12.5≤x<13.5
B1	13.5≤x<14.5
B2	14.5≤x<15.5
B3	15.5≤x<16.5
Caa1	16.5≤x<17.5
Caa2	17.5≤x<18.5
Caa3	18.5≤x<19.5
Ca	x≥19.5

16　城投公司国内外信用评级方法的比较与研究

联合评级　工商三部　王金磊　杨世龙　（2018－12）

一、概述

本文分别对国际三大评级机构以及国内评级机构关于城投公司或政府相关实体的评级方法进行对比梳理，其中中债资信未披露城投公司评级方法，因此本文不对中债资信评级方法进行比较。从各机构评级方法来看，国内评级机构对城投公司的评级方法差别不大，但国际三大评级机构与国内评级结构相比，差别较大，因此本文重点对国际三大评级机构的评级方法进行对比分析。

表1　目前国内外城投公司/政府相关实体评级方法

国际三大评级机构		国内评级机构	
评级机构	评级方法年份	评级机构	评级方法年份
穆迪	2017年	联合资信/联合评级	2017年/2018年
标普	2015年（2017年更新）	中诚信国际	2017年
惠誉	2018年	大公国际	2017年
		新世纪	2015年
		东方金诚	2014年
		鹏元评级	2018年
		远东资信	2014年

资料来源：联合评级整理。

二、国内外评级机构对城投公司/政府相关实体的定义比较

由于国际三大评级机构的评级方法在全球范围内适用，因此其评级方法主要针对政府相关实体，国际三大评级机构的相关定义如下。

穆迪认为政府相关发行人（Government Related Issuer，GRI）为地方政府通过全部或部分股权、特许经营权或强制性的公共政策控制的实体，通常政府持有的股权比例不低于20%。

标普认为政府相关实体（Government Related Entity，GRE）通常由政府部分或全部控制并且为大众提供关键服务。此外，如果部分企业即使政府仅持有少数或没有股权关系，但其具有系统重要性或者提供关键的商品和服务，也可以被认定为GRE。标普对GRE定义的关键点在于企业在困难时期能否获得政府特殊支持。

惠誉评级方法认为，由中央政府或地方政府实施有效控制的实体均可以被认定为政府相关实体，另外，如果企业具有提供公共服务的职责，在其发生流动性风险，且其违约将产生社会政治风险时，政府也极有可能对其进行支持，惠誉也将其认定为GRE。为保持统一性，本文将GRI和GRE统称为政府相关实体。

国内评级机构评级方法直接适用于城投企业（或投融资平台）这一特定行业，对其定义基本包括：出资形式，地方政府或所属部门以实物、现金或土地等资产出资设立的；设立目的，为满足地方政府融资和建设业务需要，从事政府指定或委托的公益性或准公益性项目的融资、投资、建设和运营等；政府支持，业务运营得到地方政府的支持。

通过以上分析，可以看出国内评级机构普遍认为城投公司由政府实际控制，并且是以项目投融资职能为主的主体。国际三大评级机构认为政府相关实体为提供必需公共服务的实体，一般由政府持股，但标普和惠誉同时也认为即使政府不具有股权上的控制，若政府对政府相关实体具有特别支持的可能性很高，也可以被认定为政府相关实体。

三、国内外评级机构对城投公司/政府相关实体的评级逻辑比较

国际三大评级机构对政府相关实体的评级逻辑基本相同，均是首先对实体自身信用进行分析，确定初始级别（根据政府相关实体所处的行业，使用相关行业的评级方法），其次确定提供支持的政府级别（使用政府评级方法），然后通过政府相关实体与地方政府的联系（包括政府相关实体的重要性、企业与政府联系的强度和持久性）对政府相关实体信用等级进行调整，最后确定政府相关实体的最终级别。

具体差异表现在，标普利用二维矩阵映射表，来确定政府相关实体的信用等级。惠誉在2018年对其政府相关实体的评级方法进行了修订，此前惠誉将政府相关实体分为信用关联和非信用关联两类，根据政府相关实体与政府信用是否关联分别采用向上或向下调整的方法进行判断，而修订后的评级方法加入了政府特别支持可能性的判断，并将各要素分为非常强、强、中和弱四类并赋予不同的分值，最后特别支持可能性的得分，以及政府相关实体自身信用级别与相关政府级别的距离，导致惠誉采用不同的级别调整原则，对政府相关实体自身信用等级进行调整。此次修订后的评级方法对惠誉存续期内的发行人级别产生了较大的影响，仅在2018年6月，惠誉即一次性下调了7家江苏省政府相关实体主体级别。穆迪利用联合违约概率的分析方法，确定政府相关实体自身违约概率和政府的违约概率，然后采用打分卡以及专家法从定量和定性角度分析政府与相关实体违约相关程度以及政府对相关实体的支持程度。

表 2　标普政府相关实体级别调整原则

政府信用等级	GRE 自身等级	调整原则
AAA	比政府信用等级低 0~3 个级别	调整后，政府相关实体信用等级等同于政府信用等级，即 AAA
	自身信用等级位于 BB+与 A+之间	政府相关实体信用等级在政府信用等级基础上下调 1 个级别，即 AA+
	自身信用等级位于 B+与 BB 之间	政府相关实体信用等级在政府级别基础上下调 2 个级别，即 AA
	信用等级在 B-与 B 之间	政府相关实体信用等级在政府级别基础上下调 2 个级别，即 AA-
AA-~AA+	比政府信用等级低 0~2 个级别	调整后，政府相关实体信用等级等同于政府信用等级
	自身信用等级位于 BB-与 A+之间	政府相关实体信用等级在政府信用等级基础上下调 1 个级别
	自身信用等级位于 B-与 B+之间	政府相关实体信用等级在政府信用等级基础上下调 2 个级别
BBB-~A+	与政府信用等级相同或比政府信用等级低 1 个级别	调整后，政府相关实体信用等级等同于政府信用等级
	比政府级别低 2 个级别至 BB-之间	政府相关实体信用等级在政府信用等级基础上下调 1 个级别
	信用等级在 B-与 B+之间	政府相关实体信用等级在政府级别基础上下调 2~3 个级别

资料来源：标普评级方法，联合评级整理。

表 3　惠誉政府相关实体级别调整原则

政府相关实体级别存在情况	调整原则
受限制的	当政府相关实体自身独立信用水平高于政府信用等级时，政府相关实体的信用等级将被限制在政府信用等级的水平上，除非政府相关实体与政府的关联度很弱。
相等的	政府相关实体的信用等级等同于政府信用等级
向下调整 1 个、2 个或 3 个级别	政府相关实体信用等级在政府信用等级基础上下调 1 个、2 个或 3 个级别
向上调整 1 个、2 个或 3 个级别	政府相关实体信用等级在其自身独立信用等级基础上上调 1 个、2 个或 3 个级别
独立的	政府相关实体的信用等级等同于其自身独立信用等级

资料来源：惠誉评级方法，联合评级整理。

国内评级机构对城投公司的评级逻辑框架基本一致，基本上均可以归纳为城投公司所处的地方政府实力分析、城投企业自身实力和政府支持情况分析这三个方面。但同时各家评级机构评级逻辑均有自身的特别之处，联合资信/联合评级设定了明确调整事项，鹏元评级设置特殊风险事项；东方金诚未将城投企业列为单独的行业进行分析，而是城投公司根据其业务性质，纳入不同的行业进行分析；联合资信/联合评级、中诚信国际与新世纪均对城投企业与地方政府之间的联系（如关联度、支持性和重要性等方面）进行单独分析，判断政府支持的可能性。大公将城投评级方法分为偿债环境、财富创造能力、偿债来源和偿债能力四方面分析，其中偿债来源采用偏离度的方式进行计算。

四、国际三大评级机构对政府相关实体的评级要素比较

表4　国际三大评级机构对政府相关实体评级方法对比

标普	穆迪	惠誉
提供支持的政府评级	提供支持的政府评级	提供支持的政府评级
实体独立信用等级（Standalone Credit Profile，SACP）	基准信用评估（BCA） 使用所属行业特定评级方法	实体独立信用等级（Standalone Credit Profile，SACP） 所属行业特定评级方法
政府特别支持可能性评估 • 企业对政府的重要性 • 企业与政府联系的强度和持久性	政府与政府相关实体的违约相关程度（独立性） • 政府相关实体与政府在经营和财务的关联度 • 政府相关实体和政府间对同一收入基础的依赖程度 • 政府相关实体与政府受相同信用风险影响的程度 政府为相关实体提供特别支持的可能性（支持性） • 结构性因素（担保、所有权和支持障碍） • 意愿因素（政府干预、政治联系和经济重要性）	政府特别支持可能性评估 • 关联强度 • 支持动力

资料来源：联合评级根据标普、穆迪以及惠誉相关评级方法整理。

（一）标普政府特别支持可能性评估

标普针对政府相关实体评级方法的重点在于对政府特别支持可能性的评估，标普将政府支持分为一般支持与特别支持，一般支持指与主体日常经营活动有关的支持，具有持续性和经常性的特点；而特别支持是“离散的”或“临时的”，对特定实体进行支持，支持能力与政府财政实力有关。但标普也同时指出，特别支持和一般支持的界限有时比较难以划分，且存在一定不可预见性，特别支持通常发生在政府相关实体存在信用风险和资金压力较大的情况下，一般体现为流动性注入、政府或政府控制银行的信贷支持、资本重组和债务清偿救援辅助等。

标普主要通过两方面对政府特别支持可能性进行评估，即政府相关实体对政府的重要性、政府相关实体与政府关联的紧密性和持久性。

表5　标普政府特别支持可能性评估表

政府特别支持可能性		GRE对政府的重要性			
		至关重要	非常重要	重要	有限
GRE与政府关联的紧密性和持久性	整合的	几乎等同	极高	高	中高
	非常强	很高	很高	高	中高
	强	高	高	中高	中
	有限	中高	中高	中	低

资料来源：标普评级方法，联合评级整理。

具体来看，标普主要从政府相关实体违约对当地区域经济影响的严重程度来判断其对政府的重要性，从定性的角度看主要为政府相关实体对政府下达的任务执行情况和在公共事业业务中的重要度；从定量的角度看主要为政府相关实体的就业人数，政府相关实体收入占区域GDP的比重，政府相关实体在出口中、能源生产中或银行存款中的比重等。

评估政府相关实体与政府关联的紧密性和持久性：首先，紧密性方面，标普考虑的因素包括国有股权比例、政府对政府相关实体负有的债务担保义务是部分的还是全部的、政府相关实体违约给政府带来的信用风险等；其次，持久性方面，标普关注政府对政府相关实体在信贷支持和及时性方面的干预倾向，特别是通过政府支持政策、过往干预的记录以及参与政府相关实体日常运营的程度等。

通过上述因素，标普将政府特别支持的可能性分为极高、很高、高、中高、中等和低，结合政府相关实体自身信用水平和地方政府信用等级，采用二维矩阵映射的方式确定政府相关实体的最终信用级别。其中，当政府特别支持可能性极高时，政府支持将作为评级的关键因素，政府相关实体的信用等级倾向于接近或等同于政府信用等级；当政府特别支持的可能性逐级下降时，政府相关实体的信用等级越趋近于其自身的独立信用水平；当政府特别支持可能性低时，实体对政府的重要性有限以及两者之间联系并不紧密，政府相关实体的等级为其自身的独立信用水平。

（二）惠誉政府特别支持可能性评估

如表4所示，惠誉在2018年调整政府相关实体评级方法后，评级逻辑方面与标普及穆迪更加趋同，但在评级要素方面，仍有一定差别，主要在政府特别支持可能性评估方面，惠誉主要通过两方面进行判断，即关联强度与支持意愿。惠誉通过对关联强度与支持意愿分别打分，并分为非常强、强、中以及弱四类；此外，惠誉将支持意愿要素的分值设定为关联强度分值的一倍（如表6所示），惠誉认为若政府相关实体违约对当地社会政治环境和融资环境带来重大负面影响，则政府均有较高的可能对政府相关实体提供特别支持，且提供特别支持的预期很强。

表 6　惠誉对政府特别支持可能性打分卡

分类	关联强度	支持意愿
非常强	10	20
强	5	10
中	2.5	5
弱	0	0

资料来源：惠誉评级方法，联合评级整理。

惠誉指出政府特别支持可以通过多种途径提供，例如，政府相关实体获得政府提供的紧急流动性支持、安排银行提供救助等来使政府相关实体可以按时偿还债务。具体的判断要素如下：

1. 关联强度评估方面，主要通过法律地位水平及政府持股和控制程度因素，政府以往支持和预期支持力度因素两个方面进行判断。

法律地位水平及政府持股和控制程度因素，法律地位意味着在政府相关实体的债务违约时，政府是否可能成为债务的最终偿还者，政府对政府相关实体的所有权和控制力将会强化支持责任。具体的判断要素包括实体的法律地位、直接或间接持股比例、政府在经营、战略和财务活动方面对政府相关实体的控制程度，如果政府相关实体本身为政府机构（如部门或者单一的政府机构），惠誉通常认为实体级别自动等同于政府级别。

政府以往支持和预期支持力度因素，惠誉通过政府提供财务支持的证明资料、提供支持的频率以及对维持政府相关实体适宜的财务结构的重要性来判断未来支持的可能性。具体的要素包括过往支持的持续性（具体的形式包括资本注入、资产划拨、财政补贴、返还、通过政府控股的金融机构获得的有利待遇、部分债务保证以及特殊的税务待遇）；是否存在法律和政治因素影响政府对政府相关实体的支持；跟其他平台相比，政府相关实体是否可以更可能或更不可能获得特别支持；相对于正式的保证，惠誉也认可通过其他支持协议进行的保证，这些其他支持协议也可以提高评估的结果。此外，对于一些本身财务结构较好的政府相关实体，因为其对支持的需求较低，可能获得的直接支持较少，但其也可以获得最高或强的分数，惠誉认为其具有需要的时候获得支持的预期。

2. 支持意愿评估方面，主要通过政府相关实体违约带来的社会政治影响因素和政府相关实体违约带来的融资影响因素来判断。

政府相关实体违约带来的社会政治影响因素，此部分需要评估政府相关实体违约对于其经营活动的影响以及违约对政府社会和政治环境带来的直接和间接影响。若在政府相关实体违约后，其承担的公共服务的职责可能不受影响而继续进行，在此种情况下，政府特别支持可能仅仅在于维持其活动的持续性直至找到合适的替代者。频繁依赖融资的经营业务将会极大地受到违约影响，而仅仅依赖现有的基础设施而不依靠外部资金的经营活动的违约不太可能有较大的社会政治影响。具体考虑的要素包括替代者是否存在、可用以及替代的成本；违约的严重程度和持续性对政府相关实体运营的影响；在政府相关实体的控股政府看来，政府相关实体违约造成的运营中断对社会、政治或经济造成的影响；由于缺少政府持续的支持而导致政府相关实体财务恶化，直至其自身独立信用等级等同于“CCC”级别，或导致其财务结构不可持续，或者导致持续的流动性危机时，政府相关实体不能在此因素获得“很强”的评估结果。

政府相关实体违约带来的融资影响因素，主要通过以下要素评估：判断政府相关实体违约对政府或其他政府相关实体未来融资渠道和融资可能性的影响，主要通过国内和国际投资者是否将政府相关实体作为政府融资平台来判断；政府相关实体通过多家机构获得资金规模，机构提供的资金规模越大、持续性越好代表政府相关实体可以从这些机构获得的为避免其违约以及维持其正常运营的政府支持也就越强；政府相关实体在相关市场获得的借款的规模，以及政府和其他实体在此项目融资的依赖程度；跟其他平台相比，政府相关实体是否可以更多或者更少地获得特别支持；由于缺少政府持续的支持而导致政府相关实体财务恶化，直至其自身独立信用等级等同于“CCC”级别，或当其财务结构不可持续，导致持续的流动性危机时，政府相关实体不能在此因素上获得“很强”的评估结果。

惠誉通过对以上各因素的评估结果进行打分，将以上各要素均分为很强、强、中和弱四类，根据表 4 进行打分，最后将政府相关实体自身信用等级与相关政府级别的级别差距，以及政府特别支持可能性的得分，采用五种级别调整原则对政府相关实体的级别进行调整，得到政府相关实体最终的信用等级，此种级别调整方式也充分反映了当政府相关实体自身信用等级与政府级别差距越大时，或者说政府相关实体自身越弱时，政府相关实体越依赖政府特别支持。

表 7　惠誉对政府相关实体级别调整

政府相关实体 SCP 与政府级别差距	政府特别支持可能性打分						
	≥45	35～42.5	27.5～32.5	20～25	15～17.5	12.5	≤10
相等或在政府级别以上	自身信用级别或受限制	自身信用级别或受限制	自身信用级别或受限制	自身信用级别或受限制	自身信用级别或受限制	自身信用级别或受限制	自身信用级别或受限制
低于政府三个子级以内	相等	相等	相等	向下调整一个子级	向上调整一个子级并限制于政府级别减一个子级	向上调整一个子级并限制于政府级别减一个子级	自身信用级别
低于政府四个子级	相等	向下调整一个子级	向下调整一个子级	向下调整两个子级	向上调整一个子级	向上调整一个子级	自身信用级别
超过四个子级或不能确定自身信用级别	相等	向下调整一个子级	向下调整两个子级	向下调整三个子级	向上调整两个或三个子级并限制于政府级别减三个子级	向上调整一个子级	自身信用级别

资料来源：惠誉评级方法，联合评级整理。

此外，惠誉强调五种级别调整原则是动态的，即随着政府相关实体与政府的关系的演变，政府相关实体可能从向下调整变为向上调整，比如国资持股比例变化、法律地位变动或者政府相关实体的商业环境产生重要变化都可能导致惠誉改变调整原则。

（三）穆迪违约依赖性与特别支持评估

穆迪重点在于对政府与政府相关实体的违约相关程度（也称“违约依赖性”）和政府为相关实体提供特殊支持的可能性（也称“特别支持”）进行分析判断。

违约依赖性反映了当同时导致政府相关实体和政府走向违约的事件发生时，政府相关实体与政府在避免此类事件时的易受损害的程度。当政府相关实体与政府的违约可能性是不相关时，政府相关实体与政府同时违约的风险小于任何一方单独违约的风险；相反地，当违约可能性是相关的，意味着政府相关实体与政府同时违约或者接连违约的概率较高。在联合违约理论框架下，穆迪将违约依赖性分为低（30%）、中（50%）、高（70%）和很高（90%）四个档次。穆迪通常采用三类因素判断依赖性：一是政府相关实体与政府在经营和财务上的关联度（主要指标包括政府购买占政府相关实体收入的比重、政府直接和间接转移占政府相关实体收入的比重和政府相关实体支付股利占政府收入的比重）；二是政府相关实体与政府对同一经济和收入基础的依赖度（主要指标包括：政府相关实体，出口收入占总收入比重；支持方为主权政府，外部来源收入占总收入比重；支持方为地方政府，政府间转移占总收入的比重）；三是政府相关实体和政府受同一信用风险的影响程度（主要指标包括债务结构中的外汇风险、共有的行业风险和政治事件风险）。

特别支持系为避免政府相关实体债务违约，政府提供财政或其他合约性支持。特别支持为避免政府相关实体违约而提供的任何正常商业途径以外的支持，包括在政府授意下银行提供紧急的资金等。穆迪将政府特别支持分为低（0% ~ 30%）、中（31% ~ 50%）、强（51% ~70%）、高（71% ~90%）和很高（91% ~100%）五个档次。穆迪在评估特别支持时主要考虑的因素包括结构性因素（担保、所有权、支持障碍）和意愿因素（政府干预、政治联系和经济重要性）。

上述因素可以定性地评估特别支持和违约依赖性，但分析师也采用打分卡的方式来分别对特别支持和违约依赖性进行量化打分，评估政府相关实体与提供支持的政府的违约相关关系，计算政府相关实体的违约依赖性和特别支持的档次，最后利用公式得出政府相关实体的最终级别区间。

1. 违约依赖性打分卡

利用违约依赖性打分卡测算上文中提到的三个因素：①政府相关实体与政府在经营和财务上的关联度；②政府相关实体与政府对同一经济和收入基础的依赖度；③政府相关实体和政府受同一信用风险的影响程度。第一与第二个因素可以定量地打分，第三个因素只能利用上文中的定性指标进行评估。

表 8　违约依赖性打分卡相关因素

	低	中	高	很高
（1）经营和财务关联				
政府直接和间接转移占政府相关实体收入的比重	0% ~5%	6% ~10%	11% ~20%	>20%
政府购买金额占政府相关实体收入的比重	0% ~5%	6% ~10%	11% ~20%	>20%
政府相关实体支付股利占政府收入的比重	0% ~5%	6% ~10%	11% ~20%	>20%
（2）政府相关实体与政府对同一经济和收入基础的依赖度				
在政府领土内产生的收入比重	GRI 和政府产生的少于 50%	政府和/或 GRI 产生的超过 50%	GRI 和政府产生的超过 75%	GRI 和政府产生的超过 95%
（3）政府相关实体和政府受同一信用风险的影响程度				

资料来源：联合评级根据穆迪评级方法整理。

2. 特别支持

特别支持的测算包括三个结构性因素：担保、所有权、支持障碍；三个意愿性因素：政府干预、政治联系和经济重要性，除所有权因素可以利用所有权数据进行打分以外，其他的五个因素非常定性化，分析师可以利用上文中的定性指标自行打分。

表 9　特别支持打分卡相关因素

	低	中	强	高	很高
所有权等级	0% ~30%	31% ~50%	51% ~70%	71% ~90%	91% ~100%

资料来源：联合评级根据穆迪评级方法整理。

3. 打分结果：级别区间

在完成依赖度和支持评估后，打分卡使用 JDA 数据（特别是政府相关实体的 BCA 和提供支持的政府级别）来生成级别区间。

打分卡生成的是打分区间，而不是特定的级别，穆迪也会将一些没有出现在打分卡上的因素纳入考虑范围，如变化的市场动态以及政府将直接和/或有债务的债务人的权利置于更重要的位置等。

当以下情况发生时，穆迪认为政府提供支持的可能性会低于打分卡计算出的结果：

①当较多数量的政府相关实体均可能需要特别支持，即使政府支持的意愿很强，但是受限于宏观经济压力等，政府支持的能力不足。财政有限的国家更容易在此时受影响。财政实力的重要性需要考虑主权债务负担、债务可偿还能力、债务结构、表外负债（包括政府相关实体产生的或有负债规模）以及财政缓冲。下滑的经济以及货币灵活性（例如高度美元化的经济）通常被认为政府支持能力较低。

②由于政府政策缺乏透明以及可预测性，因此穆迪评估政府支持的能力有限。如果国家

内的机构实力较弱，政策可预测性和透明度通常也会受到限制，因为实力薄弱的机构通常较难评估国家对陷入困境的政府相关实体的反应。

4. 打分卡案例

穆迪假设存在一家由小型发展中国家的中央政府拥有的国有水务公司，并利用打分卡进行打分，最终得出其可能的级别区间。

经营和财务关联

水务公司与政府的经营和财务关联为中等，尽管公司不支付股利，但政府转移支付仍占到公司总收入的10%，政府购买也占公司总收入的10%。

对同一经济和收入基础的依赖度

公司与政府高度依赖同一经济基础，代表非常高的违约依赖度，政府与公司的收入100%产生于政府领土内。

受同一信用风险的影响程度

对公司和政府，受同一信用风险和外汇交易风险的影响为中等。公司和政府高度依赖跨境发债并且维持明显的得不到对冲的货币风险。

总体上看，以上结果指导产生的依赖度区间为90%。

表10　穆迪案例分析依赖性打分

<table>
<tr><th></th><th>低</th><th>中</th><th>高</th><th>很高</th></tr>
<tr><td colspan="5">（1）经营和财务关联</td></tr>
<tr><td>政府直接和间接转移占政府相关实体收入的比重</td><td></td><td rowspan="3">√</td><td></td><td></td></tr>
<tr><td>政府购买占政府相关实体收入的比重</td><td></td><td></td><td></td></tr>
<tr><td>政府相关实体支付股利占政府收入的比重</td><td></td><td></td><td></td></tr>
<tr><td colspan="5">（2）政府相关实体与政府对同一经济和收入基础的依赖度</td></tr>
<tr><td>在政府领土内产生的收入比重</td><td></td><td></td><td></td><td>√</td></tr>
<tr><td colspan="5">（3）政府相关实体和政府受同一信用风险的影响程度</td></tr>
<tr><td>债务结构中的外汇风险</td><td rowspan="3">√</td><td></td><td></td><td></td></tr>
<tr><td>共有的行业风险</td><td></td><td></td><td></td></tr>
<tr><td>政治事件风险</td><td></td><td></td><td></td></tr>
<tr><td>总体指导依赖度区间</td><td></td><td></td><td></td><td>√</td></tr>
</table>

资料来源：联合评级根据穆迪评级方法整理。

支持保证

中央政府告诉穆迪的分析师，如果违约即将发生时，中央政府会对水务公司的债务偿还进行支持，政府官员也在近期的会议中作出了类似的陈述。由于这个国家的公共政策透明度和可预测性非常高，穆迪认为这种口头保证表示特殊支持的可能性高。

所有权

中央政府拥有水务公司100%的股权并且没有任何的私有化计划，代表很高的特殊支持可能性。

支持障碍

没有法律和政策支持障碍。

政府干预

根据历史的政府干预（近期，当政府相关实体面临流动性危机时，政府提供特别支持的案例），政府指定了12人董事会中的9名董事，同时政府积极参与建立与审核政府相关实体的商业计划。总的来说，这些因素代表了很高的特殊支持可能性。

政治联系

综合允许水务公司违约的信誉风险，以及水务公司违约后公共板块的融资成本上升来看，水务公司违约对中央政府将造成很大影响继而代表了很高的政府特殊支持可能性。

经济重要性

在为国家提供必需的服务（100%的家庭和95%的行业依赖于水务公司提供的供水和污水服务）之外，政府相关实体聘用了大量的劳动力（国内第四大的公共部门工会）。这些因素表明政府特殊支持的可能性高。

总体上看，以上结果指导的特别支持在“很高”区间（91%到100%）。

表11　穆迪案列分析特别支持打分

<table>
<tr><th></th><th>低</th><th>中</th><th>强</th><th>高</th><th>很高</th></tr>
<tr><td colspan="6">（1）担保</td></tr>
<tr><td>特定担保</td><td></td><td></td><td></td><td rowspan="3">√</td><td></td></tr>
<tr><td>口头担保和/或信心保证书</td><td></td><td></td><td></td><td></td></tr>
<tr><td>特别法律定位</td><td></td><td></td><td></td><td></td></tr>
<tr><td colspan="6">（2）所有权</td></tr>
<tr><td>所有权等级</td><td></td><td></td><td></td><td></td><td rowspan="2">√</td></tr>
<tr><td>私有化计划</td><td></td><td></td><td></td><td></td></tr>
<tr><td colspan="6">（3）支持障碍</td></tr>
<tr><td colspan="6">（4）政府干预等级</td></tr>
<tr><td>国家救助的历史</td><td></td><td></td><td></td><td></td><td rowspan="4">√</td></tr>
<tr><td>政治和意识倾向</td><td></td><td></td><td></td><td></td></tr>
<tr><td>政府指导 GRI</td><td></td><td></td><td></td><td></td></tr>
<tr><td>商业计划</td><td></td><td></td><td></td><td></td></tr>
<tr><td>（5）政治联系</td><td></td><td></td><td></td><td></td><td>√</td></tr>
<tr><td>（6）经济重要性</td><td></td><td></td><td></td><td>√</td><td></td></tr>
<tr><td>总体指导支持区间</td><td></td><td></td><td></td><td></td><td>√</td></tr>
</table>

资料来源：联合评级根据穆迪评级方法整理。

级别区间

根据指导的依赖度和支持的区间，结合水务公司的BCA（ba1）以及中央政府信用等级

（Baa1），打分卡提供了一个级别区间，在 Baa2 与 Baa1 之间。

表 12　穆迪案例分析确定级别区间

支持度	低	中	强	高	很高
依赖度	低	中	高		很高
Aaa					
Aa1 Aa2 Aa3					
A1 A2 A3					
Baa1 Baa2 Baa3					Baa1 Baa2
Ba1 Ba2 Ba3					
B1 B2 B3					
Caa1 Caa2 Caa3					
Ca C					

资料来源：联合评级根据穆迪评级方法整理。

国际三大评级机构均在其评级方法中列出部分特殊因素，包括政府相关实体由多个地方政府同时支持、政府相关实体级别超出地方政府级别等，由于均属于个别事件，本文不做详细分析。

综合以上分析，可以看出标普主要通过政府相关实体对政府的重要性以及政府相关实体与政府关联性来判断政府特殊支持的可能性，惠誉与标普相关的评估要素均比较全面，差异较小；穆迪由于采用联合违约分析法，对政府以及政府相关实体是否同时或连续违约重点进行分析，并且采用打分卡的方式进行量化打分，而惠誉与标普均未采用此种量化打分。

五、国内评级机构对城投公司的评级要素比较

表 13　国内评级机构对城投公司评级方法对比

联合资信/联合评级	远东资信	大公国际	鹏元评级	新世纪	东方金诚	中诚信国际
地方政府支持能力 ●区域经济环境 ●政府财政实力 ●地方政府债务	外部经营环境 ●城市地位及区位优势 ●地区经济状况 ●地区财政状况 ●地区债务状况 ●外部支持	偿债环境 ●产业环境 ●信用环境	城投公司基础信用级别 ●外部运营环境 ●经营与竞争实力 ●财务实力	地方政府主体信用评级 ●宏观经济与财政管理体制 ●地方经济增长和发展 ●财政平衡能力和稳定性 ●政府性债务管理 ●政府治理	投融资职能重要性 ●投融资业务的公益性程度 ●投融资业务的规模和比重 ●城投公司地位	地方政府基础信用 ●地方经济 ●财政实力 ●偿债能力 ●外部支持
城投企业自身信用 ●业务风险分析 ●财务风险分析	公司管理 ●治理水平 ●管理能力	财富创造能力 ●需求动力 ●地方政府财政支出覆盖 ●经营活动盈利 ●投融资平台外部性 ●管理竞争力 ●财务品质	特殊风险调整事项	城投类企业独立信用评级 ●业务风险 ●财务风险	地方政府支持力度 ●财政资金支持 ●国有资产支持 ●政策支持	平台自身信用 ●财务表现 ●业务运营 ●公司治理
政府支持可能性分析 ●城投企业对地方政府的重要性 ●城投企业与地方政府的关联性	业务运营 ●业务定位 ●业务运营模式 ●经营主体地位 ●项目质量 ●战略规划	偿债来源		政府对城投类企业的特殊介入评估 ●城投公司在政府中的重要性 ●城投公司与政府的关联度	地方政府的信用质量 ●地区经济实力 ●地方政府财政实力 ●政府债务 ●政府管理水平	平台企业和政府之间违约关联性（关联度）
调整事项						
	财务状况 ●会计信息质量 ●资本机构 ●资产质量及流动性 ●盈利能力 ●现金流 ●偿债能力	偿债能力 ●总债务偿付能力 ●存量债务偿付能力 ●新增债务偿付能力	补充分析		经营性业务财务实力 按照重要性原则（业务收入占总收入比例不低于10%）划分公司主要的经营业务，根据各业务的行业评级方法，从行业环境、企业管理及财务状况等方面进行分析	地方政府给予特殊支持的可能性（支持度）

资料来源：联合评级整理。

国内评级机构对城投企业的分析要素基本一致，但除采用常见的评级要素外，均有自身独特的评级要素，如东方金诚对基础设施行业的子行业，如道路桥梁、市政管网、供水、污水处理以及发电、高速公路等行业的公益性、竞争性以及盈利能力进行分析，以判断政府支持的可能性；联合资信在城投企业自身评级时，会对城投公司管理人员的过往任职情况进行分析；中诚信国际在考虑地方政府信用评级时采用的评级要素更加全面，因此此部分将各评级机构的评级要素进行综合考虑，将评级要素总结如表 13 所示。

六、借鉴与启示

由于我国城投企业出现的历史背景特殊，与国际上的政府相关实体差别较大，因此在对政府以及城投公司自身级别评价时，国内评级机构的评级方法更加适用。但国内评级机构仍然可以从国际三大评级机构在判断政府相关实体与政府之间的重要性、信用关联度、联合违约判断、级别调整标准及定量化分析等方面得到一系列的借鉴与启示：

1. 国际三大评级机构以及部分国内评级机构对企业与政府之间的联系关注较多，且有较详细的评估体系，采用不同的方式对此进行分析判断，重点强调企业在政府中的作用和地位，如标普与惠誉的政府支持可能性分析，对国内评级机构有一定的借鉴意义。

2. 穆迪的联合违约分析法对分析同一地区和区域的风险传递性有较强的借鉴意义。穆迪联合违约分析法分别采用定性和定量的方法进行分析，定量分析法更加科学，对国内评级机构的借鉴意义也更大，由于我国在同一区域内普遍存在较多的城投企业，若出现其中一家城投公司违约，可能对当地政府以及其他城投公司信用产生连锁影响，影响当地经济，甚至未来融资行为。但由于我国目前债券市场违约事件相对较少，违约样本以及概率较难计算，但国内评级机构仍可以借鉴穆迪评级方法中的相关定性指标对联合违约概率进行评估。

3. 国际三大评级机构均通常将政府支持分为两类，即一般支持及特别支持，国际三大评级机构认为一般支持是与政府相关实体日常经营有关的支持，且具有持续性和经常性的特点，是从企业的经营以及财务报表中可以明确表现出来的影响，因此国际三大评级机构将一般支持纳入企业自身评价，而特别支持是区别于其他类型公司的主要体现，是对企业信用产生支撑的关键因素，按照标普的定义特别支持包括流动性注入，政府或政府控制银行的信贷支持，资本重组，债务清偿救援辅助等。但此类因素通常是潜在的不可预估的，比较难以定性地进行判断，同时我国目前政策已经明确禁止地方政府为城投公司融资提供的承诺函、担保函以及承诺在融资平台公司偿债出现困难时给予流动性支持，但因政府系城投公司的最大债务人以及出资人，其对城投公司的支持作用不可替代，地方政府仍可以对城投公司提供隐性的支持，如依靠政府的影响力，引导当地金融机构对城投公司提供信贷支持等，因此国内评级机构仍可以借鉴国际三大评级机构的方法，对政府特别支持进行评估。

17　机场运营企业国内外信用评级方法的比较与研究

联合评级　工商三部　尹丹　（2019－06）

一、概述

本文通过对国内外评级机构关于机场运营企业的评级方法进行对比梳理，总结出可以从国际三大评级机构评级方法中获得的启示与借鉴。

整体来看，国内评级机构的评级方法更侧重于评级逻辑与评级要素的细致陈述，详尽程度略有不同。国际三大评级机构与国内评级机构相比，其评级方法中除了介绍关键的评级要素外，还包含了定量评估工具，本文将重点对国际三大评级机构的评级方法进行分析。

表1　目前国内外机场运营企业主体评级方法

国际三大评级机构		国内评级机构	
评级机构	评级方法年份	评级机构	评级方法年份
穆迪	2017 年	联合资信	2017 年
标普	2018 年	联合评级	2017 年
惠誉	2018 年	中诚信国际	2018 年
		东方金诚	2015 年

资料来源：联合评级整理。

二、国内外评级机构对机场运营企业的定义及各自评级方法适用范围的比较

国际三大评级机构中，穆迪的机场业受评对象主要为美国和加拿大机场，通常穆迪信用评估的第一步是确定机场的所有权归属。穆迪考虑到机场所有权模式对其风险特征的影响，分别制定了《公营机场及相关主体评级方法》和《私营机场及相关主体评级方法》，采用不同的评级要素和要素权重，其中，《私营机场及相关主体评级方法》目前暂不适用我国机场

运营企业[①]，因而本文不做具体分析，下文提及的穆迪评级方法均指其《公营机场及相关主体评级方法》。标普未针对机场这一细分行业制定相关的评级方法，而是制定了《美国和加拿大非盈利性交通基础设施企业评级方法》，其适用于机场运营企业的信用评级。惠誉评级方法对机场所在国家与运营模式并无限制，因而其适用范围最广。

国内评级机构对机场企业的定义区别不大，联合资信、联合评级和中诚信国际的评级方法适用的民航机场为“专供民用航空器起飞、降落、滑行、停放以及进行其他活动使用的划定区域，包括附属的建筑物、装置和设施，不包括临时机场”，东方金诚的评级方法适用于主营业务为航空业务（飞机起降服务），并持有政府有关部门的特许经营协议的机场运营企业。同时，中诚信国际和联合评级明确指出其评级方法适用于营业收入、利润或者总资产50%以上来源于与之相关的业务的企业，联合资信和东方金诚未对受评主体的收入结构进行约束。在企业集团化运营趋势下，先对受评主体的收入结构进行分析，再选择其适应的评级方法，准确度更高。

三、国内外评级机构对机场运营企业的评级逻辑比较

（一）国际机构评级逻辑

国际三大评级机构对机场企业的评级逻辑基本一致，均采用定性与定量相结合的方法，侧重于对机场运营企业自身的经营风险和财务风险进行初步判断，得到主体初始信用等级，然后通过调整要素对初始信用等级进行调整，确定主体最终信用等级。三家机构评估时选用的量化模型有所差异，穆迪和惠誉分别采用打分表与要素表作为参考工具，标普则采用二维矩阵形式。在要素权重设定方面，穆迪和标普均赋予要素具体权重，惠誉则不提前设定要素风险权重，其认为要素的权重应该根据具体情形进行合理调整。

三大国际评级机构的评级逻辑与流程分述如下。

穆迪

穆迪对公营机场企业的评级方法可分为五个步骤。第一步是识别关键评级要素，其中，每大类评级要素又可以进一步分为若干子要素，详见表2；第二步是采用定性与定量分析相结合的方法来度量关键评级要素；第三步是根据对每个子要素的度量与分析，确定各个子要素对应的等级（Aaa/Aa/A/Baa/Ba/B/Caa/Ca）；第四步是确定受评主体的打分表映射等级，为了确定打分表映射等级，首先要确定各个子要素级别对应的分值，将各子要素的分值与权重相乘，加总后得到总分数，然后查表确定受评对象的打分表映射等级；第五步是分析调整要素的影响，对初始打分级别进行调整，从而得到受评对象的最终级别。此外，穆迪认为，

① 我国机场目前主要采用“地方政府控股、企业化经营”的运营模式，其经营受到严格的行政管控。民航总局于2008年出台了《民用机场收费改革方案》并于2017年4月对其进行了修订。民航总局对全国机场进行了划分，并针对不同类型机场采取不同的收费定价规则，整体遵循“成本回收、公开透明、非歧视性、用户协商”的原则。因而，相对而言，穆迪的公营机场评级方法对目前我国机场企业评级的借鉴意义更大。

打分表是一种参考工具，但并不包括所有评级要素，打分表中要素的权重表示其对评级决策的重要性的近似值，但实际重要性可能会有很大差异。

表2　穆迪公营机场打分表

评级要素	要素权重（%）	评级子要素	子要素权重（%）
市场地位	50	服务区域规模	20
		服务区域经济实力和多元化	15
		市场竞争	15
业务运营	35	旅客吞吐量	10
		客流量稳定性	10
		航空公司成本稳定性	10
		航空公司集中度	5
杠杆率和债务覆盖率	15	偿债覆盖率	10
		人均直达旅客负债额	5
合计	100	合计	100
流动性	调整项		
乘客结构	调整项		
财务弹性	调整项		
债务偿还准备金	调整项		

资料来源：穆迪评级方法，联合评级整理。

标普

首先，标普分别对企业基本面和财务状况的评级要素进行评估，通过查找信用等级二维矩阵获得其映射的初始指示性评级结果。然后，标普对影响企业风险的其他有利或不利要素进行考虑，得出指示性评级结果。最后，标普综合考虑国家主权风险、政府支持、适用的其他评级方法（如政府相关实体），确定受评主体的最终信用级别，并通过分析特定债务融资工具的保障措施及附加条款等确定其债务融资工具的最终信用级别。

惠誉

惠誉通过分析机场的收入—数量风险、收入—价格风险、基础设施发展/重建、债务结构、偿债能力和完工风险这几大关键评级要素，分别评出强、中等和偏弱三档风险适用范围，并结合受评主体基本信息、运营风险、同业比较和宏观风险等方面的情况，评定主体信用级别。惠誉认为，机场企业的信用级别一般分布在AA～BB之间，且绝大多数属于投资级“A”或“BBB”类别。一方面，惠誉认为机场企业通常比一般工商企业具有更高的杠杆率，机场企业主要交易对手（指航空公司或其他下游客户）的信用级别一般在其之下，同时机场企业与其他基础设施资产情况一样，体现较高的地理位置敏感性，并高度受到管辖权和监管等因素影响，以上风险的存在使得机场企业评级很难达到AA及以上。另一方面，机场行业属于资本密集型行业，其市场准入受严格的监管约束，征地、空域权限、环保要求、人口对噪声敏感度等多因素均使其具有较高的准入门槛，因此，惠誉认为全球大多数机场仍保持财务稳健并且在“A”和“BBB”类别中。

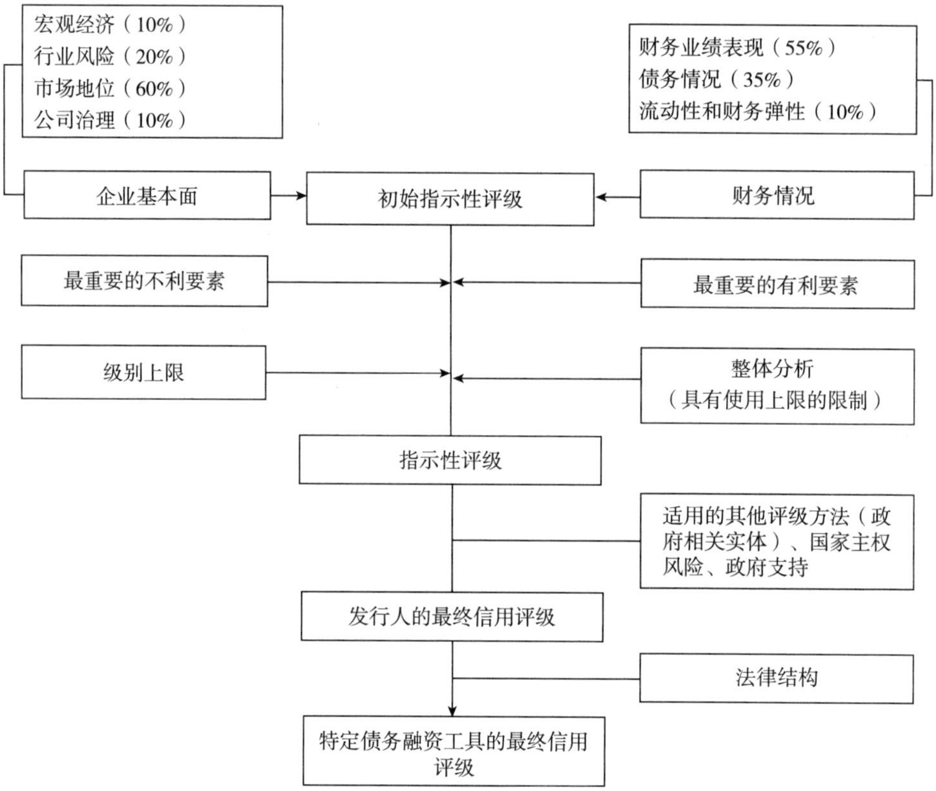

图1　标普：美国和加拿大非盈利性质交通基础设施企业评级方法框架

（资料来源：标普评级方法，联合评级整理）

（二）国内机构评级逻辑

国内评级机构对机场企业的分析框架、考察要素与国际三大评级机构基本一致，也是采用定性与定量相结合的方法，侧重于对企业经营风险和财务风险进行分析，最后考虑调整要素的影响，综合判断主体信用风险并得到最终信用级别。与国际机构相比，国内机构在进行机场企业信用评估时依据我国机场行业的运行特征，将“外部支持”作为重要的考虑要素。这与目前我国机场行业运行特征有关。国家和地方政府考虑到机场资产的战略意义，以及对地方经济的带动作用，均会对机场运营企业提供有力的外部支持，包括但不限于民航发展基金补贴、机场项目建设的资本金支持与贷款贴息、航线补贴等。

四、国际三大评级机构对机场运营企业评级要素比较

表 3　国际三大评级机构对机场运营企业的关键评级要素

穆迪（公营）	标 普	惠 誉
市场地位（权重 50%） • 服务区域规模（20%） • 服务区域经济的实力和多元化（15%） • 市场竞争（15%） 业务运营（权重 35%） • 旅客吞吐量（10%） • 客流量稳定性（10%） • 航空公司成本稳定性（10%） • 航空公司集中度（5%） 杠杆率和债务覆盖率（权重 15%） • 偿债覆盖率（DSCR）（10%） • 人均直达旅客负债额（5%） 向上或向下调整因素 • 流动性 • 乘客结构（直达与中转流量比较） • 财务弹性 • 债务偿还准备金	企业基本面 • 服务区域经济状况（10%） • 行业风险（20%） • 市场地位（60%） • 公司治理和管理（10%） 财务状况 • 企业财务业绩表现（55%） • 债务情况（35%） • 流动性和财务弹性（10%） 调整事项 • 扩张政策激进与否等 • 财务披露质量等	收入—数量风险 • 旅客吞吐量规模及其稳定性 • 乘客结构 • 航空公司集中度 • 服务区域的经济状况 收入—价格风险 • 费率制定的灵活性 基础设施发展/重建 • 基础设施开发计划的必要性以及清晰度 • 是否有足够资金满足再投资需求 债务结构 • 机场的资本结构与其运营、财务状况的匹配程度 财务状况 其他要素

资料来源：联合评级整理。

注：上表仅包含各家机构进行信用评估时所考察的关键要素。

（一）穆迪公营机场企业评级要素

穆迪评估公营机场企业侧重于七大类评级要素，分别为：市场地位、业务运营、杠杆率和债务覆盖率、流动性、中转情况、财务弹性、债务偿还准备金，其中前三类为打分表要素（赋予权重），后四类为调整要素。从穆迪对公营机场打分要素赋予的权重来看，其更侧重于评估机场企业的经营管理情况，包括市场地位和业务运营两要素，合计权重达 85%。

市场地位（50% 权重）

穆迪认为，市场地位越强的机场，其对航空公司越具有吸引力，航空公司更愿意增加对机场的运力投放，从而为机场债务偿还提供收入支撑，因而穆迪赋予“市场地位”要素最大权重。穆迪采用服务区域规模（包括人口规模和辐射区域范围）、经济实力和多元化、市场竞争 3 个子要素来评估机场企业的市场地位。穆迪认为，机场服务区域的地理范围越广、人口越多，经济实力越强，多元化程度越高，受评机场与周边区域机场及其他交通方式的竞争优势越明显，在运输体系中的地位越替代，对其信用状况越有利。

业务运营（35% 权重）

穆迪认为，航空服务的稳定性和多元化是稳定收入流的重要驱动因素，更有利于债券投资者。因而，穆迪在评估机场企业“业务运营”风险要素时，侧重于分析机场业务的稳定

性而非现有规模或增长情况。穆迪采用旅客吞吐量、客流量稳定性、航空公司成本稳定性、航空公司集中度4个子要素来评估机场企业的业务运营情况。其中，在评估“客流量稳定性”这一子要素时，穆迪会同时考察历史增长率、稳定性和未来增长预期三个方面，并采用机场历史连续多年（通常为十年或更长）的客运量年度同比增长率的标准差来考察客流量稳定性。穆迪认为，具有正向增长的低波动性的机场将在该因素上获得高分，而具有高度波动和下降趋势以及期望进一步下降的机场将得分很低。

总体看，机场的旅客吞吐量越多、客流量越稳定、航空公司成本越稳定、航空公司越多元化（集中度越低），机场企业在“业务运营”评级要素中的得分越高。

杠杆率和债务覆盖率（35%权重）

穆迪重点关注承诺（或可用）收入对总债务的偿还能力，因而主要采用净收入来测算偿债覆盖率（Debt Service Coverage ratio by Net Revenues）指标。值得注意的是，穆迪会根据机场所属国别的差异对DSCR指标的测算进行调整，使其更符合实际情况。其中，对于美国公营机场，由于其债券募集条款中规定了偿债收入来源，并且其多数债务具有分期偿还本金的特征，因而其DSCR指标的计算选用的是“[总收入-营业费用（不包括折旧和摊销）]/本期支付的实际还本付息额”。

穆迪认为直达乘客是机场最稳定的核心收入来源，而中转乘客带来的收入则具有一定的不确定性，因而穆迪选用人均直达旅客负债额作为了解机场债务负担的重要指标，该指标将净债务与直达乘客总数进行比较。与DSCR指标处理方式相似，穆迪针对机场类型的不同（国家门户型机场或区域枢纽型机场等）分别制定了不同的指标区间，使得该指标的针对性更强。

除了上述要素外，穆迪在具体评估中还会考虑的其他要素有：企业未来的运营和财务表现可能偏离历史业绩的预测、管理层质量、公司治理、财务管控、突发事件风险等，穆迪认为对这些因素的分析仍然是评级过程中不可缺少的部分。

（二）标普评级要素

标普对企业基本面和财务风险评估中的每个评级要素进行评估，并将各要素风险划分为“极强”到“非常弱”六个区间范围，六个区间范围又分别选用数字“1”至“6”[①]进行定量评估。同时，标普认为不同的要素对信用质量的影响程度不同，因此会对相关要素赋予不同的权重。

企业基本面分析

在企业基本面风险评估中，标普主要考虑的风险要素包括宏观经济、行业风险、市场地位以及公司治理和管理方面。标普认为，市场地位是企业基本面分析中最重要的要素，因此赋予60%的权重。

---

① 标普将级别范围分为六个等级，分别是极强、非常强、强、中等、弱和非常弱，分别对应数字“1~6”进行定量评估。

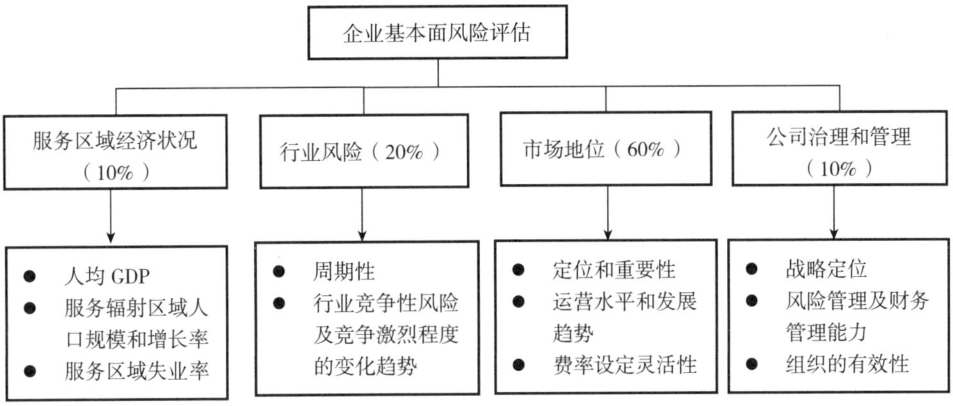

图 2　标普—企业基本面风险评估框架

（资料来源：标普评级方法，联合评级整理）

1. 服务区域经济状况（10% 权重）

标普认为，机场服务区域的经济实力将直接影响其需求的稳定性，从而影响机场企业的偿债收入来源。通常情况下，标普使用人均 GDP 作为衡量经济实力的首要指标①。标普还会考虑服务辐射区域的人口规模及其增长率、就业情况等因素。

2. 行业风险（20% 权重）

标普对行业风险要素的评估包括行业周期性评估和行业竞争性评估两方面。行业周期性方面，标普认为，机场行业在收入和盈利能力方面相对于其他行业表现为较弱的周期性，因而将机场行业的周期性指标评估为“非常强”。行业竞争性方面，标普认为，机场行业具有资本密集型特点，运营企业通常具有较高的准入门槛，竞争压力有限，通常可产生足够的利润来支付可变成本和固定成本以及满足偿债要求，同时机场的基础设施替代性风险小，因而标普评估机场行业的竞争风险指标为“非常强”。“非常强”的周期性评估与“非常强”的竞争性评估相结合，得到“非常强”的整体行业风险评估等级，因而标普认为，相比于其他行业，非盈利性机场行业被评定为“低风险”，相当于标普六个等级范围中的“非常强”或“2”。

3. 市场地位（60% 权重）

标普通过分析机场企业在其服务区域中的定位和重要性、运营水平和发展趋势（包括乘客多样性和波动性）、合作航空公司集中度，以及费率设定的灵活性等指标对受评企业的市场地位进行风险评估。标普认为，机场定位越重要②、运营越稳定、合作航空公司越多元化、费率设定越灵活的企业，信用水平越高。

在评估市场地位时，标普可能还会考虑其他要素，例如外部经济条件、重大天气或地震

① 标普会根据其在 2017 年 12 月 18 日发表的评论《GDP Per Capita Thresholds For Sovereign Rating Criteria》中对人均 GDP 设定的阈值，来确定服务区域经济实力，范围从“极强”到“非常弱”。

② 国际门户型枢纽机场强于区域型枢纽机场，区域型枢纽机场强于干线型机场，干线型机场强于支线型机场。

事件、健康恐慌及安全问题等。

4. 公司治理和管理（10%权重）

公司治理和管理要素意在衡量企业的管理团队实力及公司治理方面的监督情况。标普评估公司治理和管理要素时，主要对受评企业的战略定位、风险管理和财务管理能力、组织的有效性三大指标进行分析。标普认为，企业制定的未来发展战略越明确、可行性越高，其管理层拥有的专业知识与经验越丰富、运营能力越强，企业信用水平越高。

财务状况

标普主要对企业财务业绩表现、债务情况、流动性和财务弹性三方面要素进行评估。

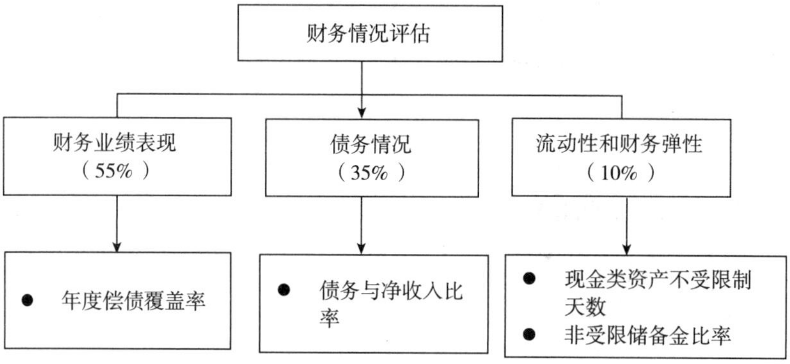

图 3　企业财务情况风险评估框架

（资料来源：标普评级方法，联合评级整理）

1. 财务业绩表现（55%权重）

财务绩效评估反映了标普对企业或项目为偿还债务而提供的收益水平和现金流量的预期。标普会依据企业定价能力的不同，分别使用不同的覆盖率指标来衡量企业收益或现金流水平对债务的保障能力。其中，对于具有灵活定价权的企业，标普使用年度偿债覆盖率（Debt Service Coverage Ratio，DSCR）指标，而对于费率设定的灵活性受到严重限制或不具有定价权的企业，标普则考虑现金流对最大年度偿债额的覆盖（Maximum annual debt service，MADS）。

2. 债务情况（35%权重）

标普主要采用"全部债务与净收入比率"指标来分析企业的债务情况，其中净收入通常指 EBIDA，标普会依据实际情况进一步扣除其他非现金支出。全部债务与净收入比率可以说明当前或预期的净收入偿还企业全部债务所需的时间。

表 4　标普对债务情况的评估

项目	极强	非常强	强大	中等	弱	非常弱
全部债务净收入比（x）	<5	5~10	10~15	15~20	20~30	>30

资料来源：标普评级方法，联合评级整理。

3. 流动性和财务弹性（10%权重）

标普通过流动性和财务弹性要素来衡量企业的偿债能力。主要考察指标包括非受限资金规模、流动比率、非受限储备金等，其他要素还包括运营的稳定性、用于资本支出的储备金情况及授信规模等。

结合企业基本面分析和财务状况分析，标普确定其初始指示性评级结果（见表5）。表5为标普根据企业基本面和财务状况得出的初始指示性评级结果二维矩阵。标普认为，企业基本面和财务状况存在如下关系：一方面，基本面较好的机场企业往往能够承担更大的财务风险，反映在表5中，当受评对象财务状况处于同一水平时，基本面较好的会对应较高的信用级别；另一方面，在信用评级时，受评对象较好的财务状况，通常能够抵消其基本面方面的弱势，反映在表5中，当受评对象基本面处于同一水平时，较好的财务状况会对应较高的信用级别。

表5　标普初始指示性评级结果

企业基本面		财务状况					
		1	2	3	4	5	6
		极强	非常强	强	中等	弱	非常弱
1	极强	aaa	aa +	aa −	a	bbb +/bbb	bb +/bb
2	非常强	aa +	aa/aa −	a +	a −	bbb/bbb −	bb/bb −
3	强	aa −	a +	a	bbb +/bbb	bbb −/bb +	bb
4	中等	a	a/a −	a −/bbb −	bbb/bbb −	bb	b +
5	弱	bbb +	bbb/bbb −	bbb −/bb +	bb	bb −	b
6	非常弱	bbb	bb	bb −	b +	b	b −

资料来源：标普评级方法，联合评级整理。

（三）惠誉评级要素

惠誉会评估收入—数量风险，收入—价格风险、基础设施发展/重建、债务结构和财务状况五大类关键评级要素，并对前四类风险要素分别界定强、中等和偏弱三档适用范围。惠誉认为，收入风险（数量和价格）因素通常对机场的评级具有最直接的影响，基础设施开发/更新要素通常对评级分析的重要性相对较低，债务结构对评级分析具有相对较大的影响。

收入—数量风险

机场的数量风险主要指旅客吞吐量及其稳定性，其会受乘客结构（中转与直达、商务与旅游）、航空公司集中度、服务区域经济状况等因素的影响。

惠誉认为，服务区域经济实力越强以及人口越多、直达乘客份额越高、机场合作航空公司越多元化以及近年来吞吐量越稳定的机场，其信用等级越高。

收入—价格风险

惠誉重点关注机场的费率制定能力。机场可以将成本转嫁到航空公司，即通过提高航空性收费和商业收费来弥补开支和偿还债务。但是在不同国家和不同机场，这种转嫁机制差别很大。惠誉认为，无限制的定价权是较高信用等级的特点。

1. 航空性收费

航空收费通常是保障机场债务偿还能力的主要收入来源之一，也是机场面临经济下行风险时的首要收入来源。惠誉在评级过程中会密切关注机场和航空公司间的财务关系。

机场收取航空性业务费用的方式有所差异，具体包括：立法规定的收费（大多数欧洲大陆国家使用）；价格管制规定的收费（英国受管制机场和西班牙）；航空公司使用和租赁协议（美国和澳大利亚常见）；基于客流量的收费，如机场离境税、乘客设施费等。

考虑到航空业的竞争和由航空公司带来的交易对手方风险，惠誉会分析机场与航空公司签订的合同条款，如果机场公司通过合同条款可收回的成本越多，对其评级结果越有利。

2. 非航空性收费

机场的非航空性收费主要为商业性收入（如零售、停车场、租赁汽车和地面交通服务），商业性收入也逐渐发展为机场收入的主要来源。多元化收入来源能为机场提供更多现金，从而提升其运营能力与偿债能力。

惠誉会评估机场商业性收入的多样性与持续性。每个机场对商业租户给予的租赁方案都是不同的，许多机场通过引入“保底租金”策略成功地制定了经济下行时的保护措施，从而减小航空运量波动对商业收入的影响。

基础设施发展/重建

持续再投资可以保证机场设施的持续使用并维持机场对航空公司的吸引力。在评估机场的“基础设施发展/重建”风险要素时，惠誉会评估机场是否有适度完备的资本投资和维护计划、是否有足够的资金满足再投资需求。在适用的情况下，惠誉还将考虑现有特许经营权框架合同通过费率调整回收所需资本支出成本的程度。此外，惠誉也考察基础设施更新或扩建的完工风险。惠誉认为，当基础设施更新项目有适当的预算安排、应急措施完备以及管理者经验丰富，同时施工方具有较好的信誉保证时，机场的完工风险会稀释。

债务结构

惠誉评估债务结构时，侧重于评估机场的资本结构与其运营、财务状况的匹配程度，主要评级要素包括债务到期期限、债务偿还政策（本金分期摊还是到期一次还本）、偿债优先级或现金流使用优先级（高级与次级收入承诺），以及浮动利率债务和衍生品产品使用情况等。惠誉认为，当债务本金加速摊还、或年度还本付息额稳定或呈下降趋势时，其债务结构风险低于一次性偿还本金类债务结构的风险。

财务评价

惠誉会评估机场的基本财务水平，以及不同情景假设下的偿债能力。惠誉通过进行基本情景分析、基于评级假设的多情景分析及敏感度分析评估机场企业的偿债能力。上述分析通常涵盖至少五年的预测期。

惠誉在对财务状况进行评估时，主要关注以下指标：优先级/次级债务偿债率

（DSCR）、净债务覆盖率（LLCR）、利息保障倍数（ICR）、营业费用率、平均登机成本（CPE）、EBITDA、净债务/EBITDA、手头现金周转期、非受限的现金/长期债务、当期偿还债务占营业收入百分比、非航空收入占营业收入的百分比。

惠誉关注的其他风险要素

完工风险——主要指成本超支、项目延期及任何可能对运营和收入产生影响的风险。

交易对手风险——主要是考虑航空公司运营恶化对机场企业的影响，惠誉认为，市场地位较差、吞吐量较小的机场，其所面临的交易对手风险较高。

航空公司分析——主要关注航空公司所提供的航空服务的数量和质量，包括每日航班、直飞目的地服务、平均票价、客座率、航空公司的收益率、航空公司类型和数量（传统主线、链家、地区/通勤和国际）、历史和未来的市场份额。

总体上看，穆迪和标普的评级方法由于评估范围基本一致（主要针对美国和加拿大的公有制机场企业），因而二者评级思路基本一致，评估要素差异较小，均赋予相应要素具体的权重，其中对“市场地位”因素均设置较高的权重。而惠誉的评级要素与穆迪和标普差异较大，主要有如下差异：一方面表现在，惠誉对评级要素侧重于定性描述，仅将四大类主要风险因素分为了强、中、弱三档，并未对要素赋予具体权重，量化程度弱于穆迪和标普，主观性相对较大；另一方面表现在，惠誉在对机场企业财务状况进行评估时，分别进行基本情景分析、基于评级假设的多情景分析及敏感度分析，全面分析受评主体未来在不同情景假设下的偿债能力，且上述分析通常涵盖至少五年的预测期，其财务指标更偏重于对未来业绩和偿债能力的预测；最后，惠誉评级要素中的基础设施发展/重建因素和完工风险因素，穆迪与标普均未将其纳入考虑范围。

五、国内评级机构对机场运营企业的评级要素比较

国内评级机构对机场企业的评级要素大体一致，可大致分为经营风险因素和财务风险因素两大类，其中联合资信、联合评级与东方金诚的评级要素较为全面，中诚信国际的评级要素重点较为突出，其“市场地位”、“营运能力”、“财务政策及实力”要素与穆迪基本一致，在穆迪要素基础上，结合我国机场行业发展特征，增加了“外部支持”和“公司治理与管理”要素。

表 6　国内评级机构机场企业评级方法对比

联合资信	联合评级	中诚信国际	东方金诚
经营风险： (1) 行业分析 • 行业运行情况 • 行业政策 • 区域经济 (2) 基础素质 • 产权状况 • 企业规模及竞争力 • 外部支持 (3) 企业管理 • 法人治理结构 • 管理水平 (4) 经营分析 • 经营概况 • 航空性业务 • 非航空性业务 • 未来发展 财务风险： • 财务信息质量 • 资产质量 • 资本结构 • 盈利能力 • 现金流 • 偿债能力 其他重大事项	行业风险： • 宏观经济及民航运输需求 • 行业政策 • 行业竞争 企业基本素质风险： • 企业性质与规模 • 区位条件及腹地经济 • 市场地位 • 基础设施建设水平 • 安保运营情况 经营与竞争力风险： • 收入和业务结构 • 重大资本支出 战略与管理风险： • 发展战略 • 组织管理模式① 财务风险： • 资产质量 • 资本结构 • 盈利水平 • 现金流分析 • 偿债能力 外部支持	市场地位： • 旅客吞吐量 • 货邮吞吐量 • 枢纽地位 • 服务区域经济实力 • 竞争力 营运能力： • 基地航空公司及实力 • 航空增值业务收入占比 • EBITDA 利润率 财务政策及实力： • 总资本化比率 • FFO/利息支出 • FFO/总债务 外部支持 公司治理与管理	经营风险： (1) 经营环境 • 宏观环境 • 行业状况 • 政策及监管环境 • 竞争格局 (2) 企业竞争力 • 区位优势 • 市场地位 • 航空服务业务 • 非航服务业务 • 外部支持 (3) 企业管理 • 公司治理 • 发展战略 • 管理水平 财务风险： • 财务报告质量 • 资本结构 • 盈利能力 • 现金流量 • 财务弹性 • 偿债能力

资料来源：联合评级整理。

六、借鉴与启示

国外先进信用评级机构经过百年经验的积累，评级方法已较为成熟。关于机场行业公司的信用评级方面，国内评级机构可以从国际三大评级机构在评级对象性质的划分、重要要素的选择、评级要素的评估等方面得到一系列的借鉴与启示：

1. 国际三大评级机构评级方法体系较为详细、完整。一方面，国际三大评级机构在模型制定以及量化打分方面论述较多，如穆迪的评级打分表、标普的信用等级二维矩阵、惠誉的评级要素表，国内评级机构大多未披露各要素的权重及指标区间；另一方面，穆迪在详细介绍了各打分表要素后，还阐述了其评级方法的主要假设、局限性以及打分表中未包括但对确定评级较为重要的其他评级要素，惠誉、标普也有提及其他注意事项或级别修正要素等，

① 分为公司法人治理结构与组织管理制度及执行情况两方面。

国内评级机构评级方法中则主要是对评级逻辑和评级要素的细致描述，其他补充事项的说明较少。国内评级机构可借鉴国际评级方法进一步完善自身评级体系。

2. 穆迪将机场运营企业及相关运营实体的评级方法按照所有权的不同分为公营机场企业评级方法和私营机场企业评级方法两种，提高了评级方法在实际应用中的有效性及可靠性。我国机场进行属地化改革后，经过多年的探索发展，各级政府已经逐步统一对机场性质的定位，即为公益性、基础性的公共设施，我国机场也初步形成了政府控股的企业型管理模式。2018 年 1 月，交通部出台的《国内投资民用航空业规定》（交通部〔2017〕34 号文），放宽了主要机场的国有股比例要求，并鼓励社会资本投资运营民用机场。未来随着我国机场运营模式的进一步发展，国内评级机构可借鉴穆迪的分类标准修正更适合机场企业的评级方法。

3. 国内评级机构评级方法中对评级要素的评估主要基于企业的历史表现和目前状况，虽会对企业未来的经营、财务和发展状况进行预测，但其评级方法中并未披露其预测时所采用的定量模型或指标。而惠誉在对机场企业财务状况进行评估时，通过进行基本情景分析、基于评级假设的多情景分析及敏感度分析得出对机场企业的财务评价，对于国内评级机构完善自身评级体系具有一定借鉴意义。

4. 在评级要素的权重设置方面，穆迪和标普事先对各类评级要素均设置了确定的权重，惠誉则认为各评级要素的重要性在不同的主体、不同的时间点上都不尽相同，应该根据具体的情形进行合理的调整，因此没有在评级要素表中事先确定各评级要素的权重。此外，惠誉认为当某个要素明显弱于其他要素时，应赋予该最弱的要素更大的权重，体现谨慎性原则。

5. 对于机场公司，资本支出项目也应是关注的重点因素。惠誉在机场评级方法中，将基础设施发展/重建因素作为关键评级要素，而国内评级机构虽有考虑基础设施建设项目的合理性以及企业未来的资本支出情况，但重视的程度不及惠誉。考虑到机场行业作为资本密集型行业，其资本支出计划和完工情况会对机场未来运营产生重要影响，尤其是目前国内大型枢纽机场均处于改扩建阶段，因而国内评机构可借鉴惠誉将基础设施发展/重建因素作为关键评估要素。

6. 关注乘客结构。国际三大评级机构均重点关注机场的乘客结构，如直达旅客的比重，但国内评级机构则缺少对该要素的关注。通常不同性质旅客，其出行需求的稳定性以及能为机场企业贡献的收入有所差异，因而会对机场企业的盈利产生影响，从而影响企业的信用水平。

18　港口企业国内外信用评级方法的比较与研究

联合资信　公用二部　杨明奇　（2018－12）

一、概述

本文对国内外评级机构关于港口企业的评级方法进行横向对比梳理，分析不同机构评级时所考虑的要素、侧重点及对应权重，在此基础上归纳得出国内港口企业评级方法的启示与借鉴。

表1　国内外评级机构港口企业评级方法的发布时间

国际三大评级机构		国内评级机构	
评级机构	评级方法发布时间	评级机构	评级方法发布时间
穆迪	2016 年 9 月	中诚信国际	2018 年 5 月
惠誉	2018 年 2 月	大公国际	2018 年 3 月
		新世纪评级	2018 年
		中债资信	2013 年 1 月
		联合资信	2017 年

资料来源：联合资信整理。

二、国内外评级机构港口企业评级方法的适用范围及行业定义

穆迪和惠誉的港口企业评级方法均适用于全球范围内的港口企业，国内评级机构考虑到中国港口企业在政策环境、经营模式方面有别于其他国家的同类型企业，评级方法主要适用于中国境内的港口企业。

从评级对象看，穆迪港口评级方法既适用于全球布局的大型港口集团，也适用于规模较小从事单一小型港口经营的港口运营商，评级对象范围较广泛；惠誉港口评级方法强调适用于公开发行债券的沿海港口。国内评级机构对港口行业的认定标准基本一致；其中，中诚信国际明确界定受评对象 50% 以上的收入、毛利润或资产规模来自于港口相关业务，大公国际则强调受评港口企业靠泊的船只包括油轮、干散货轮船和集装箱货轮等。

穆迪认为港口企业因所有权性质不同而产生不同的商业模式，并体现在融资与资本募集

的方式上，港口评级方法主要适用于私营港口企业，或者用于评估政府经营的港口企业的基础信用水平。同时惠誉也认为港口的经营模式在信用评估过程中具有重要参考意义，但不论何种所有权性质的港口企业都应落脚在成本结构和资金平衡能力的评估上，其评级方法适用于各类型产权结构的港口企业，评级结果主要反映了港口企业自身融资的信用水平，但并不考虑外部增信和政府支持因素。中国评级机构的评级方法适用于各类所有权性质的港口企业，所有权性质不同对港口企业信用水平带来的差异作为评级要素嵌套在评级方法中，评级结果已经反映了政府或股东的支持对企业信用水平的影响。

表 2 国内外评级机构港口行业评级方法适用范围

评级机构	评级方法适用范围
穆迪	穆迪港口公司评级方法针对全球非政府运营管理的港口公司，适用于公开上市或由投资者所有的港口业务及/或港口运营公司、拥有政府港口特许经营权的公开上市或私营公司、由政府全资或部分拥有的国际港口运营公司、政府拥有但设有独立管理层的港口公司。
惠誉	惠誉港口评级方法针对在全球范围内的港口发行主体，适用于港口企业或者经营单一或多个港口设施的各类型经营主体，同时也适用于在不同地区拥有港口设施的港口运营商。
中诚信国际	中诚信国际港口行业评级方法是基于《中华人民共和国港口法》中“具有船舶进出、停泊、停靠、旅客上下，货物装卸、驳运、储存等功能，具有相应的码头设施，有一定范围的水域”的描述对行业定义，适用于营业收入、毛利润或总资产 50% 以上来源于港口相关业务的企业。
大公国际	大公国际港口企业评级方法针对中国港口企业，适用于具有水路联运设备，为货运船只提供停泊的港口企业，接纳的船只包括油轮、干散货轮船和集装箱货轮等。
新世纪评级	新世纪港口行业评级方法是根据国家统计局国民经济行业分类标准，并结合国际行业分类标准和基本信用特征，确定行业分类标准，港口行业是指货运港口的经营和管理活动，包括港口船舶货物装卸服务、港口货物停放、堆放服务、港口拖船服务、水上运输货物打包、集装箱拆装箱服务、货运船舶停靠和物资供应服务。

资料来源：联合资信根据上述评级机构港口评级方法整理。

三、国内外评级机构港口行业评级逻辑框架的比较

（一）国际三大评级机构港口行业评级逻辑框架比较

穆迪和惠誉对港口企业的评级逻辑大致相同，两家机构均通过分析港口相关业务的基本要素和港口企业财务指标来评估港口企业的信用水平，并考虑对信用水平产生影响的调整因素确定最终级别。

穆迪根据港口企业信用评级的全部要素，在兼顾了全面性和重要性的基础上，选取了 5 个重要因素来构建港口企业的评级打分表，这 5 个重要因素包括：（1）市场地位，（2）客户基础的多样性，（3）资本支出项目、管理层对风险的态度及财务状况，（4）资产所有权性质，（5）主要信用指标。此外，穆迪在打分表的评级结果基础上，通过分析对债权人保护的结构性增级措施，确定最终级别。

惠誉对港口企业的评级框架主要围绕着港口企业货物及区域市场吞吐量需求的稳定性、能够应对全球贸易关系波动的财务弹性、在基建投资和杠杆融资过程中风险管理的实际执行情况。惠誉认为基础设施类企业面临的信用风险具有普遍性，但收入风险是最能直接影响港口信用水平的核心要素，在综合考虑对信用评级结果影响的重要程度后，惠誉选取了6个核心评级要素用于评估港口企业的信用品质，包括收入风险—量、收入风险—价、基础设施的升级与维护、债务结构、财务状况、完工风险，此外经营风险和交易对手风险也在信用评估主要的考虑范围内。

（二）国内评级机构港口行业评级逻辑框架比较

新世纪评级、中债资信、联合资信对港口的评级思路基本一致，主要是通过对经营（业务）风险和财务风险两个维度进行判断，再考虑外部支持等调整因素最终给出信用等级。中诚信国际的评级框架与穆迪具有一定相似性，通过对选取重要的评级指标进行打分评级，再结合调整项给出最终级别。大公国际强调了评级思路的独创性，其通过分析偿债环境、财富创造能力、偿债来源和偿债能力，综合评估债务安全度，再结合行业评级和其他调整因素得到最终级别。

四、国际三大评级机构对港口企业的评级要素比较

（一）国际三大评级机构对港口企业经营分析要素对比

国际三大评级机构对港口企业的经营分析主要是围绕港口企业经营规模的稳定性进行评价，穆迪主要从市场地位、客户多样性、资产所有权性质等要素进行评价，而惠誉则直接从收入风险、运营风险和交易对手风险的角度进行分析。

1. 穆迪

市场地位方面，穆迪认为吞吐量规模大、货种多样化、拥有的码头数量众多且分散各地可以保障港口实现较大规模的收入，且收入不会因为某一货种或某一地区的风险出现明显下滑。同时，腹地经济质量是港口收入的重要基础，集疏运成本、与主航线的距离是承运人选择该港口的重要考虑因素。此外，由于船舶吨位的快速扩大，港口能够停靠和装卸船型的尺寸的限制条件（包括水域和陆域条件）成为港口长期竞争力及发展潜力的决定因素。

客户多样化方面，穆迪认为港口收入中租用港务设施收入、清淤收入等与吞吐量无关的收入是稳定性较强的收入种类。该类收入的占比越高，港口收入对吞吐量波动的敏感度越低，则港口的信用水平也越高。同时，如果客户对公司收入的贡献集中度越低，港口收入受到大客户的信用风险和经营状况的影响越小，收入稳定性越高，收现质量越好。

资产所有权和控制权方面，穆迪认为企业对港口资产的所有权比重越大，即企业对港口的控制力度越强，则港口企业获得资产出租收入（属于稳定性强的收入来源）和资产变现的能力（抵押或出售）越强。同时，对港口资产拥有所有权也是满足收入持续性的最佳方式，因为通过租入或者特许经营方式取得港口运营权的企业必须在经营权到期之前清偿债

务，否则将丧失对未到期债务的偿债能力。此外，触发特许经营权协议中的终止条款也将导致企业失去偿债来源。

2. 惠誉

惠誉将收入风险作为考察港口企业信用状况的主要因素，而营业收入受到港口吞吐量和港务服务价格两方面影响。影响港口吞吐量的因素包括但不限于腹地市场需求、腹地市场准入、港务服务的多样性、港口的竞争地位、港区内多式联运系统的质量、进出港的货物种类等。具有重要区域地位、有着强大的经济腹地、高质量的基础设施、运输商品有着大量的进出港需求、港口企业与各交易对手方有着长期合作的法律约束等因素均可为该港口企业的信用状况带来积极影响。从港口服务价格看，具有强大议价能力并能够通过签署合同的方式强化收费权利的港口企业所面临的收入风险随之相应降低，并对港口企业信用等级评定带来积极影响。

表 3　国际三大评级机构评级要素对比

	穆迪	惠誉
港口企业经营基本要素	市场地位（25%） • 港口规模、管理的港口数量 • 腹地的质量和与腹地的连通条件 • 运营限制 客户多样化（10%） • 收入对吞吐量波动的敏感度 • 客户集中度 资本支出、管理层对风险和财务的态度（15%） • 资本支出的规模和复杂度 • 管理层对风险的态度 • 非核心业务收入占比 资产所有权性质（10%） • 资产的所有权和控制权	收入风险：量 • 货物分类 • 货物属于本地消费货物或属于中转货物的比例 • 承租方的集中度 • 价格弹性 收入风险：价 • 承租方租赁合同条款 • 优惠条款 • 最低的年度保证收入占总收入的比重 基础设施强化与升级 • CIP 规模以及对预期增长率之间的关联关系 • 多种融资渠道的混合使用 • 与港口所有者之间的关系 • 最低的经合同约束的回报水平或有依据的预测 完工风险 运营风险 • 风险缓释措施 • 港口资产出租模式 • 港口运营模式 • 混合经营模式 交易对手风险

续表

	穆迪	惠誉
财务分析要素及指标	关键信用财务指标（40%） • 现金利息覆盖率 • 运营资金（FFO）/债务 • 穆迪偿债覆盖率(Moody's DSCR) • 留存现金流/资本支出	债务结构 • 固定利率/浮动利率债务各占比重 • 分期偿付的债务/到期一次偿付的债务 • 利率契约 • 杠杆率的限制 • 衍生金融工具的市场公允价值 • 现金锁定条款储备水平及储备条款 • 分布检验 财务指标 • 债务覆盖倍数（DSCR） • 最高年度债务覆盖倍数（MADS-DSCR） • 利息覆盖倍数（PMICR/ICR） • 借款周期覆盖倍数（LLCR） • 项目周期覆盖率（PLCR） • 在手现金天数 • 净债务/EBITDA 或 CFADS • 最低年度保证（MAGs）贡献度及覆盖倍数
调整因素	结构性因素和债权人保障 • 突发事件风险保障 • 债务结构和流动性保障 • 给予债权人的控制权	评级敏感性要素 • 量/吞吐量的表现 • 价格风险 • 成本风险 • 债权人保护条款

资料来源：联合资信根据穆迪和惠誉港口评级方法整理。

（二）国际三大评级机构对港口企业资本支出分析对比

穆迪认为扩张性的资本支出会导致企业面临债务的增长、超概和对现有经营业务的干扰等方面的风险，因此扩张性资本支出可能对企业的信用水平带来负面影响。同时，管理层进行激进的投资可能会改变企业的资本结构，不利于稳定企业的信用水平。此外，穆迪认为港口行业的风险较低，企业开展非港口相关的业务会导致港口企业整体的风险上升。如果港口企业的债务条款限制管理层进行扩张性的投资、禁止企业开展非港口业务，则该企业的信用水平相对较高。

惠誉认为港口企业对其基础设施投资或更新是强化其吸引力的必要条件，对相关要素的评价主要从项目建设计划、融资来源和项目管理等角度展开。若港口的基础设施提升改造计划因主、客观原因导致投资成本超支或延期完工，将对港口企业自身及港口对其交易对手方的吸引力带来负面影响。在不影响港口企业现有财务状况的前提下，满足运营需求且财务上可行的基础设施项目扩张可以提高港口企业的信用水平。同时，惠誉会兼顾考察港口企业基础设施的过时风险。

总体看，港口基础设施的升级维护是保证港口竞争力的重要因素，但从信用风险评估的角度看，穆迪认为港口企业无扩建支出最为安全，惠誉则从评估项目超概或延期完工等风险进行综合评估。对于港口企业资本支出评价的根本要素在于对港口企业管理层风险偏好以及在项目投建过程中的风险管理能力。

（三）国际三大评级机构对港口企业财务分析要素及相关指标对比

1. 国际三大评级机构对债务结构和债权人保护条款的分析对比

国际三大评级机构认为港口企业的杠杆率会影响港口的再融资能力，而债务结构的设计和债权人保护条款的设置能够缓解公司债务支付压力，对债务负担具有缓释作用。

穆迪认为给予债权人的结构增级可使其获得更高的信用级别，对债权人的保障主要来源于对突发事件风险保障、债务结构和流动性保障、给予债权人的控制权等方面。其中，债务结构和流动性保障可降低流动性、利率和再融资风险等财务风险。穆迪将上述因素作为评级调整项，通过分析要素有效性，从而判断对最终级别的影响。

惠誉将债务结构作为港口评级关键要素之一，债务结构主要是指港口企业融资利率水平和债务到期情况，债务的分期偿还模式及再融资风险等，债务结构风险主要关注港口企业的资本结构与其经营和财务状况的匹配程度，主要考察因素包括债务到期/还款情况、偿债资金支付时间表等。同时，惠誉将债权保护条款设置为调整因素。

2. 国际三大评级机构主要财务指标对比

穆迪和惠誉对港口企业评价的财务指标大致相似，两家机构均关注了现金流对利息和债务本金的保障能力。同时，穆迪额外关注现金流对港口企业资本支出需求的满足程度，惠誉则更为关注公司存量资金对流动性的保障程度和每年稳定收入来源的占比，并通过净债务/EBITDA 或 CFADS 衡量不同规模港口企业的杠杆率以及融资需求等。

表 4　穆迪主要财务指标计算公式及含义

指标名称	计算公式	指标含义
现金利息覆盖率（Cash Interest Coverage）	现金利息覆盖率 =（运营资金 + 利息支出）/（利息支出 − 非现金利息）	公司现金流对利息支出的保障能力
运营资金/债务（FFO/ Debt）	—	公司现金流对全部（含表外）债务的保障能力
穆迪偿债覆盖率（Moody's DSCR）	Moody's DSCR =（运营资金 + 利息支出）/偿债年金	港口企业在特许经营/租赁期限内产生的现金流对债务年金的保障能力，该指标也反映了港口企业未来的再融资需求，并能够对不同债务期限结构的港口企业的偿债能力进行比较
留存现金流/资本支出（RCF / Capex）	留存现金流/资本支出 =（运营资金 − 已付股息）/购建固定资产或无形资产的支出	该指标反映了港口企业使用内生资金应付资本支出的程度；同时兼顾了公司的分红刚性支出需求

资料来源：穆迪港口评级方法。

注：运营资金（FFO）= 运营现金流 + 运营资本变化（穆迪）；
穆迪的债务（Debt）包含报表披露的债务余额加养老金、经营租赁及其他表外债务调整项；
偿债年金采用标准年金公式，根据港口企业的特许经营/租赁期限，将债务的现值（PV）转换成为年金。

在使用财务指标对港口企业进行评级的过程中，惠誉通过在基本情景（base case）和压力情景（stress case）两种情形下评估港口企业偿还债务的能力。其中，基本情景根据当前和历史的财务指标来反映，而压力情景则用于分析未来港口经营环境恶化情况下财务指标的状态对评级结果的影响。主要关注压力情景包括：①经济持续下行导致行业周期进入低估，从而导致港口吞吐量持续下降，②评估运营及维护的损耗和资本支出压力，③完成投资计划后对公司杠杆率的影响，④公司债务结构是否能够适应不断上升的融资成本。惠誉对港口企业财务指标的评估综合考虑了基本环境和压力环境下的财务指标状况。

表 5　惠誉主要财务指标计算公式及含义

指标名称	计算公式	指标含义
债务覆盖倍数（DSCR）	DSCR =（经营收入 - 经营成本 + 折旧）/全部债务	公司现金流对全部债务的保障能力
最高年度债务覆盖倍数（MADS - DSCR）	MADS - DSCR = CFADS/单年最高偿债金额	公司现金流对债务期限内单年最大偿债资金的保障能力
利息覆盖倍数（PMICR/ICR）	PMICR = CFADS/利息费用 ICR = EBITDA/利息费用	公司现金流对利息的保障能力
借款周期覆盖率（LLCR）	LLCR = 借款周期内净现金流现值/净债务	在债务期限内公司产生的净现金流现值对净债务保障能力
项目周期覆盖率（PLCR）	PLCR = 项目使用年限内净现金流现值/净债务	在项目剩余使用期限内公司产生的净现金流现值对净债务保障能力；考虑使用寿命和港口升级因素，惠誉认为港口设施使用年限不会超过 40 年
在手现金天数（Days Cash on Hand）	在手现金天数 = 非受限类货币资金及金融等价物/日均运营费用	该指标用于评估港口企业的非限制流动性水平
净债务/EBITDA 或 CFADS	—	该指标用于衡量不同规模港口企业的杠杆水平，同时反映了港口债务负担与某一时期现金流的关系；通过对该指标的持续跟踪可以了解港口企业债务率的走势和融资需求
最低年度保证（MAGs）贡献度	可靠收入贡献度 = MAGs/营业总收入覆盖倍数	通过分析港口企业每年最少可靠（稳定）收入来源或长期合同产生的收入规模占营业总收入比例，可以衡量港口企业的经营稳定性，进而评估在压力环境下港口企业的偿债能力

资料来源：惠誉港口评级方法；http：//www. corality. com/tutorials/cfads - cashflow - available - debt - service。

注：1. Cash Flow Available For Debt Service（CFADS）＝(经营收入 - 运营费用 + 运营资本的变化）－（建设成本 - 建设期利息支出) + (权益资本金投入 + 债务融资）－维护成本支出－（预估）营业税金；在项目融资过程中 CFADS 相较于 EBITDA 更能反映真实的现金流情况。

2. 净债务（Net Debt）＝全部债务 - 库存现金。

五、国内评级机构对港口企业的评级要素比较

联合资信、中债资信、新世纪评级以及中诚信国际选取的港口评级要素基本一致，其中

中诚信国际采用打分卡模式进行评级，要素选取上主要侧重于重要性，而其他评级机构的要素选取则侧重于全面性。

国内评级机构通常围绕经营和财务分析选取评级要素，各评级机构针对企业经营情况开展的分析点主要包括港口地位、腹地经济、竞争情况、港口企业收入情况、港口吞吐量情况、港务服务收费标准等因素。其中，能够反映出港口地位、收入和吞吐量的要素成为评价港口企业经营情况的核心因素。国内评级机构的财务风险分析要素具有一般性，主要是从财务信息质量、资产质量、资本结构、盈利能力、现金流状况进行分析。

联合资信、中债资信和新世纪均将企业管理（公司治理）和战略发展（未来发展）列入经营风险要素分析，中诚信国际则将其作为调整项进行分析。国内评级机构均将外部支持尤其是政府支持作为评定港口企业信用级别的重要因素，联合资信将外部支持作为企业基础素质项下要素分析，其他评级机构则将其列入调整项。

表 6 国内评级机构对港口企业评级要素对比

	联合资信	中债资信	新世纪评级	中诚信国际
经营（业务）风险分析	行业分析 • 宏观经济对行业影响 • 行业运行概况 • 行业政策 基础素质 • 规模及地位 • 产权结构 • 外部支持 企业管理 • 管理体制 • 内部控制 • 管理制度执行情况 • 员工素质 经营分析 • 港口收入 • 吞吐量 • 成本费用 • 港口建设投资 未来发展	行业经营风险 • 宏观经济与对外贸易 • 行业政策 企业经营风险 • 业务规模 • 港口地位 • 腹地经济 • 区域竞争 • 港口设施条件 • 集疏运体系 • 货种结构 • 收费水平 • 企业管理 • 发展战略	宏观因素 行业因素 • 经营环境与竞争态势 • 增长和盈利趋势 • 经营要素和成本 • 行业的资本特征和融资环境 • 政府管制和法律风险 竞争地位 • 业务规模 • 港口地位 • 区域竞争 • 腹地经济 • 基础设施条件 • 货种结构 • 收费水平 盈利能力 • EBITDA/营业收入 • 毛利率 • 期间费用率 • 总资产报酬率 • 净利润率 公司治理与运营 • 公司治理 • 公司管理	腹地经济 • 腹地经济 市场地位 • 货物吞吐量 • 港口规划定位 • 港口基础设施 • 周边竞争 营运能力 • EBITDA 利润率 • 总资产收益率 财务政策及财务实力 • 总资产收益率 • 总债务/EBITDA • FFO/利息支出

续表

	联合资信	中债资信	新世纪评级	中诚信国际
财务风险分析	财务风险 • 财务信息质量 • 资产质量 • 资本结构 • 盈利能力 • 现金流 • 偿债能力 • 或有风险、重大事项 • 母公司财务分析	财务风险 • 信息质量 • 资产质量 • 资本结构 • 盈利能力 • 现金流量 • 偿债指标	财务风险 • 风险容忍度/财务政策 • 会计政策 • 现金流状况 • 负债结构和资产质量 • 流动性/短期因素	
调整项		政府及股东支持 • 财政贴息规模 • 税收返还率 • 港口企业合资方式 • 合作期限	调整因素 • 在评级要素基础上进行必要调整 外部支持 • 政府支持 • 股东支持	外部支持 公司治理 信息披露及关联交易 指标间特殊差异化分析 跨行业因素 个别事件

资料来源：联合资信整理。

六、借鉴与启示

通过分析比较国内外各评级机构的港口企业评级方法，可看出国际三大评级机构的评级方法体系更为详细、完整，评级逻辑和评价标准更加清晰，国内评级机构可借鉴国际评级方法进一步完善自身评级体系。针对港口企业评级，我们主要得到以下几点启示。

1. 国际三大评级机构在评级框架的设计和评级要素的选取上更为关注评级要素的重要性，这样能够更为清晰地突出影响港口企业信用水平的核心因素。然而，国内评级机构则更注重评级方法的全面性，这种方式在理论上能够保证评级结果的准确性，但在实际操作过程中，部分重要的风险因素可能因赋予的权重不足而被掩盖，从而导致评级结果难以发现企业真实的风险敞口。

2. 对于港口经营风险的评估，国内评级机构主要侧重于评估能够促使公司收入增长、经营效率提升的要素，而国际三大评级机构更加关注对港口经营稳定性的评估。比如，穆迪对客户基础的多样性、公司非港口主业的占比等要素给予了较高的权重，惠誉强调收入的稳定性是影响港口信用水平的核心要素，同时也着重通过分析运营风险（经营模式、合同期限）和交易对手风险，评估港口长期稳定经营以及抵御经济周期的能力。

3. 对于港口企业的资本支出行为，国际评级表现出更为谨慎的态度，主要从财务政策、管理层风险偏好、项目成本支出的管控、项目投资回收的安全性以及完工风险等角度进行评估，国内评级机构在评级要素设置中缺少对重大资本支出相关风险点的评估，或给予的权重不足。穆迪采用“留存现金流/资本支出”指标评估港口企业通过自身经营现金留存对资本支出的保障程度，从而反映出港口企业投资是否激进以及外部融资需求和压力。

4. 国内的评级机构在针对港口企业财务风险评估过程中主要使用当前和历史数据作为评级依据，国际三大评级机构则会采用一定前瞻性数据，并针对未来可能出现的周期风险进行压力测试。

5. 关于政府支持，国内外评级机构都关注到港口和政府间可能存在的密切联系能够影响港口企业的最终信用水平，但在处理方式上存在差异。国际三大评级机构的港口评级方法主要针对港口企业对港口的资产经营效率和投资回报安全性进行评估，评级结果并不包含公司获得的政府支持因素，对于政府控制的（区域型）港口企业，穆迪将港口评级结果作为基础信用评估，再使用政府相关发行人评级方法进行信用评级。国内评级机构通常将政府支持作为调整项，或者在评级框架设计过程就嵌入了政府因素，但并未对不同产权关系下港口企业获得政府支持的可能性设计评估标准，也未设置判断政府支持（隐性）或救助能力的标准。

19　航空运输行业国内外信用评级方法的比较与研究

联合资信　公用二部　赵传第　（2018－12）

一、概述

本文分别对国内外评级机构关于航空运输公司的评级方法进行横向对比梳理，分析不同机构评级时所考虑的要素、侧重点及对应权重，在此基础上归纳得出国内航空运输公司评级方法的启示与借鉴。

目前，国内外评级机构中公开航空运输业评级方法的共 5 家，其中境内 3 家，境外 2 家。

表 1　目前国内外公开的航空运输业评级方法

国外		国内	
评级机构	评级方法年份	评级机构	评级方法年份
穆迪	2018 年 4 月	联合资信	2017 年
标普	2014 年 2 月	中债资信	2013 年
		中诚信国际	2018 年 5 月

资料来源：联合资信整理。

二、国内外评级机构航空运输业评级方法的适用范围及行业定义

中债资信、中诚信国际、联合资信航空运输业评级方法适用于以航空客货运为主要业务的中国航企，地域性局限于中国境内企业，运输方式涵盖客货运。但因中国航企主要以旅客运输为主，货运机在机队中占比小（部分航企可能没有专门货运机队，主要通过客机腹舱进行货邮运输），且货邮运输收入对收入贡献有限，因此国内评级方法主要应用于航空客运。穆迪及标普的评级方法均适用于全球性航企，但穆迪强调以航空客运为主业，不含航空货运及物流，标普覆盖航空客货运，但不含物流业。

总体看，国内外评级机构航空运输业评级方法适用范围基本一致，但国内评级方法地域性特征更强，国外评级方法考虑全球化航线网络运营及不同地域经营模式的差异。因此，在评级方法中，标普将国家风险作为其经营风险考虑的主要因素之一，而穆迪同样认为广泛分

布于不同国家的航线网络有利于提升企业竞争地位。

表2　国内外评级机构航空运输行业评级方法适用范围及行业定义

穆迪：适用于以航空客运为主要业务（“主要”的含义取决于公司的主要风险，往往与收入、利润和现金流成比例关系）的公司。不包括航空货运和物流类公司。
标普：属于周期性交通行业的子行业，与船舶运输、货车运输、公交公司等合并在周期性交通运输行业评级方法内，但针对具体子行业又有各自细分标准。主要指航空公司（包括航空货运），但不包括快递、物流公司。
中债资信：航空业是指以旅客、货物和邮件为主的航空运输活动；航空企业是指获得官方认可运行证书或批准，以各种航空飞行器为运输工具为旅客、货物和邮件提供民用航空服务的企业，按业务性质的不同可分为旅客运输和货邮运输两大类。
中诚信国际：适用于获得官方认可运行证书或批准，以各种航空飞行器为运输工具为乘客或货物提供民用航空服务，且销售收入或利润贡献50%以上来自航空运输业务的企业。
联合资信：以航空客货运为主营业务的中国企业。

三、国内外评级机构对航空运输企业的评级逻辑比较

（一）国际机构评级逻辑

穆迪和标普对航空运输企业的评级逻辑基本一致，首先对航空运输企业自身的经营风险和财务风险进行初步判断，得到主体初始信用等级，然后通过调整要素对初始信用等级进行调整，确定主体最终信用等级。经营风险和财务风险评级要素主要由各评级机构基于行业特征、专家经验等基础上选取，分为定性和定量因素，可通过数值或排序进行量化。两家机构评估时选用的量化模型有所差异，穆迪采用打分表的形式并明确公布了各要素的具体权重，标普则采用二维矩阵形式。

穆迪

穆迪对航空运输企业的评级方法可分为五个步骤。第一步是识别关键评级要素，并赋予各个评级要素不同权重；穆迪航空运输企业打分表包括5个关键评级要素，每个关键评级要素可能包含若干子要素（详见表3）。第二步是采用定性与定量分析相结合的方法来衡量/估测各个打分表要素/子要素。第三步是根据对每个子要素的度量与分析，确定各个子要素对应的等级（共8个，分别为Aaa、Aa、A、Baa、Ba、B、Caa及Ca）及分值（定性指标分值介于1～20之间，定量指标分值介于0.5～20.5之间）。第四步是确定受评主体的打分表映射等级，主要通过将各个子因素得分与其对应权重相乘后求和得出总分数，然后根据穆迪公布的级别与分数对照表得出受评主体打分表映射等级。第五步是分析调整要素的影响，对初始打分级别进行调整，从而得到受评对象的最终级别。此外，穆迪认为，打分表是一种参考工具，但并不包括所有评级时考虑的要素，打分表中要素的权重表示其对评级决策重要性的近似值，但实际重要性可能会有很大差异。

表 3　穆迪评级要素及权重设置

评级要素	权重	子要素	子要素权重
规模	10.0%	收入	10.0%
经营状况	25.0%	市场地位和航线网络优势	25.0%
盈利能力和效率	12.5%	EBIT 利润率	12.5%
财务杠杆及偿债能力	37.5%	债务/EBITDA	12.5%
		RCF/债务	12.5%
		(FFO + 利息支出)/利息支出	12.5%
财务政策	15.0%	财务政策	15.0%
合计	100.0%		100.0%

资料来源：联合资信整理。

标普

根据标普对公用事业部门的整体评价框架，标普采用二维矩阵方式给出最终级别，整个评级过程中试图尽可能将重点要素分级（打分）放入矩阵使得最终级别依据更为充分明了。另外，根据行业特征选取的调整项作为评级重点评估指标则更直接有效地对企业级别进行干预。穆迪评级流程使用打分法，流程相对精简且选用指标较少，更多行业内定性因素未体现在打分系统中，打分表以外其他因素对级别相较其他机构可能产生更大影响。权重设置上，穆迪给予航企利润创造能力 47.5% 的权重，杠杆水平和偿债能力 37.5% 的权重，并更加看重财务政策的考量，将其列为打分表考量因素，并给予 15% 的权重。标普因采取二维矩阵方式，其评级结果受矩阵横向及纵向因子协同结果影响。

（二）国内机构评级逻辑

我们仅获取到中诚信国际、中债资信、联合资信的评级流程，以下分析以上述机构为主。国内评级机构对航空运输企业的评级逻辑基本一致，都是基于对经营风险以及财务风险两方面做出判断后给出初始级别，进而结合其他调整因素给出受评企业最终级别。受中国航空运输业行业特征影响，中债资信、中诚信国际及联合资信均将股东及政府支持作为重要的调整因素。中诚信国际的评级方法与穆迪的打分表类似，但并未明确指出各一二级指标的对应权重，中债资信和联合资信则侧重于列示评级要素和调整项。

四、国际三大评级机构对航空运输企业评级要素比较

标普和穆迪的评级要素均涵盖经营风险评级要素、财务风险评级要素及调整因素。因穆迪的评级方法是对打分表评级结果的调整，其打分表选用指标相对较少，其他对信用等级可能产生影响的因素均列为调整项；同时，穆迪指出其在对航空运输企业进行评级时可能考虑了一些额外因素，且并没有包括财务信息披露质量等对任何行业都重要的因素。标普在评价航空运输企业初始信用等级时考量的指标更全面，调整因素数量较穆迪明显减少。

从表 4 可以看出，行业风险、企业规模、市场地位、航线网络特征、盈利能力、杠杆水平、偿债能力等是两家国际三大评级机构均考量的要素。

表 4　国际三大评级机构评级要素对比

<table>
<tr><th>评级要素</th><th>穆迪</th><th colspan="2">标普</th></tr>
<tr><td>行业风险</td><td>行业特点：
• 强周期性
• 易受自然灾害、地缘政治、恐怖主义威胁等事件风险影响
• 市场竞争激烈
• 高度资本密集
• 航油、人工、维修等固定成本占比高
结论：投机级～低投资级</td><td colspan="2">• 周期性：高风险（high risk category）
• 行业竞争风险和成长性：相对高风险（moderately high risk category）
行业壁垒：较低，高风险
利润水平及波动性：较低，高风险
产品服务技术革新及替代性：较低，低风险
行业增长趋势：面临短期风险，中等风险
结论：高风险[①]（high risk category）</td></tr>
<tr><td>企业规模</td><td>• 营业收入</td><td rowspan="6">竞争地位</td><td>• 运输量（收入客公里），机队规模，旅客运输量</td></tr>
<tr><td>市场地位/竞争优势</td><td>• 航企在其所运营区域的市场份额及其维持这一份额/地位的能力
• 航线、航班时刻，准点率、服务质量、忠诚度计划等优势
• 航企的基础成本（cost base）</td><td>• 运营市场的吸引力、在运营市场的市场地位
• 服务水平和声誉</td></tr>
<tr><td>航线网络特征</td><td>• 通航城市的多元化及区域集中度</td><td>• 航线网络的覆盖范围及多样性
• 航线网络、服务产品及客户类型的多元化</td></tr>
<tr><td>运营效率</td><td rowspan="2">• EBIT 利润率</td><td>• 单位座/吨公里收入
• 单位座/吨公里成本
• 机队状况（机龄、航油利用率）
• 影响运营效率的法律法规</td></tr>
<tr><td>盈利能力</td><td>• 盈利水平：资本报酬率 ROC
EBITDA 利润率
• 盈利能力的波动性</td></tr>
<tr><td colspan="0" style="display:none"></td></tr>
<tr><td>杠杆水平和偿债能力</td><td>• 债务/EBITDA
• RCF/债务
• （FFO + 利息支出）/利息支出</td><td colspan="2">• 核心比率：营运现金流 FFO/债务
债务/EBITDA
• 补充比率：（FFO + 利息支出）/利息支出
EBITDA/利息支出
FOCF/债务</td></tr>
<tr><td>财务政策</td><td>• 政策激进/保守程度
• 股东和债权人利益的权衡等</td><td colspan="2">• 财务制度
• 财务框架</td></tr>
<tr><td>治理和管理</td><td>• 管理层激励措施，关联交易，所有权结构，审计委员会专业性等
• 经营计划的历史执行情况</td><td colspan="2">• 识别企业管理方式中潜在的风险因素（董事会的独立性及效力，股东的影响力，管理层文化等）
• 企业的战略定位、风险及财务管理、组织效率</td></tr>
<tr><td>机队状况</td><td>• 机组特点和状况（机龄、机型等）</td><td colspan="2">• 机龄、机型、燃油利用率等</td></tr>
</table>

① 上述行业风险评估结果是对整个周期性交通运输行业（包括航空、船舶运输、货车运输等）的综合性判断。

续表

评级要素	穆迪	标普
流动性管理	• 资金来源和使用	• 定量：1 年内流动性供给与需求的差额，以及 1 年内流动性供给对需求的覆盖倍数 • 定性：流动性管理的谨慎程度以及企业与银行的友好程度等
各家机构特有评级要素	• 对冲策略 • 资产抵质押情况 • 对其他航企的投资 • 事件风险 • 环保和其他监管要求 • 股东、政府或其他外部支持 • 季节性及周期性风险	• 国家/地区风险 • 分散投资效应 • 资本结构 • 相对评级分析（考虑企业独特的信用特征）

资料来源：联合资信整理。

（一）行业风险

穆迪和标普的评级方法均列示了其对航空运输行业特点的总结及风险判断。穆迪基于航空运输行业强周期性、竞争激烈、高度资本密集等特点，对航空运输行业的信用评级介于投机级与低投资级之间。穆迪并未将行业风险列入其打分表中，但对航空运输企业的评级结果是建立在行业风险判断的基础上进行的，评级要素的选取也是基于其行业风险点的理解，对航企的考察也主要关注行业周期波动时经营和财务指标的表现情况。标普对行业风险的判断主要是从行业周期性、行业竞争风险及成长性两方面进行评估，认为周期性交通运输行业的整体行业风险高（high risk category），并指出因行业更集中且部分市场准入受限，航空运输行业的风险可能会低于整体周期性交通运输行业。标普将行业风险作为主要评级要素，是影响受评企业 CICRA 矩阵结果的一方面。

（二）企业规模

穆迪和标普均将企业规模列为衡量航企信用等级的重要因素。穆迪认为企业规模是衡量航空公司创收能力及抗冲击能力的重要指标，主要通过营业收入来考量，认为较大的收入基础可带来规模经济效益，并赋予企业规模 10% 的权重。从级别分布设置看，穆迪认为收入规模超过 750 亿美元的航企可获得 Aaa 的评分，超过 350 亿美元的航企可获得 A 的评分。由于世界前三大航企营业收入介于 400 亿～450 亿美元之间，在企业规模这一指标上，穆迪认为目前市场上最高评级结果为 A。标普主要通过运输量（收入客公里）、机队规模、旅客运输规模来衡量航企规模，认为越多的飞机越易带来规模效应及竞争优势。标普将企业规模作为评价航企竞争地位的子要素之一，对企业竞争地位的影响程度低于 30%，对整体初评等级的影响权重或弱于穆迪。

（三）市场地位/竞争优势

穆迪认为航空公司的市场地位及其维持这一地位的能力是吸引和留住客户的关键要素，前者主要通过航企所处的市场及其市场份额来评判，后者则受航企业务模式、航班频率、服务质量、定价策略和客户忠诚度计划等影响。此外，穆迪认为因航空公司单方面增加票价的能力有限，较低的基础成本可提升航企的竞争力。穆迪给予市场地位与下文的航线网络特征合计25%的权重，认为拥有无比的/空前的（unparalleled）市场地位的航企，其市场地位得分为Aaa，拥有很强（very strong）市场地位的航企得分为A，但并未明确具体的区分标准。标普认为航企竞争优势主要通过运营市场的吸引力（增长预期、竞争状况、监管环境）、在运营市场的市场地位、服务水平和声誉（尤其对于国际航线的头等舱、商务舱）来评价。标普将竞争优势作为衡量航企竞争地位的子要素之一，在竞争地位评价中赋予35%或40%的权重。

（四）航线网络特征

穆迪认为多样化的产品组合和遍布于许多国家和地区的庞大而多元化的航线网络可减少公司受市场环境恶化的负面影响。穆迪将航线网络特征同上文第3点所讲的市场地位合并称为经营状况（business profile），并给予25%的权重。穆迪认为拥有极其庞大且多元化的航线网络、收入来自极多国家或地区且并不集中的公司在航线网络特征方面可获得Aaa的评价，收入在单一国家或地区运营、收入极度依赖一个国家或地区的公司得分为Ca。因经营状况涵盖多维度要素，穆迪称公司经营状况得分与打分表各等级所列出的每个属性可能并不完全匹配，然而某个单一特征可能会对子要素等级产生决定影响（比如，穆迪认为若公司仅在少数国家或地区进行运营，或市场竞争日益激烈，其得分可能被限制在B或Caa）。标普认为构建运输网络、提升区域市场的覆盖率是交通运输企业吸引顾客的主要优势。同时，通过区域和服务客户的多样性，企业可以在一定程度上缓解收入和利润的波动性。标普主要从航线网络的覆盖范围及多样性、航线网络、服务产品及客户类型的多元化来考量。

（五）运营效率

标普认为经营效率越高的航企越能产生更高的利润率，主要通过单位客/吨公里收入、单位客/吨公里成本、标准里程CASM（cost per available seat mile）、机队情况（机龄、燃油利用率）来评判。运营效率是评价航空运输企业竞争地位的四个要素之一，并赋予25%或40%的权重。穆迪将运营效率与盈利能力合并列为一个评级要素，详见下文。

（六）盈利能力

穆迪认为利润可产生持续的现金流并帮助航企维持竞争地位，因此盈利能力和运营效率是对航企进行评级的重要因素。穆迪主要通过EBIT利润率来评价，并给予12.5%的权重。拥有40%及以上EBIT利润率的航企可获得Aaa的评价，20%～30%为A，5%～10%为B。

标普认为航企盈利能力主要通过盈利水平和盈利能力的波动性两方面来评估。对于盈利水平，标普使用资本报酬率（ROC）作为主要衡量指标，EBITDA 利润率作为补充；标普将这两个指标分为3个等级，分别是“低于平均水平”、“平均水平”、“高于平均水平”。对于盈利能力的波动性，标普使用上述两个指标至少7年历史数据的回归标准误差（SER）来衡量，根据结果分为“1”（非常低）到“6”（非常高）6个等级。标普将盈利水平与盈利能力的波动性放到一个评级矩阵，最后得出盈利能力评价结果（1~6）。

（七）杠杆水平和偿债能力

穆迪及标普均将杠杆水平、现金流对债务的覆盖能力作为衡量企业财务风险的重要指标。两家机构均使用债务/EBITDA、（FFO+利息支出）/利息支出这两个指标,穆迪考虑 RCF 对债务的覆盖，标普考虑 FFO 对债务的覆盖。

数据时间节点方面，标普在计算相关指标时，对本年度结果和下一年度预测结果分别给予50%的权重。最后，标普会根据预期波动率再次调整评估结果，确定企业最终的财务风险评级。穆迪认为历史结果有助于理解公司业务模式以及进行同业比较。除非另有说明，穆迪的财务比率通常在年度或12个月的基础上计算。然而，打分表中的因子也可以使用不同的时间段来评估。部分因素可能会用几年或更长时间内的历史数据和预期未来表现。

（八）财务政策

穆迪和标普均认为财务政策反映了管理层和董事会（穆迪）/股东（标普）的风险偏好程度，主要采用定性分析方式进行判断。穆迪将财务政策作为打分表一级因素并授予15%的权重，其认为保守的财务政策有利于企业各项指标的稳定；穆迪主要通过评估发行人的理想资本结构或目标信用状况、历史资本结构及信用记录、在不同行业周期下管理层的管理态度和经营表现、管理层对于信用市场和流动环境的恶化、竞争加剧、监管压力等事件风险发生时的应对、对股东收益和债权人利益的权衡等来评判。标普将财务政策作为六大调整项之一，在初评结果的基础上根据财务政策判断结果可上调1个子级或下调1~3个子级。标普对财务政策的考量包括财务约束（financial discipline）和财务政策架构（financial policy framework）两个层面。财务约束主要衡量管理层对财务风险的容忍度，标普将其分为“积极”“中性”和“负面”三个等级。对于愿意降低企业自身杠杆水平，甚至将杠杆水平降至低于预测情况的财务制度，标普认为其财务约束是“积极”的。标普认为财务政策架构评估了企业财务政策的全面性、透明度和可持续性，分为支持性和非支持性两个级别。一个具有支持性财务政策的企业往往拥有一套全面的、针对财务风险关键领域的财务政策，财务目标是明确的、可计量的，财务政策是公开透明的，财务政策中的参数相对稳定等。标普将财务约束和财务架构放到矩阵中得出财务政策的评判结果（“积极”、“中性”和“负面”）。此外，标普提出只有受评企业管理和治理获得“2”及以上的评分时，积极的财务政策才会对级别产生上调作用。

（九）治理和管理

穆迪和标普均将公司治理和管理作为调整项。穆迪认为管理质量是支持公司信用实力的重要因素，可通过评估历史经营计划的执行情况来评估管理层的经营策略和理念，进而与同行业企业进行对比，并对未来管理层表现进行预测。公司治理层面，穆迪主要评价管理层薪酬方案等激励手段、关联交易、所有权结构等。标普认为管理和治理强调了股东、董事会、高管和经理层对企业日常经营活动的监督和指导能力。优秀的战略和风险管理、高效的运营效率对企业的信用评级起到积极的作用。针对管理水平，标普主要从企业的战略定位、风险管理/财务管理以及组织效率进行评估；治理水平则更关注识别企业管理方式中潜在的风险因素，包含董事会的独立性及效力、股东的影响力、管理层文化、与法律、税务和行政机关的关系、信息管理、内部控制，以及财务的透明和公开程度。标普将管理与治理评价结果分为四个等级：（1）强大的；（2）令人满意的；（3）适当的；（4）脆弱的，可对初评结果上调1个子级或下调1~2个子级。

（十）机队状况

穆迪将机队状况作为调整项，主要评估机龄、机型等机组特点和机队运行情况。穆迪认为旧机组或机组状况不佳的公司相对于竞争对手可能具有较高且逐渐增加的维护成本或较低的运营效率（例如在运力利用率、周转情况或燃油效率方面）。然而，较新的机组对资本要求更高，当油价低时其缺陷可能超过其燃油效率的成本收益。最佳的机组结构取决于航空公司的经营状况。在评估航空公司未来的财务业绩时，穆迪通常会考虑现有机组的状况是否会导致运营成本增加以及是否会更换或大修而产生大规模的资本支出。标普对机组状况的考察属于其评估航企竞争地位的子要素之一，考察内容与穆迪类似。

（十一）流动性管理

流动性是标普主要评级调整因素之一，根据评价结果可对企业初评等级上调1个或下调1个子级。标普主要通过定量和定性分析相结合的方式评判流动性。定量指标包括1年内流动性供给与需求的差额及1年内流动性供给对需求的覆盖倍数这两个指标。定性的指标包括流动性管理的谨慎程度及企业与银行的友好程度等。其中，流动性的供给来源包含：未受限的现金及可变现资产、正的营运现金流（Positive FFO）、正的预期营运资本流入（Positive Forecasted working capital inflows）、可确定的资产出售收益、1年内可用的信贷额度，以及稳定的政府或母公司或附属公司的外部支持；流动性的需求包含负的营运现金流、预期的资本支出、负的预期营运资本流出最大值（Maximum Negative Forecasted working capital outflows）、含追索权的和企业预期会兜底的到期债务、信用下降带来的债务加速还款和抵押金追缴、已确认的收购兼并支出和股东分红。流动性也是穆迪的调整因素之一，主要从资金来源和使用的角度分析（有其他评级方法可参考）。

（十二）资本结构

标普在其评价方法中将资本结构作为重要的调整项。资本结构的评价结果包括 1～5（1 为非常积极，5 为非常负面）5 个等级，通过评估资本结构可以对初评结果上调 1～2 个子级或下调多个子级（可能下调幅度会大于 2 个）。标普主要通过四个子因素来评估资本结构：（1）债务的汇率风险；（2）债务到期情况（或时间表）；（3）债务的利率风险；（4）投资情况。上述四个子因素对资本结构的影响程度不同，（1）和（2）为一级因素，（3）为二级因素，一级因素影响程度高于二级因素。标普首先对前三个子因素进行评估得出资本结构初评结果（分为三级："中性"、"负面"和"非常负面"，若无一个子因素是负面，则评估为"中性"），然后将初评结果与第四个子因素放到一个矩阵中得出资本结构评价结果。对于汇率风险，标普主要以外币债务占公司债务总额比重来评判，若小于等于 15%，则汇率风险为中性。若上述比重大于 15%，且债务/EBITDA 超过 3 倍，同时利息覆盖率低于 1.2 倍，则标普判断汇率风险为负面。债务期限结构方面，标普认为长期、均匀分散的债务期限安排可以降低企业再融资风险；其在评估再融资风险时，标普考虑流动性标准中的 12 个月到 24 个月时间范围内的风险。标普评估利率风险时主要分析公司固定利率和浮动利率债务的组合，一般认为固定利率债务的比例越高，利息支出的可预测性和稳定性就越高，因此现金流也就越稳定。标普所说的投资情况指对未合并权益附属公司的投资（这些投资需是非战略性的金融投资，潜在的资产剥离对公司现有运营没有影响），若这些投资能增强公司市场价值，投资货币化时能提供一定程度的资产保护和财务灵活性或被用来偿还债务，则对公司发展有积极影响。穆迪评级方法中未将资本结构作为重要因素来分析。

五、国内评级机构对航空运输企业评级要素比较

评级要素方面，虽然国内各个评级机构划分有所不同，但均可归结为经营风险评级要素、财务风险评级要素及调整事项。外部支持方面，中诚信国际还考虑公司治理和管理水平、资产变现能力等因素，而中债资信将上述因素包含在企业自身风险评判中。

表 5　国内评级机构评级要素对比

中债资信	中诚信国际	联合资信
经营风险评级要素 ▶行业经营风险评级要素 • 行业供需关系 • 政策环境 • 行业竞争程度 • 航油价格波动 ▶企业经营风险评级要素 • 市场地位 • 运输能力 • 机队构成 • 经营网络 • 运输效率 • 企业管理 • 发展战略	▶规模及效率 • 市场份额 • 可用吨公里（含客货运） • 综合载运率（含客货运） • 平均机龄 • 航线网络多元化 ▶营运能力 • EBITDA 利润率① ▶财务政策 • 总资本化比率② • 总债务/EBITDA ▶财务实力 • EBITDA 利息覆盖倍数 • FFO/总债务③	经营风险评级要素 ▶行业及区域风险分析 • 行业供需 • 行业关注 • 行业竞争 • 政策环境 • 区域环境 • 未来发展前景 ▶企业基础素质 • 企业所有者和产权结构 • 企业规模和市场地位 • 人员素质 • 技术实力 ▶企业管理 ▶业务经营 • 收入和业务结构 • 运输能力和运输效率 • 航线网络布局 • 成本管控 ▶战略规划
财务风险评级要素 • 财务信息质量 • 资产质量 • 资本结构 • 盈利能力 • 现金流 • 偿债指标	调整因素 ▶外部支持 ▶公司治理 ▶指标间差异化分析 ▶跨行业因素 ▶个别事件	财务风险评级要素 ▶资产质量 ▶资本结构 ▶盈利能力 ▶现金流 ▶偿债能力
外部支持评级要素 • 股东及政府支持		调整事项

资料来源：联合资信整理。

六、借鉴与启示

通过分析比较国内外各家机构对于航空运输企业的评级方法，可看出国际三大评级机构评级方法体系更为详细、完整，评级逻辑和评价标准更加清晰，国内评级机构可借鉴国际评

① EBITDA 利润率 = EBITDA/营业总收入。

② 总资本化比率 = 总债务/（总债务 + 所有者权益）。

③ FFO（营运现金流） = CFO − 营运资本的减少（存货的减少 + 经营性应收项目的减少 + 经营性应付项目的增加）。

级方法进一步完善自身评级体系。除此之外，针对航空运输企业评级，我们主要得到以下几点启示。

1. 国际三大评级机构在对航空运输企业进行评级时，均对航空运输行业信用风险进行整体判断，明确行业风险等级，受评主体信用等级结果基于行业风险等级。相较而言，国内评级机构在行业分析时以列示行业特点为主，行业风险未对航企信用等级产生实质影响。

2. 国际三大评级机构均将财务政策作为主要评级要素/调整因素，认为财务政策反映了管理层的风险偏好程度，过于激进的财务政策直接影响企业信用等级。我国部分评级方法提出了需要对企业财务政策风险进行判断的观点，但并未指出明确的判断标准，对航企信用等级影响也较为有限。航空运输业是资本密集型行业，飞机、航材等引进作为一个相对稳定的刚性支出，是航企为扩大规模而每年均需进行的资本投入，管理层对债务杠杆的使用、对财务风险的管控、对股东和债权人利益的平衡等均应作为财务政策的重点考察内容。

3. 穆迪在其评级方法中提出超额现金类资产的概念。受行业预付票款及季节性需求波动影响，航空公司通常持有较大规模且波动较大的现金类资产，穆迪认为航空公司持有大规模现金类资产的基本政策和动机应当与其持有的现金水平同等甚至更重要。因授信有限、套期保值工具抵押品要求或为满足合同责任而持有较大规模现金的发行人其信用风险可能未必会低。因此穆迪在信用评估中考虑超额现金对信用风险的缓释作用。目前国内评级机构大多采用现金类资产/短期债务或现金流动负债比等指标来衡量企业短期偿债能力，除了现金类资产对短债的覆盖程度外，评级机构也应更加关注企业持有现金的原因、目的、需求方向等。资产负债表上的货币资金应通过评估发行人的业绩、财务及流动性政策来定性地考虑，而不是通过衡量时间点现金余额如何影响特定指标的定量分析。

4. 标普和穆迪均将流动性管理作为重要评级调整项之一，主要通过 1 年内流动性供给对流动性需求的保障情况、外部融资渠道畅通程度、流动性管理水平等方面来评价。国内评级机构对此方面的考量较少。

第三章　金融机构

01　银行业国内外信用评级方法比较与研究

联合评级　金融部　刘嘉　张帆　（2018－11）

一、概述

本文试图从国内外信用评级机构的相关评级方法和评级标准入手进行分析比较国内外银行评级结果的差异。本文涉及的机构范围包括国际主流评级机构3家和国内主要评级机构6家，由于中债资信未在其网站披露商业银行评级方法，因此本文不对中债资信评级方法进行比较。

表1　目前国内外商业银行评级方法

国际三大评级机构		国内评级机构	
评级机构	评级方法年份	评级机构	评级方法年份
穆迪	2016年	联合资信/联合评级	2010年
		中诚信国际	2007年
惠誉	2016年	大公国际	2015年
		新世纪	2014年
标普	2011年	东方金诚	2011年
		鹏元评级	2017年

注：文中通过对比的商业银行评级方法均采用各评级机构发布的最新版本。

资料来源：联合评级整理。

二、国内外评级机构对商业银行的评级逻辑比较

国际三大评级机构在商业银行的评级方法中，标普和惠誉逻辑基本相同，采用的是个体信用状况和外部支持评级方法相结合来评价主体级别，而穆迪的不同之处是在外部支持和个体信用状况因素上引入解困损失（LGF）[①] 因素，确定在没有外部支持的情况下受困银行的预期损失。国际三大评级机构评级方法都是先考虑运营环境和银行自身信用状况得到银行个

① 解困损失LGF（LOSS Given Failure）。

体信用评级，然后再考虑外部支持对个体信用的影响。从各家评级机构新修订的评级方法来看，都认为国家主权信用风险对商业银行影响较大，并调整了国家主权风险打分卡。其余调整项因素会存在部分差异，但整体逻辑较为相似。

穆迪采用的是基础信用评级方法（BCA）① 结合解困损失（LGF）分析、政府支持、附属支持三个考虑因素来分析整体银行信用状况。就银行基础信用评级方法而言，穆迪评级考虑运营环境、财务指标和定性因素三个方面来评定银行基础信用级别（BCA），运营环境主要是结合主权评级方法中的要素和银行行业指标，财务实力是从偿付能力和流动性方面分析。由于运营环境和财务指标均为定量分析，因此穆迪比定性因素更为全面地考虑银行自身信用水平。穆迪评级认为附属支持、解困损失以及政府支持因素是除银行自身信用水平以外的外部支持作用，应考虑银行外部支持是否能给银行信用水平带来提升。

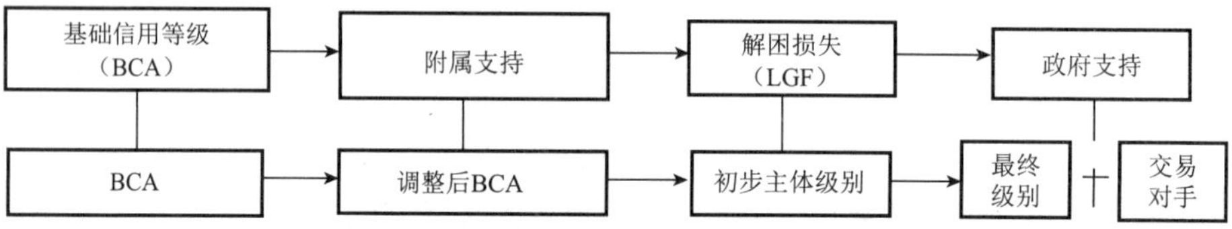

图 1　穆迪商业银行评级方法路径图

（资料来源：穆迪评级方法，联合评级整理）

惠誉首先对银行自身的信用状况进行评估并得到银行个体信用级别 VR②，VR 从运营环境、公司概况、管理与战略、风险偏好以及财务概况五个方面评估了银行可能失败的风险。外部支持评级反映了一家商业银行可以获得外部支持的可能性。商业银行的主体信用级别和债项级别由银行个体信用等级和外部支持评级共同决定。惠誉对于主体长期信用级别通常采用“二者取其高”的方法，即取银行个体信用级别和外部支持评级更高者作为商业银行主体长期信用级别。

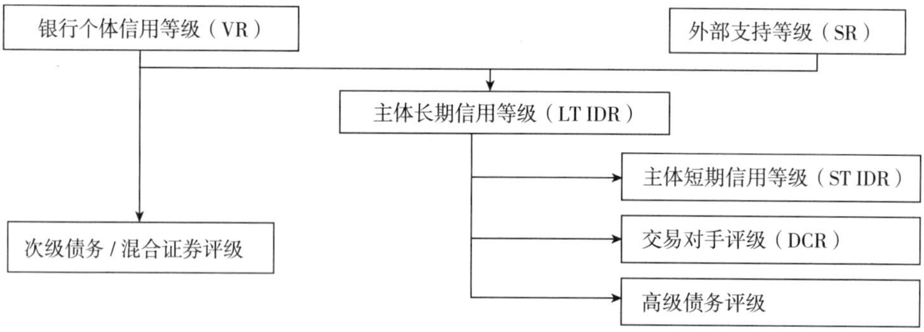

图 2　惠誉商业银行评级方法路径图

（资料来源：惠誉评级方法，联合评级整理）

在具体评级流程中，标普首先通过评估一国金融体系的经济风险和全行业风险状况，初

① 基础信用评级方法 BCA（Baseline Credit Assessment）。
② 个体信用级别 VR（Viability Rating）。

步确定基准的个体信用状况（Anchor SACP），然后在基准的个体信用状况的基础上依次根据银行的自身业务的因素指标上调或者下调评级，确定个体信用状况（SACP）①。在确定个体信用状况后，根据政府支持和集团等支持情况确定可能的发行人信用评级，最后根据市场趋势、同业情况及评级委员会的建议，在可能的发行人信用评级的基础上略微调整，确定最终的银行评级。

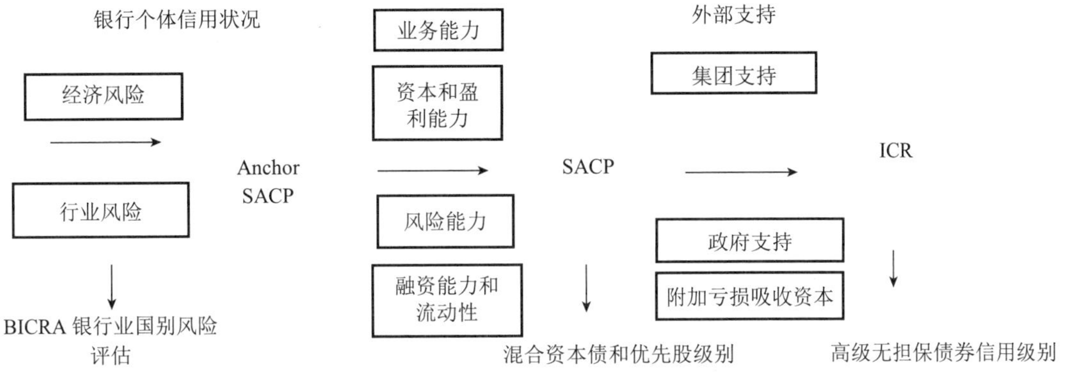

图3　标普商业银行评级方法路径图

（资料来源：标普评级方法，联合评级整理）

三、国际三大评级机构对商业银行的评级要素比较

表2　目前国际三大评级机构商业银行评级方法主要评级要素

穆迪	惠誉	标普
基础信用评估（BCA） • 运营环境 • 财务实力 • 定性因素	银行个体信用等级（VR） • 运营环境 • 公司概况 • 管理与战略 • 风险偏好 • 财务概况	银行业国别风险评估（BICRA） • 经济风险 • 行业风险
调整后的 BCA • 附属支持 初步主体级别 • 解困损失（LGF） 最终级别 • 政府支持	外部支持等级（SR） • 政府支持 ■ 政府支持的能力 ■ 政府支持银行业的意愿 ■ 政府支持受评银行的意愿 • 机构支持 ■ 股东支持的能力 ■ 股东支持的意愿 ■ 子公司的国家风险	标普个体信用状况（SACP） • 业务能力 • 资本与盈利能力 • 风险能力 • 融资能力和流动性 外部支持（包括政府支持或者集团支持） • 政府系统类支持 • 政府直接支持 • 政府干预 • 其他短期支持 • 集团支持

资料来源：联合评级整理。

① 个体信用状况 SACP（Stand－Alone Credit Profiles）。

（一）穆迪评级要素

运营环境方面，穆迪认为银行破产的主要原因与系统性危机密切相关，主要分析因素有经济实力、制度建设、事件风险敏感性、信贷条件、融资条件以及产业结构。前三个指标与穆迪评级主权打分卡一致，然后结合信贷条件、资金条件和产业机构综合打分得到银行系统运营环境。信贷条件选取指标私营部门信贷/国内生产总值、私营部门信贷增长率/GDP 增长率等，评判标准分为“非常强”至“非常弱”共 15 个等级。融资条件主要考虑的市场资金宽松程度和中央银行资产负债表情况。穆迪认为在具有相同资本比率的情况下，在强大运营环境体系中的银行要优于运营环境较弱的银行。

财务指标方面，穆迪选取具有银行代表性的指标，设置打分区间给予权重，同时每个代表财务实力的指标，设有补充指标作为调整项，为了更能准确地处理个体银行之间的差异性。穆迪认为最能体现银行财务实力的为偿付能力（占比 65%）和流动性（占比 35%）。就偿付能力而言，穆迪考虑因素为资产质量、资本能力与盈利能力。其中，资产质量主要考虑不良贷款率，划分 15 个区间值来评判资产质量，区间由非常强到非常弱；同时还会考虑贷款增量、贷款集中度、贷款组合、贷款所在区域等定性因素综合考虑。资本能力主要考虑的是有形普通股权/风险加权资产，由于全球商业银行未都使用《巴塞尔协议Ⅲ》监管标准，穆迪就不同的巴塞尔协议的监管标准设计出符合银行所在国的区间范围，以便评判更为精准。盈利能力的核心指标为净利润/有形资产，同样划分为 15 个打分区间，非常强标准比率大于或等于 2. 5%，其他考虑因素为盈利稳定性。就流动性而言，穆迪主要考虑融资结构和储蓄资源。穆迪认为银行融资渠道有多种，相对于批发资金，零售存款是更加稳定的资金来源；因此选取市场资金/有形银行资产作为核心指标，其他考虑因素主要从市场资金质量和银行的存款质量来考虑。资产变现能力主要考虑流动资产/有形银行总资产，其他考虑因素有流动资产质量。从财务实力来看，穆迪评级比较看重银行的偿付能力，权重占比达 65%。

表 3　穆迪商业银行财务实力分析指标

项目	指标	公式	补充指标
偿付能力（65%）	资产质量（25%）	不良贷款/贷款总额	贷款增量、信贷质量集中度、贷款组合、贷款所在区域
	资本能力（25%）	有形普通股东权益/风险加权资产	有形股东权益/有形资产、监管预警指标、资本质量、资本替代性
	盈利能力（15%）	净利润/有形资产	盈利稳定性

续表

项目	指标	公式	补充指标
流动性（35%）	融资结构（20%）	市场资金/有形银行资产	市场融资能力：货币市场基金、同业拆借、外国投资者、债券投资者、回购资金等 存款融资能力：活期/支票账户、小额储蓄账户、税收优惠储蓄账户、零售、对公储蓄账户 资金期限以及结构
	资产变现能力（15%）	流动资产/有形银行总资产	流动资产质量

资料来源：穆迪评级方法，联合评级整理。

除考虑定量指标外，穆迪评级还考虑定性因素来弥补定量指标的大众化，定性因素主要考察银行业务的多元化、内部复杂性和不透明性以及企业行为。其中，业务多元化主要指银行业务的广泛度，是单一业务还是多种业务，穆迪认为多种业务有利于风险分散，并且多元化的经营策略抗风险能力较强。银行内部复杂度和不透明可能会带来管理的难度和战略错误的风险。企业行为中较好的银行战略以及高管层的管理和制度会降低银行内部风险。

表 4　穆迪商业银行定性因素指标

项目	考虑方面	指标
定性因素	业务多元化	收入稳定性、业务占比情况
	不透明与复杂性	财务可靠性、复杂的法律结构、衍生品结构
	企业行为	单一控制人风险、关联方风险、战略与管理、股利政策、补偿政策、财务制度
附属支持	可能性支持	管理与内控、品牌、地域、文件性支持、战略、金融支持、政策保护
	提供支持的能力	政府潜在支持
	提供支持与接收支持之间的依赖关系	子公司的整合程度、各自的操作环境
	申请支持	可能收到支持的概率、提供支持的能力等
解困损失（LGF）	无 Operational Resolution Regimes	不同债务减损保护不同
	有 Operational Resolution Regimes	从受偿顺序较低的债务中获得的减损保护
政府支持	可能性支持	监管政策、国内存贷款市场份额、市场影响、自然活动、公众参与度

资料来源：穆迪评级方法，联合评级整理。

评定银行基础实力评级（BCA）后，穆迪评级考虑银行在外部环境对其的影响因素，涉及三个调整项，分别为附属支持、解困损失（LGF）、政府支持。附属支持考虑因素有存在的可能性支持、支持的能力以及支持稳定性等。可能性支持中主要考虑品牌、地域、文件性支持等因素给银行带来的外在支持。

解困损失（LGF）确定在没有外部支持的情况下受困银行的预期损失，并区分各种债务工具和存款将会蒙受的损失。对于没有确立处置机制地区的银行，使用的是基本 LGF 方法，高级无担保债券、存款不用调整，银行次级债务工具则需要向下调整。对于已确立处置机制的地区的银行，解困损失分析将考虑各类债权人在银行处置过程中从受偿顺序较低的债务中获得的减损保护。资产的损失率越高，存在损失风险的债务就越多。因为更多的债权人有利于吸收损失，那么普通债务规模越高，损失率越低。

政府支持主要考虑银行所在国政府的支持能力以及支持意愿，主要考虑监管政策、国内存贷款市场份额、市场影响、自然活动、公众参与度等因素。

（二）惠誉评级要素

惠誉商业银行评级体系首先评估银行个体的信用等级（VR），并在此基础上考虑外部支持的等级（SR），综合得到商业银行主体长期信用级别（LT IDR）、主体短期信用级别（ST IDR）、衍生品交易对手评级（DCRs）[①] 以及债项级别。对于银行个体的信用等级（VR），惠誉从运营环境、公司概况、管理与战略、风险偏好、财务概况五个方面进行分析。因为银行具有各自的特点，惠誉没有对于上述评级因素设置具体权重，而是根据银行个体情况，设置最能符合其特点的权重。

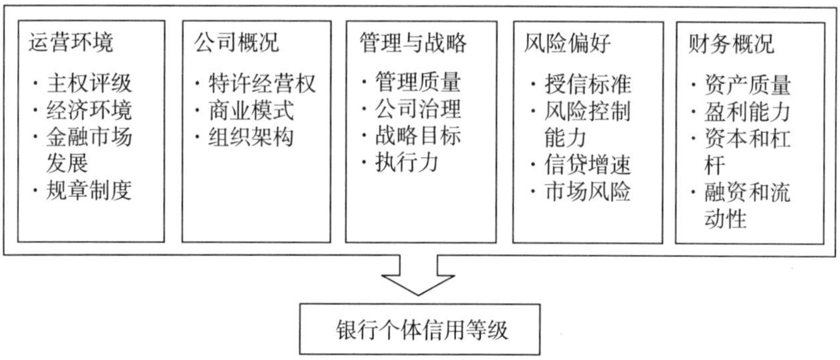

图 4　惠誉商业银行 VR 评估框架

（资料来源：惠誉评级方法，联合评级整理）

运营环境方面，惠誉认为银行的运营环境对其个体信用等级具有重要影响，因为运营环境可能对银行的资产质量、资本实力、盈利可持续性、融资稳定性等因素产生影响，也可能影响银行其他非财务数据。惠誉主要考察主权评级、经济环境、金融市场发展和规章制度。主权评级方面，由于银行通常受主权风险的影响大，主权评级通常作为受评银行能达到的最高等级；但在少数情况下，受评银行拥有比主权国更高的信用、强健的融资能力和存款特权，受评银行的主体级别可能高于主权级别，例如国际化的银行可能高于该国主权级别。经

① DCRs 评价了与非政府第三方的衍生品合约下，银行发生违约时的相对易损性；DCRs 可能等于或超过银行的长期主体级别。

济环境方面，惠誉分析可能影响银行信用情况的宏观经济变量，例如经济发展阶段、预期经济增速、信贷占 GDP 比值、就业情况预测等。惠誉认为金融市场发展程度反映了银行系统的规模、集中度和所有权情况，如全国资本市场的深度、支持金融系统有序运行的基础设施的发展情况等。规章制度方面，惠誉分析与银行有关的立法情况和发展趋势。最后，惠誉根据运营环境设定 VR 的区间，很少有银行的 VR 可以超过运营环境得到的等级。

公司概况方面，惠誉关注银行的特许权、商业模式和组织结构，惠誉认为，一家银行的特许经营权影响其竞争地位和在银行业体系内的重要性，也是反映贷款和存款的市场份额、产品的领导型等衡量竞争力的指标。商业模式决定了一家商业银行如何产生收入和利润。商业银行组织架构包括中间层的控股公司、原因不明的交叉持股协议以及占比较大的少数股东权益等可能会对级别产生负面影响，惠誉同时关注关联交易情况。

管理和战略方面，惠誉从管理质量、公司治理、战略目标和执行力四个方面进行分析。惠誉认为，高管层的深度和稳定性是评估管理质量的关键因素，强大的管理团队具有高度的可信度、可靠性、经验和能力；如果银行有明显的治理缺点和缺陷，对评级结果具有很大的负面影响，虽然稳健的治理结构对银行的信用状况具有一定的有利性，但是其影响力远低于严重的治理缺陷对评级结果的影响力；一个阐述明确、有凝聚力和稳健的中长期战略目标，对评级结果有正面影响。

风险偏好方面，惠誉关注贷款授信标准、风险控制能力、信贷扩张和收缩程度以及市场风险（特别是市场利率风险）。由于大多数银行的风险主要集中在贷款组合中，惠誉关注银行的一般贷款标准；惠誉通常会审查贷款标准、所涉及的自动化程度以及估值和减值准备政策，同时评估银行投资证券组合的风险偏好也是惠誉评级关注点。

财务分析方面，惠誉通过核心指标和补充指标对资产质量、盈利能力、资本和杠杆、融资和流动性考察其财务实力。核心指标对于财务因素得分具有重要影响，补充指标对财务因素得分进行调整。

资产质量方面，由于信贷业务是大多数商业银行的主要业务类别，因此信贷质量是银行资产质量风险的主要来源。资产质量的核心指标是减值贷款/贷款总额；补充指标包括贷款总额增速、贷款减值准备/减值贷款和贷款减值准备金/平均贷款总额。

表 5　惠誉商业银行 VR 评估资产质量打分卡

减值贷款/贷款总额（%） 运营环境	aa	a	bbb	bb	b 及以下
aa	<1	≤3	≤6	≤14	>14
a	≤0.25	≤2	≤5	≤12	>12
bbb		≤0.5	≤4	≤10	>10
bb			≤0.75	≤5	>5
b 及以下				≤10	>1

资料来源：惠誉评级方法，联合评级整理。

盈利能力方面，由于营业利润/风险加权资产反映了银行相对于其假定的风险，所能产生经常性利润的能力，因此惠誉将其作为盈利能力的核心指标。补充指标包括净利息收入/平均收益资产、非利息支出/总收入、贷款及证券减值、费用/减值前营业利润、营业利润/平均资产总额和净利润/平均净资产。

表 6　惠誉商业银行 VR 评估盈利能力打分卡

运营环境 \ 营业利润/风险加权资产（%）	aa	a	bbb	bb	b 及以下
aa	≥3.75	≥1.5	≥0.5	≥0.25	< -0.25
a	≥4	≥2	≥0.75	≥0	<0
bbb		≥4.25	≥1.5	≥0.25	<0.25
bb			≥4.75	≥1.25	<1.25
b 及以下				≥5	<5

资料来源：惠誉评级方法，联合评级整理。

资本和杠杆方面，银行资本的规模和质量以及资本充足率是评估银行信誉的基础，股本为银行吸收未计提的、意外的损失提供了缓冲，使银行可以继续避免倒闭、继续经营。资本和杠杆方面的核心指标惠誉核心资本/FCC 调整风险加权资产比较了银行可吸收损失的核心资本及其风险资产；补充指标包括巴塞尔杠杆比率、(所有者权益－商誉－无形资产－递延所得税资产)/(资产总额－商誉－无形资产－递延所得税资产)、CET1 监管资本比率、内部资本补充和（减值贷款－减值准备金)/惠誉核心资本。

表 7　惠誉商业银行 VR 评估资本和杠杆打分卡

运营环境 \ 惠誉核心资本/FCC 调整风险加权资产（%）	aa	a	bbb	bb	b 及以下
aa	≥16	≥10	≥8	≥6	<6
a	≥18	≥14	≥9	≥7	<7
bbb		≥19	≥13	≥8	<8
bb			≥20	≥12	<12
b 及以下				≥22	<22

资料来源：惠誉评级方法，联合评级整理。

融资和流动性方面，流动性不足往往是银行倒闭的直接诱因，惠誉考察一家银行维持其流动性状况和融资稳定性的能力。惠誉采用贷款/客户存款作为融资和流动性的核心指标，由于其是衡量银行资产和资金匹配程度最佳的指标；补充指标包括流动性覆盖率和客户存款/总资金（不包括衍生品)。

表 8　惠誉商业银行 VR 评估资本和杠杆打分卡

运营环境 \ 贷款/客户存款	aa	a	bbb	bb	b 及以下
aa	≤75	≤125	≤190	≤250	>250
a	≤60	≤90	≤150	≤200	>200
bbb		≤55	≤125	≤170	>170
bb			≤50	≤140	>140
b 及以下				≤45	>45

资料来源：惠誉评级方法，联合评级整理。

表 9　惠誉商业银行 VR 评估分析指标

一级指标	二级指标	三级指标
运营环境	主权评级	主权等级
	经济环境	经济发展阶段、经济增长预期、信贷占 GDP 比重、就业预期、惠誉宏观审慎指标①（MPI）
	金融市场发展	银行业的规模、集中度、所有权，国家资本市场的深度，支持金融体系有序进行的基础设施的发展情况
	规章制度	与银行有关的立法、执法及其发展情况
公司概况	特许经营权	贷款和存款市场份额、产品的竞争力、客户关系的强度
	商业模式	业务组合，例如贷款组合、主要业务条线的收入和利润占比
	组织架构	组织架构的复杂性、采用某种组织架构的原因以及关联交易
管理与战略	管理质量	管理层的稳定性与能力、企业文化
	公司治理	监事会有效性评价（其成员是否具有足够的专业知识、资源和独立性以有效地进行监督管理）、财务报告（质量、频率和报告的及时性，以及内部和外部审计过程的稳健性）和关联方交易（交易规模、是否进行了审查和批准程序）
	战略目标	战略目标是否明确、具有凝聚力、稳健
	执行力	对比实际经营结果与预测的差距
风险偏好	授信标准	银行贷款标准：信贷标准、系统自动化程度、减值准备政策；银行证券投资的风险偏好
	风险控制能力	产品或信贷集中度、地域性的限制、市场风险、操作控制、客户打分卡、内部或第三方评级数据、内部审计制度及有效性
	信贷增速	信贷和资产负债表扩张或缩减的速度
	市场风险	市场风险控制手段、套期保值、监控、VaR 以及与证券组合有关的其他市场风险报告

① 自 2005 年起，惠誉对全球超过 80 个国家的银行贷款、房屋价格、股票价格和实际汇率进行监控，以识别潜在的系统性风险；MPI 衡量的风险从“1”（低风险）、“2”（中风险）到“3”（高风险）。

续表

一级指标	二级指标	三级指标
财务概况	资产质量	核心指标：减值贷款/贷款总额；补充指标：贷款总额增速、贷款减值准备/减值贷款、贷款减值准备金/平均贷款总额
	盈利能力	核心指标：营业利润/风险加权资产；补充指标：净利息收入/平均收益资产、非利息支出/总收入、贷款及证券减值、费用/减值前营业利润、营业利润/平均资产总额、净利润/平均净资产
	资本和杠杆	核心指标：惠誉核心资本/FCC 调整风险加权资产；补充指标：巴塞尔杠杆比率、（所有者权益－商誉－无形资产－递延所得税资产）/（资产总额－商誉－无形资产－递延所得税资产）、CET1 监管资本比率、内部资本补充、（减值贷款－减值准备金）/惠誉核心资本
	融资和流动性	核心指标：贷款/客户存款；补充指标：流动性覆盖率、客户存款/总资金（不包括衍生品）

资料来源：惠誉评级方法，联合评级整理。

外部支持等级（SR）反映了银行获得外部支持的可能性，银行的外部支持通常来自于两个渠道，一个是股东，另一个是政府。惠誉认为银行最可能获得的外部支持来自政府，因此把政府支持作为银行的支持评级底线（Support Rating Floor）。政府支持方面，惠誉关注政府提供支持的能力、政府支持银行系统和支持受评银行的意愿。机构支持方面，惠誉评估股东提供支持的能力和意愿。最后，惠誉将政府支持和股东支持中二者更高的等级作为 SR 的最终结果。

（三）标普评级要素

标普评级方法主要包含两个关键步骤：个体信用状况（SACP）和外部支持，其中个体信用状况（SACP）包含运营环境和银行自身信用状况，主要考虑因素有：经济风险、行业风险、业务能力、资本和盈利能力、风险能力、融资能力和流动性。经济风险和行业风险主要考察的是运营环境风险，采用银行业国别风险评估（BICRA）方法；而外部支持框架，标普评级方法会考虑银行与集团或政府的关系是否可以给银行带来整体信誉的提升。个体信用状况和外部支持框架的结合可以分析出银行的主体信用状况。如果银行作为发行人发行优先股和混合资本债，考虑到在发行债务后对银行个体信用的影响，会得到债务发行人评级 ICR（Issuer credit rating）信用级别，通常此级别会等于、高于或低于银行的主体信用级别。

标普在 BICRA 方法中，对经济风险设置打分区间（1～10 分），考虑因素主要有国家经济稳定性和结构、经济政策灵活性和实际或潜在的不平衡的信贷风险等。行业风险打分区间也为 1～10 分，考虑因素主要包括金融体系框架和监管执行的有效性，行业竞争格局以及银行在金融行业的地位，债券市场融资环境以及中央银行和政府在金融行业里的作用。通过经济风险和行业风险打分区间运用矩阵方法得到 Anchor SACP 级别，级别范围为 a～b－级。

表 10　标普经济风险和行业风险决定 Anchor SACP

项目	经济风险									
行业风险	1	2	3	4	5	6	7	8	9	10
1	a	a	a−	bbb+	bbb+	bbb				
2	a	a−	a−	bbb+	bbb	bbb	bbb−			
3	a−	a−	bbb+	bbb+	bbb	bbb−	bbb−	bb+	bb	
4	bbb+	bbb+	bbb+	bbb	bbb	bbb−	bb+	bb	bb−	
5	bbb+	bbb	bbb	bbb	bbb−	bbb−	bb+	bb	bb−	b+
6	bbb	bbb	bbb−	bbb−	bbb−	bb+	bb	bb	b+	b+
7		bbb−	bbb−	bb+	bb+	bb	bb	bb−	b+	b+
8			bb+	bb	bb	bb	bb−	bb−	b+	b
9				bb	bb−	bb−	b+	b+	b	b
10					b+	b+	b+	b	bb	b−

资料来源：标普评级方法，联合评级整理。

标普得到 Anchor SACP 级别后，从业务能力、资本和盈利能力、风险能力、流动性和融资能力四个因素作为调整项评估银行个体级别，通常打分区间分为非常强（+2 刻度）、强（+1 刻度）、适中（0）、一般（−1 刻度）、弱（−2 到 −3 刻度）、较弱（−5 刻度）6 个区间。就业务能力而言，标普主要考察受评银行业务稳定性、集中度和多样性、管理和战略。业务稳定性方面，标普评级是将银行业务稳定性与国内银行和银行在其他国家的同类行业风险评分进行比较，主要分析各业务线对总收入贡献度，基本上有经常性业务收入条线的收入会更加稳定；同样客户黏性大，对银行忠诚度高也是体现银行业务稳定性的指标。业务集中度与多元化方面，业务量或收入的集中可能会导致业务不稳定和可预测的收入下降等缘由，从而削弱业务地位。另外，成功的多元化可以带来更稳定和更可预测的收入，多样化意味着在过去的国内低迷时期，银行的收益比行业强。管理与治理方面，主要考察管理层的战略能力，风险管理和运营效率决定了银行在市场及其财务状况中的竞争力。

资本和盈利能力主要用来评价银行抵抗风险的能力，主要考虑要素包括对监管要求的评估、风险调整资本水平、盈利能力；对资本和盈利能力的评估分为四步：首先，分析资本和收入如何运行以达到监管要求；其次，使用风险资本调整率评估银行资本的充足性，标普认为风险调整资本充足率为最重要的评估指标，通常大于 15% 的数值会被评判为非常强、10% ~15% 为强、7% ~10% 为适中；再次，通过业务构成、收入变动趋势、稳定性和对未来收入的预测来评估资本和收入的质量；最后，评估受评银行盈利能力。

风险能力主要考察银行如何管理头寸增长和变动、风险集中度和分散性的影响、实质性风险是否适当。融资能力通过回顾银行负债（零售和批发业务存款、同业借款、资本市场借款等）来评估银行融资的强度和潜在波动的相关性；如果一家银行并不能使用央行的融资机制，那对于这家银行的融资评估则在平均水平及以下；流动性主要考察银行对于央行融资的依赖度和获得其他流动性资金的能力，标普使用指标包括批发借款/流动资产（liquid assets to wholesale funding）、核心存款/流动资产、短期批发借款/流动资产、短期批发借款/全部批发借款等。通过上述因素考虑得到标普 SACP 级别，范围为 AAA ~ CC 级。

表 11 标普评级商业银行评估分析指标

项目	指标	指标
业务能力	业务稳定性	收入稳定性、市场份额、客户基础
	集中度	不同业务和地域对总体收入的贡献
	管理和战略	战略定位、业务效率、财务管理和治理
资本和盈利能力	监管要求	所在地区的监管要求
	风险调整资本水平	RAC（调整资本）比率 = 调整资本/调整后资产
	资本和盈利质量	利息净收入/总收入、费用和佣金/总收入、核心收益[①]/标普风险加权资产、贷款损失拨备/资产净营业收入
	盈利能力	盈利能力覆盖标准化损失
风险能力	定性分析	风险头寸、信用风险、经济衰退期银行的预期损失经验
流动性融资能力	流动性	批发借款/流动资产、核心存款/流动资产、短期批发借款/流动资产
	融资能力	零售和批发业务存款、同业借款、资本市场借款等来评估银行融资的强度和潜在波动的相关性

资料来源：标普评级方法，联合评级整理。

银行体系在金融行业发展中占重要地位，一个国家政府对银行的支持作用也是标普考虑商业银行评级方法的要素之一。标普考虑政府支持有四种支持，分别为系统性支持（也就是政府对整个银行业的支持，这类支持已在 BICRA 中考虑）、直接支持（政府对单一银行在面临风险时的支持，这类支持已在评估个体银行评价中考虑）、政府干预以及对于系统重要性银行的其他短期支持。考虑要素：评估未来获得政府支持的可能性（确定银行在银行系统的重要性、确定政府对于支持银行的倾向性、建立政府提供支持的可能性、确定是否可以获得其他短期支持的能力、将政府支持银行评级与主权评级结合起来），评估未来获得集团支持的可能性，最后取政府支持可能性及集团支持可能性所得到的最高结果；以上评估区间为 AAA ~ B - 级。

通过对比国际三大评级机构商业银行评级要素，发现国际评级公司依靠自身数据分析能力结合样本公司对其评判方法各有侧重点，穆迪公司的分析比较侧重于财务分析，以及考察了交易对手的评级分析。而惠誉和标普评级方法的要素定性指标较多。标普银行评级结构比较完善，对于单个因素考察较为全面，但整个评级方法定性指标较多，使用自身创造的指标较多，并没有对主要核心指标赋予权重。同时国际三大评级机构都有自身核心的对资本、盈利能力的评级方法镶嵌于银行评级方法中。

---

① 核心收益 = 净利润 - 非经常性损益收入 + 非经常性损益开销 + 商誉 - 折旧与摊销 + 分配银行的风险基金 - 混合权益工具 + 其他调整项 + 其他 - 调整的税。

四、国内评级机构对商业银行的评级要素比较

国内评级机构对商业银行的分析要素基本一致，但除采用常见的评级要素外，均有自身独特的评级要素，如中诚信在风险管理分析中考虑了管理层的风险意识，主要考察银行过去5年董事会及管理层对银行面临风险的意识程度；同时，其引入了经济资本分析概念，评估此类银行的假设资本水平。东方金诚对银行资本充足程度分析更加看重，将其作为与财务分析平等的一节单独体现；此外，东方金诚还关注渠道资源，主要分析银行的分支机构网点数量及其有效性、信息科技运用情况、非传统分销渠道（包括网上银行、手机银行、电话银行、自助银行等）以及交叉销售能力；将股东支持和政府支持放在公司治理和运营环境要素中考察。新世纪将风险管理和财务分析拆分为风险管理和风险吸收能力两部分，其中风险管理考察了银行信用风险水平、流动性风险分析、市场风险及操作风险，风险吸收能力则考察银行拨备计提情况、盈利能力以及资本充足情况。

表12　国内评级机构对商业银行的评级要素比较

	联合资信/评级	中诚信	大公	东方金诚	新世纪	鹏元
运营环境	• 经济环境 • 行业竞争 • 行业风险 • 监管	• 宏观环境 • 行业特征 • 区域环境	• 宏观环境 • 运营环境	• 宏观经济 • 区域经济环境 • 行业特质 • 竞争环境 • 监管环境	• 宏观经济 • 环境和区域经济环境 • 银行业运营情况 • 银行业监管及政策	• 宏观经济 • 货币政策 • 监管政策
公司治理	• 公司治理 • 内部控制 • 发展战略	• 股权占比 • 股东背景 • 组织架构 • 关联方交易风险	• 组织架构 • 公司治理 • 管理层稳定性 • 战略发展	• 组织架构 • 内部管理 • 战略规划	• 组织架构 • 内部管理 • 战略规划	• 组织架构 • 职责划分 • 经营独立性 • 合规发展
业务运营	• 客户基础与网络渠道建设 • 业务组合特点 • 主要业务市场竞争力 • 各业务板块对收益的贡献度	• 市场定位 • 收益多元化 • 非利息收入 • 业务板块来源 • 可持续的市场份额	• 营业收入比重 • 公司、零售业务存贷款余额 • 同业业务余额 • 投资业务投资标的	• 从品牌、资产规模、资本实力、收入、利润、客户群、渠道等方面评价银行总体市场地位	• 区域竞争性 • 业务多元化 • 业务专业性	• 竞争地位 • 资产规模 • 客户资源 • 风险分散 • 非息收入

续表

	联合资信/评级	中诚信	大公	东方金诚	新世纪	鹏元
风险管理	• 银行风险管理体系 • 信用风险管理 • 市场风险管理 • 流动性风险管理 • 操作风险管理	• 信用风险体系建设 • 信用风险 • 流动性风险 • 市场风险 • 操作风险	• 信用风险体系建设 • 信用风险 • 流动性风险 • 市场风险 • 操作风险	• 信用风险体系建设 • 信用风险 • 流动性风险 • 市场风险 • 操作风险	• 信用风险体系建设 • 信用风险 • 流动性风险 • 市场风险 • 操作风险	• 信用风险体系建设 • 信用风险 • 流动性风险 • 市场风险 • 操作风险
财务指标	• 资产质量 • 负债分析 • 经营效率及盈利水平 • 流动性：备付金率、流动性比例、存贷款比例、净稳定资金比例、流动性覆盖率、现金流状况 • 资本充足性	• 拨备前利润平均风险资产回报率 • 净利差 • 成本收入比 • 资产质量 • 贷款拨备覆盖率 • 资本充足性	• 资产规模 • 负债规模 • 流动性覆盖率 • 流动性比例 • 存贷比 • 成本收入比 • ROA/ROE • 资本充足率	• 资产：生息资产、非生息资产的金额 • 不良贷款率 • 贷款迁徙率 • 证券投资资产质量 • 负债规模 • 成本费用 • 流动性比率 • 贷存款比率 • 流动性缺口率 • 流动性覆盖率 • 净稳定资金比例	• 利息净收入 • 手续费及佣金净收入 • 投资收益 • 手续费及佣金收入情况 • 利息收支情况 • 成本收入比 • 资产减值损失 • 拨备前利润平均回报率 • ROA/ROE • 资本充足性	• 资本充足率 • 盈利能力 　• 净利润 　• 净息差 　• 成本收入比 　• 总资产报酬率
其他	• 外部支持	• 外部支持	—	• 外部支持	• 外部支持	• 外部支持

资料来源：联合评级整理。

五、启示与借鉴

通过对国内和国际三大评级机构商业银行评级方法的比较发现，国内评级机构对商业银行的评级逻辑基本一致，主要通过运营环境、公司治理、业务运营、风险管理和财务指标，并综合考虑外部支持等因素对商业银行的信用水平进行评价。国际三大评级机构商业银行评级方法适用于全球商业体系，首先考虑商业银行所在国的主权评级，其次考虑银行自身的信用风险以及外部支持，穆迪在获得最终级别的时候还考虑了解困损失（LGF）分析。虽然我国商业银行较国际商业银行而言，具有一定的特色，国内评级机构的评级方法涉及的指标更加适用，但国内评级机构仍然可以从国际三大评级机构商业银行评级方法中得到借鉴：

1. 国际三大评级机构评级方法体系较为详细，采用了多样化的评估方法对银行信用水平进行评估；无论是采用定性分析法还是定量分析法，国际三大评级机构均设置有完整的打分卡或级别调整指向，对打分区间具有详细的定量指标或定性描述；这对于国内评级机构完善自身评级体系具有一定借鉴意义。

2. 国际三大评级机构评级方法将银行个体实力与外部支持分别给予评估，在得到银行个体信用等级的基础上，再考虑外部支持等级，最终得到主体信用级别。而国内评级机构通常将外部支持作为主体信用评级的一个要素。银行个体信用等级可以更好地反映银行自身的信用状况，而外部支持是在银行面临违约风险时，外部能够给予的支持力度，国内评级机构可以参考国际三大评级机构的评级逻辑，分别评估银行个体实力与外部支持。

3. 国际三大评级机构在评级方法中对银行所在国家及地区主权信用着重考虑，认为银行所在地的经济环境、金融市场环境、政策和制度力量等对银行的个体发展具有重要影响；这对于分析国内城商行和农商行及部分区域性银行具有指导性意义，这类银行业务主要集中在某个区域，自身发展受到当地经济环境、金融环境、区域政策、法制力量的影响很大，因此在对区域性银行评估的时候应着重从以上方面进行评价。

02　标普的银行信用评级方法与假设研究

联合资信　金融部　卢司南　寇妙融　（2018－05）

一、摘要

标普银行信用评级标准（以下简称该标准）阐述了制定银行个体信用情况框架（SACP）和发行人信用评级（ICR）的步骤，同时该标准考虑了银行母集团或主权政府为该银行提供额外直接支持的可能性。

首先，该标准强调了经济风险和行业风险，这是金融机构评级的起点或“锚”。其次，根据银行特定的因素（如资本化、管理、风险头寸等）对锚进行调整，以确定 SACP。最后，该标准分析了机构支持框架，机构支持框架包括了潜在的政府支持和企业集团的支持。

该标准把发达经济体中一般水平银行的 SACP 放在“bbb”和“a”类别中（此处用小写字母是为了将该信用状况与发行人信用评级区分开来）。如果银行拥有较强的业务地位、不依靠外部支持且资本充足、能承受严重或极度压力，该银行可能会被赋予较高的 SACP。SACP 确定后，特殊政府或团体支持的因素都将被纳入 ICR 的考量中。

该标准限制了经济周期对银行评级变动的影响。银行得到“AAA”的评级仍然是可能的，但是该银行必须拥有包括资本化水平在内的信用特点，这些信用特点比大多数银行在 2007 年维持的水平要强得多。

二、评级对象、适用范围

该标准适用于零售银行、商业银行、股份制银行和投资银行。银行的定义较为广泛，包括大型经纪交易商、抵押贷款者、信托银行、信用合作社、建房互助协会和托管银行。该标准不适用于融资公司、资产管理、交易所、清算中心和区域性证券经纪商。

三、评级框架及流程

标普商业银行评级标准包括两个关键步骤：（1）基于个体信用情况框架（Stand－alone Credit Profile，SACP）决定个体信用状况；（2）评估政府或集团的临时支持。一旦存在临时性支持的可能性，那么该银行的指示性发行人信用评级（Issuer Credit Rating，ICR）就会加入到评级方法中。

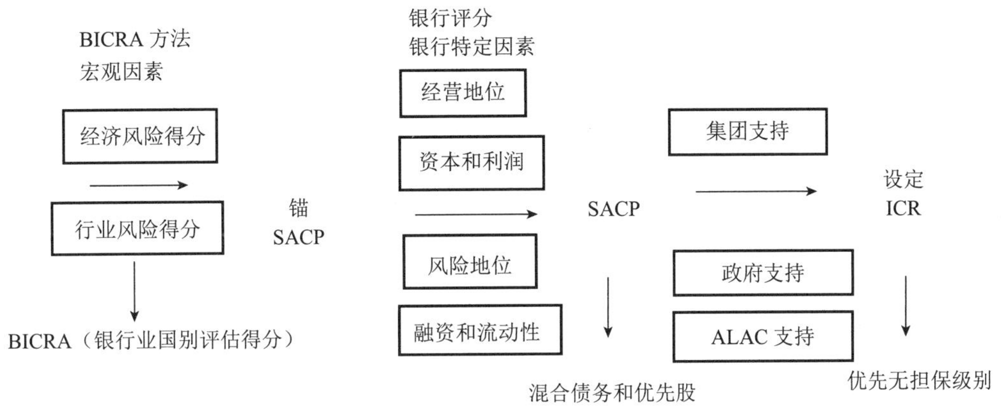

图 1　评级框架及流程

该标准通过结合个体信用情况框架（SACP）和支持条款得出指示性发行人信用评级（ICR），指示性 ICR 是 ICR 的组成部分。在大部分情况下，ICR 和指示性 ICR 相同。在某些情况下，评级标准得出的 ICR 会比结合了 SACP 和特别支持的指示性 ICR 高或低一个等级。

SACP 的评估体系包括六个要素：根据银行业国别风险评估（以下简称为 BICRA）方法，前两个要素分别是经济风险和行业风险；经济和行业风险代表对银行信誉的宏观分析，它们反映了更广的经营环境中的优势和劣势，以此来设定锚或 SACP，即给出 ICR 的起始点。其他四个因素代表了银行个体的优势和劣势，对这些因素进行分析，根据锚对 SACP 进行上调或下调。

支持框架同时考虑银行和母集团的关系以及银行和政府的关系，并且分析这些关系如何改变银行整体的信誉。考虑到外部支持和 SACP，我们会得出指示性 ICR。指示性 ICR 和 SACP 是相同的，除非银行极可能收到额外的资本支持和流动性，或收到来自政府或母集团在危机中的风险缓释。在实践中，银行一般会从政府或母集团处得到救助。相应地，在母集团或政府支持框架的应用下，作为子公司的银行会收到更高的指示性 ICR。额外的损失吸收资本（以下简称为 ALAC）是除政府或集团外特别支持的第三种形式。

四、评级方法

（一）由经济风险和行业风险决定锚 SACP

➢经济风险

经济风险的衡量指标包括国家经济的稳定性和结构、经济政策的灵活性、实际或潜在的不平衡性和经济参与者（主要指家庭和企业）的信贷风险。BICRA 方法尝试识别潜在不利于经济发展的风险以及银行系统的应对能力。BICRA 经济风险得分包括 1 组（非常低风险）到 10 组（极度高风险）。

当某银行业务分布于一个以上的国家时，该银行的经济风险得分是各国经济风险得分的加权平均数——加权平均经济风险得分。我们用银行业务在不同国家的比例作为经济风险得分的比重，计算时只考虑业务占比在5%以上的国家；所有的权重在平均前会折合到临近的5或10。

对于贷款机构，加权平均数是基于在不同国家的贷款占比计算的。当信贷活动是次要的业务时，我们使用其他衡量潜在经济风险的标准来决定权重，分析基于银行贷款登记簿上的地域分布或运用风险调整资本分析调整后的风险敞口；这些调整一般为适应银行的风险变化，比如在新国家的并购。

对独立经营的投资银行，银行总部所在的国家决定了其经济风险得分。投资银行活动被定义为债券和股权的承销、并购业务咨询、销售和交易、本金投资和自营交易。

➢行业风险

行业风险是决定银行的SACP的第二因素，国家行业风险得分的变化可能会引起锚SACP、SACP或银行评级的变化。一个银行的行业风险由银行所在地及监管地的BICRA行业风险得分决定。BICRA行业风险得分包括1组（非常低风险）到10组（极度高风险）。

行业风险评估国家银行业的三个结构性特征：（1）制度框架或者银行监管的质量和有效性及监管方治理金融部门混乱的历史记录；（2）竞争动力或者竞争的环境和表现，金融产品和金融实践，及非银金融机构的角色；（3）通过债务市场或政府进行融资，包括中央银行和政府的作用。

作为分析行业风险的一部分，竞争动力决定了复杂金融产品和金融衍生品的应用程度。复杂金融产品和衍生品的过度应用会导致较高的行业风险；复杂金融产品和衍生品的缺少会导致较低的行业风险评估。

行业风险强调一个国家银行融资选择的范围和有力程度，包括中央银行和政府的角色，SACP包含了持续的政府支持的因素。

不同于经济风险，若一个银行在一个以上国家经营，行业风险不通过加权平均计算。这主要是由于银行所在地的监管框架是极为重要的。

经济风险和行业风险锚定了银行在其经营环境中的信誉。银行的经济风险和行业风险得分可得出特定的锚SACP。锚SACP具有全球一致性，最低风险为a，最具风险为b－。

表1　锚SACP由经济风险和行业风险决定

	经济风险*									
行业风险*	1	2	3	4	5	6	7	8	9	10
1	a	a	a－	bbb＋	bbb＋	bbb				
2	a	a－	a－	bbb＋	bbb	bbb	bbb－			
3	a－	a－	bbb＋	bbb＋	bbb	bbb－	bbb－	bb＋		

续表

经济风险*										
行业风险*	1	2	3	4	5	6	7	8	9	10
4	bbb +	bbb +	bbb +	bbb	bbb	bbb -	bb +	bb	bb	
5	bbb +	bbb	bbb	bbb	bbb -	bbb -	bb +	bb	bb -	b +
6	bbb	bbb	bbb -	bbb -	bbb -	bb +	bb	bb	bb -	b +
7		bbb -	bbb -	bb +	bb +	bb	bb	bb -	b +	b +
8			bb +	bb	bb	bb	bb -	bb -	b +	b
9				bb	bb -	bb -	b +	b +	b +	b
10					b +	b +	b +	b	b	b -

*经济风险和行业风险在决定锚SACP前会折合到1~10的整数。

（二）银行的特定SACP评级因素

在锚SACP决定后，该评级标准考虑每个银行的特定SACP评级因素，或者说是对银行个体的特点进行分析。对每个因素的评估可以提升或降低锚SACP一个或更多的等级，或者在某些情况下没有任何影响（见表2）。

表2 用银行特定分析以决定SACP

评级因素/排序	锚SACP调整		
经营地位（E部分）			
非常强	+2等级		
强	+1等级		
充足	0等级		
中等	-1等级		
弱	-2全-3等级		
非常弱	-5等级		
资本和收益（F部分）			
锚	bbb-及以上	bb+至bb-	低于bb-
非常强	+2等级	+2等级	+2等级
强	+1等级	+1等级	+2等级
充足	0等级	0等级	+1等级
中等	-1等级	0等级	0等级
弱	-2至-3等级	-1等级	0等级
非常弱	-5等级	-2等级	-1至-2等值
风险地位（G部分）			
非常强	+2等级		
强	+1等级		
充足	0等级		

续表

评级因素/排序	锚 SACP 调整
中等	-1 等级
弱	-2 等级
非常弱	-5 等级
融资和流动性（H 部分）：见融资和流动性矩阵	
当监管资本“处于风险”时，SACP 的上限为 bb+；当“受到监管宽容”（subject to Regulatory Forbearance）时是 ccc；当“无偿债能力”时是 cc。	

同业比较分析的主要目的在于为银行特定评级提供环境，通过关注 SACP 主体各评级因素的细微不同，协助进行银行特定分析（见表 3）。银行一般与其所属国的所有银行进行比较；一旦指示性 ICR 被决定，标准会采用最终的同业评估去决定 ICR。在这里，同业是指拥有相似 SACP 的银行，如相同或高或低一个级别。

表 3　比较分析对 SACP 各评级因素的关注点

SACP 评级因素	比较组	指导
经营地位	拥有相似行业风险的银行*	经营地位的比较分析包括所有拥有相似行业风险得分的银行。银行一般是同所属国的全部银行进行比较。
资本和盈利	全球所有银行	对资本和盈利的比较分析包括所有银行。全球相同的指标用作绝对的衡量标准以为资本和盈利评估设立基准。
风险地位	拥有相似经济风险和产品结构*	比较分析可得出偏定性的关于风险定位的结论，以决定资本和盈利分析得出的偏定量的风险假设对银行是否合适。若银行的损失经历和标普的损失期望低于平均，意味着较低的风险。相反地，较大的比较损失意味着更高的风险。对风险地位的比较分析包含所有经济风险和产品结构相似的银行。
融资和流动性	融资：同一国家的全部银行；流动性：全球的所有银行	对融资能力的比较分析包括同一个国家的所有银行。特别地，银行是和国内同行业平均水平进行比较，因此对融资能力的评估与 BICRA 融资评估保持一致。流动性用一个银行的流动性比率和对中央银行融资的依赖度，与全国和国际银行比较。相应地，流动性比较分析包括所有银行。

注：* 表示当没有充足的国内银行或国内银行业存在太多相似性时，比较分析可以包含国际银行。银行行业相对的信誉和经济分享是由 BICRA 标准决定的。一家银行应与 BICRA 行业和经济风险得分相同的银行系相比较。

➢经营地位

影响 SACP 的第三个评级因素是经营地位，该因素用于衡量银行的业务经营能力。经营地位是银行业务经营特有的特点，可增加或减少它的行业风险得分。这些特点分为三个分项因素：经营稳定性、业务集中度或多样性、管理能力和公司战略（见表 4）。我们采用一系列指标来评估银行的经营能力。当指标很重要且数据可得时，我们采用定量的方法；但是大部分评估是定性的。

经营稳定性是指在经济和市场波动下的持续业务量的可预测性。这点十分重要，因为在市场动乱中银行的信心会遭受损害，这将使银行暴露在突然的违约风险中。客户和合作方可能会离开，在资本市场上获得的流动性也会迅速失去。如果面临这样的突然违约风险，银行的经营地位在SACP中不应该划分为a。这个标准中考量了收入稳定性、市场份额和客户基础，将银行的经营稳定性与其他国内银行及其他国家中拥有相似行业风险得分的银行相比较，比较分析关注业务线对总体收入盈利的潜在贡献，以及基于标普预测的未来贡献。有着持续的收入和利润收入的业务线有着明显的年金特点，这种业务线更加稳定。

集中度和多样性是经营地位评估的第二个分项因素。评估经营业务的集中度和多样性，是通过不同业务线和不同区域对银行收入的贡献程度，与具有相似行业风险的银行进行比较。具有广泛业务结构的实体风险较低，业务面较窄的实体风险较高。业务的高集中度会部分抵消业务地位评估的许多优势。业务量和收入集中程度会导致预期收入的不稳定性，降低业务地位。另外，成功的多样化可以保证更为稳定和可预测的收入。当银行的产品范围和业务的地域分布受限时，银行的业务较行业平均的集中度更高，特别是具有明显的地域、产品或客户集中的银行。即使是对于业务机遇中富有吸引力的地区、产品或顾客分类，这依然会是一个劣势。业务多样化在经营地位分析中既可能是优势也可能是劣势；成功和持续的多样化意味着较强的经营地位。这种业务多样化往往是国家化的，相较于同行业的平均水平，这样的银行对国内的业务和经济状况敏感度较低。

经营地位评估的最后一个分项因素是管理层和战略。考虑的是管理层执行计划的能力、银行的战略方向、管理层的风险偏好以及一个银行的所有权和治理。管理层战略性能力、风险管理和经营有效性决定了一家银行在市场和财务状况下的竞争力。这个评估是定性的，过去的表现和前瞻的目标为其提供了一些客观的标准。该评估同样也是可比较的，一家银行的经营地位是同具有相似行业风险的银行进行比较的。如果管理层在银行的成功经营中扮演了一个正面积极的角色，则管理层大概率在未来也能够管理战略性和经营性风险。相对应地，无效的经营战略或无法有效实施经营计划的弱势管理层会显著地提升风险。

表4　经营地位分项因素和指标

分项因素	解释	指标
经营稳定性	银行经营权的稳定性或脆弱性	收入稳定性、市场份额和客户基础
集中度或多样性	经营业务的集中度或多样程度	不同业务线和业务区域对总收入的贡献
管理能力和公司战略	管理的质量、策略和公司治理	战略性定位、经营有效性、财务管理和治理和财务政策

三个分项因素独立评估结束后，我们需要了解它们如何互相增强或相互弱化。评估过程并不是简单的三个因素的相加。例如，如果业务集中在某一单独地区或某一业务线，而其经营稳定性较弱或更差，会导致一个非常低的得分。另外，稍好的区域并不会自动将较差的区域对冲掉，应该关注的是风险结合起来是否会进一步增加或减少整体风险。

➢资本和盈利

SACP评级的第四个因素——资本和盈利，该因素衡量了银行吸收损失的能力。在银行持续经营的前提下，这个能力对优先债权人是一种保护。对资本和盈利的分析包括四个步骤：是否满足监管要求的评估，未来风险调整后的资本水平，资本和盈利的质量以及盈利能力。尽管可能有其他关于资本的衡量标准，目标风险调整资本（以下简称 RAC）比率是最重要的指标，RAC 比率是银行的资本与风险加权资产（以下简称 RWAs）的比率，这个因素衡量的是发达国家的银行的资本和盈利对经济困境中发生的预估损失的覆盖程度，该标准将盈利作为资本分析的一部分而不是独立的评分指标，通过将盈利与吸收损失相结合去计算资本。理论上，银行的产品定价包括的收益，足以覆盖资产预期损失，资本则用于覆盖未预期到的损失。

分析资本和盈利的第一步是评估一家银行是否满足监管要求。满足监管要求是持续经营的前提，该指标下的任何劣势都会成为限制 SACP 的主要因素。如表 5 中所示，当一家银行的监管要求评估为处于风险、受到监管宽容或无偿债能力时，其资本和盈利的描述符最好情况分别为弱、非常弱、非常弱。

表 5　监管要求评估和 SACP

描述符	指导
处于风险	当一家银行符合了资本监管要求——但高出的比例很小，通常在 100bps 以下，其 SACP 上限是 bb +。在这个水平下，这个标准将在合理的不利发展中违反监管要求的银行定义为“处于风险”。明确地来讲，这个标准是指一家银行的资本比率高于监管的最低标准但接近违反的水平，可能会引发监管的干涉。当描述符是“处于风险”时，资本和盈利一项的描述符最好的情况是“弱”。
受到监管宽容	当监管机构允许一家银行即使违反了监管的资本要求时依然可以继续经营，SACP 的上限为 ccc +。如果监管方给予了银行暂时豁免，可以比日常计算资本要求时更为宽松。这一类同样包括如果按照会计准则上报了损失就将违反合规最低标准的银行。当描述符是“收到监管宽容”时，资本和盈利的描述符是“非常弱”。
无偿债能力	当一家银行违反了监管最低要求时，而且没有它们可以“收到监管宽容”的预期，SACP 评级将是 cc。这个标准并没有排除当真的资不抵债发生时监管方会介入或推动资产重组的银行。当描述符是“无偿债能力”时，资本和盈利的评估是“非常弱”。

在第一步的评估结果是充分或更好的前提下，第二步是用目标 RAC 比率去预估银行未来资本。收益留存是银行积累或保持资本的主要方式，目标 RAC 比率同资本可持续性比率是相一致的。这个比率关注银行在增长（减少资本）和通过留存收益积累资本之间的平衡。

RAC 比率 = TAC/RWAs

RAC——风险调整资本

TAC——调整资本总额，标普定义的资本

RWAs——风险加权资产，标普定义

第三步，该标准通过观察 TAC 的组成和趋势、盈利的稳定性和可预测性以评估资本和盈利质量。当目标 RAC 比率在评分区域的上端，高质量的资本可以将收益和盈利的评估推动至更强的分类。相对应地，当目标 RAC 在评分区域的下端时，较弱的资本和盈利的质量会将评估推至较差的分类。

最后，评估盈利能力——盈利能力是对冲损失的第一道防线和银行积累资本的主要途径；盈利缓冲是一种用于衡量在信贷周期中盈利吸收“标准化损失”的能力，它有助于在设置最终的 ICR 时识别表现较好和较差的银行。银行的盈利缓冲可能是正面也可能是负面的；当银行盈利缓冲是负面的时，盈利不足以覆盖标准化损失。

我们在对资本和盈利评分时采用六分制，如表 6 所示。

表 6　资本和盈利评估

描述符	含义	指导*** / ****
非常强	资本和盈利足以抵御极端压力（由 RACF 中的风险假设定义）	目标 RAC 比率将维持在 15% 以上，盈利缓冲为正。* 低质量的资本和盈利将处于非常强的边界的银行推向强。**
强	资本和盈利足以抵御严重的压力（由 RACF 中的风险假设定义）	目标 RAC 比率将维持在 10% ～15% 。* 高质量的资本会将处于强边界的银行推至非常强。低质量的资本则会将其推向充足。**
充足	资本和盈利足以抵御实质性的压力（由 RACF 中的风险假设定义）	目标 RAC 比率将维持在 7% ～10% 。* 高质量的资本会将处于充足的边界的银行推至强。低质量的资本则会将其推向中等。**
中等	资本和盈利足以抵御中等的压力（由 RACF 中的风险假设定义）	目标 RAC 比率将维持在 5% ～7% 。* 高质量的资本会将处于中等的边界的银行推至充足。低质量的资本则会将其推向弱。**
弱****	资本和盈利足以抵御较小的压力（由 RACF 中的风险假设定义）	目标 RAC 比率将维持在 3% ～5% 。* 高质量的资本会将处于弱的边界的银行推至中等。低质量的资本则会将其推向非常弱。**
非常弱	资本和盈利不足以抵御较小的压力（由 RACF 中的风险假设定义）	目标 RAC 比率将维持在 3% 以下。* 高质量的资本或盈利能力会将处于非常弱的边界的银行推至弱，除非盈利缓冲为负。**

* 如果盈利缓冲为负，目标 RAC 比率需要更强以覆盖未被盈利覆盖的标准化损失。** 边界意味着 RAC 比率限制的 25bps。*** 对 SACP 的影响是 2 个或 3 个等级的减少，如果目标 RAC 比率是在 4% ～5% 之间，是 2 个等级，如果是在 3% ～4% 之间，是 3 个等级。**** RAC 范围对锚 SACP 是 bb 及 b 的银行需进行调整。

➢风险地位

风险地位是 SACP 评级因素中的第 5 个，意在资本和盈利分析的标准假设外，完善对银行真实和特定风险的考量。这些假设不是总可以反映或充分地捕捉特定银行的特定风险特征，风险地位中的分析与应用于评估资产质量中的相似。

为区分银行独特的风险地位，需分析 5 个领域：银行如何管理风险地位的增长和变化；风险集中度和风险分散化的影响；增加的复杂性是如何增加额外资本的；重大风险是否被 RACF 充分地捕捉到了；以及寻找充分、强或非常强的风险地位的证据，在现有的产品结构的基础上，与同业比较过去及预期的损失，在标普标准风险假设上，比较银行在过去的经济衰退中的损失记录。超过平均值的损失可能说明一个较弱的风险地位。前5步的结合捕捉了标准风险假设高估或低估银行特定风险的程度。关于这5步如何结合以得出单一的风险地位的结论，请见表7。

表7 风险地位评估

描述符	解释	指导
非常强*	银行特定风险意味着银行抵御经济压力的能力，较资本和盈利分析中的更强	管理层具有管理风险敞口增加和变化引发的风险的能力；风险分散化已能够且被设置抑制经济衰退对银行业绩的负面影响，且优于同业；这个因素对非常强的风险地位的支持力度最强；管理层有能力管理由复杂性引发的风险；RACF没有遗漏任何重大风险敞口或分散化的收益超过任何被资本框架所遗漏的风险； 若银行最近的损失记录和预期的损失趋势比同业强很多，以及银行在过去的经济衰退中的损失记录远好于平均值，则可以认为银行具有非常强的风险地位
强	银行特定风险意味着银行抵御经济压力的能力，较资本和盈利分析中的稍强	管理层具有管理风险敞口增加和变化引发的风险的能力；不存在风险集中，或即使存在，所有的风险集中都被其他低风险的特质所补偿；管理层有能力应对复杂性引发的风险；RACF没有遗漏任何重大风险敞口或分散化的收益超过任何被资本框架所遗漏的风险； 若银行最近的损失记录和预期的损失趋势比同业要好，以及银行在过去的经济衰退中的损失记录好于平均值，则可以认为银行具有强的风险地位
充足	银行特定风险意味着银行可以抵御资本和盈利分析中所指的经济压力	管理层具有管理风险敞口增加和变化引发的风险的能力；不存在重大的风险集中，或潜在的分散化收益都被其他高风险特质所抵消；管理层有能力应对复杂性引发的风险；RACF没有遗漏任何重大风险敞口，或如果遗漏了的话，其他低风险的特质可充分对冲；管理层有能力管理由复杂性引发的风险； 若银行最近的损失记录和预期的损失趋势至少与同业相同，以及银行在过去的经济衰退中的损失记录接近平均值，则可以认为银行具有充足的风险地位
中等**	银行特定风险意味着银行抵御经济压力的能力，较资本和盈利分析中的弱	管理层可能不具有管理风险敞口增加和变化引发的风险的能力；存在重大的风险集中，或潜在的分散化收益多于被其他高风险特质所抵消的部分；管理层可能没有能力应对复杂性引发的风险；RACF遗漏了重大风险敞口，或银行最近的损失记录和预期的损失趋势多于同业，以及银行在过去的经济衰退中的损失记录弱于平均值，并且风险偏好、控制权和管理层并没有显著的提升

续表

描述符	解释	指导
弱***	银行特定风险意味着银行抵御经济压力的能力，远比资本和盈利分析中的弱	管理层不具有管理风险敞口增加和变化引发的风险的能力；或存在重大的风险集中；或管理层没有能力应对复杂性引发的风险；或 RACF 遗漏了重大的风险敞口； 或银行最近的损失记录和预期的损失趋势大幅度多于同业；或银行在过去的经济衰退中的损失记录弱于平均值，并且风险偏好、控制权和管理层并没有明显提升
非常弱****	银行特定风险相较于资本盈利分析中的风险假设过于高，资本和盈利分析的指标存在误导	RACF 没有充分地捕捉额外的重大的风险敞口，而这风险敞口会推翻一切由风险管理和分散化带来的优势，或银行的损失记录和预期损失趋势与资本和盈利评估中的损失率假设无关

* 不可能有超过 10% 的银行拥有非常强的风险地位。

** 当交易活动规模较大时，风险地位是中等。

*** 该标准不必在弱风险地位和非常强风险地位的银行中找寻平衡。

**** 仅在异常情况下适用。

接下来的例子可以说明风险地位的评估如何与资本和盈利评估相结合以改变 SACP：银行 A 和银行 B 都有着健康的盈利缓冲和充足的资本质量，资本比率都适当地高于监管要求。然而，银行 A 预计 RAC 比率为 11%，银行 B 预计 RAC 比率为 6%。因此，资本和盈利标准将银行 A 视为“强”，将银行 B 视为“中等”。基于基础的风险分析，可以显然得出银行 A 的损失记录较同业的波动性更强。尽管它的风险管理看起来还不错，但很多产品十分复杂：有大量的衍生品敞口，大规模且风险性的私募股权投资组合，以及在咨询服务上较窄的关注，大量的结构信贷产品和自营交易。因此银行 A，风险地位为“中等”。与之不同的是，银行 B 拥有全球的零售和商业分支，在其所有的业务单元中都具有市场领先地位。产品较为简单，表外业务很少，拥有衍生品用于对冲客户驱动的业务。银行随着时间稳定发展，发展步伐经常比激进的竞争者要慢。波动性很低，损失长时间低于行业均值。值得注意的是，银行 B 在过去两次衰退中也持续盈利。银行 B 拥有“非常强”的风险地位。对银行 A 和银行 B 的关于经营地位的“中等”和“非常强”的结论相应地修改了资本和盈利的“强”和“中等”的结论。在其他条件相同时，这两个因素对银行 A 而言没有改变锚 SACP，对银行 B 而言，则将其锚 SACP 上调了一个等级（见表 8）。

表 8　资本和盈利评估及风险地位评估的结合对 SACP 的影响

	银行 A		银行 B	
	评估	对 SACP 的影响	评估	对 SACP 的影响
资本和盈利	强	+1 等级	中等	-1 等级
风险地位	中等	-1 等级	非常强	+2 等级
结合的影响	无变化		+1 等级	

➢资金和流动性

资金和流动性的结合分析是SACP评级因素的第六个也是最后一个因素。一家银行如何为其业务融资和其对负债的信心敏感度，直接影响它维持业务规模和在不利环境下合规的能力。该标准继续了之前的结合资金和流动性的分析以评估财务风险。

资金的分析将衡量银行融资结构的指标与国内行业均值相比较，以比较其强度和稳定性。该标准采用的均值与BICRA资金评估中的相一致。

对资金的相对强度和潜在波动性的评估是通过分析银行负债——即小额和大额存款，银行间贷款，担保及未担保的资本市场融资的集合来实现的。银行的融资结构由其提供的产品和服务的战略选择、融资决策的风险管理而决定，基于稳定的核心存款（长期融资）和较为风险性的短期大额融资。

如果银行没有得到中央银行融资机制的途径，则资金评估的最好的结果是低于平均值。这是因为该标准认为该机制是或有流动性的重要来源，但并不是持续经营假设下正常业务的资金来源。银行对中央银行融资的依赖是流动性分析的一部分。

该标准从分析其贷存比、长期融资比率、对短期大额融资的依赖、稳定净融资比率和资金总体结构出发，分析银行的资金情况。当缺失数据时，该标准使用估计数。

下一步是在国内银行业资产加权后根据以上指标对银行进行排名，并与行业平均值比较。这些指标在更为定性的分析前决定了参与者的相对地位。

银行的流动性间的差异主要体现在对央行融资的依赖度上，及获得其他流动性来源的能力差异上。当一个机构对货币当局的融资依赖度不断提高时，其流动性是在逐步减弱的。这是因为其他融资来源并不愿意提供流动性或成本高昂，特别是在其他银行使用央行融资便利没有达到该银行的程度时。

该标准使用标准的流动性比率，一些比率可能对某些银行不适用，因为不同国家的披露要求不同。然而，有两个流动性比率对全球银行都适用：流动性资产/大额融资和流动性资产/核心存款。若有更详细的数据，则以下指标也会被纳入分析：流动性资产/短期大额融资和短期大额融资/总大额融资。

在分析了资金和流动性水平后，该标准将资金和流动性的评估相结合以决定其对SACP的影响（见表9）。例如，即使一个银行有强于平均水平的融资能力，如果它的流动性资质被判定为“中等”或更差，它的SACP评级也会具有上限。

表9　资金和流动性评估相结合对SACP的影响

描述符		流动性				
		强	充足	中等	弱	非常弱
资金	平均以上	+1	0	-1（上限为bbb）	-2（上限为bb）	-5（上限为ccc）
	平均	0	0	-1（上限为bbb）	-2（上限为bb）	-5（上限为ccc）
	平均以下	-1	-1	-1（上限为bb）	-2（上限为b）	-5（上限为cc）

（三）将政府支持纳入SACP评级（政府支持框架）

政府支持框架的标准通过评估银行同政府或母集团之间的关系，以估算其获得援助的概率，并将概率纳入评级因素中。政府支持的概率在SACP和ICR的计算中均被作为评级因素。

出于主权信誉的考虑，政府对银行的影响通常都是正面的，但偶尔是负面的。政府可能选择支持银行，即使这将损害政府信誉。

➢系统支持

该标准在SACP中纳入了系统支持，即政府支持金融系统以限制银行业危机对经济的长期影响。政府通过法律基础设施、银行监管框架以及它们在资助银行和在金融系统中维护信心的角色，向基金机构提供系统支持。系统支持旨在保护国家金融系统的信息，特别是在经济压力的时期。

该标准考虑了任何提供给较广的系统的可被视为系统支持的支持，无论是可持续的还是非常规的。近年来，非常规的而不是可持续的系统支持的例子越来越多，如增加存款保险，政府担保流动性和债务项目，及低质量资产具有作为央行抵押品的资格。

BICRA方法评估了系统支持，通过经济风险和行业风险的评级因素直接将其纳入SACP。因此，在BICRA方法之下，政府对国家金融系统的支持的改变可能会引起与该国家风险相关的银行的SACP的改变。

➢直接支持

该标准在SACP中纳入了直接支持。政府可能会通过提供流动性或资本注入、购买或担保风险性资产，以向个体银行提供直接支持。这类行动可能会加强银行个体的信用特质。该标准旨在量化直接支持，并将其纳入相关的评级因素：资本和盈利，风险地位或资本和流动性。

一旦银行承诺将提供直接支持，则直接支持已被纳入SACP。当政府已经收到了适当的政治批准（如从国会和议会），则该标准认为该政府支持已被承诺。在某些国家，法律许可管理方和监管方不需进一步许可即可行动。

然而，在困难发生前，直接支持不大可能提升银行的SACP。面临经营压力时，银行的经营地位大概率将减弱；分支机构可能已被损害，银行在危机过程中面临着执行风险。

➢政府干涉

许多政府的行动会弱化银行的信誉度。这种行动可能会有很多种形式，包括影响银行经营决定的政府行动。两个非常明确的例子是导向型贷款和制造市场扭曲：

导向型贷款。政府可能会通过所有权或监管进行干涉，出于政治目的指导银行向特定借款人或部门贷款。这种类型的干涉，称作导向型贷款，是SACP中的负面评级因素，并在经营地位中的评级因素中有所反映。相比基于政府指令，银行基于借款人偿还能力评估的贷款通常会降低信贷损失。因此，导向型贷款的信贷损失将大于特定资产类别的行业均值，这条由风险地位评级因素评估。

市场扭曲。政府可能会影响银行市场的竞争状态。政府所有或控制的银行可能会在不经济的条款上开展竞争，迫使整个部门出现结构性的低利润环境。BICRA 在行业风险中的竞争性动力中考虑了市场扭曲。因此，它已经反映在银行的锚 SACP 中。

➢额外的短期支持

如果一家系统重要性为高或中等的银行的 SACP 降低得非常迅速（在一次评估中降低了超过 2 个等级）以及标普预期政府将会提供额外的短期支持，则该标准允许 SACP 有着短期的向上提升。

（四）将政府支持纳入指示性 ICR 的评级因素中

在银行在危机中将从主权政府处得到“未来的非常规支持”的概率评估为正时，该标准允许在 SACP 上因“支持提升”有着 1 个级别或更多级别的增加，以决定指示性 ICR。另外，政府可能不会提供这类支持。此时，指示性 ICR 同 SACP 保持一致。指示性 ICR 由在 SACP 上根据支持提升增加等级得出。这个将非常规的政府和集团支持纳入评级因素的方法包括 4 步：

第一步，评估未来获得非常规的政府支持的概率。

第二步，评估未来获得非常规的集团支持的概率（见集团评级方法）。

第三步，取第一步和第二步中孰高者。

第四步，将“超主权信用评级”说明的标准应用于计算银行的指示性 ICR。

当面临金融危机时，政府经常会为了保护经济的信心提供额外的帮助，抱有“额外支持成本较银行倒闭带来的经济损失要小”的期望。金融机构，尤其是银行，担有守卫全国储蓄的关键性功能，以贷款和投资的形式从公司和个人处收集存款，在金融和交易中担任中介、经纪商的角色。政府通过银行执行货币政策，同时可能为银行设定贷款安排，使得它们的报表每天都平衡并且符合短期流动性需求。

银行经常会收到来自母集团或政府的帮助——而不是二者都能收到。因此，如果银行是一家子公司，它的信誉度由针对政府支持和集团支持的标准共同决定。

私营商业银行系统重要性被分类为“高”、“中等”、“低”，如下所述。政府对银行的救助倾向分为三类：“高度支持”、“支持”和“不确定”。该标准将这两个分类相结合以决定未来直接政府支持的概率。

➢系统重要性

系统重要性是指银行倒闭对金融系统以及该银行业务所在的实体经济的影响程度。一家银行的系统重要性分为“高”、“中等”和“低”。

高系统重要性类银行的倒闭，对金融系统和实体经济大概率有着较高的不利影响。特别地，如果此类银行的优先无担保债务违约，该国家的金融系统大概率受到损害，限制了私营部门的信用可得性，并将引发一些其他金融机构的明显的财务压力。尽管规模不是唯一的决定因素，高系统重要性银行通常占有较大的市场份额——通常超过 10%，特别是零售银行——在国内具有领导地位和品牌认可度。高系统重要性也是互联性的水平的因素，或指一家金融机构同金融系统中其他部分的联结程度。例如，和国内及国际金融系统有着明显对手方关系的银行或者说是在国家支付系统中扮演重要角色，此类银行的倒闭将损害金融系统信心，并会令其他市场上的对手方产生显著损失。除了这些因素外，如果一家银行倒闭后没有其他机构可以弥补它的关键地位，则该银行是系统重要性银行。

中等系统重要性类银行的倒闭极可能造成金融系统和实体经济的重大但可控的不利影响。特别地，此类银行一旦出现优先未担保债务违约，将可能导致对某一特定地区或经济部门的贷款拨备出现明显的破坏。拥有中等系统重要性的银行，极可能在全国性的零售业中拥有明显的市场份额，或者是某一特定区域或部门的领先银行服务商，在经济中扮演重要角色。该类银行的违约引发的系统性影响，相较于高系统重要性，在全国范围上更为可控，但对经济特定部分的影响是十分明显的。此类银行同样有可能是政治敏感的产品的主要提供商，如住房抵押贷款。分类为中等系统重要性，意味着如果该银行倒闭了，其他对手方极可能承担起它的角色。

低系统重要性类银行不满足高系统重要性和中等系统重要性的标准，银行业中的大部分银行大概率符合该分类。然而，如果市场是特别集中的，低系统重要性的银行较少。

该标准承认预测政府支持的难度。在危机中，政府可能决定支持一家不是系统重要性的银行。分类为低系统重要性反映了政府对保护此类银行不倒闭缺乏明显的动机。

➢政府支持私营银行的倾向

政府支持金融机构的倾向在不同国家不尽相同，且会随着时间而变化，特别是在立法者针对银行业危机影响的反应时。该标准评估了政府在危机中支持倒闭的银行的能力和倾向，并因此将政府划分为3组："高度支持"、"支持" 和 "不确定"（见表10）。

表10　政府救助金融机构的倾向

描述符	观察
高度支持	政府倾向于明确其对于高和中等系统重要性的金融机构的持续支持，即使在特定银行的危机中。 有关于经常地保护优先债权人免予损失的干预的记录。 干预政策极可能继续。 政府有着充足的财务来源以支持银行并且有一个合理恰当的框架以检测该银行对金融系统的风险。 干涉主要是直接的资本或流动性注入、担保或风险保护计划。 政府干预通常不受国际组织（如EU或IMF）的监管或限制。
支持	政府没有对金融部门支持的明确政策。 政府有在系统性危机中支持高和中等系统重要性的金融机构的行动记录，保护优先债权人免予损失。当可能时，政府倾向于鼓励或组织市场主导的解决方案，而不是提供直接的支持。政府极可能在未来提供类似的支持。 政府具有提供支持的授权，但需要符合特定条件或在国会、立法机构或国际组织的授权下。 政府有着充足的财务来源以支持银行。 政府有一系列政策选择以应对银行行业压力，可能包括要求债权人共同承担以向受困银行提供支持的立法（例如终止债权人的债务）。 危机的类型针对性地决定了支持的形式。

续表

描述符	观察
不确定	政府没有明确的支持政策，或政策模糊不明，或立法阻止对金融机构的直接支持。 优先债权人被要求或期望共同承担金融机构的倒闭带来的损失。 没有可信的关于政府在过去的金融危机中的支持行动的记录，或支持未涉及优先未担保债权人的证据。关于政府支持系统重要性的金融机构的能力存疑。

➢未来非常规的政府支持的概率

该标准将银行在未来得到非常规的政府支持的概率分为“高”、“中等程度的高”和“低”。这是通过结合对银行的系统重要性和政府救助银行的倾向的评估而决定的（见表11）。

表 11　未来非常规的政府支持的概率

政府支持私营商业银行的倾向			
系统重要性	高度支持	支持	不确定
高	高	中等程度的高	低
中等	中等程度的高	中等	低
低	低	低	低

（五）超主权银行信用评级

该标准可能导致银行的 SACP 或 ICR 高于银行所在国主权的外汇评级。这种情况很罕见，因为这些标准认为银行是依赖主权政府进行流动性和其他形式系统支持的杠杆机构。此外，主权国家的监管权力可能会限制银行或金融体系的灵活性。

很多经济因素会导致主权国家的经济压力，同时这些经济因素会对银行产生影响。除此之外，这种主权压力可能导致银行资产价值急剧恶化，外币流动性更为昂贵，本币流动性短缺，监管环境更加恶化，信贷条件改变，税收上涨以及公共服务下降等。这些发展可能加剧恶化国内经济状况，增加银行的坏账。

对于作为子公司的银行来说，母公司将需要符合同样的先决条件，使子公司拥有高于外国母公司或子公司集团支持的主权外币评级的指示性 ICR。如果母公司无法证明其能力和有意愿为子公司提供足够的支持以抵御与主权违约相关的压力，则 ICR 受子公司所在国主权的外汇评级的限制。

五、对标普银行信用评级方法模型的评价

总体而言，标普 2011 年版银行信用评级模型较完善，对每一个纳入衡量因素的考察点覆盖范围较全面。标普从宏观风险、个体特征及外部支持因素三个层次对发行人的信用级别进行评定，并将同业比较纳入分析过程，利用发行人在同行业中的地位对其级别判定给予部

分参考，整体的等级评定过程是十分完整的。

但值得注意的是，标普在对银行进行评级时选择的定量指标极少，大多都是定性指标；而定性指标的判断结果是难以达成统一意见的，由此得出的评级结果易过于主观，缺乏说服力。国内外对于银行业的评级方法设置很多是以定量分析为主、定性分析为辅，定量分析强调利用打分卡量化级别，思维逻辑缜密，不足之处再用定性分析去弥补。因此，标普以定性分析为主得出的评级结论中，分析师的主观判断可能会使结果产生偏差；比如，标普最新的银行信用评级方法是在总结了 2008 年国际金融危机经验教训的基础上得出的，纳入了对政府扶持因素的考量，但同时也承认无法保证发行人一定能得到这种支持，只是对其可能性加以判断，缺乏确定的结论和标准，因此得出的结果可能会难以令人信服。

03　保险业国内外信用评级方法的比较与研究

联合评级　金融部　卢茜欣　张晨露　（2018－12）

一、概述

本文梳理了目前国内外的主要信用评级机构披露的保险业评级方法，其中国内评级机构中，除远东资信外的8家评级机构均披露了保险公司评级方法，但详略不一；国际三大评级机构穆迪、标普、惠誉，以及国际知名的保险业评级机构贝氏，4家均有详细披露。从已披露的评级方法来看，因财险和寿险除了保险业务外，其他方面的差异不大，许多机构针对财险和寿险公司制定了统一的评级方法（国内3家、国际3家）；也有部分机构针对财险和寿险分别披露了评级方法（国内5家、国际1家），但两套方法整体逻辑相同，除了保险业务部分有较大差异外，其他部分的分析亦基本一致。

表1　目前国内外保险业已披露的评级方法

披露了评级方法的机构和最新披露年份		已披露评级方法的分类	
国内	国际（均为全球方法）	财险寿险合并	财险寿险分开
中债资信（2016年） 中诚信国际（2007年） 大公（2018年） 新世纪（2015年） 东方金诚（2012年） 鹏元（2017年） 联合评级（2018年） 联合资信（2016年）	穆迪（财险2017年，寿险2016年） 标普（2017年） 惠誉（2016年） 贝氏（2017年）	大公 东方金诚 联合资信 标普 惠誉 贝氏	中债资信 中诚信国际 联合评级 新世纪 鹏元 穆迪

资料来源：联合评级整理。

二、国内外评级机构对保险公司的评级逻辑

国内外评级机构对保险公司评级的整体思路大致可归纳为宏观与微观结合、定性分析与定量分析结合、历史分析与预测分析结合、个体评级与支持评级结合、基础评级与风险调整结合的五大原则。

（一）穆迪

穆迪公布的评级方法比较细分，对财险、寿险和再保险均有单独的评级方法，本文仅整

理了财险和寿险的原保险评级方法的主要内容，不含再保险评级。

穆迪对保险公司的主体评级或称保险财务实力（Insurance Financial Strength，IFS）评级分为长期 IFS 和短期 IFS，长期 IFS（即主体最终级别）是对保险公司[①]偿付其全部高级保单债务能力的评估，短期 IFS 是对保险公司偿付一年内到期的高级保单债务能力的评估（主要为机构投资者和金融中介机构提供）。穆迪给出了主体评级的打分卡和主要分析因素（见表2、表3）。穆迪首先通过打分卡对财务和业务的基本定量指标进行打分，再结合运营环境的打分情况汇总得出基本得分；然后，通过会计报表调整和压力测试等对原始指标进行调整后，结合管理、监管环境、外部支持等其他定性考虑因素给出最终主体级别。其中，通过压力测试对保险公司的财务业绩进行前瞻性评估对评估财务实力非常重要，因为评级考虑到了压力情景对公司信用状况的影响，一般认为能够承受轻微的压力而无须调整评级结果；如果实际上在中期内发生了预先设定的恶化压力情景，一般会在几个缺口范围的幅度内降低级别，从而保持更大的评级稳定性。

表2　穆迪对保险公司的主体评级逻辑（打分卡框架）

业务评估
财务评估
个体要素得分
经营环境得分
基础打分
其他个体考虑因素（调整项）
无支持个体级别
外部支持
IFS

资料来源：穆迪《Rating Methodology：Global Property and Casualty Insurers》《Rating Methodology：Global Life Insurers》，联合评级翻译整理。

表3　穆迪对保险公司的主体评级因素框架

业务评估	财务评估	运营环境	其他考虑因素
（财险）市场地位、品牌与渠道	资产质量	行业风险	公司治理和管理、风险管理
（寿险）市场地位和品牌	资本充足性	行业发展	会计政策与披露
（寿险）渠道分布	盈利能力		特殊的评级情况
产品集中度与多样性	（财险）储备充足性		明确的外部支持的性质和条件
	（寿险）流动性和资产负债管理		隐性的外部支持的性质和条件
	财务灵活性		

资料来源：穆迪《Rating Methodology：Global Property and Casualty Insurers》《Rating Methodology：Global Life Insurers》，联合评级翻译整理。

注：评级因素标注了财险或寿险的为该行业专用，未作说明的为二者通用。

---

① 保险公司一般指实际运营保险业务的公司，而非保险公司的控股方，下同。

IFS 评级结果（IFSR）通常是保险公司内部最高的信用等级，也是其他一切评级的基础。因为监管机构一般对保单理赔支付义务赋予清算优先地位，保单持有人在企业清算时优于金融债权人（包括债务和优先股）。因此，保险公司长期债务评级结果根据该债务和高级保单债务的求偿优先权而定。保险公司的 IFS 评级通常会高于其控股公司[①]的高级债务评级，这反映了强监管对保险公司的良好影响，以及控股公司的典型从属地位；保险公司控股公司高级债务的级别一般低于保险公司 IFS 级别 3 个等级，但该等级差距会因监管差异、控股方自身的多元化和流动性等各种原因而不同。穆迪给出了其他评级与 IFS 的一般性对应规则（见表 4）。

表 4　穆迪对保险公司的债务和控股方评级的一般缺口规则

项目	无息	累计可选息票	非累计可选息票	累积强制息票	含替代机制（ACSM）的累积强制息票	非累积强制息票
保险公司高级债务	IFSR－1	—	—	—	—	—
保险公司控股公司高级债务	IFSR－3	—	—	—	—	—
次级债务和盈余票据	—	高级－1	高级－1	—	—	—
初级次级债务	—	高级－1	高级－1	高级－2	高级－2	高级－2
优先证券	—	高级－2	高级－2	高级－2	高级－2	高级－3

资料来源：穆迪《Rating Methodology：Global Property and Casualty Insurers》《Rating Methodology：Global Life Insurers》，联合评级翻译整理。

注 1：本表不直接适用于高触发或有条件资本工具。

注 2：IFSR－n 表示低于保险公司 IFS 级别 n 个等级；高级－n 表示该非高级债务的级别低于相应主体高级债务级别 n 个等级。

注 3：保险公司控股方发行的由经营公司担保的证券，按保险公司发行的证券评级。

（二）标普

标普的评级方法由一系列子方法共同构成，其中针对保险业的评级方法适用于全球的财险和寿险公司以及再保险公司，但不适用于债券保险公司、保险经纪人、按揭贷款保险人和产权保险人的评级。本文仅整理了保险业评级方法总论[②]和一般评级方法[③]部分，其中涉及其他子方法的部分未能囊括。

标普发行人信用评级（Issuer Credit Rating，ICR）是对债务人履行其到期财务义务的能力和意愿的前瞻性评估；财务实力评级（Financial Strength Rating，FSR）是对保险公司按时履行其保险合同义务能力的财务安全性的前瞻性评估。对保险公司来说，其 FSR 一般等同于 ICR，除非其保单债务（而非其他金融债务）由更强信用的对手方提供支持。

---

① 控股公司一般指非经营保险业务的、控股保险公司的公司，下同。

② 指标普《How We Rate Insurers》。

③ 指标普《Criteria | Insurance | General：Insurers：Rating Methodology》。

标普给出了保险公司评级逻辑框架图（参见图1）。标普对保险人和集团采用相同的要素进行评估。标普首先对业务风险和财务风险进行评估，得到初步结果（锚）后，考虑保险公司风险管理、公司治理状况等调整因素，得到指示性信用状况；其次，在对流动性和主权风险进行评估调整的基础上，得到保险公司的个体信用状况（SACP）或集团信用状况（GCP）；最后，结合外部支持因素，得到保险公司最终ICR或FSR。标普的方法基于保险公司过去五年的业绩，使用当前指标和未来两年的预测数据，结合公司最新信息、战略、标普对其运营环境的期望等，综合给出前瞻性的评级意见。

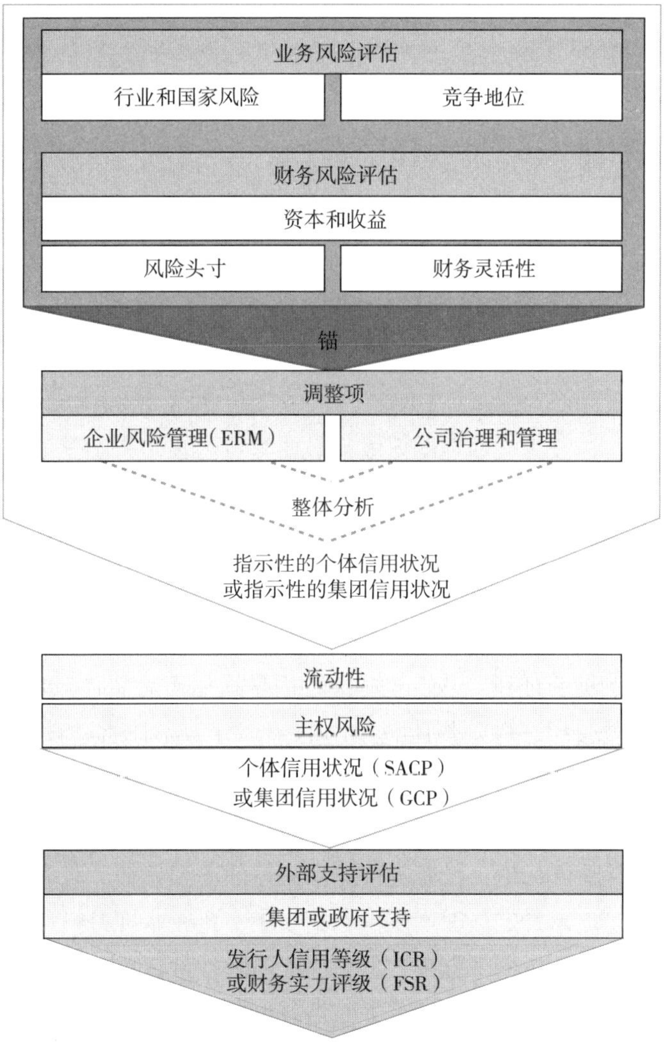

图1 标普对保险公司的评级逻辑图

（资料来源：标普《How We Rate Insurers》，联合评级翻译整理）

保险公司控股公司的评级由集团的GCP降低几个等级而来，通常降低不超过3个等级，除非有确定的现实违约风险。债务评级方面，标普给出一般性缺口规则（见表5）。保险公司的债务缺口一般反映保单持有人对金融债权人的优先级，但在一些司法管辖区（包括美国）适用无缺口规则，因为当地规定保单持有人不会比金融债权人拥有优先级。同样，无缺口适用于评级为“BB +”或更低的保险公司的有担保的高级债务。

表 5　标普对保险公司相关债务评级缺口的一般规则

发行人类型	发行人 ICR	次级债务级别缺口	高级无担保债务级别缺口
保险公司 ICR	BBB - 及以上	-1	0
	BB + 及以下	-2	0
保险公司控股公司 ICR	BBB - 及以上	-1	-1
	BB + 及以下	-2	-2

资料来源：联合评级根据标普《Criteria | Insurance | General：Insurers：Rating Methodology》翻译整理。

（三）惠誉

惠誉的评级方法适用于全球的保险及再保险业，包括财险、寿险，以及金融担保、按揭贷款保险人和伊斯兰保险的评级。本文仅整理了惠誉对保险公司的主要评估中通用性以及适用于财险和寿险公司的要素和指标，未包含金融担保、按揭贷款保险人和伊斯兰保险的专用指标。

惠誉对保险业的评级由保险公司财务实力（Insurer Financial Strength，IFS）评级、发行人违约评级（Issuer Default Ratings，IDRs）和债务/混合证券评级构成。IFS 是对保险人偿付保单义务能力的评级，一般为长期性的评级，必要时可给出短期 IFS（对保险人偿付一年内到期保单义务能力的评级）。IDR 是对保险人债务违约风险的评级。债务/混合证券评级是针对混合证券本身的评级，反映发行人的违约风险（IDR）以及该债务/混合证券违约损失的预期回收率评级。

IFS 评级是其他评级的基础。惠誉给出了 IFS 评级的关键分析因素框架（参见表 6）。确定“评级单位”是惠誉分析的第一步，这些关键因素适用于对“评级单位”的分析，“评级单位”可能是单个保险公司、保险集团或集团的一部分。惠誉通过对“评级单位”关键因素的历史性和前瞻性评估得出 IFS 评级，其中每种因素的“评级单位”口径可能不一致，某些因素可能基于单个保险公司评估，同时另一些因素可能基于合并口径。惠誉对外部支持的考察一般融入每种因素的评估中，没有进行外部支持的单独评估，只有集团评级方法中对集团的支持有单独的论述。惠誉定量因素至少考察 5 年，比较基准是行业中值以及惠誉评估的行业值。除主要要素的历史数据考察外，惠誉给出前瞻性的评级观点主要体现在未来业绩预测分析、与发行人特定情况相关假设的未来变动对发行人影响的敏感性分析、确定发行人对特定经济环境或事件的中短期脆弱性的压力测试、从业务或行业周期的视角审查（即评级通常不应因正常或小幅的周期性变化而改变）。

表6　惠誉对保险公司的主要评级框架（不含外部支持）

定性因素	定量因素
主权和国家的相关限制	资本化和杠杆水平
行业状况和经营环境	偿债能力和财务灵活性
业务经营	财务业绩和收益
所有权	投资和资产风险
公司治理和管理	资产负债和流动性管理
	准备金充足性
	再保险、风险缓释和巨灾风险

资料来源：惠誉《Insurance Rating Methodology》，联合评级翻译整理。

IDR 是通过与 IFS 的级别缺口来确定的，债务/混合证券评级是在考虑违约回收率的基础上通过对 IDR 的缺口来确定的。惠誉对 IDR、债务/混合证券评级、保险公司控股公司级别同 IFS 的级别缺口关系的判断较为复杂，其中监管环境对级别缺口标准的确定中起到基础性作用，惠誉将监管环境大致分为“偿付能力监管”、“闭环风险隔离”和其他三类，并在不同形式监管环境下对缺口关系给出了多种原因交错影响下的不同分类描述，在此不再详述。

（四）贝氏

贝氏对保险公司的评级方法由 34 项子方法共同构成，为全球的保险及再保险业，包括财险、寿险，以及金融担保、伊斯兰保险的评级都提供了评级依据，本文仅整理了其中通用性以及适用于财险和寿险公司的评估要素和指标（主要包括总论、风险管理、控股公司和债务评级等部分）。

贝氏对保险公司的主体评级分为财务实力评级（Financial Strength Rating，FSR）和发行人信用评级（Issuer Credit Rating，ICR）。FSR 评估保险人履行保险合同义务的能力，ICR 评估一家公司履行财务义务的能力。保险公司 ICR 是其 FSR、债务评级、控股公司 ICR 的基础。对于保险公司 ICR 的评级，贝氏未给出整体分析框架因素表，根据其评级方法的主要内容整理如表 7 所示。贝氏对保险公司的评级主要从宏观经济、财务实力、经营业绩和业务状况、风险管理等方面进行定性和定量评估，将评估结果和行业标准进行对比，最后结合母公司或子公司的隐性或显性支持确定最终评级。用于比较的行业标准是基于具有可比较业务组合和组织结构的许多保险公司的表现而制定并不断调整的。

表7　贝氏对保险公司的主要评级框架（不含外部支持）

假设和宏观经济因素	关键定量和定性因素	经营业绩和业务状况	风险管理
经济风险	贝氏资本充足率（核心）	盈利能力	信用风险
政治风险	承保杠杆（主要）	业务组合和风险分散	市场风险
金融系统风险	财务杠杆（主要）	市场竞争地位	承保风险
保险销售与定价影响因素	经营杠杆（补充）	管理	操作风险
其他（监管变化、巨灾风险）	资产杠杆（补充）	保险市场风险	战略风险
		事件风险	资本管理

资料来源：联合评级根据贝氏《Best's Credit Rating Methodology：Global Life and Non－Life Insurance Edition》的主要内容整理。

保险公司 FSR 一般可通过级别转换表得出（见表 8）。保险公司债务评级是基于 ICR 建立的，一般低于 ICR，主要反映该债务相对于保险公司高级债务（通常是保险合同义务）的从属程度；其中高评级公司的债务级别与 ICR 的级别缺口相对较小，低评级公司的级别缺口相应扩大，反映了监管干预的可能性增加（见表 9）。保险公司控股公司 ICR 通常低于保险公司 ICR，一是由于控股公司通常不产生独立于子公司业务的显著收益，这一法律分离将产生额外的风险，特别是存在实际的或潜在的控制机制导致资金可以从保险公司流向控股公司时；二是保单持有人通常比控股公司债权人有优先求偿权，控股公司高级无担保债权人所承担的风险相对于保险公司而言更大。高级别的保险公司的控股公司 ICR 通常低于保险公司 ICR 2~3 个级别（见表 10），但考虑到其他种种影响因素，该级别差距可能扩大至 4~5 个，也可能降为 0（某些业务多样化的实力强劲的控股公司）。

表 8　贝氏对保险公司财务实力评级和发行人信用评级的级别转换表

FSR	长期 ICR	FSR	长期 ICR	FSR	长期 ICR
A + +	aaa	B + +	bbb +	C + +	b +
	aa +		bbb		b
A +	aa	B +	bbb –	C +	b –
	aa –	B	bb +	C	ccc +
A	a +		bb		ccc
	a	B –	bb –	C –	ccc –
	a –				cc
				D	c

资料来源：贝氏《Best's Credit Rating Methodology：Global Life and Non – Life Insurance Edition》，联合评级翻译整理。

表 9　贝氏对保险公司债务和保险公司 ICR 级别缺口的一般规则（降低几个等级）

保险公司 ICR	高级无担保债务	次级债	初级次级债，信托优先股， 资本信托证券，优先证券/股票
aaa/aa/a	1	2	3
bbb +/bbb	1	2	3
bbb –	2	3	4
bb + 及以下	3 及以上	4 及以上	5 及以上

资料来源：贝氏《Best's Credit Rating Methodology：Global Life and Non – Life Insurance Edition》，联合评级翻译整理。

表 10　贝氏对保险公司控股公司和保险公司 ICR 级别缺口的一般规则

保险公司 ICR	控股公司 ICR 降低几个等级
aaa	0～2
aa＋	2～3
aa/aa－	3
a＋/a/a－	3
bbb＋/bbb	3
bbb－	3～4
bb＋/bb	4
bb－	4～5

资料来源：贝氏《Best's Credit Rating Methodology：Global Life and Non－Life Insurance Edition》，联合评级翻译整理。

表 11　贝氏对保险公司控股公司债务和控股公司 ICR 级别缺口的一般规则

证券类型	高级债务	次级债	初级次级债，信托优先股，资本信托证券，优先证券/股票
与保险控股公司 ICR 的缺口	0	－1	－2

资料来源：贝氏《Best's Credit Rating Methodology：Global Life and Non－Life Insurance Edition》，联合评级翻译整理。

（五）国内评级机构

除大公外，国内评级机构对保险公司评级的整体逻辑框架基本一致，主要从运营环境、管理与战略、风险管理、业务经营、财务状况等方面考察公司个体情况，从股东背景、政府支持等方面考察外部支持情况，再结合其他考虑因素的基础上，综合确定公司主体级别；在主体级别和债项风险的基础上确定债项级别，见图 2。

三、国内外评级机构对保险公司的评级要素

国外机构披露的评级方法各有特色，国内大部分评级机构对保险公司评级的主要要素差异不大，但对保险公司的评级要素总体还是围绕财务、经营、风险管理、经营环境等方面，在定性、定量结合分析的基础上，参考外部支持、压力测试情况和一些其他影响因素最终确定级别。

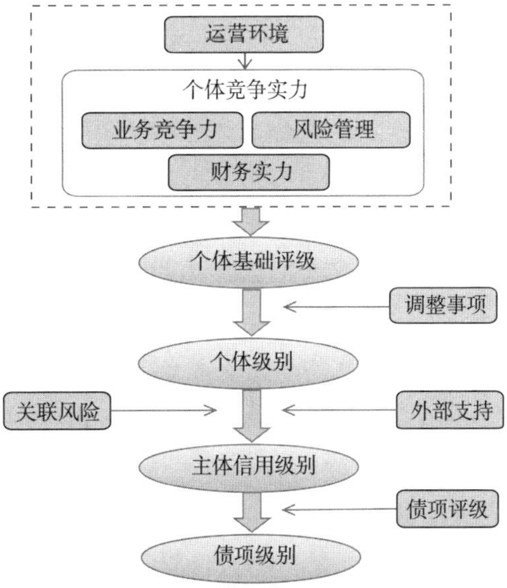

图 2　国内大部分评级机构对保险公司的评级逻辑图

（资料来源：联合评级整理）

（一）穆迪

穆迪对保险公司的评级重点关注长期和短期的财务实力，通过对业务和财务状况的定性和定量特征，以及其经营环境的评估来考察单个保险公司。业务评估主要考察市场地位与品牌、销售渠道、产品重心与多样化。穆迪对财

务状况进行定量分析，主要考察资产质量、资本充足性、盈利能力、流动性与资产负债管理以及财务灵活性。资本充足性鉴于全球各地监管规定不同，打分只能采用具有统一口径但相对粗略的指标（财险为总承保杠杆，寿险为调整后的所有者权益/总资产），同时也重视当地监管指标的评估；穆迪对部分地区建立了资本充足率指标（如美国风险调整资本模型MRAC，英国穆迪调整偿付能力资本 MASC 等），寿险评级方法中对 MRAC 进行了介绍，主要是资本充足率指标（调整的资本/调整的要求资本）。盈利能力采用资本回报率的 5 年均值和资本回报率夏普比率指标，着重考察在业务循环中的盈利能力及收益的稳定性和可预测性，通常资本回报率高且收益稳定的保险公司能够获得更高的级别。穆迪采用同样的分析方法来评估世界各地的保险公司，但每个地区都有自己的市场差异；因此经营环境也在评级分析中起着重要作用，经营环境主要从保险系统风险和保险市场发展程度两方面分析。

穆迪给出了评级打分卡及主要指标的权重，其中财务状况在评级打分中权重占 65%、业务状况权重占 35%；并给出了主要定性和定量指标对应每个级别下的认定区间。打分卡以公司个体要素（业务和财务评估）和经营环境的打分合计作为基础得分，结合其他考虑因素得出最终级别。其他考虑因素主要是公司治理和风险管理、特殊评级情况、会计政策和信息披露、主权信用、外部支持等。特殊评级情况主要是一些特殊情况，如单一的评级因子或子因素对公司的财务状况和偿付能力非常重要，尽管它在记分卡中有名义上的权重，但它还是凌驾于其他所有因素之上，这种情况通常发生在高度不利的情况下，如偿付能力低于监管要求或到期债务还款来源不明等情况，公司的偿债能力或流动性受到威胁。

表 12　穆迪对保险公司的评级打分体系

要素分类	一级要素	二级要素	要素权重	三级核心指标	指标权重	其他参考指标
财险公司个体要素	业务评估（35%）	市场地位、品牌与业务布局	25%	市场份额	75%	结合行业壁垒和公司的全球化程度考虑市场份额
				承保费用/净保费收入×100%	25%	渠道多样性，渠道效率（每个渠道在特定细分市场的适应性，每个渠道的开发和维护成本，经销商的留存率等），渠道管理和控制力
		产品集中度与多样性	10%	产品风险－公司特定业务组合的内在产品风险	40%	长短尾业务
				产品多样性－各产品线的数量	40%	综合考虑公司承保控制、定价复杂度、员工和技术等风险，财险业务以外业务的多元化质量、公司管理多样化业务的能力和协同效应
				区域分散化	20%	结合区域性的监管风险程度和巨灾风险程度考虑

续表

要素分类	一级要素	二级要素	要素权重	三级核心指标	指标权重	其他参考指标
财险公司个体要素	财务评估（65%）	资产质量	10%	高风险资产（HRA）/所有者权益×100%	40%	投资组合构成（高风险资产与总投资资产的比例，投资集中度），投资组合的流动性和波动性
				可收回再保险资产/所有者权益×100%	30%	公司再保险政策、再保险人的信誉
				（商誉＋无形资产）/所有者权益×100%	30%	其他资产（如固定资产和递延所得税资产）是否合理
		资本充足性	15%	总承保杠杆①	100%	结合业务组合和业务量的变化、负债久期、赔款支付方式等考虑，重视特定地区的监管资本指标
		盈利能力	15%	资本回报率②（ROC，5年平均）	50%	净资产收益率，营业利润率
				ROC的夏普指数③（5年期）	50%	
		储备充足性	10%	损失准备增长率（5年加权平均）	100%	
		财务灵活性	15%	调整后财务杠杆④	25%	易变现的资产/金融债务，公司进入资本市场的难易程度，其他融资渠道
				总杠杆⑤	15%	
				盈利覆盖率⑥（5年平均）	30%	
				现金流覆盖率⑦（5年平均）	30%	
	个体要素得分小计		100%			

① 总承保杠杆＝［财产和意外险的（保费收入＋总准备金）＋0.25×非财产和意外险的（保费收入＋总准备金）］/（所有者权益－10%×高风险资产）。

② 资本回报率（ROC，5年平均）＝息前税后利润/平均（金融债务＋利息支出＋所有者权益）×100%。

③ ROC的夏普指数（5年期）＝ROC均值/ROC标准差。

④ 调整后财务杠杆＝调整后的债务［金融债务（含优先股）＋穆迪对养老金、混合性证券和经营租赁的调整］/（调整后的债务＋所有者权益］。

⑤ 总杠杆＝［金融债务（含优先股）＋经营性债务＋穆迪对养老金、混合性证券和经营租赁的调整］/［金融债务＋经营性债务＋穆迪对养老金、混合性证券和经营租赁的调整＋所有者权益（扣除债务性项目）］。

⑥ 盈利覆盖率（5年平均）＝息税前收入/（利息支出＋优先股息）。

⑦ 现金流覆盖率（5年平均）＝子公司的股利能力/（利息支出＋优先股息）。

续表

要素分类	一级要素	二级要素	要素权重	三级核心指标	指标权重	其他参考指标
寿险公司个体要素	业务评估（35%）	市场地位和品牌	15%	市场份额	100%	结合行业壁垒和公司的全球化程度考虑市场份额
		业务布局	10%	渠道控制力	50%	渠道效率（每个渠道在特定细分市场的适应性，每个渠道的开发和维护成本，经销商留存率等）
				渠道多样性－保费占比10%以上的渠道数量	50%	渠道深度和广度，公司对渠道商的吸引力，是否易于拓展新渠道
		产品集中度与多样性	10%	产品风险－公司特定业务组合的内在产品风险（以低风险准备金占总准备金的百分比来衡量）	60%	产品功能评价（保险人向投保人转移风险的能力），嵌入产品中的特定风险，缺乏经验数据的新产品风险较高，金融投资活动的风险
				产品多样性－保费占比10%以上的产品数量	40%	综合考虑公司承保控制、定价复杂度、员工和技术等风险，寿险业务以外业务的多元化质量、公司管理多样化业务的能力和协同效应
	财务评估（65%）	资产质量	10%	高风险资产（HRA）/所有者权益×100%	75%	投资组合构成（高风险资产与总投资资产的比例，投资集中度），投资组合的流动性和波动性
				（商誉＋无形资产）/所有者权益×100%	25%	其他资产（如固定资产和递延所得税资产）是否合理
		资本充足性	15%	（所有者权益－10%×HRA）/（总资产－10%×HRA）×100%	100%	重视特定地区的监管资本指标，某些地区（如英国）采用穆迪调整偿付能力资本（MASC）
		盈利能力	15%	资本回报率（ROC，5年平均）	50%	净资产收益率，总资产收益率
				ROC的夏普指数（5年期）	50%	
		流动性和资产负债管理（10%）	10%	流动资产/流动负债×100%		资产负债管理（ALM）评估（管理工具和技术，久期匹配和现金流匹配，动态现金流测试，流动性应急策略）
		财务灵活性	15%	调整后财务杠杆	25%	易变现的资产/金融债务，公司进入资本市场的难易程度，其他融资渠道
				总杠杆	15%	
				盈利覆盖率（5年平均）	30%	
				现金流覆盖率（5年平均）	30%	
	个体要素得分小计		100%			

续表

<table>
<tr><th>要素分类</th><th>一级要素</th><th>二级要素</th><th>要素权重</th><th>三级核心指标</th><th>指标权重</th><th>其他参考指标</th></tr>
<tr><td rowspan="16">财险、寿险通用</td><td rowspan="5">经营环境</td><td rowspan="3">保险系统风险</td><td rowspan="3">67%</td><td>国家经济实力（人均 GDP，GDP 增长和波动，多样化/规模和长期趋势）</td><td>25%</td><td></td></tr>
<tr><td>国家制度实力（国家机构的稳健性和政策可预测性，法治、治理、通货膨胀、透明度等）</td><td>50%</td><td></td></tr>
<tr><td>易感事件风险</td><td>25%</td><td></td></tr>
<tr><td rowspan="2">保险市场发展</td><td rowspan="2">33%</td><td>保险深度</td><td>50%</td><td></td></tr>
<tr><td>保险密度</td><td>50%</td><td></td></tr>
<tr><td colspan="2">基础打分合计</td><td></td><td></td><td></td><td></td></tr>
<tr><td rowspan="10">其他考虑因素</td><td colspan="2" rowspan="4">公司治理和管理、风险管理</td><td colspan="3">关键人物风险</td></tr>
<tr><td colspan="3">战略和管理</td></tr>
<tr><td colspan="3">股息政策</td></tr>
<tr><td colspan="3">激励政策</td></tr>
<tr><td colspan="2">特殊的评级情况</td><td colspan="3">偿付能力不符合监管规定，流动性危机等</td></tr>
<tr><td colspan="2">会计政策和信息披露</td><td colspan="3">财务信息是否执行公认会计标准（本国或国际标准），是否存在强有力的政府或独立机构，财务信息一致性，财务信息是否如实反映经济实质（否则需调整相关指标）</td></tr>
<tr><td colspan="2">主权信用</td><td colspan="3"></td></tr>
<tr><td colspan="5">建议无支持个体级别</td></tr>
<tr><td colspan="2">明示或隐含的外部支持</td><td colspan="3">来自母公司、子公司、政府等其他实体的支持</td></tr>
<tr><td colspan="5">建议主体最终级别</td></tr>
</table>

资料来源：穆迪《Rating Methodology：Global Property and Casualty Insurers》《Rating Methodology：Global Life Insurers》，联合评级翻译整理。

注：穆迪披露的打分卡仅包含本表中的一二级要素和三级指标以及相应权重，其他参考指标为联合评级根据穆迪的评级方法整理补充的其他评级考虑因素，不构成其打分卡要素。财险和寿险各自的个体要素 + 经营环境 + 其他考虑因素构成各自的打分卡，本表将财险和寿险合并列示。

此外，由于财险行业固有的经济周期性，穆迪认为一家财险公司的财务状况在周期高峰时的表现会好于给出的该级别分类标准，在周期低谷的财务表现会劣于该级别分类标准（如一家主体 A 级的财险公司的财务数据，在周期高峰时可能够得上 AA - 级的标准，在周期低谷时可能只能算 BBB + 级别）。

（二）标普

标普对保险公司个体信用状况（SACP）或保险集团信用状况（GCP）的评估主要基于八大因素：行业和国家风险、竞争地位、资本和收益、风险头寸、财务灵活性、企业风险管理（ERM）、管理和治理以及流动性。标普对行业和国家风险、竞争地位、ERM、管理和治理以及外部支持的分析通常是定性的，其他因素以定量分析为主。

行业和国家风险、竞争地位共同构成保险业业务风险的评估要素。对在单一国家和单一保险行业经营的保险公司只评估单一行业和国家风险；在多个国家或保险子行业经营的计算加权平均的行业和国家风险（利用毛保费、保单债务或其他指标加权）。竞争地位主要评估保险公司的业务风险情况，包括经营业绩、品牌或声誉、市场地位、业务的分散化等，其中经营业绩评估尤其重要，其表现好坏将直接影响对其他几个要素的评估。

财务风险评估的是管理层在公司特定业务风险状况和风险承受能力背景下进行风险决策的结果，这些结果包括保险公司资本化的程度和方式、预期未来增长和留存收益情况、风险头寸、相对于其风险所拥有的财务灵活性的数量和类型等。资本和收益通过定量和定性评估资本充足率来衡量保险公司吸收损失的能力，主要是资本充足性的前瞻性评估。资本充足性首先通过标普的风险资本模型（Risk - Based Insurance Capital Model）进行评估，模型的主要思想是比较当前可用资本（总调整资本，TAC）与风险要求资本（RBC），然后评估保险公司通过净留存收益形成资本的能力和意愿。风险头寸主要评估资本和收益分析未包含的具体风险及会引起总调整资本（TAC）显著变动的特定风险。财务灵活性主要评估当前年度和未来两年保险公司对外部资本和流动资金的来源和使用之间的平衡。

其他考虑的调整因素包括企业风险管理（ERM）和管理、流动性和主权评级的限制因素。企业风险管理考察公司风险管理实践是否以系统、一致和战略性的方式执行，在最佳风险回报框架内控制损失，可以对保险公司的风险状况和资本需求进行预测。公司治理分析管理层的战略能力、运营有效性、财务管理和治理实践如何影响保险公司的市场竞争力、其财务风险管理的强度以及治理的稳健性，加强对重大战略和财务风险的管理可能会提高公司信誉。流动性分析的核心是评估保险公司能够在持续发展的基础上和适度紧张的市场和经济条件下满足流动性需求的能力，是绝对量的分析，而非与同行相比较。主权级别一般是 SACP 或 GCP 的上限，但公司 SACP 或 GCP 也可能高于主要经营地的主权级别，标普认为保险公司的偿债意愿和能力优于主权的偿债意愿和能力时，如果主权违约，保险公司有一个可衡量的违约率（不一定会违约）。

表 13　标普对保险公司的主要分析指标

一级要素	二级要素	核心指标	细分指标	指标解读	补充分析
行业和国家风险	国家风险	经济风险	当地经济环境；主要货币标准	保险业的收入和保险盈利动态对当地的经济环境非常敏感	
		政治风险	公共当局对保险行业的影响	保险业通常是高度管制的	
		金融体系风险	银行业风险；国内资本市场发展程度；企业融资环境	保险业依赖银行体系基础设施和资本市场	
		支付环境和法治	支付文化、法律框架和司法系统质量	保险业依赖银行支付系统，受到法治体系的影响	世界银行的法治指标；法制环境是否利于执行合同和控制腐败，国际腐败指数的透明度
	行业风险	行业盈利情况	净资产收益率	行业数据应至少来源于60%保险公司，样本不足或现有证据表明行业风险过度，被评估为“负面”	（寿险）内含价值回报率，（寿险）总资产回报率，（财险）营业利润率
		产品风险	承保业绩可能受到欺诈的重大影响；（财险）自然灾害；（寿险）资产负债匹配程度	由于产品风险而引起的行业或国家风险的变化	
		行业壁垒	监管壁垒；业务壁垒	典型的审慎监管通常导致至少适度的行业壁垒	
		市场增长前景	保费的增长或收缩	评估行业发展的潜力	
		制度框架	监管框架；监管的深度和频率；监管干预减轻保险公司倒闭影响的记录；监管独立性；行业信息披露质量和透明度	透明、审慎、独立于不适当外部影响的监管降低保险业的风险	
竞争地位	经营业绩	经营业绩；费用优势	净资产收益率；（财险）营业利润率；（寿险）总资产回报率；（寿险）内含价值回报率	经营业绩相比同业公司是否持续良好	净费用率、毛费用率
	品牌或声誉	品牌或声誉较竞争对手是否突出	在知名品牌中的排名；媒体评论（不含对财务表现的评论）或投保人/中介对手调查结果；产品创新；业务继续率	品牌或声誉相比同业公司是否具有显著的商业优势	

续表

一级要素	二级要素	核心指标	细分指标	指标解读	补充分析
竞争地位	市场地位	毛保费的市场份额（寿险还可以用保单负债的份额）	全球的市场份额；重要国家/区域中的市场份额；重要业务类别中的市场份额		
	销售渠道	直销能力；对分销渠道的控制	各种销售渠道考察	评估保险公司对其产品的直接分销程度，或对其主要分销渠道的控制力度，以及这些销售渠道如何提供竞争优势	
	区域分散度	主要经营地区多样化，当地保险深度		多样化，特别是地域性，是保险业的基础	
	其他分散化	产品多样化	财险各产品线/寿险各产品类型对息税前利润的贡献		
财务风险	资本与盈利	资本充足性	监管资本充足率	衡量可能引发债务重组或债务违约的短期监管干预风险	
			资本充足率预测①	资本的前瞻性评估	
			建模的代表性	衡量对资本充足率的分析是否高估或低估了资本和收益，用于调整资本和收益的得分	
	风险头寸	员工福利义务	总税前员工福利的支付义务/总调整资本（TAC）	反映净员工福利义务明显变化的风险，以及对选择资产负债价值关键假设的重要依赖②	
		外汇风险敞口	存在货币错配的对冲资产规模超过负债10%即为重大外汇风险敞口	衡量资产负债、权益的货币错配	汇率风险
		投资杠杆	高风险资产③/总调整资本（TAC）	衡量资产中高风险资产的占比	
		投资组合多样化	不同投资类别资产占比、对不同债务人的资金占比	资本模型假设资产具有平均的多样性程度，此处考察多样性作为补充	

① 资本充足率考虑当前和以后两个年度内，在“AAA”、“AA”、“A”、“BBB”四个置信水平下的，与风险要求资本（RBC）相关的总调整资本（TAC），TAC通过标普的资本充足率模型计算。

② 对选择资产负债价值关键假设包括可持续的资产价值、寿命预期、贴现率和未来增加退休金收入。

③ 高风险资产指BB级及以下的债券和贷款、存放于BB级及以下银行的存款，未评级的债券和贷款，非关联的普通股和优先股，不动产投资，对联营、合营企业的投资等。

续表

一级要素	二级要素	核心指标	细分指标	指标解读	补充分析
财务风险	风险头寸	其他资本和收益的波动性	再保险保护、预期通胀的显著变化、保险索赔趋势变化、独立负债的重大潜在波动、重大恐怖主义风险、极端死亡率或发病风险等	补充考察资本与收益、风险头寸中未纳入考虑的部分	
	财务灵活性	外部资金的可获取性	可获得银行贷款和资本市场的多样性、从高信用等级再保险公司获取再保险的能力和意愿、通过证券化融资的能力和意愿等	基于合并口径评估保险公司以合理成本获取足够外部资金的能力	考察市场证券价格和信贷息差以分析融资成本范围
		财务杠杆	债务/资本，无形资产/股东权益[1]，债务到期结构	债务的资本化程度	
		固定费用的覆盖程度	EBITDA/金融负债的利息费用		
其他调整因素	公司风险管理	风险管理实践方式			
	公司治理和管理	管理层的战略能力、运营有效性；财务风险管理强度；治理的稳健性			
	流动性	在持续基础上和市场状况适度紧张情况下公司满足流动性需求的能力	信心敏感性负债[2]的规模	衡量由市场信心普遍缺失或由特定事件引发对公司信心缺失，从而导致对保险公司现金流需求突然增加的风险	是否有监管或其他限制性规定
			可能所需抵押品需求/流动资产	衡量在评级下调或其他触发事件中需要提供担保的可能性	
			财务安排中的契约和评级触发条款	衡量第三方金融债务、保险及再保契约中的触发条款对流动性的影响	
			流动比率[3]		
	主权评级	主权评级的限制性和高于主权评级的情况			
外部支持		政府支持；股东支持			

资料来源：联合评级根据标普《Criteria | Insurance | General：Insurers：Rating Methodology》翻译整理。

注：评级因素或指标标注了财险或寿险的为该行业专用，未作说明的为二者通用。

① 分子的无形资产被定义为商誉和无形资产、递延取得成本（DAC）、有效价值、已获取的业务价值、递延所得税资产的合计。

② 信心敏感负债包括发行的商业票据、在12个月内到期的长期债务、混合工具可在12个月内与升压超过100个基点或对BB+级及以下评级的发行人升压超过200个基点、机构性的保险产品（包括365天期限的资助协议和担保投资合同）。

③ 流动比率=1年内可变现资产的净值/1年内保单持有人和公司债权人的现金需求。

（三）惠誉

惠誉将定性分析和定量分析相结合，并考察保险公司如期履行债务或其他义务的能力和意愿，其评级侧重对未来偿债能力和现金流量的分析评估，揭示受评对象违约风险的大小。

惠誉关注的定性分析要素包括主权和国家的相关限制、行业状况及经营环境、保险公司业务经营情况、所有权形式及公司治理和管理等方面。主权和国家的相关限制系指通过评估主权和国家风险环境，并判断是否对保险公司评级有任何约束性影响。行业状况和经营环境方面，惠誉针对各个细分市场的特点会给经营风险较高的公司更低的评级结果，同时给出了不同类型保险公司的评级范围。惠誉对于保险公司业务经营的评估主要考虑保险公司在主要业务领域中的竞争地位（包括其资本和保费/收入的绝对规模）、保险公司面临的业务风险类型以及这些风险的多样化情况，并且惠誉强调保险公司业务状况与其规模/绝对规模之间往往存在较强的正相关关系，严格限制风险的产品设计和产品多样化可以作为资本保护和风险管理的第一道防线。所有权分析方面，主要是对不同股权结构特征进行分析，判断所有权结构对于评级结果产生的影响。公司治理和管理影响其他评级因素，除融入其他因素的评估过程外，还对其单独分析，较弱的治理和管理可能导致评级降低，但良好的治理不会单方面的提升评级。

惠誉在定量指标上则关注公司资本化及杠杆水平、债务偿还能力和财务灵活性、财务绩效和收益、投资和资产风险、资产负债和流动性管理、准备金充足性及再保险、风险缓释措施和巨灾风险等。惠誉对资本化及杠杆水平的分析主要从资本充足率（CAR）、财务杠杆比率（FLR）以及总融资和承诺比率（TFC）等方面进行。偿债能力主要考察固定费用或利息的覆盖情况；财务灵活性旨在衡量保险公司产生额外资金的能力，低杠杆、不同到期日的债务均衡且具有多样化的融资来源通常是财务上最灵活的。财务绩效对公司资本的内生能力具有重要影响，盈利能力较强有利于减弱业绩不利偏差以及促进财务灵活性；惠誉考察公司盈利水平和盈利质量（盈利是否可靠和可持续）。惠誉对投资和资产风险的考察主要包括投资资产组合及其风险程度，同时判断公司的风险承受能力是否匹配。惠誉对资产负债和流动性管理主要通过考察可售投资资产以及流动资产相对于负债的比率来评估保险公司的流动性，并同时考虑了应收账款及附属房地产等非流动资产的影响，对保险公司的控股公司层面结合短期债务审查债务逐年到期情况，判断是否对财务灵活性存在负面影响。准备金充足性是财险公司的分析重点，也是分析难点，难点在于信息难以获取和难以解释；当所需信息无法获取时，只能通过评估业务条线和产品组合的总体风险及其与储备相关性（如长短尾业务），以及承保业务的历史波动性（包括其对储备发展的影响）来考察。惠誉对再保险、风险缓释措施和巨灾风险的评估是确定资本是否有足够的保护，能够避免大规模风险损失敞口。财险对再保险使用更加广泛，但高级别公司较少使用再保险，因为它们财务稳健、投资多元，强劲实力允许保留更多的风险。惠誉对巨灾风险的评估关注最极端事件发生概率及各种可能的损失，其巨灾风险模型在一系列置信水平上考察包括未来100年、250年、500年、1000年及以后期间内的极端巨灾事件。

表14　惠誉对保险公司的主要分析指标

项目	基本要素	主要指标	细分指标	指标解读	补充分析
定性因素	主权和国家的相关限制	评估主权和国家风险环境			
	行业状况和经营环境	评估监管强度和行业发展环境，针对不同细分市场特点评估风险大小			
	业务经营	竞争地位	经营规模（包括资本、保费/资产的绝对规模，以及相对市场份额）、品牌实力、特许经营价值、服务和分销能力		
		业务风险	产品的广度、保费和盈利水平的波动性、分销渠道以及公司各主要市场的监管环境		
		风险分散	业务线和市场（包括分销渠道）的多元化，以及多样化如何促进保险公司收入和收益的稳定		
	所有权	按不同股权结构特点评估所有权是否中性、有利或不利于评级		相互保险和股份制公众公司一般是中性的；私有制企业和超国家所有权要视具体情况而定	
	公司治理和管理	公司治理	董事会缺乏独立性，无效的管理团队，重大审计相关事项（如内控存在重大缺陷、无审计意见或不利观点、经常无法如期发布财报等情况）以及可疑的关联交易等		
		风险管理	管理层的积极作为，风险管理职能独立性，风险监测有效性，是否全面风险管理或集中管理		

续表

项目	基本要素	主要指标	细分指标	指标解读	补充分析
定量因素	资本化及杠杆水平	资本充足率（CAR）	惠誉专有的风险资本评估工具——棱镜资本模型（Prism Capital Model）	CAR主要衡量监管资本（或类似衡量标准）相对于保险业务风险敞口的强度	
			（财险）净保费/盈余或股东权益	衡量承保业务的净经营杠杆，以及定价偏差的风险程度	
			（财险）净杠杆①	衡量承保业务的净经营杠杆，以及定价和准备金计提偏差的风险程度	
			（寿险）经营杠杆②	衡量每单位资本所支持的负债额（不包括单独账户），本指标绝对比率高或相对于同业高都是负面的	
			监管资本比率	依各地监管规则而定	
		财务杠杆率（FLR）	调整后的资产负债率③	FLR衡量通过债务或债务混合证券来筹集长期资本和短期流动资金需求的比率，其核心是满足为监管资本或融资而进行的筹资，因此不含特定资产匹配的负债和经营性债务	
		总融资和承诺比率（TFC）	全部债务/调整的权益资本	TFC旨在衡量公司总债务（含特定资产的匹配负债和经营性债务在内的等全部形式的债务，以及财务担保等各种类似债务的承诺），以及对持续获得资金来源的总体依赖	

① 净杠杆=净保费与再保后准备金合计规模/盈余或股东权益

② 经营杠杆=负债/股东权益

③ 调整后的资产负债率=(债务+混合证券的债务部分)/(权益资本+债务+全部混合证券)，负债调整主要是将债务按面值计量，且剔除与特定资产匹配的债务以及经营性债务；权益资金必要时也会进行调整。

续表

项目	基本要素	主要指标	细分指标	指标解读	补充分析
定量因素	偿债能力和财务灵活性	偿债能力	利息覆盖率[①]，固定费用偿付比率[②]		
		财务灵活性	杠杆、债务到期日、备用资金或应急资金、融资渠道	衡量保险公司产生额外资金的能力	
	财务业绩和收益	盈利水平	保费、资产增长趋势	过度增长是未来财务困境的主要标志之一，负增长也要特别关注[③]	
		财险盈利分析	业绩与定价利润率（包括投资收入对定价决策的影响），相对于市场同行的业绩，赔付的波动性，费用率及减少佣金对费用率的影响		
			赔付率[④]、费用率[⑤]、综合成本率[⑥]	综合成本率小于100%表示承保盈利	考察业务组合、定价策略、会计惯例、分销方法和保留方法
			投资回报及其波动性，投资收益率[⑦]		
			运营比率[⑧]		
		寿险盈利分析	产品线水平上的利润和各种衡量标准	虽然寿险公司的评级普遍显示出强劲的盈利能力，但惠誉认为近期强劲的盈利可能是风险增加的结果，如对冲不足，将对评级不利	收入的多样化（包括市场和产品间的平衡，基于风险和费用的收入水平，新业务和续期业务的利润情况）
			总资产税前回报率、净资产收益率	高杠杆导致的高回报对评级是负面的，低杠杆导致的低回报实际上是风险降低的标志	特定情况下考察内含价值（ROEV）、新业务利润率、内含价值变动等
			销售、收入、支出和资产的增长情况	销售额的适度增长（符合市场平均水平）是健康的标志，快速增长往往是激进的标志	

① 利息覆盖率＝EBIT/利息费用（不含特定资产匹配债务的利息）。

② 固定费用偿付比率＝EBIT/优先股或混合证券的利息和股息。

③ 在多数保险发达市场的规模增速预警线是，财险年度保费增速超过/低于行业增速5个百分点以上、寿险资产增速超过/低于行业增速5个百分点以上。

④ 赔付率＝年度损失（含损失调整费用）/净保费。

⑤ 费用率＝承保佣金、薪金和间接费用/净保费。

⑥ 综合成本率＝赔付率＋费用率。

⑦ 投资收益率＝（投资收益/已赚保费）。

⑧ 运营比率＝综合成本率－投资收益率。

续表

项目	基本要素	主要指标	细分指标	指标解读	补充分析
定量因素	投资和资产风险	资产组合	风险资产/盈余或股东权益[①]；非投资级债券/盈余或权益；（财险）股票投资/盈余或权益		资产多样性
		资产风险	信贷风险、市场风险、利率风险和流动性风险		关注不寻常的投资策略，尤其是流动性较差、风险较高的投资
	资产负债和流动性管理	流动性	（财险）流动资产/损失储备和储备调整费用；（寿险）流动资产/保单负债；建模评估等	主要评估市场化投资和流动资产对负债的比率	
		资产负债管理	（寿险）资产负债久期缺口		评估管理层为遵守监管标准或内部管理需要而进行的情景分析
		控股公司流动性	（控股公司）结合短期债务审查债务逐年到期情况		
	储备充足性	概要	净储备杠杆[②]；损失储备/已发生的损失	保持足够的储备头寸的能力是高评级保险公司的一个重要特征，长尾业务需要更高的杠杆，同时在总体评估中赋予其更高权重	
		增长性	年度赔付支出/年度发生损失；储备/已赚保费指标的变动情况；（财险）准备金发展/盈余或股东权益	历史业承保表现的波动性，损失准备金增速是否与承保风险增长相应	
		经验水平	准备金 1 年增长率和 5 年增长率	持续适当增长的储备规模趋势表明良好的储备计提能力	
		充足性	现有准备金/评估的中值[③]	评估现有储备的总充足率，准备金低于评估中值表示准备金不足	

① 风险资产含非投资级债券、股票、长期股权投资等。

② 净储备杠杆 = 净损失储备/盈余或股东权益。

③ 评估可以基于对精算报告的审查、内部管理或保留点估计或区间估计的独立精算估计披露的组合，以及惠誉对损失经验数据的分析。

续表

项目	基本要素	主要指标	细分指标	指标解读	补充分析
定量因素	再保险、风险缓释和巨灾风险	财险再保险评估	再保险规模和类型是否与公司特定业务相应且能将损失风险保持在可控范围	再保险安排是否在实质上降低风险	再保险是否在需要时可获取，获取再保险的成本是否过高以致削弱盈利水平和竞争地位，与再保人在风险收集和认定中的争议是否过高
			再保险人的信用风险		
			是否为进攻性的再保险策略，或过度依赖特定形式的风险缓释措施（如配额再保险或主动对冲）	过度依赖再保险可以增加潜在的对手、争端和持续可用性问题	
			（财险）再保险回收/盈余或股东权益	衡量再保险信用损失风险	再保分出规模的变化，再保险未收回损失或可收回金额的变化
		寿险风险缓释评估	对衍生套期保值的评估与再保险相似，但也可以考虑基础风险、管理策略和相关控制措施，审查对冲业务的历史业绩		对内含价值证券化、巨灾债券或其他形式的融资，在TFC中分析
		巨灾风险损失评估	通过评估业务组合、地理集中度、保费增长率和过往业绩了解公司整体巨灾风险管理概况	主要采用是尾部风险价值（t-var）法①，而非最大可能损失（PML）法②	审查财险公司内部灾难模型和输出结果，应用惠誉巨灾风险模型产生的损失曲线

资料来源：惠誉《Insurance Rating Methodology》，联合评级翻译整理。

注：评级因素或指标标注了财险或寿险的为该行业专用，未作说明的为二者通用。

关于各评级要素的权重，惠誉认为大多数信用因素是以相对重要性来衡量的，而且这些因素间会相互影响，因素权重也会随着时间而变化，因此没有给出确切权重比例。一般由惠誉评级委员会确定大多数国家定量因素的标准权重，但对每个发行人的具体权重将具体分析并调整权重设置，当某种因素对某个发行人不重要时就赋予较低权重，定性因素也会影响定量因素的权重情况。

（四）贝氏

贝氏对保险公司的评级主要评价保险公司履行保险合同义务的能力，包括对保险公司自身、控股公司，以及合并层面的评估，从财务实力、经营业绩和业务状况、风险管理等方面

① 尾部风险价值（t-var）法主要思想是评估最极端事件发生概率，以及在特定阈值以上所有可能损失的均值。

② 最大可能损失（PML）法主要思想是回归期内单个事件的最大可能损失。

进行定性和定量评估。贝氏对保险公司的评级至少考察5年财务数据，必要时考察10年。

根据历史经验和贝氏的级别迁徙研究，级别迁徙通常移动不超过一至两个等级。然而，市场影响（包括宏观经济状况、利率变动、通胀水平、资本市场的波动、定价水平和监管变化）可能导致大规模的级别迁徙现象。因此，贝氏关注宏观因素，主要考察经济风险、政治风险和金融系统风险；此中需要考虑死亡率、发病率、自然灾害、监管变化等的整体预期对保险销售与定价的影响。

贝氏认为在确定公司履行当前和现有义务的能力时，财务实力是最重要的，因为它是财务安全的基础。财务实力衡量保险公司盈余对其经营和财务行为的暴露程度，通过一系列资本化的杠杆指标来考察。一个高杠杆或资本不足的公司可以表现出较高的股本/盈余回报率，但它可能面临不稳定的高风险；杠杆保守的保险公司能更好地抵御灾难、意外损失和承保结果的不利变化、投资回报或投资损失的波动，以及监管或经济条件的变化。财务实力的核心评估指标是贝氏资本充足率（Best's Capital Adequacy Ratio，BCAR），主要评估方面是承保杠杆、财务杠杆、经营杠杆和资产杠杆；财务杠杆和承保杠杆的结合考察能够总括地评估一家保险公司的财务实力，考察经营杠杆和资产杠杆是对总括评估的补充。承保杠杆产生于保费、再保险和准备金，主要通过保费、再保险和准备金的资本化指标来衡量。财务杠杆产生于债务或类似债务的工具（包括财务再保险），可能会对保险公司的收入造成影响，并带来现金流压力。广义经营杠杆表示只用于向特定资产池提供资金的债务或类似债务的工具。特定资产池的现金流如能足够偿付其特定债务本息，则将大大减少对保险公司收入和现金流的潜在需求；换言之，只要保险人拥有良好的资产/负债匹配、流动性和投资风险管理能力，表现出久期低错配，并将特定债务的偿债和流动性风险最小化，那么特定资产池对保险人的剩余风险就微不足道了。贝氏建立了经营杠杆水平的统一标准以及对特定保险公司的容忍度标准，一般地，纳入经营杠杆的特定债务将从财务杠杆中剔除，除非经营杠杆超过容忍度。资产杠杆衡量公司盈余对投资、利率和信用风险的暴露程度。投资和利率风险衡量公司投资组合的信用质量和波动性，以及对其财务实力的潜在影响。资产的质量和多样化有助于公司的财务稳定，贝氏主要考察资产组合在行业或地理区域间的多样性，特别关注超过公司总资本10%的大型单一投资。BCAR的核心思想是调整盈余/所需净资本。所需净资本是能够支持公司承保、投资和信用风险的净资本规模，将不利的经济和市场状况（如利率上升、股市下跌或巨灾）对公司投资、资产和承保的影响也纳入考虑。BCAR是一种综合的压力分析指标，能够有效识别保险公司基于其特定经营风险而言的相对财务实力，承保杠杆、财务杠杆、资产杠杆的扩张都受到BCAR的制约。其他方面还考察企业的资本结构、财务杠杆、利息费用的覆盖、现金覆盖、流动性、资本的产生、历史来源和资本用途等。

财务实力仅提供一个历史时点的财务情况，而经营业绩和业务状况是考察未来财务实力和财务稳定性的主要因素。因为评级是前瞻性的，必须对资本的内生因素盈利能力进行未来展望，同时决定一家公司经营业绩相对强弱的因素是其业务概况和有效执行战略的能力的组合。业绩强劲的公司是那些收益相对稳定并可持续发展的公司，业务表现稳定的公司比平均盈利能力强的公司可能会获得更高的评级，而且风险调整资本也更低；另外，那些通过持续亏损或波动表现出盈利水平的公司，在未来可能更难维持或改善资本。贝氏对经营业绩的考察主要是定量分析承保业绩、投资业绩、总业绩等各个层面的盈利能力；业务状况主要是定性考察包括业务风险程度、市场竞争力及公司治理等。业务状况会影响当前和未来的经营业绩，进而影响公司财务实力。缺乏规模或增长通常不被视为负面评级因素，除非贝氏认为这些问题会对公司的预期经营业绩和财务实力产生负面影响；但在高级别的公司中，业务经营中的问题对评级的影响程度会提升，业务实力通常转化为可防御的竞争优势，这是高等级公司与一般公司的区别。

表 15　贝氏对保险公司的主要评级指标

<table>
<tr><th>一级要素</th><th colspan="2">二级要素</th><th>主要指标</th><th>指标解读</th><th>补充指标</th></tr>
<tr><td rowspan="12">宏观环境</td><td colspan="2">经济风险</td><td>国内经济状况、劳动力市场、通胀水平，经济增长和稳定前景的评估</td><td rowspan="4">宏观环境按好到差分为 1 ~ 5 五个等级</td><td></td></tr>
<tr><td colspan="2">政治风险</td><td>政府和社会的稳定性；外交关系；法制基础；政府经济政策的适宜性和有效性</td><td></td></tr>
<tr><td rowspan="2">金融系统风险</td><td>保险风险</td><td>保险业发展和公众意识；透明度和监管的有效性；会计准则；监管的复杂性</td><td></td></tr>
<tr><td>非保险金融系统风险</td><td>金融体系对外部或内部波动的脆弱性；银行、股票指数和固定收益证券的表现，一国资本市场的深度和波动性</td><td></td></tr>
<tr><td rowspan="6">保险销售与定价影响因素（调整项）</td><td>准备金充足性</td><td>全球、全国保险准备金</td><td>假设宏观环境较好（1 ~ 2 级）的国家准备金适度缺少，宏观环境较差（3 ~ 5 级）的国家准备金不足</td><td></td></tr>
<tr><td rowspan="3">定价预期</td><td>一般预期</td><td>在大多数市场上假设定价持续适度上升，与巨灾风险相关的险种预期定价上升更多</td><td></td></tr>
<tr><td>当地竞争水平</td><td>高度竞争对利率和准备金的充足性产生持续压力，从而影响定价预期</td><td></td></tr>
<tr><td>当地情况</td><td>定价中也要考虑当地的市场条件和以往的定价经验</td><td></td></tr>
<tr><td>寿险精算的寿命假设</td><td>死亡率和平均寿命</td><td>因有适度的寿命预期，同时考虑潜在的健康问题和大型流行病</td><td></td></tr>
<tr><td>人身险精算的医疗假设</td><td>医疗损失假设</td><td>近年医疗损失呈减少的趋势，一般的预计未来一年的医疗损失继续呈减少趋势，同时考虑当地的数据</td><td></td></tr>
<tr><td colspan="2" rowspan="2">其他考虑因素（调整项）</td><td>监管政策的变化</td><td>监管政策的变化影响保险产品线和保险市场（如定价、销售等）</td><td></td></tr>
<tr><td>巨灾风险</td><td>近年来巨灾多发的趋势预计在未来一年持续，巨灾模型的结果在评级中作为考虑的基础因素</td><td></td></tr>
</table>

续表

一级要素	二级要素		主要指标	指标解读	补充指标
财险关键定量和定性因素	承保杠杆	资本化测试	净保费收入的增长率	衡量保险业务增长	承保业务类型、风险分散、再保质量和适当性、储备充足性（财险损失储备模型）、经营杠杆、资产杠杆（资产质量和分散化）
			净保费收入/盈余	衡量定价偏差	
			损失储备和其他负债/盈余	衡量负债（含未付债务和未到期保费部分）风险、准备金计提偏差的风险	
			净杠杆	衡量定价和准备金的综合指标	
			再保险杠杆[①]	衡量对再保分出的依赖性	
			总杠杆	综合衡量定价、准备金、再保险风险	
			BCAR[②]	衡量资本充足性	
		准备金测试	损失储备/盈余	本杠杆越高，偿付能力越依赖于准备金	
			保单持有人盈余的发展	反映期末盈余被高估或低估的程度	
	财务杠杆	流动性测试	速动比率[③]	衡量公司是否有能力完成其到期债务而不需要出售长期投资或借款	
			流动比率[④]	衡量流动资产对负债的覆盖程度	
			总流动比率[⑤]	衡量总资产对负债的覆盖程度	
			经营现金流/流动负债	衡量公司通过保险业务内部产生资金满足当前债务的能力。负余额可能表明承保业务未盈利或资产低收益	
			非投资级债券/保单持有人盈余	非投资级债券具有更高的违约和流动性不足的风险	
财险经营业绩和业务状况	盈利测试	定量分析	赔付率	衡量公司基本盈利能力，或赔付的经验比例	各种来源的收入利润的规模、趋势和波动性及其对资本化指标和财务实力的影响；会计政策或其他报告基础
			费用率	衡量公司承保业务的经营效率	
			保单分红后的综合成本率	衡量公司整体承保盈利能力，小于100表明公司承保业务实现盈利	
			经营比率	衡量公司总的、税前经营获利，包含承保和投资业务，小于100时反映整体经营盈利	
			税前利润率[⑥]	衡量公司经营获利能力	
			投资收益率	衡量投资资产在资本利得和所得税之前的平均回报率	
			保单持有人盈余变动率	衡量保单持有人从公司营业收入、投资收益、净资产和其他各项来源中获得的盈余的年度变化	
			保单持有人盈余回报率[⑦]	衡量公司在全部回报基础上利用盈余的效率	

① 再保险杠杆 = 因再保险而少提的准备金、收取的分保费用、从再保人处取得的其他一切金额的合计/资本或盈余。

② BCAR = 贝氏调整的盈余/能够支持公司经营和投资风险的所需最低资本。

③ 速动比率 = 非特定速动资产/负债，速动资产包括现金、短期投资、一部分股票和投资级债券。

④ 流动比率 = 非特定流动资产/负债，流动资产包括现金、非特定的资产，不包括抵押贷款和房地产。

⑤ 总流动比率 = 总资产/负债。

⑥ 税前利润率 = 税前经营收入/已赚保费。

⑦ 保单持有人盈余回报率 = 税后净利润/盈余。

续表

一级要素	二级要素		主要指标	指标解读	补充指标
财险经营业绩和业务状况	业务经营	定性分析	风险分散化——地理、产品和分销等收入构成的多样化		
			市场竞争地位		
			管理——管理的经验和深度		
			保险市场风险（可视为系统性风险）		
			事件风险——重大诉讼、潜在“挤兑”、经济崩溃、重大立法等		
			控股方的影响——资本结构、资本的质量、资本支持等		
寿险关键定量和定性因素	承保杠杆	资本化测试	净保费收入（NPW）和保户投资款的增长率	衡量保险业务增长	承保业务类型、风险分散、再保质量和适当性、储备充足性、经营杠杆、资产杠杆（资产质量和分散化）
			NPW 和保户投资款/资本或盈余	衡量定价偏差	
			资本或盈余/再保后的总负债	衡量公司对资本或盈余的杠杆利用程度	
			盈余减免①		
			再保险杠杆	衡量再保险安排的合理性	
			资本变动率②		
			BCAR	衡量资本充足性	
寿险关键定量和定性因素	财务杠杆	流动性测试	速动比率	衡量公司是否有能力完成其到期债务而不需要出售长期投资或借款	承保业务类型、风险分散、再保质量和适当性、储备充足性、经营杠杆、资产杠杆（资产质量和分散化）
			流动比率	衡量流动资产对负债的覆盖程度	
			非投资级债券/资本或盈余	非投资级债券具有更高的违约和流动性不足的风险	
			拖欠和止赎的抵押资本/资本或盈余③		
			抵押贷款、租户信用贷款和房地产/资本或盈余④		
			附属投资/资本或盈余⑤		
寿险经营业绩和业务状况	盈利测试	定量分析	给付支出/NPW 和保户投资款		各种来源的收入利润的规模、趋势和波动性及其对资
			佣金和手续费/NPW 和保户投资款⑥		
			税后经营净收益/平均总资产		
			税后经营净收益/总收入		

① 盈余减免 = 再保险分出的佣金和费用补贴/资本或盈余。
② 资本变动率 = 资本或盈余 + 自愿投资储备金合计规模的增长率。
③ 分子为长期抵押贷款的利息逾期超过三个月或在过程中丧失抵押品赎回权和止赎房产。
④ 房地产包括自用、出租、用于出售的房地产。
⑤ 附属投资包括家庭办公物业。
⑥ 分子不含再保分出的佣金和手续费。

续表

一级要素	二级要素		主要指标	指标解读	补充指标
寿险经营业绩和业务状况	盈利测试	定量分析	税后经营净收益/平均资本或盈余		本化指标和财务实力的影响；会计政策
			净投资收益率①	不反映已实现和未实现的资本收益或所得税	
			总投资收益率②		
	业务经营	定性分析	同财险		
风险管理	ERM 框架		信用、市场、承保、操作和战略风险		
	资本管理		BCAR		

资料来源：联合评级根据贝氏《Best's Credit Rating Methodology：Global Life and Non－Life Insurance Edition》主要内容翻译整理。
注：评级因素或指标标注了财险或寿险的为该行业专用，未作说明的为二者通用。

贝氏评级方法尤其重视风险管理，认为风险管理是连接财务实力、经营业绩和业务状况的线索。风险管理的基础存在于形成业务组合的经营策略、各种财务制度和其他经营要素中，并决定了保险公司经营业绩的可持续性，最终体现为风险资本的波动。合理的风险管理策略和有效的执行有助于保险公司建立并保持持续的财务实力。贝氏考察包括企业风险管理（Enterprise Risk Management，ERM）体系所考察的信用、市场、承保、操作和战略五大风险，以及资本管理在内的全面风险管理。风险管理的核心指标体现为 BCAR，并给出了 BCAR 与财务实力、经营业绩和业务状况的关系（见图 3）。

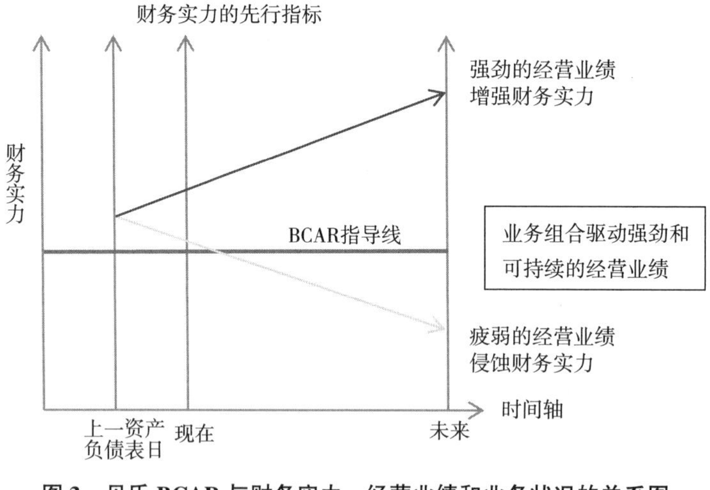

图 3　贝氏 BCAR 与财务实力、经营业绩和业务状况的关系图

（资料来源：贝氏《Best's Credit Rating Methodology：Global Life and Non－Life Insurance Edition》，联合评级翻译）

（五）国内评级机构

国内大部分评级机构对保险公司评级的主要要素差异不大，主要包括运营环境、战略管理、风险管理、业务经营、财务状况、外部支持和债项分析七大要素，但各要素在各机构评级方法中的布局情况和名称等有所差别。

---

① 净投资收益率＝净投资收益/平均（现金＋投资资产＋应收的投资收益－借入资金）。
② 总投资收益率＝净投资收益率＋已实现和未实现的资本利得和损失。

表 16　国内评级机构对保险公司的评级要素比较

机构	中债资信（财险、寿险）	中诚信国际（财险、寿险）	大公国际	联合资信	联合评级	新世纪（财险、寿险）	东方金诚	鹏元资信（财险、寿险）
评级要素	• 行业经营风险 行业分析 • 企业经营风险 市场地位 保险业务 投资业务 销售渠道和服务 • 财务风险 偿付能力 流动性 盈利能力 • 外部支持 • 其他因素 风险管理 战略定位 公司治理 突发事件 财务信息质量 指标严重异常 • 债项评价	• 经营环境 行业环境 监管环境 • 品牌价值 市场地位及品牌实力 销售渠道 产品风险和多样性 公司治理与风险管理 • 财务分析 资本充足性及偿付能力（寿险含内含价值） 资产质量和投资风险 盈利能力 准备金充足性（财险） 财务灵活性和流动性（寿险分开讲） • 外部支持 隐含支持 明示支持	• 偿债环境 政治生态 信用生态 偿债环境指数 • 财富创造能力 市场需求 产品或服务竞争力 盈利水平 财富创造能力指数 • 偿债来源 第一偿债来源 第二偿债来源 第三偿债来源 第四偿债来源 资产风险 • 偿债能力分析 总债务偿还能力 存量债务偿还能力 新增债务偿还能力 • 行业风险 金融安全网 进入壁垒 替代风险 行业内部竞争 宏观经济敏感性 • 调整项 可比性调整 外部支持 财务政策调整	• 运营环境 运营环境 行业分析 监管环境 • 公司治理与内控 公司治理 内部控制 发展战略 • 业务经营与绩效 保险业务 投资业务 经营绩效 • 风险管理 • 偿付能力 • 外部支持 • 债券偿付能力分析	• 运营环境 宏观环境 监管与政策 行业发展 • 业务竞争力 保险业务 投资业务 • 风险管理 风险管理体系 风险分类管理 监管评价 • 财务实力 盈利能力 资金来源与财务灵活性 资本充足率 保险业务 投资业务 • 调整事项 • 关联风险 • 外部支持 • 债项评级	• 经营环境 经济风险 行业风险 • 业务竞争力 承保能力 投资能力 发展战略 • 管理能力 业务管理 风险管理 • 财务状况 盈利能力 流动性 资本实力 • 其他因素 外部支持 重大事件	• 营运环境 宏观经济 行业环境 • 管理与战略 公司治理 内部控制 战略规划 • 风险管理 风险管理体系 保险风险 投资风险 流动性风险 操作风险 合规与声誉风险 • 业务运营 业务规模与结构 产品销售 产品研发 投资情况 • 财务状况 盈利能力 资产负债管理与流动性 资本金与偿付能力 财务灵活性 • 外部支持 • 债券偿债能力	• 营运环境 宏观经济 监管环境 行业环境 • 公司治理与管理 治理能力 经营战略 • 经营竞争力 承保能力 投资能力 • 风险管理 风险管理组织与工具 风险管理制度的有效性与执行 保险风险管理 信用风险管理 流动性风险管理 • 公司背景与外部支持 • 财务安全性 偿付能力 盈利能力 财务灵活性 • 调整事项

续表

机构	中债资信（财险、寿险）	中诚信国际（财险、寿险）	大公国际	联合资信	联合评级	新世纪（财险、寿险）	东方金诚	鹏元资信（财险、寿险）
重点与异同	无宏观经济分析；重经营轻财务；经营部分重销售和服务、市场竞争；财务部分重资本充足性和流动性	突出考察市场竞争地位；财务部分重视资本充足性和偿付能力分析，盈利能力视作资本充足性的内生动力	评级体系较独特，关注点较全面，将各个因素糅合，重点分析盈利能力和偿债能力；从偿债角度出发进行财务分析	无财务分析专题，盈利能力（经营绩效）含在经营分析中，偿付能力单独分析；运营环境分析系重要评级依据，宏观经济包含国际经济	关注点较为全面；通过业务竞争力、风险管理和财务实力进行个体基础评级；将股东背景、外部支持、关联风险、公司治理和管理、发展战略、财务数据质量等因素均作为在个体基础级别的基础上的调整项	关注点较为全面；报告中，债项分析列示了该主体已发行的全部债券；风险管理重数据分析	关注点全面，重风险管理，未提及承保与核赔，重资产规模、资本规模和保费收入，此外还关注自然环境对财险的影响，以及人口因素对寿险的影响	关注点较为全面，暂无报告，关注重点未知

资料来源：联合评级整理。

注：评级因素标注财险或寿险的为该行业专用，未作说明的为二者通用。

四、国内外机构对保险公司评级方法的比较

综观国内外保险公司评级方法，本文重点从评级分析的逻辑框架、评级关注的主要要素两方面进行对比和综述。通过对比发现：

1. 关于评级体系构成，国内机构基本都分为主体评级和债务评级；而国际机构更加细分，且各有不同，如对主体或债务的评级通常都可分为长期和短期，惠誉对债务有单独的违约回收率评级，标普、惠誉和贝氏对公司主体还有不同层次的评级等。

2. 关于评级逻辑，国际机构各有不同的逻辑路径，而国内机构除大公外基本一致。

3. 关于评级的分析要素，整体上，国内外各评级机构对保险公司（含财险寿险）的分析要素差异不大，基本均围绕运营环境、财务实力、业务经营、风险管理、外部支持及其他考虑因素展开分析。

4. 尽管总体要素基本一致，但各评级机构从各自专业视角出发，对于各个评级要素的关注侧重点不尽相同。如穆迪强调财务实力表现；贝氏也认为财务实力最重要，但更强调风险管理贯穿整个财务报表实力、经营业绩和业务状况；中债资信看重业务经营状况；大公看重偿债能力等。

5. 关于给出前瞻性评级意见，国外机构更侧重于压力测试、模型量化分析等技术手段进行量化预测分析，所给出的级别通常是能够承受一定变动压力而无须调整评级结果的；而国内机构多数基于历史分析，很多机构未提到前瞻性评估，部分机构提到前瞻性评估的也对此论述较少或仅限于通过战略分析等定性的预测判断，几乎没有涉及定量分析。

6. 关于评级考察的数据期限，国际 4 大机构均至少考察 5 年相关数据（财务数据），贝氏在必要时甚至考察 10 年；而国内机构一般未明确考察期限，但从实际评级报告来看，一般只考察 2～3 年。

7. 关于评级要素的权重，考虑到信息披露等多种原因，多数评级机构并未在评级方法中披露要素赋权情况；仅大公和穆迪给出了主要要素的基础赋权情况，穆迪还给出了主要定性和定量指标对应每个级别下的认定区间，惠誉给出了主要指标的中位数参考值。惠誉也明确指出，大多数信用因素是以相对重要性来衡量的，而且这些因素间会相互影响，因素权重也会随着时间而变化，因此没有给出确切权重比例。

8. 相比于本国/区域性的评级方法，全球性的评级方法还要关注国家主权风险、国家间的监管差异、会计政策差异、外汇风险等因素。

9. 部分机构的评级方法较为独特，例如大公设计了几个偿债指数并进行仿真模拟测验；贝氏从承保杠杆、财务杠杆、资产杠杆等着手分析净资本情况，并给出了各要素影响的模型图解。

五、借鉴与启示

通过对国内外评级机构披露的保险公司评级方法进行对比分析，对于我国保险公司的评

级具有一定借鉴和启示。

1. 国内外评级机构对保险公司（含财险寿险）的信用评级，总体上均围绕运营环境、财务实力、业务经营、风险管理、外部支持及其他考虑因素展开分析，对于全球性的评级方法还要关注国家主权风险、国家间的监管差异、会计政策差异、外汇风险等因素。各评级机构对于每个评级要素的侧重程度可以依各自的专业判断而有所差异。

2. 对保险公司风险评估至关重要的资本充足性方面，因我国银保监会发布的“偿二代”采用国际通行的三支柱框架，国内机构基本直接采用“偿二代”等系列监管指标来评估资本充足性；对全球评级而言，因各国监管不一，国际 4 家评级机构除考察当地的监管指标外，都有自己的风险资本评估模型，各家资本充足率指标的原理与国内“偿二代”偿付能力充足率指标原理基本一致。因此，对于国内保险公司资本充足性的评估可以采用“偿二代”偿付能力指标。

3. 对保险公司盈利能力的分析，因保险业承担着社会稳定器的作用，尤其是寿险业务的长期特性，国际机构更重视保险公司盈利的长期稳定性，均至少考察 5 年的盈利能力及其稳定性，这对国内评级机构有一定的借鉴意义。另外，从债项评级的角度看，保险公司发行的债券多为长期债券，考察长期盈利能力也有助于评估长期债券的偿还能力。

4. 国际三大评级机构对保险公司的评级历史较长，多年来的数据积累为评级模型的建立和评级结果的准确性提供了校验和调整的基础依据，因此国际三大评级机构多采用压力测试、模型量化分析等技术；而国内对保险公司的评级历史较短，且长期以来保险业公开信息披露的程度不足，各评级机构的数据积累不足，在量化模型和评级结果检验方面缺少数据支撑，尤其在债务违约回收率方面难以量化分析，未来在数据积累和量化分析方面亟待加强。

04　证券公司行业国内外信用评级方法的比较与研究

联合评级　金融部　陈凝　姚雷　（2019－12）

一、概述

本文梳理对比了国内外评级机构对于证券公司的评级方法，包括评级框架、评级要素等方面。其中标普和惠誉披露的非银行金融机构评级方法均适用于证券公司；穆迪单独披露了证券公司行业评级方法，并根据证券公司业务范围分别披露做市商和服务商两版评级方法，对于具有综合业务资质的证券公司，评级过程中以做市商评级方法为主，服务商评级方法作参考。本文将主要采用做市商评级方法进行对比分析。

表 1　目前国内外评级机构证券公司评级方法

评级机构		发布年份
国际三大评级机构	穆迪	2018 年
	标普	2014 年
	惠誉	2018 年
国内评级机构	新世纪	2018 年
	大公国际	2019 年
	中证鹏元	2015 年
	远东资信	2008 年
	东方金诚	2019 年
	联合评级/联合资信	2018 年

资料来源：各机构评级方法，联合评级整理。

二、国内外评级机构对证券公司的评级逻辑

国内外评级机构对于证券公司的评级逻辑均是先评估受评证券公司个体基础信用状况；再考虑有外部因素如股东和政府支持情况下的综合信用等级。但各家机构又存在一定差异性，国际三大评级机构在运营环境或外部调整因素中需考虑主权评级的影响。

（一）穆迪

在穆迪的证券公司评级方法中，根据证券公司的商业模式把证券公司分为做市商和服务

商；其中，做市商类证券公司以证券销售和交易、自营投资和参与承销为主，以自有资金与其他机构进行交易，资产负债表密集型业务比重较高。服务商类证券公司业务范围主要包括经纪业务、咨询和财务顾问，多为资产负债表轻型业务，该类证券公司的特点是依靠经营性现金流偿债，证券公司业务规模主要体现为收入规模。

做市商类证券公司评级逻辑如图 1 所示，穆迪首先对受评证券公司财务状况进行定量分析，对各项因素评分后加权求和，给予财务状况评级，其次对运营环境因素定性分析，通过动态权重矩阵得出调整后财务状况评级，最后再对受评企业业务状况和财务政策定性分析，并对级别进行直接调整，最终得到证券公司个体信用等级。穆迪通过联合违约分析模型（JDA）考虑股东支持和政府支持后的信用情况，并得出企业主体信用等级。根据不同债项在违约发生时的偿还顺序，得出债项的风险情况并在主体信用等级基础上给予上调或下调。

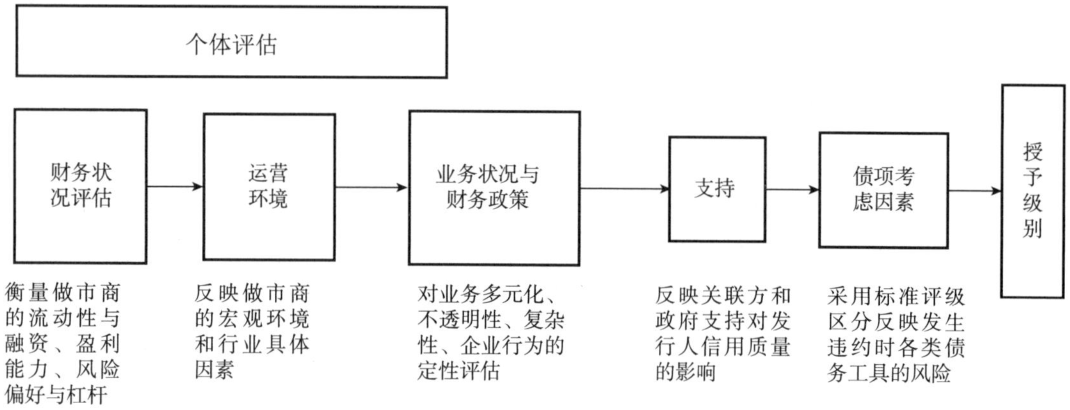

图 1　穆迪对做市商类证券公司的评级逻辑

（资料来源：穆迪评级方法）

（二）标普

在评级流程中，标普评级首先依据经济和行业环境确定公司的“锚”评级；其次，标普根据个体信用状况确定公司的个体信用等级（SACP）；最后，标普评级依据公司个体信用等级结合证券公司外部影响因素最终确定公司信用等级（ICR）。

（三）惠誉

惠誉首先对证券公司自身的信用状况进行评估并得到个体信用级别（VR）；个体信用级别分别从运营环境、公司概况、管理与战略、风险偏好以及财务概况五个方面评估了证券公司的情况。证券公司主体信用级别和债项级别由个体信用等级和外部支持评级共同决定。惠誉对于主体长期信用级别通常采用“二者取其高”的方法，即取个体信用级别和外部支持评级更高者作为证券公司主体长期信用级别。

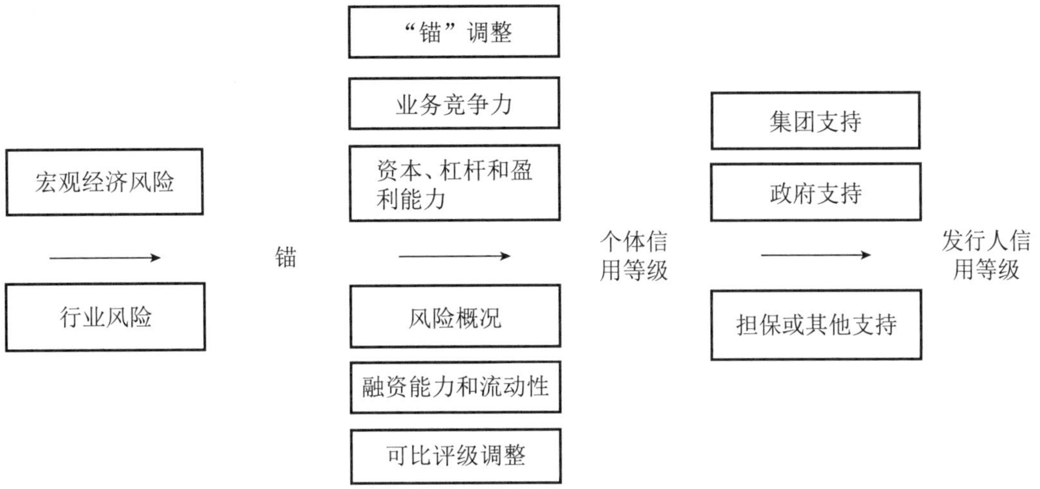

图 2　标普非银行金融机构评级方法路径图

（资料来源：标普评级方法，联合评级整理）

政府支持上，惠誉认为对于政策性非银金融机构，政府支持因素很重要，但其他类型非银金融机构系统重要性较低，政府支持力度有限。债项评级方面，考虑违约风险和回收率，对于普通债务，其债券评级等于主体长期信用等级。

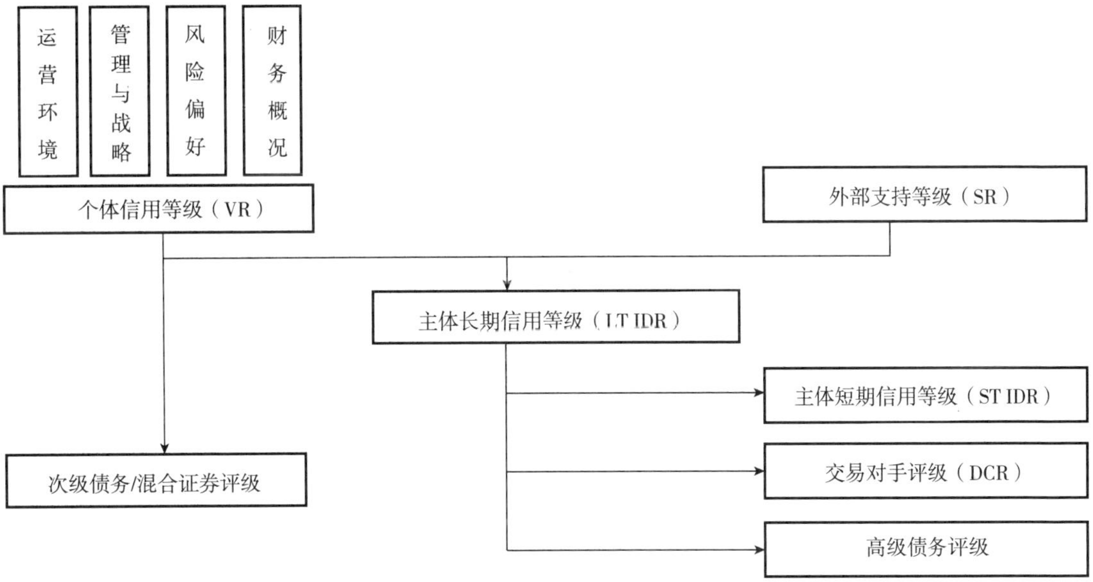

图 3　惠誉非银行金融机构评级方法路径图

（资料来源：惠誉评级方法，联合评级整理）

（四）国内评级机构

国内评级机构中除大公国际外，其他评级机构对证券公司评级的整体逻辑框架基本一致，主要从运营环境、业务经营、管理与战略、风险管理、财务状况等方面考察公司个体情况；从股东背景、政府支持等方面考察外部支持情况，最终确定证券公司主体级别。由于国内评级机构针对的客户群体为国内证券公司，因此都没有考虑国家主权要素对于级别的影响。

大公国际的评级框架较为特殊，大公评级主要围绕“偿债能力”为主线，将评级要素重新划分为偿债环境、财富创造能力、偿债来源与负债平衡三大要素来综合评估证券公司的信用风险。

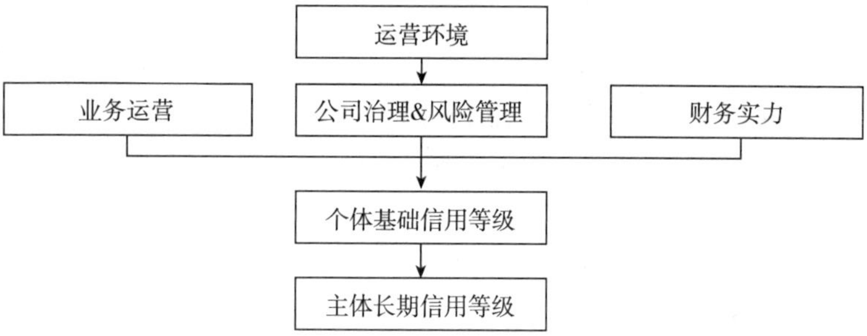

图 4　国内证券行业评级框架

（资料来源：联合评级）

三、国际三大评级机构对证券公司的评级要素

国外机构披露的评级方法各有特色，但对证券公司的评级要素总体还是围绕运营环境、业务经营、风险管理、财务状况等方面，在定性定量结合分析的基础上，通过外部支持调整和一些其他影响因素确定最终级别。

表 2　国际三大评级机构证券公司个体基础信用评级主要评级要素

穆迪		惠誉		标普
运营环境		运营环境		运营环境
财务状况	资金来源和流动性	财务概况	资金、流动性和覆盖率	融资能力和流动性
	盈利能力		收入和盈利能力	资本、杠杆和盈利
	风险偏好和杠杆		资本和杠杆水平	
			资产质量	
业务运营及财务政策		公司概况		经营状况
		管理和战略		
		风险偏好		风险概况

资料来源：国际三大评级机构评级方法；联合评级整理。

（一）穆迪

穆迪在对证券公司个体信用状况进行评估时，主要从财务状况评估、运营环境评估以及业务状况及财务政策三方面考虑，并采用“三步法”流程确定个体信用等级。即首先对受评企业财务状况进行定量分析，对各项因素评分后加权求和，给予财务状况评级，其次对运营环境因素定性分析，通过动态权重矩阵得出调整后财务状况评级，最后再对受评企业业务状况和财务政策定性分析，并对级别进行直接调整，最终得到证券公司个体信用等级。穆迪仅给出了财务状况评估中各子指标的权重，运营环境因素、业务状况和财务政策均为动态权重，对此穆迪给出了动态权重下的映射表。

1. 个体信用评级

第一步：财务状况评估

财务状况评估中，穆迪给出各子指标的打分区间和权重，对每项子指标给予评级，并将等级与数字评分对应转换，最终得出财务状况的等级。财务状况评估指标皆是定量指标，分为流动性与资金来源、盈利能力和风险偏好三类，每一类的子指标的权重和打分区间如表3所示。根据历史财务数据计算指标时，穆迪选取最近财务数据计算结果和过去三年年度财务数据平均值计算结果的较小值（平均资产回报率和税前盈利波动性除外），反映了定量打分的审慎性原则。

表3　穆迪证券公司财务状况评估分析指标

子指标	子指标权重	Aaa	Aa	A	Baa	Ba	B	Caa	Ca
流动性（%）	20%	≥200	150－200	130－150	110－130	90－110	70－90	50－70	<50
资金来源（%）	15%	≥180	140－180	120－140	100－120	80－100	60－80	40－60	<40
平均资产回报率（%）	10%	≥2.5	1.5－2.5	1.0－1.5	0.75－1.0	0.5－0.75	0.25－0.5	0.13－0.25	<0.13
税前盈利波动性（%）	15%	<10	10－20	20－30	30－50	50－70	70－100	100－130	≥130
风险偏好（%）	20%	<5	5－10	10－20	20－30	30－40	40－50	50－60	≥60
杠杆（倍）	20%	<1.5	1.5－2.5	2.5－7.5	7.5－13	13－20	20－30	30－40	≥40

注：税前盈利波动性为负值则得分为“Ca”。

资料来源：穆迪评级方法，联合评级整理。

资金来源与流动性

穆迪选择了流动性（流动性流入/流动性流出）和资金来源（长期资本/长期资本的使用）两个子指标作为评估指标。穆迪认为，当证券公司破产时，表现为缺乏足够的资源来应对压力事件，因此必须有足够的资源支持其日常业务活动和长期规划，并帮助其应对可能以各种形式出现的压力事件的挑战。

穆迪给予资金来源与流动性总体权重为35%。流动性和资金来源在结构上类似于监管指标流动性覆盖率和净稳定资金率，但穆迪使用公开财务数据计算，精确程度不及两项监管指标，但并不影响分析结果。

流动性（占比20%）衡量证券公司抵御流动性冲击的能力。其中流动性流入包括现金及等价物、折算之后的证券投资组合余额，以及表外可动用的融资资金或流动性安排。流动性流出包括所有短期资金、经营负债、表外或有事项等。在此计算基础上，穆迪会考虑以下方面对该指标结果进行调整：流动性流入和流出趋势、持有证券风险程度、审计报告可靠性、关联方应收/应付款项等。穆迪认为，持有波动剧烈、仓位集中、交易对手集中等特征的证券组合应在标准折算率基础上进一步折算；关联方应付款项应根据具体协议判断是否属于长期资金。

资金来源（占比 15%）衡量证券公司融资结构及资金稳定性。其中长期资本包括普通股、优先股和一年以上到期的长期债务。长期资本使用包括折算之后的证券投资组合余额、经纪业务应收款、固定资产、无形资产等。结果调整方面和流动性类似，穆迪会考虑长期资本变动趋势，以及表外授信额度能否作为长期资金等因素。

盈利能力

穆迪主要考察获利能力和盈利稳定性两方面，获利能力反映了证券公司的竞争地位和可持续性，而盈利稳定性反映了证券公司成功应对业务周期峰谷的能力，对其信用实力具有重要影响。盈利能力部分权重共计 25%。

穆迪认为，获利能力包括了其创造收入和对人力成本、技术和其他重要因素充分再投资的能力。穆迪采用平均总资产回报率（占比 10%）来衡量资产产生回报的能力、品牌实力以及业务的竞争状况。平均总资产回报率采用证券公司最新财务数据，该指标反映了证券公司整体盈利能力情况，在此基础上，穆迪根据压力测试下收入、费用和现金流表现情况，关联交易收入占比情况以及变动趋势对盈利能力打分进行调整。

在盈利稳定性方面，穆迪认为，如果证券公司在景气时期创造极高利润而低谷时期盈利过低，则可能面临较大的风险，盈利的波动性还会对市场信心的敏感性造成负面影响，因此其信用水平通常低于在整个周期能持续盈利的证券公司。穆迪选用了税前利润波动性（占比 15%）来评估证券公司的盈利稳定性。该指标反映了证券公司适应经济和行业环境变化的能力，以及应对业务周期的能力。税前盈利波动性采用证券公司过去 8 个半年报中税前盈利的变异系数，等于税前盈利的标准差除以税前盈利均值。对于财务缺失和成立时间较短情况，该项指标给予最低评级。对于隶属于控股集团的证券公司，且集团合并报表对证券业务披露充足盈利数据的，穆迪可据此计算该项指标。

风险偏好和杠杆

在此部分，穆迪考虑了风险偏好和杠杆两个子指标。穆迪认为，了解一家证券公司的风险偏好是评估其信用度的基础；由于证券公司交易本质上属于信息敏感且资产负债表密集，风险偏好较高的证券公司（例如集中持有过多流动性较差的仓位）可能会导致财务压力，生存能力面临挑战，直接给其债权人带来风险。

风险偏好（占比 20%），公式为（高风险资产总额 + 表外敞口）/有形资产，主要从资产结构上衡量证券公司对业务风险的偏好程度。分子部分包括除主权债务、政府债务和市政债务之外持有的高风险证券和表外风险敞口。分母部分为总资产减去商誉和其他无形资产。该指标比率越低，则公司资产和表外敞口相对于资产负债表规模的内在风险也就越低。

杠杆（占比 20%），公式为（有形资产 + 表外敞口）/有形普通股权益，主要衡量资产价值下降是否会导致证券公司违约。杠杆比率越高，公司利用其权益加杠杆开展业务活动的程度越高。

穆迪对风险偏好和杠杆打分结果进行调整，考虑因素包括：业务增长率、金融资产和金融负债能否抵消、变动趋势、投资组合风险程度和压力测试下 VaR 水平等。穆迪认为，业务增长率可作为风险偏好增长的领先指标，高于行业均值的增长率意味着证券公司采取更激进的战略；监管环境导致运营风险上升时，穆迪将下调风险偏好分数；在险价值（VaR）排除了尾部市场风险，同时各家证券公司建模和估值方式存在差异，穆迪将根据不同公司风险管理流程总体评估并对评分作出调整。

第二步：运营环境调整

穆迪对运营环境进行定性分析，得到运营环境评级，并通过动态权重矩阵确定环境因素调整后的财务状况等级。只有当运营环境分数对财务状况分数具有下行影响时才会对证券公司的信用状况分数产生影响。因此，如果运营环境分数为“A”或更高，或高于或等于财务状况分数，运营环境的权重为0%。如果运营环境分数为“Baa”或更低，并且弱于财务状况分数，则会对调整后财务状况具有下行影响。

运营环境分析包括宏观因素、资本市场成熟度和竞争动态。宏观因素分数主要依据穆迪主权部对于各个主权国家发布的分数。资本市场成熟度和竞争动态均采用定性分析法，穆迪对其分别赋予评级后再加权得出两项因素的分数，再将此分数和宏观因素分数通过动态权重矩阵得出运营环境评级。

宏观因素分数的依据是穆迪主权债券评级方法中的3个因素，包括经济实力、体制实力和对突发事件敏感性三方面，均取自穆迪主权部对于各个主权国家发布的分数，根据证券业做市商所处国家/地区来授予。

在评估资本市场成熟度时，穆迪通常考虑证券公司所处的资本市场的深度和广度，包括交易的规模和频率、潜在的流动性，以及市场参与者的成熟度和多样性。参考的定量指标包括未偿还债务和股票总市值占 GDP 比重、股票换手率等。

竞争动态与证券公司的核心做市业务有关，在评估竞争动态时，穆迪通常考虑证券公司的竞争格局和进入壁垒；用于评估的指标包括收入集中度、行业格局变化趋势、周期性和监管趋势等。在同一个国家/地区运营的做市商，其所获得的分数相同。

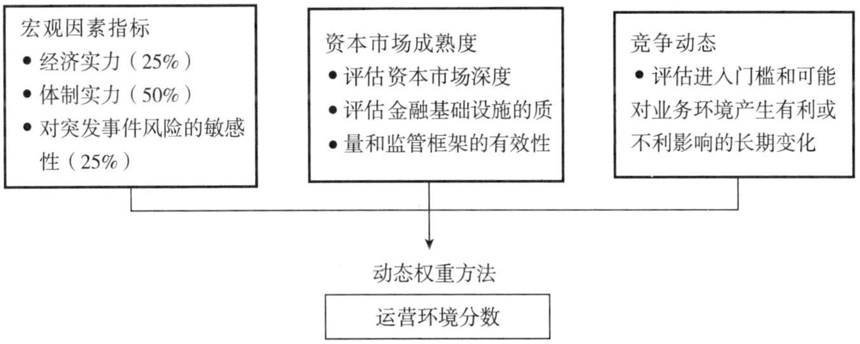

图5　穆迪证券公司运营环境评估

（资料来源：穆迪评级方法）

第三步：业务状况及财务政策因素调整

业务状况及财务政策因素包括业务多元化、不透明性和复杂性、企业行为三个方面。穆迪从上述三个方面定性分析，对评级结果进行直接子级的调整，得到证券公司个体信用等级。其中，不透明性和复杂性只能下调，业务多元化和企业行为可上调或下调。

业务多元化主要衡量证券公司业务广度，是否依赖单一业务或单一地区。穆迪认为，如果证券公司超过75%收入或利润来源于同一项业务活动，则其多元化程度较低，需下调子级。如业务集中于特定或有限地域范围，或依赖少数群体客户，则需下调子级。

不透明度及复杂性增加了管理的难度和发生战略错误的风险，以及财务报表的可靠性。穆迪认为，复杂的组织结构往往更加不透明，体现在法律结构复杂、多个法人实体运营、会计核算和风控不可靠。对此，一般情况下穆迪将下调 1 个子级，极端情况下会超过 1 个子级。

企业行为主要考虑因素包括证券公司的战略管理、关键人士风险（对某一高管的依赖）、财务政策是否激进（股利分配率）、风险管理能力、应对压力测试反应能力（压力测试指标）和法律风险等。

2. 外部支持

外部支持包括关联方支持和政府支持，穆迪认为，证券公司系统重要性程度远低于银行，政府支持力度普遍较弱，关联方或股东支持更为重要。穆迪通过联合违约模型来评估支持力度，包括支持意愿和支持能力。考虑外部支持后的主体信用等级不超过支持方的信用等级。

股东支持方面，穆迪将股东支持意愿按照支持可能性由高到低划分为 5 个等级，支持可能性越高对证券公司信用等级提升幅度越大。穆迪通过以下因素划分等级，股东是否100%控股或绝对控股、证券公司使用股东统一品牌或标识、明文支持、战略协调性和对股东战略意义、财务关联程度等，穆迪认为股东控股比例越高、对股东战略意义越大、或开具股东支持协议文件等情况下，股东支持力度较大。支持能力方面，穆迪通常采用支持方的个体评估作为结果。

3. 债项评级

穆迪给出了通过主体信用等级确定债项评级的惯用方法，通常高级无抵押债务评级与主体评级相同，比优先次级债务低一个子级，比优先股低两个子级。一般情况下，证券的权益类成分越高，其评级较主体评级下调的子级越多。个别情况下，如果债务条款包括抵押物等增信情况，则会降低预期损失率，因此债项等级可能高于主体级别。

（二）标普

标普评级方法主要包含三个关键步骤：确定“锚”级别、评价个体信用状况和确定受评证券公司信用等级。其中，确定“锚”级别时主要关注宏观经济风险和行业风险；然后，再通过经营状况，资本、杠杆和盈利能力（CLE），风险概况，融资能力和流动性以及可比评级调整五个方面确定证券公司的个体基础信用等级。确定证券公司最终主体信用等级时主要关注集团支持、政府支持和担保或其他支持情况是否能给证券公司带来整体信用的提升。

1. 确定“锚”级别

在确定受评证券公司“锚”级别的时候，标普首先从行业和经济风险确定银行的“锚”评级。标普指出，证券公司“锚”级别通常低于银行两个子级，因为证券公司监管相对健全，但整体来看弱于银行，主要是证券公司业务面临较高的资本市场不稳定性。同时，标普指出，在同一国家中，当行业和经济风险较低时考虑减小银行和非银级别差距；对于证券公司而言，通常减少1~2个子级；当非银金融机构面临更高的融资、经济和竞争风险或是其制度体系的约束力更弱时，则加大级别差距。

2. 个体基础信用评级（SACP）

标普从经营状况，资本、杠杆和盈利能力（CLE），风险概况以及融资能力和流动性四个方面来对证券公司的个体基础信用状况进行评估；最后，如果需要的话，再使用可比分析评级对上述结果进行调整。通常情况下，对于“锚”级别调整空间分为6档，分别为非常强（+2刻度）、强（+1刻度）、合格（0）、适中（-1刻度）、弱（-2到-3刻度）、非常弱（-3到-5刻度）。

经营状况

经营状况是标普个体基础信用评级的第一项考察要素，主要评估受评证券公司与同业相比的竞争能力，基于业务稳定性、业务多样性以及内控和治理三方面考察受评证券公司。标普先将业务稳定性和业务多样性指标组成矩阵并初步评价公司经营状况，再用内控和治理指标对初步结果进行调整。在业务稳定性方面，标普从业务组合、收入稳定性、市场份额和客户基础等方面对证券公司进行评价。业务多样性方面，标普采用业务收入多元化/集中度以及业务、地区和客户多样化等指标来衡量。内控和治理方面主要关注公司战略定位、风险管理、运行表现、组织有效性、董事会运行有效性、企业性质及股权、管理文化、财务报告及透明度、纳税及违法行为等10个方面。

表4 标普证券公司业务状况评估指标

一级指标	二级指标	三级指标
经营状况	业务稳定性	业务组合、收入稳定性、市场份额和客户基础
	业务多样性	业务多元化/集中度（业务、地区和客户）
	管理和治理	战略定位、风险管理、运行表现、组织有效性、董事会运行有效性、企业性质及股权、管理文化、财务报告及透明度、纳税及违法行为等

资料来源：标普评级方法，联合评级整理。

资本、杠杆和盈利能力（CLE）

资本、杠杆和盈利能力（CLE），主要用来评估证券公司吸收损失，为债权人提供保护的能力。

在此部分，标普首先评估证券公司的监管资本，评估区间分为危险中、监管容忍和破产三类情况；当受评证券公司符合上述三类情况，即其资本指标接近或未能满足监管要求，则直接得到（CLE）结果；当受评证券公司资本指标远高于监管要求时，则进一步考察其资本、杠杆和盈利能力的其他方面。

表5　标普证券公司监管资本评估

评估区间	评价内容及结果
危险中	当受评证券公司达到监管资本要求但指标非常接近监管资本时，则个体基础信用级别不高于“bb +”，资本、杠杆和盈利能力评估结果为“弱”
监管容忍	当受评证券公司已经突破监管标准，但监管机构允许及运营的，其个体基础信用级别不高于“ccc”，资本、杠杆和盈利能力评估结果为“非常弱”
破产	当受评证券公司已经突破监管最低标准并且未来不可能达到监管最低标准或监管容忍标准；监管机构会在真正破产前介入或施行资本充足；那么个体基础信用级别不高于“cc”，资本、杠杆和盈利能力评估结果为“非常弱”

标普对于资本、杠杆和盈利能力（CLE）指标的进一步考察主要包括资本和杠杆、盈利、收益缓冲三个方面。首先将资本和杠杆、盈利能力两项指标组成二维矩阵，当矩阵导出两个结果时，则用收益缓冲指标来确定最终结果。

表6　标普证券公司资本、杠杆和盈利评估矩阵

项目	盈利能力评估			
资本和杠杆评估	强	合格	适中	弱
非常强	非常强	非常强	非常强或强	强或合格
强	强	强	强或合格	合格
合格	强或合格	合格	合格或适中	合格或适中
适中	合格或适中	适中	适中	适中或弱
弱	适中或弱	弱	弱	弱或非常弱
非常弱	弱或非常弱	非常弱	非常弱	非常弱

资料来源：标普评级方法，联合评级整理。

资本、杠杆方面，标普首先评估杠杆指标，标普认为，当杠杆水平升高，那么证券公司吸收损失的能力会降低；当杠杆比率小于等于3%，则获得资本和杠杆评估结果为“适中”或“弱”；当杠杆比率大于3%，可通过资本指标即预期风险调整资本比率来确定资本和杠杆评估结果。标普认为预期风险调整资本比率可预计受评证券公司未来一年的资本头寸和风险敞口。

表7 标普证券公司资本、杠杆评估指标

<table>
<tr><th>项目</th><th>要素</th><th>指标</th><th>评价标准</th></tr>
<tr><td rowspan="2">资本和杠杆评估</td><td>杠杆</td><td>股权/资产</td><td>低于或等于3%，则资本杠杆水平为“适中”或“弱”</td></tr>
<tr><td>资本</td><td>风险调整资本（RAC）比率</td><td>全部调整资本/风险加权资产；低于3%，则非常弱，高于3%则考察风险调整资本情况</td></tr>
</table>

资料来源：标普评级方法，联合评级整理。

表8 预期风险调整资本比率

预期风险调整资本比率（资本/风险加权资产）	评估结果
小于3%	非常弱
3% ~4.99%	弱或非常弱
5% ~6.99%	适中或弱
7% ~9.99%	合格或适中
10% ~14.99%	强或合格的
15%以上	非常强或强

注：预期风险调整资本比率=资本/风险加权资产。

资料来源：标普评级方法，联合评级整理。

在盈利能力方面，标普认为盈利能力是证券公司应对潜在损失的安全垫，如盈利不稳定，则意味着应对潜在损失的能力相对较低。在此部分，标普重点考察了收益能力和收益质量两方面，收益能力采用定量分析法，收益质量采用定性调整法。标普将收益能力评估分为“强”、“较强”、“适中”和“弱”四个档位，将收益质量分为“正面”、“中性”、“负面”三个档位；“风险调整后收益”是衡量收益能力的核心指标，根据该指标确定收益能力的档位；再根据收益质量的评估结果上调或下调收益能力的档位得到盈利能力的最终评估结果。如收益质量为“正面”，则将收益能力评估结果上调一个档位；如为“负面”，则下调一个档位；“中性”则保持不动；对于运营不满3年的证券公司，收益能力评估结果最高不得超过“较强”。

表9 标普收益能力评估标准和区间

收益能力评估	风险调整后收益
强	高于200bps
较强	75bps ~199 bps
适中	25bps ~74bps
弱	25bps 以下

注：风险调整后收益=三年平均核心盈利/风险加权资产（risk - weighted assets，RWAs）。

资料来源：标普评级方法，联合评级整理。

表 10　标普收益质量评估指标

如以下指标上升，则收益质量提高
经常性收入/净收入
来自零售经纪、零售银行、资产管理和机构服务的净收入/净收入
当以下指标上升，则收益质量下降
交易收入/全部收入
投资银行收入/净收入
其他市场敏感性收入/全部收入
其他收入/全部收入
成本收入比例
非经常性收入或特殊收入/净收入
非经常性费用或特殊费用/净收入
风险调整后收益波动性

注：经常性收入包括非交易相关的利息净收入和其他稳定收入。

资料来源：标普评级方法，联合评级整理。

风险概况

风险概况方面，标普主要采用定性方法，主要考虑要素包括风险管理、风险偏好、风险集中度以及复杂程度四方面。

风险管理主要评估信用和市场风险、损失情况两个要素。其中，信用和市场风险评估证券公司风险监督和控制能力和对交易对手信用风险管理的能力；通过与风险价值模型限额相比较的交易损益情况、风险管理人权限以及对限额的实施监控情况来评估；损失情况主要关注近期预期损失与风险调整资本模型计算的标准损失的比较以及与相似产品组合的比较，当预期损失更低时，将有利于提升其风险管理评估档位。

风险偏好主要评估风险容忍度以及风险敞口的增长和变化情况。对风险容忍度的评估可通过分析管理层的收益和风险目标、风险限额、与同业相比的增长情况（如市场容量和持有组合的变动趋势）、违反规定风险限额或标准的频次和规模、交易回报和风险价值模型的波动性等指标来评估。以下行为将降低证券公司风险容忍度的档位：提供更多过桥资金、提高对投行客户的风险敞口、在交易中作为主要角色而不仅仅是代理人、承销标准下降以及为更高风险的客户服务。在风险敞口增长和变化方面，标普认为证券公司如存在比过去更激进的增长或并购型增长、大量引进新产品或开展新业务、增加风险加权资产或交易资产等情况将降低风险敞口增长和变化档位。

风险集中度指标对证券公司具有重要作用，这往往是导致证券公司违约的重要因素。风险集中度指标主要侧重于对单个债务人、交易对手、行业的集中度，或资产类别和风险类型的集中度的考察。

复杂度方面，标普认为，更大的业务规模、多样化的业务和地区可能会给证券公司带来多元化收益，但产品、业务、地区和组织结构的不断增加所带来的复杂度增加则可能会超过其管理风险的能力，那么证券公司面临风险则上升。

表 11　标普证券公司风险概况评估指标

一级指标	二级指标	三级指标及评价内容	
风险概况	风险管理	信用和市场风险管理	与风险价值模型限额相比较的交易损益情况、风险管理人权限、对限额的实施监控情况
		损失情况	与风险调整资本模型以及相似产品组合进行比较
	风险偏好	风险容忍度	管理层的收益和风险目标、风险限额、与同业相比的增长情况、违反规定风险限额或标准的频次和规模、交易回报、风险价值模型的波动性
		风险敞口增长和变化	公司增长情况、是否有新进领域、风险资产及风险活动情况
	风险集中度		单个债务人、交易对手、行业的集中度，或资产类别和风险类型的集中
	复杂度		公司产品、业务条线、地区、组织架构的复杂度

资料来源：标普评级方法，联合评级整理。

融资能力与流动性

标普认为当证券公司融资能力和流动性评估低于“合格”时，母公司和集团支持能够提升其融资能力和流动性评价。例如，一家公司的融资能力评价是“适中”或“弱”，或它的流动性评价是“合格—低”或“适中”或“弱”，并且其在集团中的地位是“战略性重要”或者更高，同时，集团有能力有明确的承诺支持其融资和流动性，那么标普将会提升其融资能力和流动性评价至“合格”。标普将融资能力指标分为“非常强”“强”“合格”“适中”“弱”五档；将流动性分为“强”“合格—高”“合格—低””“适中”和“弱”五档。

标普先分别对融资能力和流动性进行评估，再用二维矩阵结合起来，来确定对个体基础信用等级的影响。标普认为融资能力和流动性是密切相关的，融资能力的关注点是长期，流动性的关注点是短期，采用的关键指标分别为总稳定资金比率（GSFR）和流动性覆盖率（LCM）。

总稳定资金比率衡量证券公司使用稳定资金投资流动性较低或风险较高的资产的程度，将短期、不稳定的资金投资于长期或非流动资产会使证券公司面临更大的资金风险。标普认为，当证券公司满足总稳定资金比率超过 120% 且可直接获得央行的资金、对短期资金和批发资金依赖度低、没有因资金来源过于集中产生的重大风险等条件时，此类公司融资能力为“非常强”。

流动性分析的核心是证券公司在不利的市场和经济条件下管理其流动性需求的能力，以及在这种条件下长期生存的可能性。流动性覆盖率衡量证券公司管理其流动性需求的能力，并反映对未来流动性需求与可用流动资产的匹配度。

表 12　标普证券公司融资能力和流动性评估指标

一级指标	二级指标	三级指标
融资能力和流动性	融资能力	总稳定资金比率（GSFR）
	流动性	流动性覆盖率（LCM）

总稳定资金比率（GSFR）=可用稳定资金/所需的稳定资金。

流动性覆盖率（LCM）=流动资产/流动性需求。

资料来源：标普评级方法，联合评级整理。

比较评级调整

比较评级调整是对受评证券公司个体信用风险的全面审查，是对其信用特征的总体评估。在考察和评估了以上要素后，标普通过比较评级分析来对个体基础信用评级（SACP）进行调整，包括上调一个等级、下调一个等级或保持不变。如果评估结果为“正面”，那么个体基础信用等级调高一个子级；如果为“负面”，则下调一个子级；如果为“中性”，则无变化。一般情况下，标普将受评证券公司与其所在行业和所在国家的其他证券公司进行比较，与之相比较的证券公司通常具有相似的个体基础评级。

3. 外部影响因素评级

标普评级在证券公司个体信用评级（SACP）的基础上，考虑政府支持、集团支持、担保或其他支持对公司信用状况的影响，最终得出证券公司的主体信用等级（ICR）。证券公司在金融体系中占重要地位，政府对证券公司的支持作用也是标普评估证券公司信用状况的关键因素，国有因素会对证券公司的信用状况起到积极影响；国有证券公司通常被政府部分控制或完全控制，国有企业对政策的实施和提供关键性服务有重要作用，当国有企业面临压力时，政府有对其潜在的支持可能。另外，某些证券公司并非国有控制或国资参与，但是由于其在市场中起到了系统性重要的作用，政府同样有对其支持的可能性。集团支持是标普评级考虑的另一项外部支持因素，当公司能获得来自集团或母公司的支持时，证券公司的信用状况会有所上升。此外，在一家公司的所有债务都能获得担保方的支持时，公司信用等级就会被认为提升至与担保方一致。经过上述过程的评估后，标普最终得出证券公司发行人信用等级（ICR）。

（三）惠誉

惠誉对非银行金融机构的评级方法适用于证券公司、投资机构、融资租赁和金融市场基础设施公司等，证券公司评级逻辑和其他非银行金融机构类似。惠誉证券公司评级体系首先评估其个体基础信用等级（VR），并在此基础上考虑外部支持等级（SR），综合得到证券公司主体长期信用级别（LT IDR）、主体短期信用级别（ST IDR）、衍生品交易对手评级（DCRs）[①] 以及债项级别。

① DCRs：评价了与非政府第三方的衍生品合约下，非银金融机构发生违约时的相对易损性；DCRs 可能等于或超过非银金融机构的长期主体级别。

1. 个体基础信用等级

对于证券公司的个体基础信用等级（VR），惠誉从运营环境、公司概况、管理与战略、风险偏好、财务表现五个方面进行分析。其中，前三个因素对所有非银金融机构均适用，不同类型非银金融机构仅在风险偏好和财务表现指标上有差别。惠誉对前四项因素主要为定性分析，但在运营环境中加入了定量指标；财务表现部分主要是定量分析。

惠誉设立三级指标体系，三级指标分为核心指标和附属指标，核心指标为共性指标，附属指标根据受评主体特征酌情采用。惠誉在三级核心指标计算结果基础上，通过附属指标情况进行调整，确定三级指标最终评分。惠誉根据三级指标评级结果和相应权重得出每项一级指标的评级，最后根据各项一级指标权重得出证券公司个体基础等级。惠誉在其评级方法中披露了核心定性指标的打分区间，但未给出附属指标的取舍原则及打分区间，也未披露各级指标相应权重。

表 13　惠誉证券公司个体基础信用等级评估指标

一级指标	二级指标	三级指标
运营环境	经济实力	人均 GDP、世界银行全球营商环境排名
	主权评级	主权等级
	经济环境	经济增长预期、信贷总量和 GDP 占比、失业率预测
	金融市场发展	金融体系的规模、集中度、所有权，国家资本市场的深度，支持金融体系有序进行的基础设施的发展情况
	规章制度	非银行金融机构的立法、执行和发展状况
公司概况	分支机构的数量	市场份额、行业地位、品牌认知度
	商业模式	业务组合、盈利稳定性、主要业务条线的收入和利润占比
	组织架构	组织架构与商业模式适应度、透明性、关联交易
管理与战略	管理质量	管理层的稳定性与能力、企业文化
	公司治理	对债权人保护程度、监事会有效性评价（其成员是否具有足够的专业知识、资源和独立性以有效地进行监督管理）、财务报告（质量、频率和报告的及时性，以及内部和外部审计过程的稳健性）和关联方交易（交易规模、是否进行了审查和批准程序）
	战略目标	量化的战略目标、定性的战略框架、预算披露程度
	执行力	对比实际经营结果与既定目标的差距、并购活动
风险偏好	风险控制	风控工具丰富程度、人员及风控文化
	增长率	总资产增长率与 GDP 增长的差额、利润留存情况、员工数量增长率和行业平均增长率
	市场风险	VaR、止损限制、集中度情况、敏感性分析和压力测试、风险对冲机制
	操作风险	操作系统和流程、操作风险事件

续表

一级指标	二级指标	三级指标
财务表现	资产质量	资产不良率、准备金覆盖程度、业务抵押及保证金情况、交易对手风险和结算风险、证券化及表外风险暴露
	盈利能力	经营利润/平均净资产、盈利稳定性、薪酬支出、除薪酬外成本情况
	资本和杠杆	(有形资产－逆回购－借入证券)/FCC、母公司杠杆水平、经济资本和监管资本水平
	流动性	流动资产/短期债务、长期债务/非流动资产、融资渠道多样性、协议限制

注：FCC 指 Fitch Core Capital，惠誉核心资本。

资料来源：惠誉评级方法，联合评级整理。

运营环境

惠誉认为证券公司的运营环境对其个体基础等级具有重要影响，在很大程度上是主体信用等级的制约因素。运营环境核心指标为人均 GDP 和世界银行营商环境排名，惠誉认为这两项指标对于证券公司经营环境具有很强的说明力。通常情况下，惠誉采用最新公布的数据，但也会根据惠誉观点对两项指标进行判断并调整。

表 14　惠誉证券公司运营环境核心指标映射矩阵

人均 GDP（万美元） \ 营商环境排名（位）	>85	70－85	55－70	40－55	<40
>4.5	aa	aa	a	a	bbb
3.5－4.5	aa	a	a	bbb	bb
1.5－3.5	a	bbb	bbb	bb	b
0.6－1.5	bbb	bb	bb	b	b
<0.6	bb	b	b	b	b

资料来源：惠誉评级方法，联合评级整理。

通过核心指标得到运营环境级别，惠誉将根据附属指标进行上调或下调子级，调整之后得到运营环境评级结果。附属指标主要包括主权评级、经济环境、金融市场发展和监管环境。主权评级方面，由于证券公司受主权风险的影响大，主权评级通常作为受评证券公司能达到的最高等级；但在少数情况下，受评证券公司拥有比主权国更高的信用、强健的融资能力和存款特权，受评证券公司的主体级别可能高于主权级别，例如国际化的证券公司可能高于该国主权级别。经济环境方面，惠誉分析了可能影响证券公司信用情况的宏观经济变量，例如经济发展阶段、预期经济增速、信贷占 GDP 比值、就业情况预测等。惠誉认为金融市场发展程度反映了金融系统的规模、集中度和所有权情况，全国资本市场的深度、支持金融系统有序运行的基础设施的发展情况。监管环境方面，惠誉分析了与非银行金融机构（证券公司）有关的立法情况和发展趋势。

公司概况

公司概况部分主要是定性分析，惠誉从特许权、商业模式和组织结构三方面进行评估，这些因素综合决定了一家公司的长期竞争力。惠誉认为，一个机构的特许权体现在行业内的竞争地位上，这可以通过市场份额和行业地位（核心指标）、产品领导、品牌识别、其他竞争措施等来反映；另外，客户和投资者关系的强弱也可以被视为特许经营评估的一部分。

商业模式决定了证券公司如何产生收入和利润，这包括对业务组合的评估和盈利稳定性（核心指标）的考察，例如资产/产出、主要业务条线的收入和利润占比。

组织架构主要关注组织架构与商业模式适用性（核心指标）、透明度、关联交易等，组织架构通常对主体信用等级影响较小，但当其相当复杂时，组织架构会对主体信用等级产生影响；组织架构包括中间层的控股公司、原因不明的交叉持股协议以及占比较大的少数股东权益可能会对级别产生负面影响；惠誉同时关注关联交易情况。

管理和战略

惠誉从管理质量、公司治理、战略目标和执行力四个方面对公司管理和战略进行定性分析。惠誉认为，高管层的深度和稳定性（核心指标）是评估管理质量的关键因素，强大的管理团队具有高度的可信度、可靠性、经验和能力，另外还会考虑受评企业的企业文化及自身定位。公司治理核心指标为对债权人权利保护程度评估，同时惠誉对公司治理的评估还包括监事会运作的有效性、财务报告质量以及关联交易的规模、是否市场化等；稳健的治理结构在一定程度上有利于证券公司的信用状况，但是其影响力远低于严重的治理缺陷对评级结果的影响力。战略目标方面，能否制定可量化的战略目标和是否具有完善的定性的战略框架为核心指标，同时考虑证券公司对预算和未来收入预测的披露程度。

风险偏好

在评估证券公司的基本风险状况时，风险偏好水平是重要考虑因素之一，因为这可能最终会影响到证券公司关键财务指标的变化。惠誉将受评企业的风险定位与自身对该行业固有风险程度的认知进行对比；同时，惠誉还将考虑运营风险和声誉风险。在评估风险偏好的时候，惠誉从风险控制能力、增长率、市场风险和操作风险四个方面定性分析。

风险控制能力方面，惠誉主要关注证券公司风控体系的深度和覆盖程度、风控管理工具丰富程度，以及员工风控文化。

增长率方面，惠誉主要关注证券公司绝对和相对行业增长率，并考虑对应的系统建设增速作为辅助因素，相对增速较快意味更大潜在风险；若风控系统建设增速没法匹配，则风险偏好评分较低。

市场风险方面，惠誉认为，市场风险不仅影响自营持仓占比较高的证券公司，证券市场活跃度也会通过交易量影响经纪业务收入稳定性；在衡量持仓风险上，惠誉主要通过区域、行业集中度以及是否采用足额风险缓释工具来评估。

操作风险方面，证券公司主要通过 IT 系统进行业务，因此系统可靠性和对系统控制的有效性直接影响操作风险大小。同时惠誉考虑证券公司是否有操作风险事件并评估风险事件的影响；一般而言，业务多元化较高的证券公司，操作风险造成的损失将越小，某一项业务的监管措施或处罚对公司整体收入水平影响有限。

财务表现

惠誉通过资产质量、盈利能力、资本充足性及杠杆、资金流动性四个方面定量分析证券公司财务表现。通过分析每个方面的关键财务指标以及这些指标的趋势和稳定性来确定财务表现的评分。

资产质量方面，核心指标为资产不良比率，辅助指标包括准备金覆盖率、抵押及保证金情况、交易对手和结算风险、证券化等表外风险暴露。惠誉认为，对于重资产型证券公司，资产不良率评估类似于其他非银金融机构，主要考量贷款不良率、计提的不良准备情况和资产增长率。此外，惠誉认为对于频繁参与证券及衍生品交易的证券公司，交易对手风险和结算风险也是重要因素，缺少对交易对手信用分析和评估将对资产质量产生负面影响；证券化资产和承诺等表外风险暴露也会对证券公司产生较大声誉和流动性风险。

盈利能力方面，核心指标为营业利润/平均净资产，附属指标包括盈利稳定性、薪酬费用/净收入和非薪酬费用/非利息费用。惠誉认为，核心指标衡量了重资产型证券公司整体盈利能力。

表 15　惠誉营业利润/平均净资产区间划分　　单位：%

项目	aa 及以上	a	bbb	bb	b 及以下
营业利润/平均净资产	>20	(10，20]	(5，10]	(3，5]	≤3

资料来源：惠誉评级方法，联合评级整理。

成本方面，惠誉重视证券公司的成本控制能力即根据业务发展和市场周期控制成本，惠誉会以证券公司的业务规模为基础评估费用的灵活易变性即费用随着市场周期变化的程度。在可变的费用中，薪酬费用占比最高，因此惠誉采用薪酬费用/净收入来衡量证券公司成本结构的灵活性，如该指标较高则对其信用水平具有潜在限制。此外，惠誉还评估非薪酬费用占非利息费用的比重，惠誉认为该指标高则意味着管理层缺乏成本控制意识和能力，该指标偏低则预示着该公司在科技系统等方面的再投资不足。

盈利稳定性将提升盈利能力评分，惠誉注重将证券公司业务特征及风险结合分析。通常情况下，自营业务占比较高则意味着证券公司盈利稳定性较差且风险水平较高，而资产管理、经纪和投资银行业务盈利稳定性相对较高，但是这些业务利润率较低。

表 16　惠誉各项业务风险盈利特征

业务类型	资产负债情况	风险水平	盈利水平	盈利稳定性
做市	重资产	高	中	周期性
机构经纪	重资产	高	中	周期性
自营业务	重资产	高	中	周期性
证券承销	重资产	中	高	周期性
贷款业务	重资产	中	低	周期性
证券经纪	轻资产	中	低	周期性
财务咨询	轻资产	低	中	周期性
邮政贸易服务	轻资产	低	低	稳定
投资管理	轻资产	低	中～高	稳定

资料来源：惠誉评级方法，联合评级整理。

资本和杠杆方面，核心指标为（有形资产－逆回购－借入证券）/FCC（以下简称 FCC 比率），辅助指标包括母公司杠杆水平、经济资本水平、监管资本。对于重资产型证券公司，该部分的评价和银行业评级很像，主要关注资本质量、规模以及资本充足率情况。

FCC 比率是评估证券公司资本充足性最基本的指标，惠誉在计算时会考虑资本的质量和规模；母公司杠杆水平评估的是股东母公司层面（长期股权投资＋无形资产）/母公司权益，反映了股东用于对子公司增资的资金杠杆水平，此指标高于 120% 时，表示股东发行较多债务用于增资，将导致股东和子公司信用水平有较大差异。尤其当子公司是证券公司等受监管的金融机构时，分红政策受严格监管，股东和子公司信用水平将进一步加大。资本水平方面，惠誉认为经济资本模型运用将有效支持业务稳定运行，同时关注监管资本比率。

表 17　惠誉资本和杠杆指标划分区间　　单位：%

偿债能力指标	aa 及以上	a	bbb	bb	b 及以下
（有形资产－逆回购－借入证券）/FCC	x＜5.0	5.0≤x＜10.0	10.0≤x＜15.0	15.0≤x＜20.0	x≥20.0

资料来源：惠誉评级方法，联合评级整理。

融资和流动性方面，此部分核心指标为流动资产/短期债务指标，主要衡量短期偿债能力和再融资风险水平。

考察融资能力和流动性的附属指标包括长期负债/非流动资产、融资渠道多样性和协议限制。惠誉认为，长期股权投资、次级债券和固定资产投资规模等非流动资产应与长期资金规模相匹配。同时要考虑融资渠道多样性、债务期限分布等因素，如可以通过央行流动性工具融资也是加分项。协议限制方面，惠誉主要考虑已签订协议是否对证券公司经营和融资造成负面影响。

表 18　惠誉融资和流动性指标划分区间　　单位：%

融资和流动性指标	aa 及以上	a	bbb	bb	b 及以下
流动资产/短期债务	x＞200	150＜x≤200	100＜x≤150	85＜x≤100	x≤85

资料来源：惠誉评级方法，联合评级整理。

2. 外部支持等级

外部支持等级（SR）反映了证券公司获得外部支持的可能性。惠誉认为与银行不同的是，大多数非银行金融机构通常不会得到特别的政府支持，对非银行金融机构而言，最常见的支持来源是股东支持。政府支持方面，惠誉关注政府提供支持的能力、政府支持非银行金融系统和支持受评企业的意愿。股东支持方面，惠誉评估股东提供支持的能力和意愿。最后，惠誉将政府支持和股东支持中，二者更高的等级作为外部支持等级的最终结果，并将个体信用等级和外部支持等级中更高者作为证券公司的主体信用等级。

3. 债项评级

惠誉在给予债项评级时同时考虑债项违约概率和回收率。惠誉认为，普通高等级无抵押债务的债项级别等于证券公司长期主体级别，因为长期主体级别即是受评主体对最新财报中普通高等级无抵押债务偿债能力和违约概率的评估。一般情况下，惠誉假设普通高等级无抵押债务在发行人违约后的平均回收率水平为31%～50%，即回收率评级模型中的RR4级别。惠誉将对债务回收率进行评级，当特定债务的回收率评级高于或低于RR4时，该债项评级将在主体信用等级基础上进行子级调整。

一般而言，对于投资级别以上主体，惠誉将对有抵押债项最多上调1个子级，对于无抵押一般债务，惠誉将对回收率低于平均水平债务最多下调1个子级，次级债务最多下调2个子级。对于投资级别以下主体，惠誉将对有抵押债项最多上调3个子级，对于无抵押一般债务，惠誉将根据是否为混合资本工具或次级债务和债务中有抵押部分所占比例来进行子级调整。

表19　惠誉回收率评级模型

单位：%、个

级别	回收前景	历史回收率	子级调整
RR1	极好	91－100	3
RR2	很好	71－90	2
RR3	好	51－70	1
RR4	一般	31－50	0
RR5	较差	11－30	－1
RR6	很差	0－10	－2

资料来源：惠誉评级方法，联合评级整理。

四、国内评级机构对证券公司的评级要素

国内评级机构对证券公司的考察逻辑与评级要素大致趋同，主要包括运营环境、公司治理与内控、业务运营、风险管理、财务实力、外部支持六方面，但各要素在各机构评级方法中的布局情况和名称有所差别，参见表20。此外，仅东方金诚披露了具体的评级模型，包括评级指标权重及阈值。

表 20 国内评级公司证券公司评级方法主要评级要素

机构	远东资信	东方金诚	大公国际	联合资信/联合评级	新世纪	鹏元资信
评级要素	• 行业环境 (1) 经济环境 (2) 市场环境 行业地位 市场规模 产业结构 市场成熟度 • 公司素质 (1) 市场地位与竞争力 业务资质 业务能力 (2) 管理能力 治理结构 人力资源 公司战略 (3) 风险控制 风险偏好 内部控制 会计与审计 (4) 资本实力 (5) 流动性 资产质量 财务弹性	• 宏观经济和政策环境 • 行业环境 • 公司治理架构 • 经营合规性 • 发展战略 • 业务竞争力 (1) 总体市场地位 (2) 经纪业务 (3) 信用业务 (4) 投资银行业务 (5) 自营业务 (6) 资产管理业务 (7) 其他业务 • 风险管理 (1) 风险管理架构 (2) 信用风险管理 (3) 市场风险管理 (4) 流动性风险管理 (5) 操作风险管理 • 财务状况 (1) 财务信息质量 (2) 盈利能力 (3) 资产质量	• 偿债环境 (1) 宏观环境 政治生态 信用生态 宏观经济 (2) 行业环境 行业监管 行业政策 (3) 区域环境 区域社会发展与经济指标 区域监管政策 • 财富创造能力 (1) 产品或服务竞争力 市场地位 业务发展水平 业务风险水平 (2) 盈利能力 收入 盈利 • 偿债来源与负债平衡 (1) 流动性偿债来源 规模与结构、负债平衡	• 运营环境 经济环境 监管与政策 行业发展 • 业务运营与竞争力 市场竞争力 业务运营 • 公司治理与风险管理 公司治理及内控 风险管理 • 财务实力 资金来源与流动性 资本和杠杆率 盈利能力 • 外部支持	• 行业环境 经济风险 行业风险 • 业务竞争力 业务基础 市场地位 • 风险与管理 信用风险与市场风险 流动性风险 操作风险 • 盈利能力 • 资本与杠杆 • 其他考虑因素	• 运营环境 资本市场环境 监管环境 • 公司治理与管理 股权结构 治理机制 信息披露 组织结构与管理制度 人力资本 发展战略 • 风险管理 合规管理 动态风险监控 信息系统安全 客户权益保护 • 经营与竞争实力 股东背景 经营多元化 业务竞争力 • 规模与盈利能力 净资产 净资产增长率 营业收入

续表

机构	远东资信	东方金诚	大公国际	联合资信/联合评级	新世纪	鹏元资信
	(6) 盈利能力 (7) 偿债能力 外部支持	(4) 流动性 • 外部支持 • 其他	(2) 清偿性偿债来源 规模与结构、负债平衡 • 调整项 可比性调整 外部支持			营业收入增长率 营业利润 营业利润增长率 总资产报酬率 • 资产结构与财务安全性 资产负债率 净资本与各项风险资本准备之和 净资本与净资产比例 净资本与负债的比例 • 流动性 流动性覆盖率 净稳定资金率 • 公司背景与外部支持 • 财务安全性 偿付能力 盈利能力 财务灵活性 • 特殊风险事项调整

资料来源：中证鹏元评级方法、上海新世纪评级方法、远东资信评级方法、大公国际评级方法、联合资信评级方法、联合评级评级方法，联合评级整理。

五、总结与启示

通过对国内和国际三大评级机构证券公司行业评级方法的比较发现，国内外评级机构对证券公司行业的评级逻辑基本相似，主要评级要素及侧重点上各家有些许差异。虽然我国证券公司较国际证券公司而言，具有一定的特色；从运营环境来看监管尚不完善，相关法律制度等仍不够健全，国内评级机构的评级方法涉及的指标更加适用，但国内评级机构仍然可以从国际三大评级机构评级方法中得到借鉴。

1. 国际三大评级机构评级方法体系较为详细，无论是采用定性分析法还是定量分析法，国际三大评级机构均设置有完整的打分卡或级别调整指向，对打分区间具有详细的定量指标或定性描述，另外穆迪还明确了各个指标所占权重。国内评级机构目前仅有东方金诚披露了明确的评级模型。这对于国内评级机构完善自身评级体系具有一定借鉴意义。

2. 国际三大评级机构对于某一评级要素的评估和考察会考虑到此评级要素的多个方面且设置有较多调整因素、除外因素、封顶因素及下限因素等，定量要素打分只起到参考作用，调整因素和定性判断在确定最终级别时仍起到重要作用。这有助于对受评企业的各个方面进行全面而完善的评估。

3. 国际三大评级机构对于证券公司经营部分多采取定性分析，而定量分析主要集中于财务分析方面；在定量指标选取上多为比率型指标，规模因素未考虑在内。这一点与国内评级机构指标选取上存在一定差异性。

4. 国际三大评级机构在考察收入及盈利能力的时候，会从获利能力和盈利的稳定性两方面去考察，并给出了明确的考察方式；同时结合其所开展的具体业务考察风险及盈利。在评估获利能力的时候会关注创造收入的能力和成本控制的能力，国际三大评级机构均强调成本随市场景气度波动来评估其成本控制能力。对于盈利稳定性的考察，国际三大评级机构多与业务结合来考察，如通过业务的多元化程度、非市场周期性业务收入占比等；惠誉则给出了每项业务具体的盈利水平、风险以及周期性；此外，穆迪是通过考察税前利润的波动性来评估盈利稳定性。这也给国内评级机构在考察受市场影响所带来盈利波动的情况时提供了更多思考和借鉴。

5. 国际三大评级机构在评级方法中对受评主体所在地区即国家主权信用着重考虑。国际三大评级机构评级方法适用于全球非银行金融体系，首先考虑受评主体所在国的主权评级，其次考虑受评主体自身的信用风险以及外部支持。证券公司所在国的经济环境、金融市场环境、政策和制度力量等对其个体发展具有重要影响。国内评级方法因为是基于国内企业来考察，因此更多的是考虑国内目前的经营环境、市场环境以及监管环境；这对于分析开展国际化业务对境外证券公司的考察具有指导性意义。

6. 近年来，人民银行会同证监会等相关部门不断推进信用评级对外开放，这给国内评级机构带来了挑战，但同时也有助于推动我国评级行业质量改善；国内评级机构应在不断提高评级质量和完善评级体系的基础上，充分发挥本土化优势，发展中国特色的信用评级。

05　融资担保企业国内外信用评级方法的比较与研究

联合评级　金融部　董日新　高得锋　（2019－09）

一、概述

本文梳理对比了国内外评级机构对于融资担保公司的评级方法，包括评级框架、评级要素等方面。采用的评级方法包括国外3家评级机构及国内8家评级机构的最新版本评级方法。

表1　目前国内外评级机构融资担保公司评级方法

评级机构		发布年份
国际三大评级机构	穆迪	2017年（2018年更新）
	标普	2017年
	惠誉	2017年
国内评级机构	新世纪评级	2019年
	大公国际	2019年
	鹏元评级	2019年
	东方金诚	2019年
	远东资信	2008年
	联合评级	2018年
	联合资信	2019年
	中诚信证评	2019年

资料来源：联合评级整理。

二、国内外评级机构对融资担保公司的评级逻辑

国际三大评级机构对融资担保公司的评级思路为个体评级与支持评级结合，国内的评级机构亦会考虑融资担保公司的个体信用以及外部支持情况，在外部支持方面会在不同的层面体现，国内外评级机构思路基本一致。

（一）穆迪

穆迪对融资担保公司的评级框架分为个体基础信用等级和外部支持信用等级，穆迪在评

估融资担保公司的信用风险时是结合其在整体行业中的竞争力进行综合判断的，在对个体基础信用进行分析时，通过定量与定性分析相结合的方式，穆迪评级的基础信用评级分为四个要素，分别为市场环境及战略、组合特征以及资本充足率、盈利能力和财务弹性，通过从经营以及战略、财务等方面得出融资担保公司的综合代偿能力。穆迪的评级方法中还强调，通过目前的财务数据去推断融资担保公司的未来的财务表现是很不现实的，且一些经营上的组合风险特征也很难准确量化，因此他们在定量指标分析的基础上，采取了一定量的定性指标进行分析，在基础信用分析的基础上，对外部支持、公司治理等其他因素进行考量得出最终的主体信用等级。

（二）标普

标普非银金融机构[①]的评级模型综合考虑了宏观行业经济环境、企业个体信用状况和外部支持对于公司信用等级的影响。其中，宏观行业经济环境包括宏观经济风险和公司所在的行业风险；公司个体信用状况包括公司的“锚”[②] 评级、业务竞争力、资本、杠杆和盈利能力、风险概况、融资能力和流动性以及可比评级分析（与同业比较）六个因素；外部支持包括公司所能得到的来自于集团、政府、担保或其他方面的支持等因素。在评级流程中，标普评级首先依据宏观行业经济环境确定公司所在行业的基准的个体信用状况（Anchor SACP）；其次，标普评级根据个体信用状况确定公司的个体信用等级（SACP）；最后，标普评级依据公司个体信用等级结合企业微观外部环境最终确定公司信用等级（ICR）。

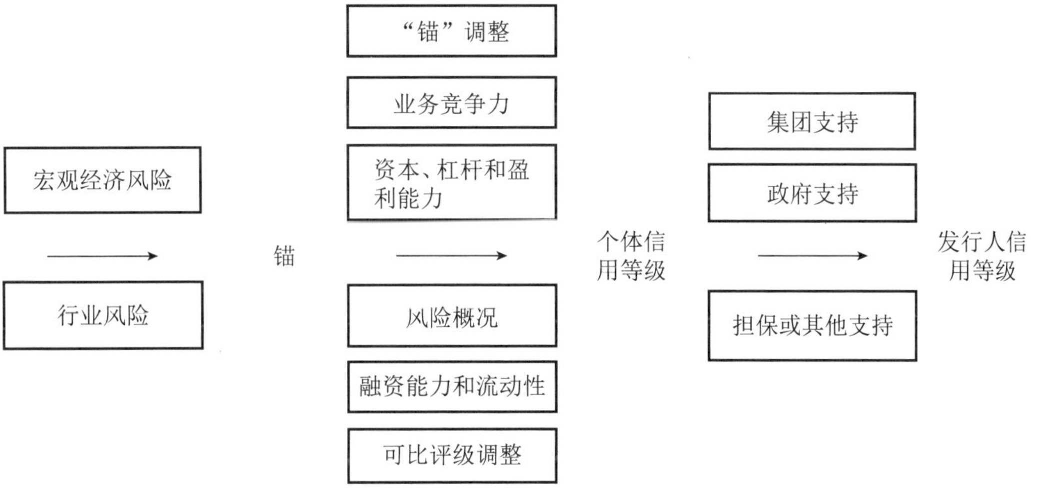

图1　标普非银行金融机构评级方法路径图

（资料来源：标普评级方法，联合评级整理）

① 标普无担保公司评级方法，非银机构的评级方法亦适用于担保机构。

② 锚即为公司所处行业主要面临的经济和产业风险。

（三）惠誉

惠誉①的保险公司评级方法适用于全球的保险及再保险业，包括财险、寿险，以及融资担保、按揭贷款保险人和伊斯兰保险的评级，因此本文涉及内容大部分以保险公司描述为主，部分指标涉及融资担保公司则再进行区分。

惠誉对保险业的评级由保险人财务实力（Insurer Financial Strength，IFS）评级、发行人违约评级（Issuer Default Ratings，IDRs）和债务/混合证券评级构成。IFS 是对保险人偿付保单义务能力的评级，一般为长期性的评级，必要时可给出短期 IFS（对保险人偿付一年内到期保单义务能力的评级）。IDR 是对保险人债务违约风险的评级。债务/混合证券评级是针对混合证券本身的评级，反映发行人的违约风险（IDR）以及该债务/混合证券违约损失的预期回收率评级。

IFS 评级是其他评级的基础。惠誉给出了 IFS 评级的关键分析因素框架（见表 2）。确定“评级单位”是惠誉分析的第一步，这些关键因素适用于对“评级单位”的分析，“评级单位”可能是担保公司的一部分。惠誉通过对“评级单位”关键因素的历史性和前瞻性评估得出 IFS 评级，其中每种因素的“评级单位”口径可能不一致，某些因素可能基于单个担保公司评估，同时另一些因素可能基于合并口径，惠誉认为担保公司 IFS 评级不可以达到“AAA”，结合担保公司所处的行业以及自身的财务弹性等因素考虑，但通过外部支持可提升至“AAA”。惠誉对外部支持的考察一般融入每种因素的评估中，没有单独论述对外部支持的评估方法，只有集团评级方法中对集团的支持有相关论述。惠誉定量因素至少考察 5 年，比较基准是行业中值以及惠誉评估的行业值。除主要要素的历史数据考察外，惠誉给出前瞻性的评级观点主要通过未来业绩预测分析、与发行人特定情况相关假设的未来变动对发行人影响的敏感性分析、确定发行人对特定经济环境或事件的中短期脆弱性的压力测试、从业务或行业周期的视角审查（即评级通常不因应正常或小幅的周期性变化而改变）。

表 2　惠誉对担保公司的主要评级框架（不含外部支持）

定性因素	定量因素
主权和国家的相关限制	资本化和杠杆水平
行业状况和经营环境	偿债能力和财务灵活性
业务经营	财务业绩和收益
所有权	投资和资产风险
公司治理和管理	资产负债和流动性管理
	准备金充足性
	再保险、风险缓释和巨灾风险

资料来源：惠誉评级方法，联合评级翻译整理。

① 惠誉无担保公司评级方法，保险公司的评级方法亦适用于担保机构。

IDR 是通过与 IFS 的级别缺口来确定的，债务/混合证券评级是在考虑违约回收率的基础上通过对 IDR 的缺口来确定的。惠誉对 IDR、债务/混合证券评级、担保公司控股公司级别同 IFS 的级别缺口关系的判断较为复杂，其中监管环境对级别缺口标准的确定起到基础性作用，惠誉将监管环境大致分为“偿付能力监管”“闭环风险隔离”和其他三类，并在不同形式监管环境下对缺口关系给出了多种原因交错影响下的不同分类描述，在此不再详述。

（四）国内评级机构

大公评级从偿债环境、财富创造能力、偿债来源与负债平衡进行分析，得到偿债能力再通过调整项进行调整（外部支持调整），得到主体级别；中诚信评级则在得出经营状况和外部环境矩阵后，再通过其他调整因素进行调整得出基础信用等级（BCA），再通过外部支持调整得出主体级别；东方金诚评级通过基础评分对定量因素进行打分，再通过定性因素（ESG 表现、信息质量、经营合规性和外部支持）调整得出主体级别；鹏元评级通过对股东与公司管理、风险控制能力、经营与竞争能力和财务与资本实力各项要素进行打分，在基础要素分析的基础上，还将充分考虑外部环境、潜在风险事件、其他特殊情形等对担保机构生存发展和代偿能力可能造成的影响；新世纪评级通过对业务风险、风险缓冲机制和风险吸收能力三方面进行分析得出个体级别，再通过外部支持得出主体级别，外部支持考虑支持方、支持能力和支持意愿；远东评级通过对外部经营环境、管理质量、资金来源与资本充足性、担保资产质量、盈利能力和流动性等因素进行分析；联合资信/联合评级通过经营风险和财务风险矩阵得出基础信用等级，再通过外部支持得出最终主体级别。

在评级逻辑上，除远东资信外国内评级机构评级逻辑基本一致，均对外部支持单独提出分析，远东资信在资金来源处分析了资金来源对其业务的影响，考虑是否为政府资金等因素。在实现路径方面，中诚信评级和联合资信/联合评级采用了矩阵的形式，大公国际评级对除调整项外的各项要素采用打分形式，再通过与调整项的矩阵得出最终主体信用等级，而其他评级机构主要采用打分卡的形式。

三、国际三大评级机构对融资担保公司的评级要素

（一）穆迪

1. 基础打分卡要素

穆迪评级基础打分卡要素如表 3 所示：

表 3　穆迪评级打分卡要素

项目	分因素占比
主因素 1：市场环境以及产品战略	25.00%
市场环境	12.50%
市场占有率及产品发展战略	12.50%
主因素 2：组合特征以及资本充足率	40.00%

续表

项目	分因素占比
风险调节后资本覆盖率	40.00%
主因素3：盈利能力	20.00%
承保利润率（五年平均值）	7.50%
资本回报率（五年平均值）	7.50%
资本回报率的夏普比率（五年平均值）	5.00%
主因素4：财务弹性	15.00%
财务政策	7.50%
融资能力	7.50%

资料来源：穆迪评级融资担保公司评级方法，联合评级翻译整理。

主因素1：市场环境及产品战略

（1）市场环境

市场环境通过PVP指标进行评估，PVP即行业总体的折现保费收入规模，其实就是用来评价行业规模，而在对市场环境因素进行分析时，穆迪将折现保费收入规模划为四个区间，针对不同的区间评估其增速，总体来看，当PVP规模较大时，其增速保持稳定则表示其发展情况较好，PVP规模较小时，其增速越高代表对其挑战性越大。

（2）市场地位和产品发展战略

通过受评主体的市场地位和产品种类的风险评估受评主体的信用等级。市场地位通过与同业竞争者的PVP相比较予以确定，市场地位确定其定价能力以及交易质量。产品战略也对被评估者的信用有很大影响，简单高质量且被广泛持有的证券相比于缺少这些特点的证券来说反映了更强的信用概况。简言之，通过分析担保人的担保组合为担保人产品战略打分，需考虑新业务与已经开展的业务。

表4　市场地位和产品策略

项目	产品线基本由低风险，非结构化的证券构成并且这些证券被小额投资者广泛持有	产品线大部分由低风险，非结构化的证券构成并且这些证券被小额投资者广泛持有，部分持有包含传统结构化证券和少量高风险、结构复杂的证券并且这些证券被机构投资者持有	主要集中于复杂且潜在高风险的证券且这些证券多被机构投资者持有；适度的披露或者被散户所接受	主要集中于复杂且仅针对机构投资者的高风险证券。组合相较其他产品波动性大
>25%行业PVP	非常强（Aa）	强（A）	中等（Baa）	弱（Ba）
5%至25%行业PVP	强（A）	中等（Baa）	弱（Ba）	非常弱（B）
<5%行业PVP	中等（Baa）	弱（Ba）	非常弱（B）	非常弱（B）

资料来源：穆迪评级融资担保公司评级方法，联合评级整理。

主因素2：组合特征以及资本充足率

单个时间点的资本充足率对担保人成长能力、市场中的立足以及偿债能力提供有效的衡量。资本越充足信用水平越高，保持充足的资本也是满足合规要求的重要条件。2008年的国际金融危机表明即使使用复杂的分析工具也无法轻易衡量资本充足率。信用的变化以及宏观环境的变化也使投资者的动机发生变化，从而影响到资本充足率衡量过程。

穆迪采用风险调节后的资本覆盖率指标，即用于偿债的资本/（0.9×特定评分等级下基础和结构性风险资本）。穆迪针对不同客户不同的偿债资本具体问题具体分析。该指标意义在于有足够用于偿付损失的资金的评分等级，对特定的压力测试提供足够的弹性。

合计风险资本为基础和结构风险资本之和。针对基础风险资本的公式是以该组合评分为自变量的函数，加上行业、区域及单个风险（某个占比较大的风险因素）溢价。结构性风险资本的公式较为简单，因为穆迪认为该因素的影响正在逐年下降并且每个担保机构都有自己特定的风险。

主因素3：盈利能力

担保人利润的质量和可预测性是非常重要的信用组成部分，因为它为战略的实施和成功概率提供重要信息。留存收益是资本积累的主要途径，强大的盈利能力才能说服投资者保留大量留存资本。考虑盈利能力时需考虑绝对利润以及利润的稳定性。盈利潜力基本上是公司战略和市场环境的函数。盈利稳定性受到受保风险和专营权强度的影响。穆迪通过承保利润率、资本回报率和资本回报率的夏普比率三项指标来分析担保企业的盈利能力。

①承保利润率

盈利稳定性穆迪通过承保利润率分析，采集5年平均数据，具体划分区间如表5所示。

表5　承保利润率划分区间

Aa	A	Baa	Ba	B	Caa及以下
大于50%	30%至50%	10%至30%	（5%）至10%	（20%）至（5%）	小于（20%）

注：承保利润率=承保利润或亏损/净保费。

资料来源：穆迪评级融资担保公司评级方法，联合评级整理。

②资本回报率为公司通过自有资本获取的平均收益，该指标很好地反映发行者是否有效利用资本。

表6　资本回报率划分区间

Aa	A	Baa	Ba	B	Caa及以下
大于10%	5%至10%	0%至5%	（5%）至（0%）	（15%）至（5%）	小于（15%）

注：1. 资本回报率=（净利润+少数股东费用）/（平均金融债务+所有者权益+少数股东权益）；2. 未将少数股东权益纳入所有者权益。

资料来源：穆迪评级融资担保公司评级方法，联合评级整理。

③资本回报率的夏普比率为资本回报率的波动性，夏普比率是5年平均资本回报率除以

资本回报率的标准差，分子为负时无意义。

表7　资本回报率的夏普比率划分区间

Aa	A	Baa	Ba	B	Caa 及以下
>300%	200%～300%	100%～200%	50%～100%	0%～50%	n/a

资料来源：穆迪评级融资担保公司评级方法，联合评级整理。

主因素4：财务弹性

财务弹性会影响到企业在特定情形下向外部寻求资金支持的能力。在分析过程中虽然穆迪考虑传统的杠杆指标，但是不认为这些指标能够很好地预测担保公司偿债能力的自发性。穆迪更加关注管理层在面对压力的情况下自身对于债权人和偿债能力的自发性（相较于股权人）。穆迪同时也关注在财务困难时发行人向外部获取资金支持的能力。穆迪的分析包含对杠杆的量化分析以及现金流覆盖率的估算。

①财务政策

财务政策用于评估管理层和董事会对于财务风险的耐受度，财务风险的耐受度直接影响债务水平、信用水平以及资本结构和财务状况发生不良变化时的风险。

表8　财务政策划分区间

非常强（Aa）	强（A）	中等（Baa）	差（Ba）	非常差（B）
穆迪预期的信用指标将会保持在非常好的等级。非常保守的财务政策而且不会有预期的财务变化事件发生。投资者也支持鼓励债权人友好的政策。	预期的信用指标将会保持在非常好的等级。保守的财务政策并且不会发生股权回购其他资金撤回等对公司财务状况有不良影响的事件发生。投资者支持债权人友好政策或是平衡的财务政策。	穆迪预期在债权人和股权人之间保持平衡的财务政策。在股权人进行撤资的情况下对潜在的评级变动有所预期。大众对于指标的观点符合投资级的要求。投资者支持平衡的财务政策。	历史上出现过大型的股权回购或以借债形式收购对股权人有利的事件。投资人支持股权人友好的财务政策。	财务政策为债权人提供非常少的财务缓冲和保护。 非常看重股权人回报。

资料来源：穆迪评级融资担保公司评级方法，联合评级整理。

②融资能力即在合理条件下在资本市场融资的能力。融资能力是保持资本市场对公司信心的非常重要的因素。在实际非正常情况下（收购或者内部扩张）及时向资本市场融资的能力对于公司的信用是非常大的帮助。

表 9 财务政策划分区间

非常强（Aa）	强（A）	中等（Baa）	差（Ba）	非常差（B）
拥有长期一致的资本市场融资渠道的上市公司： －近期有过新债新股的发行 －股价长期高于账面价值 －CDS 利差属于高标准的投资等级 －债务和杠杆水平支持债权融资	近期有过在资本市场融资渠道的上市公司： －近期有过新债新股的发行 －股价高于账面价值 －CDS 利差属于投资等级 －债务和杠杆水平支持债权融资	有渠道在资本市场进行融资的上市公司： －有债权股权融资的历史但是近期没有这类活动 －股价等于或可解释的低于账面价值 －CDS 利差为低等级投资级别 －债务和杠杆水平支持债权融资 或者是在战略上对母公司重要的私人公司	在资本市场融资渠道不多的上市公司： －近期未在资本市场融资或者在不利条件下进行融资 －股价长期低于账面价值 －CDS 利差低于投资等级 －债务和杠杆水平不支持在有利条件下的债权融资 或者是在战略上对母公司不重要的私人公司	在资本市场上的融资渠道非常有限： －或者是在战略上对母公司重要的私人公司 －股价严重低于账面价值 －CDS 利差为投机等级 －债务和杠杆水平不支持债权融资

资料来源：穆迪评级融资担保公司评级方法，联合评级整理。

2. 其他因素

运营环境不在打分卡的范畴，运营环境包括了两个层面：保险系统风险和保险市场的发展，保险系统风险包括经济环境实力、机构实力、对于事件风险的敏感度，保险市场发展情况包括市场渗透度和市场密度。

表 10 市场环境因素划分区间

指标	权重	分因素权重	Aaa	Aa	A	Baa	Ba	B	Caa
保险系统风险	2/3		2.0	2.0－1.0	1.0－0.5	0.5－0	0－（0.5）	（0.5）－（1.0）	<（1.0）
保险市场发展	1/3								
渗透度（%GDP）		50%	≥6.5%	5.5%－6.5%	4.5%－5.5%	3.5%－4.5%	2.5%－3.5%	1.5%－2.5%	<1.5%
密度（百分比）		50%	≥90%	75%－89%	60%－74%	45%－59%	30%－44%	15%－29%	<15%

资料来源：穆迪评级融资担保公司评级方法，联合评级整理。

除运营环境外，穆迪评级还关注公司治理以及风险管理水平，穆迪评级认为公司治理缺乏独立性，过度依赖一个人或一部分人的经营理念将增加企业的经营风险，另外激进的经营理念、分红力度较大等都将增加企业的经营风险，可在基础打分上下降一个或多个子级，在评价企业信用状况时需考虑上述因素的影响。此外会计政策及披露也将影响财务信息的质量，应评判会计政策的准确性以确定其是否能反映经济活动实质，若会计政策不能完全体现经济活动实质，我们将对财务信息进行修正，采用修正后的财务信息对企业经营活动进行判定。

（二）标普

标普评级方法主要包含三个关键步骤：确定“锚”级别（Anchor SACP）、评价个体信用状况和确定发行人信用等级；其中，确定“锚”级别时主要关注宏观经济风险和行业风险；然后，再通过“锚”调整、业务竞争力、资本、杠杆和盈利能力（CLE）、风险概况、资金来源和流动性和可比评级调整等六个因素确定公司的个体信用等级；确定发行人信用等级时主要关注集团支持、政府支持和担保或其他支持情况是否能给公司带来整体信用的提升。

在确定公司行业初步“锚”级别的时候，标普主要从行业和经济风险确定银行的“锚”评级；标普指出，公司“锚”级别通常低于银行两个子级，因为公司监管相对健全，但整体来看弱于银行；同时，标普指出，在同一国家中，当行业和经济风险较低时考虑减小银行和非银级别差距，当非银机构面临更强的资金、经济和竞争风险时，则加大级别差距。

标普得到基准的个体信用状况（Anchor SACP）后，从业务竞争力、资本、杠杆和盈利能力（CLE）、风险概况以及资金来源和流动性等四个方面来对公司的个体信用状况进行初步评估，通常的评价区间分为非常强（+2 刻度）、强（+1 刻度）、适中（0）、一般（-1 刻度）、弱（-2 到 -3 刻度）、较弱（-3 到 -5 刻度）6 个区间。

就业务竞争力而言，标普主要考察受评公司业务稳定性、业务多样性以及管理和治理。标普先将公司业务稳定性和业务多样性指标组成矩阵并初步评价公司业务竞争力，再用管理和战略指标对初步结果进行调整。在业务稳定性方面，标普从业务组合、收入稳定性、市场份额、盈利能力和客户基础五个方面对公司进行评价。业务多样性方面，标普采用业务条线收入多元性/集中度以及业务、地区和消费者多样化来衡量。管理和治理指标主要关注公司战略完成情况、组织有效性、风险管理、财务风险管理力度等情况。

表 11　标普非银金融机构业务竞争力评估分析指标

一级指标	二级指标	三级指标
业务竞争力	业务稳定性	业务组合、收入稳定性、市场份额、盈利能力和客户基础
	业务多样性	业务多元化/集中度（业务、地区和消费者）
	管理和治理	战略完成情况、组织有效性、风险管理、财务风险管理力度等情况

资料来源：标普评级非银金融机构评级方法，联合评级整理。

对于资本、杠杆和盈利能力（CLE），标普认为，资本、杠杆和盈利能力（CLE）在公司经营过程中能够为债权人提供保护，主要考虑风险调整资本水平和调整后债务水平，评价区间分为非常强、强、适中、一般、弱、较弱 6 个区间，相关比率落在区间分界附近时采用 CLE 定性方法进一步评价。风险调整资本水平通过风险调整比率（调整后资本总额/风险加权资产）衡量，通常大于 15% 的数值会被评判为非常强、10% ~15% 为强、7% ~10% 为适中、5% ~7% 为一般，3% ~5% 为弱、小于 3% 为较弱。调整债务水平则用调整后杠杆倍数（债务/调整后所有者权益总额）衡量，通常大于 0 ~1.5 倍的数值会被评判为非常强、1.5 ~2.75 为强、2.75 ~4.5 为适中、4.5 ~6.5 为一般、6.5 ~12 为弱、小于 12 为较弱。当公司 RAC 比率和调整后杠杆倍数落在区间分界线时，标普评级采用 CLE 定性方法进行进一步的评估，主要包括盈利能力，以及资本质量和财务灵活度等；其中，盈利能力主要考虑平均总资产回报率、调整后平均净资产核心收入、稳定净利息收入和稳定手续费收入与收入的相关程度、核心收入与风险加权资产的关系、投资收益和其他市场敏感收入占总收入的比重等；资本质量和财务灵活度主要关注核心资本与调整后资本总额的关系、是否有协议、法律法规或税收等因素影响企业从集团成员处获得缓冲亏损的资本、是否有证据表明股东有撤资计划等。

表 12　标普评级非银行金融机构资本、杠杆和盈利能力评估分析指标

一级指标	二级指标	三级指标
资本、杠杆和盈利能力	风险调整资本水平	风险调整资本比率（调整后资本总额/风险加权资产）
	调整债务水平	调整后杠杆水平（债务/调整后所有者权益总额）
	附加指标：CLE 定性指标	盈利能力、资本质量和财务灵活性

资料来源：标普评级非银金融机构评级方法，联合评级整理。

风险概况方面，标普主要采用定性方法对公司进行评估。在评级过程中，标普评级先对公司的放款标准进行评价以初步评估公司的风险状况。之后，通过损失情况、风险调整资本比率和杠杆中未覆盖的风险、风险偏好、复杂度和多样性五个因素对风险概况的初步评估结果进行调整。其中对风险偏好、复杂性和多样性评价时需要考虑对贷款承销标准、过往损失和风险调整资本比率和杠杆水平的评估是否过高地评估了资本充足性。若任何一项次级因子评价为负面，那么可以评价公司风险状况为“弱”或“很弱”。在评价公司的贷款承销标准时，标普将公司的贷款承销标准放在银行体系下进行评价，如果公司的贷款承销标准高于银行相应标准，则可得到非常强或强的评价。损失情况能够提高或者降低一档风险概况评价（例如从“适中”上升至“强”或相反），通常标普会将公司的实际损失情况与同业和预期损失进行比较，若公司实际风险损失小于同业平均水平、小于 RAC 比率下的预期损失或者小于同业同杠杆水平下的预期损失，则损失情况指标能够提高一档风险概况评价。风险调整资本比率和杠杆中未覆盖的风险主要从四个方面进行评估：利率和外汇风险、员工福利责任的波动性、操作风险和资产质量；风险调整资本比率和杠杆中未覆盖的风险指标能够提高一档或者降低多档风险概况评价。风险偏好、复杂度和多样性等均能降低一档至多档风险概况评价。标普评级通过回顾公司近期确认风险的倾向和管理层阐明的风险目标来评价公司的风险偏好是否发生改变。同时，标普也会考虑风险偏好的改变是否是由于短期环境改变造成的，如果能够认定风险偏好的改变是长期性的和实质性的，标普评级将会降低一档至两档公司的风险概况评价。标普认为公司产品、业务条线、地区、法规和组织结构的复杂程度上升将会使得公司管理层面对巨大的管理风险。多样性指标评价了公司风险暴露的多样性，当公司风险暴露的多样性不足或多个风险暴露之间相关性较强，则会使得公司面临的风险显著上升。

表 13　标普评级非银行金融机构风险概况评估定性分析指标

一级指标	二级指标	定性分析对象
风险概况	贷款承销标准	对比银行贷款承销标准
	过往损失情况	对比同业和预期损失
	风险调整资本比率和杠杆中未覆盖的风险	利率和外汇风险、员工福利责任的波动性、操作风险和资产质量
	风险偏好	近期确认风险的倾向和管理层阐明的风险目标
	复杂度	公司产品、业务条线、地区、法规和组织结构的复杂度
	多样性	公司风险暴露的多样性

资料来源：标普评级非银金融机构评级方法，联合评级整理。

标普评级认为母公司和集团支持能够提升公司的融资能力和流动性评价。例如，一家公司的融资能力和流动性评价是一般，并且其在集团中的地位是“战略性重要”或者更高，同时，集团有能力有明确的承诺支持其融资和流动性，那么标普将会提升其融资能力和流动性评价至适中。在评价公司个体融资能力和流动性时，标普首先运用稳定资金比率（SFR）和流动性覆盖率（LCM）对公司的融资能力与流动性分别初步评价，然后我们再考虑一些定性和定量因素，包括未来现金流情况等，以验证初步评价结果，最后将融资能力与流动性的评价结果组成矩阵，得出融资能力和流动性指标对于公司个体信用等级的影响，通常影响在 +1 级别至 -3 级别之间；此外，如果流动性的评价为一般，则公司个体信用等级的上限为 bb+，如果流动性评价为弱，则公司个体信用等级的上限为 b-。

表 14　标普非银金融机构融资能力和流动性评估分析指标

一级指标	二级指标	三级指标
融资能力和流动性	融资能力	稳定资金比率（SFR）
	流动性	流动性覆盖率（LCM）
	附加调整指标：未来现金流情况	基础测试和压力测试

资料来源：标普评级非银金融机构评级方法，联合评级整理。

从上述五个方面评估公司个体信用状况后，标普评级采用可比评级分析对公司最终个体信用状况进行调整，调整范围在 +1 至 -1 级别之间。标普通常会对比受评公司个体信用状况和同行业同所在国其他公司的个体信用状况；此外，当受评公司的个体信用状况接近同所在国银行业的“锚”信用状况时，同所在国的银行也会进入到对比组中；当国内同行业公司数量不足时，全球其他地区同行业的公司也可能会进入到对比组中；当其他行业公司业务与受评公司业务接近或有重叠时，这些公司也会进入到对比组中。最终得出公司个体信用状况（SACP）。

标普评级在公司个体信用状况（SACP）的基础上，考虑政府支持、集团支持、担保或其他支持对公司信用状况的影响，最终得出发行人信用等级（ICR）。融资担保行业在金融体系中占重要地位，政府对公司的支持作用也是标普评估公司信用状况的关键因素，国有因素会对公司的信用状况起到积极影响；国有企业通常被政府部分控制或完全控制，国有企业对政策的实施和提供关键性服务有重要作用，当国有企业面临压力时，政府有对其潜在的支持可能。另外，某些公司并非国有控制或国资参与，但是由于其在市场中起到了系统性重要的作用，政府同样有对其支持的可能性。集团支持是标普评级考虑的另一项外部支持因素，当公司能获得来自集团或母公司的支持时，公司的信用状况亦会有所上升。

（三）惠誉

惠誉将定性分析和定量分析相结合。惠誉关注的定性分析要素包括主权和国家的相关限制、行业状况及经营环境、业务经营情况、所有权形式及公司治理和管理等方面。主权和国家的相关限制系指通过评估主权和国家风险环境，并判断是否对公司评级有任何约束性影响。行业状况和经营环境方面，惠誉针对各个细分市场的特点会给经营风险较高的公司更低的评级结果，同时给出了不同类型担保公司的评级范围。惠誉对于融资担保公司业务经营的评估主要考虑融资担保公司在主要业务领域中的竞争地位（包括其资本和保费/收入的绝对规模）、融资担保公司面临的业务风险类型以及这些风险的多样化情况，并且惠誉强调融资担保公司业务状况与其规模/绝对规模之间往往存在较强的正相关关系，严格限制风险的产品设计和产品多样化可以作为资本保护和风险管理的第一道防线。所有权分析方面，主要是对不同股权结构特征进行分析，判断所有权结构对于评级结果产生的影响。公司治理和管理影响其他评级因素，除融入其他因素的评估过程外，还对其单独分析，较弱的治理和管理可能导致评级降低，但良好的治理不会单方面地提升评级。

惠誉在定量指标上关注公司资本化及杠杆水平、债务偿还能力和财务灵活性、财务绩效和收益、投资和资产风险、资产负债和流动性管理、准备金充足性及再保险、风险缓释措施和巨灾风险等。惠誉对资本化及杠杆水平的分析主要从资本充足率（CAR）、财务杠杆比率（FLR）以及总融资和承诺比率（TFC）等方面进行。偿债能力主要考察固定费用或利息的覆盖情况；财务灵活性旨在衡量担保公司产生额外资金的能力，低杠杆、不同到期日的债务均衡且具有多样化的融资来源通常是财务上最灵活的。财务绩效对公司资本的内生能力具有重要影响，盈利能力较强有利于减弱业绩不利偏差以及促进财务灵活性；惠誉考察公司盈利水平和盈利质量（盈利是否可靠和可持续）。惠誉对投资和资产风险的考察主要包括投资资产组合及其风险程度，同时判断公司的风险承受能力是否匹配。惠誉对资产负债和流动性管理主要考察可售投资资产以及流动资产相对于负债的比率来评估融资担保公司的流动性，并同时考虑了应收账款及附属房地产等非流动资产的影响。惠誉对再保险、风险缓释措施和巨灾风险的评估是确定资本是否有足够的保护，能够避免大规模风险损失敞口，对再保险的分析主要是评估公司是否建立了有效的机制去降低各类风险或是否具备有效的可风险识别，同时关注担保公司单一客户集中度风险。

表 15　惠誉对担保公司的主要分析指标

<table>
<tr><th>项目</th><th>一级指标</th><th>二级指标</th><th>三级指标</th></tr>
<tr><td rowspan="11">定性因素</td><td rowspan="3">主权和国家相关的限制</td><td>国家主权上限</td><td>个体主体评级一般不会超过国家主权评级上限</td></tr>
<tr><td>主权评级</td><td>主权评级考虑政府信用和政府债务情况，当政府遭遇财务危机时，亦会反映所属区域内的企业信用状况，是系统性风险</td></tr>
<tr><td>其他考虑因素</td><td></td></tr>
<tr><td>行业状况和运营环境</td><td colspan="2">考虑到担保公司的业务模式，其对外部环境敏感度很高，而其自身化解能力有限，因此惠誉在评价 IFS 时一般不会给予“AAA”，但是考虑到母公司或集团支持等外部因素会给予“AAA”</td></tr>
<tr><td rowspan="2">业务经营</td><td>业务竞争力</td><td>业务的绝对规模、担保业务收入/总收入、品牌影响力</td></tr>
<tr><td>业务风险</td><td>产品的广度、保费和盈利水平的波动性、业务渠道以及公司各主要市场的监管环境</td></tr>
<tr><td>资本结构</td><td>按不同股权结构特点评估所有权是否中性、有利或不利于评级；股份制公众公司一般是中性的；私有制企业和超国家所有权要视具体情况而定</td><td></td></tr>
<tr><td rowspan="2">公司治理与管理</td><td>公司治理</td><td>董事会缺乏独立性，无效的管理团队，重大审计相关事项（如内控存在重大缺陷、无审计意见或不利观点、经常无法如期发布财报等情况）以及可疑的关联交易等</td></tr>
<tr><td>风险管理</td><td>管理层的积极作为，风险管理职能独立性，风险监测有效性，是否全面风险管理或集中管理</td></tr>
<tr><td rowspan="9">定量因素</td><td rowspan="3">资本化及杠杆水平</td><td>资本充足率（CAR）</td><td></td></tr>
<tr><td>财务杠杆率（FLR）</td><td>调整后的资产负债率</td></tr>
<tr><td>总融资和承诺比率（TFC）</td><td>全部债务/调整后权益资本</td></tr>
<tr><td rowspan="2">偿债能力和财务灵活性</td><td>偿债能力</td><td>利息保障倍数、固定费用偿付比率</td></tr>
<tr><td>财务灵活性</td><td>杠杆、债务到期日、备用资金或应急资金、融资渠道</td></tr>
<tr><td>财务表现和收益</td><td>盈利水平</td><td>增长率、盈利稳定性</td></tr>
<tr><td>投资和资产风险</td><td colspan="2">风险资产盈余/所有者权益合计</td></tr>
<tr><td rowspan="2">资产/负债和流动性管理</td><td>资产/负债</td><td>资产负债久期缺口</td></tr>
<tr><td>流动性管理</td><td>流动资产/负债</td></tr>
</table>

续表

项目	一级指标	二级指标	三级指标
定量因素	准备金充足性	准备金储备情况	损失准备/已发生的损失
		增长率	年度赔付支出/年度发生损失、储备/已赚保费指标的变动情况
		经验	准备金1年增长率和5年增长率
		充足性	现有准备金/评估中值
	再保险、风险缓释和巨灾风险	担保回收金额/盈余或股东权益	衡量担保信用损失风险
		单一客户集中度风险	

资料来源：惠誉评级方法，联合评级翻译整理。

关于各评级要素的权重，惠誉认为大多数信用因素是以相对重要性来衡量的，而且这些因素间会相互影响，因素权重也会随着时间而变化，因此没有给出确切权重比例。一般由惠誉评级委员会确定大多数国家定量因素的标准权重，但对每个发行人的具体权重将具体分析并调整权重设置，当某种因素对某个发行人不重要时就赋予较低权重，定性因素也会影响定量因素的权重情况。

四、国内评级机构对融资担保公司的评级要素

国内各家评级机构所采用的评级要素基本一致，但是在评级方法实现路径和要素内的二级要素设置等方面存在一定的差异。在分析基础信用等级时，新世纪评级和远东资信未明确担保机构的市场竞争力，其他国内评级机构均在基础信用中强调了市场竞争力的重要性。在外部支持要素方面，鹏元评级将外部支持进一步丰富，还包括基金、产业协会、同行等银行外的合作机构的支持，政府的税收优惠，政府补贴收入等均有所考虑，同时鹏元评级将政府支持与股东支持合二为一，主要考虑到大部分担保机构的股东为国有控股企业。

表16　国内评级机构对担保公司评级方法对比

联合资信/联合评级	鹏元资信	新世纪评级	中诚信国际
经营风险：区域经济、行业风险、公司治理、未来发展、业务经营分析、风险管理	基础要素：股东与公司管理、风险控制能力、经营与竞争能力、财务与资本实力	个体级别：业务风险、风险缓冲机制、风险吸收能力	经营状况：业务运营、盈利能力与效率、资产质量、风险抵御能力
财务风险：资本构成、资产质量、盈利能力、代偿能力	特殊风险管理：外部环境、潜在风险事件、其他特殊情形	外部支持：政府、股东和其他外部支持方的支持	外部环境：GDP总量、GDP增速、人均GDP、财政收入、产业结构形态等
外部支持：政府支持、股东支持			其他信用考量因素：公司治理、会计准则和报表质量、流动性管理、企业特殊性等

续表

		外部支持：股东支持、政府支持
东方金诚	远东资信	大公国际
基础评分：业务发展水平、风险管理水平、盈利及代偿能力	外部经营环境：宏观经济环境、地区经济环境、行业分析	偿债环境：宏观环境、行业环境、区域环境
评级调整因素：ESG 表现、信息质量、经营合规性、外部支持	管理质量：管理专业程度、管理制度的完善和有效程度评价、规范管理评价	财富创造能力：产品与服务竞争力、盈利能力
	资金来源于资本充足性：担保资金来源、资本充足性	偿债来源于负债平衡：流动性偿债来源与负债平衡、清偿性偿债来源与负债平衡
	担保资产质量：担保资产组合构成情况、客户信用状况评价	调整项要素分析：政府支持、股东支持、公司治理问题、风险管理问题、或有债务风险、被采取监管措施、不良信用记录、其他重大不利事项
	盈利能力：担保业务收入比重、资产回报率等	
	流动性：可随时变现的流动性资产、预期现金流、融资能力等	

资料来源：鹏元资信评级方法、上海新世纪评级方法、中诚信国际评级方法、东方金诚评级方法、远东资信评级方法、大公国际评级方法、联合资信评级方法、联合评级评级方法，联合评级整理。

五、总结与启示

通过对国内以及国际三大评级机构融资担保行业评级方法的比较发现，国内外评级机构对融资担保公司的评级侧重点有所不同，国外主要侧重在分析业务资产质量方面，评级要素涉及的方面基本一致，主要从业务运营、业务资产质量、风险管理水平以及财务表现几个方面进行分析，而国内的评级主要关注在外部支持及所处区域担保体系地位，具体如下：

1. 业务资产质量分析方面，国内评级机构在分析业务资产质量时会针对区域、行业、期限分布等因素进行分析，但是未对上述因素进行函数计算，计算出合理的风险资产规模，缺乏合理的数据支持；而国外的评级方法针对业务资产质量分析时，将对各类集中度风险进行量化，采用函数公式计算出风险资产规模，而且相对于国内评级机构对净资产绝对数比较看重，近年来，国内经济下行压力较大，担保行业代偿率持续走高，国内评级机构需加大对担保公司风险资产质量的分析评价。

2. 业务规模方面，国内外评级机构在业务规模方面均有所考量，国内大多采用期末担保责任余额这一业务规模绝对数据进行分析，国际三大评级机构中穆迪在分析担保业务规模时，不仅仅考虑其绝对规模，还结合绝对规模与业务规模增速两方面因素进行分析，结合分析主要考虑在一定的业务规模上具有合理的业务规模增速，才有利于业务的可持续发展，在超出自身承受能力范围以外的快速增长，将造成担保业务风险的上升。

3. 代偿能力方面，穆迪有考虑流动性补充等因素，而国内的评级机构则主要考虑净资产的绝对数，主要是由于国内担保机构杠杆水平偏低，融资途径有限，大多都是通过股东增资等进行融资，但是近年来随着担保机构发债等融资途径的拓展，国内评级机构亦将加大负债对流动性补充因素的考量，但考虑到担保机构自身发债融资仍受到业务模式、盈利能力等方面的限制，担保机构通过发债等方式来补充流动性仍较少。

另外在财务弹性考量方面，穆迪强调担保企业自身的融资能力包括债权融资或股权融资，考虑自身融资途径的畅通情况，而国内的担保企业自身从资本市场融资能力有限，主要的资本补充方式仍主要依赖于股东增资。

4. 外部支持考虑不同，国内的评级方法对外部支持比较关注，主要考虑到担保机构主要为省级或市级平台，其获得区域内政府支持的力度的高低，将直接影响其业务开展的资源获取，以及在发生代偿时获得流动性支持的力度，而国外的评级方法针对该部分分析主要考虑自身在其母公司或者关联方体系内的地位、所获得的品牌效应及资源等支持，考虑较多的综合因素。

结合上述内容来看，一方面，国内评级机构在业务资产质量分析方面需加大研究，建立有效的风险量化模型，以便结合其抵御代偿风险的能力，综合判断其代偿能力的强弱，另一方面，在业务竞争力方面，在关注其业务规模绝对值的同时需关注是否业务开展符合自身的能力，该因素仍可通过量化模型的方式进行分析，便于判断其业务发展的合理性和可持续发展性。在代偿能力分析方面，考虑到国内外担保机构所处外部环境不同，国内担保机构大多具有较强的政府背景以及政策意义，在分析其代偿能力时，还需关注担保机构在所属区域内担保体系的地位，而股东背景则一定层面上反映担保机构的区域体系地位。

06　资产管理公司国际信用评级方法研究

联合资信　债市研究部　余雷　李为峰　（2016－03）

一、资产管理公司定义

资产管理泛指专业机构接受客户（含机构和个人）委托，通过专业化投资运作，对客户委托资产进行经营管理，以实现资产保值增值的经营活动。从这个意义上看，凡是主要从事此类业务的机构或组织都可以称为资产管理公司。资产管理公司的收入主要来自管理第三方机构或个人投资者的现金、非现金类资产（统称为管理资产或 AUM）所收取的资产管理费或业绩报酬。传统资产管理公司所服务的对象通常为散户和机构投资者，其所管理的资产主要包括投资于股票、债券、货币市场工具的共同基金；另类资产管理公司所服务的对象主要为大资金户和机构投资者，其管理的资产主要包括私募股权基金、对冲基金、母基金（FoFs）等。

我国资产管理行业未来发展前景广阔，在投资产品种类不断创新和管理资产规模不断增加的情况下，未来资产管理公司的融资需求有望增加。同时随着资产管理行业企业债券发行，尤其是基金公司和信托公司债券发行的相关法律法规逐步明确和完善，资产管理公司或将开启债券发行的浪潮。对评级机构而言，研究以基金公司、信托公司为代表的专门从事资产管理的公司的信用评级方法意义重大。

二、资产管理公司评级方法

当前国际三大评级机构的资产管理公司评级主要有两种类型：一是标普和穆迪对资产管理公司的信用评级，即对资产管理公司偿债能力或信用质量的评价来反映其违约可能性；二是惠誉对资产管理公司的运营评级①，即评估资产管理公司的投资和运营构架是否满足机构投资者的需求标准，为投资者或市场参与者在选择资产管理人时提供参考。惠誉的资产管理公司运营评级除了没有考虑财务因素外，其他评级要素与标普和穆迪的资产管理公司信用评

---

① 惠誉于 2013 年 4 月将其资产管理公司信用评级方法改进为资产管理公司的运营评级，同时采用其非银行金融机构信用评级方法对资产管理公司进行信用评级。

级要素大致相同。本文将主要对标普和穆迪的资产管理公司信用评级方法予以阐述，为我国评级机构开展资产管理公司评级提供参考。

标普和穆迪的资产管理公司信用评级方法均适用于专门从事资产管理业务的基金公司或信托公司。目前这两家评级机构运用该评级方法主要针对大型基金公司开展信用评级，且数量不多，因此受评的这些基金公司的信用等级整体较高，均为投资级（见表1）。另外，传统资产管理公司的信用等级也基本与其管理资产总额呈正相关关系，即公司的管理资产总额越高，公司的信用等级也越高。

表1 标普和穆迪所评资产管理公司信用等级情况

	管理资产总额（亿美元）	信用等级（标普）	信用等级（穆迪）
传统资产管理公司（共同基金）			
贝莱德集团（BlackRock，Inc.）	47213	AA-	A1
富兰克林资源公司（Franklin Resources，Inc.）	8699	AA-	A1
景顺资产管理公司（Invesco Ltd.）	8036	A	A2
美盛集团（Legg Mason，Inc.）	6992	BBB	Baa1
联营投资管理集团（Affiliated Managers Group）	6427	BBB+	A3
联博资产管理公司（AllianceBernstein L. P.）	4851	A+	A2
伊顿万斯（Eaton Vance Corp.）	3126	A-	A3
另类资产管理公司（私募股权投资基金）			
黑石集团（Blackstone Group L. P.）	2393	A+	N/A
凯雷投资集团（Carlyle Group L. P.）	1300	A	N/A

注：表中所列资产管理公司为受评的管理资产总额排名前10位的资产管理公司信用等级情况，其他未列出的资产管理公司中，管理资产规模最小的为加贝利投资公司（GAMCO Investors），该公司管理454亿美元的资产，信用等级为Baa3。

资料来源：穆迪、标普、联合资信整理。

（一）评级思路

标普和穆迪的资产管理公司信用评级方法仍沿用其企业评级思路，评级要素和评级思路也大致相同：两家评级机构均通过综合评估资产管理公司运营环境、竞争力水平与财务状况确定受评主体的初始信用等级。在获得初始评级时，标普和穆迪均通过其制定的评分标准对各子要素进行打分，但标普通过其评分矩阵确定资产管理公司的初始评级，而穆迪对各评级要素设定了不同的权重，通过加总各要素的得分与权重的乘积得到初始评级。在获得初始评级之后，再对资产管理公司的资本结构、管理治理情况等因素进行分析，并进行压力测试，进而对初始评级进行调整得到资产管理公司的主体信用等级。

（二）评级要素

1. 经营环境

标普和穆迪在分析资产管理公司的经营环境时，均包含了宏观环境和行业环境两部分。

标普在分别确定了宏观环境和行业环境的评分后，通过其经营环境打分矩阵确定受评主体的经营环境评分；穆迪则将宏观环境分析作为对初始评级调整的要素或对最终评级的限制因素，但同时由于穆迪在制定评级方法时已经为不同行业企业评级要素设立了不同的权重来区别行业风险，因此穆迪的企业评级中没有单独对行业环境部分进行分析。

（1）宏观环境

标普和穆迪均认为，宏观环境中的诸多不确定因素，如经济发展风险、制度风险、金融体系风险、事件风险等对企业的正常运营和信用状况有着不同程度的影响，并且这些风险的发生也可能使管理资产遭受直接损失或出现减值风险。标普和穆迪衡量资产管理公司的主权风险暴露包括对国家经济实力（如GDP规模、增速和波动性等）、金融系统风险、国家治理情况（如政府治理水平、法制环境等）、营商环境以及对突发事件的敏感度几个方面的评估。

标普综合考虑上述几个子要素，并将评估结果以6分制的形式表现出来，主权风险越高对应的分数也就越高；然后以资产管理公司管理资产所在国家或地区的分布情况为权重，并加总各权重与管理资产所在国评分的乘积，来计算资产管理公司的主权风险最终评分。穆迪会考察资产管理公司的主要运营地区的主权风险，对不同子要素设定了不同权重并逐一评估，每一个子要素的评估结果在-2～2分之间，加权求和后得到运营环境评分。运营环境得分在0分以上对应的是投资级的运营环境；而在投机级运营环境中，运营环境的权重会随着运营环境等级的降低而增加，A级及以上的运营环境对初始评级没有影响。

标普和穆迪还将资产管理公司注册地所在国家的主权信用等级作为限制资产管理公司主体最终级别的因素，规定在大多数情况下，资产管理公司的信用等级不应超过其注册地的主权信用等级，除非资产管理公司在信用层面上展现出比主权更强的实力，且在一定程度上能够避免因主权违约导致的金融环境恶化带来的负面影响。穆迪指出，当资产管理公司的主要收入、管理资产均来自其注册地以外地区，其评级会限定于主权评级之上的2个子级以内；当主权评级较低时（B1及以下），如果穆迪认为资产管理公司不会受到主权违约或整体经济环境造成的实质影响，那么资产管理公司的评级可以高出主权信用等级更多个子级。标普认为当资产管理公司的主要业务在其注册地所在国以外国家或母公司为外国公司时，其信用等级才可能高于注册地的主权信用等级2个子级以内。

（2）行业环境

标普的行业风险分析主要评估三个方面：一是周期性风险，在周期性下降或经济出现衰退时，如果行业内企业的利润或盈利能力变化幅度很小（4%以内[①]），行业的周期性风险最低。二是竞争风险，包括行业的进入壁垒和行业商品、服务、技术被替代的可能性。三是发展趋势风险，如果行业的利润率保持稳定增长，且收入增速在中期保持高于GDP的增速，

① 通过观察全球38个行业自1987年以来历年盈利能力表现情况，并计算期间3次全球性经济下行（1989—1992年、2000—2002年、2007—2009年）时各行业的盈利能力降幅均值确定此标准。

该行业的发展趋势风险最低。

具体看，标普对资产管理行业的周期性风险的评估结果为“中”。具体方法是通过分析全球34家标普所评的资产管理公司在2002—2012年的业绩表现，包括收入、利润和管理资产总额三个指标，并重点分析2007—2009年金融危机期间这些资产管理公司的管理资产总额。主要原因是传统资产管理公司的利润通常来自资产管理费，这与其所管理的资产总额相关性很强。根据分析结果，样本中的资产管理公司所管理的资产总额在2008年下降了16.7%，EBITDA的加权平均下降幅度为7.2%。

标普对资产管理行业的进入壁垒和替代品威胁评价为“中”。资产管理行业的主要壁垒来自以下几个方面：一是全球性的资产管理公司正面临持续提高的合规监管要求；二是新成立的小规模资产管理公司很难产生规模经济效应，在成本控制、技术方面难与规模较大的资产管理公司匹敌；三是客户通常会根据资产管理公司的历史业绩来选择资产的委托机构，新设立的资产管理公司在品牌知名度、历史业绩、客户基础方面竞争力较差。替代品方面，随着全球经济的发展以及人类预期寿命的增加，未来将有越来越多的人或机构将其资产交由资产管理公司管理，且银行存款或保险与资产管理的风险收益有所差异，对资产管理的替代性有限。

标普对资产管理行业发展趋势风险的评估结果为“低”。以标普所评的资产管理公司在2007—2013年的财务数据为样本，根据标普的检验结果，样本中资产管理公司的EBITDA利润率①均值在上述期间非常稳定，介于37%～48%之间。标普指出，资产管理公司的竞争优势主要来自其提供的产品的多元化程度、投资目标和历史业绩，而价格因素的影响较小，因此在经济不景气、管理资产规模下降时资产管理公司可通过调整资产管理费等方式来保持盈利能力的稳定。此外，资产管理公司的成本控制也有较大的灵活性，如在金融危机期间有较多的资产管理公司下调了员工奖金额度。增长率方面，标普用全球管理资产总规模的增速作为衡量资产管理公司收入增长的指标，该指标在2002—2013年年均7%的增速说明了该行业的成长能力很强，并且该指标在中期仍将高于全球GDP增速。

综合上述各要素的综合评定，标普目前对资产管理行业的行业风险评估结果为“中”，表示该行业周期性风险一般，不存在较高的进入壁垒和替代品威胁，且增长稳定。考虑主权风险后，结合标普的经营环境评分矩阵得到资产管理公司的运营环境评分。

2. 竞争力水平分析

对于资产管理公司的竞争力水平，标普主要考察竞争力优势、多元化程度、运营效率和盈利能力四个方面。其中前三个指标为资产管理公司竞争地位的评估要素，评估结果均采用5分制的形式打分，分数越高表示公司在某一方面的表现越差，然后这三个指标按照权重分别为45%、30%和25%来计算得出公司竞争地位的综合评分。最后结合竞争地位和盈利能力的评估结果通过标普的“竞争力水平打分矩阵”得出公司竞争力水平的最终评分。与标

① EBITDA利润率＝EBITDA/收入总额×100%。

普相比，穆迪只将竞争力优势和多元化程度列入竞争力水平的考察范围，而将盈利能力因素从竞争力水平评估中剥离出来，列入了财务风险评估部分。

（1）竞争力优势

标普和穆迪均认为，竞争力较强的资产管理公司应具备以下几个方面特征：

➢公司规模较大（标普、穆迪衡量资产管理公司规模优势的指标分别为管理资产的总额和业务收入总额）；

➢公司战略能够有效地支持公司投资策略的发展和公司市场份额的增长，且公司的增长策略是建立在内生增长而不是并购的基础上；

➢公司历史资产管理业绩在同行业内表现较好，品牌优势明显，客户忠诚度高；

➢公司的销售收入可观且保持高速增长态势，营销渠道保持多样化发展；

➢公司的投资业绩持续优于主要竞争对手；

➢公司管理资产规模保持增长，管理资产赎回规模持续小于新增规模。

标普指出，当资产管理公司具备了上述 2 个及以上几个方面特征时，标普对资产管理公司的竞争力优势评分才能达到 2 分或 1 分。穆迪在考察资产管理公司竞争力优势时更加关注公司的规模优势，在资产管理公司的收入规模评分基础上综合考虑上述其他几个方面因素对收入规模评分进行调整，得到公司的规模及经营优势的最终评估结果。

穆迪在分析资产管理公司竞争力优势时还引入了对管理资产弹性的分析，包括管理资产保留率①和替代率②两个方面，以反映资产管理公司管理资产规模的稳定性。管理资产保留率较高（≥75%）的资产管理公司通常会展现出较强的创收能力，这对公司的信用具有积极影响。管理资产替代率较高（≥90%）的资产管理公司的收入稳定性会更高，对其市场地位也有积极影响。需要注意的是，管理资产留存率和管理资产留存率的计算都是基于过去一年及过去三年的平均值。

（2）多元化程度/集中度

管理资产多元化的资产管理公司能够较好地适应市场环境的变化，增强收入的稳定性，并适应投资者的不同偏好。评级机构对资产管理公司的多元化分析包括投资资产的多元化程度分析和多元化经营程度分析。其中投资资产多元化程度分析具体可分为资产类别集中度、投资者集中度、地域集中度和基金种类或投资风格多样性四个方面；多元化经营程度分析则包括收入多元化程度（标普）和销售渠道的多元化程度（穆迪）两个方面。

综合标普和穆迪对资产管理公司多元化程度的评估标准，集中度较高或多元化程度较差的资产管理公司应具备以下几个特征。在这些情况下，资产管理公司的多元化程度评分通常在 4 分及以上（标普）或 Baa 级及以下（穆迪）。

➢资产管理公司管理资产中权益类资产、固定收益类资产、货币市场资产或另类投资资

① 管理资产保留率 =（期初长期管理资产总额 – 长期赎回总额 – 净销售额）/期初长期管理资产总额。

② 管理资产的替代率指认购管理资产替代流失管理资产的水平，为长期认购总额与长期赎回总额的比。

产中某一类的占比超过 80%；

➢投资产品种类单一；

➢单一类型投资者（散户投资者或机构投资者）购买的资产规模占资产管理公司管理资产规模的 90% 以上，或排名前 3 位的客户购买的资产占比超过 50%，或排名前 3 位的客户对公司利润贡献超过 50%；

➢管理的资产集中在一个国家的占比超过 90%；

➢超过 30% 的管理资产或超过 30% 的利润来自一只基金或超过 50% 的资产管理费收入来自资产规模排名前三位的基金，或资产管理公司提供的产品没有涵盖股权、固定收益、对冲基金等所有投资种类；

➢超过 10% 的利润来自资产管理以外的业务收入，如咨询服务（合并、并购等）、经纪业务、资产行政管理业务等；

➢零售渠道和机构销售渠道不完善，公司销售渠道的数量少于 4 个。

（3）运营效率

标普对资产管理公司的运营效率的评估主要考察三个方面：一是支出结构，通过“营业费用率”（营业费用/营业收入）和“可变费用与营业费用比值”两个指标判断公司在管理资产总额下降的情况下控制运营成本的能力，可变费用率较低的资产管理公司的运营效率也较低。二是规模经济效应，即公司现有的能力和设施是否能够在管理资产规模大量增加的情况下以相对较低的成本维持运营。三是技术水平，运营效率较高的资产管理公司应具备至少一种以下技术：自动交易平台、多投资策略集中管理、客户访问界面功能齐全但操作简便、投资策略均有对应的计算阿尔法系数（实际风险回报和平均预期风险回报的差额）的量化模型。

3. 财务分析

（1）EBITDA 调整

标普和穆迪均指出，资产管理费是资产管理公司的主要收入来源，而业绩报酬和投资收益对资产管理公司利润的贡献较小且不稳定，评级机构应对这些资产管理费以外的收入进行折算，来反映资产管理公司长期稳定的收入情况并作为评级依据。标普在调整资产管理公司的 EBITDA 时，如果资产管理公司的业绩报酬收入和投资收入总和占收入总额的比例比过去 5 年均值超过 10%，标普会将业绩报酬收入和投资收入的 5 年均值减少 50%（根据标普经验，该比例能够充分缓释业绩报酬收入和投资收入的历史波动），同时加回相应比例的业绩报酬收入和投资收入有关费用；如果两者占比小于 10%，则 EBITDA 不做调整。穆迪则将当年的业绩报酬收入从 EBITDA 中去除，然后加上过去 5 年的业绩报酬均值的 75%（25% 的折扣率以抵消波动影响），得到调整后的 EBITDA。

（2）盈利能力

标普和穆迪对资产管理公司盈利能力的评估均包括盈利能力水平和盈利能力稳定性分析两个方面。不同的是，标普将盈利能力分析作为评估资产管理公司竞争力水平的要素之一，而穆迪认为资产管理公司的收入水平、收入质量和收入的持续性对其信用状况影响显著，也是反映资产管理公司偿债能力的要素，因此将其作为财务分析的一部分，包括盈利水平和收入稳定性两个方面的分析，两者权重均为10%。

盈利水平方面，标普和穆迪选取的指标分别为调整后的EBITDA利润率的5年均值和税前利润率的5年均值。标普将资产管理公司的盈利能力与行业平均水平进行比较，结果分为“高于行业平均水平”（高于35%）、“行业平均水平”（20%~35%之间）、“低于行业平均水平”（低于20%）三个档次。穆迪对资产管理公司的盈利能力水平规定了具体的比例，如盈利水平评分在Baa级及以上的资产管理公司的税前利润率应在15%及以上（见表2）。另外，穆迪对另类资产管理公司的税前利润率要求较传统资产管理公司更高。

盈利能力稳定性方面，标普通常选取EBITDA或EBITDA利润率或资本报酬率（ROC）三个指标（均为过去5年以上的历史数据）与时间进行回归，以回归的标准误①（Standard Error of Regression）来衡量该公司盈利能力的稳定性，该值越小表示公司的盈利稳定性越高，评估结果采用6分制，分数越低表示公司盈利能力的波动性越小。然后通过盈利能力打分矩阵得到资产管理公司的盈利能力评分。

穆迪则用资产管理公司一段时间内收入或税前利润的增长率均值与标准差的比值来衡量收入增长的波动性，比值越高表示资产管理公司的收入增长越稳定（见表2）。如果资产管理公司的五年期平均收入增长率为负，则用其收入的平均增长率作为衡量标准，不考虑波动性。在这种情况下，公司的盈利波动水平的最高得分只能在Ba及以下。

表2　穆迪资产管理公司盈利水平及收入稳定性评估标准

	Aaa	Aa	A	Baa	Ba	B	Caa
税前利润率（五年均值）	≥50%	≥33%	≥25%	≥15%	≥7.5%	≥0%	<0%
税前利润增长率的波动性	≥300%	≥200%	≥100%	≥0%	≥-10%	≥-20%	<-20%

资料来源：穆迪。

（3）偿债能力

标普评估资产管理公司的偿债能力主要参考两个核心财务指标和两个补充财务指标。核心财务指标包括债务覆盖率，即全部债务与调整后EBITDA的比，该指标值越高，公司的偿债能力越低；以及债务股权比例，即全部债务与调整后所有者权益②的比，代表公司的负债水平。补充财务指标包括调整后EBITDA利息倍数和经营性现金流入债务比（即经营性现金流入与全部债务的比值），指标值越低，公司的偿债能力越差、信用风险越高。各财务指标对应的财务风险等级如表3所示。需要注意的是，标普在评估资产管理公司财务风险时为了得出前瞻性的结论，通常在计算资产管理公司主要财务指标时均使用上年度、本年度和下一

① 回归的标准误=[残差的平方和/（样本数量-2）]$^{0.5}$。

② 调整后所有者权益，穆迪称之为有形权益（Tangible Equity），计算公式为：所有者权益-商誉-无形资产-优先股股本-未实现的投资组合估值变化。

财年（预测值）各指标的加权值，3 年的权重分别设定为 20%、40% 和 40%。

表 3　标普资产管理公司主要财务指标对应的财务风险等级评估标准

风险等级	债务覆盖率（倍）	债务股本比（倍）	调整后 EBITDA 利息倍数（倍）	经营性现金流入债务比（%）
最低（1）	小于 1.5	小于 0.4	大于 15	大于 60
低（2）	1.5 – 2	0.4 – 0.8	10 – 15	45 – 60
中等（3）	2 – 3	0.8 – 1.5	6 – 10	30 – 45
高（4）	3 – 4	1.5 – 2.0	3 – 6	20 – 30
较高（5）	4 – 5	2.0 – 3.0	2 – 3	12 – 20
非常高（6）	大于 5	大于 3.0	小于 2	小于 12

资料来源：标普。

除了债务覆盖率指标外，穆迪还引入了“所有者权益与表内投资资产（自管投资）比值”指标，指资产管理公司的全部股东权益对其表内投资潜在损失的覆盖程度（见表 4）。其中计算表内投资资产时，根据资产类型的不同进行一定比例的折扣①，现金及现金等价物和持有的用于支付未来应付款项的投资资产则不在表内投资的计算范围内。对于有形权益规模较大的资产管理公司，穆迪会上调资产管理公司的该指标评分。当资产管理公司流动性充裕、有持续从资本市场获取新资本的能力并且使用了衍生产品对冲表内投资的市场风险，这将抵消资产管理公司因有形权益规模较小给评分带来的负面影响。

表 4　穆迪资产管理公司偿债能力评估标准

	Aaa	Aa	A	Baa	Ba	B	Caa
全部债务/EBITDA（倍）	<0.2	0.2 – 1	1 – 2	2 – 3	3 – 4	4 – 6	≥6
全部股东权益/自管投资（倍）	≥90	≥30	≥15	≥9	≥6	≥4	<4

资料来源：穆迪。

4. 评级调整因素

（1）资本结构多样性

标普对资产管理公司的资本结构评估包括 5 个子要素：资本结构的多样性、债务期限分布、债务的汇率风险、债务的利率风险和投资资产②。资本结构多样化有利于提高公司融资渠道的灵活性，尤其在宏观经济低迷的情况下；债务期限结构反映了资产管理公司不同时期

---

① 根据 US GAAP 和 IFRS 关于公司持有金融资产的流动性评估标准，金融资产划分为三类：一类资产的公允价值基于未调整的活跃市场报价，如政府债券；二类资产的公允价值则基于不活跃是市场报价或相似的同类资产报价，如受限股票、公司债券、贷款、房产资产等；三类资产的交易极其不活跃，其公允价值基于少量市场活动支持或无市场活动支持的主观定价信息，如私募股权投资资产、长期期权等。其中一类资产折扣率为 33%，二类资产折扣率为 50%，三类资产折扣率为 100%。

② 指资产管理公司非战略性投资资产（自管投资），主要为权益投资等实现的价值增加无法在现金流量表中反映出来的资产。

的债务支付压力以及再融资风险；汇率和利率风险则会使公司的偿债现金流产生波动；投资资产对资产管理公司的运营和财务状况影响较小，但其变现能力较高时能够在一定程度上为资产管理公司的债务形成保障。

上述5个子要素中，资本结构的多样性、债务期限分布和债务的汇率风险为一级子要素，债务的利率风险为二级子要素；当一级子要素的评估结果均不包含“负面”时，资本结构的初步评估结果才能达到“中性”；然后考虑投资资产在债务总额中的占比，再结合资本结构的初步评估结果得到资产管理公司资本多样性的最终评估结果（见表5）。评估结果采用5分制评分，分数越低表示公司当前资本结构能够使公司更有效地抵御外部风险因素并降低这些风险因素对公司融资渠道、未来现金流状况的影响。在大多数情况下资产管理公司的资本结构评分为2分、3分、4分，分别对应的等级调整幅度为上调1个子级、不作调整、下调1个子级。

表5　标普资产管理公司资本结构多样性评估标准

资本结构初步评估结果	投资资产评估结果		
	中性	正面	正面影响很大
中性	3	2	1
负面	4	3	2
负面影响很大	5	4	4

资料来源：标普。

具体看，标普对资产管理公司的资本结构多样性分析包括债务多样性和权益多样性两个方面。其中债务多样性指公司债务融资来源的数量以及为公司提供贷款的银行数量，权益多样性主要考察公司股权结构是否单一（如是否有发行优先股）、是否是上市公司以及公司在公开市场的股权融资渠道是否通畅。仅依赖一种股权或债务融资渠道的资产管理公司的资本结构多样性评估结果为“负面”。

进行债务期限结构分析时，标普通过计算资产管理公司的加权平均债务期限①（WAM），如果公司的WAM小于2年，则认为资产管理公司短期偿债压力很大，公司债务的期限结构的风险为“负面”，除非公司已经对于这些即将到期的债务储备了足够的流动性。

债务汇率风险方面，如果资产管理公司的外币债务规模（不包括完全对冲汇率风险的部分）占其债务总额的比例小于15%，公司债务的汇率风险为“中性”。但如果该比值超过了15%，同时公司的债务覆盖率大于3倍，标普会分别计算各币种债务的EBITDA利息保障倍数。如果其中一种外币债务的利息保障比率在未来1年将小于1.2倍，公司债务的汇率风险为“负面”。当资产管理公司的现金流主要来源所属货币与公司债务所属货币不同，但两

① 加权平均债务期限 = Σ（公司单笔债务规模占公司总债务规模的比例 × 该笔债务对应的期限）。

种货币保持固定比价的汇率制度（钉住汇率制），或有相关合同规定了因汇率变化导致的债务成本变化由债权人承担时，标普不会考虑资产管理公司债务的货币错配情况。

债务利率风险方面，对于财务状况较好、盈利能力较强以及利息偿付能力较强的资产管理公司，该指标通常不被认为是资本结构的风险因素。标普对该风险指标的评判标准为，当利率上升25%或100bps时，若公司调整后EBITDA利息倍数指标对应的风险等级增加1，则认定资产管理公司该指标的风险为“负面”。

标普规定，如果资产管理公司的投资资产规模超过其债务总额的（不包括经营性租赁资产和养老金负债）50%及以上，且投资资产规模与其债务总额的百分比在未来12个月仍将在150%以上，资产管理公司资本结构中的投资资产要素的评估结果为“正面”，其他情况则为“中性”。此外，在分析资产管理公司的投资资产时，标普还会关注这些投资资产的变现能力以及其所面临的市场风险，如利率风险、汇率风险、利差风险、股票或大宗商品价格风险等。如果资产管理公司采取了适当行为或运用了适当工具对冲这些风险，即使在资产管理公司面临较大的市场风险暴露时，投资资产的评估结果也可能为“正面”。

（2）公司管理及治理

标普和穆迪均认为，良好的公司治理和内部管理水平有益于为投资者和股东创造长期价值，对资产管理公司的信用风险状况也有显著影响。标普和穆迪对资产管理公司管理及治理的评估包括对公司战略、组织构架和内部管理的有效性、风险管理和公司治理稳健性等方面的分析。具体看，管理治理水平较好的资产管理公司应具备以下几个方面特征：

➢战略规划制定合理且与公司的运营环境相一致，并明确了具体的、可实现的财务和运营目标；

➢管理层过往战略目标执行情况较好，同时可追溯的公司历史业绩在市场中表现较好，在同业中成绩显著；

➢内部风险管理机制健全，对风险的态度趋于保守；

➢管理层具备丰富的经营、能力和极强的可靠性，且历史管理成绩丰硕；

➢董事会制度健全、独立，能够较好地履行监督职责并维护利益相关者的权益；

➢具备较强的内部风险识别、风险监控、风险管理和风险缓释能力，并且在风险事件发生时公司能够维持其业绩水平、商誉、投资者信心和市场地位。

如果资产管理公司的初始评级为投资级，标普认为非负面的公司管理和治理的评估结果对信用等级无影响，而负面的公司管理和治理的评估结果将导致初始评级下调最多2个子级；如果资产管理公司的初始评级为投机级，公司管理和治理的评估结果最好或最差时标普才会对初始评级分别做出1个子级的调升或调降。

穆迪规定当资产管理公司的管理治理评估结果为正面时，其初始评级才有机会得到调升。

（3）压力测试

标普和穆迪对资产管理公司的压力测试包括一系列情景分析。例如穆迪会检验长期运营环境变化对资产管理公司偿债能力和财务弹性的影响，假设情景包括长期的市场收益率变化、预期的管理资产规模增速变化、资产管理费率变化等。标普在压力测试中还会考察 EBITDA 下降对公司流动性和偿债能力的影响以及公司应对影响大但发生概率很低的事件的能力。此外，资产管理公司与银行的关系、在信贷市场获得资金的可能性以及公司内部财务风险管理的审慎性也在标普的考虑范围中。

标普和穆迪在大多数情况下不会根据压力测试结果对资产管理公司初始评级予以调整，除非公司严重缺乏流动性且初始信用等级为投机级，或预计的假设情景持续时间较长且对公司负面影响极大，评级机构才会将初始评级下调，下调幅度不超过 2 个子级。

三、小结

综上所述，标普和穆迪的资产管理公司信用评级均采用定性分析和定量分析相结合的方法，通过对资产管理公司外部环境、竞争力水平和财务状况分析得到初始评级，然后再对初始评级进行调整得到最终个体信用等级。虽然国际三大评级机构的资产管理公司评级思路仍沿用了其企业评级思路，但在制定具体评级方法时考虑到了资产管理公司的运营和收入特点与普通企业的不同。例如标普和穆迪均把对资产管理公司的多元化程度分析作为分析资产管理公司竞争力水平的重要因素之一，并且在财务分析时会根据资产管理公司的收入特征对其 EBITDA 进行调整。

根据国际经验，我国评级机构在制定资产管理公司的信用评级方法时仍可沿用企业评级思路，但需注意以下几点：一是积极开展资产管理行业分析，充分了解我国资产管理行业现状和对未来发展趋势，为今后开展资产管理公司信用评级做准备。二是重视资产管理公司管理资产的风险分散程度，即重视对多元化程度的分析。三是通过持续跟踪我国资产管理公司的收入构成情况，制定合理的 EBITDA 调整方法，以反映资产管理公司长期稳定的收入情况。四是结合国际三大评级机构对资产管理公司偿债能力的评估标准以及我国资产管理行业现状确定反映我国资产管理公司偿债能力的指标及相应的评估标准。五是定性分析时，评级机构对资产管理公司技术水平的评估也应加以重视，当前我国资产管理公司对技术的需求正不断增加，在互联网发展的推动下科技水平或将成为未来资产管理行业的核心竞争力。

第四部分

竞争与发展

第一章　行业发展与监管动态

国际评级行业发展与监管动态报告

联合资信　债券市场研究部　刘晓光　闫瑾　董欣焱　孙健　郝帅　（2020－05）

一、全球债券市场

2018 年，全球经济维持缓慢复苏态势，但由于贸易保护主义倾向抬头和美联储持续加息等因素影响，全球经济增长动能有所减弱，主要国家和地区的经济走势明显分化。在此背景下，全球主要国家和地区央行货币政策也有所差异，美联储和英国央行通过加息继续收紧货币政策，欧洲央行于年底前退出量化宽松政策，而日本央行则继续维持宽松货币政策。受此影响，主要国家和地区的 10 年期国债收益率曲线走势分化。主要债券品种发行和托管总量方面，美国和日本债券发行量有所下降，欧元区债券发行量略有上升；各主要经济体债券托管量较上年均有不同程度的上升。

（一）国债收益率呈分化态势

2018 年，全球经济延续温和增长，但动能有所放缓。主要经济体增长态势、通胀水平和货币政策差异明显，国债收益率走势呈分化态势，波动性较上年略有上升。其中，美国的 10 年期国债收益率整体呈波动上行走势；英国、德国和法国的 10 年期国债收益率整体呈区间波动走势；日本的 10 年期国债收益率整体走势仍较为平稳。

2018 年，美国经济主要受益于减税效应以及海外资金的回流，表现出较为强劲的增长态势，美联储分别于 2018 年 3 月、6 月、9 月和 12 月将联邦基金利率目标区间各提升 25 个基点至 2.25% ～2.50%①，全年 GDP 同比实际增速②达 2.90%，较上年（2.40%）增长 0.50 个百分点。在此背景下，2018 年初美国 10 年期国债收益率水平延续上年第四季度以来上升走势，后续波动上行至最高点 3.24%，年末回落至 2.69%。美国全年 10 年期国债收益率平均水平为 2.91%，较上年（2.33%）明显上升。

---

① 指美国同业拆借市场的利率（The interest rate at which depository institutions lend reserve balances to other depository institutions overnight）。

② 数据来自美国经济分析局。

2018 年，在全球经济动能减弱和消费能力降低的背景下，欧元区经济呈缓慢复苏趋势，欧洲央行维持三大基准利率水平不变①，10 月起将每月净资产购债规模由 300 亿欧元降至 150 亿欧元，并于 12 月底结束债券购买计划，正式退出量化宽松政策，全年 GDP 同比实际增速由上年的 2. 50% 放缓至 1. 90%②。整体来看，德国和法国 10 年期国债收益率均于 2018 年 2 月上行至全年最高点，之后呈小幅波动下行态势。德国和法国全年 10 年期国债收益率平均水平分别为 0. 48% 和 0. 78%，较上年（0. 39% 和 0. 81%）变动较小。

2018 年，英国受“脱欧”进程不确定性、制造业和工业产出下滑等因素影响，全年 GDP 同比实际增速由上年的 1. 90% 放缓至 1. 30%③。8 月，由于英国消费价格指数涨幅高于 2. 00% 的通胀目标，英国央行采取温和加息的策略，将基准利率④从 0. 50% 上调至 0. 75%，这是英国央行自 2008 年国际金融危机以来第二次加息，并维持 4350 亿英镑资产购买规模不变。11 月，欧盟宣布与英国达成延长“脱欧”过渡期的协议，对经济造成一定抑制。整体来看，英国 10 年期国债收益率全年呈区间震荡态势，于 2 月和 10 月分别达到年内高点 1. 68% 和 1. 70%。英国全年 10 年期国债收益率平均水平为 1. 46%，较上年（1. 24%）有所上升。

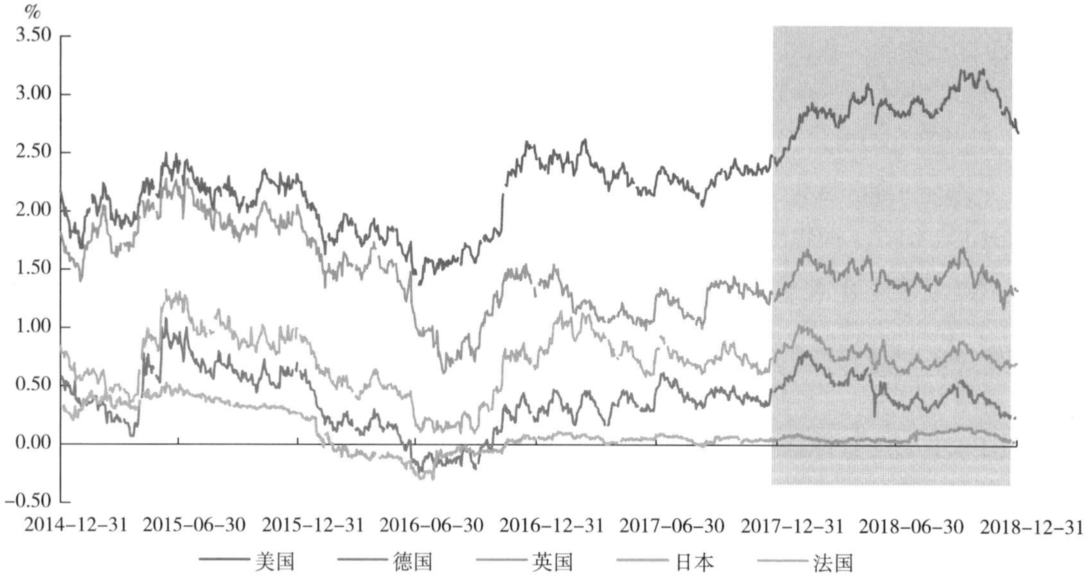

图 1　2014—2018 年主要发达经济体 10 年期国债收益率走势图

（资料来源：Wind，联合资信整理）

2018 年，日本经济复苏态势仍然疲弱，全年经济运行波动较大，上半年维持温和扩张

① 指再融资利率（The interest rate on the main refinancing operations）0. 00%、边际贷款利率（The interest rate on the marginal lending facility）0. 25%、存款便利利率（The interest rate on the deposit facility）−0. 40%。

② 数据来自欧盟统计局。

③ 数据来自英国统计局。

④ 指再回购利率（The interest rate the bank of England pays to commercial banks that hold money with the former）。

态势，下半年受出口下滑和自然灾害频发的影响趋于收缩，全年 GDP 同比实际增速由上年的1.90%放缓至0.70%①。日本央行延续以量化宽松和负利率政策为核心的货币政策，通过缩减购债规模，维持政策利率-0.10%②以及 10 年期国债收益率目标 0.00%不变。在此背景下，10 年期国债收益率上半年表现较为平稳，下半年政府为平抑流动性购入国债，收益率曲线在窄幅区间内走高后回落。日本全年 10 年期国债收益率平均水平为 0.08%，较上年（0.05%）变动较小。

（二）债券发行情况

2018 年，美国主要债券品种的发行总量略有下降。其中，受益于美国经济良好的发展状况，国债发行量为 2.68 万亿美元，较上年显著增长 20.69%，超过结构融资产品成为发行量最大的券种；地方政府债和企业债③的发行量分别为 0.35 万亿美元和 1.33 万亿美元，较上年分别下降 22.98%和 19.48%，降幅较为明显；结构融资产品的发行量为 2.42 万亿美元，较上年小幅下降 2.51%。

2018 年，欧元区主要债券品种的发行总量略上升。其中，欧元区国家企业债仍为发行量最大的券种，达 2.28 万亿欧元，较上年增长 4.81%；国债发行量为 1.81 万亿欧元，较上年下降 6.72%；地方政府债和结构融资产品发行量分别为 0.49 万亿欧元和 0.27 万亿欧元，较上年均有所增长，增幅分别 8.04%和 4.81%。

2018 年，日本主要债券品种的发行总量有所下降。其中，日本国债发行量为 150.50 万亿日元，仍远超其他券种，但较上年下降 5.45%；地方政府债和企业债发行量分别为 6.26 万亿日元和 11.81 万亿日元，较上年分别下降 0.65%和 7.94%；结构融资产品发行量为 4.79 万亿日元，较上年增长 6.52%。

表 1　主要经济体债券发行情况

债券类型	美国（亿美元）			欧元区（亿欧元）			日本（亿日元）		
	2016 年	2017 年	2018 年	2016 年	2017 年	2018 年	2016 年	2017 年	2018 年
国债	21,694.43	22,243.39	26,845.92	18,751.10	19,437.82	18,131.55	1,688,548.08	1,591,689.55	1,504,983.65
地方政府债	4,517.30	4,490.10	3,458.41	4,942.59	4,546.21	4,911.77	63,460.50	62,979.73	62,572.00
企业债	15,275.66	16,524.24	13,305.77	17,756.53	21,772.10	22,819.75	126,535.63	128,309.25	118,115.93
结构融资产品	23,696.11	24,850.86	24,227.53	2,396.00	2,365.45	2,697.00	45,820.86	44,935.61	47,867.30
合计	65,183.50	68,108.59	67,837.63	43,846.22	48,121.58	48,560.07	1,925,085.07	1,828,044.14	1,733,698.88

注：1. 表中欧元区国家指欧元区 19 个国家债券统计总数，以下同；2. 日本结构融资产品为财政年度数据，财政年度截止日为每年 3 月 31 日，以下同；3. 美国联邦机构证券和欧元区货币金融机构（MFI）证券未纳入该表统计，以下同；4. 根据各经济体最新披露数据，对 2016 年和 2017 年数据进行追溯调整，以下同。

资料来源：美国证券业及金融市场协会（Sifma）、欧盟统计局、日本证券业协会，联合资信整理。

① 数据来自日本内阁府。

② 指银行间无担保隔夜拆借利率。

③ 包括金融企业和非金融企业所发行的全部债券，以下同。

（三）债券托管情况

截至2018年末，美国债券托管总量为40.01万亿美元，较上年增长4.94%，除地方政府债托管量较上年略有下降外，国债、企业债、结构融资产品托管量均较上年有不同程度增长；欧元区国家债券托管总量为14.00万亿欧元，较上年增长1.93%，除地方政府债托管量较上年有所下降外，国债、企业债、结构融资产品托管量均小幅上升；日本债券托管总量为1115.60万亿日元，较上年增长1.92%，各券种托管量较上年均有不同程度增长。

表2 主要经济体债券托管情况

债券类型	美国（亿美元）			欧元区（亿欧元）			日本（亿日元）		
	2016年	2017年	2018年	2016年	2017年	2018年	2016年	2017年	2018年
国债	139,082.41	144,687.81	156,079.67	71,517.04	73,047.03	74,458.33	9,204,399.6	9,441,047.43	9,629,123.21
地方政府债	38,716.69	38,852.67	38,262.05	7,048.79	7,008.05	6,733.96	595,470.19	604,730.50	614,777.18
企业债	86,960.66	90,131.17	92,293.11	45,437.33	45,080.79	46,516.15	706,074.93	707,478.48	708,877.83
结构融资产品	104,151.19	107,624.35	113,479.58	12,786.88	12,303.44	12,389.00	179,387.35	192,768.20	203,246.11
合计	368,910.95	381,296.00	400,114.41	136,790.04	137,439.31	140,097.44	10,685,332.07	10,946,024.61	11,156,024.33

资料来源：美国证券业及金融市场协会（Sifma）、欧盟统计局、日本证券业协会，联合资信整理。

二、国际评级行业发展动态

截至2018年底，美国认可的全国性评级机构（NRSROs）仍有10家①，较上年无变化。2018年，欧洲证券和市场管理局（European Securities and Markets Authority，ESMA）通过了北欧信用评级公司（Nordic Credit Rating AS）、穆迪投资者服务（北欧）公司（Moody's Investors Service（Nordics）AB）、A. M. Best欧洲分支机构（A. M. Best（EU）Rating Services B. V.）、DBRS欧洲分支机构（DBRS Rating GmbH）4家评级机构的注册申请，同时取消波兰的SPMW评级公司（SPMW Rating Sp. z o. o.）、标普意大利分支机构（S&P Global Ratings Italy S. r. l）、标普法国分支机构（S&P Global Ratings France SAS）3家评级机构的注册资格，截至2018年底，通过ESMA注册的评级机构共44家，较上年增加1家，认证家数仍为4家②。

（一）国际三大评级机构业务存量略有收缩，但依然占据优势地位

近年来，国际评级行业继续稳步发展，标普、穆迪和惠誉三家评级机构一直占据优势地

① 10家NRSROs包括7家美国本土评级机构：穆迪、标普、惠誉、A. M. Best Rating Services, Inc.（下文简称A. M. Best）、Egan - Jones Ratings Company、Kroll Bond Rating Agency, Inc（下文简称KBRA）、Morningstar Credit Ratings. LLC（下文简称Morningstar），以及3家非美国机构：加拿大DBRS, Inc.（下文简称DBRS）、日本Japan Credit Rating Agency, Ltd.、墨西哥HR Ratings de México, S. A. de C. V.（下文简称HR Ratings）。

② 注册的信用评级机构包括本土信用评级机构22家、标普（1家在欧分支机构）、穆迪（8家在欧分支机构）、惠誉（7家在欧分支机构）、DBRS（2家在欧分支机构）、大公欧洲评级机构、KBRA欧洲评级机构、A. M. Best（2家在欧分支机构）；4家认证的信用评级机构分别是日本的JCR、墨西哥的HR Ratings、美国的KBRA和Egan - Jones Ratings Company。

位，但评级业务总量持续呈现小幅收缩趋势。根据美国证券交易委员会（Securities And Exchange Commission，SEC）的监管年报，截至2018年底，国际三大评级机构存续评级业务总量约为204万个，较上年减少3.01%，评级业务继续呈现小幅下降的趋势。从各家机构评级业务情况来看，截至2018年底，标普、穆迪和惠誉的存续评级业务量均有不同程度的下滑，降幅分别为1.91%、4.79%和2.67%。从产品类别上看，国际三大评级机构工商企业存续评级业务量较上年均有不同程度增长，其中标普涨幅最大，为6.44%；国际三大评级机构金融机构存续评级业务量较上年变化不一，其中标普和穆迪均较上年略有增长，而惠誉较上年下降5.94%；国际三大评级机构保险机构存续评级业务量与上年基本持平；国际三大评级机构政府证券存续评级业务量较上年均小幅下滑，下滑幅度均不超过5.00%；国际三大评级机构资产支持证券存续评级业务量较上年变化不一，其中标普和穆迪降幅较大，较上年下降近16.00%，而惠誉存续评级业务量较上年上涨13.03%。

从市场份额来看，截至2018年底，国际三大评级机构存续评级业务量在所有NRSROs存续评级业务量合计中的占比为95.36%，与上年（95.77%）小幅下降。其中，标普存续评级业务量仍然占据优势地位，占比49.53%，较上年占比（49.21%）略有上升；穆迪存续评级业务量为32.34%，较上年占比（33.10%）有所下降；惠誉存续评级业务量为13.49%，与上年（13.46%）基本持平。从产品类别来看，标普和穆迪所评资产支持证券产品存续业务量有所收缩，在所有NRSROs所评资产支持证券产品存续业务量中的占比均下降4.00个百分点左右，而惠誉存续业务量占比上升3.44个百分点，资产支持证券产品评级存续业务量市场占有率最高的仍为穆迪；国际三大评级机构所评的其他产品类别存续评级业务量占比与上年基本持平，其他产品类别存续评级业务量市场占有率排名第一的机构仍为标普。

表3　国际三大评级机构各品种评级存续业务量　　单位：个

类型	标普			穆迪			惠誉		
	2016年	2017年	2018年	2016年	2017年	2018年	2016年	2017年	2018年
政府证券评级	952,910	920,306	901,312	619,478	598,614	571,308	197,543	205,674	195,667
全球企业评级	116,113	114,800	120,061	97,378	67,750	69,560	66,001	61,383	59,682
金融机构评级	58,582	57,091	58,989	49,472	36,631	37,315	44,965	39,189	36,862
保险机构评级	6,859	6,496	6,562	3,230	2,484	2,462	3,188	3,261	3,260
工商企业评级	50,672	51,213	54,510	44,676	28,635	29,783	17,848	18,933	19,560
资产支持证券评级	49,162	43,760	36,838	64,188	59,320	50,055	39,981	29,108	32,902
合计	1,118,185	1,078,866	1,058,211	781,044	725,684	690,923	303,525	296,165	288,251

注：本表评级品种依据NRSRO划分标准分类，具体包含政府证券评级、金融机构评级、保险机构评级、工商企业评级、资产支持证券评级，其中政府证券评级是指政府证券发行人、市政证券发行人或外国政府发行人所发行债券的债券及其主体评级，下表同。

资料来源：SEC年报。

表4　国际三大评级机构所评各品种存续业务量市场份额占比　　单位：%

类型	标普			穆迪			惠誉		
	2016年	2017年	2018年	2016年	2017年	2018年	2016年	2017年	2018年
政府证券评级	53.31	52.76	53.38	34.65	34.32	33.83	11.05	11.79	11.59
全球企业评级	35.96	39.58	48.16	30.15	23.35	27.90	20.44	20.82	23.94
金融机构评级	33.60	36.28	37.23	28.40	23.28	23.55	25.82	24.27	23.26
保险机构评级	31.35	31.61	31.72	14.76	12.08	11.90	14.57	15.87	15.76
工商企业评级	39.94	45.66	45.98	35.21	25.53	25.12	14.07	16.88	16.50
资产支持证券评级	28.05	27.73	24.51	36.62	37.60	33.31	22.81	18.45	21.89
合计	48.92	49.21	49.53	34.17	33.10	32.34	13.28	13.46	13.49

资料来源：SEC年报。

从收入状况来看，2018年标普和穆迪的总业务收入分别为62.58亿美元和44.43亿美元，分别较上年增长3.22%和5.38%，继续保持增长态势。评级业务收入方面，标普评级业务收入为28.83亿美元，较上年下降3.51%，主要是由于美国和欧洲地区企业债评级业务较上年有所下降，评级业务收入在总业务收入中的占比为46.07%，较上年下降3.21个百分点；穆迪评级业务收入为26.93亿美元，较上年小幅下降2.30%，主要是由于企业债评级业务以及公共财政、项目收益和基础设施评级业务收入有所下降，评级业务收入占总业务收入的60.61%，较上年（65.53%）有所下降。

表5　国际三大评级机构业务收入情况

项目	标普（亿美元）			穆迪（亿美元）			惠誉（亿欧元）
	2016年	2017年	2018年	2016年	2017年	2018年	2016年
评级业务收入	25.35	29.88	28.83	23.4	27.55	26.93	8.38
非评级业务收入	31.26	30.75	33.75	12.64	14.49	17.50	3.33
合计	56.61	60.63	62.58	36.04	42.04	44.43	11.71

注：1. 标普非评级业务主要包括标普指数（Indices）和市场及商品情报（Market and Commodities）；穆迪非评级业务主要包括固定收益产品定价服务，研究、数据及分析（Research，Data and Analytics），企业风险解决方案（The Enterprise Risk Solutions）以及其他专项服务（Professional Services）；2. 由于惠誉为非上市公司，其年报披露时间不固定，截至本报告发布日，惠誉2017年和2018年财务数据尚未公布。

资料来源：标普、穆迪和惠誉公司年报。

从分析师数量来看，根据SEC监管年报显示，截至2018年末，国际三大评级机构分析师数量为4,540人，较上年（4,353人）增长4.30%。惠誉和穆迪分析师数量分别为1,269人和1,714人，较上年分别增长7.91%和7.46%，增幅较大；标普分析师数量为1,557人，较上年小幅下降1.58%。国际三大评级机构分析师数量占所有NRSROs评级机构分析师总数的84.62%，占比较上年（84.82%）变化不大。

业务发展方面，国际三大评级机构主要在ESG[①]、人工智能以及数据分析等领域进行业务拓展。标普方面，2018年3月，标普收购美国人工智能公司Kensho，Kensho是为金融机构提供机器学习和投研分析服务的公司，此次收购有助于推动标普金融科技化业务的进程。2019年12月，标普收购瑞士资产管理公司RobecoSAM的ESG评级部门，RobecoSAM是全球专注可持续发展评估的资产管理公司，此次收购将加快标普ESG风险评估业务的发展。穆迪方面，2018年8月，穆迪收购美国市场领先的在线信用培训供应商Omega Performance公司，该收购对穆迪的信用分析学习解决方案业务构成有益补充；同月，穆迪收购房地产商业数据公司Reis，旨在整合其海量房产数据，为房产交易市场提供全方位分析和投资咨询业务。2019年4月，穆迪收购Vigeo Eiris的多数股权，Vigeo Eiris是ESG领域的全球领导者；10月，穆迪收购商道融绿公司的少数股权，商道融绿是中国领先的ESG数据及分析服务机构，以上收购有助于穆迪ESG风险评估业务的进一步发展。2019年7月，穆迪收购金融科技公司RiskFirst，RiskFirst是资产管理和养老基金界提供风险解决方案的公司，此次收购有助于穆迪将其风险解决方案业务范围扩大至机构买方领域。惠誉方面，2018年5月，惠誉收购信息供应商Fulcrum Financial Data公司，该公司在企业发债、杠杆贷款以及特殊情况市场方面有独特的分析和数据服务能力，此次收购有助于拓展惠誉的投资咨询服务，加强品牌影响力。

（二）国际中小评级机构仍呈平稳发展态势[②]

2018年，美国认可的中小评级机构整体仍然保持平稳发展，中小评级机构市场份额继续增长，评级收入进一步上升，分析师数量整体保持增长态势。

从市场份额来看，截至2018年底，美国认可的中小评级机构存续评级业务量共占有4.64%的市场份额，较上年（4.22%）小幅增长，其中，DBRS市场占有率仍然较高，为2.39%，较上年略有增长。在资产支持证券评级方面，美国认可的中小评级机构的存续评级业务量市场份额进一步上升，共占比20.28%，较上年增长4.06%，其中，DBRS表现依旧突出，市场份额由上年的9.48%进一步升至10.73%；其次为KBRA，市场份额继续增长，占比7.47%，较上年增长2.33%；Morningstar的资产支持证券评级市场份额为2.08%，也较上年（0.47%）小幅上升。在保险机构评级方面，A. M. Best的市场份额为34.78%，与上年基本持平，仍占据市场优势地位。其他各中小评级机构所评各类别存续评级业务量市场份额均在7.82%以下，市场份额占比与上年变动不大。

从收入状况来看，2018年美国认可的中小评级机构评级业务收入合计为4.55亿美元，占所有NRSROs机构总收入的6.50%，占比较上年（5.90%）进一步上升。

从分析师数量来看，截至2018年末，美国认可的中小评级机构分析师数量为825人，较上年末增加46人，除HR Ratings的分析师数量略有减少外，其他中小评级机构的分析师

---

① ESG代表环境（Environment）、社会（Social）和公司治理（Governance）。

② 数据来源于美国证券交易委员会（SEC）年度监管报告。

数量均有不同程度增加，其中 DBRS 的分析师数量增幅最为显著，为9.41%。整体来看，中小评级机构分析师数量在所有 NRSROs 分析师总量中的占比继续小幅扩大，由 2017 年的15.18%上升至2018 年的15.38%，主要受益于评级业务量的增加与业务的拓展需求。

业务发展方面，2019 年 5 月，美国评级公司 MorningStar 宣布以 6.69 亿美元收购总部位于加拿大多伦多的评级机构 DBRS。近年来，DBRS 在北美中小评级机构中的市场份额一直居于领先水平，而 MorningStar 则在 2009 年才进入评级市场，市场份额较小，此次并购扩大了 MorningStar 全球资产类别的覆盖范围，使其评级业务范围由金融机构评级、工商企业评级、结构融资产品评级扩展到政府证券评级和保险机构评级。

三、国际三大评级机构评级情况

2018 年，国际三大评级机构所评国家主权违约率较上年均有所下降，国家主权评级整体由上年调降趋势转为调升趋势。地方政府评级方面，穆迪和惠誉所评地方政府评级违约率均为0.00%，惠誉所评地方政府评级仍呈调升趋势，而穆迪由调升转为小幅调降趋势。受益于2018 年全球企业盈利较好，流动性表现良好，全球企业评级的违约率整体呈下降态势，全球企业评级也整体呈调升趋势。在结构融资产品评级中，2018 年国际三大评级机构所评结构融资产品的违约率较上年均有不同程度下降，且整体呈明显调升趋势。截至 2018 年末，全球企业投资级占比较上年小幅上升。

（一）违约率整体呈下降趋势

2018 年，全球经济延续缓慢复苏态势，欧洲财政债务状况有所改善，信贷环境整体仍处于历史宽松状态，企业盈利状况良好。在此背景下，国际三大评级机构所评国家主权和结构融资产品的违约率较 2017 年均有不同程度下降。国际三大评级机构所评地方政府无违约。标普和穆迪所评全球企业违约率较 2017 年均有不同程度下降，惠誉所评全球企业违约率较2017 年略有上升，但仍低于历史平均水平。

国家主权违约率整体呈下降趋势。2018 年，国际三大评级机构所评国家主权共有 1 个出现违约，较 2017 年有所减少。具体来看，标普和穆迪所评国家主权各有 1 个出现违约（均为巴巴多斯政府），违约率分别为 0.76%和 0.75%；惠誉无所评国家主权出现违约，国际三大评级机构国家主权违约率水平均较上年明显下降。

地方政府违约率仍然较低。2018 年，穆迪和惠誉所评地方政府评级违约率均为 0.00%；截至 2018 年上半年，标普无所评地方政府发生违约①。

全球企业违约率进一步下降。2018 年全球经济延续缓慢复苏态势，企业盈利状况良好，违约数量继续减少，全球企业违约率呈下降态势。2018 年，标普和穆迪所评全球企业违约率分别为1.03%和1.10%，较上年均有不同程度下降；惠誉 2018 年所评全球企业违约率为0.65%，

① 截至本报告发布日，ESMA 尚未更新标普 2018 年全年的评级数据，以下同。

较上年略有上升，但仍处于历史低位。全球企业债券违约事件仍主要集中于零售行业与大宗商品行业（包括原油和天然气以及金属与采矿业）企业，在地域上集中于北美市场。

在结构融资产品评级中，2018 年标普、穆迪和惠誉所评结构融资产品的违约率分别为 1.90%、0.02% 和 0.80%，较上年均有不同程度下降。其中穆迪所评的结构融资产品仅美国地区的商业房地产抵押贷款支持证券（CMBS）出现违约，违约率为 0.10%。标普、惠誉的违约率相对较高，从区域来看，违约主要集中在美国和欧洲；从结构融资产品类型的违约率来看，房抵押贷款支持证券（RMBS）的违约率最高，分别为 2.50%、1.30%，其次为商业房地产抵押贷款支持证券（CMBS），违约率分别为 2.20%、0.60%，资产支持证券（ABS）的违约率较低，分别为 0.10%、0.03%。

表 6　国际三大评级机构所评发行人主体和结构融资产品违约率情况　　单位：%

项目	标普			穆迪			惠誉		
	2016 年	2017 年	2018 年	2016 年	2017 年	2018 年	2016 年	2017 年	2018 年
国家主权违约率	1.54	4.55	0.76	0.77	2.99	0.75	1.80	1.80	0.00
地方政府违约率	0.46	0.00	—	0.00	0.00	0.00	0.03	0.17	0.00
全球企业违约率	2.08	1.20	1.03	2.15	1.60	1.10	0.91	0.39	0.65
结构融资产品违约率	3.20	2.10	1.90	1.20	0.05	0.02	1.11	1.80	0.80

资料来源：国家主权、全球企业及结构融资产品违约率数据来自标普、穆迪和惠誉违约率与迁移报告，地方政府违约率数据来源于 ESMA。

（二）信用等级整体呈调升趋势

2018 年，标普和惠誉的国家主权评级由上年调降趋势转为调升趋势，而穆迪的主权评级虽仍呈调降趋势，但调降趋势进一步减弱。国际三大评级机构所评地方政府的等级调整趋势表现不一，其中惠誉所评地方政府评级仍呈调升趋势，穆迪地方政府评级由调升转为小幅调降趋势。受益于全球经济的缓慢复苏，标普和穆迪全球企业评级整体呈明显调升趋势，而惠誉调降趋势进一步减弱。结构融资产品评级方面，国际三大评级机构所评结构融资产品评级整体仍呈调升趋势。

2018 年，国家主权评级整体呈调升趋势。具体来看，标普、惠誉的国家主权评级由上年调降趋势转为调升趋势，而穆迪的主权评级仍呈调降趋势，但调降趋势进一步减弱。其中，等级调升主要集中于欧洲地区主权国家，主要是由于欧洲债务危机后，经济延续复苏态势，欧洲地区财政债务状况不断改善；等级调降主要集中于非洲、中东及拉美国家，主要原因仍是受到大宗商品价格下跌、地缘政治风险加剧、外汇波动风险较大等因素的影响。

地方政府评级方面，2018 年惠誉所评地方政府评级仍呈调升趋势；而穆迪的地方政府评级由调升转为小幅调降趋势，主要受意大利财政情况恶化，主权信用评级调降的影响①，

① 2018 年 10 月 23 日，穆迪宣布将意大利主权信用评级从 Baa2 级下调至 Baa3 级。

意大利多个地方政府评级也被相应下调。截至2018年上半年，标普地方政府评级仍呈调升趋势①。

2018年，全球企业评级整体呈调升趋势。2018年，全球经济延续缓慢复苏态势，市场流动性较好，标普、穆迪全球企业评级调升趋势更加明显；惠誉全球企业评级上调率和下调率分别为8.40%和9.50%，调降趋势较去年进一步减弱。从行业分布看，级别调升主要发生在金属和矿业领域，耐久性消费品行业企业调降最为明显；从地域分布来看，等级调降集中于美国及拉美地区的非金融企业。

2018年，结构融资产品评级仍呈调升趋势。国际三大评级机构所评结构融资产品评级均呈调升趋势。从产品类型来看，国际三大评级机构所评各类结构融资产品级别均呈调升趋势，其中住房抵押贷款支持证券（RMBS）调升幅度最大；从地域分布来看，等级调升主要集中于欧洲，等级调降主要集中于北美。

表7 国际三大评级机构所评发行人主体和结构融资产品信用等级调整情况 单位：%

项目	标普			穆迪			惠誉		
	2016年	2017年	2018年	2016年	2017年	2018年	2016年	2017年	2018年
国家主权评级									
上调率	6.92	7.75	10.85	5.38	9.38	4.04	8.85	8.80	10.00
下调率	18.46	17.05	7.75	24.73	16.67	9.09	18.58	13.20	8.00
地方政府评级									
上调率	5.94	13.59	—	7.19	12.02	8.77	9.17	7.94	1.89
下调率	6.39	1.46	—	11.38	3.37	9.65	4.30	4.76	0.81
全球企业评级									
上调率	7.92	8.96	9.02	5.89	9.69	9.82	7.50	7.20	8.40
下调率	12.18	8.70	8.71	14.70	9.04	6.42	11.20	9.20	9.50
结构融资产品评级									
上调率	13.20	9.10	13.10	9.76	7.51	8.58	12.00	10.60	10.90
下调率	6.70	5.00	8.20	3.64	2.38	1.72	4.50	5.90	3.50

资料来源：标普和惠誉国家主权、全球企业及结构融资产品评级调整数据来源于标普和惠誉的违约率与迁移报告，穆迪所有评级调整数据及标普和惠誉地方政府评级调整数据来自ESMA。

（三）全球企业投资级占比较上年小幅上升

截至2018年末，国际三大评级机构所评国家主权评级、地方政府评级、全球企业评级和结构融资产品的信用等级分布较上年末变化不大，其中国际三大评级机构所评全球企业投资级占比较上年末均有小幅上升，国家主权评级、地方政府评级和结构融资产品的投资级占比与上年末基本一致。

① 截至2018年上半年，标普地方政府评级上调率为7.54%，下调率为1.51%。

国家主权评级方面，截至 2018 年末，标普、穆迪和惠誉国家主权信用等级分布较为分散，其中 B 级占比最高，分别为 30. 77%、30. 86%、20. 25%，BB 级及以上分布较为平均。三家所评国家主权信用等级为投资级的占比分别为 54. 62%、50. 36% 和 63. 40%，较上年末占比（53. 44%、49. 25% 和 63. 40%）变化不大。

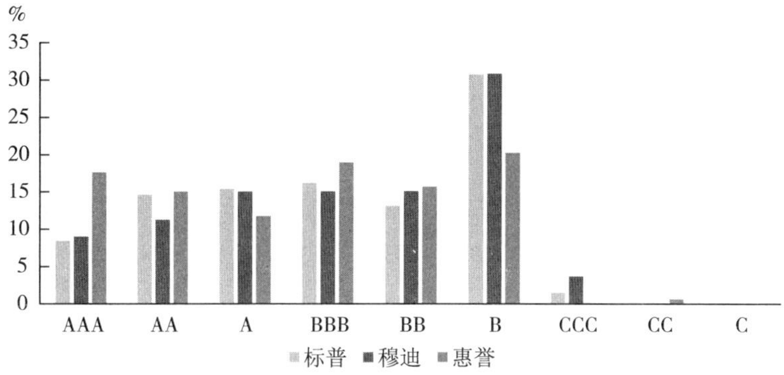

图 2　截至 2018 年末国际三大评级机构所评国家主权信用等级分布图

（资料来源：穆迪、惠誉和标普“信用评级表现统计”信息披露文件（Exhibit 1 to Form NRSRO），联合资信整理）

地方政府评级方面，截至 2018 年末，穆迪和惠誉地方政府信用等级分布也较为分散，其中 B 级占比最高，分别为 32. 35%、25. 00%，BB 级及以上分布较为平均。穆迪和惠誉所评地方政府信用等级为投资级的占比分别为 46. 08% 和 54. 46%，较上年末占比（47. 92% 和 55. 45%）变化不大。

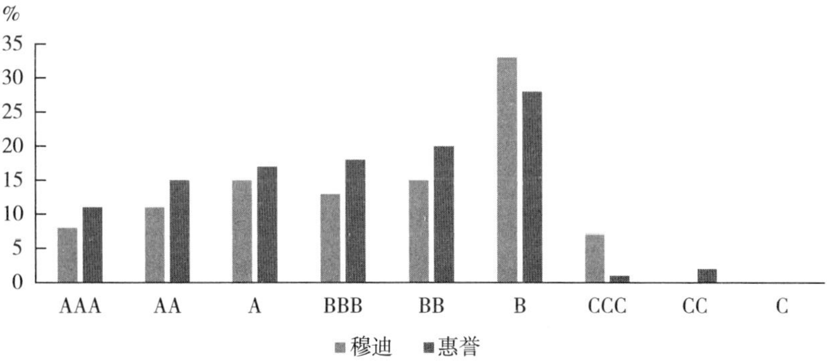

图 3　截至 2018 年末穆迪和惠誉所评地方政府信用等级分布图

（资料来源：ESMA，联合资信整理）

截至 2018 年末，国际三大评级机构所评全球企业主体的信用等级仍主要集中在 A ~ B 级，标普、穆迪和惠誉所评 A ~ B 级全球企业主体的占比分别为 92. 28%、86. 15% 和 91. 04%，其中标普所评全球企业占比较高的为 BBB 级，占比为 27. 58%；穆迪和惠誉所评全球企业占比最高的为 Baa 级（BBB 级），占比分别为 33. 25% 和 33. 38%。截至 2018 年末，标普、穆迪和惠誉所评全球企业投资级占比分别为 53. 77%、73. 44% 和 70. 60%，较上年末占比（50. 59%、71. 03% 和 68. 12%）均有小幅上升。

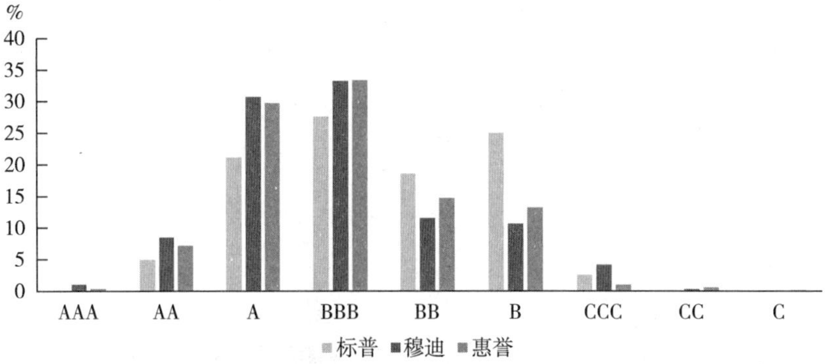

图4　截至2018年末国际三大评级机构所评全球企业信用等级分布图

（资料来源：穆迪、惠誉和标普“信用评级表现统计”信息披露文件（Exhibit 1 to Form NRSRO），联合资信整理）

结构融资产品评级方面，截至2018年末结构融资产品的等级分布仍较为分散，其中AAA级占比最高，标普、穆迪和惠誉AAA级占比分别为20.62%、26.99%和29.93%，AA~CC级分布较为平均。截至2018年末标普、穆迪和惠誉所评结构融资产品的投资级占比分别为60.79%、61.92%和61.66%，较上年末占比（60.11%、61.59%和61.33%）变化不大。

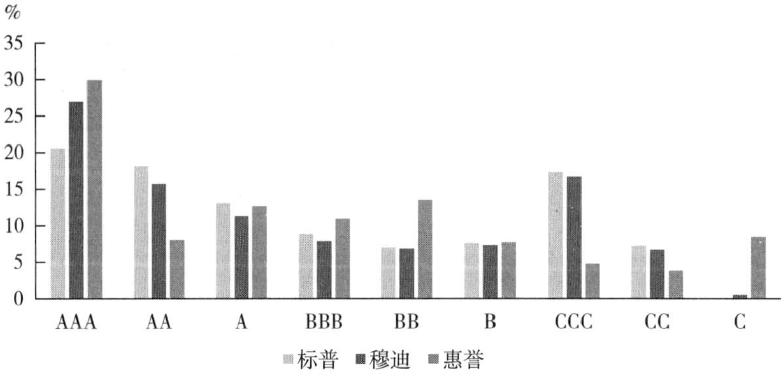

图5　截至2018年末国际三大评级机构所评结构性融资产品信用等级分布图

（资料来源：穆迪、惠誉和标普“信用评级表现统计”信息披露文件（Exhibit 1 to Form NRSRO），联合资信整理）

四、信用评级国际监管动态

2018年以来，国际评级行业的监管重心是加强信息披露监管与内部控制建设、丰富和完善评级机构监管工具、扩大法律责任追究范围。整体来看，国际评级行业的监管措施更趋精细化，监管力度不断增强，有利于促进国际评级行业健康发展。

（一）美国信用评级监管动态

1. 加强对贷款抵押债券、市政债券评级和低级别投资级债券领域的专项风险评估工作

SEC每年都会对评级机构开展专项风险评估，2018年以来，SEC主要针对贷款抵押债券（以下简称CLOs）、市政债券和企业债券评级业务展开。

在 CLOs 评级专项风险评估方面，2018 年 SEC 发现由于贷款市场正在经历再融资的历史高峰，CLOs 市场近年来扩张显著，同时更低的再融资利差和延长的期限使得一定数量的 CLOs 底层资产现金流对证券现金流的覆盖能力下降。鉴于此，SEC 对一些 NRSROs 的 CLOs 业务人员配备、培训以及内部控制等方面进行了审查。在此基础上，2019 年 SEC 进一步审查了一些 NRSROs 是否在评级过程中考虑到宽松的贷款条款对信用级别的影响，以及这些评级机构在对 CLOs 评级时所做的假设与分析是否合理。

在市政债券评级专项风险评估方面，由于市政债券的评级业务存量在 NRSROs 所评债券占比最大，为防范潜在风险，2019 年 SEC 审查了一些 NRSROs 对于市政债券评级的人员配备情况、评级政策和流程与评级方法的一致性、信用风险科技监测手段以及评级方法是否持续更新。

在企业债券评级专项风险评估方面，2019 年 SEC 发现很多公司发行的企业债券信用质量有所下降，低级别投资级债券的数量达到新高并且许多公司的债务水平持续增长。因此，SEC 审查了一些 NRSROs 所评企业债券的评级政策、评级流程、评级方法以及对低级别投资级债券的风险监控措施。

SEC 对以上三个方面的专项风险评估，有助于防范评级机构因 CLOs 资产池质量下降、市政债券评级人员配备不足和评级方法有效性，以及企业债券评级质量下降等因素引发的信用风险。

2. SEC 正式将“豁免境外结构融资产品评级遵守 17g－5（a）（3）款”[①] 编制为法规

2019 年 8 月 7 日，SEC 宣布正式将“豁免境外结构融资产品评级遵守 17g－5（a）（3）款”编制为法规。17g－5（a）（3）条款规定，受雇的 NRSROs 在为结构融资产品评级时需要采取措施让非受雇的其他 NRSROs 能获取该项目首次评级和追踪评级的资料。因在境外结构融资产品评级中遵守该法规存在与当地法律相互冲突、扰乱当地证券化市场等问题，SEC 在 2010 年首次豁免境外结构融资产品评级遵守 17g－5（a）（3）条款，此后 SEC 又先后执行多次延期决议，免除期限延长至 2019 年 12 月 2 日。

SEC 此次正式将豁免境外结构融资产品评级遵守 17g－5（a）（3）款编制为法规，并阐明豁免的条件：（1）证券或货币市场工具发行人不为美国人（由 Securities Act Rule 902（k）定义）；（2）该 NRSRO 有充足的证据来确定与该证券或货币市场工具有关的任何发行人、保荐人或承销商对该证券或货币市场工具的发行以及销售都在美国境外进行（该表述由 Regulation S 定义）。该豁免条件同样应当适用于《交易法》规则 17g－7（a）[②] 和 15Ga－

① 2009 年 11 月，SEC 正式执行《1934 证券交易条例》17g－5（a）（3）条款，根据该条款，受雇的 NRSROs 需做到以下三点：（1）维护有密码保护的网页，在网页中按时间先后顺序列出该受雇的 NRSROs 正在评级的结构融资产品项目信息，内容需包括项目类型、发行人名称、评级发起时间，以及其他 NRSROs 能下载到该项目托管人提供给该评级机构的资料的网址；（2）要求该网页对所有 NRSROs 免费开放；（3）要求受雇的 NRSROs 从所评的项目托管人处获取一份书面声明，声明内容为该托管人承诺向其他 NRSROs 免费提供其向所雇 NRSROs 提供的相同资料。

② 规则 17g－7（a）要求 NRSROs 在发布评级行动时披露特定信息。

2[①]。SEC 此举有助于减少境外结构融资产品评级过程所面临的不同政策间的冲突。

3. 强化法律责任追究，首次对评级符号使用不规范进行法律追究

穆迪（Moody's）因内部控制不足和评级符号使用不规范问题被 SEC 处罚 1625 万美元。2018 年，SEC 分别对穆迪 RMBS 评级模型内部控制不足以及评级符号使用不规范问题做出指控，指控内容包括穆迪未能对其在 2010—2013 年所使用的住宅抵押贷款支持证券（RMBS）评级模型进行有效的内部控制，从而导致评级结果不准确，其中包括 54 个 RMBS 案例的最终评级与其模型指示的评级大不相同，且穆迪未能解释出现偏差的原因；穆迪在对 26 只面额总计约 20 亿美元的“CLO 组合”进行评级时，“CLO 组合”所使用的评级符号未能反映其真实的信用风险。2018 年 8 月 28 日，SEC 宣布穆迪已同意支付总计 1625 万美元的罚款。其中 1500 万美元用来解决 SEC 对其内控不足的指控，125 万美元用来解决其评级符号不规范的指控，这是 SEC 第一次对评级符号使用不规范采取法律措施。整体来看，SEC 对穆迪这两项指控加强了对评级机构贷款类资产支持证券业务的风险监控力度，促进评级机构评级质量提高。

美国证券交易委员会（SEC）起诉涉嫌内幕交易的评级分析师。美国证券交易委员会（SEC）于 2018 年 6 月 26 日起诉涉嫌内幕交易的标普前评级分析师 Pinto – Thomaz。该分析师在提供评级咨询服务中将两公司并购的内幕消息透露给其两位友人，两位友人在得知消息后低价购入被并购公司的股票，在并购完成后卖出股票，各自获取 19.21 万美元和 10.68 万美元的利润。SEC 对上述三位人士涉嫌欺诈为名向法院提起诉讼，要求法院对三位人士进行处罚并追缴非法所得。SEC 此次起诉旨在加强评级业务人员的独立性，同时警示评级机构加强对评级业务人员的合规意识。

（二）欧盟信用评级监管动态

1. 持续加强评级质量监管，完善评级机构内控制度建设

持续加强评级质量监管工作。2018 年，ESMA 通过与市场参与者接触发现多家评级机构在评级过程中存在评级模型开发、测试和批准的政策和流程不够明确、发布流程不够合理及相应的内控体系缺失等问题。2019 年 ESMA 提出将根据《信用评级机构监管条例》（Credit Rating Agency Regulation，CRAR）第 8 条[②]及其他相关法规技术标准的要求，对评级机构现有评级方法的变更进行密切监控和评估，以确保变更的评级方法的有效性。ESMA 还指出，将继续就评级机构对《关于信用评级机构评级方法有效性检验和审查的指引》[③] 的贯彻落实

---

① 规则 15Ga – 2 要求如果发行人或承销商雇佣 NRSROs 评级机构对资产证券化产品进行评级，发行人或承销商应当披露第三方尽职调查报告中的任何发现及结论。

② 《信用评级机监管条例》（CRAR）第 8 条对评级机构评级方法、模型和假设的使用标准和信息披露标准等方面作了规定。

③ 2016 年，ESMA 颁布了《关于信用评级机构评级方法有效性检验和审查的指引》（Guidelines on the validation and review of Credit Rating Agencies' methodologies），旨在从定量和定性分析的角度，对信用评级机构在评级的准确性、预测能力和历史评级稳健性三个方面进行验证和审查的最低标准进行规定。2017 年 3 月 23 日，ESMA 再次发布该指引的全欧盟成员国语言版本，并正式宣布该指引自发布该版本 2 个月后正式生效。

情况进行密切监控，以确保评级公司在评级方法的研发、批准和更新过程有效使用该指引中规定的定性指标、定量指标及相关阈值。上述行动有助于推动评级机构评级质量进一步提升。

加强对评级机构内控制度建设的指引。2018 年，ESMA 通过对信用评级机构的内控情况的调查，发现被调查信用评级机构的内控程序（主要涉及评级机构是否遵守避免利益冲突的相关法规要求）并不完全符合法规要求。2019 年，ESMA 将内部控制监管意见进行了汇编并传达给受监管的评级机构，以便评级机构明确了解 ESMA 关于有效内部控制制度的监管要求。2019 年 12 月 5 日，ESMA 发布《评级机构内部控制准则咨询文件》（以下简称《咨询文件》）对评级机构内部控制制度建设工作进行了公开指导，《咨询文件》提出评级机构内部控制的总体框架[①]，并具体阐述了该框架下不同内部控制职能的作用和职责[②]，以防止或减轻可能影响评级机构信用评级独立性的潜在利益冲突。

2. 完善信息披露指导文件，进一步强化信息披露监管工作

完善信用评级机构对 ESMA 的信息披露指引，提高信息披露的效率及质量。2018 年下半年，ESMA 明确要求简化和标准化若干定期报告模板，减轻受监管企业的信息披露负担。2019 年 2 月 5 日，ESMA 正式发布《信用评级机构向 ESMA 提交定期信息的指南——第 2 版》（以下简称《新指南》），对现有《信用评级机构向 ESMA 提交定期信息的指南》[③]（以下简称《老指南》）进行更新和完善，《新指南》较《老指南》主要有以下四点变化：一是基于对不同信用评级机构的监管风险评估结果，ESMA 将信用评级机构分为 A 类和 B 类[④]，对 A、B 两类评级机构实行差异化的披露要求[⑤]；二是 ESMA 将多数信息披露内容要求标准化和模块化，并对每项信息披露要求制定了详细的指南，提高信息披露要求的明晰度；三是 ESMA 通过减少部分信息[⑥]的披露频率，降低评级机构的信息披露负担和信息披露成本；四是增加年度信用评级审查报告、评级方法审查报告和内控审查报告等信息披露内容，减少 ESMA 与评级机构的信息不对称性。

信用评级信息披露要求指引落地，提高 ESG[⑦] 因素的信息透明度。ESMA 对评级机构信息披露要求的变化还体现在对 ESG 因素的关注上，2019 年 7 月 18 日，ESMA 发布《适用于

---

① 框架分为五个部分：控制环境、风险管理、控制活动、信息与沟通和监管活动，同时解释了评级机构应采取哪些措施以达到监管对每个部分提出的要求。

② 包括合规、审查、风险管理、信息安全和内部审核五个职能，ESMA 规定了每个职能的角色、其应该报告什么内容以及其能否与其他角色进行合并。

③ 《信用评级机构向 ESMA 提交定期信息的指引》于 2015 年 3 月 19 日发布。

④ 信用评级机构的分类根据 ESMA 的内部监督评估结果确定，评估内容包括 CRA 的规模、复杂性、市场渗透率及其他因素。

⑤ A 类评级机构需要就公司治理、评级方法、内部控制和信息科技报告等方面的部分内容需按季度或半年度向 ESMA 进行披露，而 B 类评级机构则一般只需按年度向 ESMA 进行披露。

⑥ 主要涉及向合规部门提交的董事会报告和内部诉讼，包括减少 B 类评级机构董事会报告的披露频率，同时将内部诉讼披露频率由此前的按季披露变更为发生后披露。

⑦ ESG 代表环境（Environment）、社会（Social）和公司治理（Governance）。

信用评级的信息披露要求指引——最终报告》（以下简称《信息披露指引》），《信息披露指引》中除要求评级机构对常规信息进行披露外，还要求评级机构加强信用评估中 ESG 因素的透明度，ESMA 要求评级机构在对外发布的报告中概述引起信用评级或评级展望变更的驱动因素是否属于该评级机构分类的 ESG 因素，并确定 ESG 关键驱动因素，解释 ESG 因素如何影响信用评级或评级展望，评级机构还需要在对外发布的报告中解释该评级机构的评级方法和评级模型中如何考虑 ESG 因素。ESG 信息披露有助于增强企业信息透明度，降低发行人与投资者之间的信息不对称，保护投资者权益。

3. 完善背书制度①，加强英国退欧影响监管工作

强化 ESMA 注册评级机构“背书”的境外评级机构评级结果的统一认证工作。2018 年 7 月，ESMA 发布《信用评级机构条例第 4 条第 3 款关于认可体系适用的最终报告指引——如何评估境外评级机构评级标准达到“与 CRAR 规定同样严格”的补充指导》②，列出了 ESMA 认可的部分评级机构对 CRAR 条款提出的部分替代性方案，包括与 CRA 收费相关的要求、评级信息披露要求、评级报告透明度要求、分析师轮换以及将某些信息视为内部信息等方面的要求。新指引生效后，ESMA 对境外评级机构的“背书”制度内容将更加明确。

完善应急计划规避英国退欧风险。ESMA 在 2018 年要求有意留在欧盟地区从事评级业务的英国评级机构对英国无序脱欧的情景预先制定应急计划（Contingency Plan），确保相关评级机构在英国退欧后能继续留欧从事评级业务。2019 年 2 月 1 日，ESMA 与英国信用评级机构监管部门英国金融服务监管局（FCA）就互换监管信息及进行监管协同等维护信用评级市场稳定的系列措施达成谅解备忘录。2019 年 3 月 15 日，ESMA 发布《关于英国无序脱欧情况下的信用评级背书制度的公开声明》③，ESMA 认为英国针对其退欧制定的英国境内信用评级监管法律框架《2019 年第 266 号》在遵守 FCA 和 ESMA 签订的谅解备忘录的条件下符合 ESMA 的背书标准，英国退欧后，只要相关评级机构的评级结果获得在 ESMA 注册的评级机构的背书则可以继续在欧从事信用评级工作，否则将失去留欧持续评级资格。

4. 持续加强信用评级费用监管工作

2018 年 1 月 11 日，ESMA 发布《关于信用评级机构和交易数据库机构收费的主题报告》，明确未来对信用评级费用的监管将从评级费用透明度、费用定价和成本监控以及评级行业和评级产品供给端三方面展开。作为后续行动，2019 年 12 月 20 日，ESMA 发布《关于

① 背书制度（Endorsement Regime）是 ESMA 信用评级监管法律 CRAR 规定下的一种制度，该制度允许欧盟境外评级机构的评级结果在得到已向 ESMA 注册的评级机构背书的情况下，可在欧盟境内用于监管目的，目前在欧盟境内超过三分之二用于监管目的的信用评级报告来自背书制度。

② 该文件与 2017 年 11 月发布的《注册评级机构应用 CRAR 第 4（3）款指引》的不同之处在于，文件指出 ESMA 注册评级机构“背书”第三国评级结果效力的标准是境外评级机构的评级结果能在欧盟地区得到承认并使用，第三国评级机构为获得承认可以有以下两种选择：一是需要满足 CARA 相关认可条款规定的要求，二是可以证明已经建立了与 CARA 认证条款不同但同样严格的内部要求。

③ 文件指出若英国无序退欧，ESMA 将不再承认在英国注册的评级机构为 ESMA 的注册评级机构，而视同境外信用评级机构，英国评级机构的评级结果只有通过 ESMA 的背书制度流程才可在欧盟地区使用。

信用评级机构和交易数据库机构收费的后续报告》，重点介绍了信用评级机构在收费透明性、费用制定和成本监控流程方面取得的进步，同时指出评级机构在成本记录和成本监控方面仍需要改善，评级机构应按类别监控费用，不可量化的费用估算也应包括在费用设定过程中，进而向用户展示其收取的费用是基于成本的。由此可看出，ESMA 在未来的监管工作中将重点关注评级费用监管措施的落实成效，对评级机构评级费用的监管内容日趋精细化。

5. 加强对评级机构应用新技术的监管，持续推进云计算监管，加强信息和网络安全监管

加强对评级机构应用新技术的监管。2019 年，ESMA 提出鉴于许多受监管的评级机构已经使用或正在考虑使用新技术进行评级，ESMA 会评估使用新技术的影响以及相关风险。ESMA 将重点关注与数据相关的技术在评级过程中的应用风险，探索其对信用评级质量的潜在影响，例如，在评级机构提高评级流程自动化程度的情况下，ESMA 期望同时开发特定的控制措施，减少评级机构因过度依赖自动化和机器学习产生的偏差，降低因缺乏分析监督而产生的潜在风险。

推进云计算领域监管，规避数据服务外包风险。2018 年，ESMA 进一步推进云计算服务领域的监管工作，旨在探讨云计算外包服务的合规风险，构建一套清晰的云计算服务监管制度。ESMA 选取了一些评级机构，就其云计算外包的情况进行检查，找出云计算服务方面存在的具体风险，ESMA 已将这些关键风险领域传达给了评级机构的高级管理层和董事会，期望受监管评级公司能在这些风险领域上采取相应措施。此外，ESMA 也充分借鉴了国际监管标准、行业领先监管标准以及欧洲银监局关于云计算外包服务监管的意见，借鉴已将数据外包给云计算服务商的注册评级机构的实行情况及策略。

加强信息及网络安全监管。信息安全方面，2018 年 ESMA 增强了信息安全的评估框架，建立了信息安全事件报告流程，对评级机构提交的相关信息[①]进行了评估，ESMA 强调信息安全在控制领域的重要性，希望评级机构能将信息安全从 IT 部门的职能中独立出来。网络安全方面，2019 年，ESMA 对部分在欧盟注册的评级机构进行调查，对信用评级机构面临的网络安全风险境况和网络安全风险防御机制及防御能力进行评估，进一步了解评级机构运营中所面临的网络风险以及信用评级机构对网络风险的看法，明确评级机构网络安全控制中存在的问题。

6. 强化法律责任追究工作，近年来首次对评级机构利益冲突问题进行监管处罚

2018 年，ESMA 继续开展“边缘评估”[②]，发现 5 家银行未经注册即发布信用评级产品，并对其进行了处罚，这有助于为在欧盟地区从事信用评级的评级机构创造公平的竞争环境。

2019 年 3 月 28 日，ESMA 对惠誉集团的三家子公司开出巨额罚单，因惠誉（英国）、

---

① 例如 IT 治理和策略、IT 和信息安全事件以及重大业务和 IT 项目的项目计划等。

② 自 2017 年起，ESMA 规定在欧洲地区从事信用评级活动的评级机构必须在 ESMA 注册，ESMA 将找出未向 ESMA 注册而在欧盟地区开展信用评级活动的潜在机构的工作称为“边缘评估”（Perimeter Assessment）。

惠誉（法国）和惠誉（西班牙）三家公司对其共同的自然人控股股东持有的三家上市企业发行的融资工具进行了评级，违反了利益冲突要求，事后未能立即评估是否需要重新评级或撤销评级，同时未能针对利益冲突要求建立一套合适的内部控制机制等原因，ESMA 对惠誉三家子公司处以罚款合计 513.25 万欧元。此前 ESMA 对评级机构进行处罚的原因主要集中在内控制度存在缺陷和信息披露不规范等方面，而此次高额处罚是 ESMA 近年来首次因评级机构未尽到规避利益冲突的义务对其进行的法律责任追究，ESMA 对信用评级机构的处罚范围进一步扩大，对信用评级机构的处罚力度日趋加强。

第二章　竞争与国际化

01　评级机构的国际化发展战略研究

联合资信　联合国际　艾仁智　胡前方　李为峰
王倩　何昊洺　池欣庭　李铠仲　（2019－11）

一、信用评级机构国际化的定义

（一）人民币债券市场国际化的定义

从狭义的角度而言，人民币债券市场是指以人民币作为计价和结算货币的债券发行及流通的场所；从广义的角度而言，除了狭义的人民币债券市场以外，还包括了参与市场运行的中介机构（债券承销商、律师事务所、评级机构等），与债券发行和流通相关的法律法规体系、监管机构及金融基础设施等。从地域的角度而言，人民币债券市场包括了境内人民币债券市场（也称“在岸人民币债券市场”）和境外人民币债券市场（也称“离岸人民币市场”）。

一般而言，人民币债券市场国际化指的是广义的人民币债券市场走向国际化的过程，主要包含两个维度：一是“引进来”，即境外发行人、投资者、中介机构等参与境内人民币债券市场的程度。从根本上而言，“引进来”的程度主要取决于境内人民币债券市场的发达程度及与国际债券市场接轨的状况，主要包括债券注册、发行、交易、托管、结算等一系列制度的健全程度及便利性，金融基础设施的完备程度，人民币债券纳入国际主流债券指数的程度等。二是“走出去”，即人民币债券及境内机构“走出去”参与国际债券市场的程度。短期来看，衡量这一维度的主要指标包括离岸人民币债券市场（例如点心债券）的规模、境内发行人在国际债券市场发行债券（例如中资美元债）的规模等。长期来看，这一维度与人民币国际化程度密切相关，主要衡量指标是人民币债券在国际债券市场的占比，也包括承销商、评级机构等境内机构参与国际债券市场的程度。

（二）信用评级机构国际化的定义

信用评级机构的国际化是指信用评级机构在将其服务对象（包括发行人和投资者）从境内市场拓展至境外市场的过程中，在发展战略、评级资质、评级标准和方法、评级业务种类、组织机构和人员以及服务模式等方面为适应拓展需要而做出的调整和变化。纵观国际信用评级机构的发展历程，一家信用评级机构国际化基本上都遵循了从境内作业到境外作业、从引进发行方、投资方扩大本土市场到走出去拓展评级市场的过程。

从“引进来”的维度来看，评级业务的国际化主要包括对境外发行人在境内市场发行本币债券的评级，以及对境内外发行人在境内市场发行外币债券的评级。就中国本土评级机构而言，前者主要是熊猫债券评级业务，该项业务近年来发展较快（这部分业务对应的是下面章节要介绍的扬基债券和武士债券）；而后者目前几乎没有相关业务，仅有国际多边组织在境内发行的 SDR 债券（未予评级）。从“走出去”的维度来看，评级业务国际化主要包括对境内外发行人在境外市场发行的本币债券的评级，以及对境内外发行人在境外市场发行外币债券的评级。对国内评级机构而言前者主要是点心债券评级业务(由于点心债券不强制要求信用评级，因此业务量极小。这部分对应的是下面要介绍的欧洲美元债和欧洲日元债)，后者则主要是中资美元债评级业务，主要由国内评级机构在境外设立的分支机构开展相关业务。

信用评级机构国际化是本国债券市场和评级行业发展到一定阶段的必然结果，对于提升本国评级行业在国际债券市场的话语权和影响力有着积极作用，但同时也存在一定弊端。具体来看，信用评级机构“引进来”有助于借鉴国际先进评级理念和经验，推动本国评级机构技术体系的提升，同时也有利于推动评级机构从级别竞争、费用竞争等低级别竞争转向评级质量竞争，提高本国评级行业整体竞争水平，但引入外资也可能会引发本国金融安全、难以培养本土评级机构的声誉品牌影响力等问题。信用评级机构“走出去”则有利于提升本国评级机构的国际影响力和竞争力，提高本国评级行业在国际债券市场的话语权，但也可能出现本国优秀评级人才外流、评级机构自身财务负担加重等问题。

二、境内外债券市场国际化研究

（一）境外债券市场的国际化进程

全球债券市场大致可以分为两类：一类是以美元、欧元、日元等国际货币计价、面向全球投资者的国际债券市场，另一类是以本国货币计价、主要面向本土投资者的国内债券市场。两者既相互竞争，又互为补充。从目前来看，美国、日本和欧元区债券市场发展的国际化程度较高，其发展历程中的经验和教训值得借鉴。

1. 外国债券发展情况

外国债券是指境外发行人（国际多边机构、政府、金融机构、非金融企业等）以发行市场所在国货币计价发行的债券。外国债券的发展程度是债券市场国际化的重要标志之一，根据国际惯例一般以该国最具特征的吉祥物命名，目前全球主要的外国债券包括美国的扬基债券、日本的武士债券、欧元外国债券等。

（1）扬基债券市场发展情况

美国的扬基债券市场经历了从缓慢发展到大幅爆发再到回归低迷的过程，巅峰时期曾是世界上规模最大、资金实力最强、发展最成熟的外国债券市场。1944 年确立的布雷顿森林体系奠定了美元在国际货币体系中的核心地位，国际上对美元债券融资需求的增加催生了扬基债券市场的形成。但在 20 世纪 60 年代，美国为阻止资金外流开始对国内金融市场进行严格的管制，其中《利息平衡税法》的实施直接增加了扬基债券的融资成本，极大地抑制了扬基债券市场的发展。20 世纪 80 年代以后，里根政府推行新自由主义经济政策，金融监管逐渐放松，包括取消《利息平衡税法》和对外国贷款的限制、通过证券交易修正案、简化扬基债券发行程序等，使得扬基债券迎来黄金发展期，扬基债券的发行规模从 1980 年的 10 亿美元左右猛增至 1999 年的 1,600 多亿美元，达到历史顶峰。亚洲金融危机爆发后，扬基债券的最大参与者亚洲各国开始更加关注国内债券市场的发展，对扬基债券的依赖性降低，再加上亚洲地区离岸美元债券市场的迅速发展，扬基债券发行量逐步萎缩，2016 年以来年均发行量仅为 40 亿美元左右，不足巅峰时期发行量的 3%。

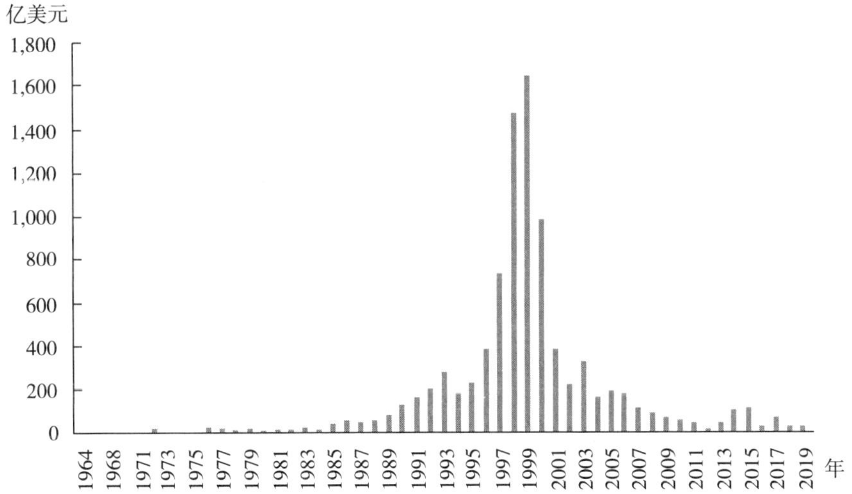

注：2019 年为前三季度数据，以下同。

图 1　扬基债券发行规模走势

（资料来源：Bloomberg）

从扬基债券的发行人分布来看，与美国邻近的加拿大成为扬基债券最大的发行国，其发行量占到扬基债券历史发行总量的 30% 左右；其次是来自欧洲地区的发行人，德国、英国和法国发行量占比分别为 14%、14% 和 7% 左右；此外，其他地区发行量普遍偏小。总体看，扬基债券的发行人主要集中在欧美发达国家。

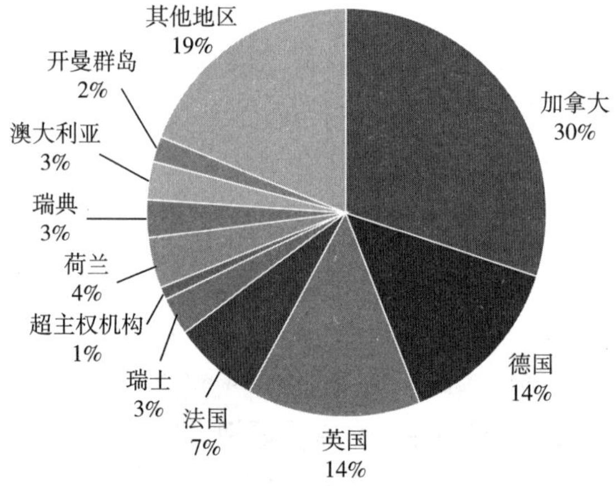

图 2　扬基债券发行人分布

（资料来源：Bloomberg）

（2）武士债券市场发展情况

武士债券也是世界上发展较早的外国债券市场之一，其发展经历了从低迷到爆发再到回归稳定的过程。1970 年，为缓解经常账户盈余和日元汇率升值压力，日本政府向境外机构开放发行以日元计价的武士债券，亚洲开发银行随即发行了第一只武士债券。20 世纪 70 年代，武士债券市场发展极为缓慢，一方面是由于市场发展初期日本政府对发行人有着严格的限制，只有国际金融机构及信用评级在 A 级别以上的公共机构才具有发行资质，另一方面是由于 1973—1975 年的全球石油危机使得日本国际收支状况恶化，日本政府实施了资本流动和跨境交易等管制措施。但从 20 世纪 80 年代开始，随着日本经常账户盈余的持续增加，日元升值预期不断加大，日本政府陆续出台了金融市场自由化政策，包括取消外资流出限制、放宽非居民发行者的市场进入标准、推行双重货币发行制度等，同时逐步放开了企业类、低等级主权国家的公共机构以及金融机构发行人进入武士债券市场。在此背景下，各种不同类型的发行人不仅丰富了武士债券市场的种类，也促进了武士债券市场的快速发展。1996 年，武士债券发行量突破 7 万亿日元，为历史最高点。但随后的亚洲金融危机使得日本经济跌入低谷，资产价格大幅缩水，日元融资对海外发行人的吸引力急剧降低，加之日本信用评级体系较为落后，1998 年百富勤投资和阿根廷政府相继出现违约也一定程度上削弱了武士债券的吸引力。2000 年以后，武士债券发行量逐步趋于平稳，年均发行量在 2 万亿日元左右。

从武士债券的发行人分布来看，与日本经济关系最为密切的美国成为武士债券最大的发行国，其发行量占到武士债券历史发行总量的 20% 左右；其次是来自欧洲地区的发行人，法国、瑞典、荷兰和德国四国发行量占比合计为 20% 左右；与日本邻近的亚太地区发行人也占据一定比重，韩国、澳大利亚和中国三国发行量占比合计为 18% 左右；此外，由于武士债券在诞生之初主要面向超主权机构类发行人，因此超主权机构发行量占比相对较大，达到 6% 左右。总体看，武士债券发行人分布相对分散。

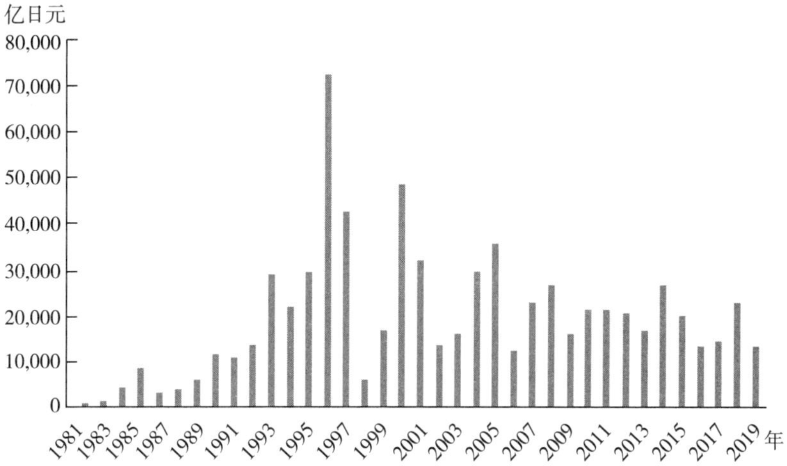

图 3　武士债券发行规模走势

（资料来源：Bloomberg）

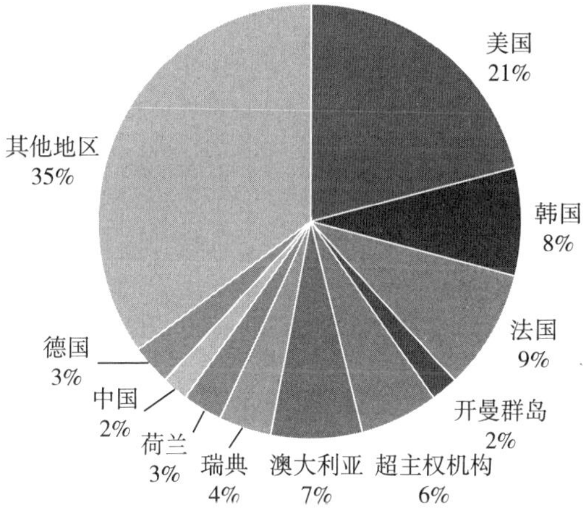

图 4　武士债券发行人分布

（资料来源：Bloomberg）

（3）欧元外国债券市场发展情况

与扬基债券和武士债券相比，欧元外国债券市场起步时间相对较晚，且没有一个专有的名称，但自诞生以来呈持续上升之势。在欧元诞生前，欧洲的马克及法郎等已经是重要的国际货币，2002 年欧元正式“继承”了这些货币的国际地位，迅速崛起成为仅次于美元的第二大国际货币，这为欧元外国债券的出现创造了条件。另外，欧元区的发债条件较为宽松，在一定程度上降低了融资成本，吸引了大量非欧元区发行人前来发债，欧元外国债券发行量在 2006 年和 2007 年达到了 3,000 亿欧元左右的小高峰。但受 2008 年国际金融危机及随后的欧债危机影响，欧元区的外国债券发行量出现一定程度的下降，2011 年降至 2,000 亿欧元以下水平。随着欧洲央行逐步推出量化宽松政策，欧元区利率水平降至 0% 左右的极低水平，欧元外国债券的发行成本优势再度显现，发行量在 2015 年达到近 4,500 亿欧元的历史高峰，其后年发行量也一直保持在 3,000 亿欧元以上水平。

从欧元外国债券的发行人分布来看，与欧元区经济关系最为密切的英国和美国是发行量最大的两个国家，两者分别占到欧元外国债券历史发行总量的27%和22%左右；其次是来自北欧地区的发行人，挪威、瑞典和芬兰三国发行量占比合计为18%左右；此外，开曼群岛、泽西岛等离岸金融中心发行量也占据一定比重。

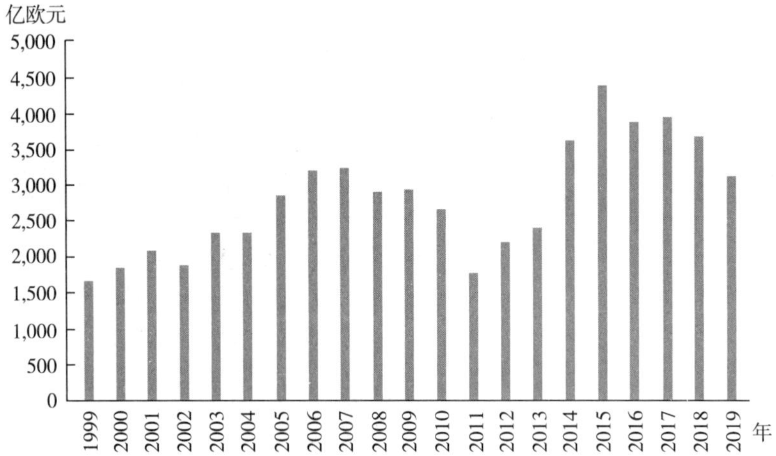

图5　欧元外国债券发行规模走势

（资料来源：Bloomberg）

2. 境外投资者参与情况

一般而言，在债券市场发展的初期阶段，境内投资者是债券市场的投资主体，但随着债券市场的发展及对外开放程度的加深，越来越多的境外投资者会参与进来，境外投资者的参与度也是衡量债券市场国际化的重要指标之一。

（1）美国债券市场境外投资者参与情况

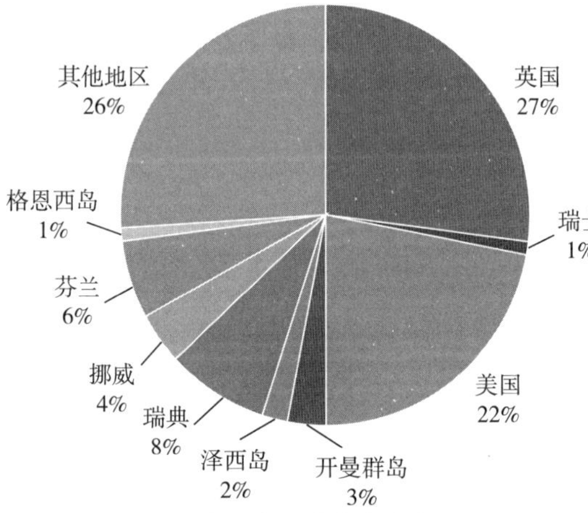

图6　欧元外国债券发行人分布

（资料来源：Bloomberg）

美国债券市场是世界上历史最为悠久的债券市场之一，目前已发展成为全球规模最大、发达程度最高的债券市场，在国际债券市场中占据举足轻重的地位。美联储在美国债券市场发展过程中发挥了核心作用：一是以国债为主要对象进行公开市场操作，极大增加了债券需求，活跃了二级市场交易，建立了收益率曲线市场基准；二是建立了以22家交易商为核心的市场基础架构，奠定了市场分层基础；三是建立了美联储簿记系统、支付系统，作为债券市场基础设施，为债券市场发展提供了重要支撑。

完善的基础设施、齐全的投资种类、极高的流动性、美国的国际储备货币地位等因素吸引了大量境外投资者投资美国债券市场。进入 21 世纪以来，境外投资者持有美国债券的规模已从 2002 年的 3 万亿美元左右上升至 2018 年的 11 万亿美元左右，增长了近 3 倍，境外投资者持有美国债券占比也从 15% 左右逐步上升至 27% 左右。

在美国债券市场的所有投资品种中，美国国债对境外投资者一直有着极大的吸引力，境外投资者持有量占比最大并且常年维持在 40% 以上。美国国债境外投资者分布极为广泛，其中中国和日本两国持有的国债占比最大，均为 17% 左右。美国国债的高流动性和高信用性是吸引境外投资者的主要原因：美国国债除了传统的一、二级市场外，还有预售市场、本息分离交易市场、回购交易市场、国债期货市场等其他几种重要的补充市场，极大增强了美国国债的流动性，也满足了各类投资者的不同需求；美国国债以美国政府的信用作为背书，违约风险极低，全球很多国家都将美国国债作为外汇储备的重要组成部分。

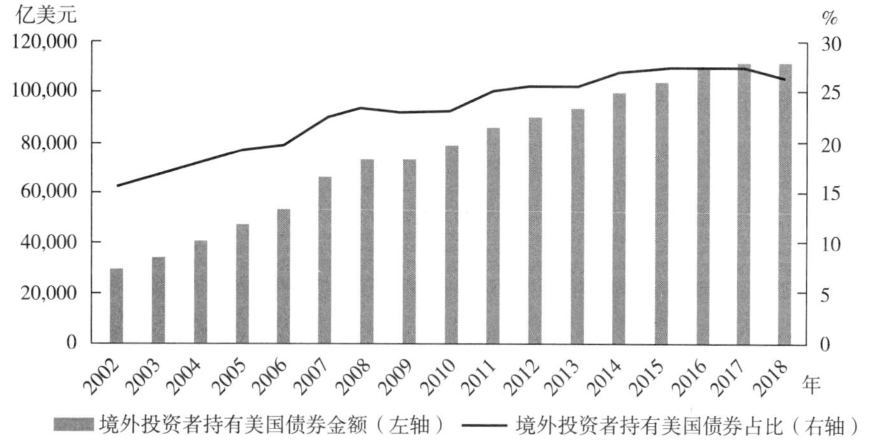

图 7　境外投资者持有美国债券情况

（资料来源：美国财政部，SIFMA）

（2）日本债券市场境外投资者参与情况

受经济高速增长的需求及来自美国的外部压力影响，日本债券市场自 20 世纪 70 年代起开始逐步向境外投资者开放，从最初的封闭状态逐步发展成为开放水平较高的债券市场。1972 年，日本制定了《外国证券公司法》，允许外国证券公司在日本开设分公司，境外投资者开始更多参与日本债券市场，20 世纪 80 年代境外投资者持有日本国债占比一直稳定在 4% ~7% 的水平。但随着 20 世纪 90 年代日本经济泡沫破火

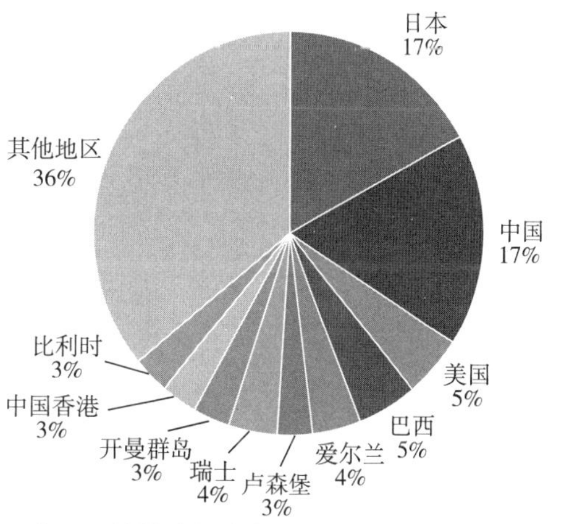

图 8　美国国债境外投资者分布（截至 2019 年 6 月底）

（资料来源：美国财政部）

及资本回报率下降，日本债券市场对境外投资者的吸引力有所下降，境外投资者持有日本国债占比也趋于下降。在此背景下，日本通过一系列改革措施不断降低境外投资者参与成本，例如对非居民进行短期贴现国债和短期政府债券交易实施免税，实行政府短期发行公开招标制度等。1998 年，日本大幅度放宽了证券业的投资限制，境外投资者在日本拥有证券公司也从执照制变更为登记制，境外证券机构在日本进行证券业务的专业限制也被取消。2004 年，日本对通过合格境外中介机构（QFI）持有日本国债所产生的利润免征代扣所得税。2011 年，东京证券交易所建立了 Pro – Bond 专业市场，其披露语言要求、格式和会计准则更加灵活，为日本境内外发行人和投资者参与债券市场带来了极大便利。通过一系列的改革开放措施，境外投资者在日本债券市场的占比得以大幅提高，也带动了日本债券市场规模的扩大和整体发展。

由于日本国债占到整个债券市场总量的 80% 以上，因此日本国债的投资者结构在很大程度上可以反映境外投资者参与日本债券市场的情况。进入 21 世纪以来，境外投资者持有日本国债的规模已从 2003 年的 17 万亿日元左右上升至 2018 年的 134 万亿日元左右，境外投资者持有日本国债占比也从 3% 左右逐步上升至 12% 左右。

从日本国债境外投资者分布来看，欧美投资者持有日本国债的占比较大且呈持续上升之势，其中欧洲投资者持有日本国债占比近年来一直维持在 45% 左右，美国投资者持有日本国债占比则由国际金融危机前的 10% 左右上升至近年的 20% 左右。除了日本债券市场开放程度不断加深的因素以外，欧美投资者持有日本国债持续增加的另一个主要原因在于日本雄厚的经济实力和长期的低息环境使得日元的避险属性持续凸显，在美元和欧元资产受 2008 年国际金融危机及随后的欧债危机影响不确定性加大的情况下，欧美投资者对日本国债愈发青睐。

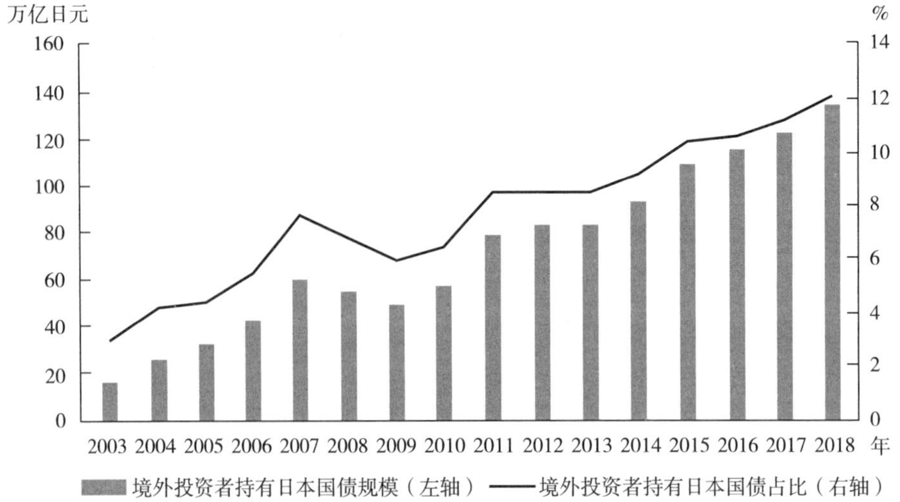

图 9　境外投资者持有日本国债情况

（资料来源：日本财政部）

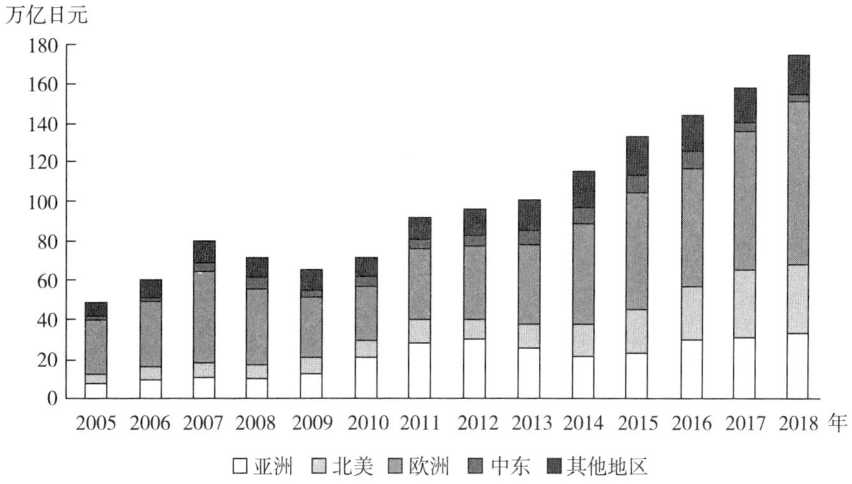

图 10　日本国债境外投资者分布（托管口径统计）

（资料来源：日本财政部）

（3）欧元区债券市场境外投资者参与情况

1999 年欧元的诞生使得欧元区债券市场由各成员国分割的市场逐步融合成为一个统一的市场。欧元使得欧元区内部的货币兑换风险得以消除，改变了投资者原来的本国偏好，欧洲央行和欧洲经济货币联盟的形成也使得欧元区债券市场的金融监管和基础设施趋于统一，促进了欧元区各国之间的债券投资，同时也提升了欧元区债券市场在国际债券市场上的地位，使得来自欧洲其他地区及全球的投资者持续增加对欧元区债券市场的投资。此外，欧元在国际储备货币体系中地位不断提升、欧元区国家相对较高的信用水平、相对宽松的监管环境也是吸引境外投资者的主要因素。早在欧元区统一债券市场诞生之初，境外投资者持有欧元区债券占比就高达 20% 以上，并呈持续上升之势，但受 2008 年国际金融危机及随后的欧债危机影响，该比例出现一定波动，2015 年达到 32% 左右的历史高点后开始逐步回落，其主要原因在于欧元区长期的低利率环境使得欧元区债券对境外投资者的吸引力有所下降。

在欧元区所有债券品种之中，德国国债无疑最受境外投资者青睐。经过多年的发展和改革，德国建立了较为完善的一级和二级市场，其国债发行方式已经实现市场化，建立了定期滚动发行、续发行机制，国债品种涵盖了短、中、长期限，二级市场也已形成了包含交易所市场和场外市场在内的完善体系，使得德国国债市场成为欧洲最具流动性的市场，其国债收益率也成为欧洲的基准利率。从德国国债境外投资者的分布来看，与之邻近的欧元区和欧洲其他地区投资者占比较大，两者合计占比达到近 80%；美洲投资者占比达到 15% 左右，是除欧洲以外最大的投资者来源。

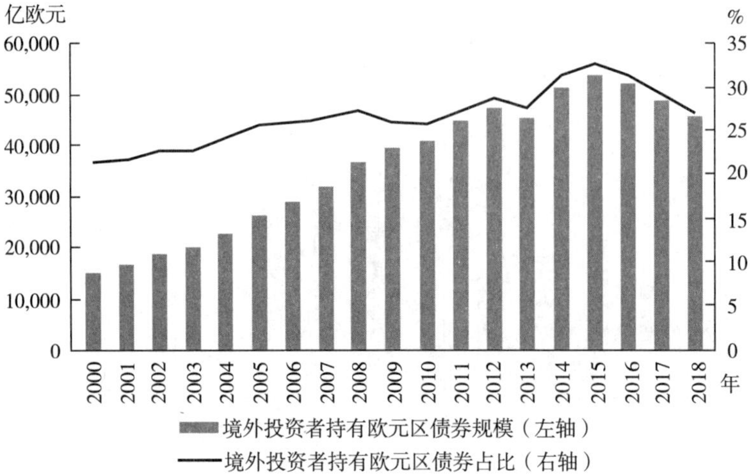

图 11　境外投资者持有欧元区债券情况

（资料来源：欧洲中央银行）

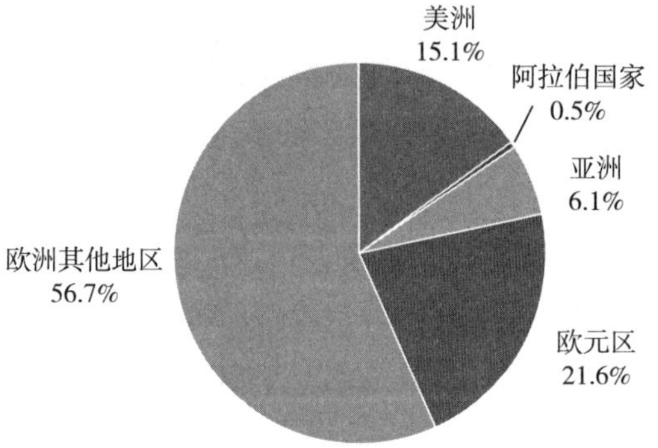

图 12　德国国债境外投资者分布（2018 年交易量口径统计）

（资料来源：德国财政部）

3. 欧洲债券发展情况

欧洲债券是指债券发行人以发行市场所在国以外的第三国货币计价发行的债券。广义上的欧洲债券还包括了债券发行人在境外市场以发行人所在国货币计价发行的债券，即离岸债券。与外国债券相比，欧洲债券不受债券发行市场所在国及计价货币所属国的监管限制，且利息收入通常免交所得税，因此对发行人和投资者均有较大的吸引力。目前全球主要欧洲债券市场包括欧洲美元债券市场、欧洲日元债券市场等，其发展程度也是债券市场国际化的重要标志之一。

（1）欧洲美元债券市场发展情况

欧洲美元债券是最早出现的一种欧洲债券，最初其发行地主要集中在欧洲，后来逐步发展至亚洲、拉丁美洲等其他地区，大部分中资美元债均属于欧洲美元债券（在美国本土市场发行的中资美元债属于扬基债券）。

第二次世界大战以后美国通过实施“马歇尔计划”为西欧国家提供了多种形式的援助，

大量美元的流入为欧洲美元债券的诞生创造了条件。20 世纪 60 年代，美国《利息平衡税法》的推出促使大量美国公司前往欧洲发行美元债券，美元离岸债券市场初步形成。20 世纪 80 年代，全球各国开放债券市场及国际银行业因拉美债务危机收缩贷款使得来自全球更多地区的发行人开始关注欧洲美元债券，欧洲美元债券的发行量得以大幅增长。21 世纪初，欧元的诞生及欧元债券市场的发展使得全球欧洲债券市场结构发生重大变化，欧洲美元债券发行量有所回落。近年来，随着亚洲发行人美元融资需求的持续增加，尤其是中资美元债市场的快速发展，欧洲美元债券发行量不断突破历史新高，近年来维持在 1 万亿美元以上。

从欧洲美元债券的发行人结构来看，美国境内发行人发行的离岸美元债券占比相对较大，尤其是 2001—2004 年占比更是高达 50% 以上，主要是期间美联储处于升息周期，境内融资成本上升导致更多境内发行人前往境外发债。近年来，美国境内发行人发行的离岸美元债券占比一直维持在 30% 左右，主要受两方面因素相互抵消平衡的作用影响：一方面，由于美国国内利率仍显著高于欧洲地区利率，美国境内发行人前往境外发债的需求不减；另一方面，亚洲美元债券尤其是中资美元债发行量大增，在欧洲美元债券中的占比也不断提升。

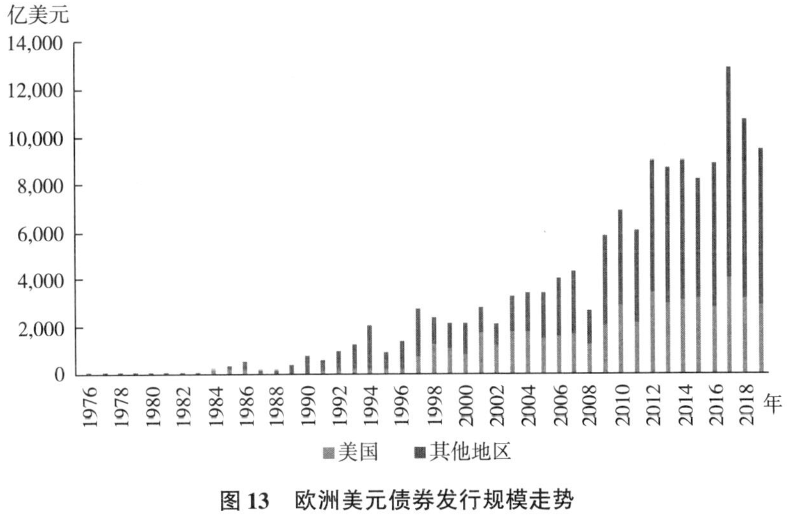

图 13　欧洲美元债券发行规模走势

（资料来源：Bloomberg）

（2）欧洲日元债券市场发展情况

欧洲日元债券诞生于 20 世纪 70 年代，最早由欧洲投资银行发行。欧洲日元债券市场起初发展十分缓慢，主要是日本央行认为放开欧洲日元债券市场会影响其货币及外汇管理政策。但随着欧美国家要求日本放开管制的呼声越来越高，日本于 20 世纪 80 年代推出了一系列包括鼓励境外机构和日本机构在离岸市场发行欧洲日元债券、允许国外证券公司作为欧洲日元债券发行的主承销商、离岸存款不必参加存款保险和缴纳存款保证金、免除利息税等，推动了欧洲日元债券市场的快速增长。1995 年，随着日本取消了离岸日元债券二级市场销售回流至本土市场的限制，欧洲日元债券越来越受到日本本土投资者的青睐，进一步推动了欧洲日元债券发行量的提升，2000 年发行量更是突破了 14 万亿日元。2008 年国际金融危机后，欧洲日元债券发行量逐步趋于稳定，每年发行量在 6 万亿日元左右，但随着近年来日元避险属性的持续凸显，2019 年欧元日元债券再度迎来发行高峰，仅前三季度发行量就超过了 14 万亿日元。

从欧洲日元债券的发行人结构来看，日本境内发行人发行的离岸日元债券在 20 世纪 90 年代初占比高达 50% 左右，但随着离岸日元债券市场的持续发展和日元国际化程度的不断提升，境外发行人发行的离岸日元债券占比持续提升，近年来保持在 80% 以上水平。

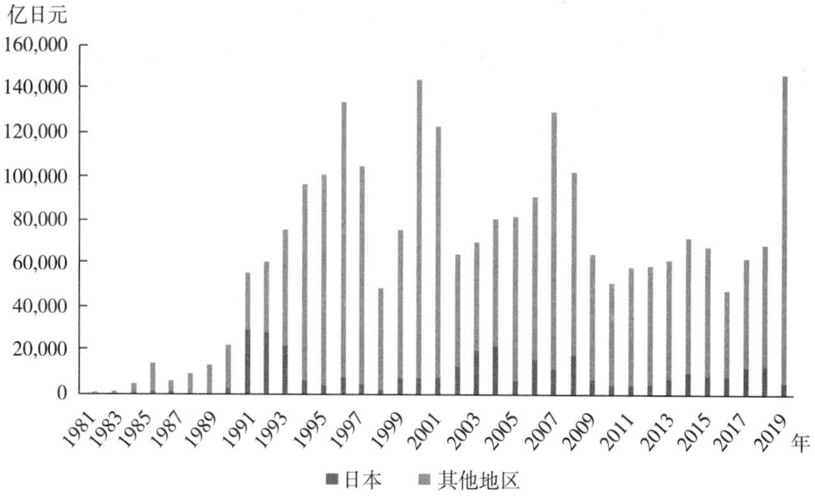

图 14　欧洲日元债券发行规模走势

（资料来源：Bloomberg）

（3）外国债券市场和欧洲债券市场之间的关系

外国债券市场和欧洲债券市场在发行主体方面存在一定重叠，两者之间既相互竞争，又相互促进。以美国扬基债券市场和欧洲美元债券市场为例，尽管扬基债券市场起步相对较早，但由于欧洲美元债券市场在市场准入、发行程序等方面的限制措施相对更为宽松，使得境内外发行人都倾向于通过欧洲美元债券融资。另外，外国债券市场和欧洲债券市场之间也具有相互促进的作用，欧洲债券市场在产品和制度方面的创新对于外国债券市场具有重要的借鉴意义，有利于推动外国债券市场的进一步发展。以武士债券市场和欧洲日元债券市场为例，为避免欧洲日元债券市场发展过快而引发资本大幅外流，日本政府不断放松武士债券发行准入限制，推动了武士债券市场的快速发展。

4. 境外债券市场国际化的经验和教训

（1）债券市场国际化与本国货币国际化之间相互促进

从欧美发达国家债券市场国际化的进程来看，本国货币国际化在其中均扮演了重要角色，货币国际化既是债券市场对外开放的重要动力，也影响了债券市场对外开放的进程和效果。货币国际化程度的提升可以增强本国货币计价债券对境外发行人和投资者的吸引力，从而有效地提升本国债券市场的国际化水平。另外，债券市场国际化程度的提升反过来有助于推动本国货币在国际金融交易及结算中的使用，从而进一步提升货币的国际化水平。

（2）境内债券市场和境外债券市场之间互联互通

在债券市场国际化的过程中，境内债券市场和境外债券市场代表了两个不同的维度，两者之间既相互竞争，又相互促进。由于监管环境相对较为宽松，境外债券市场在产品创新等方面相对于境内债券市场有着一定优势，因此境外债券市场的发展可以为境内债券市场的改革带来良好的示范效应，同时也有助于提升境内债券市场改革的紧迫性。推动境内债券市场和境外债券市场之间的互联互通有助于发挥两者之间的协同作用，促进跨境资金流动，吸引更多不同类型的市场参与主体。

（3）债券市场对外开放坚持循序渐进

债券市场对外开放既不能忽视风险而急于冒进，也不能因噎废食而错失良机。在债券市场对外开放初期，可优先引入市场声誉较高、信用资质较好的境外发行人参与境内债券市场，以形成良好的示范效应；随着境内债券市场逐步走向成熟，可引入更加多元化、异质化的市场参与主体，同时监管部门应灵活应对国内外的负面冲击，防范债券市场对外开放过程中的相关风险通过利率、汇率渠道跨境传导。

（二）境内外人民币债券市场国际化发展和前景

经过三十多年的发展，中国债券市场存量规模已达逾 91 万亿元人民币（截至 2019 年 5 月末），成为亚洲第一、仅次于美国的全球第二大债券市场。近年来，中国债券市场加快了双向开放的步伐，在“引进来”和“走出去”双轮驱动下国际化进程取得了显著成绩，但与欧美发达国家债券市场相比仍存在一定差距。

1.“引进来”：境外机构参与中国债券市场情况

引进发行人和投资者是中国债券市场开放中“引进来”策略的重要组成部分。针对发行人的开放主要是指鼓励境外机构到中国境内市场发行人民币债券（也称熊猫债券），针对投资者的开放主要是指开拓多种渠道鼓励境外机构投资中国境内债券市场。

（1）境外发行人参与境内人民币债券市场的情况

熊猫债券是外国债券的一种，早在 2005 年 2 月，中国人民银行、财政部、国家发展改革委及中国证监会就发布了《国际开发机构人民币债券发行管理暂行办法》，允许国际开发机构在中国境内发行熊猫债券。在该办法的指引下，2005 年 10 月，国际金融公司和亚洲开发银行率先在全国银行间债券市场成功发行熊猫债券，成为中国债券市场首批引入的境外发行主体。但自 2005 年之后，熊猫债券市场曾陷入长达近十年的沉寂，2005 年至 2013 年期间发行量仅为 40 亿元，其原因主要包括以下几个方面：一是 2005 年央行开始实行有管理的浮动汇率制度之后，人民币出现逐步升值态势，直接提高了熊猫债券的融资成本；二是在 2008 年国际金融危机之后，欧美等国家采取量化宽松政策，我国国内利率水平相对较高，境外机构发债意愿也较弱；三是银行间债券市场处于起步阶段，发行主体审批和资金使用限制等制度性因素也限制了熊猫债券市场的发展。

2010年以来，熊猫债券市场相关配套制度不断演进，相关制度限制也逐步趋于宽松。2010年9月，根据发债主体的实际资金使用需求，监管部门适时修订了《国际开发机构人民币债券发行管理暂行办法》，扩大熊猫债券发行主体资质范围，引入双评级制度，并允许发债资金可购汇汇出境外使用。2015年以来，监管部门持续放松熊猫债券发行限制，并允许熊猫债券发行人将募集资金贷给其在中国境内的子公司，不再受外债额度限制，再加上人民币加入SDR（特别提款权）、“一带一路”倡议的提出和实施、境内债务融资成本相较境外大幅走低等因素，熊猫债券迎来爆发式增长，2016年发行总额近1,300亿元，同时熊猫债券发行主体扩展到境外非金融企业、境外商业银行、外国中央政府、外国地方政府等，涵盖了十余个国家和地区，尤其是来自菲律宾、马来西亚、匈牙利等“一带一路”沿线国家的熊猫债券增长较快。

2017年以来，在国内推进金融去杠杆不断深化的背景下，房地产企业融资渠道收紧，央行多次上调货币政策工具利率，企业融资成本全面上升，多重因素下很多潜在的熊猫债券发行人被迫推迟或取消原定发行计划，熊猫债券市场出现一定程度的萎缩。另外，熊猫债券相关制度持续完善：2018年9月，人民银行和财政部正式发布《全国银行间债券市场境外机构债券发行管理暂行办法》，对熊猫债券的监管主体、发行主体、申请资质和信息披露等方面均作出了明确规定；2019年2月，中国银行间市场交易商协会对外发布了《境外非金融企业债务融资工具业务指引（试行）》，进一步完善了境外机构在银行间债券市场发行债券的制度安排。未来一段时期内，熊猫债券相关配套措施有望得到进一步完善，熊猫债券市场有望在中国金融开放的大潮中获得持续的发展。

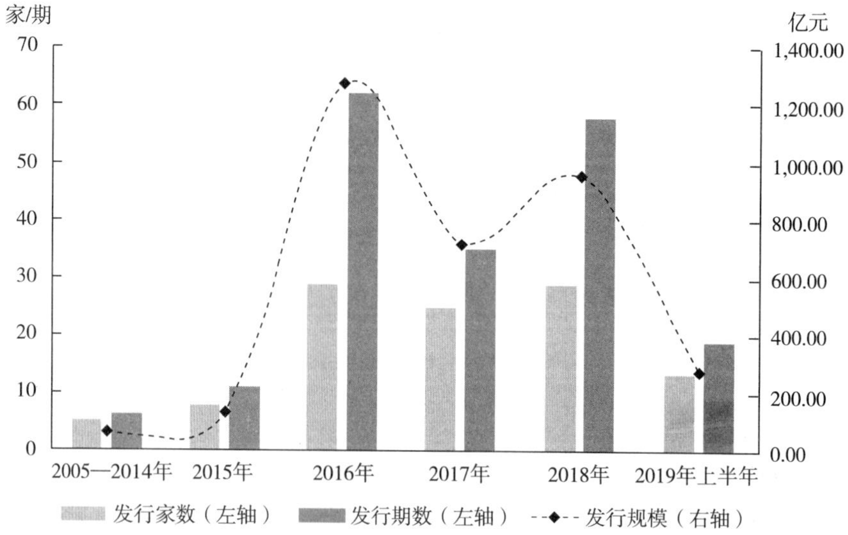

图15　熊猫债券发行情况

（资料来源：Wind资讯）

尽管熊猫债券市场近年来发展较快，但和扬基债券市场、武士债券市场等发达国家外国债券市场相比仍存在一些差距。首先，目前熊猫债券发行人中中资企业境外分支机构占比仍然较高，真正的境外发行人数量仍然偏少，且信用级别集中在 AAA 级，市场主体准入资格有待进一步拓宽；其次，熊猫债券发行仍面临较大的货币汇兑风险，这使得多数境外发行人倾向于发行中短期债券，相关配套设施（如外汇衍生品市场）仍需进一步发展才能满足境外发行人缓释货币汇兑风险的需求；最后，目前熊猫债券发行审批周期仍然较长，发行流程有待进一步优化。

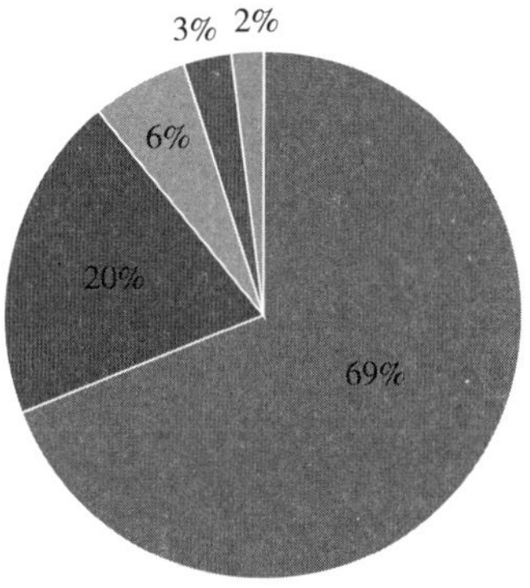

图 16　熊猫债券发行人类型及地区分布

（资料来源：Wind 资讯）

（2）境外投资者参与中国债券市场的情况

回溯中国债市引入境外投资者的历程，2002 年我国 QFII 制度出台，合格境外投资者可进入交易所债券市场。2005 年，央行批准泛亚基金和亚债中国基金进入银行间债券市场，标志着中国债券市场的大门真正打开。此后十余年间，境内债券市场逐步加大对境外投资者的开放，央行、证监会、外汇局陆续出台一系列相关政策，逐步拓宽规范境外机构投资国内债券市场，境外央行、货币当局、人民币业务清算行和结算行、机构投资者陆续得以参与到境内银行间市场中来。

目前，境外机构进入我国债券市场主要通过三种途径：CIBM Direct Access（境外投资者直投银行间债券市场）、QFII 和 RQFII（合格境外机构投资者和人民币合格境外机构投资者）以及债券通中的“北向通”。其中，CIBM Direct Access 属于最便利的直投模式，海外投资者可以直接选择投资对象，债券所有权清晰，投资额度没有上限，是海外机构投资中国债券市场的优先选择；但在 CIBM 投资途径下，也存在要求境外投资者资金先期汇入、锁定期等要求，并且需要预先说明预算投资金额、品种等，投资灵活度较低。

合格境外投资者制度是中国金融市场开放最重要的制度之一。自我国 2002 年实施 QFII 制度、2011 年实施 RQFII 制度以来，来自全球 31 个国家和地区的超过 400 家机构投资者通过此渠道投资中国金融市场，促进了我国金融市场健康发展。18 年间合格境外投资者制度从无到有、从小到大，相关改革还在深入持续推进。2019 年 1 月，QFII 总额度由 1,500 亿美元增加至3,000亿美元。2019年9月10日，经国务院批准，国家外汇管理局决定取消QFII和RQFII投资额度限制，明确不再对QFII的单家投资额度进行备案和审批，同时取消RQFII试点国家和地区限制，具备相应资格的境外机构投资者，只需进行登记即可自主汇入资金开展符合规定的证券投资，境外投资者参与境内金融市场的便利性将再次大幅提升。通过QFII和RQFII的渠道，机构投资者需要提前汇入资金和说明投资金额、品种等，且资金有一段锁定期，因此投资灵活性差，适合具有长期配置中国债券需求的大型国外投资者。

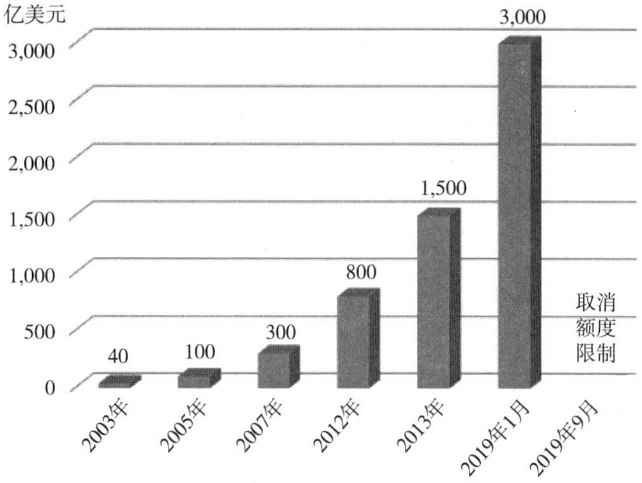

图17　QFII额度扩容过程

（资料来源：公开资料，联合资信整理）

2017年7月3日，另一项具有里程碑意义的举措——“债券通”正式开通，境外投资者可以沿用其所熟悉的国际操作习惯（交易系统、交易方式、结算方式等）参与内地银行间债券市场的投资，极大提高了参与中国债券市场投资的可操作性和可复制性。与QFII和RQFII渠道投资灵活性差、更适合具有长期配置需求的大型国外投资者相比，“债券通”具有备案耗时短、无进出资金限制和锁定期要求，也无须提前汇入资金和说明投资品种、金额等优势，在实际操作中更受投资者的青睐，因此境外机构参与境内债券市场的数量和规模均出现迅猛增长。债券通有限公司披露的数据显示，截至2019年6月底，“债券通”开通近两年来，已汇集了来自全球29个国家和地区的1,038家境外投资者，较2018年底的503家翻了一番，特别是吸引了全球100家顶级资产管理公司中的62家，其中58家已完成入市。“债券通”投资渠道达成交易累计2万亿元人民币，仅2019年1~8月，通过“债券通”达成的交易就有1.5万笔，累计交易量达到1.3万亿元。

表 1　境外机构投资中国债券市场的主要途径比较

主要投资途径	QFII	RQFII	CIBM	债券通
投资主体	符合规定的中国境外基金管理机构、保险公司、证券公司、商业银行及其他机构投资者	境内基金管理公司、证券公司、商业银行、保险公司等香港子公司，或者注册地及经营地在香港地区的金融机构；香港证券监管部门取得资产管理业务资格，并已经开展资产管理业务的机构	境外依法成立的商业银行、保险公司、证券公司、基金管理公司及其他资产管理机构等中长期机构投资者	境外依法成立的商业银行、保险公司、证券公司、基金管理公司及其他资产管理机构等各类金融机构
投资范围	证券交易所的股票、债券和权证；银行间债市的固收产品；证券基金、股指期货、中国证监会允许的其他金融工具；新股发行、可转债券发行、股票增发和配股申购	证券交易所的股票、债券和权证；银行间债市的固收产品；证券基金、股指期货、中国证监会允许的其他金融工具；新股发行、可转债券发行、股票增发和配股申购	银行间债券市场的所有现券	银行间债券市场的所有现券
资格申请	向证监会申请取得一次性资格准入审核，已取消额度限制	向证监会申请取得一次性资格准入审核，已取消额度限制	向央行报备	通过代理机构向央行报备
资金锁定期	3 个月	1 年	无	无
监管机构	中国证监会、外汇管理局	中国证监会、外汇管理局	中国人民银行实施宏观审慎监管	中国人民银行、国家外汇管理部门、香港金融管理局及其他有关国家或地区的相关监管机构

资料来源：公开资料，联合资信整理。

与此同时，随着中国不断降低外资进入中国债市的门槛，逐步贴近全球广泛使用的债券指数的遴选标准，越来越多的全球主流债券指数将中国纳入其指数系列。自 2019 年 4 月 1 日起，中国债券正式被纳入彭博巴克莱债券指数，这意味着以人民币计价的 364 只中国国债和政策性银行债券将被正式纳入该指数，并将以每月递增 5% 的比例在 20 个月内分步完成。在被完全纳入指数后，以人民币计价的中国债券将成为继美元、欧元和日元之后的第四大计价货币债券。据估计，从 2019 年 4 月开始，预计纳入指数将为中国每月引入约 500 亿元潜在增量资金，未来 20 个月内预计将流入 1,590 亿美元，其中 480 亿美元将在 2019 年底前流入。继纳入彭博巴克莱全球综合指数后，摩根大通也于 2019 年 9 月 4 日宣布，以人民币计价的高流动性中国政府债券将于 2020 年 2 月 28 日起被纳入摩根大通旗舰全球新兴市场政府债券指数系列（Government Bond Index – Emerging Markets，GBI – EM），纳入工作将在 10 个月内分步完成。这使得摩根大通成为继彭博之后又一家将中国债券纳入下属指数的主要国际指数机构，将可以为中国在岸债券市场带来约200亿美元的增量资金。此次纳入的中国政府债券将在完全纳入后达到该指数10%的权重上限。未来，中国债券还有望纳入花旗全球主权债指数及富时罗素公司旗下的富时世界国债指数等。截至2019年8月末，中债登为境外机构托管债券面额达17,238.7亿元，自2018年12月以来已连续9个月环比增长。未来五年，投资国内债券市场的海外资金流入规模将达7,500亿美元至8,500亿美元。

尽管中国债券市场近年来在引入境外投资者方面取得较大成就，但和欧盟发达债券市场相比仍存在较大差距。根据人民银行的数据，2018年，境外投资者持有的中国债券百分比仅为2.4%，仍远低于发达经济体超过20%的平均水平，也低于主要新兴市场经济体超过10%的平均水平。从境外投资者持有中国债券的结构来看，持有国债占存量比重为8.2%，持有政金债占存量比重比约为3.0%，持有同业存单占存量比重为2.4%，显示出境外投资者明显偏好利率债和同业存单，对信用债投资与交易的参与程度仍然较低。

展望未来，在全球资产低收益的背景下，中国国内债券收益率相对较高，主权评级高于其他新兴经济体，对国际资本吸引力较大，对外开放及国际化的潜力巨大。同时，在中国债券市场纳入主要国际债券指数的推动下，那些追踪指数的大型资产管理公司将相应配置更多资金投资中国债券市场。此外，随着人民币加入SDR影响的持续发酵，境外央行、主权财富管理基金等机构亦会稳步增加配置人民币债券资产。在此背景下，预计境外投资者会更多地将资金投向中国债券市场，中国债券市场的国际化程度也将持续提升。

（3）境外中介机构参与境内人民币债券市场的情况

近年来，我国债券市场开放进程不断加快，参与中国债券市场的外资中介机构队伍持续壮大，活跃度不断提升。根据我国银行间债券市场的规则，债券承销商被分为主承销商和承销商。其中主承销商阵营划为A类和B类①。目前，已有6家外资银行取得非金融企业债务融资工具B类主承销和承销业务资格，其中汇丰、渣打和法巴获得主承销商资格，摩根大通、花旗、德意志银行则仅为承销商。此外，央行还给3家获得B类资格的外资行的业务范围做了限制，即主承销业务范围为境外非金融企业债务融资工具。

2019年7月，国务院金融稳定发展委员会宣布了11条金融业对外开放措施，其中提出将允许符合条件的外资银行通过市场评价取得A类主承销业务资格，业务范围从境外非金融企业债务融资工具扩展至债务融资工具全部品种。此前，拥有B类主承销业务资格的外资行，可开展“境外企业熊猫债券”主承销业务。由于“熊猫债券”发行人为境外发债主体，外资行有天然优势，例如法国巴黎银行曾利用全球业务网络为马来亚银行2019年发行的熊猫债券引入过半的海外投资量。此外，2019年8月，中国监管部门发布了《关于银行在证券交易所参与债券交易有关问题的通知》，将参与证券交易所债券交易的银行范围由前期试点的少数境内上市商业银行扩大至包括在华外资银行在内的各类银行，随后恒生银行

① A类主承销商可在全国范围内开展非金融企业债务融资工具主承销业务，B类主承销商可在限定范围内开展主承销业务，并且在起步阶段需要与A类主承销商（且必须是银行）联合开展主承销业务一年。

(中国) 有限公司宣布成为中国首家进入证券交易所参与债券交易的外资银行，预计未来将有更多外资银行参与进来。

2019 年 10 月，证监会再对证券公司对外开放试点进行明确，宣布将在 2020 年落实提前取消证券公司外资持股比例。自 2020 年 12 月 1 日起，在全国范围内取消证券公司外资股比限制。从之前的经验来看，持股比例此前对合资机构来形成了较大的障碍，引发了很多合资机构内部的问题，股比的彻底放开意味着境内资本市场外资机构实质性参与竞争的时代来临。截至 2019 年 10 月 11 日，已经出现了 3 家外资控股券商，其中瑞银为存量合资券商转化为外资控股券商，余下两家摩根大通证券（中国）有限公司、野村东方国际证券有限公司则是证监会在今年初批准新设立的券商，除此之外还有多家申请控股或新设券商的外资机构。

这些措施充分彰显了中国金融市场持续开放的力度正在加强，反映了外资银行正在加码中国资本市场，中国的资本市场也正步入新的发展阶段。

2. “走出去”：离岸人民币债券市场的发展情况

从“走出去”的角度看，随着我国经济的发展以及资本市场的逐渐开放，国内企业境外发行人民币债券的需求也在逐渐增加，其中“点心债券”① 是我国离岸人民币债券的最重要品种。

2007 年 7 月，国家开发银行在香港发行了第一只以人民币计价的有价债券（也称点心债券），标志着香港人民币债券市场发展的开端。2009 年，人民币国债在香港发行，成为在国际市场发行的首例人民币主权债券。早期点心债券的发行主体仅限于中国的政策性银行及商业银行、香港银行的内地子公司以及中国主权体，随着 2010 年《香港人民币业务的监管原则及操作安排的诠释》颁布以及《人民币清算协议》的修订，点心债券市场开始放量，赴港发行主体扩展到非金融企业。

此后，随着人民币国际化步伐加快，中国监管部门取消了境内企业发行外债的地域限制，改外债审批为事先备案登记管理，简化了发行手续，大大便利了境内机构跨境融资，越来越多的国内机构选择在境外进行债券融资。在发新债再融资、发债成本低、投资内地的需求等多方面因素的刺激下，2014 年点心债券发行量大增，发行量达到 2,978.2 亿元，较上年上涨逾 2 倍。同一年美联储退出 QE 则成为了点心债券的一个转折点，美联储退出 QE 对人民币单边升值空间预期产生重大影响，加上 2015 年“8·11”汇改后，中国央行采取收紧资本管制等措施来稳定汇率，造成离岸市场人民币流动性大幅波动，令 2016—2017 年点心债券发行量明显下滑。同时，香港的人民币债市规模亦随中国境内市场对外开放持续加深而受挫，由于境内市场规模庞大，境外发行人开始更多地通过熊猫债券融资，这也成为点心

---

① 文中“点心债券”为广义口径的点心债券，其发行量等相关数据包括了在香港发行的“点心债券”及台湾“宝岛债券”、新加坡“狮城债券”、韩国“泡菜债券”、马来西亚“金虎债券”、德国“歌德债券”、法国“凯旋债券”、卢森堡“申根债券”、澳大利亚“大洋债券”及南非“彩虹债券”等离岸人民币债券产品。

债券发行在2016—2017年萎缩的原因。2018年以来，点心债券发行量在前几年的低迷过后出现明显升温，其中原因包括一些外资银行考虑到发行点心债券再通过资产互换交易（Asset Swaps）换成美元的成本低于直接发美元债的操作有所增加；一些内地开发商在内地市场很难获得融资，因而转向离岸市场等。2019年，中国宏观经济政策由去杠杆逐渐转向结构性宽松，中国经济企稳，汇率预期稳定，点心债券的发行态势继续向好。

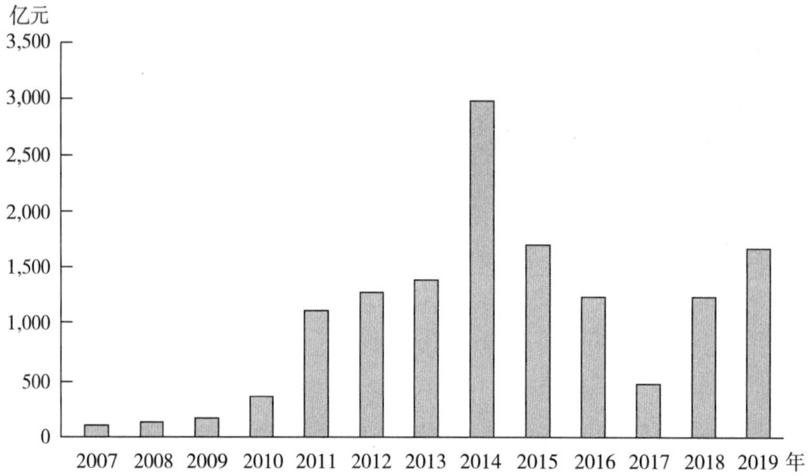

图18　点心债券发行情况

（资料来源：Bloomberg）

从点心债券的发行人分布来看，受发新债再融资等因素推动，来自中国内地和中国香港的发行人发行占比仍然最多，合计占比达到58%。其他国家的发行人分布则较为分散，来自欧洲地区的发行人，法国、英国、荷兰和德国四国发行量占比合计为9%左右；来自开曼群岛、英属维尔京群岛的发行人占比合计约7%；来自亚洲新加坡、韩国的发行人发行量合计占比7%左右；来自美国和澳大利亚的发行人占比分别为4%和5%，其他发行地区还包括加拿大、卢森堡、阿联酋、中国台湾、马来西亚和爱尔兰等。

另外，离岸人民币债券市场仍以中资发行人为主，境外机构对于离岸人民币债券市场的参与度仍然较低，离岸人民币债券市场与美元、欧元等国际货币离岸债市相比仍有较大差距。根据国际清算银行（BIS）的统计，截至2018年末，全球国际债券与票据未清偿余额为24.2万亿美元。其中，中国占比仅为0.9%，与主要经济体相比仍存在很大距离，离岸人民币债券市场发展仍有很大空间。

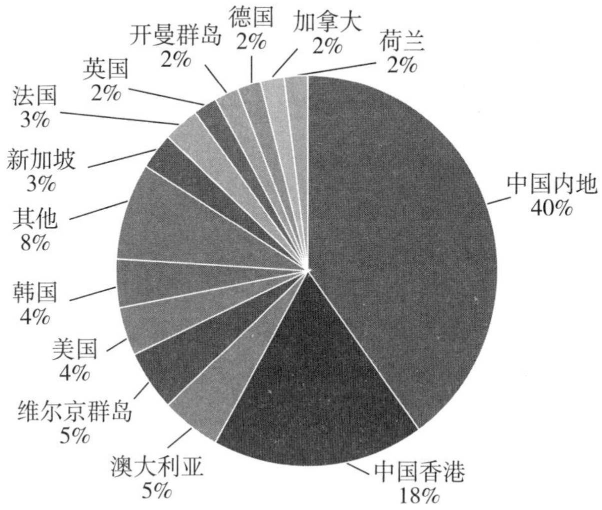

图 19　点心债券发行人所在国家和地区分布（截至 2019 年 9 月底）

（资料来源：Bloomberg）

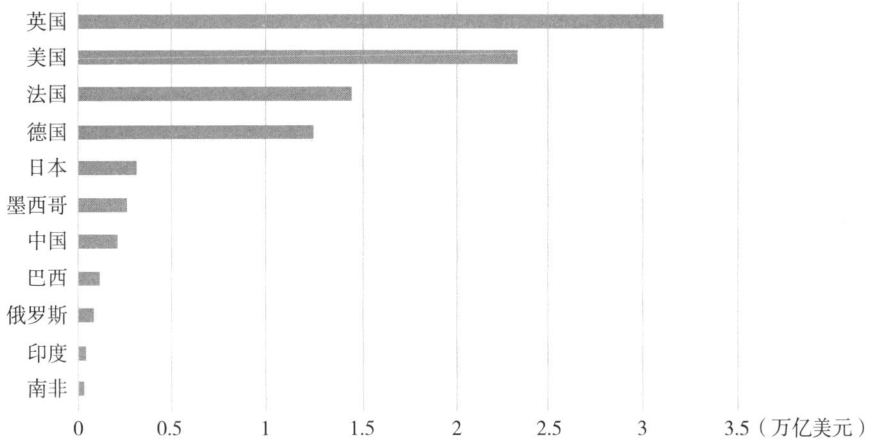

图 20　主要发达和发展中经济体国际债券与票据未清偿余额对比

（资料来源：BIS）

离岸人民币债券市场发展步伐总体较慢的原因主要有以下几个方面。第一，人民币国际化水平仍有待提升。2016 年人民币正式纳入“特别提款权”（SDR）篮子更是令人民币进入了储备货币行列，提升了国际市场对人民币的需求，但与美元、欧元等世界主要货币相比，人民币在跨境支付的使用程度仍然较为有限，人民币国际化水平与中国经济体量不相匹配。根据环球同业银行金融电讯协会（SWIFT）发表的最新报告，2019 年 8 月，人民币国际支付份额为 2.2%，在全球名列第五，与美元 43%、欧元 32%、英镑 6% 和日元 3% 左右的支付份额相比，人民币的活跃度仍然较为落后，对离岸人民币债券市场的发展形成一定影响。

第二，目前离岸人民币存款规模仅占人民币存款总规模的不到 1%，离岸人民币市场资金池规模仍然非常有限。“8・11”汇改后，受人民币贬值预期等因素影响，离岸人民币资金池一度不断萎缩，流动性紧张引致离岸人民币债券融资成本攀升，点心债券市场受到挤压。虽然目前离岸人民币流动性紧张局面已有所缓和，但在有限的离岸人民币资金池下，债券发行与交易受限，且易随各种短期因素而波动。此外，离岸人民币存款分布不均匀，主要集中在几家银行（如中国银行、汇丰银行），离岸银行间的人民币流动性较低。另外，随着更多资金通过沪港通、RQFII、人民币外商直接投资（RFDI）、贸易结算等形式回流内地，离岸人民币资金池亦难再现曾经的爆发式增长，而呈缓增之势。

第三，离岸市场基础设施等方面也存在进一步完善的空间。如何着力搭建离岸人民币债券交易、托管、结算、支付等基础设施建设也关系到未来人民币离岸市场发展的广度和深度。目前，尽管人民币跨境支付系统（CIPS）已投入使用，但是参与机构、处理业务量不及预期，存在业务种类相对单一、证券清算结算体系割裂、交易流程和政策与国际惯例没有统一对接等问题。与美元、欧元的支付体系相比，CIPS 在货币政策传导、资金周转优化、金融监管和经济预测等方面存在明显短板，亟待进一步完善。

三、参与境内外人民币债券信用评级机构国际化研究

（一）境外债券市场信用评级监管政策

信用评级行业是一个受到高度监管且具备一定进入壁垒的行业，全球主要债券市场在发展过程中形成了不同的信用评级市场准入机制和监管框架，信用评级机构在“走出去”时面临的首要问题就是如何获得市场准入资格并满足监管相关要求。2008 年国际金融危机以来，信用评级行业对于全球资本市场的重要性日益凸显，国际信用评级机构在金融危机中不尽人意的表现也使得全球各国开始全面反思评级功能定位、评级机构行为和行业运行机制，将信用评级行业规范发展纳入金融改革重点之一。本节将主要介绍美国、欧盟和日本的信用评级监管框架及相关改革措施。

1. 美国的监管框架及改革重点

美国是第一个设立信用评级市场准入机制的国家。1975 年，美国证券交易委员会（SEC）首次提出全国认可的统计评级机构（NRSROs[①]）资质的概念，通过向特定评级机构发送无异议函（no－action letters），确认该评级机构发布的评级结果被美国大部分重要使用者认可，同时指定在某些监管领域只承认具备 NRSROs 资质的评级机构所给出的评级。首批获得 NRSROs 资质的评级机构只有现在的国际三大评级机构——标普（Standard & Poor）、穆迪（Moody's）以及惠誉（Fitch）。由于缺乏统一的准入标准和透明规范的认证程序，NRSROs 认证制度的合理性受到了社会各界的强烈质疑，也导致了其他中小评级机构很难获得 NRSROs 资质，直至 2002 年也只有国际三大评级机构具备 NRSROs 资质。

为打破这一制度性垄断，美国于 2006 年 6 月颁布了《信用评级机构改革法案》，授予 SEC 对 NRSROs 的监管权力，明确了 NRSROs 资格的认定标准及程序，规定 NRSROs 的注册

① NRSROS，Nationally recognized statistical rating organizations.

与信息披露义务。2007 年 6 月，SEC 发布了《注册为 NRSROs 信用评级机构的监管规则》，并于 2008 年国际金融危机后对其中信息披露、内部管理等内容进行了修订。2010 年，在深刻反思国际金融危机的基础上，美国颁布了《多德—弗兰克华尔街改革与消费者保护法案》（以下简称《多德—弗兰克法案》），进一步要求 SEC 建立由各类债券市场专业人士组成的信用评级办公室，开展对 NRSROs 的合规检查，并公开发布年度报告。总体看，《信用评级机构改革法案》和《多德—弗兰克法案》构建起了美国当前的信用评级监管框架，其监管重点在于打破信用评级行业垄断、规范信用评级机构行为、降低外部评级依赖等。

境外评级机构在进入美国评级市场时，如果仅从事发布信用评级的活动，则可以不进行 NRSROs 注册，而对非 NRSROs 机构的监管仍以自律管理为主；如果信用评级要用于监管目的，则该信用评级机构必须向 SEC 提交申请注册为 NRSROs，并受到相关监管法律法规的制约。截至目前，SEC 共授予 10 家信用评级机构 NRSROs 资质①，其中包括三家非美国的机构，它们是来自加拿大的 DBRS，来自日本的 JCR 和来自墨西哥的 HR Ratings。

2. 欧盟的监管框架及改革重点

2008 年国际金融危机以前，欧盟对信用评级的监管主要是基于国际证监会组织（IOSCO）基本行为准则的自律管理。国际金融危机发生后，欧盟委员会于 2009 年 9 月出台了《信用评级监管机构监管法规》，按照“统一规则、分散监管”的思路正式将信用评级行业纳入监管范畴。随着泛欧金融监管体系的建立及欧债危机爆发后对信用评级行业认识的深化，欧盟委员会对《信用评级监管机构监管法规》进行了多次修订，内容主要涉及建立集中监管框架、规范主权评级、减少外部评级依赖、维护评级独立性等。

在泛欧金融监管体系下，欧盟构建了“以欧洲证券和市场管理局（ESMA）为主、以各成员国监管机构为辅”的信用评级监管框架，以及由注册制度、背书制度和认证制度构成的一整套市场准入机制。在注册制度下，在欧盟境内成立的信用评级机构只有通过 ESMA 注册申请审核，其发布的评级结果才能被用于监管目的，注册审查主要包括完备性审查和合规性审查两部分。在背书制度下，欧盟允许境内注册的信用评级机构直接引用第三国的信用评级，但需满足一定要求②以保证援引的信用评级质量。在认证制度下，欧盟境外的信用评级机构出具的信用评级如果被欧盟境内的金融机构用于监管目的，则应满足两方面的条件：一是信用评级机构所在第三国的相关法律和监管应获得欧盟委员会的同等性认证，二是信用评级机构应满足在第三国通过注册、发布的评级报告及从事的评级活动不会对欧盟金融市场产生系统性影响等条件。

由于欧盟对信用评级行业的改革旨在打破国际三大评级机构对欧洲金融市场的严重干

① 分别为 A. M. Best、DBRS、EJR、Fitch、HR Ratings、JCR、KBRA、Moody's、Morningstar 和 S&P。

② 主要包括三个方面：一是要求第三国和信用评级相关的法律和监管体系与欧盟同样严格，ESMA 负责对此进行评估、认定和跟踪；二是要求境内的评级机构证明发布“背书”评级的机构具有第三国的信用评级从业资质，并严格遵守监管规定；三是要求境内评级机构应有客观正当的理由引用在第三国出具的信用评级，并对“背书”评级负责，并配合 ESMA 提供相关信息。

扰，并通过提倡发行人轮换评级机构的制度来增强评级行业的业内竞争，因此在短短几年内就登记注册了48家评级机构（其中6家目前已注销），其中包括8家穆迪在欧洲的分支机构（其中1家已注销）、3家标普的分支机构（其中2家已注销）和7家惠誉的分支机构。此外，来自美国的贝氏评级（A. M. Best）和KBRA、来自加拿大的DBRS、来自中国的大公欧洲等也通过注册的方式在欧洲设立了分支机构。

另外，欧盟对于通过认证制度进入欧洲市场的信用评级机构则实行较为严格的准入政策。尽管在认证制度实施后先后有9个国家和地区通过了欧盟的同等性认证，但在2019年7月欧盟又撤回了其中5个国家和地区的同等性认证，目前全球只有4个国家和地区满足欧盟同等性认证要求，分别为美国、日本、墨西哥和中国香港。通过认证制度进入欧洲市场的信用评级机构也较为稀少，截至2019年7月底只有4家，分别为来自美国的KBRA和EJR、日本的JCR和墨西哥的HR Ratings。

3. 日本的监管框架及改革重点

日本信用评级行业及相关监管框架的发展与日本债券市场的发展密不可分。早在20世纪70年代末至80年代初，日本就诞生了本土三大评级机构——日本债券研究所（JBRI）、日本投资者服务株式会社（NIS）和JCR，随后又批准了国际三大评级机构可以在日本从事债券评级。1987年，日本大藏省选定6家评级机构授予债券评级资质，包括上述三家日本本土评级机构和国际三大评级机构。20世纪80年代末，日本由大藏省牵头确立了双评级制度，还规定其中一家必须是日本本土评级机构。20世纪90年代日本经济泡沫破灭后，日本为建立符合市场规律的、透明公正的金融监管体系，决定将金融监管事务从大藏省剥离，逐步建立起以金融服务管理局（FSA）为核心的统一监管体系。2003年，FSA推出了类似于美国NRSROs制度的"指定评级机构（DRAs）"制度，从评级从业历史、评级方法和模型情况、评级使用者对评级结果认可情况、评级机构自身的组织架构和资产结构等方面来对评级机构进行审核，有效期为两年。首批通过DRAs认证的评级机构共有5家，包括日本本土机构JCR和R&I（由JBRI和NIS合并而来）以及国际三大评级机构。

2009年，日本发布了《金融工具和交易法案（修订案）》，正式引入信用评级机构注册制度，其中要求申请注册的外国评级机构必须在日本国内设立分支机构。2010年，日本又出台了《信用评级机构监管指引》，从公司治理、行政管理流程、信息披露等方面对评级机构提出了要求。2012年，FSA公布了已通过的7家信用评级机构，包括日本本土机构JCR和R&I以及国际三大评级机构设立的5家分支机构。

（二）国际三大评级机构国际化进程研究

尽管全球范围的信用评级机构多达160余家，但标普、穆迪和惠誉这国际三大评级机构的市场份额达到90%，显示出了信用评级市场高度的垄断局面。对国际三大评级机构的国际化历史、国际化业务、国际化收入和国际化队伍的研究，有助于我们对评级机构国际化路径的一般过程形成清晰的了解，吸取其中的经验和教训，为探索我国信用评级机构国际化路径提供参考和借鉴。本节主要内容包括国际三大评级机构在美国本土市场的垄断地位形成以及其凭借本土声誉和优势走出去的过程、国际三大评级机构的主要国际化成果等。

1. 国际三大评级机构在美国本土市场形成垄断局面，并开启国际投资者服务模式

信用评级机构起源于美国，南北战争之后大规模的铁路建设催生了债券市场的蓬勃发展，债券融资成为铁路公司获取资金的重要手段，而由于当时铁路公司经营区域范围分散，全国各地的投资者难以及时有效的获取发行人的经营财务信息，信息的不流通为金融信息中介机构的产生提供了土壤。标普、穆迪和惠誉这三家评级机构也是在这一时期成立，并逐步形成信用评级机构的雏形。20 世纪 20 年代，美国债券市场保持高速增长，发行规模与交易规模接连攀升，而信用评级愈发成为投资者的重要分析指标。在 1929—1933 年的大萧条时期，频发的债券违约事件使得这三家评级机构的评级质量经受住了市场考验，这三家评级机构在此时期获得了最早的声誉资本，同时信用等级也成为债券定价的重要依据。信用评级行业的兴起使得美国监管机构也开始重视信用评级结果，进一步巩固了信用评级机构在债券市场的重要地位。

20 世纪 80 年代前后，美国债券市场凭借低廉的利率、稳定的汇率以及开放的资本市场优势吸引了大批主权国家和私营部门前往发债融资。这些国际投资者走进美国本土市场，为这三家评级机构带来了第一批国际投资者。这三家评级机构凭借自身在美国本土市场的声誉和技术优势迅速吸引了大批国际投资者的青睐，同时也在这一机遇下与众多国际投资者建立起了联系，开启为国际投资者服务的模式，为其走出美国、迈向全球打下了基础。

1975 年确立的“无异议函”准入制度是形成当前国际三大评级机构垄断地位的主要原因。如前文所述，首批获得 NRSROs 资质的机构只有国际三大评级机构。同时，这一制度的存在造成其他中小评级机构无法在投资监管下使用，无法获得大部分使用者的认可，因而也就无法获得 NRSROs 资格。这样一来，行业内无法形成有效竞争，造成国际三大评级机构在这一时期形成了垄断地位。虽然这一制度已在 2006 年被取消，NRSROs 资格改为自行申请，监管审查批准，但国际三大评级机构的垄断局面已经形成，加之国际三大评级机构的自身实力和迅速发展，中小评级机构已经无法与国际三大评级机构相抗衡。

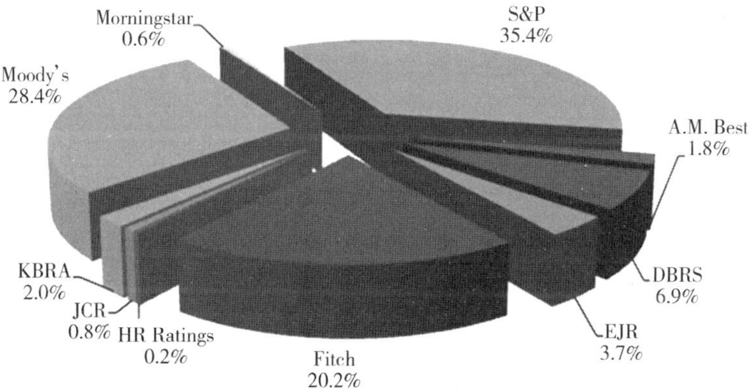

图 21　美国非政府相关债券评级业务占比分布（截至 2017 年底）

（资料来源：SEC）

国际三大评级机构在美国本土市场，无论是业务量、从业人员还是盈利收入，均享有绝对行业优势。根据 SEC 提供的 NRSROs 最新的 2018 年年报数据显示，截至 2017 年底，美国现有 10 家注册的评级机构中，这三家机构在所有现有存量评级服务中市场份额达到了 95.8%，除了最大存量的政府相关证券评级①外，这三家机构在非政府相关证券评级服务中份额占据 84.0%。另外，国际三大评级机构也拥有数量相当庞大的分析师团队，截至 2017 年底，这三家机构在美国本土约拥有 4,353 名评级分析师，占据全美评级分析师的 84.8%。同时，从盈利方面来看，2017 年美国 10 家 NRSROs 上报总收入为 71 亿美元，其中国际三大评级机构的收入占 94.1%，并且数年来均保持该份额的收入占比水平。

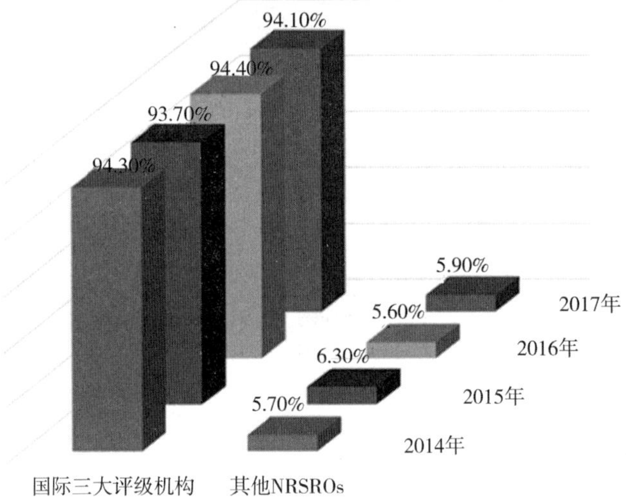

图 22　美国 NRSROs 历年收入分布

（资料来源：SEC）

2. 国际三大评级机构“走出去”历程

尽管国际三大评级机构均起源于美国，但是其业务范围及其影响力已经远远超过美国本土。“二战”以来经济全球化和跨国公司的发展推动了跨境资本的流动，跨境融资成为资本市场的一项重要业务，伴随发展的是对信用评级业务需求的逐步扩张。在这一背景下，国际三大评级机构在巩固美国本土市场的同时，开始着力向全球扩张（见图 23）。

从经营策略来看，国际三大评级机构在国际市场中以国际投资者为主要服务对象，“走出去”过程中依据投资者需求以金融信息服务为主要业务点迈出第一步，并依靠投资者对评级的需求来反向促使发债人雇佣评级服务。从业务部门设置来看，除传统评级业务部门外，金融服务（financial services）是业务部门的重要组成部分，主要提供对专业领域的金融信息服务，分析师占比一般处在所有业务部门的前列。例如标普欧洲评级组（包括标普欧

① 包含政府相关债券在内统计时，非三大的 NRSROs 机构的市场份额甚至不到 1%，无法清晰看到各机构的市场分布情况。

洲分公司 SPCMSE、标普法国分公司 SPGRFHE 和标普意大利分公司 SPGRI)，金融服务部门人员占比达到 26.8%，是除公司债评级部门外的第二大部门。惠誉以培训（Fitch Learning）和商业方案服务（Fitch Solutions）在多个新兴国家打开市场。

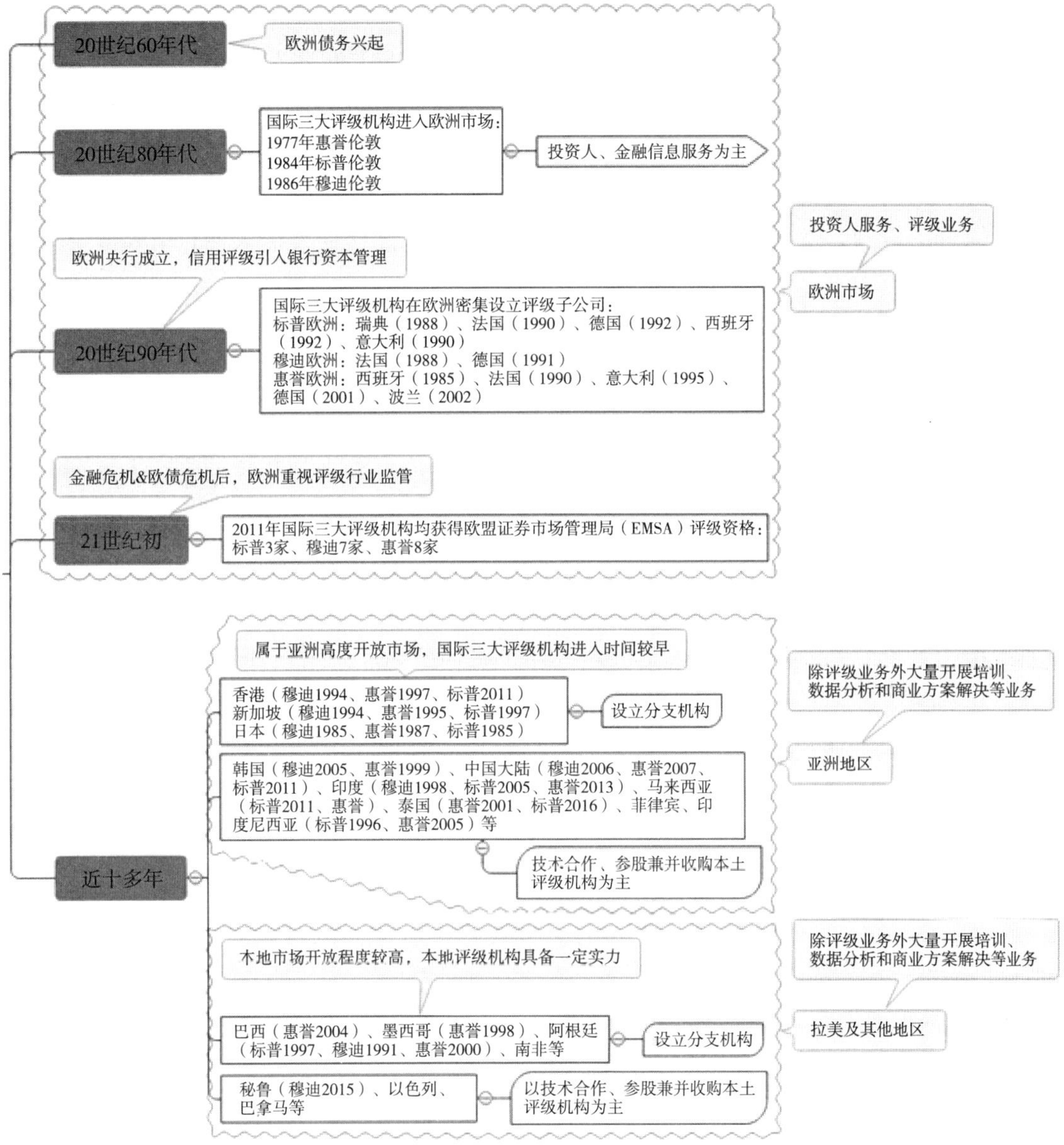

图 23　国际三大评级机构国际化进程概览

（资料来源：联合资信根据公开资料整理）

（1）借欧洲债券市场步入国际舞台

在经济全球化和自由贸易理念下，欧洲各国监管当局在当时并未对评级行业准入机制进行约束和限制，国际三大评级机构借此机会迅速利用自身技术和声誉优势在欧洲各国建立分支机构或是兼并收购等方式进入欧洲市场，并以欧洲市场为契机打开走出去的国际化道路。

20 世纪 60 年代，欧洲债券市场逐步形成。不同于美国债券市场发债主体的多元化，欧洲债券市场主要由银行主导，债券发行有严格的政府审批制度，因此在债券市场发展初期对信用评级需求并不高。国际三大评级机构在 20 世纪 80 年代后陆续进入欧洲市场后（标普 1984 年在英国伦敦设立办公室，1986 年穆迪进入英国设立办事处）主要以金融信息服务为主，以投资人为主要服务对象，为国际投资者提供准确可靠的评级参考。在欧元区成立之后，欧洲债券市场迅速扩张，投资人对风险信息的需求逐步上升。并且在欧洲央行成立之后，依据《巴塞尔新资本协议Ⅱ》将信用评级引入银行的资本要求，欧洲债券市场信用评级需求逐步释放。国际三大评级机构依靠为国际投资者提供风险揭示累计起来的市场公信力以及专业的金融信息服务能力，反向促使发债人使用其提供的信用评级服务。

虽然 2008 年国际金融危机以后，提供大量信用评级服务的国际三大评级机构受到广泛诟病，评级行业集中度过高等问题也引起监管的高度重视。不论是美国、欧洲还是新兴市场国家，纷纷通过立法对评级行业进行监管，并试图通过制度管理加强评级行业的内部竞争。但实际情况是，国际三大评级机构仍然通过自身过硬的技术和较高的声誉优势，牢牢占据国际评级行业的垄断地位。以欧洲市场为例，欧债危机期间，欧元区国家频繁被国际三大评级机构降级，使得一些欧洲国家的债务危机雪上加霜。在危机之后，欧洲也意识到了信用评级机构的重要性。不同于美国，欧盟监管重点在于打破国际三大评级机构的垄断，力图通过提倡发债人轮换评级机构的制度来增加评级行业的内部竞争。因此，在登记注册之初就有十多家评级机构获取了欧盟评级资质。但根据 ESMA 的数据显示，2017 年在欧盟内获得评级资质的评级机构一共有 42 家，标普、穆迪和惠誉在欧洲市场份额分别占比 46. 26%、32. 04% 和 15. 10%，分别拥有 3 家、8 家和 7 家分支机构，并随着业务深入仍处在扩张的过程中。

表 2　欧盟内注册评级机构 2017 年市场份额

评级机构	市场份额（%）	较上年变化
S&P Global Ratings	46. 26	↑
Moody's Investor Services	32. 04	↑
Fitch Ratings	15. 1	↓
DBRS Ratings	1. 88	↑
The Economist Intelligence Unit	0. 86	↑
CERVED Rating Agency	0. 82	↓
AM Best Europe Rating Services	0. 77	↓
CreditReform Rating	0. 51	↓

续表

评级机构	市场份额（%）	较上年变化
Scope Ratings	0. 28	↓
GBB – Rating	0. 28	↓
Euler Hermes Rating	0. 2	↓
Assekurata	0. 19	↓
CRIF Ratings	0. 17	↑
Axesor Rating	0. 14	↑
ICAP	0. 12	↓
Capital Intelligence Ratings	0. 11	↓
ModeFinance	0. 1	↑
ARC Ratings	0. 06	↑
Spread Research	0. 04	↓
Dagong Europe Credit Rating	0. 03	↓
BCRA Credit Rating Agency	0. 01	↓
INC Rating	0. 01	↑
EuroRating	<0. 01	↓
Rating – Agentur Expert RA GmbH	<0. 01	↑
European Rating Agency	<0. 01	↓

资料来源：EMSA。

（2）逐步渗透拉美、亚太、中东等其他新兴市场

随着一些新兴国家资本市场的开放，本国债券市场迅速崛起，国际三大评级机构在大力发展欧美市场外，也逐步渗透进入拉美、亚太、非洲和中东等地区。但由于开放程度的不同以及受监管和法律等方面约束的原因，国际三大评级机构在当地往往无法或者不愿意直接设立分支机构。面对这样的市场，国际三大评级机构通常选择通过与本地评级机构达成伙伴关系，通过自己的技术和声誉优势参与到新兴国家的资本市场活动中，借此实现其在这些地区的国际化业务布局。例如，印度当地排名前三的评级机构中有两家出现国际三大评级机构参股。穆迪参股 ICRA，标普则选择了 CRISIL 进行持股，并且后期随着印度市场的扩大，两大评级机构均对各自参股公司进行了增持。穆迪在 2014 年对 ICRA 进行了全资收购，标普则是在2013 年对 CRISIL 增持至67. 58%。韩国知名评级机构 KIS 于2016 年被穆迪 100% 控股。拉美国家中，2015 年穆迪收购了秘鲁信用评级领导企业 Equilibrium 实现控股。此外，国际三大评级机构在非洲均设有分公司，并将业务逐步渗透以色列等中东国家。

表 3 国际三大评级机构海外发展概况

	穆迪	标普	惠誉
欧洲	欧盟 8 家分支机构 俄罗斯：MRIA—51%	欧盟 3 家分支机构	欧盟 7 家分支机构
亚洲	中国北京分公司（已注册） 中国香港分公司 日本 2 家分公司 新加坡分公司 中国：中诚信国际—30% 韩国：KIS—100% 印度：ICRA—55%	中国上海分公司（近期成立） 中国香港分公司 日本 2 家分公司 新加坡分公司 澳大利亚分公司 韩国分公司 中国台湾：中华信用评级—51% 印度：CRISIL—67.58% 马来西亚：RAM—8.2% 泰国：TRIS—49% 印度尼西亚：PEFINDO—技术合作	中国北京分公司（近期成立） 中国香港分公司 日本 1 家分公司 新加坡分公司 中国：联合资信—49%（已撤出） 韩国：KR—73.55% 印度分公司 马来西亚：RAM—5% 印度尼西亚：Kasnic—30%
中东	以色列：Midroog—51%	以色列：Maalot—100%	—
美洲	秘鲁—技术合作 墨西哥分公司 巴西分公司 阿根廷分公司	墨西哥分公司 巴西分公司 阿根廷分公司 加拿大分公司	秘鲁—技术合作 墨西哥分公司 巴西分公司 阿根廷分公司
非洲	埃及：MERIS—35% 南非分公司	南非分公司	南非分公司

资料来源：联合资信根据公开资料整理。

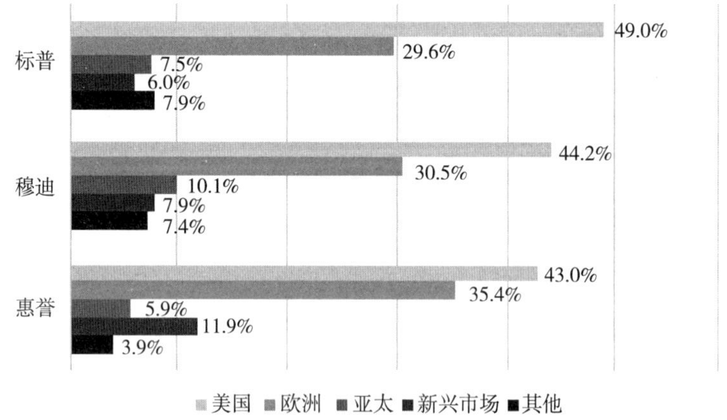

图 24 国际三大评级机构所评主体区域分布

（资料来源：Bloomberg，联合资信整理，截至 2019 年 9 月）

在新兴市场地区，中国香港和新加坡开放程度最高，国际三大评级机构在这两个市场所占份额极高，几乎处在垄断地位；在阿根廷和巴西，本地评级机构发展缓慢，国际三大评级机构均占据较大市场份额；而在韩国和印度，国际三大评极机构通过并购和参股的形式加入本地领先评级机构，这些机构在当地均享有较大市场份额；此外，在泰国、印度尼西亚和菲律宾等东南亚国家则以本地评级机构为主，市场较为闭塞，国际三大评级机构暂未获得市场地位（具体可参见表4）。

表4　国际三大评级机构在主要新兴市场国家市场地位

国家	评级机构	市场格局
中国香港	穆迪	国际三大评级机构占垄断地位，业务量占90%以上的市场份额
	标普	
	惠誉	
	中国诚信（亚太）信用评级有限公司	
	鹏元资信评估（香港）有限公司	
	联合评级国际有限公司	
	理信风险评级有限公司	
	美国 A. M. Best 公司	
新加坡	穆迪	无本国评级机构，国际三大评级机构垄断市场
	标普	
	惠誉	
日本	JCR	R&I 与 JCR 评级业务量最多，标普日本和穆迪日本的评级业务收入最大
	R&I	
	Mood's Japan K. K.	
	Mood's SF Japan K. K.	
	S&P Ratings Japan K. K.	
	Nippon S&P's K. K.	
	Fitch Ratings Japan Limited	
韩国	NICE	NICE、KIS（穆迪控股）和 KR（惠誉参股）呈现三足鼎立的竞争格局，SCI 市场份额较小
	KIS （2016 年穆迪获得 KIS 全部所有权）	
	KR （惠誉占 73.55% 的股份）	
	SCI	
印度	CRISIL Limited （标普持有 67.58% 的股份）	CRISIL 是印度最大评级公司，市场份额超过50%；CARE 是第二大评级公司；中小评级机构发展迅速
	India Ratings and Research Pvt. Ltd. （前 Fitch Ratings India）	
	ICRA Limited （穆迪持有 55% 的股份）	
	CARE	
	Brickwork Ratings India Pvt. Ltd.	
	SMERA Ratings Limited	
	Infomerics Valuation and Rating Pvt. Ltd.	

续表

国家	评级机构	市场格局
马来西亚	马来西亚评级公司（RAM） （标普占8.2%的股份，惠誉占5%的股份）	受政策扶持本国评级机构占主要市场份额；政府规定以外币发行的债券才可接受国际三大评级机构的评级
	马来西亚评级有限公司（MARC）	
	国际三大评级机构办事处或分公司	
泰国	TRIS （标普拥有49%的股份）	以本国评级机构TRIS为主
	TARE SIAM	
	国际三大评级机构办事处或分公司	
菲律宾	Phil Rating	以本国评级机构为主
	国际三大评级机构办事处或分公司	
印度尼西亚	PEFINDO （与标普技术合作）	以本国评级机构为主
	Kasnic （惠誉持有30%的股份）	
墨西哥	HR ratings （美国NRSROs资质）	最初国际三大评级机构处于垄断地位，后本国机构HR ratings获较快发展
	穆迪	
	标普	
	惠誉	
巴西	SRrating	国际三大评级机构占有市场份额较大，对本国评级机构形成抑制； 本国机构中仅SR rating稍有规模
	Austin	
	LF rating	
	Liberum rating	
	穆迪	
	标普	
	惠誉	
阿根廷	Evaluadora	国际三大评级机构占垄断地位，本国评级机构发展缓慢
	穆迪	
	标普	
	惠誉	
南非	Global Credit Rating	GCR占据非洲大陆评级市场的60%，业务遍及东欧、中东以及亚洲近30个国家，在12个国家设有分支机构；Ratings Africa刚成立，影响力较小
	Ratings Africa	
	穆迪	
	标普	
	惠誉	

资料来源：联合资信根据公开资料整理。

3. 国际三大评级机构国际化成果

国际三大评级机构在全球信用评级行业内，无论技术、声誉还是市场份额均处于行业垄断地位。国际三大评级机构的国际化发展战略是其传播自身影响力的重要路径之一，国际化过程也为国际三大评级机构带来了丰厚的成果。

（1）业务国际化

纵观国际三大评级机构国际化路线，国际三大评级机构往往根据当地市场的发展成熟度和监管宽松程度来决定进入方式。具体来说，对于监管宽松且证券市场发达的地区，国际三大评级机构往往通过成立分公司或者代表处方式直接获取本地市场的评级牌照，借由自身的国际影响力和知名度，从成熟的证券评级业务入手，逐步渗透其他领域。国际三大评级机构进入欧洲市场就是直接通过设立分支机构获取评级资质而进入的；对于监管较严格、证券市场发展程度较初级的地区，国际三大评级机构往往是采取与本地评级机构，特别是本地评级行业的领先机构，达成伙伴关系，通过参股、收购或者兼并等方式，利用本地评级机构优势挖掘本地市场。这样的发展战略一方面可以充分发挥自身品牌优势的同时合理规避制度风险，另一方面由于达成合作伙伴的本地评级机构与国际三大评级机构均有禁止同业竞争的条款约束，自然排除了与本地机构的恶性竞争，并借本地评级机构的优势开拓风险更高的市场。

在保有本身评级优势的同时，国际三大评级机构利用自身长期累积、海量的数据资料库等的业务优势开发、延伸和挖掘了更广泛的业务模块。标普除了为全球资本市场提供独立的信用评级服务外，还提供了指数服务、风险评估、投资研究和数据服务。穆迪将业务分拆为穆迪投资者服务（MIS，Moody's Investors Service）和穆迪分析（MA，Moody's Analytics）两大板块，分别负责核心评级服务和投资管理咨询服务。惠誉公司业务除了核心的信用评级外，还包含惠誉研究和惠誉培训。业务的拓展是国际化过程中的必然过程也是国际化的重要成果。

在国际三大评级机构业务扩张中，除了通过内部整合外，外部的并购和重组也是国际化业务进程中的重要组成部分。通过对从事相近或相似业务企业，或是业务板块上下游企业的收购和参股，形成对自身业务条线的升级和改造，达到业务版图的全面和完整，进一步提高国际三大评级机构自身的国际竞争力。例如，2017 年 5 月，穆迪以 32.7 亿美元收购毕威迪（Bureau van Dijk）。毕威迪业务覆盖超过 2.2 亿家公司，与超过 160 个独立的信息提供者建立合作伙伴关系，其解决方案支持信贷分析、投资研究、税务风险、转让定价、合规性和第三方尽职调查的需要。通过此次收购，穆迪预计 2019 年将产生 4500 万美元、2021 年将产生 8000 万美元的协同效应，并推动穆迪在信息服务方面的竞争力得到进一步提升。

2018 年财报数据显示，2017 年标普总收入达到 60.6 亿美元，其中评级业务收入高达 29.9 亿美元，较 2016 年上涨 18%，其中市场和商品信息部门收入为 24.5 亿美元，指数收入达到 7.3 亿美元；穆迪 2017 年总收入为 42.0 亿美元，MIS 和 MA 收入分别占 67% 和 33%，其中评级业务收入达到 27.6 亿美元，较 2016 年上涨 18%。从标普和穆迪的收入结构图可以看到，数据和信息服务是国际三大评级机构拓展业务的重要内容。

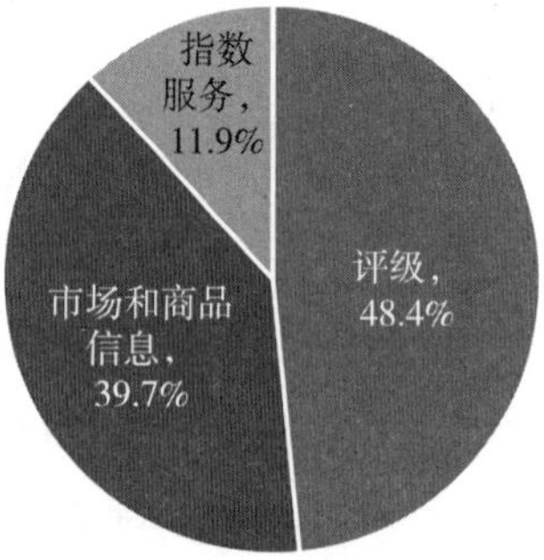

图 25　标普业务收入结构（2017 年）

（资料来源：标普）

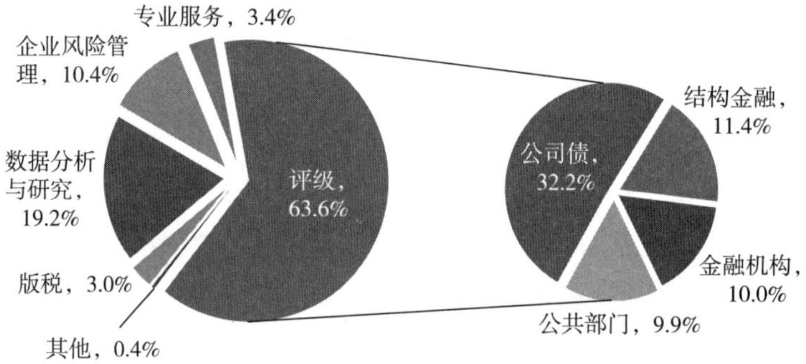

图 26　穆迪业务收入结构（2017 年）

（资料来源：穆迪）

（2）收入国际化

伴随着金融资本的全球化运动，信用评级在资本市场的话语权越来越重要。国际三大评级机构正是借助资本市场的发展走出了自己的国际化道路，国际收入逐步成为国际三大评级机构收入的重要组成部分。根据 2018 年财报数据显示，标普美国本土市场收入约占全部收入的 60%，来自其他国际区域的收入约占 40%，近三年来国际收入基本稳定在该水平附近。穆迪 2017 年在美国市场收入约占全部收入的 56%，其他国际区域收入约占 44%，较上年增长了 24%，近三年保持连续增长。

具体来看，欧洲市场是国际三大评级机构的重点收入区域，2017 年标普欧洲市场成为国际部门收入最高地区，约达到全部收入的 24%。2017 年穆迪欧洲市场收入也是国际部门收入最高的，约占全部收入的 27%。同时，随着新兴市场的开放，一些新兴国家也进入国际三大评级机构的视野。亚洲或亚太区域也逐步成为国际三大评级机构创收的主要市场。2017 年标普亚洲区域收入占比达到 10%，穆迪亚太区域收入占比达到 11%。

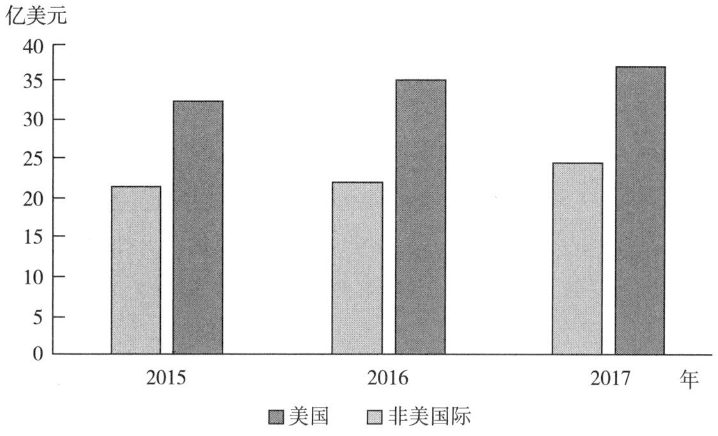

图 27　标普 2015—2017 年国际收入情况

（资料来源：标普）

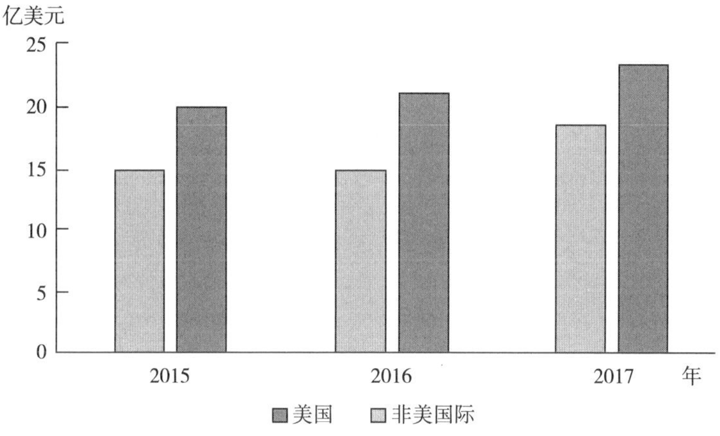

图 28　穆迪 2015—2017 年国际收入情况

（资料来源：穆迪）

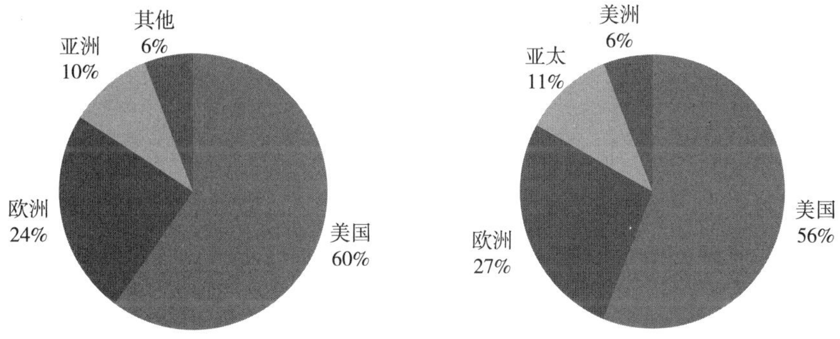

图 29　2017 年标普（左图）和穆迪（右图）各地区收入分布

（资料来源：标普，穆迪）

(3) 人员国际化

信用评级行业是人力资本密集型行业，分析师的专业水平决定了信用评级公司的业务能力。具备职业经验的专业分析师是评级机构迈上国际化道路，赢得国际竞争力的重要力量，人才建设和储备也是评级机构国际化战略的重要组成部分。国际三大评级机构在国际化进程中均将自身吸引、激励和留住关键人才作为公司价值增长的重要内容。例如，标普在公司财报中以公司留住关键人才作为未来盈利保证的关键假设；穆迪设立了"关键员工股票激励计划"。根据 SEC 发布的 NRSROs 年报，2008 年到 2017 年之间，国际三大评级机构美国本土分析师数量由 3,262 人增加到 4,353 人，增长了 33.45%。

国际三大评级机构不仅在美国本土拥有数量庞大且专业的分析师队伍，在国际化过程中也在当地招收和培养国际化人才。以穆迪为例，2015 年到 2017 年期间，穆迪员工总数从 10,370 人增加到 11,896 人，年度复合增长率为 7.1%。其中，美国本土员工数量从 3,364 人增加到 3,591 人，年度复合增长率为 3.3%，国际员工数量从 7,006 人增加到 8,305 人，年度复合增长率为 8.9%，国际员工增速明显快于本地员工。

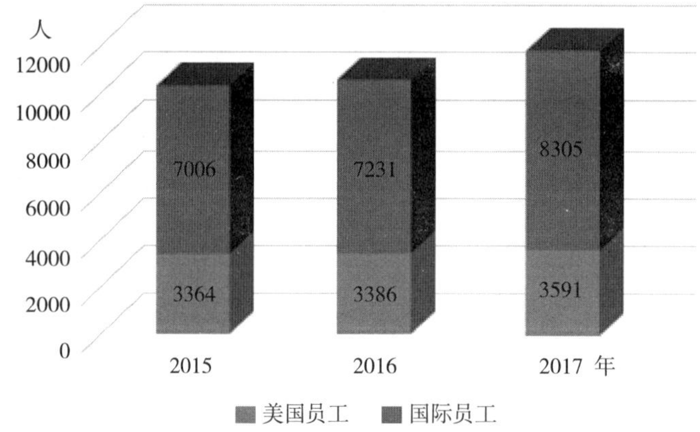

图 30 穆迪 2015—2017 年员工增长情况

(资料来源：穆迪)

(三) 国际其他评级机构国际化实践案例

除了国际三大评级机构外，一些中小型评级公司也逐步开始发展国际市场业务。尽管综合实力不如国际三大评级机构，但是在某些专业领域或者地区，一些中小型评级公司也发展了自身的特色，探索出了属于自身的国际化道路。例如贝氏评级专注于保险行业；加拿大 DBRS 积极通过获取官方认可进入各国市场；利用本国优势跟随本国投资者走进国际市场的 JCR 等。

案例一：贝氏评级（A. M. Best）

贝氏评级成立于 1899 年，是一家历史悠久的以专注保险业评级为特色的评级机构，为金融业和消费者评估保险公司财务实力、信誉和履行全球投保人义务能力等方面提供专业服务，在全球为超过 90 个国家的 3,500 家公司提供过评级服务。同时，贝氏也是金融数据和信息提供商，提供金融信息、数据研究和保险行业专业研究等方面的专业信息服务和解决方案。2005 年被美国证监会评定为“全国认可的统计评级机构”（NRSROs），可以在美国为保险公司，公司债发行人，以及 ABS 发行人提供评级服务。2017 年底，在美国所有存量评级中，贝氏为本土市场 35% 的保险公司提供了评级服务，是所有 NRSROs 机构中占比最高的。在服务产品上，贝氏不仅提供传统的评级报告、数据分析报告等报告服务，同时在数据平台、在线服务、电脑和手机客户端等多媒体用户端均有相应产品模式，充分利用多种方式和平台为投资者提供金融信息综合服务。

贝氏总部设在美国新泽西州。1997 年，贝氏在伦敦成立贝氏欧洲评级和贝氏欧洲信息服务公司，业务开始进驻欧洲；2000 年在香港成立贝氏分公司——贝氏亚太，成为贝氏进入亚洲的第一个分支机构；2012 年成立中东—南亚和中亚贝氏分支，机构设置在迪拜国际金融中心；2014 年在墨西哥城成立贝氏拉丁美洲分公司；2015 年在新加坡设立第二个亚太分支，新加坡贝氏办事处；2018 年贝氏为预防英国脱欧可能带来的监管障碍，在阿姆斯特丹设立分公司，贝氏欧洲评级服务公司。目前贝氏拥有的 6 个国际分支机构均在当地提供评级或金融信息服务。

案例二：DBRS

DBRS 是加拿大信用评级机构国际化的典型代表。被称为“全球第四大信用评级机构”的 DBRS 创立于 1976 年，总部位于多伦多，在纽约、芝加哥和伦敦、墨西哥城等地设有办事处，为金融机构、公司和主权实体以及结构化金融产品和工具提供独立的信用评级服务。在欧洲、美国和加拿大都拥有相当大的市场占有率。

成立四十多年以来，DBRS 拥有超过 500 个员工，分布全球 7 个地区，业务分布全球，为全球 2,400 多家债券发行商和近 50,000 只证券进行了评级。在资质方面基本获取了各地区主要国家的全部资格认可。在美国获美国证监会评定为“全国认可的统计评级机构”（NRSROs），也是美国保险监督官协会（NAIC）认可的外部评级机构。获墨西哥银行和证券委员会（CNBV）批准在墨西哥注册开展证券评级业务。获欧盟批准成为信用评级机构（CRA）。获得欧洲中央银行认可成为所有欧盟成员国的外部信用评级机构（External Credit Assessment Institution，ECAI）。获得法国财政部官方授权，在法国合法从事结构性融资产品和金融机构评级业务。在非欧盟国家，DBRS 获得瑞士正式认可成为其外部信用评级机构。在南美洲被智利央行获准为成为国际信用评级机构（International CRA）。

2019 年 5 月 29 日，DBRS 与美国晨星（Morningstar）达成合作协议。晨星拟以 6.69 亿美元收购 DBRS。DBRS 与晨星业务的结合，有望合作打破全球评级市场国际三大评级机构的垄断局面。晨星是一家跨国公司，为全球投资者提供多种基金、股票投资的数据和咨询以及分析工具，是目前美国最主要的投资研究机构之一和国际基金评级的权威机构。DBRS 在被收购后，将利用晨星的资源和财力打开更广阔的国际化道路。

案例三：日本评级研究所（JCR）

JCR成立于1985年，是日本领先的债券评级机构，其宗旨主要是服务日本企业。随着金融全球化的迅速发展，JCR积极满足债券发行人和投资者的成长及走向国际化的需求。在日本约1,000家公开评级的发行人中，JCR业务覆盖其中60%的发行人，同时，JCR在金融行业的评级覆盖率超过70%。日本企业债券市场的绝大多数发行人在融资时都是通过JCR的评级来募集资金的。此外，JCR还为200多家外国发行人提供了信用评级服务，是日本唯一一家同时在美国和欧盟同时获得评级资质的评级机构。

JCR国际化战略的主要目标是：(1) 在遵守当地监管规定的基础上，尽可能获得评级资格认证，使得JCR的信用评级能够在外国市场直接使用；(2) 通过与新兴市场国家的本地信用评级机构结盟，协助日本公司获取本地信用等级；(3) 提供双语版本的JCR评级报告。

目前，JCR的评级资格不仅在日本，而且在美国、欧盟、土耳其、印度尼西亚、泰国、中国香港等地获得认可。2007年JCR在土耳其成立JCR欧亚评级公司，目前在土耳其拥有85%左右的市场份额。在秘鲁，JCR通过股权投资，与当地评级机构精准评级（Accuratio Ratings）合作，使得JCR评级业务拓展至拉丁美洲市场；同样，JCR在巴基斯坦与当地评级机构VIS合作，打开了伊斯兰国家市场；在印度和马来西亚，JCR与印度当地评级机构CARE和马来西亚当地评级机构MARC合作，通过提供相关信息服务，使得日本和对方国家公司在双方国家融资更为顺畅。在墨西哥，JCR与当地评级机构HR Ratings合作，为日本和墨西哥两国的企业提供经济、金融和工业信息服务。另外，JCR积极参与同业联盟活动。例如，2010年成立的亚洲信用评级机构协会（ACRAA），JCR担任主席并领导相关活动。与VIS一起参与发展国际伊斯兰评级机构（IIRA）等。

（四）中国评级机构国际化的政策及进程

经过近三十年的发展，中国信用评级行业虽然取得了长足进步，但与欧美发达国家相比仍有一定差距。在此背景下，加快推动评级行业对外开放和对内扩容具有重要意义。近年来，人民银行会同证监会等相关部出台了多项监管政策，进一步完善了信用评级行业相关制度，稳步提升了信用评级行业的国际化水平。

1. 国内评级行业“引进来”相关政策及开放历程

回首我国信用评级行业“引进来”的开放历程，2016年以前，我国信用评级市场不对外资机构开放，因此外资评级机构一般采取合资、合作等方式间接参与国内评级市场，并受其持股比例限制，涉入合资企业经营管理的程度较低。如：2006年穆迪收购中诚信49%的股权，2007年惠誉收购联合资信49%的股权，2008年标普与上海新世纪签署战略合作协议，在培训、研究和评级技术等多领域开展合作。彼时，商务部、国家发改委制定的《外商投资产业指导目录》也一直将“资信评估与调查”作为限制类产业，由此外资机构在合资机构中的持股比例始终未突破50%。2016年12月，国家发展和改革委员会与商务部发布《外商投资产业指导目录》将“资信调查与评级服务”从限制外商投资产业目录里移除，为信用评级行业对外开放打下基础。

2017 年 7 月，人民银行发布了《关于信用评级行业对外开放有关事宜的公告》（中国人民银行公告〔2017〕7 号），明确了符合条件的外资评级机构可以开展银行间债券市场信用评级业务，我国信用评级市场国际化程度进一步提高。2018 年 3 月，银行间市场交易商协会发布配套规则，明确了信用评级机构注册评价具体程序和要求。同时，随着我国信用评级对外开放的推进，根据《证券法》《公司法》《行政许可法》和《证券市场资信评级业务管理暂行办法》等相关规定，境外评级机构的境内全资或控股子公司可依法向证监会申请开展境内证券市场资信评级业务，标志着我国债券评级市场正式对外资信用评级机构开放。伴随着评级市场的正式对外开放，外资评级机构经营策略也由合资、合作为主逐渐转变为设立独资企业，以获得更大经营自主权。2018 年 5 月，标普向中国政府递交在华成立独立评级公司的计划，并表示将停止与上海新世纪的合作关系。惠誉也于 2018 年初退出了在中国的合资企业，计划向中国监管机构申请执照以便在中国境内独立运营。

2018 年 9 月，中国人民银行、中国证监会联合发布了 2018 年第 14 号公告。14 号公告围绕着逐步统一银行间债券市场和交易所债券市场评级业务资质、加强对信用评级机构监管和监管信息共享、推进信用评级机构完善内部制度、统一评级标准、提高评级质量等方面进行了规范，从而开启了银行间债券市场和交易所债券市场评级资质互认机制。两个市场资质的互认意味着两个债券市场的国际化程度将趋同，有助于我国债券市场进一步向境外发行人和投资者开放，增强我国债券市场的吸引力，提升债券市场的活力。2018 年 9 月，人民银行和证监会联合发布《中国人民银行　中国证券监督管理委员会公告（2018）第 14 号》，明确人民银行、证监会、银行间市场交易商协会将协同债券市场评级机构业务资质的审核或注册程序，对于已经在银行间或交易所债券市场开展评级业务的评级机构，将设立绿色通道实现评级业务资质互认。

2019 年 1 月，标准普尔信用评级（中国）有限公司获准进入中国银行间债券市场开展包含金融机构债券、非金融企业债务融资工具、结构化产品以及境外主体债券在内的全部类别信用评级业务。银行间债券市场允许国际三大评级机构以独立经营主体的身份进入彰显出我国信用评级行业对外开放又取得了实质性进展。

另外，外资评级机构业务范围进一步扩大。2019 年 7 月，国务院金融稳定发展委员会推出了 11 条金融业对外开放措施，其中包括允许外资机构在华开展信用评级业务时，可以对银行间债券市场和交易所债券市场的所有种类债券评级。推动信用评级对外开放、支持外资评级机构进入中国银行间债券市场和交易所债券市场开展所有种类债券评级业务，是中国金融市场扩大开放的重大举措。随着中国金融市场国际化进程不断加快，引入国际信用评级机构在中国开展评级业务，有利于满足国际投资者的多样化需求，也有利于促进中国评级行业评级质量改善，对中国金融市场的规范健康发展具有积极意义。

2. 本土评级行业“走出去”相关的政策及初步实践

在“引进来”的同时，我国信用评级机构也在积极探索“走出去”，通过在国际上设立分支机构、获取国际信用评级执业牌照、参与国际评级业务等方式，逐步提高在国际债券市场上的影响力。

香港地区作为最大的离岸人民币中心，是我国评级机构“走出去”的首选地。香港的评级行业由香港证监会监管，采用申请牌照制度，评级监管内容主要涵盖监管主体的设置以及对评级业务的全流程监督机制。在香港，只有获得“提供信用评级服务”的10号牌照才可成立评级机构。从本土评级机构在境外设立相关机构的实践来看，2012年以来，本土评级机构，如中诚信、鹏元、大公以及联合均在香港先后设立了分支机构，纷纷开始尝试开展海外业务。具体来看，2012年，中诚信国际的母公司中国诚信信用管理有限公司在香港获得10号牌照，成立中国诚信（亚太）信用评级公司；同年，鹏元资信获得牌照，在香港成立了鹏元资信评估（香港）有限公司。2014年9月，大公国际在香港取得牌照并成立了大公香港。2018年7月，联合信用管理有限公司全资拥有的联合评级国际有限公司（以下简称联合国际）获香港证监会批准的提供信用评级业务的10号牌照，正式投入经营。

香港之外，国内评级机构还对向欧美地区“走出去”的路径作了一定探索。2012年4月，大公国际与曼达林基金共同成立了大公欧洲资信评估有限公司（以下简称大公欧洲），总部设立在意大利米兰，于2013年6月获得ESMA批准。大公欧洲正式启动全盘欧洲业务，成为中国和亚洲第一家在欧洲注册并获得信用评级资质的评级公司。大公国际之所以可以成功打入欧洲市场，与欧盟政府对国际三大评级机构的政治立场密不可分。由于欧盟有意削弱国际三大评级机构在欧洲的影响力，因此希望通过参加评级机构的数量来加强竞争，这使得大公国际与欧盟监管机构立场统一。此外，自欧债危机以来，欧洲国家经济增长缓慢甚至出现负增长，因此希望通过大公欧洲让更多中国投资者了解欧洲公司，扩大在欧洲的投资。但欧盟监管机构ESMA的报告显示，大公欧洲在欧洲市场的占有率不足0.01%，业务量极为有限。

从本土评级机构与国外相关机构进行国际合作的角度看，目前大公国际、中诚信国际、东方金诚等本土评级机构也作出了一定的探索。2012年，大公国际与美国的EJR、俄罗斯的RusRating组建全球首家非主权国际评级机构“世界信用评级集团”（Universal Credit Rating Group），致力于向国际资本市场提供服务。但截至目前，世界信用评级集团还未开展任何业务。2017年11月，东方金诚和俄罗斯信用评级机构Analytical Credit Rating Agency（ACRA①）宣布双方正式签署信用评级合作备忘录。根据公开资料，双方重点合作内容有以下四项：一是互相为对方开展跨境信用评级提供支持；二是共同开展评级方法研究，推动双方评级标准建立映射关系和逐步趋同，对部分项目发布联名评级报告和研究报告；三是互相分享各自对中俄债券市场及企业信用风险特征的知识，在合法合规的前提下共建共享数据库；四是共建与中俄两国监管层、发行人和投资人的持续交流机制，获取监管机构、发行人

① ACRA是在俄罗斯中央银行注册的信用评级机构，拥有在俄罗斯境内从事全部评级业务的资质。ACRA的27家股东主要由俄罗斯最大的企业和金融机构组成，每家持股3.7%。

和投资者对东方金诚和 ACRA 及双方合作的认可。2018 年 6 月，中诚信国际与俄罗斯评级机构 Expert RA 评级公司签署合作备忘录，建立合作伙伴关系。根据公开资料，双方将具体围绕研究合作、信息技术共享、产品服务联合开发及联合拓展“一带一路”沿线业务等方面展开广泛的合作。

四、结论

信用评级机构的国际化离不开其所在国家或地区债券市场的发展及国际化。中国的信用评级机构虽然在国际化方面也取得一定成绩，但和国际三大评级机构及部分其他国际评级机构相比仍存在较大差距，限制我国评级机构进一步走向国际化的因素主要包括评级体系及方法、评级质量及公信力、人员素质、外部因素等方面。

而通过对国际三大评级机构以及其他境外评级机构国际化进程和实践的研究可以看到，评级机构业务国际化发展离不开本地债券市场的整体发展，特别是跨境业务的拓展，这是评级市场需求增长和国际业务拓展的基本要求。一方面，本地债券市场的开放程度和市场监管力度是决定本地评级机构走出去参与国际竞争的重要环境和制度准备。另一方面，为了参与国际竞争，评级机构必须具备成熟的行业竞争意识、过强的专业技能和市场认可的品牌力量。

02 日本信用评级行业调研报告

联合资信 债市研究部 李振宇 聂逆 许余洁 杨东伟 （2018－04）

一、日本债券市场概况

（一）日本债券市场发展简史

日本债券市场始于明治维新时期，为了兴办民族工业，政府开始发行债券。

20世纪30年代至第二次世界大战前。日本债券市场以政府债券为主，企业债券发行量很少，只有公共事业公司等破产可能性很低的发行人才被允许发行信用债券。尤其是30年代“大萧条”带来企业债券违约的增长，承销银行难以继续接管企业债券的债务。1938年日本修订《商业法》，确立了强制担保条款，要求企业债券发行人在发行债券时以土地或房产作抵押。

“二战”后至20世纪80年代前。日本政府债券方面，“二战”后政府债券市场萎缩，在1947年日本严格规定除特殊情况并经国库批准外，不准将政府债券作为国家财政支出的资金来源。直到1964年，日本政府由于税收不足、财政赤字扩大，政府债券发行规模才开始增加。进入20世纪70年代，由于日元持续升值，加之石油危机波及日本，导致财政赤字进一步增加，日本政府增大国债发行量，同时债券回购市场也不断壮大，债券二级市场趋于市场化。

企业债券方面，“二战”后日本财政部和日本银行进一步加强了对企业债券发行资格的管制，从而提升对投资者的保护，使得发债主体主要为国有性质或公共事业类公司。同时，受利率管制导致信用良好的公司发债成本无法降低，公司只能继续以银行贷款作为主要融资途径，或寻求在纽约、伦敦等海外市场发债。所以，在此期间日本债市总量较小，仍主要以政府债券发行为主，企业债券发行较少，且日本企业在国际市场的发债规模超过了国内市场的债券融资额。

20世纪80年代后至今。日本债市步入蓬勃发展期，尤其是日本的利率自由化，监管部门对发行企业债券发行要求的放松，投资者基于投资收益考虑以及筹资者出于资本成本考虑共同扩大了债券市场的供求量，使得企业债券快速发展，发债量波动上升，但政府仍是日本最大的发债主体，且政府债券在日本债券市场中仍占据绝大多数。

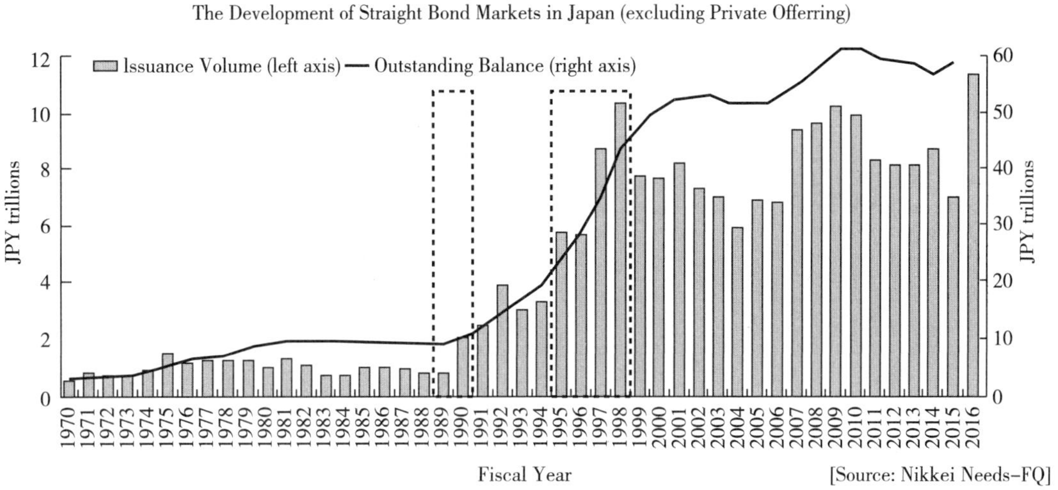

注：左轴为折线对应的发行规模，右轴为柱体对应的存量规模。

图1　1970—2016 年日本企业债券发行规模与存量规模情况

（资料来源：R&I 评级公司提供）

20 世纪 80 年代，日本以银行为主导的金融体系在经济发展中带来的问题越来越明显，过度依赖于融资中介机构引发的逆向选择和道德风险等现象日益突出，不良贷款增加、流动性水平缺失、投资者投资渠道缺乏等一系列问题产生。因此，日本政府实施了一场声势浩大的金融改革，推进企业债券的发行标准不断放宽：1987 年 2 月，日本财政部在传统指标标准（如净资产不少于 3,000 亿日元、大于 30% 的权益比率等标准）基础之上，增加了利用信用评级作为发行资格的标准（如 BBB 评级以上且有抵押物或 A 级以上无抵押物），满足新条款或满足旧条款的发行人都可以发行债券。1990 年 6 月，旧发行条款被废除。1993 年 4 月，发行条款放松，满足“BB 评级以上且有抵押物或 BBB 级以上无抵押物”的发行人可以发行债券。1996 年 1 月，对发行人发行资格管理的制度取消，只要债券能够被销售，所有的公司都可以发行债券，发行利率根据发行人的财务状况来确定。总体看，取消债券发行条件的限制，扩大了债券发行人的范围，促进了日本企业债券市场的快速发展。

20 世纪 90 年代后期，日本企业债券市场发行量有所回落，主要原因如下：一是 90 年代末日本经济泡沫破裂，由于缺少适当的投资机会，企业经营性融资需求降低。1999 年日本企业首次成为资金的净融出方，大量持有证券投资信托、集合信托受益权、结构性融资工具和商业票据等国内债务工具，同时持有的国际证券的数量也在增加。二是伴随着日本经济的衰退，企业债券信用风险开始出现。90 年代后期，日本银行、证券公司、保险公司大规模破产，企业债券信用水平弱化。2008 年国际金融危机后，日本金融机构发债量也大幅下降。三是 1996 年放开发行人资格限制后，之前受抑制的融资需求在 1996—1998 年得到释放，1999 年后伴随着经济衰退，融资也开始理性回归。

（二）日本债券市场现状

1. 日本债券市场发展已较为成熟，规模增长缓慢从发行情况看，2016 年，日本债券市场共发行各类债券（不含私募债券）1332 期，同比增长 3. 90%，发行规模合计 197. 22 万亿日元，同比小幅回落 1. 50%。从近 10 年情况看，日本债券市场债券发行期数自 2011 年以来小幅回落，发行规模有所波动但总体呈上升趋势。

从存量情况看，近 10 年，日本债券市场存量债券余额缓慢增长，年均复合增长率为 0. 87%；截至 2016 年底，日本债券市场各类型债券达 9,505 期，存量规模达到 1127. 09 万亿日元（约 69. 50 万亿元或 10. 22 万亿美元），仅次于美国居世界第二位。

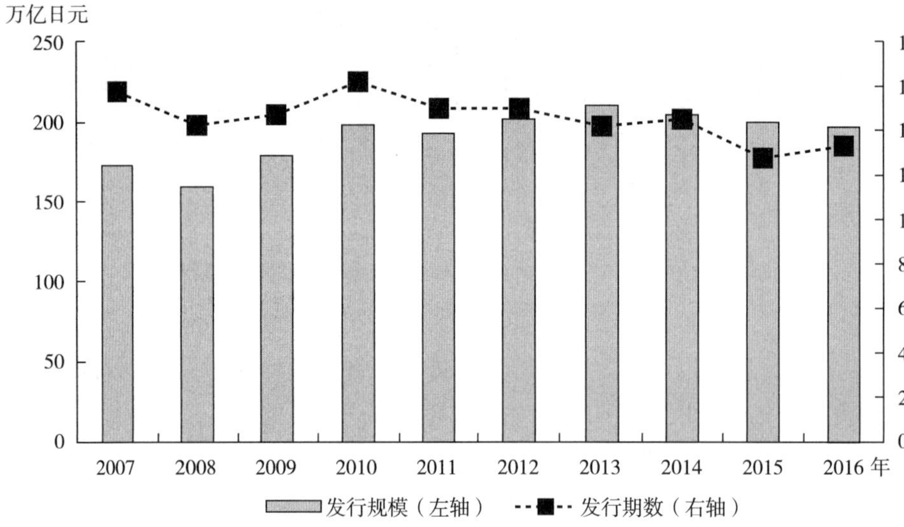

图 2　近 10 年日本债券市场债券发行情况

（资料来源：日本证券业协会）

2. 债券市场结构单一，新发行债券和存量债券均以政府债券为主

日本债券市场债券种类大致可分为政府债券（公共债券）、企业债券和武士债券（非居住者债）三大类（见表 1）。

表 1　2016 年日本债券市场债券发行和存量情况

债券类型		2016 年发行				2016 年末存续			
		期数（期）	占比（%）	规模（万亿日元）	占比（%）	期数（期）	占比（%）	规模（万亿日元）	占比（%）
政府债券	国债	78	5. 86	168. 85	85. 62	505	5. 31	920. 44	81. 66
	地方政府债	368	27. 63	6. 35	3. 22	3,066	32. 26	59. 56	5. 28
	政府担保债	78	5. 86	3. 34	1. 69	611	6. 43	33. 58	2. 98
	财政投资和贷款机构债	186	13. 96	4. 86	2. 46	1611	16. 95	35. 06	3. 11
企业债券	一般企业债	501	37. 61	10. 62	5. 38	2924	30. 76	59. 21	5. 25
	资产担保企业债	2	0. 15	0. 10	0. 05	15	0. 16	0. 59	0. 05
	转换债	5	0. 38	0. 07	0. 04	25	0. 26	0. 30	0. 03
	金融债	78	5. 86	1. 87	0. 95	450	4. 73	10. 52	0. 93

续表

债券类型		2016 年发行				2016 年末存续			
		期数（期）	占比（%）	规模（万亿日元）	占比（%）	期数（期）	占比（%）	规模（万亿日元）	占比（%）
武士债券	武士债	36	2.70	1.17	0.59	298	3.14	7.84	0.70
合计		1,332	100.00	197.22	100.00	9,505	100.00	1,127.09	100.00

注：日本地方政府债是由都、道、府等地方政府和地方公共团体发行的债券；政府担保债是日本政府所属的公团、公库、公司等机构（公益性机构为主）发行的债券；财政投资和贷款机构债券是由隶属于日本政府的政策性金融机构（包括日本发展银行、日本投融资公司、日本国际合作银行等）发行的债券，其发债获得的长期低息资金主要以政府名义进行贷款、投资、担保等。

资料来源：日本证券业协会。

政府债券是日本债券市场最主要的债券品种。日本政府债券包括国债、地方政府债、政府担保债与财政投资和贷款机构债。2016 年，日本债券市场共发行 710 期各类型政府债券共 183.40 万亿日元，发行期数和发行规模占 2016 年日本债券市场债券发行总期数和总规模的比例分别为 53.30% 和 92.99%，包括国债 168.85 万亿日元（78 期）、地方政府债 6.35 万亿日元（368 期）、政府担保债 3.34 万亿日元（78 期）和财政投资和贷款机构债 4.86 万亿日元（186 期）。其中国债发行规模占比较高，地方政府债和财政投资和贷款机构债发行期数占比相对较高。截至 2016 年末，日本债券市场存量政府债共计 5,793 期，占比为 60.95%，存量政府债券规模共计 1,048.64 万亿日元，占比达 93.04%。

企业债券市场发行期数占比较高，但存量企业债券余额近年持续下降。日本企业债券包括一般企业债、金融债、资产担保企业债和可转换债，其中一般企业债和金融债的发行量相对较多。2016 年，日本债券市场共发行企业债券 586 期（12.65 万亿日元），发行期数和发行规模占该年度日本债券市场债券发行总期数和总规模的比例分别为 43.99% 和 6.42%；其中包括一般企业债 501 期（10.62 万亿日元）、金融债 78 期（1.87 万亿日元）、资产担保企业债 2 期（0.10 万亿日元）和可转换债 5 期（0.07 万亿日元）。截至 2016 年末，日本债券市场存续企业债券共 3,414 期，合计 70.61 万亿日元，存续企业债券总量自 2009 年以来总体呈下降趋势，主要由于 2008 年金融危机后，日本金融债发行量大幅下降所致。

近年武士债券市场无明显增长。武士债券是非日本本国主体在日本国内债券市场上发行的以日元计价的债券。武士债券最早由亚洲开发银行于 1970 年发行，随后每年都有几十只发行，但每年的发行期数和发行规模波动较大，存量规模近 20 年也保持在 7 万亿～10 万亿日元之间。2016 年，共有 36 期武士债券在日本债券市场发行，发行规模合计 1.17 万亿日元，发行期数和发行规模均较 2015 年下降了近 40%。截至 2016 年末，日本债券市场存续武士债券共 298 期，存量规模共计 7.84 万亿日元。

3. 债券期限以中长期债券为主，发行利率较低且呈下降趋势

从发行期限看，2007—2016 年，日本债券发行期限以 5 年期和 10 年期为主，且发行期限有向 10 年以上延长趋势。以企业债券为例，2016 年日本企业债券发行期限在 10 年（含）

以上期数占比达52.85%，发行规模占比为62.35%。

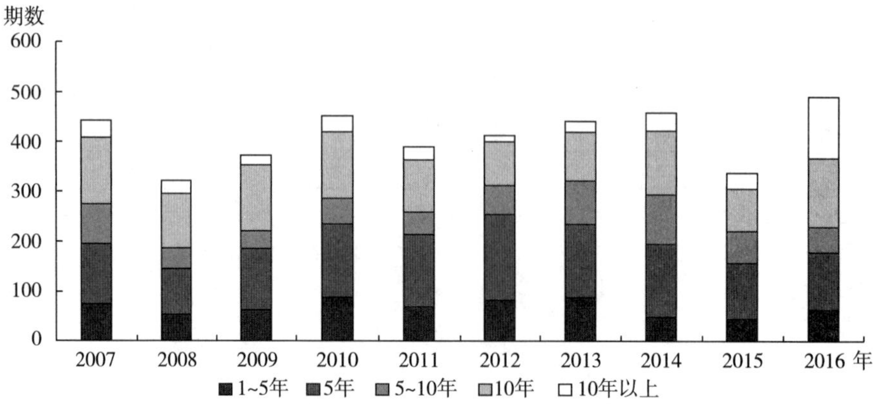

图3　2007—2016年日本企业债券发行期限分布情况

（资料来源：日本证券业协会）

从发行利率看，近10年随着日本GDP增速放缓，日本债券发行利率明显下滑。截至2016年6月底，日本10年期国债发行利率已跌为负值，5年期与10年期企业债券平均发行利率也分别下跌至0.20%和0.41%。

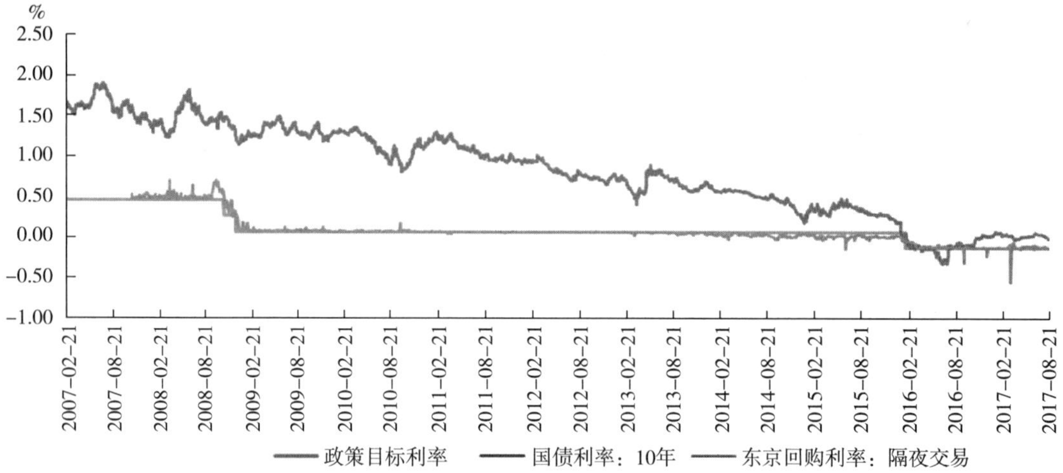

图4　日本各基准利率变动情况（2007—2017年）

（资料来源：日本央行、日本财务省、日本证券业协会）

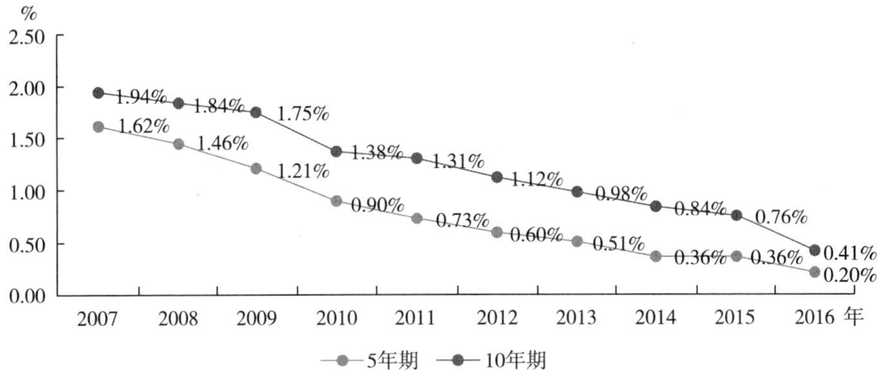

图5　日本企业债券平均发行利率变动情况

（资料来源：日本证券业协会）

（三）日本债市存在的问题

根据对日本债券市场债券发行情况和发行特点的分析，有以下几点值得关注。

一是日本政府融资需求巨大。日本自20世纪90年代开始长期经济增长乏力，老龄化问题带来的生产率低下等问题也日益严重，国家财政收入增长陷入停滞。为刺激经济增长，日本政府大量增加开支投资基建以期带动投资和消费；同时与养老相关的开支也日益增加。在这种背景下，日本政府不得不大量举债以维持财政开支。截至2016年末，日本一般政府债务相当于GDP的比例已超过了240%。

二是企业发债门槛较高，抑制了日本企业债券的发行。由于日本监管部门对企业债券的发行有很高的信息披露要求，一般企业很难满足发行企业债券的标准。根据日本本国2家评级机构已公告的日本国内主体的信用等级分布情况，80%左右的日本国内主体的信用等级都在A－级及以上，这也说明了日本债券市场企业发债门槛较高，市场对高收益债或垃圾债的需求严重不足。

三是日本的主银行制度也在一定程度上抑制了日本企业债券市场的发展。主银行制度指企业与银行之间存在长期稳定的交易关系，这种制度形成于“二战”后日本企业对资金的巨大需求，很多企业的主要股东均是银行，这样既满足了企业的发展需求，又提高了银行的资金运用效率，实现企业和银行的共同发展。日本经济曾经创造出高增长的奇迹，主银行的效用也不容否定。这种情况也导致日本企业过度依赖银行贷款，一般情况下，企业的融资需求一般都会直接寻求主银行的帮助，而非资本市场，这也导致了日本企业债券市场始终难以取得大规模的发展。

四是日本债券市场缺乏多层次投资者。日本债券二级市场上，基金、保险公司、银行等机构投资者占据了大部分交易份额，这些机构投资者所投资的债券均为投资级，风险取向单一；同时日本债券交易也不活跃，债券流动性一般，这导致日本债券市场很难建立起足够吸引更多发行人和投资人的市场深度。

二、日本信用评级行业

（一）日本信用评级行业监管情况

20 世纪 70 年代以来，日本银行的作用逐渐弱化以及债券市场实行市场化改革，日本的信用评级行业开始逐步发展，信用评级被作为保护投资者利益的重要制度手段而引入。相应地，日本的信用评级行业的运作模式和制度设计也基本借鉴美国经验，核心理念依然是增强透明度、避免利益冲突和强调市场竞争。

1. 金融危机前日本对评级机构的监管特点

一是指定评级机构体系。指定评级机构体系是日本对评级机构进行监督和管理的主要手段，其法律依据是在日本证券交易法基础上制定的关于企业信息披露的内阁条例，由日本金融厅负责实施与执行，金融厅也是日本信用评级行业唯一的监管机构。指定评级机构由日本金融厅专业委员会在国内评级机构中进行筛选，审批通过以后，金融厅将公布被指定评级机构的名称及主要办公场所。但是，评级机构的指定资格并非终身制，而是有一定的有效期（目前是两年有效期），有效期过后，指定资格必须重新审核。指定评级机构不是为了进行特别监管，而是服务于特殊管理目的，将由指定资格的评级机构的评级结果强制应用于银行、保险、证券等金融机构的资本充足率监管和设定投资限定标准，以及债券发行人信息披露等方面。

二是实行双评级制度。日本的信用评级制度设计之初就非常重视双评级制度，认为该制度是其评级业发展的基本制度之一。日本在 1989 年对双评级制度做了明确规定，要求企业债券发行人可以委托国际三大评级机构评级，但同时必须有一家本国评级机构进行评级；可转换公司债和附认股权证公司债券必须经两家或两家以上指定评级机构评级才能够发行；同时，日本要求无担保公司债券的信用评级等级为 A 级以上，可转换公司债的信用评级为 BBB 级以上才可以发行。

由于日本评级制度是在借鉴美国模式的基础上发展起来的，在创建之初，日本就批准了穆迪和标普进入国内市场，其设计双评级制度也在一定程度上扶持和培育了本国评级机构。尽管 1996 年日本监管机构取消了债券发行合规标准，意味着此后企业即使不评级也能发行债券，但实际情况是很少企业在发行债券时做出不评级的选择，常见的情况是至少选择 2 家评级机构的评级结果公布。发行人认为委托多家机构来评级可以降低债券发行的信息不对称情况，增强债券发行的市场条件，吸引更多投资者的眼光。

2. 金融危机后日本对评级机构的监管变化趋势

国际金融危机的爆发使得加强对评级机构的监管成为共识，日本金融监管层也开始加强了对评级机构的引导和监管，通过建立非强制性注册制度，并修订法律以进一步加强对评级机构的监管。

2009 年 6 月，《金融工具和交易法案》修订案第一次明确了日本信用评级机构的监管模式：（1）建立信用评级机构的注册制度；（2）明确日本金融厅对信用评级业务金融监管；（3）要求信用评级机构建立良好的内部控制制度，避免利益冲突，及时充分披露信息。

此外，该修订案还明确金融厅对评级机构具有检查权和处罚权，增加了对注册评级机构的特别监管，要求评级机构必须定期向监管机构递交商业报告，必须接受监管机构的监督和现场检查，并按监管机构要求进行整改。

2010 年，日本金融厅发布《评级机构监管指引》，要求建立科学的公司治理，规范信用评级业务（包括建立运营控制系统、禁止行为和监管方法）和行政管理流程（包括评级机构的注册、通知和档案管理）。该指引进一步规范了评级机构的运营和监管，增强了信息透明性。

3. 日本对评级机构监管的主要内容

日本评级的监管机构比较单一，由日本金融厅管理评级机构。管理标准的制定，多参考国际证券监督协会（IOSCO）的国际评级管理规则①。具体而言，金融厅对评级机构的监管主要包括准入监管和业务规范两个方面的内容。

日本金融厅对评级机构的监管主要包括准入监管和业务规范。

准入监管方面，日本评级机构准入主要考量因素是透明度、利益冲突和技术实力（如历史评级记录、人员配备和构成等）等。此外，评级机构的注册地址和经营地址必须在日本境内，若为海外评级机构，则其日本分公司需要满足相应评级机构的准入标准。对注册机构的资质核查应包含以下内容：公司是否拥有合适的控制系统，公司员工是否与有组织犯罪集团无瓜葛，公司员工是否曾违反 FIEA 或外国相类似法律，公司员工是否有被监禁或受到其他刑罚。若获得日本金融厅的许可，海外机构将可以免受部分监管（在运营管控方面），只对其日本分公司进行考核监管；记录存档应该严格遵循日本内阁法案的相关规定。

业务规范方面，《评级机构监管指引》对于评级机构的业务进行了规范，大体包括以下内容：评级项目小组负责人应建立轮换机制；在聘用员工方面，评级机构应该设立相应机制，以避免雇用可能对评级公正性产生不利影响的人员；评级机构应该定期检查其内控体系的有效性；应该明确合规官员的权责；应该建立适当的内部揭发机制，合理处置内部指控；应当保证评级政策的正确执行，控制评级质量；提高评级人员（分析师和信用评级委员会人员）的水平，确保评级信息准确性，及时跟踪和调整；应设立利益冲突避免机制；防范其他外部企业干扰评级独立性；分析师应该被禁止参与项目费用谈判；禁止与评级利益相关者建立密切联系；禁止在评级同时向客户提供并行的咨询服务；禁止盗用注册机构名称的行为等。

（二）日本信用评级行业概况

1. 日本信用评级机构概况

① 2011 年，金融厅加强了对评级机构的管理，参考 IOSCO 规则制定了行为规范。

目前，日本债券市场上共有五家评级机构（见表2），包括两家日本本国评级机构——评级和投资信息公司（R&I）和日本信用评级（JCR），以及国际三大评级机构（标普、穆迪和惠誉）。其中标普和穆迪日本公司分别控股的标普SF（日本）和穆迪SF（日本）为标普和穆迪在日本开展结构产品评级业务的公司，这两家子公司非NRSRO评级机构。这是根据日本监管要求，标普日本和穆迪日本将结构产品评级业务剥离出来由全资子公司单独承做。

表2 日本信用评级机构概况

评级机构	成立时间	主要股东	主要业务
评级和投资信息公司（R&I）	1985年4月	日本经济新闻社（42.90%），日经BB（13.40%），QUICK（8.2%），银行和证券公司持股合计（23.50%）	信用评级（全牌照）
日本信用评级（JCR）	1985年4月	时事通信社（19.70%），JCR员工（9.50%），共同通信社（5.90%），保险公司和银行持股合计（20.90%）	信用评级（全牌照）
标普日本公司	2010年4月	标普评级（100%）	信用评级（全牌照）
标普SF（日本）	2010年11月	标普日本公司（100%）	结构融资产品评级
穆迪日本公司	—	穆迪投资者服务公司（100%）	信用评级（全牌照）
穆迪SF（日本）	—	穆迪日本公司（100%）	结构融资产品评级
惠誉日本公司	—	惠誉评级（100%）	信用评级（全牌照）

资料来源：联合资信整理。

股权结构方面，日本本国两家评级机构的股东较分散，主要以新闻媒体和金融机构持股为主，对评级机构的设立、研究、市场拓展和信息发布渠道给予相应支持。例如R&I的前身是由股东日本经济新闻社1975年组织的对企业债券的研究团体组成，后逐渐增加其他新闻团体、银行等金融机构，设立R&I公司。目前，两家日本本国的评级机构的评级信息除在本公司官网公布外，均可以及时地在日本经济新闻社、时事通信社等大型新闻网站公布，既能扩大投资人服务受众，又便于向投资人及时公布各类信息。相比较而言，国际三大评级机构的评级信息则相对较少在日本主流新闻网站公布。

评级标准方面，日本本国两家评级机构的评级技术体系采用的是国际评级体系，与国际三大评级机构的评级体系相差不大。但是，在针对日本债券市场发债企业的风险识别能力方面，日本本国评级机构认为其比国际三大评级机构更为专业、更具竞争优势。其次，在对日本发债企业定级方面，国际三大评级机构对日本发债企业的级别除受日本主权级别上限影响外，还需由美国母公司决定。而日本本国评级机构对本国发债企业的定级，经过近32年的评级历史，由原先满足监管对发债企业的要求逐步演变为贴合投资人筛选债券的投资需求，已经能够更好地辅助投资人筛选可投资的企业债券（如信用等级A以上的债券）。

评级作业管理方面，日本评级机构的基础作业流程和现场调查要求与中国评级机构相差不大，采用双人现场调查1~2天，需对不动产等进行现场勘查，评级结果由相应的评级委员会（成员5人左右）定级，首次评级在30天左右出具评级报告，每年对受评企业主体进行跟踪评级。

评级人员从业素质方面，日本评级机构对分析师的专业素质要求较中国更为严格。首先，公司内部评级作业人员按照分析师、高级分析师和主管分析师进行划分，评级人员的提级除有相应的评级从业年限外，还需通过证券业协会的相关考试或公司内部的考核，如高级分析师要求有10年的从业经验。同时，日本评级机构招聘评级人员时，除需有相关专业资质，也较多地吸收银行及证券公司从业人员参与评级作业。

数据库建设方面，日本评级机构均建立企业评级信息的基础数据库、评级作业管理系统等，通过收集整体企业的各类信息（财务、评级、违约等），用于支持评级作业和投资人服务工作。

人员方面，截至2016年末，日本信用评级行业从业总人数为211人，日本信用评级行业从业人员数量不多。

2. 日本评级机构业务开展情况

从竞争格局看，日本本国的两家评级机构R&I和JCR主要服务日本债券市场中央政府[①]、地方政府、企业等各类型发行人，而国际三大评级机构主要服务海外发债的日本主体（如日本政府或企业），这是由于2011年以后国际三大评级机构给予日本主权评级低于日本本国评级机构，因此受主权评级上限限制，国际三大评级机构在日本国内评级市场上不具有竞争优势。

评级收费方面，日本本国评级机构每年对发债企业收取一次主体评级费用，发债企业发行债券时按照债券发行规模的0.1%收取评级费用。目前，日本评级机构的单笔评级业务收费平均在250万日元（约15万元人民币）左右，而穆迪的单笔评级业务收费平均在1,500万日元（约90万元人民币）左右，是日本评级机构的近6倍。

收入方面，2016年，日本信用评级行业总收入135.13亿日元（约8.07亿元人民币或1.22亿美元），其中R&I、JCR、标普、穆迪和惠誉收入占比分别为29.95%、15.21%、28.14%、22.13%和4.57%。日本各评级机构中，R&I的总收入最高，主要由于其非评级业务收入如投资咨询等业务收入较高；标普和穆迪虽然客户量不多，但评级业务收入相对较高，主要由于国际三大评级机构单笔评级收费较高。

收入构成方面，目前，日本本国评级机构除依靠由发行人付费的传统评级业务收入来源外，还能够通过投资人服务取得相关收入，既扩大了收入来源，又能不断提高投资人的认可度，推动评级业务开展。

除评级业务收入外，各家评级机构均有其他业务收入，尤其R&I的其他业务收入最多。目前，R&I的其他业务收入占总收入达43.81%，其主要包括：信息服务，如向投资人销售评级报告收入（占总收入10%左右），研究成果销售（如风险研究报告、评级数据信息服

① 根据日本监管部门对债券投资相关要求，日本中央政府发行债券同样需要进行信用评级供投资者参考使用。

务)、投资人培训等;企业年金咨询业务服务,收入占总收入20% ~30%。此外,R&I信息服务采用会员制,由投资人选择不同的产品包(如评级报告、企业数据、培训讲座等)缴纳相应的信息服务年费。R&I能够向投资人销售的评级报告,是因为日本监管机构对发债企业的评级信息披露要求不高,发行人公开评级报告信息较少,而R&I销售的评级报告其对发债企业的信用风险分析、信息披露内容要更为详细具体,对投资人充分了解企业经营、识别风险更有针对辅助性。同时,R&I的企业年金咨询服务,也主要是针对企业年金投资方向的咨询服务,辅助投资人筛选基金、债券等,向投资人提示投资风险与预计投资收益,采取每年固定的咨询服务费方式,收费与投资收益无关。JCR的其他业务收入相对较少,占总收入比重18.39%,主要向投资人提供企业评级报告、行业风险报告、评级预报、企业新闻快报、各类信息数据、培训讲座等信息服务,也是采用会员制年费方式,费用在55万日元/年(约人民币3.3万元)。

表3　2016年日本评级机构业务开展情况

单位:百万日元

项目	R&I	JCR	标普日本	标普SF日本	穆迪日本	穆迪SF日本	惠誉日本
总收入	4,047	2,055	3,746	57	2,611	379	618
其中:评级业务收入	2,274	1,677	3,139	57	2,457	361	309
其他业务收入	1,773	378	607	0	154	18	309
分析师数量(人)	72	61	22	6	33	12	5
评级/客户数量(个)	647	661	183		166		39

资料来源:联合资信整理。

客户数量方面,从近10年情况看,日本本国两家评级机构客户数量一直大大领先于国际三大评级机构,R&I客户数量在2015年之前一直高于JCR,但2016年被JCR反超,2016年R&I和JCR的客户数量分别为647家和661家;国际三大评级机构中标普客户数量相对较多,2016年末为183家。

总体上看,日本信用评级行业规模不大。

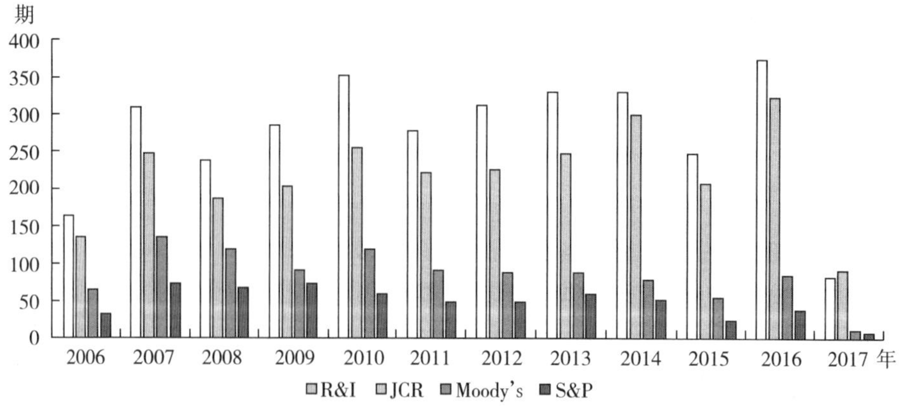

图6　2006—2017年日本各评级机构企业债券评级数量

(资料来源:日本证券业协会)

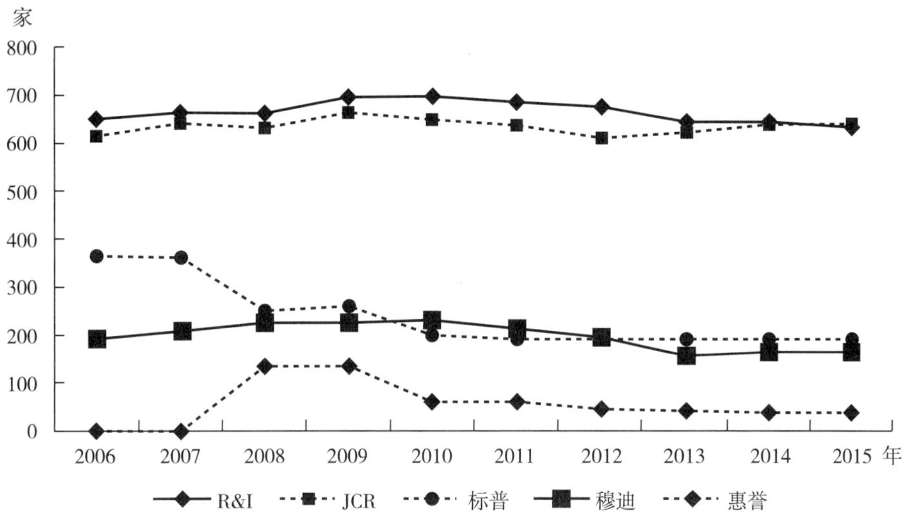

图 7　2006—2015 年日本各评级机构所评主体数量

（资料来源：日本证券业协会）

3. 日本信用评级机构的投资人服务情况

目前，日本本国评级机构除向投资人提供客观、公正、独立的发行企业信用评级服务外，还向投资人提供国家、行业、企业等各类风险研究报告、信息数据统计等多项投资人服务产品，并逐步把对投资人的信用风险服务向投资风险领域延伸，形成各类盈利性的服务产品，通过评级机构年度会员制管理方式，向投资人营销。其中，R&I 的投资人服务产品较 JCR 更为全面（见表 4、表 5）。

表 4　R&I 投资人服务体系

服务产品		频次	服务内容	服务对象
信用评级分析报告	评级报告	—	对企业、财务公司、地方政府、结构融资等债券产品的评级报告	投资机构
	培训讲座	—	针对信用风险的讲座	
研究报告	国际风险报告	半年	对全球 100 个国家和地区投资风险的分析评价报告	公司
	其他风险报告	—	如行业风险、企业风险等风险预测报告	投资机构
数据服务	债券评级数据服务	每日	更新债券的发行信息，如：评级结构、发行利率、发行日期、到期日、已发行市场、有担保或无担保、担保类型、企业信息变动等	投资机构
	评级迁徙统计	—	企业、地方政府等级别迁徙变动情况，以及相应的统计数据支持	银行

续表

服务产品		频次	服务内容	服务对象
企业年金咨询服务	养老基金咨询刊物	半月	养老金和资产管理相关信息，如：投资策略、政策分析、资金运用、财务处理等	投资机构
	投资信托基金评价刊物	半月	对金融、资产管理业务和投资产品的最新发展趋势汇总分析，涵盖共同基金、养老金、保险和债券等	

资料来源：R&I 评级公司提供。

表 5　JCR 投资人服务体系

服务产品		频次	服务内容	服务对象
信用评价报告	信用评价报告	—	对企业、财务公司、地方政府、结构融资等的信用评价报告	投资机构
	培训讲座	—	针对信用风险的讲座	
研究报告		每月	评级方法，企业、行业与国家风险分析报告	
信息服务	企业新闻快报	—	企业经营变动的各类新闻信息快报	投资机构、银行等
	违约等数据统计	—	企业、地方政府等违约情况，以及相应的统计数据支持	

资料来源：JCR 提供。

4. 日本评级机构国际化情况

日本本国两家评级机构虽然均在 2007 年获得了 NRSROs 的认证，但是在国际评级市场竞争力均远落后于国际三大评级机构，国际评级业务始终较少。尤其是次贷危机之后，美国当局的监管过严，导致这两家业务总量更是受到影响，出于战略考虑，二者均在 2010 年主动撤销了在 SEC 注册的 ABS 评级资格。R&I 在 2011 年 10 月彻底退出 NRSROs。目前，R&I 全面收缩国际评级业务，经营重心集中在日本评级市场；JCR 则继续拓展国际评级业务。

评级资质：JCR 继续保持 NRSROs 的认证。于 2011 年取得欧盟信用评级机构执照（CRA）、2015 年获泰国证监会的评级机构认可，可开展当地债券评级业务。2015 年 JCR 取得印度尼西亚央行的评级机构认可，可开展当地的企业评级业务。同时，除日本本国外，JCR 还取得了欧盟、土耳其和中国香港的合格外部评级机构认可，其评级结果可用于当地金融机构的资本充足率计算。

海外合作：JCR 先后与巴基斯坦（1997 年）、土耳其（2007 年）当地合作成立评级公司，并与印度 CARE（1993 年）、马来西亚 MARC（1996 年）、墨西哥 HR Ratings（2007 年）等成为了战略合作伙伴，加强海外市场联盟，为日本企业在当地的融资提供服务，同时拓展自身国际化影响力。

其中 JCR 投资（财务投资）巴基斯坦（1997 年）和土耳其（2007 年）的评级公司，主要是当时当地监管政策要求成立本地评级机构需有外资的股东。JCR 在公司成立初期，对当地评级机构的组织架构设计、评级标准等评级技术方法体系进行了指导。目前，JCR 不再参与当地评级机构的经营管理，只作为财务投资方，出任当地评级公司的董事，每年定期参加董事会。

业务拓展方面：JCR 的国际化业务拓展，紧随日本企业海外拓展方向，主要服务于两方面，一是促进日本企业在海外便利融资，二是辅助日本投资人的海外投资。促进日本企业海外融资方面，对于取得评级资质的国家，如：美国、欧盟、泰国、印度尼西亚等国，JCR 在当地开展评级业务主要集中于日本企业，通过对其进行信用评级促进企业在当地融资。对于与当地评级机构建立战略合作关系的国家，如印度、墨西哥、马来西亚等国，JCR 则通过向当地评级机构提供日本融资企业在日本本土经营的信息，辅助其正确地评价日本企业，促进企业融资。促进日本投资人海外投资方面，因日本投资人的海外投资主要地区仍是欧美，所以 JCR 目前的竞争力较弱于国际三大评级机构，其主要是通过自身对欧美等国企业的了解，以及建立战略合作关系的发展中国家评级机构，获取当地优质企业的信息，向本国投资人进行推荐和风险提示。

（三）日本债券市场信用评级情况

1. 日本债券市场信用等级分布

一般来说，在对主权境内的机构进行评级时，受评对象的主体信用等级受国家主权上限的限制，即国家主权等级列为该国境内发行人的评级上限。日本两家本国评级机构 R&I 和 JCR 给予日本主权的信用等级分别为 AA +/负面和 AAA/负面，其所评主体的最高信用等级与其评定的日本主权信用等级相同；国际三大评级机构（穆迪、标普和惠誉）所评日本主权信用等级分别为 A1/稳定，A +/稳定和 A/稳定，但其给予日本国内的最高主体评级分别为 Aa3，AA 和 A +，均高于所评日本主权等级上限 1 ~2 个子级，这可能是因为个别受评企业是跨国公司，不受日本主权上限限制。

从日本各评级机构所评主体信用等级分布情况看，国际三大评级机构和日本两家本国企业所评定的信用等级均以投资级为主，占比均在 95% 以上。具体来看，日本两家本国评级机构所评信用等级分布较国际三大评级机构更加分散，70% 以上分布在 AA - 至 BBB +之间，其中 AA - 级以上受评对象的占比不超过 16%，低于 BBB + 级的不超过 12%。国际三大评级机构所评主体信用等级有 70% 以上分布在 A +（A1）至 A -（A3）之间，其中穆迪所评的主体信用等级约 50% 都分布在 A1，惠誉所评的主体等级 50% 多都分布在 A 级，标普所评主体等级分布相对较分散。

表 6　日本各评级机构所评主体信用等级分布

单位：%

信用等级	R&I	JCR	标普	穆迪	惠誉
AAA（Aaa）	0.00	2.87	0.00	0.00	0.00
AA +（Aa1）	4.48	3.48	0.00	0.00	0.00
AA（Aa2）	8.50	8.77	0.55	0.00	0.00

续表

信用等级	R&I	JCR	标普	穆迪	惠誉
AA－（Aa3）	12.83	11.20	9.84	7.23	0.00
A＋（A1）	17.31	14.83	27.87	46.39	7.69
A（A2）	18.24	18.91	28.96	10.84	51.28
A－（A3）	18.55	16.79	21.31	19.28	30.77
BBB＋（Baa1）	10.66	11.20	4.92	6.63	2.56
BBB（Baa2）	6.49	7.72	1.64	4.22	2.56
BBB－（Baa3）	1.85	3.03	1.64	1.81	0.00
BB＋（Ba1）	0.46	0.61	1.09	2.41	2.56
BB（Ba2）	0.15	0.15	0.00	0.00	2.56
BB－（Ba3）	0.00	0.00	1.09	0.60	0.00
B＋（B1）	0.15	0.00	0.00	0.00	0.00
B（B2）	0.31	0.00	0.00	0.00	0.00
B－（B3）	0.00	0.30	0.55	0.00	0.00
CCC＋（Caa1）	0.00	0.00	0.55	0.60	0.00
CCC（Caa2）	0.00	0.00	0.00	0.00	0.00
CCC－（Caa3）	0.00	0.00	0.00	0.00	0.00
CC＋	0.00	0.00	0.00	0.00	0.00
CC（Ca）	0.00	0.15	0.00	0.00	0.00
CC－	0.00	0.00	0.00	0.00	0.00
C	0.00	0.00	0.00	0.00	0.00
D	0.00	0.00	0.00	0.00	0.00
合计	100.00	100.00	100.00	100.00	100.00
样本总数	647	661	183	166	39
投资级合计占比	98.92	98.79	96.72	96.39	94.87
投机级合计占比	1.08	1.21	3.28	3.61	5.13

资料来源：日本证券业协会。

从企业债券发行级别看，受日本财政部对企业债券发行人发行资格管理的影响，即使自1996年取消了相关发行人发行资格管理的级别要求，但是目前日本的企业债券级别仍以A－级及以上为主，投机级债券很少，以投资级降级为主，近10年未有BB级别债券发行。

2. 日本本国评级机构与国际三大评级机构信用等级差异

对于同一主体，与国际三大评级机构相比，日本评级机构评定的信用等级普遍高2个子级左右，主要受主权信用等级上限的影响。R&I所评的主体信用等级较JCR平均低一个子级，R&I所评主体信用等级较国际三大评级机构平均高出2个子级，JCR所评主体信用等级较国际三大评级机构平均高出约3个子级。

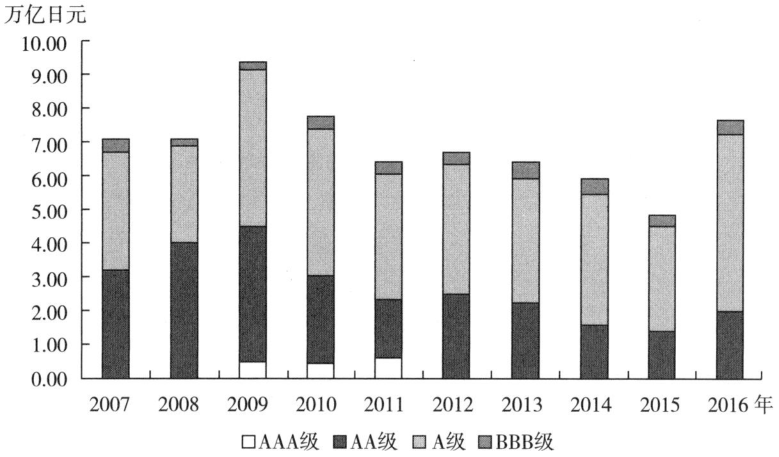

图 8　日本企业债券发行信用级别分布

（资料来源：日本证券业协会）

具体来看，R&I 所评主体信用等级比国际三大评级机构高出 2 个子级的占比最高，占比在 40% 左右；JCR 所评等级比国际三大评级机构高出 3 个子级的占比最高，占比在 30% 左右。日本本国评级机构所评定的同一主体的信用等级较国际三大评级机构低的样本数量非常少，主要为低 1 个子级，没有超过低于国际三大评级机构 2 个子级以上的情况。

表 7　日本评级机构较国际三大评级机构所评同一主体信用等级差异

	穆迪		标普		惠誉	
	R&I	JCR	R&I	JCR	R&I	JCR
共同评级数量（家）	130	97	139	91	32	27
平均信用等级差异（个子级）	1. 8	2. 8	1. 8	2. 8	2. 2	2. 7
差异为正（日本评级机构所评较高）						
差异：0	10	5	7	4	1	1
差异：+1	39	9	42	6	5	4
差异：+2	52	20	68	25	14	6
差异：+3	26	33	18	37	8	9
差异：+4	2	26	3	13	1	6
差异：+5 以上	0	3	0	6	1	1
差异为负（日本评级机构所评较低）						
差异：-1	1	1	1	0	1	0
差异：-2 以上	0	0	0	0	1	0

资料来源：日本证券业协会。

3. 日本债券市场违约率表现

从表 8 可以看出，日本债券市场各级别违约率整体呈现随级别降低而递增的趋势。2016 年，日本债券市场 3 年期投资级主体违约率为 0. 50%，投机级违约率为 5. 26%，总体违约率为0.65%。从近10年情况看，日本债券市场违约案例相对较少（10年期投机级主体违约率仅为15.79%或3家次违约），主要原因是债券发行人信用等级主要集中在投资级以上，发行主体信用质量相对较好。

表8 日本债券市场10年期违约率（2006—2015年）

单位：%

合并子级/期限	样本数（个）	1年期	2年期	3年期	4年期	5年期	6年期	7年期	8年期	9年期	10年期
AAA	9	0.00	0.00	0.00	0.00	0.00	0.00	0.00	0.00	0.00	0.00
AA	117	0.00	0.00	0.00	0.00	0.00	0.00	0.00	0.00	0.00	0.91
A	283	0.00	0.00	0.00	0.73	0.73	0.73	0.73	0.73	0.73	0.73
BBB	195	0.51	1.03	1.54	2.06	2.06	2.06	2.62	2.62	2.62	2.62
BB	16	0.00	0.00	6.25	18.75	18.75	18.75	18.75	18.75	18.75	18.75
B以下	3	0.00	0.00	0.00	0.00	0.00	0.00	0.00	0.00	0.00	0.00
投资级	604	0.17	0.33	0.50	1.01	1.01	1.01	1.18	1.18	1.18	1.18
投机级	19	0.00	0.00	5.26	15.79	15.79	15.79	15.79	15.79	15.79	15.79
总体	623	0.16	0.32	0.65	1.47	1.47	1.47	1.64	1.64	1.64	1.81

资料来源：日本证券业协会。

表9 日本债券市场累积平均违约率（1981—2015年）

单位：%

合并子级/期限	1年期	2年期	3年期	4年期	5年期	6年期	7年期	8年期	9年期	10年期
AAA	0.00	0.00	0.00	0.00	0.00	0.00	0.00	0.00	0.00	0.00
AA	0.00	0.00	0.00	0.00	0.00	0.00	0.00	0.06	0.24	0.43
A	0.00	0.00	0.00	0.05	0.19	0.37	0.65	0.93	1.17	1.45
BBB	0.15	0.51	1.04	1.60	1.90	2.17	2.17	2.17	2.17	2.17
BB	0.65	1.41	2.20	3.64	5.21	6.45	7.32	7.58	7.58	7.58
B	7.54	12.64	16.53	20.95	22.71	23.50	25.90	27.55	29.27	31.1
CCC及以下	23.14	24.36	24.36	24.36	24.36	24.36	24.36	24.36	24.36	24.36
投资级	0.04	0.12	0.26	0.42	0.56	0.70	0.82	0.95	1.08	1.24
投机级	2.95	4.64	6.04	8.04	9.58	10.68	11.82	12.37	12.76	13.21
总体	0.31	0.55	0.81	1.15	1.43	0.168	1.9	2.07	2.24	2.43

资料来源：标普。

（四）投资人对日本评级机构的看法

1. 评级结果区分度和报告质量仍有待提高

日本本国评级机构对债券的评级结果，较国际三大评级机构级别区分度更高，更适宜日本投资人根据自身的投资政策初步筛选可能的投资机会，缩小筛选范围。如，投资人只需关注从经日本本国评级机构评为A级及以上的债券中，筛选可能的投资品种即可。而国际三大评级机构的评级结果集中在BBB，使得投资人无法进行投资筛选工作。

同时，对于评级报告分析内容来说，投资人认为 R&I 对企业风险的评价较 JCR 更为准确深入，但是两家公司均缺少对企业未来发展预测的判断分析，需要投资人在深入了解分析企业的整体经营情况，做出最终投资判断。

2. 评级结果时效性不足

因发行人付费方式，对于发行人出现负面经营情况时，评级机构受发行人的影响较多，导致其对发行人调级、出具风险警示函等提示投资人关注发行人信用风险变动的行为往往较慢，不利于投资人及时掌握发行人风险变动情况，采取有效的风险控制措施。

3. 评级机构间存在级别竞争情况

发行人希望评级机构的评级结果更高，从而吸引更多的投资人，尤其在评级结果发行人付费的模式下，其对评级机构的评级结果有一定的影响。同时，日本实行双评级制度，发行人可以选择多家评级机构进行评级，公布对自己有利的评级结果。从而，需要评级机构能够把握好自身的评级政策和评级序列，把握发行人与投资人认可之间的平衡。

目前，日本 JCR 通过评级结果较 R&I 平均高一个子级的竞争方式占领评级市场，R&I 则通过更专业的信用风险服务以取得投资人的认可，推动评级业务拓展。两家机构竞争力基本相当。

4. 投资人更倾向购买日本本国评级机构服务

目前，评级机构通过会员年费方式，由投资人加入评级机构会员，向其提供相应的专业服务产品，扩大收入来源。日本评级机构的会员年费收入较少，JCR、R&I 收费在 100 万日元/年（约人民币 6 万元），且对日本发债企业的信息覆盖较全面，较多投资人选择成为两家公司的会员，获取各类投资人服务产品。对于国际三大评级机构，日本投资人加入其在日本评级机构的会员年费在 600 万日元/年（约人民币 36 万元），加入其在美国评级机构的会员年费高达 1,000 万日元/年（约人民币 60 万元），使得投资人对国际三大评级机构的投资人服务产品都是有选择性、针对性地购买。

三、日本本国评级机构与国际三大评级机构竞争优劣势

1985 年，日本本国两家评级机构 R&I 和 JCR 成立，标普、穆迪也在同一时期在日本设立分支机构，日本本国评级机构与国际三大评级机构竞争已达 30 余年。

（一）竞争优势

1. 日本监管机构扶持本国评级行业发展

一是在评级行业发展初期，日本监管机构通过指定评级机构体系，即由经金融厅指定的评级机构方可开展日本债市评级业务的方式，控制了本国评级机构与国际三大评级机构的数量。二是在 1987 年增加了信用等级作为发行资格的标准（1996 年取消了对发行人发行资格管理制度），通过多年运行，日本评级行业已经得到投资人的认可，投资人在投资筛选中习惯以评级机构的评级结果作为初步选择的依据，发行人也公布评级报告以便于自身更好融

资。三是推行双评级制度。1989 年，日本要求企业债券发行人可以委托国际三大评级机构评级，但同时必须有一家本国评级机构进行评级；可转换公司债和附认股权证公司债券必须经两家或两家以上指定评级机构评级才能够发行。虽然目前日本监管机构现已不再强制推行双评级制度，但是发行人认为进行双评级可以降低债券发行的信息不对称情况，增强债券发行的市场条件，吸引更多投资者的眼光，多自愿聘请评级机构对债券进行评级。

2. 投资人更加认可日本本国评级机构

首先，日本本国的两家评级机构与国际三大评级机构的评级标准相差不大。但是，在针对日本企业的风险识别能力、对企业的经营风险把控、定级准确性方面，日本本国评级机构认为其比国际三大评级机构更了解日本市场的实际情况，更具竞争优势。

其次，级别区分度方面，受日本主权信用等级影响，日本两家本国评级机构所评信用等级分布较国际三大评级机构更加分散，70% 以上分布在 AA - 至 BBB + 之间，其中 AA - 级以上受评对象的占比不超过 16%，低于 BBB + 级的不超过 12%。国际三大评级机构所评主体信用等级有 70% 以上分布在 A + （A1）至 A - （A3）之间，其中穆迪所评的主体信用等级约 50% 都分布在 A1，惠誉所评的主体等级 50% 多都分布在 A 级。同时，国际三大评级机构对日本发债企业的级别除受日本主体级别影响外，还需由美国母公司决定，需要适应国际三大评级机构各自的全球企业评级序列影响，导致其评级结果级别区分度较差。

再次，违约率方面，据 R&I 对 1990—2016 年 5 年平均累积违约率的统计，R&I 所评 A 级的违约率约 0.56%，虽然高于穆迪（日本）所评的 A 级对应的约 0.20% 的违约率，但低于穆迪全球评级序列的 A 级对应的违约率（约 0.70%）。对于 R&I 所评的 BBB 级违约率（1.21%），其同样低于穆迪全球序列的 BBB 级违约率（约 1.50%）。但从评级与违约率的关系来看，日本本国评级机构的评级标准要高于国际三大评级机构的全球标准，但低于国际三大评级机构在日本的机构标准（主要受评级样本量影响）。或者说，由于日本债券市场违约率较低，国际三大评级机构并没有更客观对待日本的有关评级，对日本评级过于严苛。

最后，受日本监管政策影响，即使现在已取消对发行人级别的限制，但是日本投资人对企业债券投资更倾向于投资信用等级 A 级、甚至 AA 级以上的债券。本国评级机构经过近 32 年的评级历史，能够更好地辅助投资人筛选可投资的企业债券，而国际三大评级机构则较难满足投资人筛选投资债券的需求。

3. 评级费用与投资人服务费用价格低廉

评级收费方面，日本本国评级机构每年对发债企业收取一次主体评级费用，发债企业发行债券时按照债券发行规模的 0.1% 收取评级费用。目前，日本评级机构的单笔评级业务收费平均在 250 万日元（约人民币 15 万元），而国际三大评级机构的评级收费近似日本评级机构的 6 倍，如：穆迪的单笔评级业务收费平均在 1,500 万日元（约人民币 90 万元）。所以，发行人如无海外发债需求，更多的是选择本国两家评级机构进行评级。

投资人服务收费方面，日本本国评级机构的会员年费收入较少，JCR、R&I 收费在 100 万日元/年（约人民币 6 万元），且对日本发债企业的信息覆盖较全面，较多投资人选择成为两家公司的会员，获取各类投资人服务产品。相比国际三大评级机构，加入其在日本评级机构的会员年费在600万日元/年（约人民币36万元），加入其在美国评级机构的会员年费高达1,000万日元/年（约人民币60万元），使得投资人对国际三大评级机构的投资人服务产品都是有选择性、针对性地购买。

4. 发行人更青睐高信用等级

发行人希望评级机构给予的评级结果更高，从而吸引更多的投资人，尤其在评级结果发行人付费的模式下，评级结果对其选择评级机构有很大的影响。目前，日本JCR通过评级结果较R&I平均高一个子级的竞争方式占领评级市场，R&I则通过更专业的信用风险服务以取得投资人的认可，推动评级业务拓展。

（二）竞争劣势

1. 对受评对象前景分析预判有待提高

据日本投行介绍，日本本国评级报告分析内容，缺少对企业未来发展预测的判断分析，需要投资人在深入了解分析企业的整体经营情况，做出最终投资判断。

2. 发行人付费模式影响评级机构的客观中立性，时效性不足

因发行人付费方式，对于发行人出现负面经营情况时，评级机构受发行人的影响较多，导致其对发行人调级、出具风险警示函等提示投资人关注发行人信用风险变动的行为往往较慢，不利于投资人及时掌握发行人风险变动情况，采取有效的风险控制措施。

3. 日本本国评级机构在国际评级市场的认可度低

虽然日本本国评级机构均稳步推进其国际化发展，并有机构获得了NRSRO认可，但与国际三大评级机构在国际市场上几乎垄断的优势相比，日本本国评级机构在国际市场上的认可度仍然不足，日本企业海外发债也更多选择国际三大评级机构进行评级。

03　中日债券市场投资级债券违约状况之比较分析[①]

联合资信　技术创新部　　艾仁智　李天娇　陈茵　（2020－09）

一、违约定义及违约率计算方法

本节试图分析比较中日两国评级机构在违约的定义和违约率的计算方法上是否存在明显差异。

（一）违约定义

1. 日本评级机构对于违约的定义

目前日本本土最大的两家评级机构为评级和投资信息公司（R&I）和日本信用评级（JCR）。

在R&I的定义中，“违约”是指未按承诺履行财务义务的情况。R&I将经历以下任何事件的发行人都视为违约：①法定破产；②未履行对约定财务义务的付款；③请求或实施对债权人不利的金融债务重组。

在JCR的定义中，“违约”是指不能按照最初商定的合同履行债务本金或利息支付的状态。包括以下情况：①未履行对约定财务义务的付款；②JCR所裁定的违约，例如虽然债务人不履行部分约定的财务义务，但履行其他所有约定的财务义务。通常，当案件属于前者时，则给予“D”等级，而案件属于后者时，则给予“LD”等级。开始法律破产程序是前一种情况的典型示例，而特定债权人授予债务减免是后一种情况的典型示例。

2. 中国评级机构对于违约的定义

随着我国债券市场违约趋于常态化，为便于评级实务判断和后续信用等级的评定，中国国内评级机构相继形成了自身对违约的看法。综合来看，各家评级机构对违约定义的看法基本一致，一般认为当出现下述一个或多个事件时，即可判定为违约：一是发行人未能按合同约定及时支付债券本金和/或利息；二是发行人发生破产、清算或停业等情况，使其无法按期足额偿还债券本息；三是发生不利于债权人的债务重组或债务置换（包括债权人减免部分债务本金或利息、降低债务利率、延长债务期限、债转股等）。但是，国内各家评级机构在对债项违约和主体违约关系、违约宽限期的设定、违反投资人保护条款的违约判定、担保

---

① 本篇文章部分已在《债券》2020年第12期发表。

整体来看，中日两国评级机构对违约定义的看法基本一致，一般认为发行人未能按合同约定及时支付债券本金和/或利息、发行人无法按期足额偿还债券本息或者发生不利于债权人的债务重组或债务置换均可判定为违约。

（二）违约率计算方法

中日两国各家评级机构均建立了各自的违约率统计标准和方法。但整体来看，中日两国评级机构的违约率统计方法与国际三大评级机构大致相同。

国际三大评级机构对于违约率的计算方式通常分为两种：一种是以发行人的家数作为计算的基础；另一种是以债券的发行金额作为计算基础。前者可以认为是对发行人主体违约概率的测算，后者则更加关注债券的违约情况。两种违约率计算方式类似，国际三大评级机构中穆迪同时计算两种违约率，标普和惠誉均仅计算基于发行人数目的违约率。国际通用的违约率统计方法主要有两种：静态池法和动态群组法。标普和惠誉采用的是静态池法，而穆迪采用的是动态群组法。

静态池是在期初建立起来，包括在该时点具有有效评级的所有债券发行人，而不考虑债券的发行日期是何时。在研究中所有的公司都同时属于一个或几个静态池。对于那些评级被撤销①或者违约的发行人，它们将会从接下来的静态池中被去除，但不影响历史静态池。

动态群组采用与静态池类似的构建方式，群组是由各等级的发行人组成的，自期初群组建立之时开始，跟踪群组中发行人信用等级的变化和违约情况，以此来统计每个群组中各等级发行人债券的违约率。但群组是动态的，当群组中某一债券发行人评级被撤销时，将追溯至原始的动态群组，并对其进行调整。这是与静态池分析技术的重大差别。联合资信、JCR 和 R&I 均采用的是动态池法计算违约率。

整体来看，中日两国评级机构对于违约的判定和违约率的计算方法大体一致。

二、中日债券市场的违约表现

本节试图分析比较中日两国债券市场的违约表现，来比较两国的违约率结果。

（一）日本债券市场违约表现

目前，日本债券市场上共有五家评级机构（见表 1），包括两家日本本国评级机构——R&I、JCR，以及国际三大评级机构（标普、穆迪和惠誉）。其中标普和穆迪日本公司分别控股的标普 SF（日本）和穆迪 SF（日本）为标普和穆迪在日本开展结构产品评级业务的公司，这两家子公司非 NRSRO 评级机构。这是根据日本监管要求，标普日本和穆迪日本将结构产品评级业务剥离出来由全资子公司单独承做。

---

① 通常当债务人的所有债务被偿付，受评债务中止、债务人发生并购、或者缺少合作（尤其当债务人发生财务困难拒绝提供进行跟踪评级所需要的信息）时进行。

表1　日本信用评级机构概况

评级机构	成立时间	主要业务
评级和投资信息公司（R&I）	1985年4月	信用评级（全牌照）
日本信用评级（JCR）	1985年4月	信用评级（全牌照）
标普日本公司	2010年4月	信用评级（全牌照）
标普SF（日本）	2010年11月	结构融资产品评级
穆迪日本公司	—	信用评级（全牌照）
穆迪SF（日本）	—	结构融资产品评级
惠誉日本公司	—	信用评级（全牌照）

资料来源：日本评级行业调研报告，联合资信整理。

从市场情况看，日本本国的两家评级机构R&I和JCR主要服务日本债券市场中央政府、地方政府、企业等各类型发行人，而国际三大评级机构主要服务海外发债的日本主体（如日本政府或企业），这是由于国际三大评级机构给予日本主权评级低于日本本国评级机构，因此受主权评级上限限制，国际三大评级机构在日本国内评级市场上不具有竞争优势。反映在市场占有率上，近10年日本本国两家评级机构（R&I和JCR）客户数量一直大大领先于国际三大评级机构，2016年JCR和R&I的客户数量占比分别为38.97%、38.15%，标普、穆迪、惠誉分别占10.79%、9.79%和2.30%。

虽然日本本国评级机构评级结果相对国际三大评级机构较高，但违约数很低，违约率表现良好。具体来看，R&I的统计结果显示，其评级的债市AAA级、AA级和A级别5年期平均累计违约率分别为0.00%、0.06%和0.45%（见图1）。JCR的统计结果显示，其评级的债市AAA级、AA级和A级别5年期平均累计违约率分别为0.00%、0.07%和0.43%（见表2）。两家的违约率水平基本接近。以穆迪为基准，日本本土评级机构的5年期平均累计违约率水平略高，但在A级及以上的差异并不明显①。

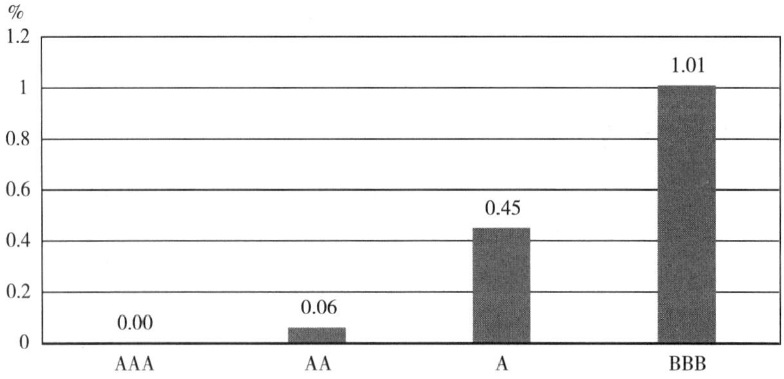

注：统计日期1978—2019年。

图1　R&I所评日本债市平均累计违约率（5年）

（资料来源：R&I官网）

① 本文把穆迪所给评级进行了转换，例如穆迪级别为Baa1，本文均表示为BBB+级，下同。

表 2　JCR 所评日本债市违约率　　单位：%

	1 年	2 年	3 年	4 年	5 年
AAA	0.00	0.00	0.00	0.00	0.00
AA	0.00	0.00	0.00	0.07	0.07
A	0.02	0.10	0.19	0.30	0.43
BBB	0.50	1.13	1.75	2.20	2.57
BB	3.30	6.30	9.36	12.08	14.47
B	20.00	35.00	47.50	53.03	53.03
CCC&lower	53.85	61.54	61.54	61.54	61.54

注：统计日期为 2000—2019 年。

资料来源：JCR 官网。

表 3　R&I、JCR 和穆迪的 5 年期平均违约率统计数据对比　　单位：%

	穆迪	R&I	JCR
AAA	0.00	0.00	0.00
AA	0.00	0.06	0.07
A	0.38	0.45	0.43
BBB	1.55	1.01	2.57
BB	6.88	—	14.47
B	20.45	—	53.03

注：穆迪违约率统计日期为 1970—2019 年。

资料来源：各评级机构官网。

（二）中国债券市场违约表现

2018 年以前，我国公募债券市场高信用等级发行人（AA+级及以上级别）未出现违约事件。近两年，公募债券市场各信用等级（尤其是较高信用等级）发行人主体违约率持续上升。根据联合资信《2019 年中国债券市场违约回顾与展望》报告统计显示，2019 年，AAA 级发行人主体违约率为 0.25%，较上年（0.14%）有所上升；AA+级发行人主体违约率为 0.93%，较上年（0.11%）显著上升；AA 级发行人主体违约率为 0.22%，低于 AA+级发行人主体违约率，违约率与级别出现倒挂现象。与国际三大评级机构相比，近两年我国公募债券市场高信用等级发行人主体违约率也明显偏高，主要由于我国公募债券市场高信用等级发行人占比较高，在经济下行、金融强监管背景下高信用等级发行人信用状况有所分化。

表 4　2017—2019 年我国公募债券市场债券发行人主体违约率统计

发行人主体级别	2017 年			2018 年			2019 年		
	样本数（家）	违约数量（家）	违约率（%）	样本数（家）	违约数量（家）	违约率（%）	样本数（家）	违约数量（家）	违约率（%）
AAA	592	0	0.00	705	1	0.14	815	2	0.25
AA +	808	0	0.00	882	1	0.11	971	9	0.93
AA	2020	3	0.15	1970	20	1.02	1790	4	0.22
AA -	401	0	0.00	385	3	0.78	295	5	1.69
A +	57	0	0.00	75	1	1.33	70	4	5.71
A	21	0	0.00	17	2	11.76	22	3	13.64
A -	9	0	0.00	8	0	0.00	8	0	0.00
BBB +	10	1	10.00	5	0	0.00	4	1	25.00
BBB	13	0	0.00	5	0	0.00	6	2	33.33
BBB -	6	1	16.67	2	1	50.00	1	1	100.00
BB +	6	0	0.00	5	0	0.00	2	0	0.00
BB	7	2	28.57	3	0	0.00	2	2	100.00
BB -	3	0	0.00	1	0	0.00	0	0	0.00
B +	0	0	0.00	0	0	0.00	1	0	0.00
B	1	0	0.00	2	1	50.00	0	0	0.00
B -	2	0	0.00	2	1	50.00	0	0	0.00
CCC	1	0	0.00	0	0	0.00	0	0	0.00
CC	1	0	0.00	1	0	0.00	0	0	0.00
C	0	0	0.00	0	0	0.00	0	0	0.00
合计	3861	7	0.18	3990	30	0.75	3907	32	0.82

资料来源：联合资信 COS 系统。

相比于日本债券市场违约情况，我国的债市违约率显著偏高。根据联合资信的统计结果显示，中国债市 AAA 级、AA 级和 A 级别 5 年期平均累计违约率分别为 0.39%、3.48% 和 7.57%，均比日本高。

表 5　中国公募债市累计违约率　　单位：%

	1 年	2 年	3 年	4 年	5 年
AAA	0.08	0.15	0.20	0.27	0.39
AA	0.32	0.92	1.60	2.41	3.48
A	1.96	3.20	5.26	6.51	7.57
BBB	3.11	6.93	12.60	14.41	17.97
BB	6.53	10.32	18.57	18.57	18.57
B	27.78	27.78	27.78	27.78	27.78

续表

	1 年	2 年	3 年	4 年	5 年
CCC	18. 18	18. 18	18. 18	18. 18	18. 18
CC	22. 22	74. 08	74. 08	74. 08	74. 08
C	100. 00	100. 00	100. 00	100. 00	100. 00
总计	0. 49	1. 11	1. 80	2. 47	3. 33

注：统计日期为 2009—2019 年。

资料来源：联合资信 COS 系统。

从违约家数来看，日本自 2010 年起，各年违约家数均未超过 5 家。相较而言，中国债券市场违约家数较多，根据联合资信《2019 年中国债券市场违约回顾与展望》报告统计显示，截至 2019 年末，中国债券市场累计有 188 家发行人发生违约。2014 年至 2017 年我国债券市场违约主要受行业周期性影响，煤炭、钢铁、有色等过剩产能行业景气度持续低迷，导致相关行业企业的信用风险集中暴露。2018 年以来，我国债券市场违约的发生主要与金融强监管叠加政府债务严监管导致市场资金面偏紧、债券大额集中兑付、流动性收紧等有关。2019 年，虽然市场资金面相对宽松，但全球经济增长放缓、下行压力加大，中美贸易摩擦持续，主要信用债总偿还量[①]（约为 9. 28 万亿元）仍处于较高水平，同时严监管政策延续，资管新规导致企业非标融资渠道受限，违约常态化发生背景下市场参与方风险偏好有所下降等诸多不利因素导致我国债券市场信用风险持续暴露。

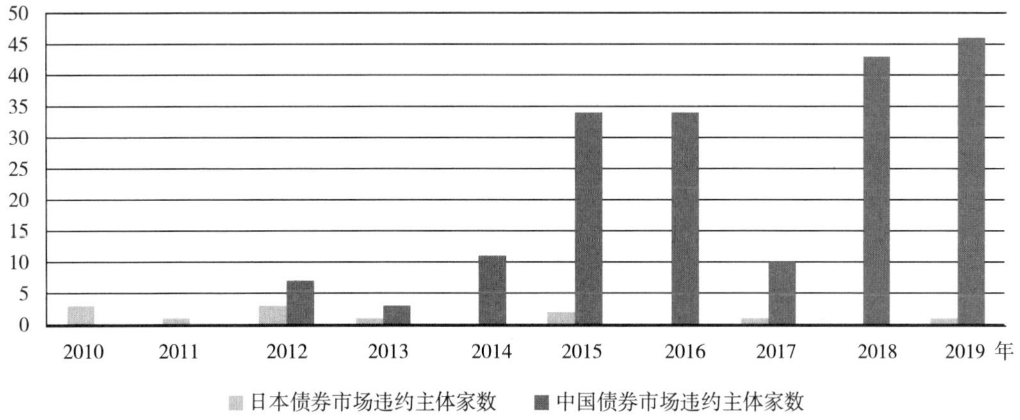

图 2　中日两国债券市场违约主体家数对比

（资料来源：日本证券业协会、联合资信）

整体来看，正是由于日本违约家数远低于中国，才导致中日两国违约率呈现出较大的差异。

① 主要信用债包含非政策性金融债、短期融资券（含超短期融资券）、中期票据、企业债、公司债（含私募债）、定向工具、资产支持证券。总偿还量含到期还款、赎回和回售的规模。

三、中日债券市场结构分析

从违约样本数量来看，日本近5年的债券违约数量远小于中国，本节试图从两国债券市场结构的差异来分析影响企业违约数量不同的原因。

（一）日本债券市场特征

1. 债券市场结构单一，国债占比较高，企业债发行规模占比较低

日本存在主银行制度，市场环境以间接融资为主。主银行制度下，企业融资一般会直接寻求主银行的帮助，而非资本市场。日本主银行制度的存在，在一定程度上限制了债券市场的发展。同时，日本债券市场的结构较为单一，以国债为主，企业债发行规模相对较低。

日本债券种类大致可分为政府债券（公共债券）、企业债券和武士债券（非居住者债）三大类。

政府债券是日本债券市场最主要的债券品种，国债发行规模占比较高。日本政府债券包括国债、地方政府债、政府担保债和财政投资贷款机构债。2019年，日本债券市场共发行707期各类型政府债券共156.05万亿日元，发行期数和发行规模占比分别为47.04%和89.67%。其中，国债发行规模占政府债券的比例最高，高达91.63%。截至2019年末，日本债券市场存量政府债共计6188期，存量政府债券规模共计1,106万亿日元，占比分别为59.86%和92.80%。

企业债券市场发行期数占比较高，但发行和存续规模占比较低。日本企业债券包括一般企业债、金融债、资产担保企业债和可转换债，其中一般企业债发行期数相对较多。2019年，日本债券市场共发行企业债券756期，16.88万亿日元，发行期数和发行规模占比分别为50.30%和9.70%。截至2019年末，日本债券市场存续企业债券共3,858期，合计77.36万亿日元，其发行期数和发行规模占比分别为37.32%和6.49%。

武士债券发行规模较少，占比不到1%。武士债券是非日本本国主体在日本国内债券市场上发行的以日元计价的债券。武士债券最早由亚洲开发银行于1970年发行，随后每年都有几十只发行，但每年的发行期数和发行规模波动较大。2019年，共有40期武士债券在日本债券市场发行，发行规模合计1.09万亿日元，发行规模占比为0.63%。截至2019年末，日本债券市场存续武士债券共291期，存量规模共计8.39万亿日元（占比为0.70%）。

表6　2019年日本债券市场债券发行和存量情况

债券类型		2019年发行				2019年末存续			
		期数（期）	占比（%）	规模（万亿日元）	占比（%）	期数（期）	占比（%）	规模（万亿日元）	占比（%）
政府债券	国债	78	5.19	142.98	82.16	520	5.03	977.55	82.05
	地方政府债	371	24.68	6.45	3.71	3193	30.89	61.52	5.16
	政府担保债	49	3.26	1.80	1.04	627	6.07	28.15	2.36
	财政投资和贷款机构债	209	13.91	4.81	2.76	1848	17.88	38.50	3.23
企业债券	一般企业债	704	46.84	15.76	9.06	3556	34.40	69.96	5.87
	资产担保企业债	0	0.00	0.00	0.00	42	0.41	0.22	0.02
	转换债	12	0.80	0.01	0.01	25	0.24	0.25	0.02
	金融债	40	2.66	1.12	0.64	235	2.27	6.93	0.58
武士债券	武士债	40	2.66	1.09	0.63	291	2.82	8.39	0.70
合计		1,503	100.00	174.02	100.00	10,337	100.00	1,191.47	100.00

注：日本地方政府债是由都、道、府等地方政府和地方公共团体发行的债券；政府担保债是日本政府所属的公团、公库、公司等机构（公益性机构为主）发行的债券；财政投资和贷款机构债券是由隶属于日本政府的政策性金融机构（包括日本发展银行、日本投融资公司、日本国际合作银行等）发行的债券，其发债获得的长期低息资金主要以政府名义进行贷款、投资、担保等。

资料来源：日本证券业协会。

2. 发债企业资质较高，企业财务稳定性较强

日本监管部门对企业债券的发行有很高的信息披露要求，一般企业很难满足发行企业债券的标准。根据日本《金融商品交易法》的要求，申请上市的企业债发行主体必须先向金融厅登记注册，将相关资料进行备案，同时将详尽信息在企业债发行申请登记表中予以披露，并保证至少在5年时间里向社会开放，接受公众的查询。此外，为了方便投资者掌握企业债发行企业的动态情况，日本《金融商品交易法》中还专门对企业债发行主体提出了“持续性披露”要求。直到该企业债品种进入金融厅批准的清算程序或从证交所登记注册的清单中撤去，这种“持续性披露”要求才会终止。整体看，日本企业发债门槛较高，抑制了企业债券的发行。

此外，根据央行报告数据显示，日本中小企业平均寿命为12年左右，而中国中小企业平均寿命为3年左右。由此也可以看出日本企业的平均寿命更长，相对更能跨越周期，财务稳定性更强，评级所使用的基础数据更为稳定可靠。

3. 日本社会信用体系建设较为完善，企业违约成本较高

日本一直有着良好的信用教育基础，社会信用体系较为完善。日本社会信用体系为银行协会建立的会员制征信机构与商业性征信机构共同组成的社会信用管理模式，其信用信息机

构主要包含三类：银行体系、消费信贷体系以及销售信用体系。对于企业而言，失信成本较高，一旦失信行为发生，不仅需要承担法律责任，还会因此失去各关联方信任进而破产。因此，企业会尽可能最大程度地维护自己的信用，使其自身在金融机构拥有良好的信誉。

此外，从债券市场融资成本来看，债券融资成本相较银行而言更低。自 2008 年金融危机后，日本 GDP 增速有所放缓，长期实行宽松的货币政策，日本债券的收益率也明显下滑。截至 2020 年 6 月底，日本 AAA 级企业债收益率已跌为负值，AA 级、A 级和 BBB 级企业债的收益率分别为 0.51%、0.47% 和 0.72%。相较而言，日本近期银行贷款利率为 1.00%。可以看到，符合企业债发行条件的高资质企业如果不发生违约，持续经营即可在债券市场上以较低的成本进行融资，而一旦在债券市场发生违约，企业信用遭到破坏，企业将可能面临破产危机。

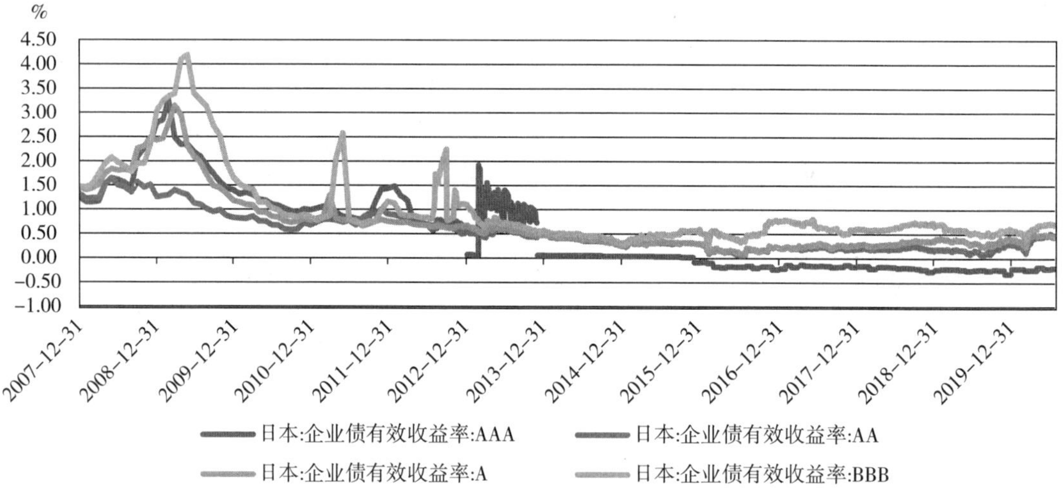

注：有效收益率所统计债券若含权，则债券期限为选择权之前的期限，例如债券的原始期限设计为“3+2”，则期限为 3 年。

图 3　日本企业债收益率变动情况

（资料来源：Wind）

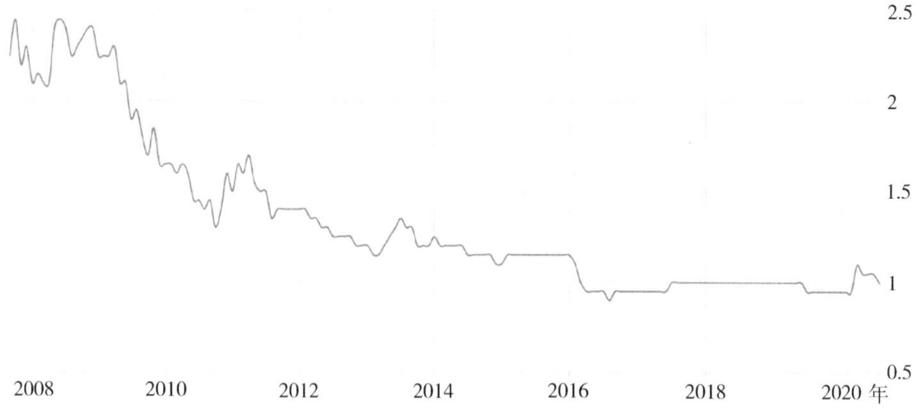

图 4　日本银行贷款利率

（资料来源：Trading Economics）

（二）中国债券市场特征

1. 中国信用债市场发行和存续规模占整个债券市场的三分之一

从发行方面来看，中国债券市场中，同业存单和主要信用债（含除政策性银行债以外的金融债、企业债、公司债、中期票据、短期融资券、定向工具、资产支持证券、可转债、可交换债）2019 年新发数量和规模占比均较高。2019 年，中国债券市场共发行 1.39 万只信用债共 14.67 万亿元，占比分别为 31.82% 和 32.47%。从存量方面来看，截至 2019 年末，信用债存量只数（2.83 万只）和规模（31.19 万亿元）均占比最高，占比分别为 57.15% 和 32.12%。与日本债券市场相比，中国信用债市场发展较为活跃。

表 7　2019 年中国债券市场债券发行和存量情况

债券类型	2019 年发行				2019 年末存续			
	只数	占比（%）	规模（亿元）	占比（%）	只数	占比（%）	规模（亿元）	占比（%）
国债	162	0.37	41,641.00	9.22	281	0.57	166,505.34	17.15
地方政府债	1,093	2.49	43,624.27	9.65	4,874	9.86	211,182.93	21.75
央行票据	7	0.02	320.00	0.07	5	0.01	220.00	0.02
同业存单	27,901	63.67	179,513.93	39.73	15,553	31.45	107,236.85	11.04
金融债	1,304	2.98	66,016.40	14.61	1,990	4.02	228,339.91	23.52
政策银行债	686	1.57	38,237.10	8.46	300	0.61	157,059.03	16.17
商业银行债	96	0.22	4,329.50	0.96	314	0.64	15,838.70	1.63
商业银行次级债券	88	0.20	11,651.00	2.58	474	0.96	31,154.87	3.21
保险公司债	9	0.02	566.50	0.13	59	0.12	2,794.00	0.29
证券公司债	182	0.42	4,553.30	1.01	598	1.21	13,635.81	1.40
证券公司短期融资券	176	0.40	4,491.00	0.99	68	0.14	1,745.00	0.18
其他金融机构债	67	0.15	2,188.00	0.48	177	0.36	6,112.50	0.63
企业债	392	0.89	3,624.39	0.80	2,556	5.17	23,797.77	2.45
公司债	2,462	5.62	25,438.63	5.63	6,566	13.28	69,037.85	7.11
中期票据	1,675	3.82	20,308.10	4.49	5,186	10.49	65,823.56	6.78
短期融资券	3,516	8.02	36,254.19	8.02	2,068	4.18	19,884.19	2.05
定向工具	863	1.97	6,181.02	1.37	2,655	5.37	20,184.37	2.08
国际机构债	9	0.02	135.00	0.03	16	0.03	249.60	0.03
政府支持机构债	18	0.04	1,650.00	0.37	160	0.32	16,725.00	1.72
资产支持证券	4,208	9.60	23,622.29	5.23	7,122	14.40	35,805.55	3.69
可转债	151	0.34	2,695.19	0.60	269	0.54	3,775.79	0.39
可交换债	60	0.14	824.15	0.18	146	0.30	2,263.48	0.23
合计	43,821	100.00	451,848.56	100.00	49,447	100.00	971,032.19	100.00

资料来源：Wind。

2. 信用债市场融资成本较低，债券市场融资是企业重要的融资渠道之一

2018 年下半年以来，中国债券市场发行利率均呈下行走势。2019 年全年 AAA 级三年期公司债、五年期中期票据、七年期企业债平均到期收益率分别为 3.59%、3.91% 和 4.11%，

而三年期、五年期、七年期贷款基准利率分别为4.75%、4.75%和4.90%。可以看到，高资质（AAA级）企业的到期收益率均低于同期贷款基准利率。相较而言，AA级七年期企业债平均到期收益率为5.20%，高于同期贷款基准利率（4.90%）。

这说明对于资质较高的企业而言，近两年在债券市场上的融资成本相较间接融资成本而言更低，企业更愿意从债券市场进行融资；而对于资质相对差一些的企业，虽然在债券市场上的融资成本较高，但可能由于企业自身资质等原因，其间接融资渠道已相对较窄或获得资金较少，那么债券市场融资仍是其重要的融资渠道之一。

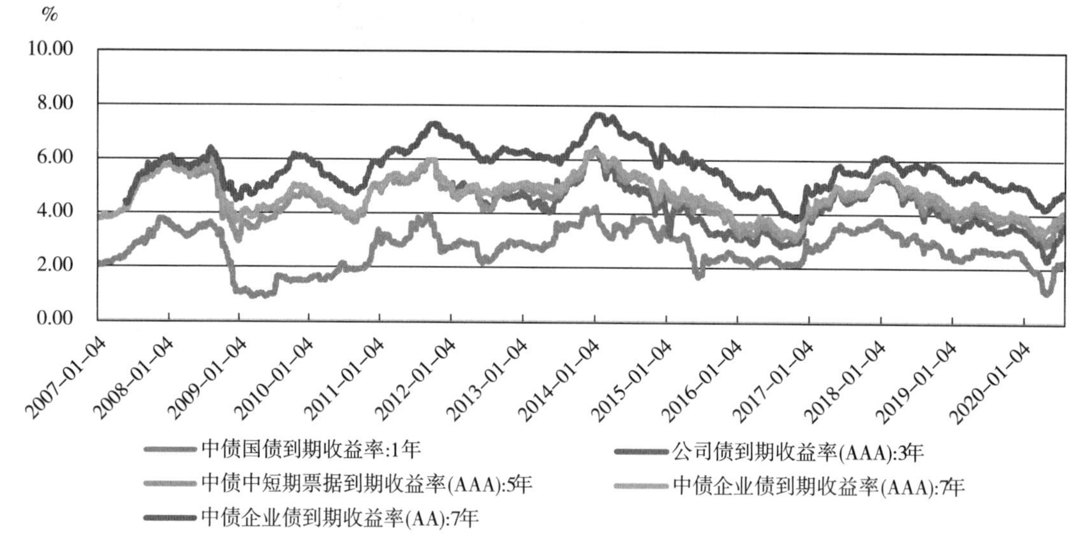

图5 中国信用债到期收益率变动情况

（资料来源：Wind）

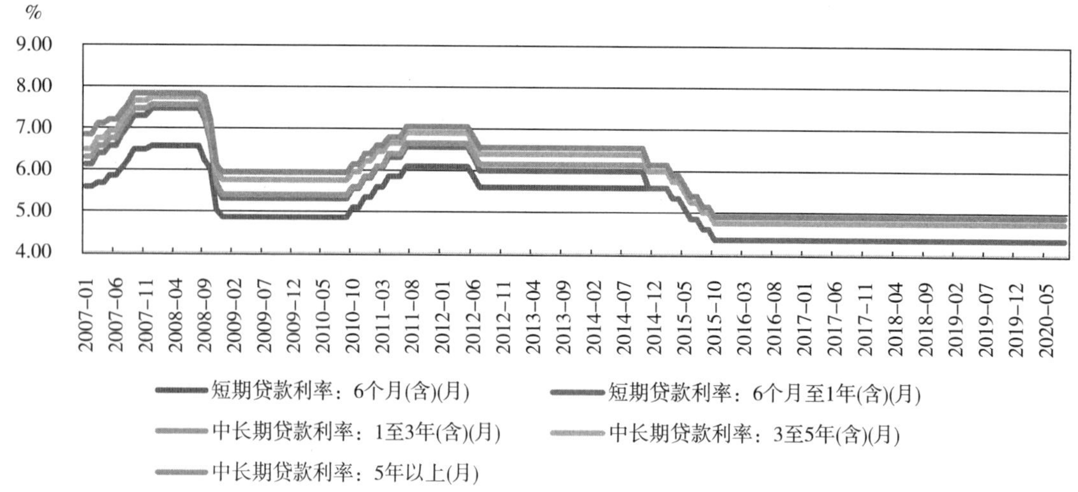

图6 中国贷款基准利率

（资料来源：Wind）

3. 中资发债企业资质整体较日企有所差异

正如上文所言，中国自改革开放以来社会发展速度较快，企业更新换代频率较高，中国中小企业平均寿命3年左右，大企业寿命虽更长一些，但整体而言，中资企业的财务稳定性和抗周期能力不如日企。一方面，企业资质的差异影响了企业的抗风险能力，另一方面企业的财务稳定性影响了两国评级机构的底层数据积累，进而影响评级的准确性。

4. 相比于日本，中国企业的违约成本相对很低，违约处理机制有待逐步完善

改革开放以来，我国债券市场发展主要经历了三个阶段，分别是起步阶段（1978—1993年）、逐步发展阶段（1994—2004年）以及快速扩张阶段（2005年至今）。伴随着债券市场的快速发展，债券违约风险也在不断积累和逐步暴露。在经历了较长时间的刚性兑付时期后，2014年“11超日债”发生实质性违约，这也是我国公募债券市场上的首例公开债券违约事件，标志着我国公募债券市场的刚性违约被打破；2015年以来，随着我国市场化进程的不断推进，债券违约事件时有发生，违约步入常态化阶段。而日本政府早在20世纪30年代就经历过大规模违约事件，现阶段日本债券市场已发展得较为成熟，两国债市发展所处的时期并不相同。

此外，由于中国债券市场违约时间较短，对于违约后的处罚和违约债券处置机制仍处于逐步完善时期，企业违约后声誉成本较低，同时市场还会出现康得新等个别企业重大造假案件。相较而言，日本整个社会的信用体系建设更加完善，企业违约后声誉成本和再融资成本均较高，在一定程度上约束了日本企业故意违约行为。

综上，从债券市场特征来看，日本间接融资较为发达、企业债市场规模相对较小，同时发债企业资质相对较高，企业财务实力较强，加之整个社会信用体系建设较为完善，企业违约成本较高；相较而言，中国信用债市场发展较为活跃，债券市场是企业重要的融资渠道之一，中资发债企业资质整体较日企而言略低，道德风险偶有发生，企业违约成本较低，违约处置机制仍处于逐步完善时期，由此造成两国信用债市场违约企业数量具有明显差异。

四、评级分布与评级结果比较分析①

（一）日本本土评级机构级别分布较为分散，更具区分性

从日本各评级机构所评主体信用等级分布情况看，国际三大评级机构和日本两家本土评级机构所评定的信用等级均以投资级为主，占比均在95%以上。

具体来看，日本两家本国评级机构所评信用等级分布较国际三大评级机构更加分散，70%以上分布在AA－至BBB＋之间，其中AA－级以上受评对象的占比不超过16%，低于BBB＋级的不超过12%。国际三大评级机构所评主体信用等级有70%以上分布在A＋至A－之间，其中穆迪所评的主体信用等级约50%都分布在A＋级，惠誉所评的主体等级50%多

① 本部分数据来源均来自联合资信2017年赴日评级行业调研资料。

都分布在 A 级，标普所评主体等级分布相对较分散。

表 8　日本各评级机构所评主体信用等级分布

信用等级	R&I	JCR	标普	穆迪	惠誉
AAA	0. 00	2. 87	0. 00	0. 00	0. 00
AA +	4. 48	3. 48	0. 00	0. 00	0. 00
AA	8. 50	8. 77	0. 55	0. 00	0. 00
AA −	12. 83	11. 20	9. 84	7. 23	0. 00
A +	17. 31	14. 83	27. 87	46. 39	7. 69
A	18. 24	18. 91	28. 96	10. 84	51. 28
A −	18. 55	16. 79	21. 31	19. 28	30. 77
BBB +	10. 66	11. 20	4. 92	6. 63	2. 56
BBB	6. 49	7. 72	1. 64	4. 22	2. 56
BBB −	1. 85	3. 03	1. 64	1. 81	0. 00
BB +	0. 46	0. 61	1. 09	2. 41	2. 56
BB	0. 15	0. 15	0. 00	0. 00	2. 56
BB −	0. 00	0. 00	1. 09	0. 60	0. 00
B +	0. 15	0. 00	0. 00	0. 00	0. 00
B	0. 31	0. 00	0. 00	0. 00	0. 00
B −	0. 00	0. 30	0. 55	0. 00	0. 00
CCC +	0. 00	0. 00	0. 55	0. 60	0. 00
CCC	0. 00	0. 00	0. 00	0. 00	0. 00
CCC −	0. 00	0. 00	0. 00	0. 00	0. 00
CC +	0. 00	0. 00	0. 00	0. 00	0. 00
CC	0. 00	0. 15	0. 00	0. 00	0. 00
CC −	0. 00	0. 00	0. 00	0. 00	0. 00
C	0. 00	0. 00	0. 00	0. 00	0. 00
D	0. 00	0. 00	0. 00	0. 00	0. 00
合计	100. 00	100. 00	100. 00	100. 00	100. 00
样本总数	647	661	183	166	39
投资级合计占比	98. 92	98. 79	96. 72	96. 39	94. 87
投机级合计占比	1. 08	1. 21	3. 28	3. 61	5. 13

资料来源：日本证券业协会。

从级别中枢来看，日本两家评级机构和国际三大评级机构的级别中枢均在 A 级上下，差异不大，但由于各评级机构所评企业数量不同，同一主体所对应的国内国外级别还需进一步分析。

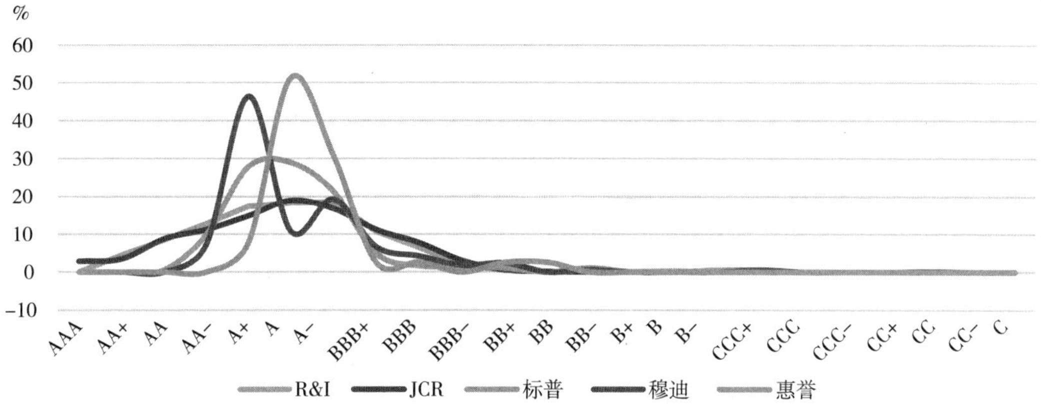

图7　日本各评级机构级别分布

（资料来源：日本证券业协会）

（二）日本国内国际级别差异相对较小

对于同一主体，与国际三大评级机构相比，日本评级机构评定的信用等级一般高2~3个子级左右。具体来看，R&I所评主体信用等级较国际三大评级机构一般高出1~3个子级，高出2个子级的占比最高，占比在40%左右；JCR所评主体信用等级较国际三大评级机构一般高出约2~4个子级，高出3个子级的占比最高，占比在30%左右。日本本国评级机构所评定的同一主体的信用等级较国际三大评级机构低的样本数量非常少，主要为低1个子级。

进一步分析，日本评级机构评定的信用等级高出国际三大评级机构的部分，正好与它们对于主权评级的差异大致吻合。具体来看，国际三大评级机构（穆迪、标普和惠誉）所评日本主权信用等级分别为A+/稳定，A+/稳定和A/稳定，日本两家本国评级机构R&I和JCR给予日本主权的信用等级分别为AA+/负面和AAA/负面，日本评级机构所给的日本主权级别高于国际三大评级机构所给的日本主权级别3~4个子级，正好与R&I高出的1~3个子级、JCR高出的2~4个子级相对应。

表9　日本评级机构较国际三大评级机构所评同一主体信用等级差异

	穆迪		标普		惠誉	
	R&I	JCR	R&I	JCR	R&I	JCR
共同评级数量（家）	130	97	139	91	32	27
平均信用等级差异（个子级）	1.8	2.8	1.8	2.8	2.2	2.7
差异为正（日本评级机构所评较高）						
差异：0	10	5	7	4	1	1
差异：+1	39	9	42	6	5	4
差异：+2	52	20	68	25	14	6
差异：+3	26	33	18	37	8	9
差异：+4	2	26	3	13	1	6

续表

	穆迪		标普		惠誉	
	R&I	JCR	R&I	JCR	R&I	JCR
差异：+5以上	0	3	0	6	1	1
差异为负（日本评级机构所评较低）						
差异：-1	1	1	1	0	1	0
差异：-2以上	0	0	0	0	1	0

资料来源：日本证券业协会。

整体看，日本本土评级机构的投资级评级分布更广，可以从BBB-级分布到AAA级；而中国在市场各方综合选择下，级别分布主要集中于AA级、AA+级和AAA级三个级别，级别分布过窄，本身区分性不高。级别分布过于集中，也会影响评级结果的准确性。

从级别中枢来看，日本两家评级机构和国际三大评级机构对日本企业的级别中枢均在A级上下，差异不大；而中国国内评级机构所评主体的级别中枢为AA级，国际三大评级机构所评中国主体的级别中枢为BBB级左右，几乎相差了两个大级别。

此外，从与国际三大评级机构评级结果对比来看，日本本土评级机构的评级结果虽比国际三大评级机构要高，但相差主要是2~3个子级，高出的基本上是主权级别的国内外差异水平，而国内评级机构与国际三大评级机构相差的子级普遍达到4~9个子级，最低子级差异（4个子级）高出的也是主权级别的国内外差异水平（从A+到AAA级），其余级别的差异主要是由于国际三大评级机构所给级别范围主要分布在B-到AA-级，而国内级别范围则主要分布在AA到AAA级，所以级别范围差异较大。这也侧面反映出中日两国评级标准并不相同。

五、总结与思考

通过上文分析可知，两国评级机构投资级债券违约率相差较大的原因主要包含两个方面：(1)市场特征方面的因素。日本企业债违约数量相对较少。日本盛行主银行制度，债券市场又以国债为主，企业债发行本身占比不高，再加上企业债发行门槛较高，本身可以发行企业债的企业就属于资质较高的一类。加之日本整个社会诚信体系建设良好，企业发生道德风险故意造假违约的概率相对较低，企业一旦违约将难以继续存活，相反诚信经营按时还款还可持续享受低成本融资。因此，日本企业债违约数量相对较少。(2)评级体系方面的因素。两国评级机构级别中枢、评级分布和评级标准均有一定差异。日本评级中枢较低，评级结果更具区分性，而中国的评级分布过于集中；同一主体，日本评级机构与国际三大评级机构相差的子级较低，而国内评级机构与国际三大评级机构相差的子级较高，侧面反映出中日两国评级标准并不相同；此外，中日两国评级标准的差异可能会引发对投资级的判定不同，从而影响投资级的违约率结果。

对此，为了提高国内评级机构的评级质量，更好地服务投资人、应对国际三大评级机构的竞争，主要思考如下：

（一）鼓励信用资质较好的企业进行债券融资，对直接融资占企业总债务余额有一定限制，并合理引导资金成本的有效控制

放宽债券发行、流通、投资的门槛，逐步减少信用等级对债券发行、流通和投资的过度限制，引导债券市场更趋市场化。由投资者根据风险偏好和自我承担风险损失的原则，进行自主选择。这样有利于降低对高级别的需求和关注，促进信用级别的合理归位。2020 年 8 月 7 日证监会发布关于就修订《公司债券发行与交易管理办法》公开征求意见的通知①，在征求意见稿中公开发行和非公开发行公司债券已经不再强制评级。这一举措也充分传递了监管当局逐步引导市场自主化的信号。

（二）逐步完善违约处置机制

与日本相比，由于中国企业发债主体的信用差异较大，导致违约的数量较高。但这并不是本质问题，一个成熟的债券市场，不同信用水平的发行人都可以通过债券的发行进行融资。但是，其中的违约成本较低不免会给整个市场带来负向激励效应。因此，加强整个社会的信用体系建设，完善违约处置机制任重道远。

（三）评级机构自身应加强评级方法体系建设，市场参与各方也需共同努力

评级结果过度向高级别集中，的确是当下需要重点解决的问题。一方面，评级机构应该从评级方法体系入手，对现有的评级技术体系标准进行重新的梳理和改进，更有效地改善级别的区分度、减少高级别的违约数量甚至是级别与违约率倒挂问题。另一方面，级别过度集中、级别虚高问题，是十几年来国内市场各方博弈的结果，是整个债市的生态环境的具象反映。因此，还需要市场各方共同营造一个良性的风险识别体系。

从评级技术上来看，如何构建一套能准确反映国内受评主体信用风险水平且又能与国际同行业企业进行横向可比的评级技术体系尤为关键。评级模型的构建、评级关键指标的选取、评级标准的锚定等既要具有很强的全面性、适宜性，又要有较强的前瞻性、可比性，这对本土评级机构而言，无疑是一个必须要完成的挑战和自我革新。而一旦实现某种技术上的突破，新旧体系和结果的替换秩序安排也是非常关键的选择。要做到市场的平滑过渡和接受，减少市场的扰动，也需要市场各方达成共识并进行协调。

---

① 征求意见稿中删除了办法原“第十九条　公开发行公司债券，应当委托具有从事证业务资格的资信评级机构进行信用评级”，以及在第十六条“资信状况符合以下标准的公开发行公司债券，专业投资者和普通投资者可以参与认购”的条件中，也删除了“债券信用评级达到 AAA 级”的条件。